당시대 동아시아 형세도

자치통감 23

자치통감의 모든 것

www.tonggam.com

여러분의 의견을 기다리고 있습니다.

資治通鑑

자치통감 23 당(唐)시대 IV

사마광 지음 권중달 옮김

도서
출판 삼화

* 이 책은 2002년도 한국학술진흥재단의 지원에 의하여
번역하였고, 출판비의 일부를 지원 받았습니다.
(KRF-2002-071-AM1007)

　되돌아보면, 내가 ≪자치통감(資治通鑑)≫과 인연을 맺은 지도 어언 반세기에 가깝다. 1960년대 말, '자치통감을 읽고 평론' 한 명 왕조 말기의 학자 왕부지(王夫之)의 ≪독통감론(讀通鑑論)≫을 가지고 석사논문을 준비하면서 ≪독통감론≫에서 평론한 대목을 ≪자치통감≫의 원문을 찾아보는 데서부터 인연이 시작되었다. 이후 대만에 유학하여 쓴 박사학위 논문도 ≪자치통감≫을 주제로 한 것이었고, 역사학자로서의 삶 또한 줄곧 이와 관련된 논문을 써왔으니, 나의 공부는 '자치통감'이라고 해도 될 듯싶다.

　유절이 ≪중국사학사고≫에서 "송대 역사학계에서 당연히 대서특필할 몇 개의 사건이 있는데, 그 첫 번째 사건은 바로 사마광이 ≪자치통감≫을 저술한 것"이라며 "통치계층이 오랜 기간 동안 경험한 것을 쌓아둔 중심 사상을 대표"하는 것이 바로 ≪자치통감≫이라고 평가하였다.

　내가 이런 '제왕학의 교과서'인 ≪자치통감≫ 번역에 본격적으로 나선 것은 1997년부터다. 학자의 길에서 잠시 비켜서게 하였던 '대학의 보직'에서 놓여나면서 세속적인 일에 전력투구하였던 10여년의 세월을 반성하듯 이 책의 번역에 매달리기로 하였던 것이다. ≪자치통감≫ 전294권을 완역하겠다고 마음먹은 것부터가 만용이었지만, 점차 이런 우직한 작업을 하지 않고서는 이 대역작을 대중에게 소개할 수 없을 것이라는 생각은 만용에서 어느덧 사명이 되어있었다.

　몇 년 전 전국시대부터 전한시대까지의 38권을 4책으로 묶어 우선 출간하면서 번역 작업의 첫 결실을 맺었지만 이 작업은 말 그대로 인내력의 시험장이었다. 그 인내력이 한계를 드러낼 즈음인 2002년, 마침 한국학술진흥재단으로부터 번역지원금을 받게 되면서 번역작업에는 전기가 마련됐다. 이 작업에 3년 동안 처음부터 끝까지 참여한 김동정, 조재덕, 신용석, 변상필 박사와 일정 기간을 참여한 이재성, 정지호, 이춘복 박사 등과 함께 번역팀을 꾸려 갖은 고생을 하면서 비교적 작업 속도를 낼 수 있어 2005년 말에 완역된 원고를 한국학술진흥재단에 보고할 수 있었다.

이제 이 원고를 책으로 묶어 세상 독자들과 만나려고 한다. 학술진흥재단에 완역된 원고를 내기까지도 적어도 두 번 이상 원문대조교정을 보았었고, 이번에 출간을 준비하면서 다시 세 번의 원문교정을 통하여 오역을 바로잡고, 번역어휘와 문체, 체제를 통일하느라 때로는 다시 밤을 낮같이 밝혀야 하지만 전체 원고량이 200자 원고지 8만 매에 달하는 방대한 분량을 600여 쪽짜리 책 31권으로 묶는 작업이 또다시 인내력을 시험하고 있다.

번역과 교정 작업에 매달리면서도 항상 적절한 우리말을 찾기가 힘들었다는 고백을 해야 할 것 같다. 예컨대 성(城)을 공격하여 승리한 경우에도 원문에서는 상황에 따라 '하(下)'라고 하기도 하고, 혹은 '극(克)', '입(入)', '첩(捷)', '함(陷)', '도(屠)' 등으로 다양하게 표현하고 있다. 전투 상황을 정확히 표현하기 위한 것이었다. 그러나 번역서의 특성상 우리말로 옮길 때 간결한 단어로 옮겨야 하기 때문에 그 함의를 길게 설명해 줄 수도 없고, 그렇다고 모두 우리 귀에 익숙한 낱말인 '승리하다'라고만 표현한다면 원문에서 말하고자 하는 뉘앙스를 전달하지 못하게 된다.

더욱이 이 책은 당송팔대가(唐末八大家)가 한참 활동하던 시기의 저작이어서 문장은 우아하였고, 한 글자 한 글자에 그 나름의 깊은 의미를 지니며, 헛되이 쓰인 글자가 없다는 점을 고려한다면 적절한 우리말을 찾는 작업은 생각 이상으로 어려웠다. 그래도 끝까지 원문의 '맛'을 살려 보려는 욕심을 놓지 않으려고 고심에 고심을 거듭하였다.

이 책은 전31권 가운데 23번째에 해당하는 '당(唐)시대Ⅳ'이다. ≪자치통감≫의 원문으로는 권215부터 권224권까지를 번역한 것이다.

이 책의 번역이 끝나갈 무렵인 2005년 말, '자치통감 방역계획(資治通鑑 邦譯計劃)'을 세우고 번역자를 모집하는 일본의 광고를 보니 '한문초심자도 OK'라는 구절이 눈길을 끌었다. 전문가조차 쉽게 엄두를 낼 수 없어서 지원자가 적었다는 것을 말해 주는 듯하였고, 그래서 어쩔 수 없이 초보자로라도 번역해야겠다는 의미일터, 반세기에 걸친 고집스런 나의 소망과 10년을 매달린 우직함이 일본에 앞서서 이 책의 번역본을 낼 수 있다는 사실에서 자그마한 감동과 위안을 발견한다.

이 번역본은 ≪자치통감≫을 우리의 문화유산으로 만들기 위한 주춧돌 놓기에 불과하다. 이 책을 통하여 중국대륙을 통일한 모택동이 대장정 시기에 한시도 손에서 놓지 않은 이유를 우리나라의 독자들도 이해할 수 있기를 기대해 본다. 그래서 역사학은 미래의 문화산업의 기틀이 되는 것도 이해하여 역사에 대한 관심과 연구가 활성화되었으면 더 없는 기쁨일 것이다.

이 책의 번역 상 생길 수 있는 문제점들은 동료 후학들의 열정적인 문제제기와 학문적 토론으로 하나하나 바로잡아지길 바란다. 그래서 보다 나은 개정판이 만들어져 원전으로서의 구실도 할 수 있길 기대하며 독자들의 아낌없는 성원과 질정을 기대한다.

마지막으로 어려운 여건에서 이 책을 아담하게 만드느라고 애쓴 도서출판 삼화와 조성일 선생의 노고에 깊은 감사를 드린다.

2009년 6월

삼화고전연구소에서 권 중 달

資治通鑑 차례
자치통감23 당(唐)시대IV

옮긴이 서문

당시대 황제 세계표

찾아보기

일러두기

· 이 책은 사마광의 ≪자치통감≫의 고힐강(顧頡剛) 외의 표점본을 저본으로 하여 전국시대부터 오대후주시대까지의 전권(294권)을 완역한 것이다.

· 번역의 기본 원칙은 원전이 가지고 있는 통감필법의 정신을 최대한 살린다는 의미에서 직역하되 의미가 불분명한 경우는 역자의 역주로 설명하였다.

· 역자가 내용과 분량을 감안하여 문단을 나누고 각 문단마다 제목을 달았다.

· 필요한 한자어는 괄호 속에 병기하였다.

· 인명, 지명, 관직명 등 고유명사는 외래어 표기법을 따르지 않고 한글 발음대로 표기하였다. 인명 가운데 원문에 성이 기록돼 있지 않은 것도 이해를 돕기 위해 성을 추가하였다. 지명은 괄호 속에 현재의 지명을 넣었고, 주(州)·군(郡)·현(縣) 등 행정 단위가 생략되었지만 필요한 경우 이를 추가하였다. 관직명은 길고 그 업무가 생소하고 길게 느껴질 경우 관직명 자체를 우리말로 풀어주고 원 관직명은 각주로 설명을 보충하였다.

· 간지로 된 날짜는 괄호 속에 숫자로 표시하였다.

· 본문의 '帝'는 '황제'로, '上'은 '황상'으로 번역하였다.

· 책이름이나 출전은 ≪ ≫, 편명은 < >로 하였다.

· 본문에서 전후관계를 알아야 할 사건이나 내용, 용어, 고사 등 설명이 필요한 경우 각주로 설명을 보충하였다.

· 독자들의 이해를 돕기 위해 각주의 설명이 다소 중복 되게 하였다.

· 주어가 생략된 경우는 해당 연도의 기준을 삼은 황제가 주어이다.

· 음은 호삼성의 음주를 따랐다.

· 사마광의 평론은 사마광이 황제에게 아뢰는 것이므로 경어체로, 사마광 이외의 평론은 사마광이 인용한 것이므로 원전의 표현의 살려 평상체로 번역하였다.

· 한글로 번역하여 말뜻이 분명하지 않을 경우 [ ]안에 한자를 넣었다.

資治通鑑

자치통감 권215
당(唐)시대 31(742~747년)

현종 천보 시기의 시작

군비의 증가와 인재를 내 쫓는 이림보
안록산의 등장과 며느리를 빼앗은 현종
칭찬받는 사람을 싫어하는 이림보
진실을 가리는 이림보와 교활한 안록산
환란을 면하는 태자와 고선지의 공로

군비의 증가와 인재를 내 쫓는 이림보

현종(玄宗) 천보(天寶) 원년(壬午, 742년)

1 봄, 정월 초하루 정미일에 황상이 근정루(勤政樓)1)에 나가서 조하를
받고, 천하를 사면하였으며, 연호를 고쳤다.

2 임자일(6일)에 평로(平盧, 요녕성 조양시)를 나누어 별도로 절도(節度)
를 두고 안록산(安祿山)을 절도사2)로 삼았다.
  이때에 천하에는 명성과 교화를 받은 주(州)가 331이었으며, 기미주

---

1) 현종(玄宗)은 흥경궁(興慶宮) 서남쪽 모퉁이에 두 개의 누각을 세웠다. 하나는 서쪽으
  로 길가에 세웠는데 화악상휘루(花萼相輝樓)라 하여 형제들과 연회를 하는 곳으로 사
  용하였으며, 다른 하나는 남쪽에 세워 근정무본루(勤政務本樓)라 하고 정사를 돌보는
  곳으로 사용하였다. 근정루는 근정무본루를 약칭한 것이다.

2) 절도사(節度使)는 고급 군정장관을 말한다. 당 개원(開元) 연간에 처음으로 설치하였
  다. 당 초기에는 지방의 군민(軍民)을 다스리는 장관으로 도독자사(都督刺史)를 두었
  다. 그런데 도독자사는 군사상에 있어서 여러 주(州)의 병마(兵馬), 갑계(甲戒, 무기와
  군사장비), 성황(城隍), 진수(鎭戌), 양름(糧廩)의 일을 관장하였지만, 행정적으로는 단
  지 1주(州)만 관할하여 남북조 시기의 도독과 비교해 보면 권력이 가벼워졌음을 알 수
  있다. 개원 연간에 변경을 방어해야 하는 필요에 따라 변경과 해안을 따라 중요지구인
  삭방(朔方), 하동(河東), 유주(幽州), 하서(河西), 농우(隴右), 검남(劍南), 적서(磧西),
  영남(嶺南)의 8개 지역에 절도(節度)를 설치하여 절도사를 두었다. 황제는 절도사의
  기절(旌節)를 내려주며 절도사로 하여금 절도 지역에 대해 군정을 모두 관장하도록 하
  여 도독자사에 비하여 권한을 무겁게 하였다.

(羈縻州)3)가 800이었는데, 열 명의 절도사와 경략사(經略使)4)를 설치하여 변경을 방비하게 하였다. 안서절도는 서역(西域, 산강성 중앙아시아 동부)을 편안하게 다스리도록 하는데, 구자(龜玆, 신강성 고차현)·언기(焉耆, 신강성 언기현)·우전(于闐, 신강성 화전시)·소륵(疏勒, 신강성 객십시) 4진(鎭)을 거느리고 구자성(龜玆城)에 치소(治所)를 두었으며, 병사가 2만 4천이었다.

북정(北庭)절도는 돌기시(突騎施, 이리하 중하류 유역)·견곤(堅昆, 시베리아 살언령 북쪽)을 막고 통제하도록 하는데, 한해(瀚海, 신강성 길목살이현)·천산(天山, 신강성 투루판시 동쪽)·이오(伊吾, 신강성 파리곤현 서북쪽)의 세 군(軍)을 거느리며, 이주(伊州, 신강성 합밀시)·서주(西州, 신강성 투루판시 동쪽) 두 주의 경계에 주둔하게 하여 북정도호부를 다스리게 하였으며 병사는 2만 명이었다.

하서(河西)절도는 토번(吐蕃, 티베트 라싸)·돌궐을 끊어서 떨어지게 하도록 하는데, 적수(赤水, 감숙성 무위시 서남쪽)·대두(大斗, 감숙성 영창현 서쪽)·건강(建康, 감숙성 고태현)·영구(寧寇, 감숙성 무위시 동북쪽)·옥문(玉門, 감숙성 옥문시)·묵리(墨離, 감숙성 안서현)·두노(豆盧, 감숙성 돈황시)·신천(新泉, 감숙성 경태현)의 여덟 군(軍)과 장액(張掖, 감숙성 천축현 서쪽)·교성(交城, 감숙성 영창현)·백정(白亭, 감숙성 민근현 동북쪽 백정호 기슭) 세 수착(守捉)5)을 통솔하며 양주(涼州, 감숙성 무위시)·숙주(肅州,

---

3) '기미(羈縻)'는 직역을 하면 굴레와 고삐라는 의미로 속박하거나 견제함을 비유한 말이다. 역사용어로서의 기미는 중국이 주변의 나라들을 작위(爵位)나 관직 및 조공(朝貢)을 통하여 외교관계를 맺으면서 중국통치에 복속하게 하는 일종의 소수민족정책을 의미한다.

4) 당 태종(太宗) 정관(貞觀) 2년에 변경의 주(州)에 따로 경략사(經略使)를 설치하였다. 이때에 아마도 사(使)의 명칭이 관직에 처음 사용된 것으로 짐작되고 있다. 정식명칭은 '절도겸탁지영전초토경략사(節度兼度支營田招討經略使)'이고, 부사(副使)와 판관(判官) 각 1인씩을 두었다. 당 현종 개원 이후에는 절도사가 경략사를 겸임하였다.

5) 당대 변방에 있는 부대의 명칭을 말한다. 변경을 지키는 병사들이 크게 모여 있으면 군(軍), 작게 있으면 수착(守捉), 성(城), 진(鎭)이라 하였는데, 이를 총칭하여 도(道)

감숙성 주천시)·과주(瓜州, 감성 안서현)·사주(沙州, 감숙성 돈황시)·회주(會州, 감숙성 정원현) 다섯 주(州)의 경계에 주둔하게 하며, 치소는 양주(涼州, 감숙성 무위시)에 두었고, 병사는 7만3천 명이었다.6)

삭방(朔方)절도는 돌궐을 막아 지키도록 하는데, 경략(經略, 내몽고 탁탁극현)·풍안(豊安, 영하성 중위현)·정원(定遠, 영하성 평라현)의 세 군(軍)과 세 수항성(受降城),7) 안북(安北, 내몽고 포두시)·선우(單于, 내몽고 허린걸현) 두 도호부를 거느리며 영주(靈州, 영하시 영무현)·하주(夏州, 섭서성 정변현 북쪽 백성자)·풍주(豊州, 내몽고 오원현) 세 주(州)의 경계에 주둔하게 하고, 치소는 영주(靈州, 영하시 영무현)이고, 병사는 6만4천700명이었다.8)

하동(河東)절도는 삭방(朔方)과 더불어 기각(掎角)9)으로 돌궐을 막도록 하는데, 천병(天兵, 산서성 태원시)·대동(大同, 산서성 삭주시 동쪽)·횡야(橫野, 하북성 위현)·가람(岢嵐, 산서성 가람현) 네 군(軍)과 운중(雲中, 산서성 대동시)수착을 거느리며 태원부(太原府, 산서성 태원시)의 흔주(忻州, 산서성 흔주시)·대주(代州, 산서성 대현)·남주(嵐州, 산서성 남현) 세 주(州)의 경계에 주둔하도록 하고, 치소는 태원부에 두며, 병사는 5만5천

라고 하였다. 군(軍), 성(城), 진(鎭), 수착(守捉)에는 모두 사(使)가 있었다.

6) 적수군(赤水軍)의 병사는 3만3천 명이고, 대두군(大斗軍)의 병사는 7천500명이며, 건강군(建康軍)의 병사는 5천300명이고, 영구군(寧寇軍)의 병사는 8천500명이고, 옥문군(玉門軍)의 병사는 5천200명이고, 묵리군(墨離軍)의 병사는 5천 명이고, 두노군(豆盧軍)의 병사는 4천300명이고, 신천군(新泉軍)의 병사는 1천 명이었다. 장액(張掖)수착의 병사는 500명이고, 교성(交城)수착의 병사는 1천 명이고, 백정(白亭)수착의 병사는 1천700명이었다.

7) 3곳의 수항성(受降城)이란 동수항성(東受降城, 내몽고 탁극탁현)·중수항성(中受降城, 내몽고 포두시)·서수항성(西受降城, 내몽고 오원현 서북쪽)을 말한다.

8) 경략군(經略軍)의 병사는 2만700명이고, 풍안군(豊安軍)의 병사는 8천 명이고, 정원군(定遠軍)의 병사는 7천 명이고, 서수항성의 병사는 7천 명이었다. 안북(安北)도호부는 중수항성에 치소가 있었으며 병사는 6천 명이고, 동수항성의 병사는 7천 명이고, 진무군(振武軍)은 선우도호부 성내에 있었으며 병사는 9천 명이었다.

9) 사슴을 잡을 때 다리와 뿔을 양쪽에서 잡는 것처럼 앞뒤로 공격하는 것을 말한다.

명이었다.10)

범양(范陽, 幽州)절도는 해(奚, 난하 상류)·거란(契丹, 요하 상류)에 다가가서 통제하는데, 경략(經略, 북경시)·위무(威武, 북경시 밀운현)·청이(淸夷, 하북성 회래현)·정새(靜塞, 천진시 계현)·항양(恒陽, 하북성 정정현)·북평(北平, 하북성 정주시)·고양(高陽, 하북성 역현)·당흥(唐興, 하북성 임구시 북쪽 정주진)·횡해(橫海, 하북성 창주시 동남쪽)의 아홉 군(軍)을 거느리며 유주(幽州, 북경시)·계주(薊州, 천진시 계현)·규주(嬀州, 하북성 외래현)·단주(檀州, 북경시 밀운현)·역주(易州, 하북성 역현)·항주(恒州, 하북성 정정현)·정주(定州, 하북성 정주시)·막주(莫州, 하북성 임구시 북쪽 정주진)·창주(滄州, 하북성 창주시 동남쪽) 아홉 주의 경계에 주둔하게 하였으며, 치소는 유주(幽州, 북경시)에 두었고, 병사는 9만1천400명이었다.11)

평로(平盧)절도는 실위(室韋, 내몽고 동북부)·말갈(靺鞨, 발해왕국과 흑수말갈)을 누르며 어루만지도록 하는데, 평로(平盧, 요녕성 조양시)·노룡(盧龍, 하북성 노룡현) 두 군(軍)과 유관(楡關, 하북성 무녕현 동쪽 유관진)수착과 안동(安東)도호부를 거느리면서 영주(營州, 요녕성 조양시)·평주(平州, 하북성 노룡현) 두 주(州)의 경계에 주둔하게 하였고, 치소는 영주에 두었으며, 병사는 3만7천500명이었다.12)

---

10) 천병군(天兵軍)의 병사는 3만 명이고, 대동군(大同軍)의 병사는 9천500명이고, 횡야군(橫野軍)의 병사는 3천 명이고, 가람군(岢嵐軍)의 병사는 1천 명이고, 운중(雲中)수착의 병사는 7천700명이고, 흔주(忻州)의 병사는 7천800명이고, 대주(代州)의 병사 4천 명이고, 남주(嵐州)의 병사는 3천 명이다.

11) 경략군(經略軍)의 병사는 3만 명이고, 위무군(威武軍)의 병사는 1만 명이고, 청이군(淸夷軍)의 병사는 1만 명이고, 정새군(靜塞軍)의 병사는 1만6천명이고, 항양군(恒陽軍)의 병사는 6천500명이고, 북평군(北平軍)의 병사는 6천 명이고, 고양군(高陽軍)의 병사는 6천 명이고, 당흥군(唐興軍)의 병사는 6천 명이고, 횡해군(橫海軍)의 병사는 6천 명이었다.

12) 평로군(平盧軍)의 병사는 1만6천 명이고, 노룡군(盧龍軍)의 병사는 1만 명이고, 유관(楡關)수착의 병사는 3천 명이고, 안동(安東)도호부의 병사는 8천500명이었다.

농우(隴右)절도는 토번을 대비하여 막도록 하는데, 임도(臨洮, 청해성 낙도현)·하원(河源, 청해성 서녕시)·백수(白水, 청해성 대통현)·안인(安人, 청해성 황원현 서북쪽)·진위(振威, 청해성 순화현 서남쪽)·위융(威戎, 청해성 귀덕현 북쪽)·막문(漠門, 감숙성 임담시)·녕새(寧塞, 청해성 화륭현)·적석(積石, 청해성 귀덕현)·진서(鎭西, 감숙성 임하시) 열 군(軍)과 수화(綏和, 청해성 귀덕현 북쪽)·합천(合川, 청해성 화륭현 남쪽)·평이(平夷, 감숙성 임하시 서남쪽) 세 수착을 거느리며 선주(鄯州, 청해성 낙도현)·곽주(廓州, 청해성 화륭현)·도주(洮州, 감숙성 임담현)·하주(河州, 감숙성 임하시)의 경계에 주둔하도록 하였고 치소는 선주(鄯州, 청해성 낙도현)에 두었으며, 병사는 7만5천명이었다.[13]

검남(劍南)절도는 서쪽으로 토번(吐蕃)에 대항하고 남쪽으로 만료(蠻獠)를 어루만지도록 하였는데, 천보(天寶, 사천성 이현 서북쪽)·평융(平戎, 사천성 이현 서북쪽)·곤명(昆明, 사천성 서창시 남쪽)·녕원(寧遠, 사천성 염원현 서남쪽 40리)·징천(澄川, 운남성 요안현 동쪽)·남강(南江, 운남성 요안현 경계) 여섯 군(軍)을 거느리고, 익주(益州, 사천성 성도시)·익주(翼州, 사천성 무현 서북쪽 40리)·무주(茂州, 사천성 무현)·당주(當州, 사천성 흑수현)·수주(嶲州, 사천성 서창시)·자주(柘州, 사천성 흑수현 남쪽 20리)·송주(松州, 사천성 송번현)·유주(維州, 사천성 이현)·공주(恭州, 사천성 마이강현 동쪽)·아주(雅州, 사천성 아안시)·여주(黎州, 사천성 한원현)·요주(姚州, 운남성 요안현)·실주(悉州, 사천성 흑수현 동남쪽 30리) 열세 주의 경계에 주둔하도록 하였고, 치소는 익주(益州)에 두었으며, 병사는 3만900명

---

13) 임도군(臨洮郡)의 병사는 1만5천 명이고, 하원군(河源軍)의 병사는 4천 명이고, 백수군의 병사는 4천 명이고, 안인군(安人軍)의 병사는 1만 명이고, 진위군(振威軍)의 병사는 1천 명이고, 위융군(威戎軍)의 병사는 1천 명이고, 막문군(漠門軍)의 병사는 5천500명이고, 영새군(寧塞軍)의 병사는 500명이고, 적석군(積石軍)의 병사는 7천 명이고, 진서군(鎭西軍)의 병사는 1만1천 명이고, 수화(綏和)수착의 병사는 1천 명이고, 합천(合川)수착의 병사는 1천 명이고, 평이(平夷)수착의 병사는 3천 명이었다.

이었다.14)

　영남(嶺南) 오부경략(五府經略)은 이족(夷族)과 요족(獠族)을 편안하게 안정하도록 하는데, 경략(經略, 광동성 광주시)·청해(淸海, 광동성 은평시) 두 군(軍)과 계주(桂州, 광서성 계림시)·용주(容州, 광서성 북류시)·옹주(邕州, 광서성 남령시)·교주(交州, 베트남 하노이) 네 관(管)을 거느리게 하고 치소는 광주(廣州, 광동성 광주시)에 두고, 병사는 1만5천400명이었다.15)

　이밖에 또한 장락경략(長樂經略)이 있어서 복주(福州, 복건성 복주시)에서 이를 관장하도록 하였는데, 병사는 1천500명이었다. 동래(東萊)수착은 내주(萊州, 산동성 래주시)에서 이를 관장하도록 하였고, 동모(東牟)수착은 등주(登州, 산동성 봉래시)에서 이를 관장하도록 하였는데, 병사는 각각 1천명이었다. 무릇 진(鎭)에 있는 병사는 49만 명이고,16) 말은 8만여 필이었다.17)

---

14) 단결영(團結營)의 병사는 1만4천 명이고, 천보군(天寶軍)의 병사는 1천 명이고, 평융군(平戎軍)의 병사는 1천 명이고, 곤명군(昆明軍)의 병사는 5천100명이고, 영원군(寧遠軍)의 병사는 300명이고, 징천(澄川)수착의 병사는 2천 명이고, 남강군(南江軍)의 병사는 300명이고, 익주(翼州)의 병사는 500명이고, 무주(茂州)의 병사는 300명이고, 유주(維州)의 병사는 500명이고, 자주(柘州)의 병사는 500명이고, 송주(松州)의 병사는 2천800명이고, 당주(當州)의 병사는 500명이고, 아주(雅州)의 병사는 400명이고, 여주(黎州)의 병사는 1천 명이고, 요주(姚州)의 병사는 300명이고, 실주(悉州)의 병사는 5천 명이었다.

15) 경략군(經略軍)의 병사는 5천400명이고, 청해군(淸海軍)의 병사는 2천 명이고, 계부(桂府)의 병사는 1천 명이고, 용부(容府)의 병사는 1천100명이고, 옹부(邕府)의 병사는 1천700명이고, 안남부(安南府)의 병사는 4천200명이었다.

16) ≪고이(考異)≫에 의하면 이 병사의 수는 ≪당력(唐曆)≫에 실려 있다고 하였다. ≪구기(舊紀)≫에는 모두 57만4천733이라고 되어 있다.

17) 안서부(安西府) 군마 2천700필, 북정(北庭)한해군(瀚海軍) 군마 4천200필, 천산군(天山軍) 군마 500필, 이오군(伊吾軍) 군마 300필, 하서(河西) 적수군(赤水軍) 군마 3천 필, 대두군(大斗軍) 군마 2천400필, 건강군(建康軍) 군마 500필, 영구(寧寇)·옥문군(玉門軍)이 공동으로 관리하는 군마 600필, 묵리군(墨離軍) 군마 400필, 두노군(豆盧軍) 군마 400필, 삭방(朔方) 경략군(經略軍) 군마 3천 필, 풍안군(豐安軍) 군마 1천300필, 정원군(定遠軍) 군마 2천 필, 서수항성군(西受降城軍) 군마 1천700필,

개원(開元) 이전에는 매년 변경에 있는 병사에게 공급된 의복과 식량의 비용이 불과 2백만이었으나, 천보(天寶) 이후에는 변경에 있는 장군들이 병사를 더 늘리겠다고 주문을 올렸으므로 차츰차츰 많아져서 매년 의복으로 사용되는 것이 20만 필이고 식량으로 1백90만 곡(斛)이었으며18) 공사(公私) 간에 수고와 비용으로 백성들은 지치고 힘들어지기 시작했다.

3 갑인일(8일)에 진왕부(陳王府, 진왕은 李珪)참군인 전동수(田同秀)가 말씀을 올렸다.

"현원(玄元, 노자 이이)황제를 단봉문(丹鳳門, 大明宮의 남쪽 中門)의 공중에서 보았는데, 알려 주시기를, '내가 영부(靈符)를 숨겨 놓았는데 윤희(尹喜)19)의 옛집에 있다.' 고 하였습니다."

황상이 사신을 파견하여 옛날에 함곡관(函谷關, 하남성 영보현 동북쪽)에

중수항성군(中受降城軍) 군마 2천 필, 동수항성군(東受降城軍) 군마 1천700필, 진무군(振武軍) 군마 1천600필, 하동(河東) 천병군(天兵軍) 군마 300필, 운중(雲中)수착군마 2천 필, 대동군(大同軍) 군마 5천500필, 횡야군(橫野軍) 군마 1천800필, 범양(范陽)경략군 군마 5천400필, 위무군(威武軍) 군마 300필, 청이군(淸夷軍) 군마 300필, 정새군(靜塞軍) 군마 500필, 평로군(平盧軍) 군마 4천200필, 노룡군(盧龍軍) 군마 500필, 유관(楡關)수착 군마 100필, 안동부(安東府) 군마 700필, 농우(隴右) 임도군(臨洮軍) 군마 8천 필, 하원군(河源軍) 군마 650필, 백수군(白水軍) 군마 500필, 안인군(安人軍) 군마 250필, 위융군(威戎軍) 군마 50필, 막문군(漠門軍) 군마 200필, 영새군(寧塞軍) 군마 50필, 적석군(積石軍) 군마 300필, 검남(劍南) 단결영(團結營) 군마 1천800필, 곤명군(昆明軍) 군마 200필이다.

18) 안서(安西)에 의복으로 내린 것이 62만 필단(疋段)이다. 북정(北庭)은 48만 필단, 하서(河西)는 1백80만 필단, 삭방(朔方)은 2백만 필단, 하동(河東)은 1백26만 필단과 양곡(糧穀) 50만 석(石)을 내렸으며, 범양(范陽)은 의복 80만 필단과 양곡 50만 석이었고, 평로(平盧)는 의복과 양곡의 수량을 실전(失傳)하였다. 농우(隴右)는 의복 2백50만 필단, 검남(劍南)은 의복 80만 필단과 양곡 70만 석을 내렸다.

19) ≪열선전(列仙傳)≫에 의하면, "관령(關令)인 윤희(尹喜)는 주(周)의 대부(大夫)이다. 노자(老子)가 서쪽으로 놀러 나갔는데, 윤희가 먼저 노자의 풍격과 용모를 알아보고 그를 강제로 남게 하였는데, 과연 노자였다. 노자는 그의 뜻을 알고 ≪도덕경(道德經)≫을 지어 그에게 주었다." 고 한다. 윤희는 스스로 '관윤자(關尹子)' 라고 불렀다.

있었던 윤희대(尹喜臺) 옆에서 그것을 얻었다.

4 섬주(陝州, 하남성 삼문협시) 자사 이제물(李齊物)이 삼문협의 운하를 뚫었는데,20) 신미일(25일)에 하거(河渠)가 완성되었다. 이제물은 이신통(李神通)21)의 증손자이다.

5 임진일22)에 여러 신하들이 표문을 올렸다.
  "함곡(函谷)의 영부(靈符)가 은밀히 연호에 부응하신 것입니다. 하늘에 앞서 한 일이 어긋나지 않으므로 청하건대 존호(尊號)에 '천보(天寶)'라는 글자를 덧붙이시기를 바랍니다."
이를 따랐다.
  2월 신묘일(15일)에 황상이 현원황제에게 새 사당[玄元廟]에서 제사를 지냈다. 갑오일(18일)에 태묘에서 제사를 지냈다. 병신일(20일)에 남교에서 천지(天地)를 합사(合祀)하고 천하를 사면하였다. 시중을 바꾸어 좌상(左相)으로 하고, 중서령을 우상(右相)으로 하고, 상서좌·우승상을 다시 복야(僕射)로 하였다. 동도(東都, 낙양)·북도(北都, 산동성 태원시)를 모두 경(京)으로 하였으며, 주(州)를 군(郡)으로 하고, 자사(刺史)를 태수(太守)로 하였다. 도림현(桃林縣, 하남성 영보현 동북쪽)을 영보(靈寶)로 고쳤다. 전동수(田同秀)를 조산대부(朝散大夫)로 제수하였다.

---

20) ≪신당서(新唐書)≫ <식화지(食貨志)> 권3에 이에 관한 기록이 있다.

21) 이신통은 당(唐) 고조 이연의 사촌동생인데, 이에 관한 일은 당 고조 무덕(武德) 2년(619년) 9월 18일에 있었고, 그 내용은 ≪자치통감≫ 권187에 기록되어 있다.

22) 정월 1일이 정미일이므로 1월 중에는 임진일이 없다. 다만 ≪당회요(唐會要)≫ <제호(帝號)>에 의거하면 이 사건이 난 달을 2월 정해일(11일)에 천보(天寶)로 제호를 정한 것으로 기록되어 있다. 그러므로 이 임진의 앞에 '2월'이 누락된 것으로 볼 수 있으나, 여기서는 정해일이 아니고 임진일로 되어 있는데, 임진일은 16일이다. 그러나 다음에 오는 기록이 15일 기록이 나오므로 16일은 맞지 않는 것 같으며, 착오가 있은 듯하다.

당시 사람들 모두가 영부는 전동수가 한 짓으로 의심하였다. 1년이 흐르고 나서 청하(淸河, 상동성 청하현) 사람 최이청(崔以淸)이 다시 말하였다.

"현원황제를 천진교(天津橋)의 북쪽에서 알현하였는데, 이르기를, '영부를 무성(武城, 산동성 무성현)의 자미산(紫微山)에 감추어 두었다.'고 하였습니다."

가서 구하도록 칙령을 내렸는데 역시 그것을 얻었다.

동도유수 왕수(王倕)가 그것이 속인 것을 알고 조사하며 묻자, 과연 죄를 자백하여 그것을 주문으로 올렸다. 황상은 역시 깊이 죄 주지 않고 그를 귀양을 보낼 뿐이었다.

6 3월에 장안 현령 위견(韋堅)을 섬군(陜郡, 하남성 삼문협시) 태수로 삼고 영강·회조용(領江·淮租庸)전운사23)로 하였다.

애초에, 우문융(宇文融)이 이미 실패하고 나자 이득을 따지는 사람이 점차 없어졌다. 양신긍(楊愼矜)이 총애를 얻게 되자,24) 이에 위견과 왕홍(王鉷)의 무리들이 다투며 이익을 가지고 나아가니, 백사(百司) 가운데 이권이 있는 것은 점점 따로 사직(使職)25)을 두고 이를 관장하게 되었지만, 옛 관리들은 자리만 채울 뿐이었다.

위견은 태자비(妃)의 오빠였는데 관리가 되어 일을 재빠르게 처리하는

---

23) 영직(領職), 즉 임시로 겸직하는 것이다. 조용(租庸)전운사는 조세와 부역을 실어 나르는 일을 관장하는 관리를 말한다. 당(唐) 현종(玄宗) 선천(先天) 연간(712년)에 이걸(李傑)을 섬주(陜州) 자사로 삼고 겸하여 수륙발운사(水陸發運使)로 삼았다. 사(使)로 설치된 것은 이걸(李傑)이 처음이었다. 배요경(裵耀卿) 이후에 위견(韋堅)에게 처음으로 명하여 '조용사(租庸使)'가 관직의 명칭으로 쓰여 지게 되었다.

24) 우문융의 일은 개원 18년(598년) 9월에 있었고, 그 내용은 《자치통감》 권213에 실려 있다. 양신긍의 일은 개원 21년(733년) 12월에 있었고, 그 내용은 《자치통감》 권213에 실려 있다.

25) 지방의 일을 위하여 조정에서 파견하는 관리를 말한다.

것으로 일컬어졌다. 황상이 그를 강(江)과 회(淮)의 조세 운반을 감독하게 하였는데, 해마다 거만(巨萬)이 늘어나자 황상은 재능이 있다고 여기니, 그러므로 그를 발탁하여 일을 맡겼다. 왕홍은 왕방익(王方翼)[26]의 증손자인데, 역시 조부(租賦)를 잘 다스려서 호부원외랑 겸 시어사가 되었다.

7 이림보(李林甫)가 재상이 되자 무릇 재능이나 명망, 공로와 업적이 자기보다 낫고 황상이 두텁게 대하며 세력과 지위가 장차 자기를 핍박할 수 있는 사람은 반드시 백가지의 계책으로 그를 보내 버렸다. 더욱 문학(文學, 유학)을 하는 인사를 시기하여 혹 겉으로는 더불어서 잘 지내지만, 달콤한 말로 먹이면서 숨어서는 그를 모함하였다. 세상에서는 이림보를 말하여 '입에는 꿀이 있지만 배에는 칼이 있다.'고 하였다.

황상이 일찍이 근정루(勤政樓)에 음악을 늘어놓고서 발을 드리우고 이를 바라보았다. 병부시랑 노현(盧絢)은 황상이 이미 일어난 것으로 생각하고 말채찍을 늘어뜨리고 말의 고삐를 잡고서 근정루 아래를 가로질러 갔다. 노현의 풍모와 품격이 맑고 순수하였는데 황상이 눈길을 그에게 보내면서 깊이 그의 너그럽고 온화함을 감탄하였다.

이림보는 일찍이 금과 비단으로서 후하게 황상의 좌우에 있는 사람에게 뇌물을 주고서 황상의 거동(擧動)을 반드시 알았으므로 이내 노현의 자제(子弟)를 불러 말하였다.

"존군(尊君)[27]께서는 원래 명망이 깨끗하고 높은데 지금 교주(交州, 베트남 하노이시)·광주(廣州, 광동성 광주시)에서는 인재를 빌리고자 하니

---

26) 왕방익은 서역에서 공로가 드러났으며, 그에 관한 일은 문명 원년(684년) 12월에 있었다.

27) 자제(子弟)는 몇 가지의 용례(用例)가 있는데, 여기서는 남의 아들에 대한 높인 말로 사용한 것이고, 존군은 남의 아버지에 대한 높인 말이다.

성상(聖上)께서 존군으로서 그것으로 삼고자 하는데 가능하겠는가? 만약 멀리 가는 것을 꺼린다면 곧 당장에 좌천될 것이요. 그렇지 않겠다면 태자빈객(太子賓客)·첨사(詹事)로 동낙(東洛, 동도인 낙양)에 가서 일을 나누어 맡게 할 것이며, 역시 어진 사람을 우대한 명령인데, 어떠하겠는가?"

노현이 두려워하며 태자빈객·첨사를 삼아달라고 청하였다.

이림보는 여러 사람들의 기대를 어그러지게 하는 것이 두려워 마침내 화주(華州, 섬서성 화현) 자사로 제수하였다. 관부에 도착하여 얼마 지나지 않아 그는 병이 있어 주(州)의 일을 다스릴 수 없다고 속이니 첨사(詹事)·원외동정(員外同正)[28]으로 제수되었다.

황상이 또한 일찍이 이림보에게 물었다.

"엄정지(嚴挺之)는 지금 어디에 있는가? 이 사람은 역시 쓸 만하겠지."

엄정지는 당시에 강주(絳州, 산서성 신강현) 자사였다. 이림보는 물러나 엄정지의 동생인 엄손지(嚴損之)를 불러서 타일렀다.

"황상이 존형(尊兄)을 대우하는 뜻이 매우 두터우니 어찌 황제를 알현하기 위한 대책을 세우지 아니하시오? 주문을 올려 풍질(風疾, 중풍)이 들었다고 하고, 경사로 돌아가서 의원에게 가게 해달라고 청구하시오."

엄정지가 그것을 따랐다.

이림보는 그가 올린 주문을 가지고 황상에게 보고하며 말하였다.

"엄정지는 쇠약하고 늙어서 풍질이 들었으므로 마땅히 단지 산질(散秩)[29]로서 벼슬을 내리시고 편안히 병을 치료하게 하도록 하셔야 합니다."

황상이 오랫동안 소리를 내며 탄식하였다.

---

28) 태자부 첨사(詹事)의 관직을 제수하면서 편제 이외의 관인 원외랑(員外郎)으로 하였는데 정식관리처럼 임명하였다는 의미이다.

29) 일정한 직책이 없는 벼슬아치를 말한다.

　여름, 4월 임인일(28일)에 엄정지를 첨사로 삼고, 또한 변주(汴州, 하남성 개봉시)자사·하남(河南, 황하 남쪽)채방사(采訪使)30)인 제한(齊澣)을 소첨사(少詹事)로 삼았는데, 모두 원외동정(員外同正)으로서 동경(東京, 낙양)에서 병 치료를 하도록 하였다. 제한 역시 조정에서 쌓아온 명망이 있으니, 그러므로 함께 그를 시기한 것이다.

---

30) 특정 지역에 파견되어 지역을 돌며 순찰하는 관리를 말한다.

안록산의 등장과 며느리를 빼앗은 현종

8 황상이 병사를 발동하여 돌기시(突騎施)에 있는 10성(姓) 가한인 아사나흔(阿史那昕)31)을 맞이하도록 하여, 구난성(俱蘭城)에 이르렀는데,32) 막하달간(莫賀達干)에게 살해되었다. 돌기시의 대독관(大纛官)33)인 도마도(都摩度)가 와서 항복하였는데, 6월 을미일(22일)에 도마도를 3성(姓) 엽호(葉護, 야브구, Yabghu)로 책봉하였다.

9 가을, 7월 초하루 계묘일에 일식이 있었다.

10 신미일(29일)에 좌상 우선객(牛仙客)이 사망하였다.34) 8월 정축일(5일)에 형부상서 이적지(李適之)를 좌상으로 삼았다.

11 돌굴의 발실밀(拔悉密)·회흘(回紇)·갈라록(葛邏祿) 세 부(部)가 함

---

31) 10성 가한(十姓可汗)의 제22대 가한이다.

32) 구난성(俱蘭城)은 구난국(俱蘭國)의 수도이다. 구난(俱蘭)은 구라노(俱羅弩) 혹은 굴랑나(屈浪拏)로 표기되기도 하며, 지금의 아프가니스탄 동북쪽 변경, 중앙아시아 강포이(dzhambul)시 동쪽 노과옥야성(lugovoj)에 위치하고 있다.

33) 대독(大纛)은 부족이나 군장(君長)을 표시하는 큰 기(旗)를 말한다.

34) 우선객의 당시 나이는 예순여덟 살이었다.

께 아사나골돌(阿史那骨咄)엽호를 공격하여 그를 살해하고 발실밀의 추장을 밀어 올려 힐질이시(頡跌伊施) 가한으로 삼았고,35) 회흘·갈라록은 스스로 좌·우(左·右)엽호가 되었다. 돌굴의 나머지 무리는 함께 판궐(判闕) 특륵의 아들을 세워서 오소미시(烏蘇米施) 가한으로 삼았으며, 그의 아들인 갈납치(葛臘哆)를 서살(西殺)36)로 삼았다.

황상이 사신을 파견하여 오소에게 타일러서 안으로 붙도록 하였는데 오소가 따르지 않았다. 삭방(朔方, 영하성 영무현)절도사 왕충사(王忠嗣)가 적구(磧口, 사막 입구)를 병사로 가득 메우며 그를 위협하자, 오소가 두려워하며 항복을 받아달라고 청하였으나 시간을 질질 끌면서 오지 않았다.

왕충사는 그가 속이는 것을 알고 이내 사신을 파견하여 유세하여 발실밀·회흘·갈라록에게 그를 공격하도록 하자, 오소가 숨어서 도주하였다. 왕충사는 이어서 병사를 내보내어 그를 치고 그의 우상(右廂)37)을 빼앗고 돌아왔다.

정해일(15일)에 돌굴의 서(西)엽호인 아포사(阿布思)와 서살(西殺) 갈납치·묵철(黙啜)의 손자 발덕지(勃德支)·이연(伊然)의 젊은 처·비가등리(毗伽登利)의 딸이 그 부의 무리 1천여 장(帳)을 이끌고 서로 차례대로 와서 항복하니, 돌굴이 마침내 쇠미해졌다. 9월 신해일(9일)에 황상이 화악루(花萼樓)로 가서 돌굴의 항복한 사람들에게 잔치를 베풀며 매우 후하게 상을 내렸다.

12 호밀(護密, 중앙아시아 분적하 북쪽기슭)이 먼저 토번(吐蕃, 티베트 라싸)에게 붙었는데, 무오일(16일)에 그 나라의 왕인 결길리복(頡吉里匐)이 사

---

35) 돌굴의 제27대 가한이다.

36) 돌굴은 친속(親屬)을 동(東)과 서(西)로 나누어 다스렸는데, 부르기를 좌살(左殺), 우살(右殺) 또는 동살(東殺), 서살(西殺)이라고 하였다. 서살은 우살이다.

37) 돌굴의 좌(左), 우살(右殺)이 맡은 부(部)를 좌(左), 우상(右廂)이라고 하였다.

신을 파견하여 항복을 받아달라고 청하였다.

13 겨울, 10월 정유일(26일)에 황상이 여산(驪山, 섬서성 임동현 경계)온 천에 행차하였다가 기사일[38]에 궁궐로 돌아왔다.

14 12월에 농우(隴右, 청해성 낙도현)절도사 황보유명(皇甫惟明)이 주문을 올려서 '토번(吐蕃)의 대령(大嶺, 청해성 서녕시 서쪽) 등의 군대를 깨뜨렸다.'고 하였다. 무술일(27일)에 또한 주문을 올려서 청해도(青海道)의 망포지(莽布支) 군영에 있는 3만여 무리를 깨뜨리고 목을 베고 사로잡은 사람이 5천여 급이라고 하였다. 경자일(29일)에 하서(河西, 감숙성 무위시)절도사 왕수(王倕)가 주문을 올려서 토번(吐蕃) 어해(漁海, 청해성 귀덕현 서쪽)와 유혁(遊弈, 청해성 귀덕현 서쪽) 등의 군대를 깨뜨렸다고 하였다.

15 이 해에 천하의 현(縣)은 1천528이고, 향(鄕)은 1만6천829이고, 호(戶)는 8백52만5천763이고, 인구는 4천890만9천800이었다.

16 회흘(回紇)엽호인 골력배라(骨力裴羅)가 사신을 파견하여 들어와서 공물을 바치니, 작위를 내려서 봉의왕(奉義王)으로 하였다.

현종 천보 2년(癸未, 743년)

---

38) 통감필법으로 기사일은 10월이어야 하지만 10월 1일이 임신일이므로 10월에는 기사일이 없다. 다만 《신당서(新唐書)》에 의하면 이 일은 11월에 일어난 것으로 되어 있고, 또 《자치통감》의 다른 판본에는 기사(己巳) 위에 십일월(十一月)이 들어가 있는 것으로 보아 이 사건은 11월에 일어난 것으로 보아야 하므로 기사 위에 11월이 누락된 것이며 이날은 11월 기사는 28일이다.

1 봄, 정월에 안록산(安祿山)이 들어와서 조현하였다. 황상이 총애하며 대우하는 것이 매우 두터웠으므로 알현하는 것에 때가 없었다.

안록산이 주문으로 아뢰었다.

"지난해 영주(營州, 요녕성 조양시)에서 벌레가 묘목을 먹어 신(臣)이 향불을 피우고서 하늘에 기원하기를, '신이 만약 마음을 쓰는데 바르지 않거나 군주를 섬기는데 충성스럽지 않았으면, 바라건대, 벌레로 하여금 신의 심장을 먹게 하십시오. 만약 신기(神祇)39)에게 죄를 짓지 않았다면, 바라건대, 벌레를 흩어지도록 하여 주시옵소서.' 라고 하였습니다. 곧바로 새떼가 북쪽에서 날아오더니 벌레를 잡아먹어즉각 다 없앴습니다. 청하건대, 사관(史官)에게 맡기어 널리 알리게 하여 주십시오."

이를 따랐다.

2 이림보가 이부상서의 직책을 관장하여 매일같이 정부(政府)40)에 있으면서 뽑는 일을 모두 시랑인 송요(宋遙)와 묘진경(苗晉卿)에게 맡겼다. 어사중승 장의(張倚)가 새로이 황상의 총애를 얻자, 송요와 묘진경은 그에게 붙고자 하였다. 당시에 선인(選人)41)으로 모인 사람은 1만을 헤아렸는데, 입등(入等)42)한 사람이 64명이고, 장의의 아들인 장석(張奭)이 첫째이었으므로 많은 사람들의 논의가 들끓었다.

예전에 계(薊, 북경시) 현령이던 소효온(蘇孝韞)이 안록산에게 알리니, 안록산이 들어가 황상에게 말하였고, 황상이 입등한 사람들을 모두 불러

---

39) 신은 하늘의 신이고, 기는 땅의 신이다.

40) 이부상서의 직책을 관장한다는 것은 영직(領職)으로 관직명은 영이부상서이며, 정부(政府)는 재상이 정사(政事)를 돌보는 정사당(政事堂)을 말한다.

41) 선거에 참여하여 선발되기를 바라는 사람을 발한다.

42) 당대(唐代)에는 시험을 쳐서 관리를 선발하였다. 시험을 쳐서 하나의 항목으로 판정을 하였으므로 대개 문리(文理)에 뛰어난 사람이 뽑혔는데, 이를 입등(入等)이라 하였다.

서 면전에서 시험을 치르게 하였는데, 장석은 손으로 시지(試紙)를 쥐고 서 종일 한 글자도 쓰지를 못하여 당시 사람들이 이르기를, '예백(曳白)' 43)이라 하였다.

계해일(23일)에 송요(宋遙)는 벼슬이 깎여서 무당(武當, 호북성 단강구시 서북쪽) 태수로 되고, 묘진경(苗晉卿)은 깎여서 안강(安康, 섬서성 안강시) 태수로 되고, 장의(張倚)는 깎여서 회양(淮陽, 하남성 회양현) 태수로 되었으며, 동고판관(同考判官)44)이던 예부(禮部)낭중 배굴(裴朏) 등은 모두 깎여서 영남(嶺南, 남령 남쪽)의 관리로 보냈다. 묘진경은 호관(壺關, 산서성 호관현) 사람이다.

3 3월 임자일(12일)에 현원(玄元, 노자)황제의 부친인 주(周)의 상어대부(上御大夫)를 선천태황(先天太皇)으로 삼고45), 또 고요(皋繇)46)를 추존하여 덕명(德明)황제로 삼고, 양(涼)의 무소왕(武昭王)47)을 흥성(興聖)황제로 삼았다.

4 강·회남조용등사(江·淮南租庸等使)48)인 위견(韋堅)이 산수(滻水, 파수

---

43) 예백(曳白)은 흰 종이 위에 한 글자도 쓰지 못한 것을 의미하는데, 즉 시험을 보면서 한 글자도 쓰지 못하고 시험지를 백지(白紙)로 제출한 것을 말한다.

44) 인재를 선발하는 고시에 함께 참여하여 업무를 처리하였던 사람들 즉, 고시(考試) 집행관을 말한다.

45) 노자(老子)의 이름이 이이(李耳)였으므로 이씨인 당 왕조에서는 노자와 그 아버지까지 추존한 것이다.

46) 고요(皋繇)는 또한 고요(皋陶), 구요(咎繇)로도 표기한다. 순(舜)임금의 대신인 '리(理)'이다. 자(字)는 정견(庭堅)이며, 사구(司寇) 즉 옥관(獄官)의 장(長)을 지냈다. 이씨(李氏) 성(姓)의 시조이기 때문에 당조(唐朝)에서 덕명(德明)황제로 추존을 한 것이다.

47) 서량(西涼)의 초대 왕인 이고(李暠)를 말한다. 이고는 당 고조 이연의 7대조이다.

48) 강·회남조용등사(江·淮南租庸等使)는 사직(使職)으로 장강과 회수 남쪽에서 나오는 조(租)와 용(庸) 등 물자를 조절하는 것을 총감독하는 직책이다.

지류)의 물을 끌어들여 금원(禁苑) 동쪽에 있는 망춘루(望春樓) 아래까지 이르게 하여 연못을 만들고, 강(江, 장강)과 회(淮, 회수)의 운반선을 모으고 역부(役夫)들과 장인(匠人)들을 부려서 조거(漕渠, 조운을 위한 하거)를 통하게 하였는데, 백성들의 무덤을 헐어버려서 강·회(江·淮)에서부터 경성(京城, 장안)에 이르게 하자 백성들 사이에서는 삐뚤어져서 근심하며 원망하였다. 2년 만에 완성하였다.

병인일(26일)에 황상이 망춘루로 가서 새 연못을 구경하였다. 위견이 새로 만든 선박 수백 척에다 편액으로 군(郡)의 명칭을 두루 써 붙이고 각각 군(郡)에서 나오는 진귀한 재화를 선박 뒤쪽에 늘어놓았다., 섬현(陝縣, 하남성 삼문협시)현위 최성보(崔成甫)가 반소매로 된 비단 옷을 입고, 푸른 적삼은 바짓가랑이에 찔러 넣어 옷을 벗어젖힌 채 머리에는 붉은 머리띠를 하고서 배의 앞에 앉아서 득보가(得寶歌)[49]를 불렀고, 아름다운 여인 100명으로 하여금 성대한 옷차림을 하도록 하여 이에 화답하게 하였는데 이어진 돛대가 여러 리(里)였다. 위견은 무릎을 꿇고 여러 군에서 온 경화(輕貨)[50]를 올렸으며, 이어 100개의 상아 쟁반에 음식을 올렸다.[51] 황상이 잔치를 벌였는데 하루 종일 걸려서야 마침내 철폐하였고 구경하는 사람이 산처럼 모였다.

---

49) 예전에 민간에서는 '득체흘나아(得體紇那邪)'라는 저속한 노래가 불리고 있었다. 도림(桃林)에서 영부(靈符)를 얻고 난 뒤에 최성보(崔成甫)는 곧 '흘체가(紇體歌)'를 '득보홍농야(得寶弘農野)'로 고쳐 불렀다. 노래의 내용은 다음과 같다. "홍농(弘農)의 들에서 보물을 얻었네만, 홍농이 보물을 얻은 것인가? 호수에는 주선(舟船)들이 시끄럽지만, 양주(揚州)에는 구리그릇도 많다네. 3랑(郎)이 궁전에 앉자 득보가(得寶歌) 노래를 듣네."

50) 무게가 가벼운 재물을 말하는 것으로 이는 각 군에서 올린 주단(綢緞)이나 경량(輕量)의 특산품을 의미하는 것으로 생각된다.

51) 정대창(程大昌)의 ≪연번로(演繁露)≫에 의하면, "당대(唐代) 소부감(少府監)은 황제가 쓰는 음식 그릇 9가지를 이용하여 음식을 쌓아 늘어 두고, 상아로 된 쟁반 9매로 장식하여 황상에게 맛보게 하였는데 황제 앞에 설치하여 또한 이르기를, '간식(看食)' 즉 '눈으로도 즐기며 먹는 음식'이라 하였다."고 한다.

여름, 4월에 위견에게 좌(左)산기상시를 덧붙여주고 그의 요속(僚屬)
과 이졸들에게는 차이를 두어 칭찬하며 상을 주었는데, 그 연못의 이름
을 '광운(廣運)'이라 하였다. 당시 경조윤(京兆尹) 한조종(韓朝宗)이 역시
위수(渭水)를 끌어들여 서가(西街)에 연못을 만들었는데 재목을 담아 두
었다.

5 정해일(18일)에 황보유명(皇甫惟明)이 군대를 이끌고 서평(西平, 청해
성 낙도현)으로 나가 토번을 치고 1천여 리를 가서 홍제성(洪濟城, 청해성
공화현 동남쪽)을 공격하여 이를 깨뜨렸다.

6 황상이 우(右)찬선대부52) 양신긍(楊愼矜)을 지어사중승사(知御史中丞
事)53)로 삼았다. 당시 이림보는 권력을 오로지하여 공경(公卿)으로 나아
간 사람 중에 그의 문(門)으로부터 나가지 않은 사람이 있으면 반드시
죄를 씌워서 내보냈다. 양신긍이 이로 말미암아 굳게 사양하며 감히 받
지 못하였다. 5월 신축일(3일) 양신긍을 간의대부로 삼았다.

7 겨울, 10월 무인일(13일)에 황상이 여산(驪山, 섬서성 임동현 경계)온천
으로 갔다. 을묘일54)에 궁으로 돌아왔다.

---

52) 찬선(贊善)대부는 태자궁의 시종(侍從)이나 익찬(翊贊, 정치적인 일을 보좌하는 일)
  을 관장하는 부서의 부서장(副署長)을 말한다. 당 고종 용삭 2년(662년) 태자중윤을
  고쳐 찬선대부라 하였다. 고종 함형 원년(670년)에 다시 태자중윤을 설치하였으나
  찬선대부는 폐지하지 않고 그대로 두었다. 후에 다시 좌(左), 우(右)로 나누어 각각
  5원(員), 반좌(班左), 우유덕하(右諭德下)를 설치하였다. 유덕(諭德)은 태자의 도덕을
  일깨위주는 일을 관장하였고, 찬선(贊善)은 태자를 익찬(翊贊)하며 경계하고 간하는
  일을 관장하였다.

53) 지(知)는 대리(代理)에 해당하는 관직이다. 여기서는 어사중승의 업무를 알아서 처리
  하는 사람이라는 뜻의 관직이다.

54) 10월은 1일이 병인일이므로 10월 중에는 을묘일이 없다. 다른 판본에 을묘 앞에 11월
  이 있으므로 을묘 앞에 11월이 누락된 것으로 보아야 하며 11월 을묘일은 11월 20일

현종 천보 3재(載)(甲申, 744년)

1 봄, 정월 초하루 병신일에 '년(年)'을 고쳐서 '재(載)'로 하였다.55)

2 신축일(6일)에 황상이 여산(驪山)온천으로 행차하였다가 2월 경오일(6일)에 궁궐로 돌아왔다.

3 신묘일(27일)에 태자의 이름을 '형(亨, 이형)'이라 고쳤다.

4 해적 오령광(吳令光) 등이 태주(台州, 절강성 임해시)와 명주(明州, 절강성 항주시)을 노략질하였으므로 하남윤(河南尹) 배돈복(裴敦復)에게 명하여 병사를 이끌고 그들을 토벌하도록 하였다.

5 3월 기사일(5일)에 평로(平盧, 요령성 조양시)절도사 안록산에게 범양(范陽, 북경시)절도사를 겸직하도록 하고 범양절도사 배관(裴寬)은 호부상서로 삼았다. 예부상서 석건후(席建侯)를 하북출척사(河北黜陟使)56)로 삼

이다. 결국 근 40일간 온천 행차를 한 것이다.

55) 이해부터 '년(年)'을 고쳐 '재(載)'로 하였다. 재(載)는 년(年)과 세(歲)의 또 다른 명칭이다. 《시경(詩經)》 <이아(爾雅)> <석천(釋天)>에 따르면 "재(載)는 세(歲)이다. 하(夏)에서는 세(歲), 상(商)에서는 사(祀), 주(周)에서는 년(年), 당우(唐虞)에서는 재(載)라고 하였다."고 한다. 당 현종 천보 3년(744년)에 '년(年)'을 고쳐 '재(載)'로 하였는데, 현종은 당우를 이어 받는다는 생각으로 재로 고친 것으로 보이며, 숙종(肅宗) 건원(建元) 원년(758년)에 이르러서 다시 년(年)으로 개칭하였다. 모두 14년 동안 '년' 대신 '재'로 햇수를 표시하였다.

56) 출척사(黜陟使)는 당대(唐代)의 관명이다. 당(唐) 태종 정관 8년(634년) 이정(李靖) 등 13명을 출척대사로 삼아 여러 도(道)를 돌며 관리를 감독하고 살피도록 하였는데 이것이 출척사의 효시인 것으로 여겨진다. 이후 일정하지 않게 설치되었고 명칭 또한 일정하지 않았다. 중종 신룡 2년(705년) 10도(道)순안사(巡按使)를 설치하였는데 이후에 개칭하여 안찰사라고 하였다. 현종 개원 2년(714년) 10도 안찰채방처(按察采訪處)에 사(使)를 설치하였다. 천보 말년 다시 개칭하여 관찰처치사(觀察處置使)라고 하였다.

있는데, 안록산이 공평하고 정직하다고 칭찬하였으며, 이림보와 배관 모두가 뜻을 따르느라고 안록산의 훌륭함을 칭찬하였다. 이 세 사람 모두 황상이 믿고 맡기는 사람이었으니, 이로 말미암아 안록산의 총애가 더욱 굳어져서 흔들리지 않았다.

6　여름, 4월에 배돈복이 오령광(吳令光, 해적)을 깨뜨리고 그를 사로잡았다.

7　5월에 하서(河西, 감숙성 무위시)절도사 부몽령찰(夫蒙靈詧)57)이 돌기시(突騎施, 이리하 중하류)의 막하달간(莫賀達干)을 토벌하고 그의 목을 베고,58) 다시 흑성(黑姓, 부락명)의 이리저밀시골돌록비가(伊里底蜜施骨咄祿毗伽)를 세우게 해달라고 청하였다. 6월 갑진일(12일)에 칙서를 내려서 이리저밀시골돌록비가를 10성(姓) 가한으로 삼았다.

8　가을, 8월에 발실밀(拔悉蜜, 몽골 科布多 분지 북부)이 돌굴의 오소(烏蘇) 가한을 공격하여 참수하고 수급(首級)을 경사로 전하였다. 그 나라 사람들이 그의 동생인 골농복백미(鶻隴匐白眉) 특륵을 세웠는데, 이 사람이 백미(白眉) 가한59)이다.

　이에 돌굴에서는 큰 혼란이 일어났는데, 칙서를 내려 삭방(朔方, 영하성 영무현)절도사 왕사충에게 병사를 내보내 이를 타도록 하였다. 살하내산(薩河內山)에 이르러서 그 좌상(左廂)인 아파달간(阿波達干) 등 11부

---

57)　《원화성찬(元和姓纂)》에 의하면, "부몽(夫蒙)은 서강족(西羌族)의 성씨이다. 후진(後秦) 시기 건위(建威)장군인 부몽강(夫蒙羌)이 있었다. 지금의 포주(蒲州)와 동주(同州)에 이 성씨(姓氏)들이 많이 살고 있는데 어떤 사람들은 성씨를 마씨(馬氏)로 고쳤다. 그래서 《회요》에는 마령찰로 기록되어 있다.

58)　막하달간이 아사나흔을 공격한 일은 천보 원년(742년) 4월에 있었다.

59)　제29대 가한이다.

(部)를 깨뜨렸으나 우상(右廂)은 아직 떨어뜨리지 아니하였다. 마침 회흘
(回紇)과 갈라록(葛邏祿)이 함께 발실밀힐질이시(拔悉蜜頡跌伊施) 가한을 공
격하여 그를 살해하였다.

회흘의 약라갈골력배라(藥邏葛骨力裴羅)가 지립하여 골돌록비가궐(骨咄祿
毗伽闕) 가한이 되었는데,[60] 사신을 파견하여 상황을 말하였다. 황상이 책
서를 내려 약라갈골력배라를 회인(懷仁) 가한으로 삼았다.

이에 회인은 남쪽으로 돌궐의 옛 땅을 점거하면서 오덕건산(烏德犍山,
몽골 항애산)에 아장(牙帳)을 세우니, 옛날에 통솔되던 약라갈(藥邏葛) 등
9성(姓)은 이후에 또한 발실밀(拔悉蜜)과 갈라록(葛邏祿)을 합쳐져 모두
11부(部)가 되었다. 각각 도독을 설치하여 매번 전투할 때마다 두 객부
(客部, 拔悉蜜·葛邏祿)를 선봉으로 하였다.

9 이림보는 양신긍(楊愼矜)이 자기에게 굽히며 붙자, 9월 갑술일(14일)
에 다시 양신긍을 어사중승으로 삼고 제도주전사(諸道鑄錢使)[61]에 충임
하였다.

10 겨울, 10월 계사일(4일)에 황상이 여산(驪山, 섬서성 임동현 경계)온천
으로 갔다가 11월 정묘일(8일)에 궁궐로 돌아갔다.

11 술사(術士)인 소가경(蘇嘉慶)이 말씀을 올렸다.
"둔갑술(遁甲術)에는 구궁귀신(九宮貴神)[62]이 있는데, 수재와 한재를 다

---

60) 회흘(回紇)한국(汗國)의 제1대 가한이다.

61) 각도(各道)에서 주조하는 화폐를 감독하는 직(職)을 말한다.

62) 구궁귀신(九宮貴神)은 둔갑술(遁甲術)의 일종이다. 그 기원은 ≪역건착도(易乾鑿度)≫
    의 태을행구궁법(太乙行九宮法)에 있으며 남·북조 시기에 성행하였다. 구궁귀신(九宮
    貴神)은 이른바 태일(太一)을 말한다.

스리니 청컨대 동교(東郊)에 제단을 세우고 4맹월(孟月)63)에 제사를 지내십시오."

이를 따랐다.

제례(祭禮)를 지내는데 호천상제(昊天上帝)보다는 아래이고 태청궁(太淸宮)과 태묘(太廟)보다는 위에 놓았으며, 쓰인 희생물과 옥기(玉器)는 모두 천지에 제사를 지낼 때와 같게 하였다.

12　12월 계사일(4일)에 온천궁(溫泉宮, 섬서성 임동현) 아래에 회창현(會昌縣)을 설치하였다.

13　호부상서 배관(裴寬)은 원래 황상이 중히 여기는 사람인데 이림보는 그가 재상으로 들어올까 두려워하여 그를 시기하였다. 형부상서 배돈복(裴敦復)이 해적을 치고 돌아와서 청탁을 받고 군공(軍功)을 넓혀서 차례를 매겼는데, 배관이 몰래 이 일을 아뢰었다. 이림보가 배돈복에게 알리자 배돈복은 배관도 역시 예전에 친구를 배돈복에게 부탁하였던 것을 말하였다.

이림보가 말하였다.

"그대는 빨리 이를 아뢰어서 다른 사람[배관]보다 늦지 않게 하시오."

배돈복은 이내 500금(金)을 여관(女官, 女道士) 양태진(楊太眞, 후의 양귀비)의 언니에게 뇌물로 주고 그녀로 하여금 황상에게 말하도록 하였다. 갑오일(5일)에 배관은 연루되어서 벼슬이 깎여서 수양(睢陽, 하남성 상구현) 태수로 되었다.

애초에, 무혜비(武惠妃)가 사망하자64) 황상이 슬퍼하며 생각하기를 그

---

63) 사계절(四季節) 가운데 매 계절의 첫 달을 맹월(孟月)이라고 한다. 즉 4맹월은 맹춘(孟春), 맹하(孟夏), 맹추(孟秋), 맹동(孟冬)을 일컫는데, 1월, 4월, 7월, 9월이다.

64) 개원 25년(737년)에 혜비가 사망하였다.

치지 않았고 후궁이 수천이었으나 뜻에 해당하는 사람이 없었다. 어떤 사람이 말하기를 수왕(壽王, 무혜비의 소생 李瑁)의 비(妃)인 양(楊)씨의 아름다움은 세상에 둘도 없다고 하였다. 황상이 그를 보고서 기뻐하며 이내 비(妃)로 하여금 자신의 뜻으로 여관(女官)이 되게 해달라고 청하도록 하였고, 이름을 태진(太眞)으로 하도록 하였다. 다시 수왕을 위하여 좌위(左衛)랑장 위소훈(韋昭訓)의 딸을 맞게 하였다.

몰래 태진을 궁 안으로 들였다. 태진은 피부가 살이 찌고 자태가 요염하였으며, 음율(音律)65)을 알고 품성이 조심스러우면서도 빼어나 황상의 뜻을 잘 받들며 맞아들였으므로 한 해가 지나지 않아 총애하여 대우하기를 무혜비와 같이 하니, 궁 안에서 부르기를, '낭자(娘子)'라고 하며 모든 의례는 모두 황후처럼 하였다.

14 계묘일(17일)에 종실(宗室)의 딸을 화의(和義)공주로 삼아 영원(寧遠, 중앙아시아 namangan)의 봉화왕(奉化王)66)인 아실란달간(阿悉爛達干)에게 시집을 보냈다.

15 계축일(27일)에 황상이 구궁귀신(九宮貴神)에게 제사를 지내고 천하를 사면하였다.

16 처음으로 백성 가운데 열여덟 살이 된 사람은 중정(中丁)으로 하고, 스물세 살이 되면 성정(成丁)으로 하도록 명령하였다.67)

---

65) 음률은 5음(五音, 宮, 商, 角, 徵, 羽)과 12률[같은 음계로 양(陽)인 육률(六律)과 음(陰)인 육려(六呂)의 총칭이다. 육률은 황종(黃鐘), 태주(太簇), 고선(姑洗), 유빈(蕤賓), 이칙(夷則), 무역(無射)을 말하며, 육려는 대려(大呂), 협종(夾鐘), 중려(仲呂), 임종(林鐘), 남려(南呂), 응종(應鐘), 율려(律呂)를 말함]을 말하는 것으로 즉 음악을 말한다.

66) 황제는 발한나(拔汗那)가 토화선(吐火仙)을 평정하는 것을 돕자 그왕을 책봉히여 봉화왕이라 하고 그 나라를 영원이라고 하였다.

17　애초에, 황상이 동도(東都, 장안)에서 돌아왔는데, 이림보는 황상이 순행(巡行)하는 것을 싫어하는 것을 알고서 마침내 우선객(牛仙客)과 더불어 꾀하기를, 가까운 도(道)의 속부(粟賦)와 화적(和糴)68)하는 것을 늘리어 관중(關中, 섬서성 중부)을 꽉 차게 하였는데, 여러 해 동안 쌓아 모으니 점점 넉넉해졌다.

황상이 조용히 고력사(高力士)에게 말하였다.

"짐이 장안(長安)을 나가지 않은 지가 10년이 되는데도69) 천하에 아무 일이 없으니, 짐은 높은 곳에 머물며 아무 일도 하지 않고 모든 나라를 다스리는 일은 이림보에게 맡기고자 하는데 어떠한가?"

대답하였다.

"천자가 순수(巡狩)70)하시는 것은 예부터 있어 온 제도 입니다. 또 천하의 대권(大權)은 다른 사람에게 빌려 줄 수 없는 것입니다. 그의 위세가 이미 이루어지고 나면 누가 감히 다시 그를 논의할 사람이 있겠습니까?" 황상이 기뻐하지 않았다.

고력사는 머리를 조아리며 스스로 말하였다.

"신(臣)이 정신병이 들어 망령된 말을 하였으니 마땅히 죽을죄를 졌습니다."

---

67) '중(中)'과 '정(丁)'은 고대 시기 호적을 가지고 부역을 담당하게 되는 연령을 말한다. 당 초의 제도는 남녀가 태어나면 '황(黃)'이라 하였고, 네 살에 이르면 '소(小)'라고 하였으며, 열여섯 살이 되면 '중(中)', 스물한 살은 '정(丁)'이라 하였고, 예순 살에 이르면 '노(老)'라고 하였다. 현종 천보 3재(載, 744년) 때 열여덟 살이 된 남자를 '중정(中丁)', 스무 살이 된 남자를 '성정(成丁)'으로 고쳤다. 성정은 성년이라는 의미이며, 이는 부역을 감당하는 나이임을 가리킨다. 또한 성년의 남과 여를 정남(丁男), 정녀(丁女)라고 하였다.

68) 정부에서 돈을 주고 쌀을 구매하는 것이다.

69) 개원 24년(736년)에 현종은 동도에서 돌아오고 나서 다시는 동쪽으로 순행을 하지 않았으므로 근 10년이 된 셈이다.

70) 순수(巡狩)의 의미는 천자가 수렵(狩獵)을 통하여 병사를 단련시키는 한편, 제후국(諸侯國)을 순회하며 정치의 득실과 민정(民情)을 시찰하는 것을 말한다.

황상이 이내 고력사를 위하여 술자리를 베풀자 좌우(左右)에서 모두 만세를 불렀다. 고력사는 이로부터 감히 천하의 일을 깊이 말하지 아니하였다.

칭찬받는 사람을 싫어하는 이림보

현종 천보 4재(乙酉, 745년)

1 봄, 정월 경오일(12일)에 황상이 재상에게 말하였다.

"짐이 근래 갑자일(6일)에 궁중에 제단을 쌓고 백성들을 위한 복을 빌었는데, 짐이 스스로 누런 비단에 초(草, 기도문의 초)를 잡아서 책상 위에 놓았는데 잠깐 사이에 하늘로 날아오르더니, 공중에서 '성상(聖上)의 수명이 늘어났습니다.' 하고 말하는 소리가 들렸다.

또 짐이 숭산(嵩山, 하남성 등봉현 북쪽)에서 약(藥)을 정련하여 완성한 것을 역시 제단 위에 놓고 밤이 되자 좌우에 있는 사람들이 그것을 거두려고 하니 또 공중에서 '약을 아직 거둘 필요가 없으니, 이는 스스로 지키며 보호합니다.' 라고 말하는 소리가 들렸다. 새벽녘에 이르러서야 그것을 거두어들였다."

태자·여러 친왕·재상 모두가 표문을 올려서 경하하였다.

2 회흘(回紇)의 회인(懷仁) 가한이 돌굴(突厥, 한해사막군)의 백미(白眉) 가한을 치고 그를 살해하여 수급을 경사로 전하였다. 돌굴의 비가(毗伽) 가돈(可敦)71)이 무리를 이끌고 와서 항복하였다.72) 이에 북쪽의 변경이 편안해졌고 봉수대(烽燧臺)는 경보(警報)가 없었다.

회흘이 땅을 개척하는 것이 점점 넓어져 동쪽으로 경계는 실위(室韋, 내몽고 동북부)에 이르고 서쪽으로는 금산(金山, 신강성 아이태산)에 이르며 남쪽으로는 커다란 사막을 건너 돌궐의 옛 땅을 다 차지하였다. 회인 가한이 죽자 아들 약라갈마연철(藥羅葛磨延啜)이 서고 명호를 갈록(葛勒) 가한이라 하였다.

3 2월 기유일(21일)에 삭방(朔方, 영하성 영무현)절도사 왕충사(王忠嗣)를 하동(河東, 산서성 태원시)절도사를 겸하게 하였다. 왕충사는 젊어서 용감한 것을 자부하고 한 방면을 진수하게 되자 오로지 진중함을 유지하면서 변경의 안전을 지키는 것을 임무로 여기면서 항상 말하였다.

"태평한 시절의 장군은 단지 사졸들을 어루만져서 따르게 하고 훈련시킬 뿐이고, 중국의 힘을 지치게 하여서 공적(功績)과 명성(名聲)을 얻을 수 없다."

칠궁(漆弓) 150근(斤)짜리가 있었는데, 항상 활집 안에 넣어두고 보여주기만 하며 쓰지는 않았다. 군대 안에서 낮과 밤으로 싸울 것을 생각하였는데, 왕충사는 많은 첩자를 파견하여 그 틈을 엿보다가 이길 수 있는 것이 보이면 그런 뒤에 병사를 일으켰으므로 나가면 반드시 공을 세웠다.

이미 양도(兩道, 朔方과 河東)절도사를 겸하게 되니 삭방으로부터 운중(雲中, 산서성 대동시)에 이르기까지 변경은 수천 리에 늘어져 있었고, 중요한 요새에는 모두 성과 보루를 줄지어 세웠으며, 땅을 개척한 것이 각기 수백 리였다. 변방의 사람들은 장인단(張仁亶)73)이 있은 뒤부터 장수

---

71) 회인(懷仁) 가한은 회흘의 1대 가한이고, 백미 가한은 돌궐의 제29대 가한으로 성명이 아사나골농복(阿史那鶻隴匐)이고, '가돈(可敦)'은 돌궐어를 한어(漢語)로 음역한 것이며 그 의미는 황후(皇后)이다. 비가(毗伽) 가돈(可敦)은 비가(毗伽) 가한인 아사나묵극연(阿史那黙棘連)의 황후라는 뜻이다.

72) 동돌궐(東突厥)은 이로써 와해되었다. 초대 대가한(大可汗)인 이리 가한(伊利可汗) 아사나토문(阿史那土門)이 552년에 출현하여 나라를 세운 지 194년 만에 29대 가한인 백미(白眉) 가한 아사나골농복(阿史那鶻隴匐)을 끝으로 왕조의 막을 내렸다.

들 가운데서 모두 미치지 못한다고 생각하였다.

4 3월 임신일(4일)에 황상이 외손녀 독고(獨孤)씨를 정낙(靜樂)공주74)
로 삼아 거란왕 이회절(李懷節)에게 시집을 보냈다. 생질 양(楊)씨를 의
방(宜芳)공주로 삼아 해왕(奚王) 이연총(李延寵)에게 시집을 보냈다.

5 을사일75)에 형부상서 배돈복(裴敦復)을 영남오부경략등사(嶺南五府經
略等使)76)에 충임하였다. 5월 임신일(15일)에 배돈복은 두류(逗留)하며
관부에 가지 않은 것에 걸려서 벼슬이 깎여서 치천(淄川, 산동성 치박시)
태수로 되었으며, 광록소경(光祿少卿) 팽과(彭果)77)로 그를 대신하게 하
였다. 황상은 배돈복이 해적을 평정한 공을 칭찬하였으니, 그러므로 이
림보가 그를 모함한 것이다.

6 이적지(李適之)는 이림보와 권력을 다투다가 틈이 생겼다. 이적지가
병부상서(兵部尙書)를 관장하자 부마 장기(張垍)78)를 시랑(侍郎)으로 삼

---

73) 장인단(張仁亶)은 뒤에 예종(睿宗)의 이름인 단(旦)과 발음이 같아 피휘하여 이름을
   인원(仁愿)으로 개명하였다. 장인원은 3수항성(受降城)을 축조하였던 인물이다. 이 일
   은 중종(中宗) 경룡(景龍) 2년(708년) 3월에 있었고, 그 내용은 ≪자치통감≫ 권209
   에 실려 있다.

74) 정낙(靜樂)공주의 어머니는 현종(玄宗)의 딸인 신성(信成)공주이며, 아버지는 독고명
   (獨孤明)이다.

75) 통감필법으로 보면 3월 을사일이어야 하지만, 3월 1일이 기사(己巳)일이므로 3월에
   는 을사일이 없다. 만약에 을사 앞에 4월이 누락된 것으로 보면 4월 을사일은 4월
   18일이다.

76) 영남오부경략등사(嶺南五府經略等使)는 사직(使職)이다. 영남오부는 남령 이남의 다
   섯 부(府)를 말하며, 경략등사는 경략사와 또 다른 사직(使職)을 겸한다는 의미를 가
   지고 있다. 따라서 영남 지역에 있는 다섯 부의 경략 문제와 그 외의 다른 문제를 책
   임지는 관직이다.

77) 팽고(彭杲)로 되어 있는 판본도 있다.

78) 호삼성은 장기(張垍)에서 '垍'를 기(其)와 기(冀)의 번(翻)이라고 하였으므로 '기'로

았는데, 이림보가 역시 그를 미워하여 사람을 시켜 병부전조(兵部銓曹)79)
에서 간악하게 이득을 얻은 일을 들추어냈으므로 이(吏) 60여 명을 잡
아들여 경조(京兆)와 어사(御史)에게 보내 마주하며 이들을 국문하였지만
여러 일이 지나도 마침내 그 정황을 찾지 못하였다.

경조윤(京兆尹) 소경(蕭炅)이 법조(法曹) 길온(吉溫)으로 하여금 이를
국문하도록 하였다. 길온이 뜰로 들어가 병부의 이(吏)를 밖에 세워놓고
먼저 후청(後廳)에서 두 가지의 죄를 지은 죄인을 심문하였는데, 혹은
곤장을 치기도 하고 혹은 몸을 누르니 큰소리로 부르짖는 소리를 차마
들을 수 없었는데 모두 말하였다.

"만약에 남은 목숨이라도 살게 해주신다면 종이를 빌려 모두 대답하겠
습니다."

병부의 관리들은 원래 길온이 참혹하다는 소리를 들었으므로 끌려들
어가자 모두 스스로 죄가 없는데도 거짓으로 자백하고 감히 길온의 뜻
을 어기는 사람이 없었다. 얼마 지나지 않아 옥사가 이루어졌고 갇혀 있
는 것을 조사하였지만 매질을 받은 흔적은 없었다.

6월 신해일(25일)에 칙서를 내려 앞뒤로 지전시랑(知銓侍郞)과 판남조
낭관(判南曹郞官)80)을 꾸짖고 그를 용서하였다. 장기(張垍)는 장균(張
均)81)의 형이고 길온은 길욱(吉頊)82)의 동생의 아들이다.

읽어야 한다.

79) 병부에서 인재 선발을 맡은 부서의 책임자를 말한다.

80) 지전시랑(知銓侍郞)은 지직(知職)으로 전선(銓選)을 맡은 시랑이며, 판남조낭관(判南
曹郞官)에서 남조(南曹)는 관서의 명칭으로 당(唐) 시기에는 이부의 원외랑이 선원
(選員)을 관장하였다. 상서성(尙書省) 남쪽에 위치하고 있었으므로 이를 남조라고 하
였다. 당 고종 총장 2년(669년) 판남조(判南曹)를 설치하여 주관으로 삼았는데, 판
남조에는 주사(主事), 영사(令史), 서영사(書令史), 형장(亭長), 장고(掌固)가 있었다.

81) 장기(張垍)와 장균(張均)은 현종 개원 연간의 저명한 재상이었던 장열의 아들이다.
그런데 ≪구당서(舊唐書)≫ 권97과 ≪신당서(新唐書)≫ 권129에 수록된 장균과 장
기의 사적을 보면 장균이 형이고 장기가 동생으로 되어 있어 ≪자치통감≫의 기록과
는 다르게 되어 있다. 장균은 개원 말년에 호부시랑을 지냈고 천보 9재(載)에 형부상

길온은 처음에 신풍(新豊, 섬서성 임동현 동북쪽 신풍진)현승이었는데, 태자문학(太子文學) 설억(薛嶷)이 길온의 재능을 천거하니, 황상이 불러서 보고는 설억을 돌아보며 말하였다.

"이 사람은 불량한 사람의 하나이니 짐은 쓰지 않겠다."

소경(蕭炅)이 하남윤(河南尹)이 되고 나서 일찍이 사건에 연좌되었는데, 서대(西臺, 西京의 御史臺)에서 길온을 파견하여 가서 이를 조사하도록 하자, 길온이 소경을 매우 급히 다스렸다. 길온이 만년(萬年, 장안 동쪽 半城)현승이 되고나서 얼마 지나지 않아 소경이 경조윤(京兆尹)이 되었다.

길온은 원래 고력사(高力士)와 더불어 서로 연관을 맺고 있었는데, 고력사가 궁중에서 돌아오면 길온은 소경이 반드시 가서 관직을 준 것에 감사드릴 것이라고 여기고, 이내 먼저 고력사에게 가서 그와 더불어 해학을 하며 이야기하고 매우 기쁘게 손을 마주 잡고 있었다. 소경이 뒤에 이르자 길온은 거짓으로 놀라며 피하는 체하였다. 고력사가 불러서 말하였다.

"길칠(吉七)[83]은 피할 필요가 없소."

소경(蕭炅)에게 말하였다.

"이 사람은 역시 나의 오랜 친구이요."

돌아오라고 불러서 소경과 더불어 앉게 하였다. 소경이 그를 공손히 접대하니 감히 이전의 일을 원망하지 못하였다.

다른 날 길온이 소경을 알현하여 말하였다.

"지난번에 저 길온이 감히 나라의 법을 무너지게 할 수 없었습니다.[84]

서로 임명되었다. 안사의 난 때에는 잘못된 명을 받고 중서령이 되었다가 후에 숙종에 의해 유배를 받았다. ≪신·구당서≫의 기록이 "장열(張說)이 전하는 말을 붙좇았다."는 것으로 미루어 ≪자치통감≫의 원문 기록에 착오가 있었던 것으로 여겨진다.

82) 길욱(吉頊)은 혹리(酷吏)였다. 이에 관한 일은 당 측천무후(則天武后) 성력(聖歷) 2년(699년) 1월에 있었고, 그 내용은 ≪자치통감≫ 권212에 실려 있다.

83) 길온을 말한다. 당 시기에는 일반적으로 상대방을 형제의 순서로 호칭하였다. 길온은 일곱 번째이다.

지금부터 청컨대 마음을 씻고 공을 모시게 하여주십시오.”

소경이 마침내 더불어 매우 기뻐하며 끌어들여 법조(法曹)로 삼았다.

이림보가 자신에게 기대지 않는 사람을 없애려고 하여 옥사를 잘 다스리는 사람을 구하니 소경이 길온을 이림보에게 천거하였다. 이림보가 그를 얻고 매우 기뻐하였다. 길온이 항상 말하였다.

“만약 자기를 알아주는 사람을 만난다면 남산(南山, 진령)의 이마가 하얀 호랑이도 충분히 묶을 것이다.”

당시 또 항주(杭州, 절강성 항주시) 사람 나희석(羅希奭)이 있었는데 관리가 되어서 아주 각박하였는데, 이림보가 그를 끌어들였고 어사대 주부(主簿)에서 두 번 승진시켜서 전중시어사(殿中侍御史)로 삼았다.

두 사람 모두 이림보가 바라는 것이 깊은 것이냐 낮은 것이냐에 따라서 단련(鍛鍊)하여 옥사를 만들었는데, 스스로 벗어날 수 있는 사람이 없었으므로 당시 사람들은 그들을 ‘나겸길망(羅鉗吉網)’[85]이라고 불렀다.

7 7월 임오일(26일)에 위소훈(韋昭訓)의 딸을 수왕비(壽王妃)로 책봉하였다.

8월 임인일(17일)에 양태진(楊太眞)을 귀비(貴妃)로 책봉하였는데,[86] 그녀의 부친인 양현염(楊玄琰)을 병부상서로 증직(贈職)하고, 숙부 양현규(楊玄珪)를 광록경으로 삼았으며, 사촌오빠 양섬(楊銛)을 전중(殿中)소감으로 삼고, 양기(楊錡)를 부마(駙馬)도위로 삼았다.

계묘일(18일)에 무혜비의 딸을 책봉하여 태화(太華)공주로 하고, 양기(楊

---

84) 소경을 심하게 다룬 것은 공적인 일이었고, 사적 감정이 없었다고 변명한 것이다.

85) 나(羅)는 나희석을, 길(吉)은 길온을 가리키는 말이고, 겸은 죄인의 목에 씌우는 칼이고, 망은 사람을 잡아들이는 그물이다. 따라서 나희석은 사람을 옥죄고, 길온은 그물처럼 사람을 걸려들게 만드는 사람이라는 뜻이다.

86) 당시 현종(玄宗)의 나이는 예순한 살이었으며, 양귀비의 나이는 스물일곱 살이었다.

鎬)에게 명하여 모시고 살게 하였다. 귀비의 세 언니에게는 모두 경사(京師, 장안)에 저택을 내려 사랑하고 귀하게 여기는 것이 빛이 나도록 드러났다.

양소(楊釗)는 양귀비의 사촌오빠였는데 배우지도 못하고 품행도 없고 종족의 무리들이 천하게 여겼다. 촉(蜀, 사천성)에서 군대를 따라 다니다가 신도(新都, 사천성 신도현)현위가 되었는데, 임기가 찼지만 집이 가난하여 스스로 돌아갈 수 없자 신정(新政, 산서성 영제현 동남쪽)의 부유한 백성인 선우중통(鮮于仲通)이 그에게 늘 물자를 공급해 주었다. 양현염(楊玄琰)이 촉에서 죽었고 양소는 그의 집을 왕래하다가 마침내 그 집의 둘째딸과 정을 통하였다.

선우중통의 이름은 향(向)이며 자(字)를 쓰고 다녔는데 자못 책을 읽어 재능과 지혜가 있었으므로 검남(劍南, 사천성 성도시)절도사 장구겸경(章仇兼瓊)[87]이 끌어들여 채방지사(采訪支使)[88]로 삼아서 일을 맡겨 심복(心腹)이 되었다.

일찍이 조용하게 선우중통에게 말하였다.

"지금 나는 다만 황상에게 두텁게 대우받고 있지만, 참으로 안에서 도와주는 것이 없어서 반드시 이림보에게 위태롭게 될 것이다. 듣자하니 양비(楊妃, 양귀비)가 새로 총애를 얻었다는데 사람들이 아직 감히 그녀에게 붙지 않는다. 그대가 나를 위하여 장안(長安)으로 가서 그녀의 집안과 더불어 서로 연결할 수 있게 한다면 나는 걱정이 없겠다."

선우중통이 말하였다.

"저 선우중통은 촉 사람으로 아직 일찍이 상국(上國)[89]에 놀러간 적이

---

87) 성씨가 '장구(章仇)'로 복성(複姓)이다.

88) 당(唐) 시기 절도사의 막료로는 판관(判官), 지사(支使), 장서기(掌書記), 추관(推官), 순관(巡官), 아추(衙推) 등이 있었다.

89) 상국(上國)의 용례는 춘추전국 시기 중원(中原)의 제후국을 의미하거나, 속국이 종주국을 일컫는 말이다. 여기서는 당시 당(唐)의 수도인 장안(長安)을 가리키는 의미로 사용하였다. 선우중통(鮮于仲通)이 자신은 촉(蜀) 지방의 시골 출신으로 수도인 장안

없으니 아마도 공(公)의 일을 실패하게 할 것입니다. 지금 공(公)을 위하여 다시 한 사람을 찾아 얻었습니다."

이어서 양소(楊釗)에 대하여 처음부터 끝까지 말하였다.

장구겸경이 양소를 불러들여 보았는데 예의를 갖춘 모습과 풍채가 위엄이 있었고 말솜씨가 민첩하고 넉넉하여 장구겸경은 크게 기뻐하며 곧 바로 벽소(辟召)90)하여 추관(推官)91)으로 삼아 오고 가면서 점차 친하고 가까워졌다.

이내 그로 하여금 경사(京師, 장안)에 봄에 만든 비단을 헌상하도록 하였고, 곧 작별하게 되자, 말하였다.

"조그만 물건이 비(郫, 사천성 비현)에 있는데 하루의 양식은 될 것이니 그대가 지나가면서 그것을 가져가시오."

양소가 비(郫)에 이르니 장구겸경은 가깝게 믿는 사람으로 하여금 촉(蜀, 사천성)의 재물로 가장 좋은 것을 많이 싸서 그에게 남겨주도록 하였는데 가히 1만 민(緡)의 값어치가 되었다.

양소가 바라던 것보다 많은 것을 보고 크게 기뻐하여 낮과 밤으로 배나 빠르게 가서 장안에 이르렀는데, 여러 누이동생들을 일일이 찾아가서 만나고 촉의 재물을 주면서 말하였다.

"이것은 장구공(章仇公)이 준 것이다."

당시 둘째 여동생이 새로 과부(寡婦)가 되었는데 양소가 마침내 그 집에서 머물면서 촉의 재물을 반으로 나누어 그녀에게 주었다. 이에 여러 양(楊)씨들은 낮과 밤으로 장구겸경을 칭송하였다. 또한 말하기를 양소는 저포(樗蒲)92)를 잘한다고 하였고 그를 이끌어 황상을 알현하도록 하

에 한 번도 가보지 못하였음을 말한 것이다.

90) 지방 수령이 필요한 사람을 불러 쓰는 것이다.

91) 추관(推官)은 당(唐) 시기 절도사(節度使)나 관찰사(觀察使)의 속관을 말한다.

92) 고대 시기 일종의 도박(賭博)이다. 저(樗, 가죽나무)의 열매로 주사위를 만들어 노름

니, 공봉관(供奉官)93)을 따라 궁정에 출입할 수 있게 되었고, 고쳐서 금오(金吾) 병조참군으로 삼았다.

8 9월 계미일(29일)에 섬군(陝郡, 하남성 삼문협시)태수 · 강회조용전운사(江淮租庸轉運使)인 위견(韋堅)을 형부상서로 삼고, 그의 여러 사직(使職)을 그만두게 하고, 어사중승 양신긍(楊愼矜)으로 그를 대신하도록 하였다.

  위견의 아내인 강(姜)씨는 강교(姜皎)의 딸이며 이림보의 외숙부의 자식이었으니, 그러므로 이림보는 그를 가깝게 하였다. 위견은 조운(漕運)을 개통하여서 황상으로부터 총애를 받게 되자, 마침내 재상으로 들어가려는 뜻을 가지고 있는데다가 또 이적지(李適之)와 더불어 사이가 좋았다. 이림보는 이로 말미암아 그를 미워하였고, 그러므로 미관(美官)94)으로 승진시켰으나 실제로는 그에게서 권력을 빼앗았다.

9 안록산(安祿山)이 변방에서의 공로로 총애를 사려고 하여 자주 해(奚, 난하 상류)와 거란(契丹, 요하 상류)을 침략하였다. 해와 거란은 각각 공주(公主)를 살해하고95) 반란을 일으켰는데 안록산이 이들을 토벌하여 깨뜨렸다.

10 농우(隴右, 청해성 악도현)절도사 황보유명(皇甫惟明)이 토번과 더불어

의 일종인 놀이를 하였으므로 저포(樗蒲)라고 하였다.

93) 당의 제도는 중서성(中書省)과 문하성(門下省)의 관리들을 모두 공봉관(供奉官)이라 하였다. 외관(外官)이 조정의 신하를 따라 알현하는 것을 장내봉공(仗內供奉)이라 부르고, 한림원관(翰林院官)을 따라 알현하는 것을 한림봉공(翰林供奉)이라 불렀으며, 환관(宦官)을 따라 알현하면 내봉공(內供奉)이라 하였다. 또한 조사봉공금중(朝士供奉禁中)이라고 불리는 경우도 있었다.

94) 미관(美官)은 허울뿐인 높은 고관(高官)을 말한다.

95) 지난 3월에 정낙(靜樂)공주는 거란(契丹)으로 시집을 갔고, 의방(宜芳)공주는 해(奚)에게로 시집을 갔다. 시집을 간 지 반년이 지나지 않아 죽음을 맞았다.

석보성(石堡城, 청해성 황원현 서남쪽)에서 전투를 벌여 오랑캐들에게 패하여 부장(副將) 저점(褚諰)은 전사하였다.

11 겨울, 10월 갑오일(10일)에 안록산이 주문을 올렸다.
"신(臣)이 거란을 토벌하여 북평군(北平郡, 하북성 노룡현)에 이르렀는데 꿈에 옛 조정의 명장인 이정(李靖)과 이적(李勣)이 신에게로 따라오며 먹을 것을 요구하였습니다."
마침내 명하여 사당을 세우도록 하였다. 또 주문을 올려 제물을 올리는 날에 사당의 대들보에 영지(靈芝)가 피었다고 하였다.96)

12 정유일(13일)에 황상이 여산(驪山, 섬서성 임동현 북쪽)온천으로 갔다.

13 황상이 호부랑중 왕홍(王鉷)을 호구색역사(戶口色役使)97)로 삼고 칙서를 내려 백성들에게 부세(賦稅)를 면제하도록 하였다. 왕홍이 주문을 올려서 그들이 손수레로 운반하는 비용을 징수하겠다고 하고 전(錢)의 수량을 넓게 벌렸고, 또 본래 군(郡)의 경화(輕貨, 가볍지만 값이 비싼 재물)를 사도록 하게 하였는데 백성들이 보낸 것은 마침내 면제 받지 않은 것보다 심하였다.
옛날의 제도에 의하면 변경을 지키는 사람은 그의 조용(租庸)을 면제해 주고, 6년이 지나면 바꾸었다. 당시 변방의 장군들은 패하는 것을 부끄럽게 여겨 사졸 가운데 죽은 사람들을 모두 보고를 하지 않고 관적(貫

---

96) 호삼성은 이 부분에 주를 달아서 통감에서 이 사건을 이상하다고 쓰지 않았는데, 안록산이 나는 새가 황충을 먹었다든가 사당의 대들보에 영지가 났다는 일을 써서 안록산의 속임을 들어내고 명황의 혼미스럽고 가려짐을 들어냈다고 하였다.

97) 호구색역사(戶口色役使)는 당대(唐代)의 관명(官名)으로 당 현종(玄宗) 개원(開元) 12년(724년)에 처음으로 우문융(宇文融)을 제색안집호구사(諸色安輯戶口使)로 충당하여 전국의 호구와 인력에 관한 일을 관장하도록 하였다. 이 해 왕홍(王鉷)에게 다시 호구색역사라는 벼슬을 내렸는데, 색역은 등록된 직업에 따른 역(役)을 말하며, 이는 전국의 호적과 인력을 관리하고 감독하는 직을 말한다.

籍)에서 없애지 않았다.

왕홍의 뜻은 거두어들이는데 있었으므로 호적에는 있으나 실제 사람이 없는 경우에 모두 과세를 피하였지만 호적을 조사하여 변방에서 수자리 선 6년을 제외하고는 모두 그 조용(租庸)을 징수하니 합쳐서 30년분의 세금을 낸 사람이 있었지만 백성들은 하소연할 데가 없었다.

황상이 오랫동안 자리에 있게 되자98) 용도(用度)가 날로 사치해지고, 후궁(後宮)들에게 상을 내리는 데도 절제함이 없었고, 좌장(左藏)과 우장(右藏)에99) 있는 것을 헤아리려고도 하지 않고 가져갔다. 왕홍은 깊이 황상의 뜻을 알아내고 매년 진공(進貢)하는 액수 이외에 1백억만을 바쳐서 내고(內庫)100)에 저축해 두고, 궁중에서 베푸는 잔치와 하사를 하는 데 제공하면서 말하였다.

"이는 모두 조용조(租庸調)101)에서 나온 것이 아니며, 경비(經費, 국가경비)에 포함되지 않습니다."

황상은 왕홍이 나라를 부유하게 할 수 있다고 여겨 그를 더욱 후하게 대우하였다. 왕홍은 가죽을 벗기고 살을 베어내어서 아껴주기를 구하는 것이었으므로 안팎에서 탄식하며 원망하였다. 병자일(23일)에 왕홍을 어사중승(御史中丞)·경기채방사(京畿采訪使)로 삼았다.

양소(楊釗)가 금중에서 모시고 잔치를 하면서 오로지 저포(樗蒲)를 적는 장부(帳簿)를 맡아서 다루었는데, 살펴 조사한 것이 자세하며 빈틈이

---

98) 황상인 현종(玄宗)이 재위한 지 34년이 지났다.

99) 좌장(左藏)과 우장(右藏)은 국고의 명칭이다. 당대(唐代)에는 좌장과 우장 모두 영(令)과 승(丞)을 설치하였다. 좌장은 전백(錢帛), 잡채(雜彩), 천하의 부조(賦調)를 관장하였고, 우장은 금옥(金玉), 주보(珠寶), 동철(銅鐵), 골각(骨角), 치모(齒毛), 채화(彩畵)를 관장하였다.

100) 내고(內庫)는 대영고(大盈庫)라고 불렸다. 이에 관한 일은 당 현종(玄宗) 지덕(至德) 원재(756년) 6월 13일에 있었고, 그 내용은 ≪자치통감≫ 권217에 실려 있다.

101) 당 시기에서 징수하였던 조세의 종류를 말한다. 토지에 부과하는 세금을 조(租), 백성들이 부역을 하는 것을 용(庸), 가업에 부과하는 세금을 조(調)라고 하였다.

없었다. 황상이 단단하고 명료하게 한 것에 상을 내리며 말하였다.

"훌륭한 탁지랑(度支郞)102)이다."

여러 양(楊)씨들이 자주 이것을 끌어다가 황상에게 말하고 또 왕홍에게
도 부탁하니 왕홍은 이어서 주를 올려 판관(判官)으로 충입되었다.

14　12월 무술일(15일)에 황상이 궁으로 돌아왔다.

---

102) 관직명으로 전국의 재부(財賦)의 통계를 관장하였다.

진실을 가리는 이림보와 교활한 안록산

현종 천보 5재(丙戌, 746년)

1 봄, 정월 을축일(13일)에 농우(隴右, 청해성 낙도현)절도사 황보유명(皇甫惟明)을 하서(河西)절도사를 겸하게 하였다.

이적지(李適之)의 성품은 성글고 솔직한데 이림보가 일찍이 이적지에게 말하였다.

"화산(華山, 섬서성 화음시 남쪽)에 금광(金鑛)이 있는데 이것을 캐면 나라를 부유하게 할 수 있지만 주상이 이를 알지 못한다."
다음날 이적지가 황상에게 일을 아뢰면서 이를 말하였다.

황상이 이림보에게 묻자, 대답하였다.

"신(臣)이 이를 안 지 오래되었으나 단지 화산은 폐하의 본명(本命)이라 왕기(王氣)가 서린 곳이어서103) 이를 뚫는 것이 마땅하지 않으니 그런 까닭으로 감히 말씀드리지 않았습니다."

---

103) 현종(玄宗)이 직접 쓴 <화악비(華嶽碑)>에는 "내가 어린 아들로 태어났을 때 해(歲)는 경술(景戌)이었고 달(月)은 중추(仲秋)이었다. 소호(少皥)의 가득 찬 덕(德)을 받았고 태화(太華)의 본명(本命)을 따랐으니, 그러므로 항상 자나 깨나 신령한 산악으로 신(神)과의 교감이 널리 펴져 가득하였다."라는 내용이 있다. 이림보는 이 뜻을 알고 있었으므로 이적지를 미혹시켜 함정에 빠뜨린 것이다. 본명(本命)은 간지(干支)의 해(年)를 말하는 것인데 태화산(太華山)이 현종이 태어난 해와 무슨 연관이 있는지는 파악하지 못하였다.

황상은 이림보가 자신을 사랑한다고 여기고, 이적지는 일을 생각하는 것이 익숙하지 않다고 가볍게 여기며 말하였다.

"지금부터 아뢰는 일은 마땅히 먼저 이림보와 논의하고 가벼이 하거나 빠뜨림이 없도록 하라."

이적지는 이로부터 손이 묶이게 되었다. 이적지가 이미 은총을 잃게 되고 위견(韋堅)이 권력을 잃게 되니 더욱 서로 친밀해졌는데, 이림보가 더욱 이를 미워하였다.

애초에, 태자를 세운 것은 이림보의 뜻이 아니었다.[104] 이림보는 다른 날 자기에게 화(禍)가 될까 두려워서 항상 동궁(東宮)을 흔들 뜻을 가지고 있었다. 그러나 위견은 또 태자비의 오빠였다. 황보유명(皇甫惟明)이 일찍이 충왕(忠王)의 왕우(王友)[105]이었는데, 당시에 토번(吐蕃)을 깨뜨리고 들어와 승리한 것을 헌상하면서 이림보가 권력을 오로지하고 있는 것을 보고 마음이 자못 평안하지 못하였다.

당시에 황상을 알현하는 것을 이용하여 틈을 타고 황상에게 이림보를 버릴 것을 살짝 권고하였는데, 이림보가 이를 알고 양신긍(楊愼矜)으로 하여금 몰래 그가 하는 것을 엿보게 하였다. 정월 보름날 밤에 태자가 나가 놀면서 위견과 더불어 서로 만났고, 위견은 또 황보유명과 더불어 경룡관(景龍觀)[106]도사(道士)의 방에서 만났다. 양신긍이 이 일을 드러내며 위견은 황실의 척리(戚里)[107]여서 변방의 장수와 더불어 허물없이 가

---

104) 태자는 이형(李亨)을 말하며, 태자를 세우는 과정은 현종 개원(開元) 26년(738년) 7월에 있었고, 그 내용은 ≪자치통감≫ 권214에 실려 있다.

105) 충왕은 현재 태자인 이형이 태자가 되기 전의 왕작이므로 결국 태자 이형을 말하는 것이다. 왕우(王友)는 일종의 자문관으로 품계는 정5품 하(下)이다. 이에 관한 일은 현종 개원 18년(730년)에 있었고, 그 내용은 ≪자치통감≫ 권213에 실려 있다.

106) 경룡관은 장안성 가운데 숭인방(崇仁坊)에 있다. 신공(申公)인 고사겸의 집으로 서북쪽에 좌금오위(左金吾衛)가 있는데 중종 신룡 원년(705년)에 장영(長寧)공주의 집과 합쳤고 위서인(韋庶人)이 몰락한 이후 마침내 관(觀, 도교 사원)을 세웠다. 그리고 중종의 연호를 따서 관의 이름으로 삼았다.

까이 해서는 안 된다고 생각하였다.

이림보는 이어서 위견과 황보유명이 결탁하여 모의하면서 함께 태자를 세우고자 하였다고 주문을 올렸다. 위견과 황보유명이 옥에 갇히자 이림보는 양신궁과 어사중승 왕홍(王鉷), 경조부 법조(法曹)108)인 길온(吉溫)으로 하여금 함께 그들을 국문하도록 하였다.

황상 역시 위견이 황보유명과 음모를 꾸몄던 것으로 의심하였으나 그 죄가 드러나지 않자 계유일(21일)에 제서를 내려서, 위견이 그치지 않고 관직을 올려달라고 하였다고 책망하며 벼슬을 깎아 진운(縉雲, 절강성 여수시) 태수로 삼았다. 황보유명은 군신을 이간하였다고 하여 벼슬을 깎아 파천(播川, 청해성 준의시) 태수로 삼았다. 이어서 따로 조서를 내려 백관들에게 경계하도록 하였다.

2 왕충사(王忠嗣)를 하서·농우(河西·隴右)절도사로 삼아 지삭방·하동(知朔方·河東)절도사를 겸하게 하였다. 왕충사가 처음에 삭방과 하동에 있으면서 매번 호시(互市)109) 때마다 말의 가격을 올려서 여러 호족(胡族)들이 이를 듣고 다투어 당(唐)에 말을 팔았고 왕충사는 모두 이를 샀다. 이로 말미암아 호(胡)족은 말이 적어졌고 당의 병사들은 더욱 튼튼해졌다.

농우·하서로 옮겨가게 되자 다시 청하여 삭방·하동의 말 9천 필을 나누어서 채우게 하도록 하였으므로 그 군대 또한 튼튼해졌다. 왕충사는 네 개의 부절에 의지하여 1만 리(里)를 눌러 다스리며 천하의 날쌘 병사

---

107) 척리는 원래 한(漢) 시기 장안(長安)에 있었던 마을 이름인데, 한때 천자의 인척(姻戚)이 여기에서 살았으므로 후에 전하여 황제의 외척(外戚)이란 뜻으로 쓰이고 있다.

108) 장안의 사법관(司法官)을 말한다.

109) 호시(互市)는 오고 가며 장사를 하는 것을 말한다. 당대(唐代)에는 호시감(互市監)을 설치하여 외국무역이나 소수민족에 대한 무역을 관장하도록 하였다.

들과 중요한 진(鎭)들은 모두 손아귀에 있게 되면서 토번과 더불어 청해(淸海)·적석(積石)에서 전투하여 모두 큰 승리를 하였다. 또 묵리군(墨離軍, 감숙성 안서현 동남쪽)에서 토욕혼(吐谷渾, 청해성)을 토벌하고 모든 부족을 사로잡아 돌아왔다.

3 여름, 4월 계미일(1일)에 해(奚, 난하 상류)의 추장인 이사고(李娑固)를 세워 소신왕(昭信王)으로 삼고, 거란(契丹, 요하 상류)의 추장인 이해락(李楷洛)을 세워 공인왕(恭仁王)으로 삼았다.110)

4 을해일(17일)에 제서를 내렸다.
  "지금부터 사계절의 맹월(孟月)111)에는 모두 좋은 날을 택하여 천지(天地)와 구궁(九宮)에게 제사를 지내도록 하라."

5 위견(韋堅) 등이 이미 벼슬이 깎이고 나자 좌상(左相) 이적지(李適之)가 두려워하여 스스로 산지(散地, 한가한 곳)로 가기를 요구하였다. 경인일(8일)에 이적지를 태자소보(太子少保)로 삼고 정사(政事)에서 파직하였다. 그의 아들인 위위(衛尉)소경 이삽(李霅)이 일찍이 음식을 가득 차려 놓고 손님을 초대하였는데 손님들은 이림보를 두려워하여 하루가 끝나도록 한 사람도 감히 간 사람이 없었다.

6 문하시랑·숭현관(崇玄館)대학사인 진희열(陳希烈)을 동평장사로 삼았다. 진희열은 송주(宋州, 하남성 상구현) 사람으로 ≪노자(老子)≫와 ≪장

---

110) 이사고(李娑固)와 이해락(李楷洛)과 유사한 일이 있었는데, 개원 8년(720년) 11월에 이사고에 관한 일이 있었고, 연화 원년(712년)에 이해락에 관한 일이 있었지만 여기에 나오는 이사고와 이해락과는 다른 일이다.

111) 한 계절의 첫 달을 맹월(孟月)이라 하는데, 봄의 맹월은 정월, 여름은 4월, 가을은 7월, 겨울은 10월이다.

자(莊子)≫를 강의하여 관직이 올라가게 되었고 오로지 신선(神仙)이나 상서로운 조짐을 이용하여 황상에게 아첨하였다.

이림보는 진희열이 황상에게 총애를 받는 바이었지만 다만 점잖은 체하며 아첨을 하여 쉽게 통제할 수 있었으니, 그러므로 끌어들여 재상으로 삼게 한 것인데, 모든 다스리는 일은 이림보에게서 한 가지로 결정되었고 진희열은 단지 '예예' 하여 허락할 뿐이었다.

고사를 보면 재상이 오후 6각(刻)이 되면 나갔는데 이림보가 아뢰기를 지금은 태평하고 아무 일도 없으니 사시(巳時)에 곧바로 집으로 돌아가겠다고 하여112) 나라와 군사에 대한 중요한 일이 모두 개인의 집에서 결정되었으며, 주서(主書)113)가 갖추어진 문건을 품고 진희열에게로 가면 이름만 쓸 뿐이었다.

7 5월 초하루 임자일에 일식이 있었다.

8 을해일(24일)에 검남(劍南, 사천성 성도시)절도사 장구겸경(章仇兼瓊)을 호부상서로 삼았는데, 여러 양(楊)씨들이 그를 끌어올린 것이다.

9 가을, 7월 병진일(6일)에 칙서를 내렸다.

"유배되고 벼슬이 깎인 사람들 대부분이 길에서 두류(逗留, 미적거리며 머뭄)하고 있다. 지금부터는 좌천 되어 강등된 관리는 하루에 10개의 역참(驛站) 이상을 달려가라."

이후로 벼슬이 깎여 귀양 가는 사람들은 대부분 온전하지 못하였다.

---

112) 오후 6각(刻)이란 오시(午時)가 지난 후 6각이라는 말이고, 오시(午時)가 12시이므로 그 후 6각이 지난 다음을 말하는 것이고, 이는 1시 반에 해당하는 시각이다. 사시는 오전 9시부터 11시까지의 시간을 말한다. 따라서 2시간 반을 먼저 퇴청하겠다는 것이다.

113) 문서를 다루는 관리를 말한다.

10 양귀비가 바야흐로 총애를 받아 매번 말을 타게 되면 고력사(高力士)가 말고삐를 잡고 말채찍을 주었는데, 수(繡)를 놓는 공인(工人)으로 오로지 귀비원(貴妃院)에게 이바지 하는 사람만 700명이었고 안팎에서 다투어 그릇과 의복과 진귀한 노리개를 올렸다.

영남(嶺南, 광동성 광주시)경략사(經略使)114) 장구장(張九章)과 광릉(廣陵, 강소성 양주시) 장사(長史) 왕익(王翼)이 올린 것이 아주 정교하고 아름다워서 장구장에게는 3품을 덧붙여주었고 왕익은 들어와 호부시랑이 되었으니 천하는 바람을 따라 쓰러졌다.

민간에서는 이를 노래하였다.

"사내아이를 낳았다고 기뻐하지 말고 계집아이를 낳았다고 슬퍼하지 마라. 그대가 지금 보듯이 여인이 대문의 처마를 만든다."115)

양귀비가 시들지 않은 여지(荔支)116)를 구하고자 하여 매년 영남(嶺南, 남령 이남)에 명하여117) 역참으로 달려 이르게 하였는데, 장안(長安)에 이르렀을 즈음에도 색깔과 맛이 변하지 않았다.

이때에 이르러 양귀비는 질투하며 사납고 공손하지 않았으므로 황상이 노하여 오빠인 양섬(楊銛)의 집으로 돌아가게 명하였다. 이날 황상은 즐겁지 아니하여 해가 중천에 있을 즈음에도 오히려 음식을 먹지 않았는데, 좌우에서는 움직였다하면 뜻에 맞지 않아 가로질러 회초리로 매질을 받았다.

---

114) 영남의 5부(府)의 군대를 다스리는 지휘관을 말한다.

115) 양(楊)씨 집안이 여자아이를 낳아서 종문(宗門)이 높게 드러나게 되었다는 것을 풍자한 말이다.

116) 학명으로는 Litchi chinensis이다. 백거이는 파(巴), 협(峽) 사이에서 생산된다고 하였는데, 중국 화남지역에서 생산되는 아열대성 과일이다.

117) 송대(宋代)의 시인(詩人)인 소식(蘇軾) 등의 여러 사람들에 의하면 이 당시 여지(荔支)는 사천성(四川省)의 부주(涪州, 사천성 부릉시)로부터 장안(長安)에 헌상된 것으로 전하고 있다.

고력사가 일찍이 황상의 뜻을 알고자 하여, 온갖 원(院) 안에 쌓아 갖추어 놓은 것을 실어 양귀비에게 보낼 것을 청하였는데, 모두 100여 수레나 되었고 황상이 스스로 자신의 음식을 나누어 그녀에게 내렸다. 밤이 되자 고력사가 엎드려 아뢰며 청하기를 양귀비를 영접하여 원(院)으로 돌아오게 해달라고 하여 마침내 금문(禁門)을 열고 들어왔다. 이로부터 은총과 대우가 더욱 두터워졌으며 후궁들은 나아갈 수가 없었다.

11 장작소장 위란(韋蘭)과 병부원외랑 위지(韋芝)는 그의 형인 위견(韋堅)을 위하여 억울함을 하소연하였고, 게다가 태자를 끌어들여 말을 하니, 황상이 더욱 노하였다.

태자가 두려워하여 표문을 올려 청하기를 비(妃)와 더불어 이혼하겠다고 하며 종친(宗親)이기에 법을 못 쓰게 해서는 안 된다고 빌었다.[118] 병자일(26일)에 다시 벼슬을 깎아서 위견을 강하(江夏, 호북성 무한시)별가로 삼았고, 위란과 위지 모두 벼슬을 깎아서 영남(嶺南, 남령 이남)으로 보냈다. 그러나 황상은 원래 태자가 효성스럽고 삼가는 것을 알았으니, 그러므로 꾸짖으며 화를 내는 것이 미치지 않았다.

이림보가 이어서 위견과 이적지(李適之) 등이 붕당(朋黨)을 이루었다고 말하고, 며칠 뒤에 위견은 멀리 임봉(臨封, 광동성 봉개현)으로 귀양을 보냈고, 이적지는 깎이어서 의춘(宜春, 강서성 의춘시) 태수로 하였으며, 태상(太常)소경 위빈(韋斌)은 깎이어 파릉(巴陵, 호북성 악양시) 태수로 되었고, 설왕(薛王)의 후계자 이현(李玾)은 깎이어 이릉(夷陵, 호북성 의창시) 별가로 되었고, 수양(睢陽, 하남성 상구현) 태수 배관은 깎이어 안륙(安陸, 호북성 안륙시)별가로 되었고, 하남윤(河南尹) 이제물(李齊物)은 깎이어 경

---

118) 태자비가 위씨였는데, 위견 형제가 태자가 한 말을 인용하여 위견의 억울함을 호소한 것이므로 태자는 이것이 정치적 파장이 나타날 것을 두려워하여 태자비와 이혼하겠다고 하면서 자기 처가식구들에게 법을 적용하라고 한 것이다.

릉(竟陵, 호북성 선도시) 태수로 되었으니, 무릇 위견과 가까운 무리로 죄를 쓰고 벼슬이 깎이고 귀양 간 사람이 수십 명이었다.

위빈은 위안석(韋安石)의 아들이다. 이현은 이업(李業)의 아들이며 위견의 생질이다. 이현의 어머니는119) 역시 이현의 관직을 따라가도록 하였다.

12 겨울, 10월 무술일(20일)에 황상이 여산(驪山, 섬서성 임동현 경계)온천으로 갔다가 11월 을사일(28일)에 궁으로 돌아왔다.

13 찬선대부(贊善大夫) 두유린(杜有鄰)은 딸이 태자의 양제(良娣)120)였는데, 양제의 언니는 좌교위(左驍衛)병조 유적(柳勣)의 아내이다. 유적은 성품이 경솔하고 거칠었으며 공로와 명성을 좋아하여 호걸과 오고 가며 관계 맺는 것을 좋아하였다.

치천(淄川, 산동성 치박시) 태수 배돈복(裴敦復)이 북해(北海, 산동성 청주시) 태수 이옹(李邕)에게 천거하니 이옹은 그와 더불어 사귀기로 정하였다. 유적이 경사(京師)에 이르러 저작랑 왕증(王曾) 등과 더불어 친구가 되었는데 모두 당시의 명사(名士)들이었다.

유적은 처가 쪽 가족과 사이가 좋지 않아 그를 모함하고자 비어(飛語)를 만들어 두유린(杜有鄰)이 도참을 망령되게 일컬으며 동궁(東宮)과 서로 어울리며 승여를 손가락질하였다고 고발하였다. 이림보가 경조(京兆)

---

119) 위안석(韋安石)은 무후(武后), 중종(中宗), 예종(睿宗)까지 3대(代)를 섬겼으며, 이에 관한 일은 구시 원년(700년) 10월에 있었고, 이업(李業)은 본명이 이융업(李隆業)으로 예종(睿宗)의 다섯째아들이며, 현종(玄宗)의 동생이다. 월왕(越王), 중산군왕(中山郡王), 팽성군왕(彭城郡王), 설왕(薛王) 등으로 봉작을 받았다. ≪구당서(舊唐書)≫ 권95, ≪신당서(新唐書)≫ 권81에 <이업본전(李業本傳)>이 있으며, 이에 관한 일은 개원 22년(734년) 6월에 있었고, 이현의 어머니는 위견(韋堅)의 누이동생이다.

120) 양제(良娣)는 당대(唐代) 태자의 내관(內官)으로 정3품이다.

사조(士曹)121) 길온(吉溫)과 어사로 하여금 이를 국문하도록 하여 이내 유적이 음모의 우두머리라고 하였다.

길온이 유적으로 하여금 왕증 등을 끌어들이도록 하여 어사대에 집어 넣었다. 12월 갑술일(27일)에 두유린과 유적 그리고 왕증 등이 모두 곤장을 맞고 죽었는데, 시체를 대리시(大理寺)에 쌓아 놓았으며, 아내와 자식들은 먼 곳으로 귀양을 보냈더니, 안팎에서 두려움으로 떨었다.

사괵왕(嗣虢王) 이거(李巨)는122) 벼슬이 깎이어 의양(義陽, 하남성 신양시)사마로 되었는데 이거는 이옹(李邕)의 아들이다. 별도로 감찰어사 나희석(羅希奭)을 파견하여 가서 이옹을 조사하도록 하였으며, 태자 역시 양제(良娣)를 내보내 평민이 되게 하였다.

을해일(28일) 업군(鄴郡, 하남성 안양시) 태수 왕거(王琚)123)가 뇌물을 받은 죄에 걸려서 깎이어 강화(江華, 호남성 도현)사마로 되었다. 왕거는 성품이 호화롭고 사치하였는데 이옹과 더불어 모두 스스로 이르기를 기구(耆舊)124)라고 하였고, 오랫동안 밖에 있었으므로 마음으로 원망하자, 이림보는 그들이 재능과 의지를 갖추고 있는 것을 미워하였으니, 그러므로 사건을 이유로 그들을 없애버린 것이다.

현종 천보 6재(丁亥, 747년)

---

121) 경조사조(京兆士曹)는 장안시정부의 사법관(司法官)을 말한다.

122) 사괵왕(嗣虢王)은 괵왕을 이을 자격을 갖춘 사람을 말하며, 이거는 고조(高祖)의 아들 가운데 열넷째인 괵왕(虢王) 이봉(李鳳)이 있었는데, 이봉의 적손 이옹을 사괵왕(嗣虢王)으로 봉하였다. 따라서 이옹의 아들인 이거(李巨)도 사괵왕(嗣虢王) 이거(李巨)라고 한 것이다. 이 일은 당 예종 경운 10년(710년) 6월에 있었고, 그 내용은 《자치통감》 권209에 실려 있다.

123) 왕거(王琚)는 황상이 동궁(東宮)으로 있을 때 모신 인물로 태평공주를 주살하는데 참여하였다. 이 일은 당 현종 선천(先天) 원년(712년) 8월에 있었고, 그 내용은 《자치통감》 권210에 실려 있다.

124) 기구(耆舊)는 나이가 많고 덕망이 있는 사람을 말한다.

1 봄, 정월 신사일(5일)에 이옹과 배돈복(裴敦復)은 모두 곤장을 맞고 죽었다. 이옹은 재능과 기예가 출중하고, 노장용(盧藏用)[125]이 항상 그에게 말을 하였다.

"그대는 마치 간장(干將)과 막사(莫邪)[126]와 같아서 더불어 칼끝을 다투기가 어렵지만, 그러나 끝내 빠지거나 꺾이는 것을 걱정해야 합니다."

이옹은 받아드릴 수가 없었다.

이림보는 또 주문을 올려서 어사(御史)를 나누어 파견하여 벼슬을 깎아 내려 보낸 곳으로 보내어 황보유명(皇甫惟明)과 위견(韋堅) 형제 등에게 죽음을 내리게 하였다.

나희석(羅希奭)을 청주(青州, 산동성 청주시)로부터 영남(嶺南, 남령 이남)으로 보냈는데 지나는 곳에서 죄를 받고 귀양 가 있는 사람들을 살해하니 군현(郡縣)에서 놀라며 당황하였다. 배마첩(排馬牒)[127]이 의춘(宜春, 강서성 의춘시)에 이르자 이적지(李適之)는 걱정하고 두려워하다가 약을 먹고 자살하였다. 강화(江華, 호남성 도현)에 이르자 왕거(王琚)는 약을 먹었으나 죽지 못하였는데, 나희석이 이미 도착하였다는 소식을 듣고 곧바로 스스로 목을 매어 죽었다.

나희석은 또한 길을 멀리 돌아 안륙(安陸, 호북성 안륙시)을 지나가면서

---

125) 노장용(盧藏用)은 태평(太平)공주의 정부(情夫)로 우승(右丞)을 지낸 인물이다. 이에 관한 일은 현종 개원 원년(713년) 7월에 있었고, 그 내용은 《자치통감》 권 210에 실려 있다.

126) '간장(干將)'과 '막사(莫邪)'는 춘추전국(春秋戰國) 시기 오(吳)의 보검이다. 전하는 바에 의하면 오(吳) 사람인 간장(干將)과 그의 처인 막사(莫邪)는 주조를 매우 잘하여 검(劍)을 만들었다고 한다. 두 자루의 검을 만들었는데 예리하기가 비할 바 없었고, 철을 마치 진흙을 베는 것처럼 하여 검의 명칭을 간장과 막사로 하였다고 전한다. 이 두 보검은 오왕(吳王)에게 헌상되었고, 후에 훌륭한 검의 대명사로 간장과 막사를 지칭하게 되었다.

127) 배마첩(排馬牒)은 말을 준비하였다가 어사가 역참에 도착하면 제공하도록 하게 한 문서를 말한다. 어사(御史)가 지나가는 곳의 연로에 있는 군(郡)과 현(縣)에서는 역마(驛馬)를 보급하였는데, 아직 이르지 않은 곳에다 먼저 말을 준비하도록 하게하기 위하여 배마첩을 보냈다.

배관(裵寬)을 위협하며 살해하고자 하였는데, 배관이 나희석에게 머리를 조아리며 살려줄 것을 빌자, 나희석은 머물지 않고 지나가 이에 죽음을 면하였다.

이적지의 아들인 이삽(李霅)은 아버지의 상(喪)을 맞이하려고 동경(東京, 하남성 낙양시)에 이르렀는데, 이림보가 사람으로 하여금 이삽을 무고하도록 하여 하남부(河南府)에서 곤장을 맞아 죽게 하였다. 급사중 방관(房琯)은 이적지와 더불어 사이가 좋다는 것에 연루되어 깎이어 의춘(宜春, 강서성 의춘시) 태수로 되었다. 방관은 방융(房融)[128]의 아들이다.

이림보가 위견을 한(恨)스러워 하는 것을 그치지 않아서 사신을 파견하여 하(河, 황하)와 강(江, 양자강), 회(淮, 회하)에 있는 주(州)와 현(縣)을 돌게 하면서 위견의 죄를 찾도록 하였는데, 선강(船綱)과 전선부(典船夫)를[129] 붙잡아 가두어 감옥이 넘쳤고, 세금을 내지 못한 사람을 벗겨내며 세금을 거두어들이는 것이 이웃에게까지 미치게 하여 모두 공부(公府)에서 벌거벗은 몸을 드러내 놓고 죽었는데, 이림보가 죽고 나서야 그쳤다.[130]

2 정해일(11일)에 황상이 태묘(太廟)에서 제사를 지냈다. 무자일(12일)에 남교에서 하늘과 땅에 함께 제사를 지냈고 천하를 사면하였다. 제서를 내려 백성들에게 올해의 전조(田租)를 면제하도록 하였다. 또 교형(絞刑)과 참형(斬刑)의 조목을 없애버렸다.

---

128) 방융(房融)에 관하여는 무후(武后) 장안(長安) 4년(705년) 2월에 있었고, 그 내용은 ≪자치통감≫ 권207에 실려 있다.

129) 강(綱)은 화물을 운송하는 조직이다. 10선(船)을 1강(綱)이라 하였는데, 관리를 설치하여 이를 관장하도록 하고 선강(船綱)이라 칭하였다. 전선부(典船夫)는 배를 끌거나 부리는 사람을 말한다.

130) 이림보는 다시 5년 뒤인 천보 11년(752년) 11월에 사망하였다. 이렇게 극악무도한 옥사(獄事)는 6년간 지속되었다.

　황상이 살려주기를 좋아한다는 명성을 흠모하였으니, 그러므로 명령을 내려 마땅히 교수형이나 참형을 해야 할 사람들을 모두 무겁게 곤장을 때려 영남(嶺南, 남령 이남)으로 귀양을 보내도록 하였지만, 그 실제로는 유사가 모두 곤장을 쳐서 살해하였다. 또한 천하로 하여금 개가한 어머니의 상복을 3년 동안 입도록 하였다.

　황상이 천하의 선비를 널리 구하고자 하여 명하기를 한 가지 재주 이상 통달하였으면 모두 경사(京師, 장안)에 이르도록 하였다. 이림보는 초야에 있는 선비들의 대책에서 그의 간악함을 배척하는 말을 할까 두려워하여 건의하여 말하였다.

　"거인(擧人)131)들이 대부분 비천하고 어리석고 사리에 어두워 아마도 이언(俚言, 속된 말)이 성상께서 듣는 것을 더럽히는 일이 있을까 두렵습니다."

　이에 군(郡)과 현(縣)의 장관들로 하여금 더욱 자세하게 시험을 쳐서 가려서, 밝게 빛나며 월등하게 뛰어난 사람은 이름을 다 써서 상서(尙書)에게 맡기어 복시(覆試)를 보게 하였는데, 어사중승이 이를 감독하게 하였으며, 명성(名聲)과 실제가 서로 같은 사람을 뽑아 주문으로 아뢰도록 하였다.

　이미 그렇게 하고 나서 도착한 사람들에게 모두 시(詩), 부(賦), 론(論)으로 시험을 보았는데 마침내 한 사람도 합격자가 없었다. 이림보가 이에 황상에게 표문을 올려 초야에는 남겨져 있는 어진 사람이 없는 것을 축하하였다.132)

3　무인일(2일)에 범양·평로(范陽·平盧)절도사인 안록산(安祿山)에게 어

---

131) 과거에 응시한 사람을 말한다.

132) 어진 사람은 모두 조정에 있다는 뜻이 된다.

사대부를 겸하도록 하였다.

안록산의 체구는 살찌고 뚱뚱하여 배가 늘어져 무릎을 지나쳤는데 일찍이 스스로 말하기를 배의 무게가 300근(斤)이라고 하였다. 겉으로는 마치 순진하고 곧은 것 같았으나 안으로는 실제로 교활하고 영리하였다.

항상 그의 장군인 유낙곡(劉駱谷)으로 하여금 경사(京師, 장안)에 남아서 조정이 가리키는 뜻을 염탐하여 움직임을 보고하도록 하였다. 어떤 때 마땅히 전표(牋表, 장계나 표문)할 것이 있으면 유낙곡은 곧바로 대신 만들어 이를 보냈다.

매년 부로(俘虜) · 잡축(雜畜) · 기금(奇禽) · 이수(異獸)133) · 진귀한 노리개 같은 물건을 헌상하였는데, 길이 끊이지 않았으며, 군과 현은 차례로 옮겨 나르기에 피곤하였다.

안록산은 황상 앞에서는 응하며 대답하는 것이 재빠르며 섞어서 여러 가지 익살스러운 말을 하였는데, 황상이 일찍이 그의 배를 가리키며 희롱하였다.

"이 호족(胡族)의 배 안에는 무엇이 들어있는가? 어찌 이렇게 큰가!"

대답하였다.

"도리어 남아 있는 물건은 없고, 오로지 붉은 마음만 있습니다."

황상이 기뻐하였다.

또 일찍이 명하여 태자를 알현하도록 하였는데 안록산이 절을 하지 않았다. 좌우에 있는 사람들이 그에게 절을 하도록 재촉하였지만 안록산은 팔짱을 끼고 서서 말하였다.

"신(臣)은 호족(胡族) 사람으로 조정의 예의를 배우지 못하여 태자라는 것을 모르는데, 무슨 관직인가?"

황상이 말하였다.

---

133) 부로(俘虜)는 사로잡은 오랑캐를 말하고, 기금(奇禽)은 진귀한 날짐승을 말하며 이수(異獸)는 특이한 들짐승을 말한다.

"이는 저군(儲君)134)으로 짐(朕)이 천추만세135)가 지난 뒤에 짐을 대신하여 너의 주군(主君)이 될 분이다."

안록산이 말하였다.

"신(臣)이 어리석어 지난날 오로지 폐하 한 분만 계신 것으로 알았고 또한 저군(儲君)이 계신 것을 알지 못하였습니다."

하는 수 없이 그러한 뒤에 절을 하였다.

황상은 믿을 만하다고 여겨 더욱 그를 총애하였다. 황상은 일찍이 근정루에서 잔치를 베풀었는데, 누각 아래에는 백관(百官)들이 늘어서 앉아 있었고 오로지 안록산을 위하여 황제가 앉는 자리 동쪽으로 사이를 두고 금계장(金雞障)136)을 세우고 의자를 놓아 그로 하여금 그 앞에 앉도록 하면서 또한 명을 내려 발[簾]을 거두도록 하여 영광과 은총을 보여주었다.

양섬(楊銛)·양기(楊錡)·양귀비(楊貴妃) 세 자매에게 명하여 안록산과 더불어 형제로서 차례를 정하도록 하였다. 안록산은 금중을 들고 나게 되자 이어서 양귀비의 아들이 될 것을 청하였다. 황상과 양귀비가 함께 앉아 있으면 안록산은 먼저 양귀비에게 절을 하였다. 황상이 그 까닭을 묻자, 대답하였다.

"호족(胡族) 사람들은 어머니에게 먼저 절을 하고 아버지에게는 뒤에 합니다."

황상이 기뻐하였다.

4 이림보(李林甫)는 왕충사(王忠嗣)의 공적과 명성이 날로 왕성해졌으므

---

134) 두 번째가 되는 군자라는 말로 태자를 말한다.

135) '천년만년'이라는 말이지만 '죽는다'는 뜻이다. 죽는다는 용어를 직접 쓰지 않고 죽음을 표현하는 말이다.

136) 금계(金雞)로 장식한 일종의 가리개를 말한다.

로 그가 재상으로 들어올까 두려워하여 그를 시기하였다. 안록산이 몰래 다른 뜻을 쌓으면서 적을 막는다는 구실로 웅무성(雄武城, 하북성 흥륭현 남쪽)을 쌓고 많은 병기를 모아 놓고 왕충사에게 부역을 도와 줄 것을 청하고 이어서 그의 병사를 남아 있게 하려고 한 것이다.

왕충사가 약속한 기일 전에 갔다가 안록산을 만나지 못하고 돌아왔는데, 자주 황상에게 말하기를 안록산이 반드시 반란을 일으킬 것이라고 하였다. 이림보가 더욱 그를 미워하였다. 여름, 4월에 왕충사가 굳게 하동(河東, 산동성 태원시)·삭방(朔方, 영하성 영무현)절도사를 겸하는 것을 사양하자 이를 허락하였다.

5 겨울, 10월 기유일(7일)에 황상이 여산(驪山, 섬서성 임동현)온천으로 갔는데 온천궁(溫泉宮)을 고쳐 화청궁(華淸宮)이라 하였다.

6 하서(河西, 감숙성 무위시)·농우(隴右, 청해성 낙도현)절도사인 왕충사는 부장(部將)인 가서한(哥舒翰)137)을 대두군(大斗軍, 감숙성 영창현 서쪽)부사(副使)로 삼았고, 이광필(李光弼)을 하서(河西)병마사138)로 삼아 적수(赤水, 감숙성 무위시 서남쪽)군사(軍使)139)에 충임하도록 하였다. 가서한의 아버지와 할아버지는 원래 돌기시(突騎施) 별부(別部)의 추장이고, 이광필은 거란왕 이해락(李楷洛)140)의 아들이었는데, 모두 용감하고 지략이 있어 왕충사가 소중하게 여겼다.

왕충사는 가서한으로 하여금 토번을 치도록 하면서 같은 계급에 있는 사람을 그의 부장(副將)으로 삼았는데, 거만하며 쓰이지 않자 가서한이

---

137) 가서한(哥舒翰)은 가서(哥舒)가 성씨로 복성(複姓)이다.

138) 하서(河西)의 작전사령관에 해당하는 직책이다.

139) 군사(軍使)는 기지(基地)사령관을 말한다.

140) 현종 개원(開元) 초에 이해락(李楷洛)을 거란왕으로 봉하였다.

채찍으로 때려 살해하니, 군대 안이 두려움으로 다리를 떨게 하였고, 누차에 걸쳐서 공로를 이루어 농우(隴右)절도부사에 이르렀다.

매년 적석군(積石軍, 청해성 귀덕현)에서 보리가 익을 때면 토번이 번번이 와서 이를 거두어 갔는데 막을 수 있는 사람이 없었으므로 변방의 사람들이 말하였다.

"토번의 보리밭이다."

가서한이 먼저 그 옆에 병사를 숨겨놓았는데, 오랑캐가 이르자 그 배후를 끊고 그들을 협격(挾擊)하여 한 사람도 돌아간 사람이 없게 하였다. 이로부터 감히 다시는 오지 못하였다.

황상이 왕충사로 하여금 토번의 석보성(石堡城, 청해성 황원현 서남쪽)을 공격하도록 하고자[141] 하였는데, 왕충사가 말씀을 올렸다.

"석보성은 험하고 견고하며 토번이 온 나라를 들어가지고 이를 지키고 있으며, 지금 병사들이 성 아래 주둔하고 있어서 수만 명을 죽이지 않으면 이길 수가 없습니다. 신은 아마도 얻는 것이 잃는 것만큼 되지 않고, 더구나 무기를 갈아 날카롭게 하고 군마(軍馬)를 기르다가 그들이 틈이 생기기를 기다렸다가 그 다음에 그들을 빼앗는 것만 못합니다."

황상은 속으로 불쾌하게 생각하였다.

장군 동연광(董延光)이 스스로 청하기를 병사들을 이끌고 석보성을 빼앗겠다고 하여 황상이 왕충사에게 명하여 병사들을 나누어 그를 돕도록 하였다. 왕충사가 어쩔 수 없이 조서를 받들었지만 동연광이 바라는 바에 온전히 부응하지 못하였는데, 동연광은 이를 원망하였다.

이광필(李光弼)이 왕충사에게 말하였다.

"대부(大夫)[142]께서는 사졸들을 아낀다는 이유를 가지고 동연광의 공

---

141) 석보성이 함락된 것은 개원 29년이고, 그 내용은 ≪자치통감≫ 권114에 실려 있다.

142) 당(唐) 중기 이전에는 병사를 거느리며 호령하는 장수들을 대부라고 하였다. 백거이(白居易)는 시(詩)에서 "무관(武官)을 대부(大夫)라고 칭한다."라고 하였다.

이 이루어지지 않기를 바랐으니, 비록 제서로 압박을 받았지만 사실은 그의 계획을 빼앗고자 하신 것입니다.

어떻게 이를 알았겠습니까? 지금 수만 명의 병사를 주시면서도 무거운 상(賞)을 세워 놓지 않으셨으니 사졸들이 어찌 능히 있는 힘을 다하여 싸우려고 하겠습니까! 그러나 이는 천자의 뜻이니 저들이 공이 없으면 반드시 대부에게 죄가 돌아올 것입니다. 대부의 군부(軍府)는 풍족한데 어찌 수만 단(段)의 비단을 아까워하여 헐뜯는 말을 막지 않는 것입니까!"

왕충사가 말하였다.

"지금 수만의 군사들로써 하나의 성(城)을 가지고 다투게 하는데, 그것을 얻는다 하여도 적(敵)을 제압하기에는 충분하지 않으며, 얻지 못한다 하여도 나라에는 해(害)가 없으니, 그런 까닭으로 나 왕충사가 이를 하고자 하지 않는 것이다.

나 왕충사는 지금 꾸지람을 받는다 해도 천자는 단지 금오(金吾)·우림(羽林)의 한 장군으로 돌아와 숙직을 하며 지키게 하도록 할 것이고, 그 다음이라 해도 검중(黔中, 호남성 서부와 귀주성)상좌(上佐)[143]를 시킬 것에 지나지 아니할 것이다. 나 왕충사가 어찌 수만 명의 생명을 하나의 관직(官職)으로 바꾸겠는가! 이(李) 장군, 그대는 참으로 나를 사랑하지만 그러나 나는 뜻을 결정하였으니 그대는 다시 말을 하지 마시오."

이광필이 말하였다.

"근래에 아마도 대부에게 누가 될까 두려웠으니, 그러므로 감히 말씀을 드리지 않을 수 없었습니다. 지금 대부께서는 능히 옛사람들의 일을 행하고 계시니 저 이광필은 미칠 바가 아닙니다."

마침내 종종 걸음으로 나갔다.

---

143) 상좌(上佐)는 군(郡)의 고급 보좌를 맡은 관직을 말한다. 별가(別駕), 장사(長史), 사마(司馬) 등을 상좌라고 할 수 있다.

동연광(董延光)이 기한을 지나도 이기지 못하자, '왕충사가 군대의 계획을 막으며 어지럽힌다.'고 말하여 황상이 노하였다. 이림보는 제양(濟陽, 산동성 장평현 서남쪽)별가 위림(魏林)으로 하여금 고발하도록 하였다.

"왕충사는 일찍이 스스로 말하기를, '나는 어려서 궁중에서 자라서 충왕(忠王)과 더불어 서로 좋아하며 스스럼없이 아주 친하다.'144)고 하면서 병사를 가지고 태자를 높이 받들고자 하였습니다."145)

칙서를 내려 왕충사를 징소(徵召)하고 입조(入朝)하게 하고, 삼사(三司)146)에게 맡겨 국문하도록 하였다.

황상은 가서한(哥舒翰)의 명성을 듣고 불러들여 화청궁(華淸宮, 섬서성 임동현 서쪽)에서 보았는데 더불어 이야기를 하고는 기뻐하였다. 11월 신묘일(19일)에 가서한을 판서평(判西平)태수로 하여 농우(隴右)절도사에 충임하였다.147) 삭방(朔方)절도사 안사순(安思順)을 판무위군사(判武威郡事)148)로 하여 하서(河西)절도사에 충임하였다.

.

---

144) 왕충사가 아홉 살이 되던 해 부친인 왕해빈(王海賓)이 위원(渭源)의 장성보(長城堡) 전투에서 전사(戰死)하였으므로 황제가 왕충사를 궁중에서 키웠다. 이때 태자는 충왕(忠王)이었고 그와 더불어 놀러 다녔다.

145) 위림(魏林)은 예전에 삭주(朔州) 자사였다. 왕충사(王忠嗣)는 하동(河東)절도사이었으므로, 삭주는 그가 관할하는 지역이었다. 그러므로 위림으로 하여금 그를 모함하도록 하였다. 본문에서 위림이 왕충사가 한 말이라고 하며 고발한 것은 이러한 배경에서 비롯된 것이다.

146) 삼사(三司)는 어사대(御史臺), 형부(刑部), 대리시(大理寺)를 말한다.

147) 충임은 관리를 임용하는 방식의 하나이다. 충당이라는 의미로 일종의 특파 형식의 임용으로 당 개원이후로 이러한 임용이 많이 등장한다.

148) 판서평(判西平)태수와 판무위군사(判武威郡事)는 모두 판직(判職)이다. 이는 관리를 임용하는 종류의 하나로 판직은 어떤 업무의 결정을 주관하도록 하는 것이며, 그 직책은 장사(長史)와 비슷하다. 관직명은 탄무위군사이다. 서평(西平)은 청해성 낙도현이고, 무위군(武威郡)은 감숙성 무위시이다.

환란을 면하는 태자와 고선지의 공로

7　호부시랑 겸(兼) 어사중승인 양신긍(楊愼矜)을 황상이 관대하게 하는 바이어서 이림보가 점차 그를 미워하였다. 양신긍은 왕홍(王鉷)의 아버지 왕진(王晉)과 더불어 내외종형제[149]이었는데, 젊어서는 왕홍과 허물없이 지냈고 왕홍이 대(臺, 御史臺)로 들어가는 데는 자못 양신긍이 밀고 이끌었기 때문이었다.

왕홍이 어사중승으로 승진하였는데 양신긍은 그와 더불어 이야기를 하면서 여전히 이름을 불렀다.[150] 왕홍은 자신이 이림보와 더불어 사이가 좋음을 믿고 속으로 점차 불평하였다. 양신긍은 왕홍의 직전(職田)[151]을 빼앗았으며, 왕홍의 어머니가 본래 천(賤)하였는데 양신긍이 일찍이 다른 사람에게 이야기를 하여서 왕홍은 깊이 이를 악물었다. 양신긍은 여전히 옛 친구의 마음으로 그를 대우하면서 일찍이 그와 더불어 사사

---

149) 본문은 '중표(中表)'로 되어 있는데 고모의 자녀들을 '외표(外表)'라 하고, 외삼촌이나 이모의 자녀들을 '내표(內表)'라 부른다. 그리고 고모의 자녀와 외삼촌이나 이모의 자녀들은 서로를 '중표(中表)'라 부른다.

150) 고대 시기 관가(官街)의 전통으로는 어떤 인물이 관리가 되면 이름을 신성하게 여겼고 친구들은 모두 존경의 표시로 자(字)를 호칭하였다. 때문에 양신긍이 왕홍의 이름을 그대로 불렀다는 것은 왕홍을 무시하고 있다는 표시이기도 하다.

151) 직전(職田)은 고대 시기 관리의 녹미전(祿米田)을 말한다. 관품(官品)의 등급에 따라 나누어서 주었다. 고대에는 규전(圭田), 사전(士田), 채전(采田) 등으로 불렀으며 수대(隋代)에 이르러 직전(職田)이라 칭하기 시작하였다.

롭게 참언서(讖言書)를 말하였다.

　양신긍은 술사(術士) 사경충(史敬忠)과 사이가 좋았는데 사경충이 말하기를 천하는 장차 난리가 일어날 것이라고 하며 양신긍에게 권하기를 임여(臨汝, 하남성 여주시)의 산152) 가운데 별장을 사서 피난할 곳으로 삼으라고 하였다.

　마침 양신긍은 아버지의 묘전(墓田) 안에 있는 초목(草木)이 모두 피를 흘렸으므로 양신긍은 이를 싫어하여 사경충에게 물었다. 사경충은 제사를 지내 물리칠 것153)을 청하여 후원(後園)에 도장(道場)을 세우고, 양신긍은 조정에서 물러 나와서는 번번이 옷을 벗고 발에는 족쇄를 손에는 수갑을 차고 도장 가운데 앉아 있었다. 열흘이 지나자 피가 멈추었으므로 양신긍은 그의 덕택으로 여겼다.

　양신긍에게는 시비(侍婢)인 명주(明珠)가 있었는데 용모가 아름다워 사경충이 여러 차례 그녀를 눈여겨보자 양신긍은 곧바로 사경충에게 보냈으며, 수레에 싣고 양귀비의 언니인 유씨(柳氏)의154) 누각(樓閣) 아래를 지나가는데 양귀비의 언니가 사경충을 누각 위로 올라오라고 불러서 수레 안에 있는 아름다운 여인을 달라고 요구하였으므로 사경충이 감히 거절하지 못하였다.

　다음날 언니 유씨가 궁에 들어가면서 명주를 스스로 데리고 갔다. 황상이 보고 그녀를 이상하게 여겨 어디서 온 바를 묻자, 명주는 모두 사실대로 대답하였다. 황상이 양신긍과 술사가 요망한 법(法)을 하는 것

---

152) ≪원화군현도지(元和郡縣圖志)≫ 권6 <하남도이(河南道二)>에 의하면, "당대(唐代) 임여군(臨汝郡)은 7개 현(縣)을 관리하였는데, 경내(境內)에는 노산(盧山), 노치산(盧齒山), 천식산(天息山), 방성산(方城山), 황성산(黃城山), 대용산(大龍山)이 있다."고 하였다.

153) 기도하는 방법을 통하여 재앙을 없애는 것으로, 이를 양(禳)이라 한다.

154) 양귀비의 셋째언니가 유씨(柳氏)에게 시집을 갔다. 본문에서는 단지 '유씨(柳氏)'로 기록하고 있는데 유씨부인이라는 의미이다.

으로 여겨 이를 싫어하였지만 화를 품기만 하고 밖으로 드러내지는 않았다.

양소(楊釗)가 왕홍(王鉷)에게 이것을 알리자 왕홍은 마음속으로 기뻐하면서 이어서 양신긍을 업신여기며 거만하였으므로 양신긍이 노하였다. 이림보는 왕홍이 양신긍과 더불어 틈이 있는 것을 알고 몰래 꾀어 그로 하여금 도모하도록 하였다.

왕홍이 이내 사람을 파견하여 비어(飛語)로 고발하도록 하였다.

"양신긍(楊愼矜)은 수(隋) 양제의 후손으로[155] 흉악한 사람과 왕래하며 집에는 신비한 참언서(讖書)를 두고서 조상의 대업(大業)을 회복시키려고 꾀하고 있습니다."

황상이 크게 노하여 양신긍을 잡아들여 감옥에 넣고 형부(刑部)·대리시(大理寺)와 시어사(侍御史) 양소·전중시어사 노현(盧鉉)에게 명하여 함께 그를 국문하도록 하였다. 태부소경 장선(張瑄)은 양신긍이 천거한 사람이었고, 노현은 장선이 일찍이 양신긍과 더불어 참언(讖言)을 논의하였다고 무고하며 백(百) 가지로 고문하였지만 장선은 답변을 하려하지 않았다.

마침내 나무에 그의 다리를 잡아매고 사람으로 하여금 그의 목에 씌운 칼의 손잡이를 끌어당기도록 하여 앞으로 잡아당기자 몸이 여러 척(尺)이나 늘어났고 허리가 가늘게 끊어지려 하였으며 눈과 코에서는 피가 나왔지만 장선은 끝내 대답하지 않았다.

또 길온으로 하여금 여주(汝州, 하남성 여주시)에 있는 사경충(史敬忠)을 잡도록 하였다. 사경충은 길온의 아버지와 더불어 원래 좋은 사이이어서, 길온이 어려서는 사경충이 항상 끌어안고 그를 어루만져 주었다. 사로잡히게 되자 길온은 그와 더불어 말을 나누지 않았고 그의 목에 칼

---

155) 양신긍은 수(隋) 양제의 현손(玄孫)이다.

을 씌웠으며 천으로 머리를 덮어 가리고 말 앞에서 그를 뛰어가게 하였다.

희수(戱水, 위수지류)에 이르자 길온이 관리로 하여금 그를 꾀도록 하게 하였다.

"양신긍은 이미 마음으로 복종하였고, 오로지 그대의 한 마디를 기다리고 있는데, 만약 사람들의 마음을 풀어주면 곧 살 것이고 그렇지 않으면 반드시 죽을 것이며, 앞으로 온탕(溫湯)156)에 이르게 되면 자수를 하겠다고 하여도 할 수가 없다."

사경충이 길온을 돌아보며 말하였다.

"칠랑(七郞),157) 종이 한 장만 주시오."

길온이 겉으로 응하지 않았다.

온탕까지 10여 리가 떨어지게 되자 사경충이 애절하게 기원하며 청하여 이내 뽕나무 아래에서 그로 하여금 3장의 종이에 대답하도록 하였는데, 글이 모두 길온의 뜻과 같았다.

길온이 천천히 말하였다.

"어르신께서는 이를 이상하게 생각하지 마십시오!"

이어서 일어나서 그에게 절을 하였다.

회창(會昌, 섬서성 임동현)에 이르러서 먼저 양신긍을 국문하고 사경충이 증명하도록 하였다. 양신긍이 모두 이끌어 자복하였는데 오직 참언서는 찾았지만 손에 넣을 수가 없었다. 이림보가 이를 위태롭게 여겨 노현(盧鉉)으로 하여금 장안(長安, 장안 서쪽 반성)으로 들어가 양신긍의 집을 수색하도록 하였는데 노현이 소매 속에 있는 참언서를 암중(闇中)에 넣고 욕을 하고 나오며 말하였다.

---

156) 현종이 머무는 곳이다.

157) 길온(吉溫)은 형제 가운데 일곱째여서 '칠랑(七郞)' 이라고 부른 것이다.

"역적(逆賊)이 비기(祕記)158)를 깊이 감추었군."

회창(會昌, 섬서성 임동현)에 이르러서 양신긍에게 보여주었다. 양신긍이 탄식하였다.

"내가 참언서를 넣지 않았는데 이것이 어디에서부터 나의 집에 놓여 있단 말인가! 나는 마땅히 죽을 뿐이구나."

정유일(25일) 양신긍과 그의 형인 소부(少府)소감 양신여(楊愼餘)·낙양령(洛陽令) 양신명(楊愼名)에게 스스로 목숨을 끊도록 명령을 내렸다. 사경충에게는 곤장 100대를 치고 아내와 자식들은 모두 영남으로 귀양을 보내도록 하였고, 장선(張瑄)에게는 곤장 60대를 치고 임봉(臨封, 광동성 봉개현)으로 귀양을 보내도록 하였는데 회창에서 죽었다.

사괵왕(嗣虢王) 이거(李巨)는 비록 모의에는 참여하지 않았으나, 사경충과 더불어 서로 아는 사이라는 것에 연루되어 관직을 벗게 하고 남빈(南賓)에 안치시켰다. 그밖에 연루된 사람이 수십 명이었다. 양신명은 칙서가 내린 것을 듣고도 얼굴색이 변하지 않은 채, 누나와 이별하는 편지를 썼으며 양신여는 하늘을 향하여 합장을 하고서 목을 맸다.

8　삼사(三司)가 왕충사(王忠嗣)를 조사하자, 황상이 말하였다.

"나의 아이는 깊은 궁에 살고 있는데 어찌 밖에 있는 사람과 더불어서 함께 모의를 하겠는가? 이는 반드시 망령된 것이다. 단지 왕충사가 군공(軍功)을 방해하고 어지럽힌 것만 탄핵하라."

가서한(哥舒翰)이 들어가서 조현하니 어떤 사람이 권하기를 많은 금과 비단을 싸가지고 가서 왕충사를 구원하도록 하라고 하였다.

가서한이 말하였다.

"만약 바른 도(道)가 아직도 있다면 왕공(王公)159)께서는 반드시 억울

---

158) 신비한 예언서를 말한다.

하게 죽지 않을 것이며, 만일 장차 그가 죽게 될 것이라면 많은 뇌물이 무슨 소용이 있겠는가!"

마침내 다만 한 개의 봇짐만 싸가지고 갔다.

삼사(三司)에서 주문을 올려 왕충사의 죄는 사형에 해당한다고 하였다. 가서한은 처음으로 우연히 황상에게 알려지게 되었으므로 힘을 다하여 왕충사의 억울함을 진술하였고, 게다가 청하기를 자신의 관작(官爵)을 가지고 왕충사의 죄를 대속(代贖)하겠다고 하였다. 황상이 일어나서 금중으로 들어가자 가서한이 머리를 조아리고 따라가며 말하면서 눈물을 함께 흘렸다. 황상이 깨달음을 느껴 을해일(27일)에 왕충사를 깎아내려 한양(漢陽, 호북성 무한시 한수 남쪽기슭) 태수로 하였다.

9 이림보가 누차 큰 옥사를 일으키고 따로 장안(長安, 장안 서쪽 반성)에 추사원(推事院)160)을 설치하였다. 양소(楊釗)는 궁정에 있는 사람의 친족이어서161) 궁성의 금달(禁闥, 금중의 작은 문)을 출입하였고 말하는 바를 대부분 들어주니, 마침내 또 끌어들여 후원 세력으로 삼고자 하여 발탁하여 어사(御史)로 삼았다.

일이 작아도 동궁과 관계된 것이 있으면 모두 들추어내어 이를 탄핵하고 나희석(羅希奭)과 길온(吉溫)에게 이를 보내어 국문하도록 하였다. 양소가 사사로운 뜻을 마음대로 할 수 있었으므로 모함을 받고 죽어서 씨를 말린 사람들이 수백 개의 집안이었는데 모두 양소가 일으킨 것이다. 다행이도 태자는 어질고 효성스러우며 삼가며 조용히 있었고, 장기

---

159) 왕충사를 말한다.

160) 일종의 특별법원이다.

161) 양귀비와의 친속관계를 말한다. 본문에서는 '액정지친(掖庭之親)'으로 기록하고 있는데, 액정(掖庭)은 궁궐 안에 있는 작은 집을 말하는 것으로 비(妃)와 빈(嬪)이 거주하는 곳을 비유한 의미이다. 그러므로 '액정지친(掖庭之親)'의 의미는 황제비빈의 친척을 말한다.

(張垍)와 고력사(高力士)가 항상 황상 앞에서 보호하였던 까닭으로 이림
보가 끝내 이간을 할 수 없었다.

10 12월 임술일(21일)에 풍익(馮翊, 섬서성 대지현)과 화음(華陰, 섬서성
화현)의 민부(民夫)들을 발동하여 회창성(會昌城, 섬서성 임동현)을 쌓았고
백사(百司)를 설치하였다. 왕공이 각각 집을 두었고 토지의 값은 천금(千
金)에 달하였다. 계해일(22일)에 황상이 궁으로 돌아왔다.

11 병인일(25일)에 백관에게 명하여 천하에서 올해에 상서성으로 들여
오는 공물(貢物)을 조사하도록 하였는데, 이미 그렇게 하고서 모두 수레
에 실어 이림보의 집에 하사하였다. 황상이 혹 때로 조정을 살펴보지 않
으니 백관들은 모두 이림보의 집 문으로 모였으므로 대(臺)와 성(省)이
텅 비었다. 진희열(陳希烈, 左相)이 비록 관부(官府)에 앉아 있었지만 한
사람도 들어가 알현하는 사람이 없었다.

이림보의 아들인 이수(李岫)는 장작감(將作監)162)이 되었지만 자못 두
려움으로 가득 차 있었는데, 일찍이 이림보를 따라 후원을 거닐다가 역
부(役夫, 일하는 사람)를 가리키며 이림보에게 말하였다.

"대인(大人)께서는 오랫동안 균축(鈞軸)163)에 있으셔서 원수들이 천하
에 가득 차 있으니 하루아침에 재앙이 미치게 되면 저 사람처럼 되기를

---

162) 장작감(將作監)은 관명으로 진(秦)에서 장작소부(將作少府)를 설치하였다. 한(漢)
경제(景帝) 중원(中元) 6년(기원전 144년)에 장작소부를 개칭하여 장작대장(將作
大匠)으로 하고 궁실(宮室), 종묘(宗廟), 능원(陵園)의 토목과 건축을 관장하도록
하였다. 수(隋) 개황(開皇) 연간에 작감대감(作監大監)으로 개칭하였다. 당(唐) 초
기에는 장작대장(將作大匠)이라 칭하였고, 고종 용삭(龍朔) 연간에는 선공감(繕工
監)이라 하였다. 측천무후 광택(光宅) 연간에 이르러 다시 영선감(營繕監)으로 개칭
하였고, 중종(中宗) 신룡(神龍) 연간에 장작감이라 칭하였다.
163) 균축(鈞軸)은 녹로와 굴대를 의미하는데 이른바 국정(國政)을 다루는 중요한 직책이
나 그 직책을 맡은 사람을 비유해서 쓰는 말이다.

바라도 될 수 있겠습니까?"

이림보가 즐거워하지 아니하며 말하였다.

"대세가 이미 이와 같은데 장차 어찌하란 것이냐!"

이보다 먼저 있던 재상은 모두 덕(德)과 도량을 가지고 자처(自處)하였고 위세를 섬기지 않았고 추종(騶從)164)하는 사람도 단지 몇 명에 불과하며 사민(士民)들은 혹 그를 피하지도 않았다.

이림보가 스스로 많은 원한을 맺어서 항상 자객(刺客)을 걱정하여 나가면서 보병과 기병 100여 명을 왼쪽과 오른쪽 날개로 삼고 금오(金吾)가 길을 깨끗이 하며 앞에서 달려가는 것이 수백 보(步) 밖에 있게 되니, 공경(公卿)들이 도망가며 피하였다. 머무를 때면 겹겹이 막고 두 겹으로 벽을 쌓았으며 벽돌을 땅에 깔고 벽 안에는 판자를 세워 마치 큰 적을 막는 것처럼 하였으며, 하루 저녁에도 여러 차례 침상을 옮겨서 비록 집안사람이라 하여도 그가 있는 곳을 알지 못하였다. 재상을 쫓아다니는 사람들이 많아지게 된 것은 이림보에서부터 비롯된 것이다.

12　애초에, 장군 고선지(高仙芝)는 본래 고려(高麗, 고구려) 사람으로 안서(安西, 신강성 고차현)에서 군대에 복무하였다. 고선지는 날래고 용감하고 말 위에서 활을 잘 쏘아 절도사 부몽령찰(夫蒙靈詧)165)이 누차 천거하여 안서(安西) 부도호·도지병마사(都知兵馬使)에 이르렀고, 4진(鎭)절도부사(節度副使)166)로 충임하였다.

토번(吐蕃, 티베트 라싸)이 딸을 소발율(小勃律, 캐시미르 gilgit)167) 왕

---

164) 추종(騶從)은 벼슬이 높은 사람이 행차할 때 말이나 수레 앞뒤로 따라가는 시종(侍從)을 말한다.

165) 부몽(夫蒙)이 성씨(姓氏)로 복성(複姓)이다.

166) 4진은 구자(龜玆, 신강성 고차현), 소륵(疏勒, 신강성 객십시), 언기(焉耆, 신강성 언기현), 우전(于闐, 신강성 화전시)이고, 절도부사는 절도사를 돕는 부사이다.

(王)의 처로 삼게 하자, 그 주변의 20여 나라가 모두가 토번에 붙으니 헌상하는 공물(貢物)을 들여오지 않았고, 앞뒤로 있던 절도사들이 이를 토벌하였지만 모두 이길 수 없었다. 제서를 내려서 고선지를 행영(行營) 절도사로 삼고 1만의 기병을 이끌고 그들을 토벌하도록 하였다.

안서(安西)로부터 100여 일을 가서 마침내 특륵만천(特勒滿川, 아모강 상류)에 이르러서는 군대를 세 길168)로 나누어 7월 13일에 토번의 연운보(連雲堡, 캐시미르 gilgit시 서북쪽) 아래에서 모이기로 기약하였다. 1만 명 가까이 되는 병사들이 있었지만 뜻하지 않게 당의 병사들이 갑자기 이르자 크게 놀라 산을 의지하여 막으며 싸웠고 돌쇠뇌에서 쏘는 돌과 나무 칼자루처럼 생긴 나무가 비처럼 쏟아졌다.

고선지는 낭장(郎將)인 고릉(高陵, 섬서성 고릉현) 사람 이사업(李嗣業)을 맥도장(陌刀將)169)으로 삼아 그에게 명령하였다.

"해가 정오(正午)에 이르지 않아서 결단코 오랑캐를 깨뜨려야 한다."

이사업은 한 개의 깃발을 집어 들고 맥도(陌刀)를 이끌며 험준한 가장자리로 먼저 올라가서 힘을 다해 싸웠는데, 진시(辰時)부터 사시(巳時)170)

---

167) 소발율은 또한 발로라(鉢露羅)라고 쓰이기도 한다. 지금의 파키스탄 동부이다.

168) 3가지의 길은 북곡도(北谷道), 적불도(赤佛道), 호밀도(護密道)를 말한다. 고선지 자신은 호밀도로 행군하였는데, 호밀륵(護密勒) 성(城)에서 남쪽으로 소발율(小勃律) 국(國)의 도읍까지는 500리이다.

169) 장도(長刀)를 지닌 일종의 특공부대의 대장을 말한다. ≪당육전(唐六典)≫에 의하면, "무고령(武庫令)이 병기(兵器)를 관장하는데 칼을 명칭에 따라 분류하여 나라에서 쓸 수 있도록 준비하였다. 칼(刀)의 모양은 4종이 있는데, 의도(儀刀), 장도(鄣刀), 횡도(橫刀), 맥도(陌刀)가 그것이다. 의도(儀刀)는 대개 고대 반검(斑劍, 얼룩무늬가 있는 검)의 종류이다. 송(宋)·진(晉) 이래로 어도(御刀)라고 불렸고, 후위(後魏) 때는 장도(長刀)라고 칭하였는데 모두 용과 봉황으로 둘러싸서 장식하고 있다. 수(隋)에 이르러서 의도(儀刀)라고 하였고 금과 은으로 장식하였는데 전례(典禮) 때 사용하였다. 장도(鄣刀)는 대개 몸을 보호하거나 적을 막는데 쓰이는 칼이다. 횡도(橫刀)는 옆구리에 차는 칼을 말한다. 병사들이 옆에 차는 칼로 명칭은 수(隋)에서부터 썼다. 맥도(陌刀)는 긴 칼을 말한다. 보병(步兵)들이 가지고 다니며 대개 옛날에 말의 목을 베던 검을 말한다."고 하였다.

170) 진시(辰時)는 오전 7시부터 9시까지이고, 사시(巳時)는 오전 9시부터 11시까지를

에 이르자 그들을 대파하고 목을 벤 것이 5천 급(級)이었고 포로는 1천여 명이었으며 나머지는 모두 무너져 도망하였다.

중사(中使)[171] 변령성(邊令誠)이 오랑캐의 경계로 이미 깊게 들어왔으므로 두려워하며 감히 나아가지 못하였는데, 고선지는 이내 변령성으로 하여금 늙고 약한 병사 3천으로 그 성(城)을 지키도록 하고 다시 나아갔다.

사흘이 되어 탄구령(坦駒嶺, gilgit시 서북쪽)에 이르렀는데 아래로는 험한 산비탈 길이 40여 리나 되었고 앞에는 아노월성(阿弩越城, gilgit시 서북쪽)이 있었다. 고선지는 사졸들이 험준한 것을 겁내어 내려가려고 하지 않을까 걱정하여 이보다 먼저 사람들에게 호복(胡服)을 입게 하고 아노월성을 지키는 사람이 마중하며 항복하는 것처럼 거짓으로 꾸미고 말하였다.

"아노월(阿弩越)은 붉은 마음으로 당(唐)에 귀부하는데, 사이수(娑夷水, 인더스강 상류의 지류인 gilgit하)의 등나무 다리가 이미 찍혀서 끊어졌습니다."

사이수는 즉 약수(弱水)인데, 이 물은 지푸라기 하나도 건널 수가 없었다.

등나무 다리라는 것은 토번과 통하는 길이었다. 고선지는 겉으로 기뻐하는 체 하며 사졸들에게 이내 내려가도록 하였다. 또 사흘이 지났는데 아노월성에서 마중하는 사람이 과연 이르렀다.

다음날 고선지는 아노월성으로 들어가서 장군 석원경(席元慶)을 파견하여 1천의 기병을 이끌고 앞으로 나아가게 하면서 말하였다.

"소발율(小勃律)에서 대군(大軍)이 이르렀다는 소식을 듣고 그 군신과 백성들이 모두 반드시 산과 계곡으로 도망하였을 것이니 다만 큰소리로

말한다.

171) 군대를 감독하는 환관을 말한다.

불러서 나오게 하여 비단을 가지고 가게하고 칙령으로 그것을 하사한다 하고 대신(大臣)들이 이르면 그들을 모두 묶어두고 나를 기다려라."
석원경이 그의 말과 같이 하여 여러 대신을 모두 결박하였다.

왕(王)과 토번(吐蕃)공주는 도망하여 석굴(石窟)로 들어갔는데 붙잡으려 하였지만 잡을 수가 없었다. 고선지가 이르러 그 가운데 토번에 붙었던 대신(大臣) 여러 명을 목 베었다.

등나무 다리는 성(城)으로부터 거의 60리가 떨어져 있었는데, 고선지는 급히 석원경을 파견하여 가서 다리를 찍어서 끊도록 하였는데, 겨우 끝이 나자 토번병사들이 크게 이르렀으나 이미 이를 수가 없었다. 등나무 다리는 넓기가 거의 화살이 날아가 닿는 거리이었으므로 힘을 다해 고쳤지만 1년이 지나서야 완성되었다.

8월 고선지(高仙芝)는 소발율왕(小勃律王)과 토번공주를 사로잡아서 돌아왔다. 9월 연운보(連雲堡)에 이르러 변령성과 더불어 하였다. 월말에 파밀천(播密川, 아모하 지류)에 이르러서 사신을 파견하여 상황을 아뢰었다.

하서(河西, 백마하 서쪽)에 이르자 부몽령찰(夫蒙靈詧)은 고선지가 자기에게 먼저 말하지 않고 서둘러서 주문을 올렸다고 하여 화를 내며 한마디도 맞이하는 위로의 말을 하지 않고 고선지에게 욕을 하였다.

"개똥을 먹을 고려(高麗, 고구려) 종놈아! 네가 관직을 모두 누구 때문에 얻었는데 내 처분을 기다리지 않고 마음대로 첩서(捷書)[172]를 아뢰는 것이냐! 고려 종놈아! 너의 죄는 마땅히 목을 쳐야 하지만 단지 네가 새로 공(功)을 세워 차마 못하는 것일 뿐이다."

고선지는 단지 사죄할 뿐이었다. 변령성은 고선지가 깊이 만 리(里)나 들어가 뛰어난 공을 세웠지만 지금은 아침저녁으로 죽음을 걱정하고 있다고 주문을 올렸다. *

---

172) 전투에서 승리한 것을 보고하는 글을 말한다.

資治通鑑

자치통감 권216
당(唐)시대 32(747~753년)

불안한 싹이 자라는 평화

이림보의 변방정책과 무너지는 부병제

현종(玄宗) 천보(天寶) 6재(丁亥, 747년)

1 12월 기사일(28일)에 황상이 고선지(高仙芝)를 안서사진(安西四鎭)절도
사1)로 삼고 부몽령찰(夫蒙靈詧)을 징소하여 들어와서 조현하게 하자 부몽
령찰이 크게 두려워하였다. 고선지가 부몽령찰을 보면 종종걸음을 걷는
것이 예전과 같았는데 부령영찰이 더욱 두려워하였다.

　부도호인 경조(京兆)2) 사람 정천리(程千里)와 압아(押牙)3) 필사침(畢思
琛)과 행관(行官)4) 왕도(王洮) 등은 모두 평상시 고선지를 부몽령찰에게
얽어매고자 하였던 사람들인데, 고선지는 정천리와 필사침을 마주보며
꾸짖었다.

　"공(公)의 얼굴은 남자인데, 마음은 마치 부인과 같으니, 어찌된 일인
가?"

---

1) 총부는 구자(龜玆)에 있었다.

2) 수도인 장안(長安)을 말한다.

3) 무관(武官)의 관직 명칭이다. 아(牙)는 군중(軍中)에 양쪽으로 세워 놓은 깃발을 말하
　는데, 호랑이의 송곳니가 양쪽으로 나 있는 것과 같은 형상이라 하여 아기(牙旗)라고
　칭한 것이다. 압아(押牙)는 의장(儀仗)과 시위(侍衛)를 관장하였다.

4) 행관(行官)은 특별히 파견되는 연락관을 말한다.

또 왕도 등을 붙잡아서 볼기를 치려하였고, 이미 그렇게 하다가 그렇게 하고 나서 모두 풀어주면서 말하였다.

"나는 원래 너에게 한(恨)하는 것을 말을 하지 않으면 아마도 네가 걱정을 품을 것이다. 지금 이미 그것을 말하였으니, 아무 일도 없을 것이다."

군대 안이 이내 편안해졌다.

애초에, 고선지가 도지병마사(都知兵馬使)가 되었을 때 의지(猗氏, 산서성 임의현) 사람 봉상청(封常淸)이 어려서 부모를 잃고 가난하고 가늘게 몸이 야위고 눈이 어그러졌으며 한쪽 다리가 짧았는데 고선지에게 하인이 되게 해달라고 요구하였으나 받아들여지지 않았다. 봉상청은 매일같이 고선지가 들고 나는 것을 살피며 문에서 떠나지 않으니 대략 수십 일이 지나자 고선지는 하는 수 없이 그를 머무르게 하였다.

때마침 달해부(達奚部)가 반란을 일으키니 부몽령찰이 고선지로 하여금 뒤쫓도록 하여, 목을 베거나 사로잡아서 거의 다 없앴다. 봉상청이 사사롭게 첩서(捷書)[5]를 지어 고선지에게 보여주었는데 모두 고선지가 마음으로 말하려고 하였던 바여서 이로 말미암아 전체 군부(軍府)가 그를 기이하게 여겼다. 고선지는 절도사가 되자 곧바로 봉상청을 판관(判官)[6]으로 임명하였고, 고선지가 정벌을 하러 나가면 항상 유후(留後)[7]로 삼았다. 고선지 유모의 아들인 정덕전(鄭德詮)은 낭장이었는데, 고선지는 그를 형제처럼 대하며 집의 일을 돌보도록 하니, 군대 안에 위엄이 있었다.

---

5) 첩서(捷書)는 전쟁에서 승리한 것을 보고하는 글을 말한다.

6) 판관(判官)은 집행관(執行官)을 말하는 것으로 그 지위는 절도부사(節度副使 ; 부사령관)와 거의 같았다.

7) 유후(留後)는 벼슬의 명칭으로 절도사나 관찰사가 일이 있어서 본 부서를 떠날 경우 그 직무를 대리하던 벼슬을 말한다.

봉상청이 일찍이 나가는데 정덕진이 뒤에서부터 말을 달려가면서 그를 부딪치고 지나갔다. 봉상청은 사원(使院)[8]에 이르자 사람으로 하여금 정덕전을 부르도록 하고 매번 한 개의 문을 지날 때마다 번번이 문을 닫도록 하였고, 이미 그렇게 하고 나서 도착하자 봉상청이 자리에서 일어나며 말을 하였다.

"나 봉상청이 본래 가난하고 지체가 낮은 출신인 것은 낭장도 아는 바이오. 오늘 중승(中丞)[9]의 명령으로 유후(留後)가 되었는데, 낭장이 어찌 여러 사람들이 있는 가운데에서 업신여기고 부딪치는가!"

이어서 큰소리로 꾸짖었다.

"낭장을 잠시 죽게 만들어 군대의 다스림을 엄숙하게 하고자 한다."

마침내 곤장 60대를 치니 땅에 얼굴을 대고서 질질 끌려 나갔다.

고선지의 처와 유모가 문 밖에서 큰소리로 울부짖으면서 그를 구원하려고 하였지만 미치지 못하였으며 이어서 이런 상황을 고선지에게 아뢰니, 그가 보고 놀라며 말하였다.

"이미 죽었는가?"

봉상청을 만나게 되었는데 마침내 다시 말이 없었으므로 봉상청 또한 그에게 사과하지 않았다. 군대 안에서는 그를 두려워하여 숨소리조차 삼갔다.

당(唐)이 일어난 이래로 변방의 장수들은 모두 충성이 두터운 이름난 신하들을 채용하였지만, 오랫동안 맡기지도 않았고 요령(遙領)[10]하지도

---

8) 사원(使院)은 유후(留後)가 업무를 처리하는 장소를 말한다.

9) 중승(中丞)은 고선지(高仙芝)를 말한다. 당(唐) 시기 변방의 장수들에게는 항상 중앙의 관함(官銜)을 내려 주었다. 그러므로 신분을 올려 주었는데 고선지에게는 어사중승(御史中丞)이라는 관함을 내려 주었기 때문에 중승이라고 부른 것이다.

10) 영직(領職)을 말하는 것으로 본래의 직책을 가지고 있으면서 다른 업무를 담당하게 하는 것으로 영직인 경우에는 그 직책을 위하여 그 관부에 직접 가지 않고 멀리 떨어져서 업무를 관장하는 것을 말한다.

않았으며, 겸하여 통솔하지 아니하게 하면서 공적과 명성이 뛰어난 사람은 왕왕 조정으로 들어와 재상이 되었다.[11]

그 사이(四夷)의 장군으로 비록 재능과 지략이 아사나사이(阿史那社爾)·글필하력(契苾何力)과 같더라도 홀로 대장의 임무를 맡기지 않고 모두 대신으로서 사(使)를 삼아 그들을 통제하도록 하였다.[12]

개원(開元) 연간에 이르자, 천자가 사이(四夷)를 삼킬 뜻을 가졌으므로 변방의 장군이 된 사람을 10여 년 동안 바꾸지 않고 처음으로 오랫동안 맡기게 되었는데,[13] 황제의 아들인 경왕(慶王, 李琮)과 충왕(忠王, 李亨)의 여러 친왕들 그리고 재상 소숭(蕭嵩)과 우선객(牛仙客)은 처음으로 요령(遙領)하였으며,[14] 개가운(蓋嘉運)과 왕충사(王忠嗣)는 홀로 여러 도(道)를 통제하며 처음으로 겸직을 하여 병사를 거느리게 되었다.[15]

이림보(李林甫)는 변방의 장수들이 재상으로 들어오는 길을 막고자 하여 호인(胡人)은 글을 알지 못한다 하며 마침내 주문으로 아뢰었다.

"문신(文臣)으로 장군을 삼으면 화살과 돌을 마주 대하면 겁을 내니, 비천하게 농사나 짓던 호인(胡人)을 쓰는 것만 같지 못합니다. 호인은 용감하게 결단하고 전투에 익숙하며 빈한(貧寒)한 출신이니 외롭게 서

---

11) 예를 들면, 이정(李靖), 이적(李勣), 유인궤(劉仁軌), 누사덕(婁師德) 같은 부류를 말한다. 개원(開元) 이래로 설눌(薛訥), 곽원진(郭元振), 장가정(張嘉貞), 왕준(王晙), 장열(張說), 두섬(杜暹), 소숭(蕭嵩), 이적지(李適之) 등이 역시 변방의 장수로서 재상이 되었다.

12) 아사나사이(阿史那社爾)가 640년 8월부터 12월까지 고창(高昌)을 토벌하였지만 후군집(侯君集)을 원수(元帥)로 삼았고, 글필하력(契苾何力)과 이사수(李思摩 ; 阿史那思摩)가 645년에 고구려(高句麗)를 토벌하였지만 이적(李勣)을 원수로 삼았다.

13) 왕준(王晙), 곽지운(郭知運), 장수규(張守珪)와 같은 부류들을 말한다.

14) 여러 왕들에 대한 일은 ≪자치통감≫ 권213 당(唐) 현종(玄宗) 개원(開元) 15년의 기사에 있으며, 소숭(蕭嵩)에 대하여는 개원(開元) 17년의 기사에, 그리고 왕충사(王忠嗣)에 대하여는 ≪자치통감≫ 권214 개원(開元) 24년의 기사에 있다.

15) 개가운(蓋嘉運)은 하서(河西), 농우(隴右)의 절도사를 겸하였고, 왕충사(王忠嗣)는 하서(河西), 농우(隴右), 하동(河東), 삭방(朔方)의 절도사를 겸하였다.

있고 무리가 없으므로 폐하께서 진실로 은혜로써 그들의 마음에 두루 미치게 하시면 저들이 반드시 조정을 위하여 목숨을 바치게 할 수 있습니다."

황상이 그 말을 기뻐하며 처음으로 안록산을 임용하였다.

이때에 이르러서 여러 도(道)의 절도사에는 모두 호인을 썼는데,16) 정병(精兵)들은 모두 북쪽의 변경을 지켰으므로 천하의 형세가 편중되고, 별안간 안록산으로 하여금 천하를 기울여 뒤엎어 버리게 하였으니, 모두 이림보가 오로지 총애를 받고 자리를 굳게 지키기 위한 꾀에서 나온 것이다.

현종 천보 7재(戊子, 748년)

1 여름, 4월 신축일(2일)에 좌감문(左監門)대장군·지내시성사(知內侍省事) 고력사(高力士)에게 표기(驃騎)대장군을 덧붙여주었다. 고력사는 황제의 은혜를 입으며 오랜 세월동안 지냈으므로 안팎에서 그를 두려워하였는데, 태자 역시 그를 형(兄)이라고 불렀으며, 여러 친왕과 공들은 그를 옹(翁)이라고 불렀고, 부마(駙馬) 같은 무리들은 그대로 야(爺)17)라고 불렀다.

이림보와 안록산의 무리들에서부터 모두가 그를 통하여 장상으로 뽑혔다. 그의 집 재산은 넉넉함을 셀 수가 없었다. 서경에 보수사(寶壽寺)를 짓고 사원의 종을 만들었는데 고력사가 재(齋)를 지내며 그것을 경하하니 온 조정에 있는 사람들이 다 모였다.

종을 치면서 1저(杵)18)에 시주하는 전(錢)이 100민(緡)이었는데 아첨

---

16) 안록산(安祿山), 안사순(安思順), 가서한(哥舒翰), 고선지(高仙芝)는 모두 한족(漢族) 출신이 아니다.

17) 야(爺)는 아버지라는 의미로 주인이나 상관 또는 존귀한 사람에 대한 경칭으로 쓰인다.

을 하고자 하는 사람은 20저(杵)에 이르렀고 작은 사람이라도 10저(杵)에서 덜지 아니하였다. 그러나 성격이 온화하며 신중하여 잘못이 적었고, 때를 잘 보며 고개를 숙이거나 쳐들었고 감히 교만하게 제멋대로 하지 않았다. 그런 까닭으로 천자가 끝내 그를 가까이 하며 신임하였고 사대부 또한 괴로워하며 미워하지 않았다.

2　5월 임오일(13일)에 여러 신하들이 존호(尊號)를 올려서 개원천보성문신무응도황제(開元天寶聖文神武應道皇帝)라고 하였다. 천하를 사면하고 백성들에게 다음 해의 조세와 부역을 면제하였고, 후위(後魏, 북위)의 자손 가운데 한 명을 뽑아 3각(恪)19)으로 삼았다.

3　6월 경자일(1일)에 안록산에게 철권(鐵券)20)을 내렸다.

4　탁지(度支)랑중 겸 시어사인 양소(楊釗)는 황상이 속으로 사랑하고 미워하는 바를 잘 엿보면서 그것에 영합하였기 때문에 세금을 거두어들이면서 빠르게 승진하여 이 해 동안에 15여개의 사직(使職)을 관장하였다. 갑진일(5일)에 급사중으로 승진하고, 어사중승을 겸하면서 탁지에 관한 일을 오로지 처리하니,21) 은총이 날로 두터워졌다.

---

18) 종을 치는 방망이질의 단위를 말한 것이다.

19) 고대 시기 주(周) 왕조가 정권을 세운 후 하(夏)의 자손, 상(商)의 자손 그리고 순(舜)의 자손 가운데 각각 한 사람을 뽑아 '각(恪)'으로 봉하여 이들을 '삼각(三恪)'이라 하였다. '각'은 존경한다는 의미인데, 왕을 공경하고 있다는 의미를 취한 것이다. 당(唐) 시기의 '삼각'은 수(隋)의 황족(皇族)자손, 북주(北周)의 황족자손, 그리고 북위(北魏 ; 後魏)의 황족자손을 말한다.

20) 공신에게 주는 쇠로 만든 서류로 절대로 바뀌지 않는다는 약속을 의미하는 것이다.

21) 판직(判職)이며, 관직 명칭은 판탁지사이다.

소면(蘇冕)²²⁾이 논평하였습니다.

"관청을 설치하여 직책을 나누고 각각에는 유사가 있다. 다스리는 것에는 변하지 아니하는 것이 있어서 지키기가 쉽고, 일은 근본으로 돌아가서 잃기가 어려운 것이 멀리 다스리는 도리(道理)인데, 이것을 버리면 무엇에 의지할 것인가!

간신(姦臣)이 이로움을 널리 말하여 은총을 바라고, 많은 사직(使職)을 설치하여 은총을 나타내기에 이르니, 아래에 있는 백성들을 각박하게 하면서 두텁게 거두고, 공허한 수를 벌려놓고 상황을 바친다. 황상의 마음은 흐려서 더욱 사치스럽게 하니, 사람들이 바라보고 원망하여 재앙이 이루어졌다. 천자의 유사(有司)로 하여금 자리를 지키도록 하면서 그 일이 없게 하였으니, 두터운 봉록을 받는 것은 그 쓰임을 헛되게 하였다.

우문융(宇文融)이 그 실마리를 먼저 부르짖었고, 양신긍(楊愼矜)과 왕홍(王鉷)이 이어서 그 궤(軌)를 받들었으며,²³⁾ 양국충(楊國忠)이 마침내 혼란을 이루게 하였다. 중니(仲尼)가 이르기를, '차라리 도둑질 하는 신하를 가질지언정 재산을 긁어모으는 신하는 없애야 된다.'²⁴⁾라고 하였으니 참으로 옳은 말이다. 앞에 갔던 수레가 이미 엎어졌는데 뒤의 수레가 고치지 않으면서 교화의 근본에 도달하기를 구하니 또한 어찌 어렵지 않겠는가!"

---

22) 당 노양사(蘇良嗣)의 후손(後孫)으로 ≪국조정사(國朝政事)≫와 ≪회요(會要)≫가 있다.

23) 우문융(宇文融)에 관한 일은 당 현종 개원 17년(729년) 10월에 있었고, 그 내용은 ≪자치통감≫ 권213에 실려 있고, 양신긍(楊愼矜)과 왕홍(王鉷)에 관한 일은 당 현종 21년(733년) 12월과 당 현종 천보 원년(742년) 3월에 각각 있고, 그 내용은 각기 ≪자치통감≫ 권213과 ≪자치통감≫ 권215에 실려 있으며, 궤(軌)란 수레바퀴의 자국이나 왼쪽바퀴와 오른쪽바퀴 사이의 너비(輻)를 말한다.

24) 중니는 공자를 말하며, 이 내용은 ≪예기≫ <대학>에 실려 있다.

5 겨울, 10월 경술일(13일)에 황상이 화청궁(華淸宮, 섬서성 임동현 변경)에 행차하였다.

6 11월 계미일(17일)에 양귀비의 언니로 최씨(崔氏)에게 시집간 사람을 한국(韓國)부인으로 삼고, 배씨(裴氏)에게 시집간 사람을 괵국(虢國)부인으로 삼으며, 유씨(柳氏)에게 시집간 사람을 진국(秦國)부인으로 삼았다. 세 사람은 모두 재능과 미모를 갖추어서 황상이 이들을 이모(姨母)라고 불렀는데, 궁액(宮掖)을 드나들며 나란히 황상의 은택을 입으니 그 권세는 천하를 기울였다.

매번 명부(命婦)25)들이 들어와 알현하였는데 옥진(玉眞)공주26) 등은 모두 사양하며 감히 자리로 나아가지 아니하였다. 세 언니는 양섬(楊銛)·양기(楊錡)와 더불어 다섯 집안이 무릇 청탁을 하는 일이 있으면 부현(府縣)에서는 이어서 받들어 주니 제칙(制勅)보다도 엄하였다. 사방에서 뇌물을 보내어 문으로 몰려드는데 오로지 뒤쳐질까만을 두렵게 여겼으니 아침부터 저녁까지 마치 시장과 같았다.

십택(十宅)의 여러 친왕들과 백손원(百孫院)27)에서 혼사를 할 일이 있으면 모두 전 1천 민(緡)을 뇌물로 한국부인과 괵국부인에게 주고 청하도록 하면 뜻대로 되지 않는 일이 없었다.

황상이 내려주는 것과 사방에서 보내어 바치는 것이 다섯 집안에게 마치 하나처럼 하였다. 다투어 집을 짓는데 그것이 장엄하고 아름답기가 극에 달하였고 한 채를 짓는 비용이 1천만을 뛰어 넘었다. 이미 완성하

---

25) 봉호(封號)를 받은 부녀자(婦女子)를 말한다.

26) 옥진(玉眞)공주는 예종(睿宗)의 딸이며, 현종(玄宗)의 여동생으로 이름을 이지영(李持盈)이다.

27) 십왕택(十王宅)과 백손원(百孫院)에 대하여는 당 현종 개원 15년(727년) 5월에 있었고, 그 내용은《자치통감》 권213에 실려 있다.

고도 다른 사람이 자신의 집보다 나아보이는 것이 있으면 번번이 부수고 다시 지었다.

곽국부인은 특히 호탕하여, 하루아침에 공도(工徒)들을 거느리고 위사립(韋嗣立)28)의 집으로 갑자기 들어가 곧바로 옛날의 집을 철거하고 스스로 새 집을 지었는데, 단지 위씨에게는 비어 있는 땅 10무를 주었을 뿐이다.

중당이 이미 완성되자 일꾼을 불러 벽에 흙손질을 하게 하였는데 대략 2백만이 들었으며, 다시 기교한 것에 상을 달라고 요구하자 곽국부인은 강라(絳羅) 500단(段)29)을 그에게 상으로 내렸는데 비웃으며 돌아보지도 않고 말하였다.

"청하건대 여치와 도마뱀을 붙잡아서 그 수를 적어 놓고 집 안에 풀어두었다가 만일 하나라도 잃어버리면 감히 값을 받지 않겠습니다."30)

7 12월 무술일(2일)에 어떤 사람이 말하기를 현원황제가 조원각(朝元閣)31)에 내려왔다고 하자 제서를 내려 회창현(會昌縣, 섬서성 임동현)을 소응현(昭應縣)으로 고치도록 하고, 신풍현(新豐縣, 섬서성 임동현 동북쪽 신풍진)을 철폐하여 소응현에 넣게 하였다. 신유일(25일)에 황상이 궁으로 돌아왔다.32)

---

28) 현종 개원 2년(714년) 3월에 재상을 지낸 사람이고, 이에 관한 일은 ≪자치통감≫ 권211에 실려 있다.

29) 강라(絳羅)는 진홍색의 비단을 말하고, 1단(段)은 4필(匹)이다.

30) 고대의 민속 가운데 여치나 도마뱀은 궁을 지키는 영물로 전해지고 있었다.

31) 당 현종이 화청궁(華淸宮) 안에 노군전(老君殿)을 세웠는데, 전(殿)의 북쪽에는 조원각을 지었다. 후에 어떤 사람이 노군(老君)이 이 각(閣)에 내려왔다고 하여, '강성각(降聖閣)' 으로 개칭하였다.

32) 온천궁에서부터 돌아 온 것이다.

8 가서한(哥舒翰)이 청해(靑海)에 신위군(神威軍)을 쌓았는데 토번(吐蕃)이 이르자 가서한이 이를 쳐서 깨뜨렸다. 또 청해 가운데 있는 용구도(龍駒島)³³)에 성을 쌓았는데 이르기를 응룡성(應龍城)이라 하니, 토번이 자취를 감추고 감히 청해에 접근하지 않았다.

9 이 해에 운남왕(雲南王) 귀의(歸義)³⁴)가 죽었으므로 아들 합라봉(閣羅鳳)이 뒤를 잇도록 하고 그의 아들인 봉가이(鳳迦異)는 양과주(陽瓜州, 운남성 위산현 서북쪽, 羈縻州) 자사가 되었다.

현종 천보 8재(己丑, 749년)

1 봄, 2월 무신일(13일)에 백관을 이끌고 좌장(左藏)³⁵)을 구경하면서 비단을 하사하면서 차이를 두었다. 이때에 주현(州縣)은 재물이 넉넉하고 부유하여 창고에는 오곡과 비단이 쌓였는데, 움직였다 하면 만(萬)을 헤아렸다.

　양소(楊釗)는 주문을 올려서 '있는 곳에서 곡식을 팔아 경화(輕貨)로 바꾸고, 정조(丁租)³⁶)와 지세(地稅)를 거두어들여서 모두 포와 백으로 바

---

33) 청해호(靑海湖) 안에는 산으로 이루어진 섬이 있어서 겨울철에 호(湖)가 결빙되면 말을 방목하였는데 다음해 새끼를 낳아 가지고 돌아왔으므로 이 섬을 용구도(龍駒島)로 불렀다고 전한다.

34) 운남왕(雲南王) 귀의(歸義)의 본래 이름은 피라합(皮羅閣)이다. 운남왕국 즉 남조(南詔)왕국에서는 성(姓)이 없어 아버지가 죽으면 아버지의 마지막 이름 글자를 아들의 이름 첫 글자에 놓았다. 그러므로 피라합의 아들 이름은 합라봉(閣羅鳳)이고, 합라봉의 아들 이름은 봉가이(鳳迦異)이다. 이후에 풍우(豊祐) 시기에 이르러서 이러한 습속을 바꾸었다.

35) 좌장(左藏)은 천하의 부세를 받아 놓은 창고를 말한다. 당 시기 태부시(太府寺 : 일종의 황실창고를 관장하는 부서)에는 좌장서(左藏署)와 우장서(右藏署)가 있었는데, 좌장서에는 또한 동고(東庫), 서고(西庫), 조당고(朝堂庫), 동도고(東都庫)가 있어서 천하에서 올리는 부세는 좌장고로 모였다.

36) 1명의 장정이 국가에 내는 세금을 말한다. 당의 조용조(租庸調)법에 의하면 1년에

꾸어 경사로 보내도록 하자.'고 청하였다. 누차 아뢰어 탕장(帑藏, 창고)이 가득 찬 것은 예부터 지금까지 드문 경우라고 하니 그러므로 황상이 여러 신하들을 이끌고 구경을 하고 양소에게 자의(紫衣)37)와 금어(金魚)를 상으로 내렸다.

황상은 나라의 쓸 것이 넉넉하게 되니, 그러므로 금과 비단을 분토(糞土)처럼 여기며, 아끼고 사랑하는 집안에게 상을 내리기를 한도 끝도 없이 하였다.

2 3월에 삭방(朔方)절도등사 장제구(張齊丘)가 중수항성(中受降城, 내몽고 포두시)에서 서북쪽으로 500여 리 떨어진 목자산(木剌山, 음산)에 횡새군(橫塞軍, 내몽고 오원현 서북쪽)을 쌓고 진원(振遠, 산서성 대동시 북쪽)군사(軍使)38)인 정(鄭, 섬서성 화현) 사람 곽자의(郭子儀)를 횡새(橫塞)군사로 삼았다.

3 여름, 4월에 함녕(咸寧, 섬서성 의천현)39) 태수 조봉장(趙奉璋)이 이림보의 죄 20여 조(條)를 고발하였다. 서장(書狀)이 아직 도달하지 않았는데 이림보가 이를 알고서, 이림보는 넌지시 어사(御史)에게 체포하도록 하고 요사스러운 말을 하였다고 하여 곤장을 쳐서 죽였다.

4 이보다 먼저 절충부(折衝府)40)에는 모두 목계(木契)와 동어(銅魚)를

1정구(丁口)는 국가에 대해 조(租)로써 속(粟) 2석을 납부하도록 하였다.

37) 자의(紫衣)는 3품 이상이 입는 관복을 말한다.

38) 군사(軍使)는 군(軍)의 지휘관에 해당하는 직책이다.

39) 함녕군(咸寧郡)은 본래 단주(丹州)의 단양군(丹陽郡)이며 서위(西魏) 시기에 설치하였다. 당 현종 천보(天寶) 원년(742년)에 새로 함녕군으로 개칭하였다.

40) 절충부(折衝府)의 절충(折衝)은 관명에서 따온 것이다. 수(隋) 금위군(禁衛軍)에는 절충(折衝), 과의(果毅), 무용(武勇) 그리고 웅무(雄武) 등의 낭장관(郎將官)이 있었

가지고 있어서,41) 조정에서 징발(徵發)하게 되면 칙서(勅書) · 목계 · 동어
를 내려 보내고, 도독(都督)과 군부(郡府)는 대조하며 조사하고 모두 맞
아떨어지면 그런 뒤에 이를 파견하였다.

곽기(彍騎, 기마의 숙위병)를 모집하여 설치하고부터 부병은 날로 더욱
무너졌는데 죽거나 도망친 사람들을 유사가 다시 조사하여 채우지 않았
다. 그 가운데 육태마우(六馱馬牛)42) · 기계(器械) · 후량(糗糧, 말린 밥 즉
건반)은 쓰거나 흩어져서 거의 다 없어졌다. 부병으로 숙위하러 들어간
사람을 시관(侍官)이라 불렀는데, 이는 천자의 시위가 되었음을 말한 것
이다.

그 뒤에 본위(本衛)에는 대부분 가인(假人)들이어서 노역을 부리는 것
을 노예와 같이 시켰다. 장안의 사람들은 이를 부끄럽게 여겨서 서로 치
욕으로 생각43)하기에 이르렀다. 그 가운데 변방에서 수(戍)자리 서는 사
람 대부분은 또 변방의 장군들이 힘들게 일을 부렸으니 죽으면 그의 재
산을 몰수하는 것이 이롭다고 생각한 것이었다. 이로 말미암아 마땅히
부병이 되어야 할 사람들은 모두 도망치거나 숨으니, 이에 이르러서는

다. 당(唐) 시기에는 절충도위(折衝都尉)를 두어 전국 각 주(州)에 절충부(折衝府)를
설치하였다.

41) 《당육전(唐六典)》에 의하면, "부보랑(符寶郎)은 부절(符節)을 관장하였는데, 목계
(木契)는 군진(軍鎭)을 지키는 것을 중히 여기고 황제의 명령의 출납을 신중히 하도
록 한 것이다. 황제가 순행하여 황태자가 감국(監國) 할 때 병마(兵馬)를 받아 지휘
하는 것을 목계로 하도록 하였다. 아울러서 행군소(行軍所)나 군대에서 병사 500명,
병마 500필 이상을 이끌 때에도 목계를 발급하였다. 3공(公) 이하 양경(兩京)의 유
수(留守) 그리고 여러 주(州)에서 병마를 받아 지휘하는 사람에게 또한 목계를 발급
하였다. 동어(銅魚)는 군대를 일으키거나 지방장관을 교체할 때 사용하는 것이다. 양
경의 유수와 마찬가지로 여러 주, 여러 군, 절충부, 여러 곳의 파견대가 지키는 곳 그
리고 궁총감(宮總監)에게 모두 발급하였다."고 한다.

42) 육태마우(六馱馬牛)는 여섯 종의 낙타와 말과 소를 말하는 것으로 여겨진다.

43) 본위란 본래의 천자를 호위하던 위군(衛軍)을 말하고, 가인은 다른 사람을 빌려서 대
신 군역에 복무하게 하는 것이다. 숙위하는 군대란 황제를 보위하는 군사여서 영광스
럽지만 이미 사역병으로 전락하였으므로 결국 숙위병이란 사역병, 노무병과 같은 의
미로 쓰였으므로 숙위병으로 불리는 것을 치욕으로 생각한 것이다.

교대할 수 있는 병사들이 없었다.

5월 계유일(10일)에 이림보가 주문을 올려 절충부에서 올리고 내리는 어서(魚書)를 그치게 하였다. 그 뒤로 부병의 무리는 관리들뿐이었다. 절충(折衝)과 과의(果毅)⁴⁴⁾는 또 해가 지나도 자리를 움직이지 않으니 사대부는 또한 이것이 되는 것을 부끄럽게 여겼다.

곽기(彍騎)의 법은 천보(天寶) 이후에 점차 변하여 폐지되었고, 모집에 응모한 사람들은 모두 시정부판(市井負販)·무뢰(無賴)자제⁴⁵⁾였는데, 일찍이 무기를 익힌 적이 없었다.

당시는 평안한 날이 오랫동안 이어져서 의론하는 사람들 대부분이 중국(中國, 중원 지역)의 무기들을 녹일 수 있다고 생각하였으므로 이에 백성들 사이에서 무기를 차고 다니는 것을 금지하였고, 아들이나 동생이 무관이 되면 아버지와 형은 물리치고 같이 나란히 하지 않았다. 맹장(猛將)과 정병(精兵)들은 모두 서북쪽에 모여 있었고 중국에는 군사적인 준비가 없었다.

5 태백산(太白山, 섬서성 미현 남쪽) 사람 이혼(李渾) 등이 말씀을 올려서 신인(神人)을 보았다고 하며 말하기를, '금성동(金星洞)에 있는 옥(玉)으로 된 판석(板石)에 성주복수지부(聖主福壽之符)⁴⁶⁾를 기록한 것이 있다.'고 하니, 어사중승 왕홍(王鉷)에게 명하여 선유곡(仙遊谷, 섬서성 주지현 남쪽)으로 들어가 찾도록 하여 그것을 얻었다.

---

44) 어서(魚書)는 동어(銅魚)와 칙첩(勅牒)을 겸하여 일컫는 말이고, 절충(折衝)은 관명으로 절충부(折衝府)의 장관을 말하며, 과의(果毅)는 관명으로 절충부(折衝府)의 부(副)장관을 말한다.

45) 시정부판(市井負販)은 길거리에서 물건을 지고 다니며 파는 사람들을 말하며, 무뢰(無賴)자제는 일정한 직업이 없이 떠돌며 나쁜 짓을 하는 젊은 사람들을 말한다.

46) 글자 그대로 보면 성스러운 주군이 복을 받고 장수할 것을 알리는 부명(符命)이라는 뜻으로 하늘이 황상에게 내린 일종의 예언을 말한다.

황상은 상서로운 징조가 계속 이어지는 것이 모두 조종(祖宗)이 훌륭하고 빛이 나기 때문이라고 여겨 6월 무신일(15일)에 성조(聖祖)의 호를 올려서 대도현원(大道玄元)황제라 하고, 고조의 시호를 올려서 신요대성(神堯大聖)황제라 하였으며, 태종의 시호를 문무대성(文武大聖)황제라 하였고, 고종의 시호를 천황대성(天皇大聖)황제라 하였고, 중종의 시호를 효화대성(孝和大聖)황제라 하였고, 예종의 시호를 현진대성(玄眞大聖)황제라 하며, 두태후(竇太后) 이하 모두에게는 시호에 순성황후(順聖皇后)라는 명칭을 덧붙였다.

6 신해일(18일)에 형부상서·경조윤(京兆尹)인 소경(蕭炅)이 뇌물을 받아 숨겼다는 죄를 쓰고 여음(汝陰, 안휘성 부양현) 태수로 좌천되었다.

7 황상이 농우(隴右, 청해성 낙도현)절도사 가서한(哥舒翰)에게 명하여 농우와 하서(河西) 그리고 돌궐의 아사나아포사(阿史那阿布思)의 병사를 인솔하고 삭방(朔方)과 하동(河東)의 병사들을 더하여 무릇 6만3천으로 토번(吐蕃)의 석보성(石堡城, 청해성 황원현 서남쪽)을 공격하도록 하였다.

그 성은 3면이 험한 절벽으로 오로지 한 길로만 위로 오를 수가 있었으므로 토번은 단지 수백 명으로 그곳을 지켰는데, 식량을 많이 저축해 두고 뇌목(檑木)[47]과 뇌석(檑石)을 쌓아놓아 당의 군사들이 앞뒤로 누차 공격하였지만 이길 수가 없었다.

가서한이 나아가 공격한 지 여러 날이 지났지만 뽑아내지 못하자 비장 고수암(高秀巖)과 장수유(張守瑜)를 불러 목을 베려고 하였는데 두 사람이 청하기를 사흘을 기한으로 이길 수가 있다고 하였다. 기약한대로 그것을 뽑고 토번의 철인실낙라(鐵刃悉諾羅) 등 400명을 사로잡았지만

---

47) 나무를 원기둥 모양으로 다듬어 성 위에서 떨어뜨려 적을 공격하는 무기를 말한다.

당의 사졸로 죽은 사람이 수만 명이었으니 과연 왕충사(王忠嗣)의 말과 같았다.

얼마 지나지 않아 가서한이 또 병사를 적령(赤嶺, 청해성 공화현 동쪽)의 서쪽에 파견하여 둔전(屯田)을 열고 적졸(謫卒)[48] 2천을 보내어 용구도(龍駒島, 청해호 가운데 있는 섬)를 지키도록 하였는데, 겨울이 되어 강물이 얼어붙자 토번이 크게 모여들었으므로 지켰던 사람들은 모두 죽었다.

8 윤월(윤6월) 을축일(3일)에 석보성(石堡城)을 신무군(神武軍)이라 하고 검남(劍南, 사천성 성도시)의 서산색마천(西山索磨川, 사천성 흑수현 서남쪽)에 보령(保寧)도호부를 설치하였다.

9 병인일(4일)에 황상이 태청궁(太淸宮)[49]에 배알하였다. 정묘일(5일)에 여러 신하들이 황상의 존호(尊號)를 개원천지대보성문신무응도황제(開元天地大寶聖文神武應道皇帝)라 하니, 천하를 사면하였다. 체(禘)와 협(祫)[50]은 이로부터 태청궁 앞에서 순서에 맞게 자리를 설치하였다.

10 가을, 7월에 돌기시(突騎施, 이리하의 중하류)의 이발(移撥)을 책봉(冊封)하여 십성(十姓) 가한으로 하였다.

---

48) 죄를 짓고 유배 갈 사람으로 메워진 병졸을 말한다. 이때에 병졸은 벌을 받는 것과 동일하게 생각되었다.

49) 천보(天寶) 원년(742년) 정월 영부(靈符)를 얻은 이후로 서경(西京 ; 長安) 대영방(大寧坊)에 현원황제의 묘(廟)를 세우고, 동경(東京 ; 洛陽)에는 동궁(東宮) 적선방(積善坊)에 있는 임치(臨淄)의 옛 저택에 묘를 세웠으며, 또한 천하의 여러 군에는 현원황제의 초상을 개원관(開元觀)에 설치하였다. 다음해 3월 12일 서경에 있는 현원황제의 묘를 태청궁(太淸宮)으로, 동경에 있는 묘는 태극궁(太極宮)으로, 그리고 천하의 여러 군(郡)에 설치한 묘는 자극궁(紫極宮)으로 개칭하였다.

50) 체(禘)는 천자가 시조(始祖)를 하늘에 배향하며 크게 제사 지내는 것을 말하고, 협(祫)은 조상의 신주를 옮겨 천묘(遷廟 ; 옮긴 묘)에서 함께 제사를 지내는 일을 말한다.

11   8월 을해일(14일)에 호밀(護密, 중앙아시아 분적하 북쪽기슭 Iskasim, Eshkashem) 왕 나진단(羅眞檀)이 들어와 조현하고 남아서 숙위(宿衛)하기를 청하자 이를 허락하고 벼슬을 주어 좌무위(左武衛)장군으로 하였다.

12   겨울, 10월 을축일(4일)에 황상이 화청궁(華淸宮, 섬서성 임동현 변경)에 행차하였다.

13   11월 을미일(5일)에 토화라(吐火羅, 아프가니스탄 북부 Hanabad) 엽호(葉護)인 실리달가라(失里怛伽羅)가 사신을 보내 표문을 올렸다.

"걸사(揭師, 인도 북부) 왕이 스스로 토번에게 붙어서 소발율(小勃律, 캐시미르 Gilgit)에 진을 친 군대를 어렵고 힘들게 하고 식량 보내는 길을 막고 있습니다.

신의 생각으로는 흉악한 무리를 깨뜨리고자 하니, 바라건대, 안서(安西)의 병사를 발동하여 주시면 내년 정월에는 소발율에 이르고, 6월에는 대발율(大勃律, 캐시미르 Gilgit)에 도착할 것입니다."

황상이 허락하였다.

도교에 빠진 현종과 내부를 파악한 안록산

현종 천보 9재(庚寅, 750년)

1 봄, 정월 기해일(10일)에 황상이 궁으로 돌아왔다.

2 여러 신하들이 누차 표문을 올려서 서악(西嶽, 화산, 섬서성 화음시 남쪽)에서 봉선(封禪)51)을 할 것을 청하니 황상이 이를 허락하였다.

3 2월에 양귀비가 다시 뜻을 어겨 개인 집으로 돌려보냈다.52) 호부랑중 길온(吉溫)이 환관을 통하여 황상에게 말하였다.

"여인들은 식견과 생각이 멀리 보지 못하여 성상의 마음을 거슬러 어겼는데, 폐하께서는 어찌하여 궁 안에 있는 한 좌석의 자리를 아끼시어 그로 하여금 죽음에 이르도록 하지 않으시고 어찌하여 밖에 있는 집에서 그에게 욕됨을 참게 하시는 것입니까?"

황상이 역시 이를 후회하며 환관을 보내어 어선(御膳)53)을 내렸다.

---

51) 황제가 산정(山頂)에 올라 봉토(封土)를 쌓아 하늘에 제사 지내고, 땅을 깨끗이 쓸고 산천(山川)에 제사 지내는 일을 말한다. 보통은 산동의 태산(泰山)에서 봉선을 하지만 서악에서도 봉선하는 경우가 있다.

52) 양귀비의 당시 나이는 서른두 살이었다. 양귀비가 현종의 뜻을 어긴 일은 천보 5년(746년)에 있었고, 그 일은 ≪자치통감≫ 권115에 실려 있다.

양귀비가 사신을 맞이하여 눈물을 흘리며 말하였다.

"첩(妾)의 죄는 마땅히 죽어야 하는데, 황상께서 다행스럽게도 죽이지 않으시고 집으로 돌아가게 하셨습니다. 지금부터는 마땅히 영원토록 액정(掖庭)을 떠나야 할 것인데 금과 옥으로 된 진귀한 노리개는 모두 황상께서 내려 주신 바이므로 황상에게 올리기는 부족하고 오로지 머리카락은 부모님께서 주신 것이라 감히 정성으로 바치옵니다."

이내 머리카락 한 묶음을 잘라 황상에게 올렸다. 황상이 황급히 고력사(高力士)로 하여금 불러 돌아오도록 하였는데 총애하며 대우하는 것이 더욱 깊었다.

당시 여러 귀한 친척들이 다투어 음식을 들여와 바치니 황상이 명하여 환관 요사예(姚思藝)를 검교진식사(檢校進食使)[54]로 삼도록 하고 물과 뭍에서 나는 진귀한 음식물이 수천 쟁반이었는데, 한 쟁반의 비용이 보통 사람 열 집의 재산이었다.

중서사인 두화(竇華)가 일찍이 조정에서 물러나 있다가 공주(公主)가 음식을 들여오는 것을 만나게 되었는데, 행렬이 거리 가운데 있었고 큰소리로 외치며 전하기를 말고삐를 당겨서 천천히 그 사이를 지나가도록 하였다. 궁원(宮苑)의 어린아이들[55] 수백 명이 앞에서 몽둥이를 휘둘렀으므로 두화는 겨우 몸을 피하였다.

4　안서(安西)절도사 고선지(高仙芝)가 걸사(揭師, 인도 북부)를 깨뜨리고 그 왕인 발특몰(勃特沒)을 사로잡았다. 3월 경자일(12일)에 발특몰의 형

---

53) 황제가 먹는 음식을 말한다.

54) 검교는 관원을 임명하는 방법의 하나로 정식으로 임명하는 것은 아니다. 필요에 따라서 대리직이거나 혹은 중앙의 관직을 가지고 지방에 이를 때에 준다. 여기서는 황제에게 올리는 음식을 검사하는 책임자라는 의미를 지닌 관직을 새로 만든 것이다.

55) 궁원에서 심부름을 하는 어린아이들을 말한다. 어린아이라고 표현하였지만 실제로는 젊은 청년을 말한다.

인 소가(素迦)를 세워 걸사왕으로 삼았다.

5 황상이 어사대부 왕홍(王鉷)에게 명하여 화산(華山, 서악·섬서성 화음시 남쪽)으로 가는 길을 뚫고 그 위에 제단을 쌓을 곳을 갖추도록 하였다. 이 해 봄에 관중(關中, 섬서성 중부)에 가뭄이 들었다. 신해일(23일)에는 악사(嶽祠)에 화재가 났다. 제서를 내려 서악(西嶽)에서의 봉선을 철폐하게 하였다.

6 여름, 4월 기사일(11일)에 어사대부 송혼(宋渾)이 거만(巨萬)의 뇌물을 받은 죄를 짓고 조양(潮陽, 광동성 도주시)으로 귀양 갔다.

애초에, 길온(吉溫)은 이림보로 말미암아 벼슬이 오르게 되었는데,[56] 병부시랑 겸 어사중승인 양소(楊釗)가 황상의 은총을 점차 깊게 받게 되자, 길온은 마침내 이림보를 떠나 그에게 붙었고 양소를 위하여 이림보가 잡고 있는 정권을 대신할 대책을 꾀하였다.

소경(蕭炅)과 송혼은 모두 이림보가 후하게 대해준 사람이어서 그들의 죄를 찾아내도록 하였고, 양소로 하여금 주문을 올려서 그들을 쫓아버리도록 하여서 그의 심복을 잘라냈지만 이림보가 구원해줄 수 없었다.

7 5월 을묘일(28일)에 안록산에게 작위를 내려서 동평군왕(東平郡王)이라 하였다. 당의 장수(將帥)가 왕으로 봉해진 것은 이로부터 시작되었다.

8 가을, 7월 을해일[57]에 광문관(廣文館)[58]을 국자감(國子監)에 설치하고

---

56) 천보(天寶) 4재(745년) 6월에 길온이 병부(兵部)의 옥사(獄事)를 국문하면서 승진하게 되었다.

57) 7월 1일이 정해일이므로 7월에는 을해일(乙亥日)이 없다. ≪당회요(唐會要)≫에 의하면 이 사건이 일어난 날은 기해(己亥)로 되어 있고, 기해일은 7월 13일이다. 따라서 을해는 기해의 잘못으로 보인다.

여러 국자감생(國子監生)들을 가르쳐서 진사과를 익히도록 하였다.

9 8월 정사일(1일)에 안록산으로 하북도채방처치사(河北道采訪處置使)[59] 를 겸하게 하였다.

10 삭방(朔方, 영하성 영무현)절도사 장제구(張齊丘)가 군량을 나누어 주는 것이 적절함을 잃자 군사들이 분노하여 그 판관(判官)을 구타하였다. 병마사 곽자의(郭子儀)가 몸으로 장제구를 막아서 맞는 것을 모면할 수 있었다.

계해일(7일)에 장제구는 제음(濟陰, 산동성 정도현) 태수로 좌천되었고, 하서(河西, 감숙성 무위시)절도사 안사순(安思順)으로 권지(權知)삭방절도사[60]로 하였다.

11 신묘일[61]에 처사(處士)[62] 최창(崔昌)이 말씀을 올렸다.

"국가가 마땅히 주(周)·한(漢)을 계승하여 토덕(土德)을 가지고 화덕을 대신하였던 것입니다.[63] 주(周, 北周)·수(隋)는 모두 윤위(閏位)[64]이

---

58) 이때 광문관(廣文館)에 박사 12명과 조교를 두었다.

59) 범양절도사인 안록산에게 하북도채방처치사까지 겸하게 한 것이다.

60) 권지는 임시로 업무를 처리하는 관직에 붙이는 것이다. 여기서는 삭방절도사의 업무를 임시로 맡아서 처리한다는 의미의 관직이다.

61) 통감필법으로 보면 신묘일은 8월이어야 하지만 8월 1일이 정사일이므로 8월에는 신묘일이 없다. 다만 《구당서(舊唐書)》 <현종본기(玄宗本紀) 하>를 보면, 이 사건이 난 달이 9월로 되어 있고, 9월 1일이 병술일이므로 9월 신묘일은 6일이 된다. 그러므로 신묘 앞에 9월이 누락된 것으로 보아야 한다.

62) 고대에 덕이 있으면서 벼슬을 하지 않고 숨어서 사는 사람을 처사(處士)라고 하였다.

63) 당 왕조는 토신(土神)을 보호신(保護神)으로 선택하여 마땅히 토덕(土德)을 이어받아야 한다는 것이다. 토로 화를 대신한다는 말은 상생론을 말하는 것으로 화생토(火生土)를 의미하는 것이다. 즉 토덕을 가진 나라는 화덕을 가진 나라를 계승하게 된다는 것이며, 이에 관한 일은 당 고조(高祖) 무덕(武德) 원년(618년) 5월에 있었으며, 그

니, 그 자손을 두 왕(王)65)의 후예로 삼기에는 마땅하지 않습니다."
사건을 공경에게 내려 보내어 모여 논의하도록 하였다.

집현전 학사 위포(衛包)가 말씀을 올렸다.

"모여서 논의하던 밤에 사성(四星)이 미(尾, 28宿 가운데 하나)의 별자리에 모였으니 하늘의 뜻이 분명합니다."
황상이 이내 명을 내려 은(殷)·주(周)·한(漢)의 후예를 3각(恪)으로 삼고 한(韓)·개(介)·휴공(酅公)66)을 철폐하였다. 최창을 좌찬선(左贊善)대부로 삼고 위포를 우부(虞部)원외랑으로 삼았다.

12 겨울, 10월 경신일(5일)에 황상이 화청궁에 행차하였다.

13 태백산(太白山, 섬서성 미현 남쪽) 사람 왕현익(王玄翼)이 말씀을 올려서 현원(玄元)황제를 보았다고 하였는데, 말하기를, '보선동(寶仙洞)에 묘보진부(妙寶眞符)67)가 있다.'고 하였다. 형부상서 장균(張均) 등에게 명하여 가서 구해 오도록 하여 그것을 얻었다.

당시 황상이 도교(道敎)를 높이 여기고 오래 사는 것을 흠모하였으니, 그러므로 다투어 상서로운 조짐을 말하였고, 여러 신하들이 표문을 올려 축하하였는데, 빈 달이 없었다. 이림보(李林甫) 등이 모두 집을 내놓고

내용은 ≪자치통감≫ 권186에 실려 있다.

64) 정통론에 의거하면 정통이란 그 계승관계가 올바른 경우를 말하는 것이고, 정통이 아니면서 중간에 끼어든 것을 윤위라고 한다. 대표적인 것은 주(周)와 한(漢)을 정통으로 보고 그 사이에 있었던 진(秦)을 정통으로 보지 않고, 윤위로 보는 것이다.

65) 북주(北周) 왕조의 후손과 수(隋) 왕조의 후손을 말한다. 천보 7재(748년) 5월에 삼각(三恪)을 두어 개공(介公)과 휴공(酅公)을 둔 것을 말한다.

66) 한(韓)공은 북위(北魏)의 후예에게 준 작위이고, 개(介)공은 북주(北周)의 후예에게 준 작위이며, 휴공(酅公)은 수(隋)의 후예에게 준 작위이다.

67) 도교적인 부서(符書)를 말한다. 말 그대로 보면 묘하고 보배로운 진짜 부서(符書)라는 말이다.

도관(道觀, 도교사원)으로 삼을 것을 청하면서 성상의 수명을 기원하겠다고 하자, 황상이 기뻐하였다.

14   안록산(安祿山)이 누차 해(奚, 난하 상류)와 거란(契丹, 요하 상류)을 유혹하여 연회를 열고 낭탕주(莨菪酒)68)를 마시게 하고 취하면 그들을 묻어버렸는데 움직였다 하면 수천 명이었고, 그 추장의 머리를 함(函)에 넣어 올리기를 앞뒤로 4차례나 하였다. 이에 이르러 들어가 조현하기를 청하자, 황상이 유사에게 명하여 먼저 소응(昭應, 섬서성 임동현)에 집을 짓도록 하였다.

안록산이 희수(戱水, 위수 지류)에 이르자 양소의 형제와 자매가 모두 나가 그를 맞이하였는데 관모(冠帽)와 차개(車蓋)가 들판을 덮었다. 황상은 스스로 망춘궁(望春宮)으로 가서 그를 기다렸다.

신미일(16일)에 안록산이 해족(奚族) 포로 8천 명을 바쳤는데 황상이 명하여 고과(考課)69)를 하는 날에 상상고(上上考)라고 쓰도록 하였다. 이

---

68) ≪본초(本草)≫에서 이르기를, "낭탕자(莨菪子)는 해변과 하천의 계곡에서 자라며, 지금도 곳곳에 있다. 싹의 줄기는 높이가 2~3척 정도이다. 잎은 황색과 홍남색 등을 띠었으며, 3가지로 잎이 나며 넓다. 4월에 꽃을 피우는데 자색이다. 줄기의 양 옆으로 하얀 털이 있다. 5월에 열매를 맺는데, 열매의 껍질모양이 배가 부르고 목이 좁은 항아리 모양을 하고 있어 마치 작은 석류와 같다. 열매의 씨앗이 가늘게 되면 청백색을 띠는데 마치 쌀알과 같으며 독(毒)이 심하다. 하루나 이틀을 삶으면 싹이 나오는데 술로 담그면 독이 매우 심하다." 라고 언급하고 있다.

69) 관리들의 성적을 조사하는 것을 고과(考課)라고 한다. 고과는 한대(漢代)에 처음 시행하였다. 당의 제도에 의하면 상서고공(尙書考功)이 내외의 문무(文武)관리들의 고과를 관장하였다. 고과를 받는 관리가 해당 연도의 모든 공로와 과오를 기록한 것을 본사(本司)나 본주(本州)의 장관이 여러 사람들 앞에서 읽고, 우열을 의논하여 9등급 가운데 등급을 정한 뒤에 성(省)으로 보냈다. 대개 고과(考課)의 법은 4선(善) 27최(最)로 나누어 관리들을 승진시키거나 좌천시키는 표준으로 삼았다. 그 가운데 1최(最) 4선(善)이 '상상고(上上考)'이다. 이른바 4선(善)이란 첫째, 덕의유문(德義有聞)으로 품덕(品德)과 충의(忠義)가 널리 알려진 것을 말한다. 둘째는 청신명저(淸愼明著)로 맑고 깨끗하며 삼간 것이 두드러지게 알려진 것을 말한다. 셋째는 공평가칭(公平可稱)으로 정사를 공평하게 돌본 것을 말한다. 넷째는 각근비해(恪勤匪懈)로 공손하고 부지런히 힘써 태만하지 않은 것을 말한다.

에 앞서 안록산이 상곡(上谷, 하북성 이현)에서 다섯 개의 노(爐)로 동전을 주조하도록 허락하였는데,70) 안록산이 동전의 견본(見本)으로 1천 민(緡)을 올렸다.

15   양소(楊釗)는 장역지(張易之)의 생질인데, 주문을 올려서 장역지 형제의 억울함71)을 밝혀 씻어주기를 애걸하였다. 경진일(25일)에 제서를 내려 장역지 형제가 방릉(房陵, 호북성 방현)에서 중종을 맞이하였다는72) 공을 끌어들여 관작(官爵)을 회복하게 하였다. 이어서 상을 내려 아들 하나를 관리로 삼도록 하였다.

양소가 도참서에 '금도(金刀)'라는 글자가 있다고 하여 이름을 바꾸기73)를 청하자, 황상이 '국충(國忠)'으로 이름을 지어 내렸다.

16   12월 을해일(20일)에 황상이 궁으로 돌아왔다.

17   관서(關西, 동관 서쪽)유혁사(遊奕使)인 왕난득(王難得)이 토번을 쳐서 오교(五橋, 청해성 귀덕현 부근)에서 승리하고 수돈성(樹敦城)74)을 뽑았다.

---

70) 당대(唐代)에 황제가 상으로 동전(銅錢)을 주조하는 화로(火爐)를 내리는 것이 가장 큰 영광이었다.

71) 장역지 형제가 주살된 것은 중종 신룡 원년(697년) 11월에 있었고, 그 내용은 ≪자치통감≫ 권207에 실려 있다.

72) 이 일은 측천무후 성력(聖曆) 원년(698년) 2월에 있지만, 중종을 맞은 것은 특히 이 두 사람뿐 만은 아니었지만 이것을 이유로 관작을 회복시킨 것이며, 이 내용은 ≪자치통감≫ 권206에 실려 있다.

73) 양소의 이름인 소(釗)는 금(金)과 도(刀)의 합성이다. 도참서에 이 글자가 있는 것은 이런 이름을 가진 사람이 천명을 받는다는 의미이다. 그러므로 이런 글자가 들어간 이름을 쓸 수 없다고 한 것이다.

74) 수돈성(樹敦城)은 현재 청해(靑海) 동북 변경에 있으며, 고대 견융왕(犬戎王)인 수돈(樹敦)의 이름을 따서 수돈성이라 하였다. 고대(古代)로 토욕혼(吐谷渾)의 도성이었다. 수대(隋代)에는 토욕혼에 속해 있었으며, 당대(唐代)에는 토번(吐蕃)에 속하였다.

왕난득을 백수군(白水軍, 청해군 대통현)의 군사(軍使)로 삼았다.

18   안서(安西) 사진(四鎭)75)절도사인 고선지(高仙芝)가 거짓으로 석국(石
國, 중앙아시아 Tashkent)과 화약을 맺고는 병사를 이끌고 기습하여 왕과
부중(部衆)들을 사로잡아 돌아왔는데 그중에 늙고 약한 사람은 모두 살해
하였다. 고선지는 성격이 탐욕스러워 슬슬(瑟瑟)76) 10여 곡(斛)과 5~6마
리의 낙타로 실을 분량의 황금을 약탈하여 빼앗고 나머지 사람과 말 그
리고 여러 가지의 물건도 그만큼이었는데 모두 그 집으로 들여갔다.

19   양국충(楊國忠)은 선우중통(鮮于仲通)이 덕을 베풀었다고 여기고, 추
천하여 검남(劍南)절도사로 삼았다.77) 선우중통은 성격이 좁고 급해서
만이(蠻夷)들의 인심을 잃었다.

옛일에 따르면 남조(南詔, 도읍은 太和城, 운남성 대리시)는 항상 처자와
함께 도독(都督, 劍南절도사)을 알현하였는데, 운남(雲南, 운남성 요안현)을
지나면서 운남 태수 장건타(張虔陀)가 이들 모두와 사사로이 하였다.78)

또 징수하고 요구하는 것이 많았는데 남조왕 합라봉(閤羅鳳)이 응하지
않자 장건타는 사람을 파견하여 그에게 욕을 하고 마침내 몰래 그의 죄
를 상주하였다. 합라봉이 분하고 원통하여 이 해에 병사를 발동하여 반
란을 일으켜서 운남을 공격하여 함락시키고 장건타를 살해하였으며 이
주(夷州) 32개79)를 빼앗았다.

---

75) 사진(四鎭)은 구자(龜玆, 신강성 고차현), 소륵(疏勒, 신강성 객십시), 언기(焉耆, 신
     강성 언기현), 우전(于闐, 신강성 화전시), 석국(石國, 중앙아시아 Tashkent)이다.

76) 장읍(張揖)의 ≪광아(廣雅)≫에 의하면 슬슬은 푸른 빛깔의 주옥(珠玉)을 말한다.

77) 선우중통이 양국충에게 자금을 주며, 도와서 일을 성취하게 한 것은 당 현종 천보 4재
     (745년) 8월이고, 그 내용은 ≪자치통감≫ 권215에 실려 있다.

78) 통정(通情)한 것을 암시하는 표현이다.

79) 이주는 서남 지역의 이적들이 귀부하여 당이 세운 기미주(羈縻州)를 말한다. 여기에

현종 천보 10재(辛卯, 751년)

1 봄, 정월 임진일(8일)에 황상이 태청궁(太淸宮)에 조헌(朝獻)하였다. 계사일(9일)에 태묘(太廟)를 조향(朝香)80)하였고, 갑자일81)에 남교에서 하늘과 땅에 함께 제사를 지내고 천하에 사면하였으며, 천하에 올해의 지세(地稅)를 면제하도록 하였다.

2 정유일(13일)에 이림보에게 명하여 멀리 삭방(朔方)절도사의 업무를 관장하도록 하고, 호부시랑 이위(李暐)를 지유후사(知留後事)로 삼았다.82)

3 경자일(16일)에 양(楊)씨 다섯 집83)이 밤에 놀러 나갔다가 광평(廣平, 현종의 딸)공주의 시종들과 서시문(西市門)에서 다투었는데, 양씨의 노복이 채찍을 휘두르다가 채찍이 공주의 옷에까지 닿아서 공주가 말에서 떨어졌고, 부마 정창예(程昌裔)가 내려서 그녀를 붙들었지만 또한 여러 차례 채찍으로 맞았다.

　공주가 울면서 황상에게 호소하자 황상이 양씨의 노복을 곤장을 쳐서 죽였다. 다음날 정창예는 관직이 면제되고 조정에서 알현하는 것을 허락하지 않았다.

　　는 32개의 기미주가 있었던 것으로 보인다.

80) 조헌(朝獻)과 조향(朝香)은 모두 제사를 지낸 것을 말하며, 조헌은 제물을 헌상한 것이며, 조향은 향불을 피운 것이다.

81) 정월 1일이 을유일이므로 정월에는 갑자일이 없다. ≪구당서≫ <현종본기(玄宗本紀) 하>에 따르면 이 일은 정월 갑오일(甲午)에 있었고, 이날은 10일이다. 따라서 갑자는 갑오의 잘못으로 보인다.

82) 이림보에게 준 관직은 영직(領職)인데 특히 영삭방적도사라는 관직 앞에 요(遙)를 덧붙여서 현장에 가지 않았음을 밝혔으며, 이위(李暐)에게 준 직책은 지직(知職)이다.

83) 양씨 5가(家)는 양섬(楊銛), 양기(楊錡), 한국(韓國)부인, 괵국(虢國)부인, 진국(秦國)부인의 다섯 집을 말한다.

4   황상이 유사에게 명하여 안록산(安祿山)을 위해 친인방(親仁坊)에 집을 짓도록 하고, 칙령을 내려 있는 것 중 최고로 장엄하고 화려하게 짓되 재물과 인력(人力)에 제한을 두지 않도록 하였다. 이미 완성되고 나자 휘장과 장막 그리고 그릇을 갖추어 그 안을 가득 채웠는데, 백단향목(白檀香木)을 붙인 침상이 둘인데 모두 길이가 1장(丈)이고 폭은 6척(尺)이었고, 은(銀)으로 평탈(平脫)84)하게 만든 병풍은 길이와 넓이가 1장6척이었다.

주방(廚房)과 마구간의 물건들은 모두 금은으로 장식되었는데 금으로 된 쟁반과 단지85)가 둘인데, 은으로 된 세숫대야가 둘이며, 모두 5두(斗)가 들어갈 수 있었고, 은실로 짠 광주리와 조리가 각각 하나씩 있었으며, 다른 물건들도 이와 같았다. 비록 궁중에서 입고 타는 물건들이라도 거의 이에 미치지 아니하였다.

황상이 매번 중사(中使)로 하여금 안록산을 위하여 역사(役事, 집짓는 일 등)를 보호하도록 하였는데, 집을 짓거나 상으로 받은 물건들을 쌓아 갖추는 것을 만들 때는 항상 경계하여 말하였다.

"호족(胡族)의 눈이 크니, 나를 비웃게 하지 마라."86)

안록산이 새로운 집으로 들어가자 술자리를 만들고는 황상에게 묵칙(墨敕)을 내려 재상들을 청하여 집으로 오게 하여 줄 것을 빌었다. 이날 황상이 누각 아래에서 격구(擊毬)87)를 하려고 하였지만 급히 놀이를 끝

---

84) 고대 칠기(漆器)공예품을 만들 때 사용하였던 기법이다. 도안(圖案)을 한 표면에 금(金)이나 은(銀)을 엷게 붙이고 아교를 이용하여 칠(漆)을 두세 번 바르고 세밀하게 문지르면 문양이 돌출되는데 이러한 공정(工程)을 평탈(平脫)이라 한다. 당대(唐代)에 성행하였다.

85) 본문에는 앵(罌)으로 되어있는데, 앵은 배가 부르고 목은 짧으며 전이 벌어진 단지를 말한다.

86) 호족의 통이 크기 때문에 집을 지어 준다고 하면서 혹은 물건을 하사한다고 하면서 적게 만들거나 적게 주어 황제의 통이 크지 못하다는 것을 보여서는 안 된다는 말이다.

87) 구(毬)는 고대에 일종의 놀이기구를 말하는데 지금의 공과 흡사하다. 속에는 털을 넣

내고 재상들에게 명하여 그곳으로 가도록 하였다. 날마다 여러 양씨들을 보내 그와 더불어 이름난 곳을 가려 뽑아 놀러 가서 잔치를 하도록 하면서 이원(梨園)과 교방(敎坊)[88]의 음악으로 돕도록 하였다.

황상이 매번 음식을 들면서 한 가지가 조금 맛이 있거나 혹은 후원에서 교렵(校獵)하여 잡은 신선한 날짐승이 있으면, 번번이 중사를 파견하여 말을 달려가서 그에게 하사하니, 길에서 오고가는 것이 끊어지지 않았다.

갑진일(20일)은 안록산의 생일이어서 황상과 양귀비가 의복·보기(寶器)·주찬(酒饌)을 하사한 것이 매우 후하였다. 그 뒤 사흘이 지나서 안록산을 불러서 금중으로 들어오도록 하고 양귀비가 비단에 수를 놓은 커다란 강보(繈褓, 아기를 사는 포대기)를 만들어 안록산을 넣고서 궁인으로 하여금 비단으로 된 가마에 그를 태우도록 하였다.

황상이 후궁에서 즐겁게 웃는 소리를 듣고 그 까닭을 묻자 좌우에서 양귀비가 사흘 된 녹아(祿兒)를 씻겼다고 대답하였다. 황상이 스스로 가서 그것을 구경하였는데 즐거워하면서 양귀비에게 세아금은전(洗兒金銀錢)[89]을 내리고 다시 안록산에게도 후하게 내리며 한껏 즐거워한 뒤에 끝을 냈다.

이로부터 안록산이 궁액(宮掖)에 드나드는 것을 금하지 아니하였으며 어떤 때는 양귀비와 더불어 마주하여 식사를 하고 어떤 때는 밤이 지나

었고 가죽으로 껍데기를 씌워 손이나 발로 차면서 놀이를 하였다.

88) 이원(梨園)음악을 하는 집단을 말하는데, 이는 현종(玄宗)이 악공(樂工) 300명과 궁녀 수백 명을 선발하여 이원(梨園)에서 악곡(樂曲)을 가르친 데서 유래한다. 현종은 친히 소리의 잘못을 바로잡아 주었다고 하여 이들을 부르기를, '황제이원제자(皇帝梨園弟子)'라고 일컬었다. 교방(敎坊)은 음악을 관장하는 부서를 말하며, 당대(唐代)처음으로 설치하였다. 아악(雅樂) 이외의 음악, 가창(歌唱), 무도(舞蹈), 백희(百戲) 등을 가르치거나 훈련 또는 연출 등의 사무를 관장하였다.

89) 녹아(祿兒)란 안록산이라는 아이라는 뜻으로 안록산의 녹 자와 아이라는 아 자를 붙여서 부른 것이며, 세아금은전(洗兒金銀錢)은 아이를 씻기는 금은과 돈이라는 말이며, 여기에서 아기란 안록산을 말한다.

도 나가지 않아 자못 추한 소리가 밖에서 들려 왔으나 황상은 또한 의심하지 않았다.

5 안서(安西)절도사 고선지(高仙芝)가 들어와 조현하고 사로잡은 돌기시(突騎施, 이리하 중하류) 가한·토번(吐蕃, 신강성 납살시)추장·석국(石國, 중앙아시아 Tashkent) 왕과 걸사(朅師, 인도 북부) 왕을 바쳤다. 고선지에게 개부의동삼사를 덧붙여주었다.

얼마 지나지 않아 고선지를 하서(河西, 치소는 무위, 감숙성 무위시)절도사로 삼아 안사순(安思順)을 대신하도록 하였는데, 안사순은 넌지시 여러 호족들의 귀를 자르고 얼굴을 칼로 그으며 자신을 남아 있게 청하라고 하였으므로 제서를 내려 다시 안사순을 하서(河西)에 남아 있게 하였다.

6 안록산이 하동(河東, 치소는 태원, 산서성 태원시)절도사를 겸하게 해달라고 요구하였다. 2월 병진일(2일)에 하동절도사 한휴민(韓休珉)을 좌우림(左羽林) 장군으로 삼고, 안록산으로 그를 대신하도록 하였다.

호부낭중 길온(吉溫)은 안록산이 총애를 받고 있음을 보고 또한 그에게로 붙어서 형제 관계를 맺었다. 안록산에게 유세하였다.

"이(李, 이림보) 우승상은 비록 때때로 삼형(三兄)90)을 모시거나 가깝게 하지만 반드시 형님으로 재상을 삼는 것을 긍정하지 않을 것입니다. 저 길온이 비록 부림을 받고는 있어도 끝내는 뛰어넘어 발탁 될 수는 없습니다. 형님께서 만약 황상에게 저 길온을 천거하시면 저 길온이 곧바로 형님께서 중요한 임무를 감당하실 수 있다고 주문을 올려서 함께 이림보를 밀어서 내보내면 재상이 되는 것은 틀림없습니다."

안록산이 그 말을 듣고 기뻐하며 자주 황상에게 길온의 재능을 칭찬하

---

90) 안록산(安祿山)을 말한다. 이로 미루어 안록산은 형제 가운데 셋째로 보인다.

자 황상도 역시 이전에 한 말91)을 잊었다.

때마침 안록산이 하동(河東)절도사의 직책을 겸하게 되자 이때 주문을 올려 길온을 절도부사(節度副使)·지유후(知留後)로 삼게 해달라고 요청하고, 대리시의 사직(司直)인 장통유(張通儒)를 유후판관으로 삼아 하동의 일을 모두 그에게 맡겼다.

이때에 양국충(楊國忠)은 어사중승이었는데 바야흐로 은혜를 이어받아 용사(用事)하였다. 안록산이 궁전의 계단으로 오르거나 내려가면 양국충은 항상 그를 부축하였다. 안록산과 왕홍(王鉷)은 함께 어사대부가 되었는데 왕홍의 권력과 임무는 이림보 다음이었다. 안록산이 이림보를 만나면 예를 드리는 모습이 자못 거만하였다.

이림보가 겉으로는 다른 일을 가지고 왕(王, 왕홍)대부를 부르면 왕홍이 도착하여 종종걸음으로 나와 절을 매우 공손히 하였다. 안록산은 자신이 체면을 잃은 것도 알지 못한 채 얼굴 모습이 매우 공손해졌다.

이림보는 안록산과 더불어 이야기를 하면서 매번 그의 마음을 헤아려서 알고 먼저 말을 하자 안록산이 놀라며 복종하였다. 안록산은 공경들을 모두 업신여기고 모욕을 주었지만 오직 이림보만은 꺼려 매번 볼 때마다 비록 한겨울이라 하더라도 항상 땀을 흘려 옷을 적셨다.

이림보는 마침내 그를 이끌어서 중서청(中書廳)92)에 앉게 하고 따뜻한 말로 어루만지며 자신이 어깨에 걸친 옷을 벗어서 그에게 덮어주었다. 안록산은 기뻐하며 어깨에 메고 모든 말을 다하였으며 이림보를 십랑(十郎)93)이라 불렀다.

---

91) 길온이 나쁜 사람이라고 평가한 것은 현종 천보 4재(745년) 6월의 일이고, 그 내용은 ≪자치통감≫ 권215에 실려 있다.

92) 중서성(中書省)이 일을 하는 곳을 말한다. 중정(中庭)을 '청사(聽事)'라고 하는데 일을 받아서 소송된 안건을 살핀다는 의미이다. 한(漢)과 진(晉)에서는 청사(聽事)라고 하였는데, 6조(朝) 이래로 '广'(엄 ; 집 엄)을 더하여 쓰기 시작하여 그대로 '청(廳)'이라 하였다.

이미 그렇게 하고서 범양(范陽, 북경시)으로 돌아갔는데 유낙곡(劉駱谷)이 매번 장안(長安, 섬서성 서안시)으로부터 오면 반드시 물었다.

"십랑(十郞)이 무슨 말을 하는가?"

좋은 말을 들었다고 하면 곧바로 기뻐하였고, 다만 이르기를, '안대부(安大夫, 안록산)에게 반드시 자세히 조사해야 한다고 말하여라!' 고 하였다면, 갑자기 손을 뒤로 하여 의자에 의지하며 말하였다.

"어허, 나는 죽었네!"

안록산이 이미 3진(鎭, 范陽, 平盧, 河東)을 겸하여 관장하게 되었는데 상을 주고 형벌을 내리는 것이 자기에게서 나오자 날이 갈수록 교만하고 방자하였다. 자신은 지난날 태자에게 절을 하지 않았는데 황상의 나이가 많은 것을 헤아리고는 더욱 속으로 두려워하였다.[94] 또 군사적인 대비를 게을리 하고 느슨한 것을 보고는 중원을 가볍게 여기는 마음이 생겼다.

공목관(孔目官) 엄장(嚴莊)과 장서기(掌書記)[95] 고상(高尙)은 이어서 그를 위하여 도참(圖讖)를 해석하며 그에게 난을 일으킬 것을 권하였다.

안록산은 동라(同羅, 몽골 울란바토르 북쪽)·해(奚)·거란(契丹)에서 항복한 사람들 8천여 명을 양성하며 그들을 '예락하(曳落河)' 라고 불렀다. 예락하는 호족어(胡族語)로 장사(壯士)라는 뜻이다.

그리고 가동(家僮) 100여 명은 모두 용감하고 전투를 잘하여 한 사람이 100명을 당해 내었다. 또 전마 수만 필을 기르며 많은 병기를 모았

---

93) 이림보는 형제 가운데 열째이기 때문에 '십랑(十郞)' 으로 부른 것이다.

94) 안록산이 태자에게 절하지 않은 것은 천보 6재(747년)의 일이고, 이 내용은 ≪자치통감≫ 권115에 기록되어 있으며, 이때에 현종의 나이는 예순일곱 살이었으므로 현종이 죽고, 태자가 등극하면 과거에 무례한 것으로 위협을 받을 수도 있다고 생각한 것이다.

95) 공목관(孔目官)은 관명(官名)으로 당대에 처음으로 설치하였다. 문서나 당안(檔案)을 관장하며, 도서(圖書)를 거두어 보관하는 일을 하였다. 크고 작은 일을 구분하지 않고 모두 손을 거치며 규명하도록 눈으로 확인하였기에 이른바 '공목관' 이라 하였고, 장서기(掌書記)는 당대의 관명으로 절도사의 속관(屬官)이었다. 자리는 판관(判官) 아래이며 편지나 상소문을 맡아서 작성하였다.

고 호족(胡族) 상인을 나누어 파견하여 여러 도(道)로 가서 장사를 하게 하며 매년 진귀한 재화 수백만을 들여왔다. 사사로이 비자포(緋紫袍)와 어대(魚袋)96)를 만들었는데 백 만을 헤아렸다.

고상·엄장·장통유와 장군 손효철(孫孝哲)을 심복으로 삼았으며 사사명(史思明)·안수충(安守忠)·이귀인(李歸仁)·채희덕(蔡希德)·우정개(牛廷玠)·향윤용(向潤容)·이정망(李庭望)·최건우(崔乾祐)·윤자기(尹子奇)·하천년(何千年)·무령순(武令珣)·내원호(能元皓)·전승사(田承嗣)·전건진(田乾眞)·아사나승경(阿史那承慶)을 조아(爪牙)97)로 삼았다.

고상은 옹노(雍奴, 천진시 무청현) 사람으로 원래 이름은 불위(不危)이며 자못 사학(辭學, 문장학)을 가지고 있었는데 하삭(河朔, 하북평원)을 천박하게 떠돌면서 가난으로 힘들어 뜻을 얻지 못하자 항상 탄식하였다.

"나 고불위(高不危)가 마땅히 큰일을 일으키고 죽어야지 어찌 풀뿌리를 씹으며 살길을 찾을 수 있겠는가!"

안록산이 끌어들여 막부에 두었는데 침실 안을 출입하였다. 고상은 편지나 상주문을 맡았고 엄장은 장부와 문서를 처리하였다. 장통유는 장만세(張萬歲)의 아들이고,98) 손효철은 거란 사람이었다. 전승사는 대대로 노룡(盧龍, 치소는 북평군, 하북성 노룡현)의 소교(小校, 하급장교)였는데, 안록산이 전봉(前鋒)병마사로 삼았다. 일찍이 큰 눈이 내렸는데, 안록산이 여러 군영을 조사하면서 전승사의 군영에 이르러 보니, 사람이 없는 것

---

96) 비자포(緋紫袍)는 3품 이상의 관복을 말한다. 당의 관리복식제도는 문무관원 3품 이상은 자포(紫袍)를 입었고, 금옥대(金玉帶)를 하였다. 어대(魚袋)는 품계를 나타낼 때 사용한다.

97) 손톱이나 이빨처럼 사납게 지키고 싸우는 측근이다.

98) ≪신당서(新唐書)≫ 권50 <병지(兵志)>에 의하면 장만세(張萬歲)는 당 초기 황실의 마구간을 관장하던 태복소경(太僕少卿)이다. 당 태종 연간까지 생존하였다. 또한 ≪구당서(舊唐書)≫ 권55 <유무주(劉武周)전>에는 또 다른 장만세(張萬歲)가 수록되어 있는데 그는 유무주를 따라 무장기의를 일으켰던 인물이다. 시간적으로 판단할 때 위의 두 명의 장만세와 장통유가 부자관계일 가능성은 거의 없다. 아마도 본문의 장만세는 또 다른 인물로 보인다.

처럼 고요하였으나 들어가서 사졸들을 점검하니 한 사람도 빠짐이 없었으므로 안록산은 그를 중하게 여겼다.

이림보의 죽음과 양국충의 등장

7 여름, 4월 임오일(30일)에 검남(劍南, 치소는 蜀郡, 사천성 성도시)절도
사 선우중통(鮮于仲通)이 남조(南詔, 수도는 太和城, 운남성 대리시)의 만
(蠻)을 토벌하였는데, 여남(瀘南, 여수 즉 금사강 남쪽)에서 대패하였다. 당
시 선우중통은 병사 8만을 이끌고 두 길로 나누어99) 융주(戎州, 사천성
의빈시 서남쪽)와 수주(雟州, 사천성 서창현)에서 출발하여 곡주(曲州, 운남
성 소통시)와 정주(靖州, 운남성 대관현 서쪽)에 이르렀다.

남조왕 합라봉(閤羅鳳)이 사죄하며 사로잡은 포로와 노략질한 것을 돌
려보내고 운남(雲南, 운남성 요안현)에 성(城)을 쌓은 뒤에 가겠다고 하
며,100) 또 말하였다.

"지금 토번의 대군이 경계를 압박하니 만약 나에게 허락해주지 않으면
나는 장차 토번에 목숨을 귀부할 것이니 운남은 당(唐)의 소유가 아닐
것입니다."

선우중통이 허락하지 않고 그의 사신을 잡아서 가두었다.

군대가 나아가 서이하(西洱河, 운남성 대리현 동쪽)에 이르러서 합라봉

---

99) 한 길은 융주(戎州)로부터 출발한 것이고, 또 다른 한 길은 수주(雟州)로부터 출발
한 것이다.

100) 지난해 남조(南詔)가 운남성(雲南城)을 공격하여 함락시키면서, 무너뜨린 성을 다시
쌓아 당(唐)에 사죄한다는 의미이다.

과 더불어 전투를 하였는데, 군대가 대패하여 사졸 가운데 죽은 사람이 6만 명이었고, 선우중통은 겨우 몸만 죽음을 면하였다.

양국충은 그가 패배한 상황을 감추고 또한 전투에서의 공로를 기록하였다. 합라봉은 전투에서 죽은 시신을 거두어 경관(京觀)101)을 쌓고 마침내 북쪽으로 가서 토번의 신하가 되었다. 만족어(蠻族語)로 동생을 '종(鍾)'이라고 하는데, 토번은 합라봉에게 명하여 '찬보종(贊普鍾)'102)으로 하게하고, 동제(東帝)라고 호칭하면서 금인(金印)을 주었다.

합라봉은 나라의 문에 비석을 새겼는데 자신이 어쩔 수 없이 당을 배반하였다고 하며, 또 말하였다.

"나는 대대로 당을 섬겨 봉작(封爵)을 받았으므로 후세에 다시 당에 귀부하는 것을 용서하며 그때는 비문을 가리켜서 당의 사자에게 보여주고 나의 배반은 본심이 아니었다는 것을 알게 하라."103)

제서를 내려 양경(兩京)과 하남·북(河南·北)의 군사를 대대적으로 모집하여 남조(南詔)를 공격하게 하였다. 사람들이 운남에는 장려(瘴癘, 풍토병인 염병)가 많아서 아직 싸우지 않았는데도 사졸 가운데 죽은 자가 열에 일고여덟이라는 소리를 듣고 모집에 응하려고 하지 않았다. 양국충은 어사(御史)를 각 도(道)에 나누어 파견하여 사람들을 사로잡아 줄줄이 목에 칼을 씌워 군대가 있는 곳으로 보내게 하였다.

예전의 제도에는 백성 가운데 공로가 있는 사람은 정역(征役, 정벌전쟁)을 면제시켜주었는데, 당시 병사로 징발한 것이 이미 많아지자, 양국충은 주문을 올려서 높은 공훈을 세운 사람들을 먼저 거두어들이게 하

---

101) 고대에는 전투에서 승리하면 전공을 드러내기 위하여 적의 시신을 높이 쌓아 올려 흙으로 덮은 큰 무덤을 만들었는데, 이것을 경관(京觀)이라 한다.

102) 찬보(贊普)는 토번(吐蕃) 군장의 칭호이다. 또한 '찬부(贊府)', '전보(篯逋)'라고 부르기도 한다.

103) 덕종(德宗) 시기에 이르러 이모심(異牟尋)이 죽고 난 뒤에 당(唐)에 다시 귀속하였다.

였다. 이에 군대를 가는 사람들은 원망하며 슬퍼하였고 부모와 처자들은 그들을 보내는데, 있는 곳에서 통곡하니 소리가 들판을 흔들었다.

8   고선지(高仙芝)가 석국(石國, 중앙아시아 Tashkent) 왕을 포로로 사로 잡으면서, 석국의 왕자는 도망하여 여러 호족(胡族)들에게로 가서 고선 지가 거짓으로 유혹하고 탐욕스러우며 포악스럽게 한 상황을 모두 알렸 다. 여러 호족들이 모두 분노하여 몰래 대식(大食, 시리아 다마스쿠스 성) 을 이끌고 함께 4진(鎭)104)을 공격하고자 하였다.

고선지가 이 소식을 듣고 번(蕃)과 한(漢)으로 구성된 3만의 무리를 이끌고 대식을 치고자 깊이 700여 리를 들어가니 항라사성(恒羅斯城, 怛 羅斯城, 중앙아시아 Dzhambul)에 이르러서 대식 사람들과 만났다. 서로 버 티며 닷새 동안 지켰는데, 갈라록부(葛羅祿部, 중앙아시아 액이제사하 유역) 의 병사가 반란을 일으켜 대식과 더불어 당의 군대를 협공(挾攻)하였으 므로 고선지가 대패하여 사졸들은 죽어서 거의 없어졌고 남은 병사는 겨우 수천 명이었다.

우위위(右威衛)장군 이사업(李嗣業)이 고선지에게 밤에 도망칠 것을 권 하였는데 도로가 험하고 좁았으며, 발한나(拔汗那, 중앙아시아 Namangan) 부의 무리가 앞에 있어서 사람과 가축이 길을 막았다. 이사업이 앞에서 달리면서 큰 몽둥이를 휘두르니 사람과 말을 치자 모두 넘어졌으므로 고선지는 마침내 지나갈 수 있었다.

장군과 사졸들이 서로 잃어버렸는데 별장인 견양(汧陽, 섬서성 천양현) 사람 단수실(段秀實)이 이사업의 소리를 듣고 욕을 하였다.

"적을 피할 때는 먼저 도망하니 용감함이 없고, 자신을 온전하게 하고

---

104) 대식(大食)은 이슬람교의 창시자인 마호메트(570년경~632년)가 세운 이슬람제국을 말한다. 중국에서는 이슬람교를 회회교(回回敎)라 하고 아랍인을 대식국인(大食國 人)이라 하였다. 4진(鎭)은 구자(龜玆, 신강성 고차현), 언기(焉耆, 신강성 언기현), 소륵(疏勒, 신강성 객십시), 우전(于闐, 신강성 화전시)을 말한다.

무리들을 버렸으니 어질지 않다. 다행히 도착하였지만 다만 부끄러움이 없는가!"

이사업이 그의 손을 잡고 사과하며 남아서 쫓아오는 병사를 막고 흩어진 병사를 거두어 다함께 벗어나게 되었다. 돌아와 안서(安西, 구자, 신강성 고차현)에 이르러서 고선지에게 말하니 단수실을 도지(都知)병마사를 겸하도록 하고 자신의 판관(判官)으로 하였다.

9 8월 병진일(6일)에 무기고에 불이 나서, 병기 37만을 태웠다.

10 안록산(安祿山)이 세 도(道)의 병사 6만을 이끌고 거란을 토벌하였는데, 해족(奚族)의 기병 2천을 향도로 삼았다. 평로(平盧, 치소는 柳城, 요녕성 조양시)를 1천여 리 지나 토호진수(土護眞水, 서요하의 지류 노합하)에 이르러서 비를 만났다. 안록산이 병사를 이끌고 낮과 밤으로 배의 속도로 300여 리를 가서 거란의 아장(牙帳)[105]에 이르자 거란 사람들이 크게 놀랐다.

이때 오랫동안 비가 내려 활과 쇠뇌의 힘줄과 아교가 모두 늘어지니, 대장 하사덕(何思德)이 안록산에게 말하였다.

"우리 병사가 비록 많다고는 하나 먼 곳으로부터 와서 피로하고 지쳤으므로 실로 쓸 수가 없으니 무기를 살피고 병사를 쉬게 하여 그들에게 다가가게 하는 것만 못합니다. 단지 사흘이면 오랑캐[거란군]들이 반드시 항복할 것입니다."

안록산이 화를 내며 그의 목을 베려하자 하사덕이 앞으로 달려 나가 죽음을 바치겠다고 청하였다.

하사덕은 생김새가 안록산과 닮아서 오랑캐들이 다투어 공격하여 그

---

105) 아기(牙旗)가 꽂혀있는 장막(帳幕)이란 말로 여기서는 거란부의 왕이 있는 곳으로 지금의 내몽골 파림우기(巴林右旗)이다.

를 살해하였는데 자신들이 안록산을 잡은 것으로 여겨 용기가 두 배나 많아졌다. 해족이 다시 배반하여 거란과 더불어 합쳐서 당의 병사를 협격(挾擊)하니 죽거나 다쳐서 거의 없어졌다.

안록산을 활로 쏘아 말안장을 맞히니 그는 머리에 쓴 관의 비녀가 부러졌고 신발도 잃은 채로 홀로 부하 20여 기병과 더불어 도망쳤다. 마침 밤이 되고 쫓아오는 기병들이 떨어졌으므로 사주(師州, 요녕성 조양시 동북쪽)로 들어갈 수 있었다. 좌현왕 가해(哥解)106)와 하동(河東, 치소는 태원, 산서성 태원시)병마사 어승선(魚承仙)에게 죄를 돌리고 그들의 목을 베었다.

평로(平盧)병마사 사사명(史思明)은 두려워하여 도망쳐서 산의 계곡으로 들어가 근 20일 동안 있으면서 흩어진 병사들을 거두어들여 700명을 모았다. 평로(平盧)수장(守將, 본부를 지키던 장수) 사정방(史定方)이 정예의 병사 2천을 거느리고 안록산을 구원하자 거란이 물러갔고, 안록산은 마침내 죽음을 면하였다. 평로에 이르니 휘하에 있던 사람들이 모두 사망하여 나아갈 바를 알지 못하였다.

사사명이 산의 계곡에서 나와서 안록산을 만났는데 안록산이 기뻐하며 일어나 사사명의 손을 잡고 말하였다.

"내가 너를 얻었으니 어찌 다시 걱정이 있겠느냐!"

사사명이 물러나 사람들에게 말하였다.

"이전에 일찍 산에서 나왔더라면 이미 가해와 더불어 나란히 참수되었을 것이다."107)

거란이 사주(師州)를 포위하자 안록산은 사사명으로 하여금 그들을 쳐서 물리치도록 하였다.

---

106) 가해는 돌궐로부터 와서 항복한 사람이다.

107) 호삼성은 이 말을 보고서 사사명의 지혜가 안록산보다 낫다고 평가하고 있다.

11 겨울, 10월 임자일(3일)에 황상이 화청궁(華淸宮)으로 갔다.

12 양국충이 선우중통으로 하여금 표문을 올려서 자기를 멀리 있는 검남(劍南, 사천성 성도시)을 관장하게 하도록 청하게 하였다. 11월 병오일(27일)에 양국충에게 검남절도사의 업무를 관장108)하도록 하였다.

현종 천보 11재(壬辰, 752년)

1 봄, 정월 정해일(9일)에 황상이 궁으로 돌아왔다.

2 2월 경오일(22일)에 유사에게 명령하여 곡식과 비단 그리고 창고에 있는 전(錢) 수십만 민을 꺼내어 양시(兩市)에서 악전(惡錢)109)과 바꾸도록 하였다.

이보다 먼저 강(江, 장강)과 회(淮, 회수)에는 악전이 많아서 귀족 친척들과 큰 상인들이 종종 양전(良錢) 하나를 악전 다섯과 바꾸어 장안으로 싣고 들어왔으므로 시정(市井)에서는 그 폐해를 헤아릴 수 없었다.110) 그러므로 이림보(李林甫)는 주문으로 그것을 금지할 것을 청하였고, 관(官)에서 바꾸어서 거두어들이게 하되 한 달을 기한으로 관으로 보내지 않은 사람은 죄를 주도록 하였다. 이에 상고(商賈)들이 시끌벅적하게 떠들며 편하게 여기지 않았다.

사람들이 함께 양국충(楊國忠)이 타고 가는 말을 가로막고 스스로 말

---

108) 영직(領職)으로 영검남절도사이다.

109) 양시(兩市)는 장안에 있는 동시(東市)와 서시(西市)를 말하고, 악전(惡錢)은 고대 시기 개인들이 주조하여 모양과 재질이 불량한 동전을 악전(惡錢)이라 하였다.

110) 이에 관한 일은 현종 개원 6년(718년) 1월에 있었고, ≪자치통감≫ 권212에 실려 있다.

하니, 양국충은 이를 황상에게 말하여 이에 다시 명하기를 납과 주석으로 주조하였거나 구멍을 뚫은 것이 아니라면 모두 예전처럼 사용하도록 허락하였다.

3 3월에 안록산이 번(蕃)과 한(漢) 출신의 보병과 기병 20만을 발동하여 거란을 쳐서 지난 가을의 부끄러움을 씻고자 하였다.

   애초에, 돌굴의 아사나아포사(阿史那阿布思)가 와서 항복하였는데,111) 황상이 그를 후하게 예우하며 성과 이름을 내려 이헌충(李獻忠)이라 하였으며, 누차 승진하여 삭방(朔方)절도부사가 되었으며 작위를 내려서 봉신왕(奉信王)으로 하였다.

   이헌충의 재능과 지략은 안록산의 아래가 아니어서 안록산은 이에 한을 품었다. 이때에 이르러서 주문을 올려 이헌충에게 동라(同羅, 몽골공화국 울란바토르 시 북쪽)의 수만 기병을 인솔하고 더불어 거란을 함께 치게 해달라고 청하였다. 이헌충은 안록산이 해칠 것을 두려워하여, 유후(留後)장위(張暐)에게 말하고 주문을 올려서 가지 않고 남아 있게 하여 줄 것을 청하였으나 장위가 허락하지 않았다.

   이헌충은 이에 거느리는 부하를 이끌고 창고를 크게 약탈하고, 반란을 일으켜 사막 북쪽으로 돌아갔으므로 안록산은 마침내 병사들을 머무르게 하고 나아가지 않았다.

4 을사일(28일)에 이부(吏部)를 문부(文部)로 고치고, 병부(兵部)를 무부(武部)로 하였으며, 형부(刑部)를 헌부(憲部)라 하였다.

5 호부시랑 · 어사대부 · 경조윤인 왕홍(王鉷)의 권세와 총애가 날로 왕

---

111) 천보(天寶) 원년(742년) 8월 ≪자치통감≫ 권215 현종의 기사를 참고하시오.

성하여 20여 개의 사직(使職)를 관장하였다. 집 옆에 사원(使院)을 두었는데 문건이 가득 쌓여있었고, 관리들이 서명한 글자를 구하려고 하지만 여러 날이 지나도 앞에 나설 수가 없었다. 중사가 내리는 선물이 문에 끊이지 않아 비록 이림보라도 또한 그를 두려워하며 피하였다.

이림보의 아들인 이수(李岫)는 장작감(將作監)112)이고, 왕홍의 아들인 왕준(王準)은 위위(衛尉)소경이어서 다 함께 금중에서 이바지하며 받들었다. 왕준은 이수를 업신여기며 욕을 보였고 이수는 항상 그 아래에 있었다. 그러나 왕홍은 이림보를 모시는 것이 조심스러웠고 이림보는 비록 그가 총애를 받고 있는 것을 시기하였으나 차마 해할 수는 없었다.

왕준은 일찍이 그의 무리를 인솔하고 부마도위 왕요(王繇)113)가 있는 곳을 지나갔는데, 왕요가 먼지가 이는 것을 바라보고 절하며 엎드렸는데, 왕준은 탄환을 끼워 넣고 왕요의 관을 쏘아서 맞추어 옥비녀를 부러뜨리고 놀리며 웃었다. 이미 그렇게 하고서 왕요가 왕준을 맞이하여 술자리를 열었는데, 왕요가 모시고 사는 영목(永穆)공주는 황상이 사랑하는 딸이었지만 왕준을 위하여 친히 칼과 숟가락을 잡았다.114)

왕준이 떠나가자 어떤 사람이 왕요에게 물었다.

"쥐새끼가 비록 그 아비의 권세를 끼고 있다고 하여도 그대가 이에 공주로 하여금 그를 위하여 음식을 갖추게 하였으니, 만약 황상께서 소식을 듣는 일이 있으면 어찌 마땅하지 않다고 하는 일이 없겠습니까?"

왕요가 말하였다.

"황상이 비록 화를 낸다 하여도 해될 것은 없지만 7랑(郎)115)의 경우에 이르러서는 죽고 사는 것이 매어 있으니 감히 이렇게 할 수밖에 없소."

---

112) 건축을 관장하는 부서의 장(長)을 말한다.

113) 왕요는 왕동교(王同皎)의 아들이다.

114) 왕준을 위하여 식사를 거들어 주었다는 의미이다.

115) 왕홍(王鉷)을 가리키는 말이다.

왕홍의 동생인 호부랑중 왕한(王銲)은 흉악하고 음험하여 법을 지키지 않았는데, 술사(術士) 임해천(任海川)을 불러서 물었다.

"내게는 왕이 되는 상(相)이 있는가?"

임해천이 두려워하며 도망쳐 숨었다.

왕홍은 일이 새어 나갈까 두려워하여 사로잡아 다른 일을 핑계로 곤장을 쳐서 그를 살해하였다. 왕부(王府)사마116) 위회(韋會)는 정안(定安)공주의 아들이지만, 왕요와 같은 어머니가 낳았으므로117) 집에서는 사사롭게 이를 이야기하였다. 왕홍이 장안(長安)현위 가계린(賈季鄰)으로 하여금 위회를 잡아들여 감옥에 가두고 목을 매어 살해하였다. 왕요는 감히 말을 하지 못하였다.

왕한이 친하게 지내는 형재(邢縡)는 용무(龍武, 禁軍 제3군) 1만 기(騎)와 더불어 모의하기를 용무장군을 살해하고 그 병사로 난을 일으켜 이림보(李林甫)·진희열(陳希烈)·양국충(楊國忠)을 살해하고자 하였으나 기약한 이틀 전에 이를 알린 사람이 있었다.

여름, 4월 을유일(9일)에 황상이 조정에 나가 고발한 문서를 면전에서 왕홍에게 주면서 그를 잡아오도록 하였다. 왕홍은 속으로 왕한이 형재가 있는 곳에 있을 것으로 생각하고 먼저 사람을 보내 그를 불렀는데 날이 저물었으므로 이에 가계린 등에게 명하여 형재를 체포하도록 하였다. 형재는 금성방(金城坊)에 살았는데 가계린 등이 문에 이르자 형재는 그의 무리 수십 명을 이끌고서 활과 칼을 가지고 뛰쳐나와 맞닥뜨리며 싸웠다.

왕홍과 양국충이 병사를 이끌고 이어서 도착하자 형재의 무리가 말하였다.

---

116) 친왕부(親王府)에서 군대의 일을 돌보는 비서장을 말한다.

117) 정안(定安)공주는 중종(中宗)의 딸인데 왕동교(王同皎)에게로 시집을 가서 왕요(王繇)를 낳았으며, 다시 위탁(韋濯)에게 시집을 가서 위회(韋會)를 낳았다.

"대부(大夫)의 사람들을118) 다치게 하지 마라."

양국충의 하인이 몰래 양국충에게 말하였다.

"도적들은 암호를 가지고 있으니 싸움을 할 수 없습니다."

형재가 싸움을 하면서 점차 도망하여 황성(皇城) 서남쪽 모퉁이에 이르렀다. 마침 고력사가 비룡금군(飛龍禁軍)119) 400명을 이끌고 이르러서 공격하여 형재를 베고 그의 무리를 모두 사로잡아 가두었다.

양국충이 황상에게 상황을 아뢰어 말하였다.

"왕홍(王鉷)이 반드시 모의에 참여하였습니다."

황상은 왕홍에게 깊이 일을 맡기고 대우하였으므로 응당 함께 역모(逆謀)하지 아니하였을 것이라 생각하였고, 이림보 역시 그를 위하여 변명하여 해석하였다.

황상이 이에 특별히 명하여 왕한(王銲)은 묻지 않고 놓아 주도록 하였는데, 그렇지만 속으로는 왕홍이 상소하여 청죄하기를 바라서 양국충으로 하여금 이를 넌지시 말하도록 하였지만 왕홍이 이를 차마 하지 못하자 황상이 노하였다. 마침 진희열(陳希烈)은 '왕홍이 크게 역적질을 하였으니 마땅히 주살하여야 한다.'고 아주 심하게 말하였다.

무자일(12일)에 칙서를 내려서 진희열과 양국충에게 그를 국문하도록 하였고, 이어서 양국충에게는 경조윤(京兆尹)을 겸직하도록 하였다. 이에 임해천(任海川)과 위회(韋會) 등의 일이 모두 드러나서 모두 감옥에 가두었는데, 왕홍에게는 스스로 목숨을 끊도록 하였고, 왕한은 조당(朝堂)에서 곤장을 쳐서 죽였으며, 왕홍의 아들인 왕준(王準)과 왕칭(王偁)은 영남(嶺南, 남령 남쪽)으로 귀양을 보냈다가 얼마 지나지 않아 그를 살해하

---

118) 왕홍의 부하들을 말한다. 대부(大夫)는 왕홍의 관함(官銜)을 생략해서 부른 것이다.

119) 비룡금군(飛龍禁軍)은 당대(唐代) 궁내에 있었던 마구간의 명칭 가운데 하나이다. 측천무후(則天武后) 시기 궁내에 비룡(飛龍), 상린(祥麟), 풍원(風苑) 등 6개의 마구간을 설치하였고, 비룡은 환관으로서 내비룡사(內飛龍使)를 삼아 관리하도록 하였다. 이른바 비룡금군은 비룡마구간의 말을 탄 금군(禁軍)이라는 의미이다.

였다.

유사(有司)가 그 집에 있는 것을 기록하였는데 여러 날 동안 두루 다 쓰지 못하였다. 왕홍의 빈객(賓客)이나 속료(屬僚)들이 감히 그 집 문을 엿보지 못하였고 오로지 채방판관(采訪判官)[120) 배면(裵冕)만이 그 시신을 거두어 장사 지냈다.

6 애초에, 이림보는 진희열을 다스리기가 쉬웠으므로 끌어들여서 재상으로 삼았고,[121) 정치를 하는 일은 항상 이림보를 따라서 좌우되었는데, 만년(晩年)에 이르러 마침내 이림보와 더불어 적(敵)이 되었으므로 이림보가 두려워하였다.

마침 이헌충이 배반을 하자 이림보는 마침내 삭방(朔方, 치소는 靈務, 영하성 영무현)절제(節制)[122)에서 해직시켜줄 것을 청하였고, 또 하서(河西, 치소는 武威, 감숙성 무위시)절도사 안사순(安思順)을 천거하여 자신을 대신하도록 하였는데, 경자일(24일)에 안사순을 삭방절도사로 삼았다.

7 5월 무신일(3일)에 경왕(慶王) 이종(李琮, 현종의 아들)이 사망하여 정덕(靖德)태자로 증직(贈職)하였다.[123)

8 병진일(11일)에 경조윤 양국충에게 어사대부 · 경기 · 관내채방등사(京

---

120) 왕홍(王鉷)은 경기채방사(京畿采訪使)의 직을 겸하고 있었다. 그러므로 채방판관(采訪判官)은 채방사의 판관 즉 속관(屬官)으로서 오늘날의 집행관을 말한다.

121) 이 일은 천보 5년(746년) 4월에 있었고, 그 내용은 ≪자치통감≫ 권115에 실려 있다.

122) 절제(節制)는 절도사(節度使)의 약칭(略稱)이다.

123) 증(贈)이란 추증(追贈)을 말하는 것으로 죽은 다음에 직위를 올려 주는 것이다. 증(贈) 다음에 시(諡)가 빠졌다고 주장하는 사람도 있는데, 그 의견대로라면 시호를 정덕태자로 추증하였다로 해석하여야 할 것이다. 그러나 시(諡)가 없더라도 무방하다고 하는 사람도 있다.

畿·關內采訪等使)를 덧붙여주니, 무릇 왕홍이 매고 있던 사직(使職)의 일은 모두 양국충에게 돌아갔다.

애초에, 이림보는 양국충이 재능이 미미하고 또 양귀비의 혈족(血族)이었던 까닭에 그를 좋게 대하였다. 양국충과 왕홍은 모두 다 중승(中丞)이 되었는데, 왕홍은 이림보의 천거를 거쳐서 대부(大夫, 御史大夫)가 되었으므로 양국충이 기뻐하지 아니하였고, 마침내 형재(邢縡)의 옥사를 깊게 조사하면서 이림보가 사사롭게 왕홍의 형제와 아사나아포사(阿史那阿布思)와 사사롭게 사귄 일의 상황을 끌어들이게 하고, 진희열(陳希烈)과 가서한(哥舒翰)이 따라서 이를 증명하였다. 황상은 이로 말미암아 이림보를 멀리 하였다. 양국충의 고귀함이 천하에 떨쳤고 이림보와 더불어 원수가 되었다.

9 6월 갑자일124)에 양국충은 주문을 올려서 토번(吐蕃) 병사 60만이 남조(南詔)를 구원하였으나, 검남(劍南)의 군사가 그들을 운남(雲南)에서 쳐서 깨뜨리고 예전의 습주(隰州, 산서성 습현)125) 등 3성(城)에서 승리하였으며, 포로는 6천300인데, 길이 멀어 건장한 사람 1천여 명과 추장(酋長)으로 항복한 사람들을 가려서 바쳤다고 아뢰었다.

10 가을, 8월 을축일126)에 황상이 다시 좌장(左藏)으로 가서 여러 신하

---

124) 6월 1일은 병자일이므로, 6월에는 갑자일이 없으며, ≪20사삭윤표(史朔閏表)≫에 의하여도 역시 6월에는 갑자일이 없다. ≪신당서(新唐書)≫ <현종본기>에 따르면 이 사건은 6월 임오일에 있었으며, 임오일은 7일이다. 그러므로 갑자는 임오의 잘못이다.

125) 습주(隰州)는 한(漢) 시기에 포자현(蒲子縣)을 설치하고 하동군(河東郡)에 예속하게 하였다. 수(隋) 문제(文帝) 개황(開皇) 18년(589년)에 습천(隰川)으로 개칭하였는데, 현(縣) 남쪽에 용천(龍泉)이 있어서 땅이 낮고 습기가 많다고 하여 현의 명칭으로 삼은 것이다. 당 고조(高祖) 무덕(武德) 원년(618년)에 습주(隰州)로 바꾸었다.

126) 을축(乙丑)은 8월 1일이다. 그러나 ≪구당서≫와 다른 판본에는 이 사건은 기축(己丑)에 일어난 것으로 기록되어 있고 기축일은 15일인데, 을(乙)과 기(己)는 필사과

들에게 비단을 내려주었다. 계사일(19일)에 양국충이 주문을 올려 봉황(鳳凰)을 좌장고(左藏庫)의 건물에서 보았다고 아뢰었고, 출납판관(出納判官)인 위중서(魏仲犀)가 '봉황이 창고(倉庫, 좌장고)의 서쪽에 있는 통훈문(通訓門)에 모였다.'고 말하였다.

11 9월 아사나아포사가 들어와 노략질을 하며 영청책(永淸柵, 내몽골 포두시)을 포위하였다. 책사(柵使) 장원궤(張元軌)가 그를 막아 물리쳤다.

12 겨울, 10월 무인일(5일)에 황상이 화청궁으로 갔다.

13 기해일(26일)에 통훈문(通訓門)을 고쳐서 봉집문(鳳集門)이라 하고, 위중서(魏仲犀)를 전중(殿中)시어사로 승진시켰는데, 양국충의 속리들은 모두 봉황 때문에 좋은 곳으로 옮겨졌다.

14 남조(南詔)가 여러 차례 변경을 노략질하니 촉인(蜀人)들이 양국충에게 진(鎭)으로 올 것을 청하였는데,[127] 좌복야 겸 우상인 이림보가 주문을 올려 그를 파견하도록 아뢰었다. 양국충이 떠나려 하면서 눈물을 흘리며 작별 인사를 하면서 말하기를 반드시 이림보가 해칠 것이라고 하자, 양귀비 또한 그를 위해 청하였다.
황상이 양국충에게 말하였다.
"경(卿)이 잠시 촉(蜀)에서 군대의 일을 다스리면, 짐은 손가락을 꼽아 세며 경을 기다렸다가 돌아오면 곧 재상으로 삼겠다."
이림보는 이때에 병이 있었고, 걱정과 번민으로 어찌 할 바를 알지

정에서 흔히 오기(誤記)되는 경우가 많은데, 여기서도 오기된 것으로 보인다.

127) 지난해 양국충을 검남(劍南)절도사로 삼았는데 촉(蜀)의 백성들이 전쟁으로 어려움을 겪자 양국충에게 이와 같이 청한 것이다.

못하였는데 무당이 말하기를 황상을 한 번 보면 조금 나을 것이라고 하였고, 황상이 가서 그를 보려하자 좌우에서 굳게 간하였다.

황상이 마침내 이림보에게 명하여 정중(庭中, 금중)에서 나오도록 하였고, 황상은 강성각(降聖閣)128)에 올라 멀리서 바라보며, 붉은 수건으로 그를 불렀다. 이림보는 절을 할 수 없어 사람을 시켜 대신 절을 하도록 하였다.

양국충이 촉에 이르렀을 즈음에 황상이 중사를 파견하여 돌아오도록 불렀다. 소응(昭應, 섬서성 임동현)에 이르러서 이림보를 배알하면서 침상 아래에서 절을 하였다. 이림보가 눈물을 흘리며 말하였다.

"나 이림보는 죽을 것이고 공은 반드시 재상이 될 것이니, 이후의 일로 공(公)에게 누를 끼치오!"

양국충은 감당할 수 없다고 하며 사양하였는데 땀이 흘러 얼굴을 덮었다. 11월 정묘일(24일)에 이림보가 사망하였다.

황상은 만년에 승평(承平)시대라고 스스로 믿어서, 천하는 다시 걱정할 것이 없다고 여겼으므로 마침내 금중에 깊이 살면서 스스로는 오로지 음악과 여색(女色)을 즐기고 정사(政事)를 거의 이림보에게 맡겼다. 이림보는 좌우에 있는 사람에게 아첨하고 황상을 섬기고 황상의 뜻을 헤아려 맞추며 그의 총애를 굳혔으며, 언로를 막고 총명함을 가리고 덮어서 그 간악함을 이루었다. 어진 이를 질투하고 재능 있는 이를 미워하여 자신보다 나은 이를 밀어내고 눌러서 그 자리를 지켰다. 누차 큰 옥사를 일으켜 지위가 높은 신하들을 주살하거나 쫓아내어 그 권세를 넓혔다. 황태자로부터 그 아랫사람들은 그를 두려워하여 모로 걸음을 걸었다. 무릇 재상의 자리에서 19년 동안 있으면서129) 천하에 난을 키워 이

---

128) 천보 7년(748년) 12월에 현원황제가 조원각(朝元閣)에 나타났다고 하여 이름을 강성각으로 고쳤으며, 이는 화청궁 내에 있다.

129) 현종 개원(開元) 22년(734년)에 이림보(李林甫)가 처음으로 재상이 되어 천보(天

루게 하였으나 황상은 이를 깨닫지 못하였다.

15   경신일(17일)에 양국충(楊國忠)을 우상으로 삼아 문부(文部)상서를 겸하도록 하면서 그의 판사(判使)의 직책은 모두 예전과 같게 하였다.[130]

양국충은 사람됨이 억지 말을 하며 가볍게 행동하고 위엄과 위의가 없었다. 이미 재상이 되어 천하를 자신이 맡게 되니, 기밀업무를 결재하면서 과감하게 하면서도 의심함이 없었다. 조정에 있으면서 소매를 걷어 붙이고 팔로 누르며 공경 이하에게 턱으로 지시하고 기세를 부리니 떨면서 두려워하지 않는 사람이 없었다.

시어사에서 재상이 되기까지 무릇 40여 개의 사직(使職)을 관장하였다.[131] 대성(臺省, 어사대와 중서성)의 관리로서 재능과 행동에서 당시에 명성이 있는 사람 가운데 자신이 쓴 사람이 아니면 모두 내보냈다.

어떤 사람이 섬군(陝郡, 하남성 삼문협시)의 진사인 장단(張彖)에게 양국충을 배알하라고 권하며 말하였다.

"그를 만나면 부귀를 즉시 꾀할 수 있다."

장단이 말하였다.

"그대와 같은 무리는 양우상(楊右相, 양국충)을 태산처럼 의지하지만, 나는 빙산(冰山, 어름으로 된 산)이라 여길 뿐이오! 만약 맑은 해가 이미 나타나기만 하면 그대와 같은 무리는 믿는 바를 잃는 일이 없겠소?"

마침내 숭산(嵩山, 中嶽, 하남성 등봉현 북쪽)에 숨어 살았다.

양국충은 사훈(司勳)원외랑[132]인 최원(崔圓)을 검남유후(劍南留後)로 삼

寶) 11재(752년)까지 거의 19년 동안 재상을 지냈다.

130) 우상은 중서령(中書令)을 말하고, 문부(文部)상서는 이부상서(吏部尙書)를 말하며, 판사(判使)는 판관을 말하는데, 예컨대 양국충이 가지고 있던 판탁지와 같은 직책이고, 사는 사직(使職)을 말한다.

131) 양국충은 탁지랑(度支郞)이 되어서는 50여 사(使)를 겸하였고, 재상이 되어서는 모두 40여 사를 겸하였다.

고, 위군(魏郡, 하북성 대명현) 태수 길온(吉溫)을 징소하여 어사중승으로 삼아 경기·관내채방등사(京畿·關內采訪等使)에 충임하였다. 길온이 범양(范陽, 북경시)으로 가서 안록산(安祿山)에게 인사를 하자 안록산은 그의 아들인 안경서(安慶緒)로 하여금 변경까지 배웅하도록 하였고, 길온을 위하여 말고삐를 잡아당기며 역(驛) 밖으로 수십 걸음을 나갔다. 길온은 장안(長安)에 이르자 모든 조정의 움직임을 번번이 안록산에게 알렸는데 편지는 하룻밤이 지나면 도착하였다.

16 12월에 양국충이 사람들에게서 인심을 얻으려고 건의하였다.

"문부(文部)에서 사람을 뽑을 때는 어질거나 어질지 못한 것을 묻지 말고 속이 깊은 사람을 뽑아 그를 남아 있게 하시고, 자격에 근거하거나 자리가 비어 있을 때만 관리를 쓰도록 하십시오."

오랫동안 체증(滯症)에 빠져 있던 사람들은 하나같이 그를 칭찬하였다.

양국충이 무릇 펼쳐서 조치한 것들은 모두 뜻을 굽히어 사람들이 바라고자 하는 바를 따랐던 것이니 이런 까닭으로 자못 사람들의 칭찬을 얻었다.

---

132) 사훈은 상훈을 담당하는 부서이며, 원외랑은 정원 외의 관직이다.

전권을 쥐게 된 양국충

17 갑신일(12일)에 평로(平盧, 요녕성 조양시)병마사 사사명(史思明)으로 북평(北平, 하북성 노룡현)태수를 겸하게 하여 노룡군사(盧龍軍使)로 충임하였다.

18 정해일(15일)에 황상이 궁으로 돌아왔다.

19 정유일(25일)에 안서(安西, 치소는 구자, 신강성 고차현)행군사마133) 봉상청(封常淸)을 안서사진(安西四鎭)절도사로 삼았다.

20 가서한(哥舒翰)은 원래 안록산·안사순과 더불어 협력하지 않아 황상은 늘 이들을 풀어주면서 형제가 되도록 하였다. 이 해 겨울에 세 사람이 함께 조정으로 들어오자 황상은 고력사(高力士)로 하여금 성의 동쪽에다 술자리를 열도록 하였다.

안록산이 가서한에게 말하였다.

"나의 아버지는 호족(胡族)이고 어머니는 돌궐족인데 공의 아버지는 돌궐족

---

133) 행군사마(行軍司馬)는 군대를 출동하여서 움직이는 부대의 군사에 관한 일을 관장하는 직책인데, 당의 제도는 행군사마(行軍司馬)의 지위가 절도부사(節度副使)보다 위에 있었다.

이고 어머니는 호족이어서 종족이 거의 같으니 어찌 서로 친할 수 없겠는가?"

가서한이 말하였다.

"옛 사람이 말하기를 여우가 굴을 향하여 짖으면 불길하다고 하였는데, 이는 본래의 고향을 버렸기 때문입니다. 형님께 진실로 친함을 보이신다면 저 가서한이 감히 마음을 다하지 않겠습니까!"

안록산은 그가 호족인 것을 헐뜯는 것으로 여겨서 크게 화를 내며 가서한에게 욕을 하였다.[134)

"돌굴족이 감히 이렇게 하다니!"

가서한이 그에게 응대하려고 하자 고력사가 가서한을 쳐다보았으므로 가서한이 마침내 멈추었고 거짓으로 취한 체하며 흩어졌는데 이로부터 원한이 더욱 깊어졌다.

21   체왕(棣王) 이염(李琰)에게는 두 명의 유인(孺人)[135)이 있었는데, 서로 총애를 다투었으며, 그 중 한 사람은 무당이 쓴 부적을 이염의 신발 속에 넣고서 사랑받기를 구하였다. 이염은 원(院)을 감독하는 환관[136)과 더불어 틈이 있었는데, 환관이 이를 알고 몰래 주문을 올려 이염이 황상을 저주하는 기원을 한다고 아뢰었다. 황상이 사람을 시켜 그의 신발을 엄습하게 하였고, 그것을 얻어내자 크게 화를 냈다.

이염이 머리를 조아리며 사죄하였다.

---

134) 가서한이 여우를 말한 것은 호족(胡族)을 빗대어 말한 것인데, 여우 '호(狐)' 자(字)와 호족(胡族)을 가리키는 '호(胡)' 자는 발음이 같아서다.

135) 이염은 현종과 전비(錢妃)사이에서 태어난 현종의 아들이며, 유인(孺人)은 고대에 귀족이나 관리의 어머니 또는 처에게 내린 봉호(封號)이다. ≪예기(禮記)≫ <곡례(曲禮)>에 의하면 "대부(大夫)의 비(妃)를 유인(孺人)이라 칭한다."고 하였다.

136) 당시 여러 황자(皇子)들의 저택은 황궁의 북변(北邊)에 있었으며 환관들이 감시하고 감독하였다.

"신은 진실로 부적이 있는지를 알지 못하였습니다."

황상이 그를 국문하도록 하였는데, 과연 유인(孺人)이 하였던 짓이었다. 황상은 오히려 이염이 그것을 알고 있었을 것으로 의심하며 응구방(鷹狗坊)137)에 가두고 아침에 문안(問安)하는 것을 그만두게 하자 이염은 걱정과 울분으로 사망하였다.

22 옛 일에 병부상서·이부상서이면서 지정사(知政事)가 된 사람은 관리를 뽑는 일을 모두 시랑 이하의 사람에게 맡겼었고 삼주삼창(三注三唱)138)을 하면 이어서 문하성의 심사를 거치니 봄부터 여름까지 이르러서야 일이 끝이 났다.

양국충이 재상으로서 문부(文部)상서를 관장하게 되자 자신이 사리에 밝고 민첩하다는 것을 나타내고자 영사(令史)139)를 보내어 먼저 자신의 집에서 몰래 이름과 비어 있는 관직을 정하도록 하였다.

현종 천보 12재(癸巳, 753년)

1 봄, 정월 임술일(20일)에 양국충이 좌상(左相)140) 진희열(陳希烈)과 급

---

137) 응구방(鷹狗坊)은 한구사(閑廐使)에 속해 있다.

138) 당의 제도를 살펴보면, 6품 이하의 관리 선발은 맨 처음에는 대상자들을 모아놓고 시험을 보는데 글을 쓰는 것과 판단력을 관찰하였다. 시험을 쳐서 뽑히면 다음으로는 행동과 말을 살펴보았다. 여기에서 뽑힌 사람들은 이름을 적었으며 다음으로는 말을 잘하고 날카로운지를 물어보며 헤아렸다. 뽑혀서 이름이 관적에 적히면 이름을 크게 외쳤는데 적합하지 않은 사람은 통과하지 못하였다는 말을 들었다. 세 번 이름을 외치는데 부합하지 못한 사람들은 겨울에 모이는 것을 기다려야 한다. 세 번 이름을 외친 사람들은 첫째가 되어 복야(僕射)에게로 이름이 올라가고, 다시 문하성으로 올라가면, 급사중(給事中)이 이를 읽고 황문시랑(黃門侍郎)이 이를 자세히 살피며, 시중(侍中)이 이를 심사한 뒤에 황상에게 관리로 임용할 것인지를 물었다. 이를 주관하는 사람이 황제의 뜻을 받아서 받들며 행하였는데 이를 주수(奏受)라고 하였다. 이러한 과정을 삼주삼창(三注三唱)이라 한다.

139) 문서를 관장하는 관리를 말한다.

사중(給事中)과 여러 관사(官司)의 장관들을 불러 상서도당(尙書都堂)[141]에 모아 놓고, 이름이 적힌 사람을 뽑아서 부르며 관직을 주었는데, 하루 만에 끝을 내고 말하였다.

"지금 좌상과 급사중이 다 함께 자리에 앉아 있고 이미 문하성(門下省)을 거친 것이오."

그 중간에는 자격의 차이가 어긋나 있는 것이 매우 많았으나 감히 말하는 사람이 없었다. 이에 문하성에서는 다시 관직의 평정을 거치지 않았고, 시랑(侍郞)[142]은 단지 시험지를 판단하는 일만 맡아서 할 뿐이었다. 시랑 위견소(韋見素)와 장의(張倚)가 문정(門庭)에서 종종걸음을 걷는 것이 주사(主事)[143]와 다를 것이 없었다. 위견소는 위주(韋湊)[144]의 아들이다.

경조윤 선우중통(鮮于仲通)이 뽑힌 사람들에게 넌지시 양국충을 위하여 칭송하는 내용을 비(碑)에 새길 것을 청하게 하고, 성(省, 중서성)의 문에 세워 놓도록 하였는데, 제서를 내려 선우중통에게 그 글을 짓도록 하였다. 황상이 몇 글자를 고쳐 바로잡자 선우중통은 고친 글자를 금(金)으로 메웠다.

2   양국충은 사람을 보내어 안록산에게 유세하여 이림보와 아사나아포

---

140) 좌상(左相)은 시중(侍中)을 말한다. 현종 천보 원년(742년) 시중을 좌상으로, 중서령(中書令)을 우상(右相)으로 개칭하였다. 당대의 시중은 문하성(門下省)의 장관이었다.

141) 상서성(尙書省)이 정사(政事)를 돌보는 장소를 말한다.

142) 문하시랑(門下侍郞)을 말한다. 시랑은 각 성(省 ; 상서성, 중서성, 문하성) 장관의 부직(副職)을 말한다.

143) 당대(唐代) 이부(吏部)에는 이부주사(吏部主事) 4명, 사봉주사(司封主事) 2명, 사훈주사(司勳主事) 4명, 고공주사(考功主事) 3명이 있었으며 관위(官位)는 비교적 낮았다.

144) 위주에 관한 일은 예종 경운 원년(715년) 11월에 있었고, 그 내용은 ≪자치통감≫ 권210에 실려 있다.

사(阿史那阿布思)가 모반하였다고 거짓으로 말하도록 하자, 안록산은 아사나아포사 부락에서 항복한 사람으로 하여금 궁궐로 가게 하여 이림보와 아사나아포사가 아버지와 아들이 되기로 약속하였다고 거짓으로 아뢰도록 하였다.

황상이 이를 믿고 관리<형리>에게 내려 보내며 조사하고 묻도록 하였다. 이림보의 사위인 간의대부 양제선(楊齊宣)은 연루되는 바를 두려워하여 양국충의 뜻에 붙어서 이를 증명하는 것이 이루어지게 하였다.

이때 아직 이림보의 장례가 끝나지 않았었는데, 2월 계미일(11일)에 제서를 내려 이림보의 관직과 작위를 삭제하였고, 자손으로 관직에 있는 사람은 제명(除名)하고 영남(嶺南, 남령 남쪽)과 검중(黔中, 호남성 서부와 귀주성)으로 귀양을 보내면서 몸에 입는 옷과 양식은 때에 따라 주고 나머지 자산은 관에서 몰수하였다. 가까운 친구나 무리들 중에 더불어 연좌되어 벼슬이 깎인 사람이 50여 명이었다.

이림보의 관을 쪼개어 진귀한 구슬을 머금고 있는 것을 파서 거두어내고, 금(金)으로 된 자의(紫衣)를 벗겼으며, 다시 작은 관에 넣고 서민과 같은 예식으로 매장하였다. 기해일(27일)에 이림보의 옥사를 완성시킨 상(賞)으로 진희열에게 허국공(許國公)의 작위를 내리고 양국충에게는 위국공(魏國公)의 작위를 내렸다.

3 여름, 5월 기유일(9일)에 다시 위(魏)·주(周)·수(隋)의 후예(後裔)를 '3각(恪)'[145]으로 삼았는데 이는 양국충이 이림보의 단점을 공격하려고 한 것이다. 위포(衛包)가 사악함을 도왔다 하여 벼슬을 깎아 야랑(夜郎, 夜郎郡의 치소, 귀주성 정안현)현위로 삼았고, 최창(崔昌)은 깎여서 오뢰(烏雷, 玉山郡의 치소, 광서성 흠주시 동남쪽 서우각향)현위가 되었다.

---

145) 3각(恪)이란 전에 있던 왕조 셋을 가리키는 것으로, 이를 고친 일은 천보 9년(750년)이었다.

4 아사나아포사가 회흘(回紇, 한해사막)에게 격파되자 안록산이 그 부락 사람들을 유혹하여 이들을 항복시켰는데, 이로 말미암아 안록산의 정병(精兵)은 천하에서 따를 자가 없었다.

5 임진일146)에 좌무위(左武衛, 衛軍 제3군)대장군 하복광(何復光)이 영남(嶺南)에 있는 5부(府)147)의 병사를 이끌고 남조(南詔)를 공격하였다.

6 안록산은 이림보의 교활함이 자신을 뛰어넘으니 그러므로 그를 두려워하며 복종하였다. 양국충이 재상이 되자 안록산은 그를 보기를 아무도 없는 듯이 하여 이로 말미암아서 틈이 생겼다. 양국충은 여러 차례 안록산이 반란할 상황을 말하였으나 황상이 듣지 않았다.

농우(隴右, 치소는 西平, 청해성 낙도현)절도사 가서한(哥舒翰)이 토번을 쳐서 홍제(洪濟, 청해성 공화현 동남쪽)·대막문(大漠門, 청해성 공화현 동남쪽) 등의 성을 뽑고 구곡(九曲, 청해성 황하 상류)에 있는 모든 부락을 거두어들였다.148)

애초에, 고려(高麗, 고구려) 사람 왕사례(王思禮)는 가서한과 함께 압아(押牙)149)가 되어 왕충사(王忠嗣)를 섬겼었다. 가서한은 절도사가 되었고, 왕사례는 병마사 겸 하원(河源, 청해성 서령시)군사(軍使)가 되었다. 가서

---

146) 통감필법으로 보면 임진일은 5월 임진일이어야 하지만 5월 1일이 신축일이므로 5월에는 임진일이 없고, 또 ≪20사삭윤표(二十史朔閏表)≫에 의하면 역시 5월에는 임진(壬辰)일이 없다. 만일 임진 앞에 6월이 누락된 것으로 본다면 이날은 6월 23일이 임진일이다. 그러나 ≪신당서≫와 ≪구당서≫ 등에는 이와 관련된 기록이 없으므로 단정할 수는 없다.

147) 5부(府)는 광(廣 ; 남해관구, 광동성 광주시), 계(桂 ; 시안관구, 광서성 계림시), 옹(邕 ; 랑영관구, 광서성 남령시), 몽(蒙 ; 보령관구, 관서성 북류시), 교(交 ; 안남관구, 베트남 하노이 시)이다.

148) 토번이 구곡의 땅을 얻은 것은 예종 경운 원년(710년) 12월이고, 그 내용은 ≪자치통감≫ 권210에 실려 있다.

149) 압아(押牙)는 관명으로 의장(儀仗)이나 시위(侍衛)를 관장하였다.

한이 구곡(九曲, 청해성을 지나는 황하의 S자 형태로 된 지구)을 치는데, 왕사례가 기한보다 늦게 이르렀는데 가서한이 그의 목을 베려고 하였고, 이미 그렇게 하였다가 다시 불러서 풀어주자 왕사례가 천천히 말하였다.

"목을 베려면 끝내 벨 것이지, 다시 부르는 것은 무엇 하는 것인가!"

양국충은 가서한과 두텁게 맺고서 안록산을 배척하려고 하였으므로 주문을 올려 가서한에게 하서(河西, 치소는 武威, 감숙성 무위시)절도사를 겸하도록 하였다. 가을, 8월 무술일(30일)에 가서한에게 작위를 내려 서평군왕(西平郡王)으로 삼았다. 가서한이 표문을 올려서 시어사 배면(裴冕)을 하서(河西)행군사마로 삼아달라고 하였다.

이때에 중국은 강성하여 안원문(安遠門)[150]에서부터 서쪽 끝 당(唐)의 변경까지 1만2천 리(里)였는데, 여염(閭閻)집들이 서로 바라보이면서 뽕나무와 삼이 들판을 덮었으므로 천하에서 부유하고 살이 쪘다고 일컬어진 곳으로 농우(隴右)만한 곳이 없었다. 가서한은 매번 사신을 파견하여 들어가서 주문을 올릴 때마다 항상 하얀 낙타에 태워 보냈는데, 하루에 500리를 달렸다.

7 9월 갑진일(6일)에 돌기시(突騎施, 이리하 중하류)의 흑성(黑姓) 가한[151]인 등리이라밀시(登里伊羅蜜施)를 돌기시 가한으로 삼았다.

8 북정(北庭, 신강성 吉木薩爾현)도호 정천리(程千里)가 아사나아포사를 추격하여 적서(磧西, 신강성 서북부)에 이르러서 편지를 써서 갈라록(葛羅祿, 중앙아시아 이제사하 유역)을 깨우치고 서로 호응하게 하였다. 아사나

---

150) 장안성(長安城)의 서쪽 방면으로 가장 북쪽에 있는 제1문(門)이다. 수대(隋代)에는 개원문(開遠門)이라 하였다.

151) 흑성에 관한 일은 현종 개원 26년(738년) 6월에 있었고, 이에 관한 내용은 ≪자치통감≫ 권214에 실려 있다.

아포사는 곤궁하고 급박하여 갈라록에게로 귀속하였는데, 갈라록엽호가 그를 사로잡고 아울러 그의 처자와 부하 수천 명을 보내왔다. 갑인일(16일)에 갈라록엽호 돈비가(頓毗伽)에게 개부의동삼사를 덧붙여 주었고 작위를 내려 금산왕(金山王)으로 삼았다.

9 겨울, 10월 무인일(11일)에 황상이 화청궁으로 갔다.

양국충과 괵국(虢國)부인이 서로 이웃에서 살았는데 낮과 밤으로 오고 가면서도 다시 어떤 제한을 받지 않았고, 어떤 때는 말고삐를 나란히 하며 말을 타고 조정으로 들어갔는데, 장막으로 가리지 않아[152] 길거리에서는 그 때문에 눈을 감았다.

세 명의 부인(夫人)[153]이 거가를 따라 화청궁으로 가서 양국충(楊國忠)의 집에 모였다. 수레와 말 그리고 노복들이 여러 방(坊)에 차고 넘쳤으며 비단에 수를 놓은 것이나 옥으로 된 구슬은 눈이 튀어 나오게 곱고 화려하였다.

양국충이 손님에게 말하였다.

"나는 본래 가난한 집안이었는데, 하루아침에 초방(椒房)[154]과의 인연으로 여기까지 이르렀으나 쉬어야 할 곳을 알지 못하는데, 그러나 생각하건대 끝내는 좋은 평판을 받지 못할 것 같으니 또한 가장 기쁜 즐거움을 누리는 것만 못합니다."

양씨의 다섯 집의 무리는 각각 한 가지 색으로 옷을 입어 서로를 구별하였는데, 다섯 집안이 모여 무리를 짓자 찬란하기가 비단구름과 같았다. 양국충은 이에 검남(劍南, 치소는 蜀郡, 사천성 성도시)절도사의 깃발과 부

---

152) 당대에는 부인들이 외출을 할 때 장막을 쳐서 스스로를 가렸다.

153) 3부인(夫人)은 한국(韓國)부인, 괵국(虢國)부인, 진국(秦國)부인을 말한다.

154) 황후를 일컫는 말이다. 황후의 침실에는 초(椒)나무를 발라 향기가 나게 하는데서 나온 말이다. 여기서는 양귀비를 가리킨다.

절(符節)을 가지고 앞에서 이끌도록 하였다.

양국충의 아들인 양훤(楊暄)이 명경과(明經科)의 시험을 쳤는데 학업이 모자라고 보잘 것이 없어서 합격하지 못하였다. 예부시랑 달해순(達奚珣)[155]이 양국충의 권세를 두려워하여 그의 아들인 소응(昭應, 섬서성 임동현)현위 달해무(達奚撫)를 보내 먼저 그에게 말하도록 하였다. 달해무는 양국충이 말을 타고 조정으로 들어가는 것을 기다렸다가 쫓아가서 말 아래에 이르렀다. 양국충은 그의 아들이 반드시 뽑혔을 것이라고 생각하고 기쁜 빛을 보였다.

달해무가 말하였다.

"대인[156]께서 상공에게 말씀드리라고 하시기를, 낭군(郎君)[157]께서 '시험을 친 바가 일정한 법식(法式)에 들지 못하였는데, 그러나 감히 떨어뜨리지 못하였다.' 고 하셨습니다."

양국충이 화를 내며 말하였다.

"나의 아들이 어찌하여 부귀하지 않을까 걱정을 하여 마침내 쥐새끼 같은 무리들로 하여금 팔아먹게 할 수 있겠는가!"

말을 채찍질하며 돌아보지 않고 갔다.

달해무가 당황하여 급하게 글로 그의 아버지에게 말하였다.

"저들이 귀함과 권세를 믿고 우쭐대며 사람들로 하여금 슬퍼서 탄식하게 하니 어찌 다시 저들과 더불어서 굽고 바른 것을 의론하겠습니까!"

마침내 양훤을 상등에 올려놓았다.

양훤이 호부시랑이 되자 달해순은 처음으로 예부에서 이부로 승진하

---

155) 달해(達奚)가 성(姓)이다. 복성(複姓)이다.

156) 자신의 아버지를 나타내는 경어이다. 여기서는 달해무가 자기 아버지 달해순을 가리키는 말이다.

157) 당 시기에는 노복이 주인의 아들을 부를 때 낭군(郎君)이라는 호칭을 사용하였다. 여기서는 양국충의 아들인 양훤을 가리키는 말이다.

였는데, 양훤이 그와 더불어 가깝게 지내는 사람에게 말하기를 오히려 자신은 오랫동안 관직을 돌고 돌았는데 달해순은 승진이 아주 빠르다고 탄식하였다.

양국충이 이미 중요한 자리에 있게 되자 안팎에서 선물을 보내는 것이 모여들어 쌓인 비단이 3천만 필에 이르렀다.

10 황상이 화청궁에 있으면서 밤에 놀러 나가고자 하였는데, 용무(龍武, 禁軍 제3군)장군 진현례(陳玄禮)가 간하였다.

"궁궐 밖은 빈 들판인데 어찌 대비나 헤아림을 하지 않고 나가실 수 있겠습니까! 폐하께서는 밤에 놀러 나가시고자 하나, 청하건대 성의 궁궐로 돌아가시기 바랍니다."

황상이 이로 인하여 이끌고 돌아왔다.

11 이 해에 안서(安西, 신강성 고차현)절도사 봉상청(封常淸)이 대발율(大勃律, 캐시미르 키르키트 동남쪽 200리)을 쳤는데, 보살노성(菩薩勞城, 키르키트 동남쪽)에 이르기까지 선봉에서 여러 차례 승리하니, 봉상청은 승리한 기세를 타고서 그들을 뒤쫓았다.

척후부(斥候府) 과의(果毅)158)인 단수실(段秀實)이 간하였다.

"오랑캐의 병사들은 파리하게 하여 여러 차례 패배하며 우리를 유혹하니, 주위의 산과 숲을 뒤지기를 청합니다."

봉상청이 이를 따라 과연 복병(伏兵)들을 사로잡고 마침내 그들을 대파하였으며 항복을 받고 돌아왔다.

12 중서사인(中書舍人) 송욱(宋昱)이 지선사(知選事, 선발 책임자)였는데,

---

158) 척후부에서 두 번째로 책임을 지는 관직이다.

예전에 진사였던 광평(廣平, 하북성 영년현 동남쪽 구영년진) 사람 유내(劉酒)는 선법(選法, 사람 뽑는 방법)이 잘 되어 있지 않았으므로 송욱에게 글을 올렸다.

"우(禹)·직(稷)·고요(皐陶)159)는 순(舜)의 조정에서 같이 있었어도 오히려 말하기를 9덕(德)160)이 있는 사람들을 가득 모아 9년 동안 업적을 살펴야 한다고 하였습니다.161) 요즘 시대에는 주관하는 관리는 한 폭의 글에서 판단하는 것으로 말씨를 살피고, 한 번 읍(揖)을 하는 사이에서 행동을 보고 있으니 어찌 옛날과 지금의 더딤과 빠름이 같지 않은 것이 이리 심한 것입니까!

가령 주공(周公)과 공자로 하여금 지금의 전정(銓廷)162)에서 시험 보게 하고, 글의 화려함을 상고해본다면 서릉(徐陵)과 유신(庾信)에게 미칠 수 없다 할 것이고,163) 그 이로운 말을 살펴보면 색부(嗇夫)164)보다도 더 못하다 할 것인데, 어느 틈에 성현(聖賢)의 사업을 논하겠습니까!"＊

---

159) 우(禹)는 하(夏) 왕조의 시조이고 성명은 사문명(姒文命)이며, 직(稷)은 주(周) 왕조의 시조이고 성명은 희기(姬棄)이며, 고요(皐陶)는 순임금 시기의 옥관(獄官)의 이름이다.

160) ≪서경(書經)≫ <고요모(皐陶謨)>에서 고요가 말한 9덕(德)은 다음과 같다. "皐陶曰 寬而栗, 柔而立, 愿而恭, 亂而敬, 擾而毅, 直而溫, 簡而廉, 剛而塞, 强而義, 彰厥有常, 吉哉!(고요가 말하였다. 너그러우면서도 위엄이 있는 것과, 부드러우면서도 꿋꿋한 것과, 성실하면서도 공손한 것과, 다스리면서도 공경하는 것과, 온순하면서도 굳센 것과, 곧으면서도 온화한 것과, 간략하면서도 세심한 것과, 억세면서도 착실한 것과, 날래면서도 올바른 것입니다. 밝게 그것이 언제나 그러하면 길한 사람입니다!)"

161) ≪서경(書經)≫ <순전(舜典)>에서 다음과 같이 언급하고 있다. "三載考績, 三考黜陟幽明(삼 년마다 공적을 살피시고, 세 번 공적을 살피셔서 밝지 않은 사람은 내치시고 밝은 사람은 오르게 하시니)." 여기서 3고(考)는 9년 동안 일한 것을 살핀다는 말이다.

162) 전정(銓廷)은 이부(吏部)에서 인재를 선발하는 장소를 말한다.

163) 서릉(徐陵)에 대하여는 진 문제 천가 6년(565년) 4월에 있었고, 유신(庾信)에 대하여는 양 무제 태정 2년(548년) 10월에 있었다.

164) 색부(嗇夫)에 관한 일은 한(漢) 문제(文帝) 3년(177년) 3월에 있었고, 그 내용은 ≪자치통감≫ 14권에 실려 있다.

資治通鑑

자치통감 권217

당(唐)시대 33(754~756년)

안록산의 기병과 당의 혼란

안록산의 의도와 양국충의 속임수

현종(玄宗) 천보(天寶) 13재(甲午, 754년)

1 봄, 정월 기해일(3일)에 안록산(安祿山)이 들어와서 조현하였다. 이때에 양국충은 안록산이 반드시 반란을 일으킬 것이라고 말하며, 또 아뢰었다.

"폐하께서 시험적으로 그를 불러보시면 반드시 오지 않을 것입니다."
황상이 그를 부르게 하였는데 안록산이 명을 듣고 곧바로 도착하였다.

경자일(4일)에 화청궁(華淸宮)에서 황상을 알현하면서 눈물을 흘리며 말하였다.

"신(臣)은 본래 호인(胡人)으로 폐하의 총애를 받아 발탁되어 여기까지 이르렀는데, 양국충(楊國忠)이 질시하는 바가 되었으니, 신의 죽음은 정한 날이 없게 되었습니다."

황상[1]이 그를 가엽게 여겨 거만(巨萬)을 상으로 내렸고, 이로 말미암아 더욱 안록산을 가까이하고 믿어 양국충의 말이 들어갈 수가 없었다. 태자(太子, 李亨) 역시 안록산이 반드시 반란을 일으킬 것이라는 것을 알고 황상에게 말하였으나 황상이 듣지 않았다.

---

1) 당시 현종(玄宗)의 나이는 일흔 살이다.

2 갑진일(8일)에 태청궁(太淸宮)2)에서 주문을 올렸다.

"학사(學士)인 이기(李琪)3)가 자주색 구름을 타신 현원(玄元)황제를 뵈었는데, 알려주시기를, '나라의 운수가 융성해진다고 하셨다.' 고 합니다."

3 당 초기에 조칙은 모두 중서성과 문하성의 관원들 가운데 문장력이 있는 사람들이 이를 만들었다. 건봉(乾封) 이후4)에 처음으로 문사(文士)인 원만경(元萬頃)과 범리빙(范履冰) 등을 불러 여러 문장의 말씨로 초안을 쓰도록 하였는데, 항상 북문에서 기다리며 들어가거나 머물렀기에 당시의 사람들이 이들을 '북문학사' 라고 불렀다.

중종의 시기에는 상관소용(上官昭容)이 홀로 그 일을 맡았다. 황상이 즉위하고서 처음으로 한림원(翰林院)을 설치하여 궁궐 가까이에 두고 문장을 하는 선비를 초빙하였는데, 아래로는 승려 · 도사 · 서예가 · 화가 · 악사 · 바둑인 · 수술(數術)을 하는 장인(匠人)들까지 그곳에 머무르게 하였고 그들을 '대조(待詔)' 라고 하였다.5)

---

2) 노자를 모시는 사당이다. 현종은 노자 이이를 현원황제로 추론하였다.

3) 이는 숭현관(崇玄館)의 학사를 말한다. 즉 도교(道敎)를 숭상하여 만든 기관을 말한다.

4) 고종(高宗) 건봉(乾封) 원년(666년) 이후를 말한다.

5) 당 시기에는 천자(天子)가 대명궁(大明宮)에 있으면 한림원(翰林院)은 우은대문(右銀臺門) 안에 있었고, 천자가 흥경궁(興慶宮) 안에 있으면 한림원은 금명문(金明門) 안에 있었으며, 천자가 서내(西內)에 있으면, 한림원은 현복문(顯福門) 안에 있었다. 만약 천자가 동도(東都)나 화청궁(華淸宮)에 있었어도 모두 '대조(待詔)'를 하는 곳이 있었다. 대조를 하는 사람들은 사학(詞學), 경술(經術), 합련승(合練僧), 도(道), 복(卜), 축(祝), 술(術), 예(藝), 서(書), 혁(奕, 바둑 또는 노름, 도박)이 있었으며 각각의 별원(別院)에서 녹봉을 주었고 날이 저물면 물러났다. 대조(待詔) 가운데 가장 중히 여겼던 것은 사학(詞學)이었다. 현종(玄宗)이 즉위한 이래 장열(張說), 육견(陸堅), 장구령(張九齡), 서안정(徐安貞), 장기(張垍) 등이 궁정 안으로 불려 들어왔는데 이들을 '한림대조(翰林待詔)' 라고 불렀다. 황제는 지극히 존엄한 자리여서 하루에도 만 가지 일이 사방에서 주로 올라오니 외국에서 상소한 것을 답하거나, 혹은 조서를 밖으로 내려 보내는데, 지휘할 것을 황제가 직접 손으로 작성할 때 또한 자료를 검토하는 것을 '시초(視草)' 라고 한다. 이러한 까닭으로 당직(當直)을 하는 4명을 뽑아서 황제의 자문에 대비하도록 하였다. 현종 지덕(至德, 756년) 이래로 천하에 병사를 움직이는 일이 많아졌고, 중요한 모의를 하고 나서 비밀조서가 이들로부터 밖으로 나갔는데, 이

형부상서 장균(張均)과 동생인 태상경 장기(張垍)는 모두 한림원에서 시중을 들었다. 황상이 안록산에게 동평장사(同平章事)를 덧붙이고자 하여 이윽고 장기로 하여금 제서의 초안을 짓도록 하였다.

양국충이 간하였다.

"안록산은 비록 군공(軍功)이 있다고는 하나, 눈으로 글을 알지 못하는데 어찌 재상이 될 수 있겠습니까! 제서가 만일 내려가면 아마도 사방에 있는 이적들이 우리 당(唐)을 가볍게 여길까 두렵습니다."

황상이 마침내 멈추었다.

을사일(9일)에 안록산에게 좌복야를 덧붙여 주고 한 아들에게는 3품(品)을, 또 한 아들에게는 4품관(品官)을 내려주었다.

4 병오일(10일)에 황상이 궁으로 돌아왔다.

5 안록산이 한구·군목등사(閑廐·羣牧等使)[6]을 겸하여 관장하게 해달라고 요구하였다. 경신일(24일)에 안록산을 한구(閑廐)·농우(隴右, 농산 서쪽)군목등사(羣牧等使)로 삼았다. 안록산이 또 총감(總監)[7]을 겸하겠다고 요구하니, 임술일(26일)에 지총감사(知總監事)를 겸하게 하였다.

안록산은 주문을 올려 어사중승 길온(吉溫)을 무부(武部, 병부)시랑으로 삼아 한구부사(閑廐副使)로 충당하겠다고 아뢰었으므로 양국충이 이

들을 '한림학사(翰林學士)'라고 불렀다. 한림학사로 뽑힌 사람들은 글을 하는 선비로서 큰 영광이었다. 또한 중서사인(中書舍人)처럼 학사(學士) 6명을 설치하고, 그 가운데서 나이가 들고 덕이 많은 1명을 골라서 승지로 삼았는데, 홀로 황제의 밀명(密命)을 담당하기 위한 까닭이었다. 덕종(德宗)은 글을 잘하여 한림학사를 뽑기가 더욱 어려웠고, 정원(貞元, 785년) 이후에는 학사승지(學士承旨) 대부분이 재상에 이르렀다.

6) 여러 사직(使職)이기 때문에 등사(等使)라고 하였으며, 한구(閑廐)는 한구사(閑廐使)를 말하며 측천무후 성력(聖歷, 698년) 연간에 설치하였는데 황제의 말을 관장하였고, 군목사(羣牧使)는 말의 목축을 관장하는 관직이다.

7) 군목총감(羣牧總監)을 말한다. 전국에 있는 말의 목축을 총관장하는 직이다. 당대(唐代)에는 48감(監)을 두어 말을 목축하였다.

로 말미암아 길온을 미워하였다. 안록산이 몰래 가까이하고 믿을 만한 사람을 보내어 전투를 감당할 수 있는 튼튼한 말 수천 필을 골라서 따로 키우도록 하였다.

6 2월 임신일(6일)에 황상이 태청궁(太淸宮)에서 조헌(朝獻)8)하고, 성조(聖祖, 노자)의 존호(尊號)를 올려서 대성조고상대도금궐현원대황태제(大聖祖高上大道金闕玄元大皇太帝)라고 하였다. 계유일(7일)에 태묘(太廟, 황실의 사당, 종묘)에서 제사를 지내고 고조(高祖, 당의 시조 이연)의 시호를 높여서 신요대성광효(神堯大聖光孝)황제로 하고, 태종(太宗, 이세민)의 시호를 문무대성대광효(文武大聖大廣孝)황제로 하였으며 고종(高宗, 이치)의 시호를 천황대성대홍효(天皇大聖大弘孝)황제로 하였으며, 중종(中宗, 이현)의 시호를 효화대성대소효(孝和大聖大昭孝)황제로 하고, 예종(睿宗, 이단)의 시호를 현진대성대흥효(玄眞大聖大興孝)황제로 하였는데, 한가(漢家)의 여러 황제들이 모두 시호에 '효(孝)'라는 글자를 넣었던 까닭으로 시호를 고친 것이다.

갑술일(8일)에 여러 신하들이 존호(尊號)를 올려서 개원천지대보성문신무증도효덕(開元天地大寶聖文神武證道孝德)황제라고 하였다. 천하에 사면하였다.

7 정축일(11일)에 양국충의 지위를 사공으로 올렸고, 갑신일(18일)에 헌대(軒臺)에 나아가 책봉하였다.9)

8 기축일(23일)에 안록산(安祿山)이 주문을 올렸다.

---

8) 태청궁은 노자(老子)를 모시는 사당을 말하고, 조헌은 아침에 지내는 제사를 말한다.

9) 황제가 정전(正殿)에 나가서 앉지 않고 전각의 앞에 가서 의식을 치른 것이다.

"신(臣)이 맡고 있는 장군과 사졸들이 해(奚, 난하 상류)·거란(契丹, 요하 상류)·구성(九姓, 내몽고 황하가 굽어지는 지대)·동라(同羅, 몽골공화국 울란바토르 시) 등을 토벌하여 공훈이 매우 많으니, 빌건대 정해진 격식에 구애되지 마시고 자질을 뛰어넘어 상을 베풀어 주시며, 이어서 훌륭하게 쓴 고신(告身)10)을 신의 군대에 맡기시면 그것을 주도록 하겠습니다."

이에 장군으로 벼슬을 받은 사람이 500여 명이었고, 중랑장(中郎將)11)으로 벼슬을 받은 사람은 2천여 명이었다. 안록산은 반란을 일으키려고 하여, 먼저 이와 같이 하여서 여러 사람들의 마음을 사로잡았다.

3월 초하루 정유일에 안록산이 범양(范陽, 북경시)으로 돌아가겠다고 작별인사를 하였다. 황상이 어의(御衣)를 벗어 그에게 내려주자 안록산이 그것을 받고는 놀라며 기뻐하였다.

양국충이 주문을 올려 그를 남겨두도록 할까 두려워하여, 빠르게 달려 동관(潼關, 섬서성 동관현)을 벗어났다. 배를 타고 황하를 따라 내려가면서, 선부(船夫)에게 명하여 승판(繩板)12)을 잡고, 안측(岸側, 황하의 강기슭)에 서있도록 하였는데 15리(里)마다 한 번씩 바꾸며, 낮밤으로 배의 속도로 가서 하루에 수백 리(里)를 갔는데, 군현을 지나도 배에서 내리지 않았다.

이로부터 안록산이 반란을 일으킨다고 말하는 사람이 있으면 황상은 모두 묶어서 보내니 이로 말미암아 사람들은 모두 그가 반란을 일으키려 한다는 것을 알았지만 감히 말하는 사람이 없었다.

---

10) 관직을 맡기는 증빙문서이다.

11) 귀족으로 구성된 부대의 사령관을 말한다.

12) 뱃사람이 강기슭에서 배를 끄는데 쓰는 도구이다. 판의 길이는 2척(尺) 정도이고 사답(斜搭)은 가슴 앞에 오고 한끝은 어깨 있는 곳에 두는데 다른 한 끝은 늑골 있는 곳에 둔다. 그리고 끈을 이용하여 판을 관통한 양쪽 끝은 배에다 매어가지고 끌어 당겨 배를 움직이게 하는 것이다.

안록산이 장안을 출발하면서 황상이 고력사(高力士)에게 명하여 장락
파(長樂坡, 섬서성 서안시 동쪽)에서 그를 전별(餞別)하라고 하였다. 돌아오
자 황상이 물었다.

"안록산이 마음으로 위로를 받았는가?"

대답하였다.

"그가 마음으로 즐거워하지 않는 것을 보니 반드시 명을 내려 재상으
로 삼으려 하였다가 중도에 그만둔 것을 아는 까닭입니다."

황상이 양국충에게 알리자, 대답하였다.

"이러한 논의는 다른 사람은 알지 못합니다. 반드시 장기(張垍) 형제가
그에게 알렸을 것입니다."

황상이 노하여 장균(張均)의 벼슬을 깎아 건안(建安, 복건성 건구시) 태
수로 삼고, 장기는 노계(盧溪, 호남성 원릉현)사마로 삼았으며, 장기의 동
생인 급사중 장숙(張塾)은 의춘(宜春, 강서성 의춘시)사마로 삼았다.

가서한(哥舒翰) 역시 부장(部將)들을 위하여 공을 논하였는데, 칙서를
내려 농우(隴右, 치소는 西平, 청해성 낙도현)십장(十將)·특진(特進)[13]·화
발주(火拔州, 기미주, 돌궐의 별부)도독·연산군왕(燕山郡王)인 화발귀인(火
拔歸仁)[14]을 표기(驃騎)대장군으로 삼고, 하원(河源, 청해성 서령시)군사
(軍使) 왕사례(王思禮)에게는 특진을 덧붙여 주었고, 임도(臨洮, 감숙성 임
조현) 태수 성여구(成如璆)·토격부사(討擊副使)인 범양(范陽, 하북성 탁주
시) 사람 노형(魯炅)·고란부(皋蘭府)[15]도독 혼유명(渾惟明)에게는 나란히
운휘(雲麾)장군[16]을 덧붙여 주었고, 농우토격부사(隴右討擊副使)인 곽영

---

13) 십장(十將)은 당 중기 이래로 군대 내의 장령에게 사용하였던 관직 명칭이고, 특진
(特進)은 문산관(文散官) 2급, 정2품인 관직이다.

14) 화발(火拔)이 성씨이다. 복성(複姓)이다.

15) 기미(羈縻)군구(軍區)이다. 총부는 영하성(寧夏省) 중령현(中寧縣) 동북쪽에 두었다.
태종 정관(貞觀) 연간에 철륵(鐵勒)이 와서 항복하였는데 혼부(渾府)에 고란(皋蘭)도
독부를 설치하였다.

예(郭英乂)를 좌우림(左羽林, 禁軍 제1군)장군으로 삼았다. 곽영예는 곽지운(郭知運)17)의 아들이다.

　가서한은 또 주문을 올려서 엄정지(嚴挺之)의 아들인 엄무(嚴武)를 절도판관(節度判官)으로 삼고, 하동(河東, 산서성 영제현) 사람 여인(呂諲)을 지탁판관(支度判官)으로 삼고, 예전의 봉구(封丘, 하남성 봉구현)현위인 고적(高適)을 장서기(掌書記)18)로 삼고, 안읍(安邑, 산서성 운성시 동북쪽 안읍진) 사람 곡환(曲環)을 별장(別將)으로 삼았다.

9　정천리(程千里)가 아사나아포사(阿史那阿布思)를 사로잡아 대궐 아래에서 올리니 그를 목을 베었다. 갑자일(28일)에 정천리를 금오(金吾, 衛軍제 11군)대장군으로 삼았는데, 봉상청(封常淸)을 임시로19) 북정(北庭, 신강성 吉木薩爾현)도호 · 이서(伊西)절도사로 삼았다.

10　여름, 4월 계사일(28일)에 안록산이 주문을 올려서 해(奚)를 쳐서 깨뜨리고 그 왕인 이일월(李日越)을 사로잡았다고 하였다.

11　6월 초하루 을축일에 일식이 있었는데 모두 가리지 않아서 마치 갈고리와 같았다.20)

12　시어사(侍御史) · 검남(劍南)유후인 이밀(李宓)21)이 병사 7만을 이끌

---

16) 운휘(雲麾)장군은 무산관(武散官) 6급이며 종3품의 관직이다.

17) 곽지운에 관한 일은 현종 개원 2년(714년) 8월에 있었다.

18) 중요한 일을 관장하는 비서를 말한다.

19) 권직(權職)이다. 임시로 업무를 맡기는 관리 임용법이다.

20) 부분일식이다.

21) 양국춘이 영(領)검남절도사여서 현장에 가 있지 않으므로 이밀을 유호로 둔 것이다.

고 남조(南詔, 수도는 大和城, 운남성 대리시)를 쳤다. 합라봉(閤羅鳳, 남조의 2대 왕)이 이들을 유인하여 깊숙이 들어오게 하고 대화성(大和城)에 이르자, 성벽을 닫고 싸우지 않았다.

이밀은 양식이 다하고, 사졸들이 장역(瘴疫)[22]에 걸리거나 굶어 죽은 사람이 열에 일고여덟이었으므로 이에 이끌고 돌아오는데 만족(蠻族)이 그들을 뒤쫓으며 쳐서 이밀은 사로잡히고 모든 병사가 모두 죽었다.

양국충은 그들이 패한 것을 숨기고, 바꾸어서 승리한 것으로 아뢰며, 더욱 늘려서 중국의 병사를 징발하여 그를 토벌하게 하였는데, 앞뒤로 죽은 사람이 거의 20만 명이었지만, 감히 말하는 사람이 없었다.

황상이 일찍이 고력사에게 말하였다.

"짐이 지금 늙었으니 조정의 일은 이를 재상에게 맡기고 변경의 일은 이를 여러 장군들에게 맡기면 다시 무슨 걱정이 있겠는가!"

고력사가 대답하였다.

"신(臣)이 듣기에 운남(雲南, 운남성 요안현)에서 자주 군대를 잃었고 또 변방의 장군들이 병사를 거느리고 있는 것이 대단히 왕성한데 폐하께서는 장차 어찌 이들을 통제하시려 하십니까! 신은 어느 날 아침에 재앙이 일어나면 다시 구원할 수 없을까 걱정되는데 어찌 걱정이 없음을 말씀하시는 것입니까!"

황상이 말하였다.

"경(卿)은 말하지 마라. 짐이 천천히 그것을 생각하겠다."

13 가을, 7월 계축일(20일)에 가서한이 주문을 올려서 구곡(九曲)에서 개척한 땅에 도양(洮陽, 감숙성 임담현 서남쪽 35리)과 요하(洮河, 청해성 귀덕현 서쪽) 두 개의 군(郡)과 신책군(神策軍, 감숙성 임장현 서쪽)을 설치하

---

22) 일종의 열병이다.

고 임도(臨洮, 감숙성 임담현) 태수 성여구(成如璆)로 도양(洮陽) 태수를 겸직하게 하며, 신책군사(神策軍使)로 충임하였다고 하였다.

14 양국충이 진희열(陳希烈)을 시기하니, 진희열은 여러 차례 표문을 올려서 자리를 사양하였다. 황상이 무부(武部, 병부)시랑 길온(吉溫)으로 그를 대신하고자 하였는데, 양국충은 길온이 안록산에게 붙었으므로 주문을 올려 옳지 않다고 아뢰었다. 문부(文部, 이부)시랑 위견소(韋見素)가 온화하고 고상하여 통제하기가 쉬워 그를 천거하였다.

8월 병술일(23일)에 진희열을 태자태사로 삼고, 정사(政事)를 그만두게 하였다.23) 위견소를 무부상서·동평장사로 삼았다.

15 지난해부터 홍수와 가뭄이 이어져 관중(關中, 섬서성 중부)에 크게 흉년이 들었다. 양국충은 경조윤 이현(李峴)이 자신에게 붙지 않은 것을 미워하여, 재해가 난 것을 가지고 그 허물을 이현에게 돌리고, 9월에 벼슬을 깎아서 장사(長沙, 호남성 장사시) 태수로 삼았다. 이현은 이의(李禕)24)의 아들이다.

황상이 비가 내려 곡식을 상하게 할까 걱정하자 양국충이 벼 가운데 좋은 것을 거두어들여 올리면서 말하였다.

"비가 비록 많이 내렸으나 곡식에는 해가 되지 않았습니다."

황상이 그렇게 여겼다.

부풍(扶風, 섬서성 봉익현) 태수 방관(房琯)이 맡고 있는 부분에서 홍수가 난 것을 말하자 양국충이 어사로 하여금 그를 조사하도록 하였다. 이

---

23) 실제로 권력에서 배제한 것이며, 진희열(陳希烈)은 마침내 이를 원망하여 적에게 항복하였다.

24) 신안왕(信安王) 이의(李禕)는 개원(開元) 초 군공(軍功)을 세워서 황상의 총애를 받았다.

해에 천하에서는 감히 재해가 들었다고 말하는 사람이 없었다.

　고력사가 곁에서 모시고 있는데, 황상이 말하였다.

　"음우(淫雨)가 그치지 않으니,25) 경(卿)은 모든 것을 다 말하시오."

대답하였다.

　"폐하께서 권력을 재상에게 빌려 주시면서부터 상과 벌은 규칙이 없고, 음양(陰陽)이 법도를 잃었으니, 신이 어찌 감히 말씀드리겠습니까!"

황상이 잠자코 있었다.

16　겨울, 10월 을유일(23일)에 황상이 화청궁(華淸宮)으로 갔다.

17　11월 기미일(28일)에 내시감(內侍監) 두 명을 설치하고, 정(正)3품으로 삼았다.26)

18　하동(河東, 산서성 영제현) 태수 겸 본도(本道, 河東道)채방사인 위척(韋陟)은 위빈(韋斌)27)의 형이고, 온화하고 우아한 것으로 이름이 났는데, 양국충은 그가 재상으로 들어오는 것을 두려워하여, 사람을 시켜서 위척이 뇌물을 받아 숨긴 더러운 일을 저질렀다고 고발하도록 하여 어사에게 내려 보내어 조사하여 묻도록 하였다.

　위척은 어사중승 길온(吉溫)에게 뇌물을 주고, 그로 하여금 안록산에게 구원해 줄 것을 요구하도록 하였는데, 다시 양국충에게 들켰다. 윤월

---

25) 비가 사흘 이상 계속 오는 것을 음우라고 한다.

26) 당 제도에 의하면 환관(宦官)은 3품을 넘을 수 없었다. 내시(內侍)는 4명을 두었고, 종4품 상(上)이었다. 환관이 존귀하게 되기 시작한 시기는 이때부터이다. 양사욱(楊思勗)은 군공(軍功)이 있었고, 고력사(高力士)는 총애가 있어서 모두 대장군(大將軍)으로 벼슬을 내렸고 품계(品階)는 종(從)1품이었지만 단지 훈관(勳官)이었다. 지금 내시감(內侍監)을 정3품으로 설치한 것은 직사관(職事官)이다.

27) 위빈에 관한 일은 현종 천보 5재(746년) 7월에 있었다.

(윤11월) 임인일28)에 위척을 깎아내려서 계령(桂嶺, 광서성 하주시 동북쪽 계령진)현위로 삼고, 길온을 풍양(灃陽, 호남성 풍현)장사로 하였다. 안록산이 길온을 위해 억울함을 호소하며 또한 양국충이 미워하여 헐뜯는다고 말하였다. 황상은 양쪽 어디에도 묻는 일이 없었다.

19 무오일29)에 황상이 궁으로 돌아왔다.

20 이 해에 호부에서 주문을 올려서 천하에는 군이 321이고, 현이 1천 538이며, 향은 1만6천829이고, 호구는 906만9천154이며, 인구는 5천288만488이라고 하였다.

현종 천보 14재(乙未, 755년)

1 봄, 정월에 소비(蘇毗, 청해성 잡다현, 토번 가운데 강한 세력)의 왕자인 실락라(悉諾邏)가 토번(吐蕃, 서장 라사)을 떠나 와서 항복하였다.

2 2월 신해일(22일)에 안록산이 부장 하천년(何千年)으로 하여금 조정에 들어가 주문을 올리도록 하였는데, 번장(蕃將) 32명으로 한인(漢人) 출신 장군을 대체하겠다고 청하였고, 황상이 명하여 곧바로 진획(進畫)하여 고신(告身)을 주도록 하였다.30)

---

28) 윤11월 1일은 임술일이므로 윤11월에는 임인일이 없고, ≪20사삭윤표(二十史朔閏表)≫에 의하여도 윤11월에는 임인일이 없다. 다만 윤11월이 12월의 잘못이라면 12월 임인일이라면 12일이다.

29) 윤11월 1일은 임술일이므로 윤11월에는 무오일이 없고, ≪20사삭윤표(二十史朔閏表)≫에 의하여도 윤11월에는 무오일이 없다. 다만 ≪신당서(新唐書)≫ <현종(玄宗)본기>에 의하면 이 사건이 난 날이 12월 무오일인데, 12월 무오일로 하면 이날은 12월 28일이다.

30) 중서성에 명령하여 발일칙(發日敕)하라는 것이고, 이는 청하는 문서를 올려 황제가

위견소(韋見素)가 양국충에게 말하였다.

"안록산은 오랫동안 다른 뜻을 품고 있었고, 지금 또한 이런 청을 하니, 그가 반란하려는 것이 명백합니다. 내일 저 위견소가 마땅히 극단적으로 말을 하겠습니다. 황상께서 윤허하지 않으시면 공께서 그것을 이어서 말씀하십시오."

양국충이 허락하였다.

임자일(23일)에 양국충과 위견소가 들어가 알현하자, 황상이 맞이하며 말하였다.

"경 등은 안록산을 의심한다는 뜻을 가졌는가?"

위견소가 이어서 극단적으로 말을 하며 안록산이 반란할 것은 이미 흔적이 있으니 요청한 것을 허락할 수 없다고 하였는데 황상이 기뻐하지 않았다. 양국충은 뒷걸음치며 감히 말을 하지 못하였고, 황상은 끝내 안록산의 청을 따랐다.

다른 날 양국충과 위견소가 황상에게 말하였다.

"신은 안록산의 음모를 앉아서 없앨 수 있는 계책이 있습니다. 지금 만약 안록산에게 평장사(平章事)를 제수하여 불러서 대궐로 오도록 하고, 가순(賈循)을 범양(范陽, 북경시)절도사로 삼고, 여지회(呂知誨)를 평로(平盧, 요녕성 조양시)절도사로 삼으며, 양광홰(楊光翽)를 하동(河東, 산서성 태원시)절도사로 삼으면 세력이 자연히 나누어집니다."

황상이 이를 따랐다.

이미 제서의 초안을 썼는데 황상이 유보하고 드러내지 아니하고, 다시 중사(中使) 보구림(輔璆琳)을 파견하여 진귀한 과일을 안록산에게 내

확정하여 이를 시행하게 하는 것이다. ≪당육전(唐六典)≫에 의하면 "중서(中書)성에서는 왕(王)이 하는 말을 관장하는 데는 7가지의 제도가 있었다. 그 가운데 네 번째가 '발일칙(發日敕)'이라고 하는데, 이는 황제가 그 날로 칙서를 내리는 것을 이른다. 관리의 증감(增減)이나, 주현(州縣)의 폐치(廢置), 관작(官爵)의 제면(除免)을 6품 이하의 관에게 내릴 때 이를 사용한다."라고 설명하고 있다.

리면서 몰래 그 변화를 살펴도록 하였다. 보구림은 안록산의 많은 뇌물을 받고 돌아와서 큰소리로 말하기를 안록산은 있는 힘을 다하여 충성하며 나라를 받들고 두 마음을 가지고 있지 않다고 하였다.

황상이 양국충 등에게 말하였다.

"안록산에게는 짐이 마음으로 밀면서 그를 대우하였으니 반드시 다른 뜻이 없을 것이다. 동북쪽에 있는 두 오랑캐는 그의 군진(軍鎭)에 의지하여 막고 있다. 짐이 스스로 그를 보증하니 경(卿) 등은 걱정하지 마라!"

이 일이 마침내 묵혀졌다. 가순(賈循)은 화원(華原, 섬서성 요현) 사람으로 이때에 절도부사(節度副使)였다.

3 농우·하서(隴右·河西)절도사 가서한(哥舒翰)이 들어와서 조현하는데, 길에서 풍질(風疾, 中風)에 걸려 마침내 경사에 머무르며 집에서만 있으면서 나가지 않았다.

4 3월 신사일(22일)에 급사중 배사엄(裴士淹)에게 명하여 하북(河北, 하북성)에 가서 널리 위로하도록 하였다.

5 여름, 4월에 안록산이 주문을 올려 해(奚, 남하 상류)와 거란(契丹, 요하 상류)을 깨뜨렸다고 하였다.

6 계사일(4일)에 소비(蘇毗, 청해성 잡다현)의 왕자인 실락라(悉諾邏)를 회의왕(懷義王)으로 삼고 성명을 내려서 이충신(李忠信)이라 하였다.

7 안록산이 범양(范陽)으로 돌아오자, 조정에서 매번 사신을 파견하여 도착하게 되면 모두 병을 핑계로 나가 마중하지 않고 무기와 장비를 가득 늘어놓고 그러한 뒤에 그들을 만났다. 배사엄(裴士淹)이 범양에 도착하고

20여 일이 지나서야 마침내 만날 수 있었는데, 또한 신하로서의 예가 없었다.

양국충은 낮밤으로 안록산이 반란하고 있는 정황을 찾았는데, 경조윤으로 하여금 그의 집을 포위하도록 하고, 안록산의 빈객(賓客)인 이초(李超) 등을 체포하여 어사대(御史臺) 감옥으로 보내어 몰래 살해하였다. 안록산의 아들인 안경종(安慶宗)은 종실의 딸인 영의군주(榮義郡主)를 모시고 살면서, 공봉관(供奉官)으로 경사에 있었는데,31) 몰래 안록산에게 보고하자, 안록산이 더욱 두려워하였다.

6월에 황상은 아들이 결혼을 하게 되어 안록산에게 수조(手詔)32)를 보내어 혼례(婚禮)를 관람하도록 하였는데, 안록산은 병을 핑계로 오지 않았다. 가을, 7월에 안록산이 표문을 올리고 말 3천 필을 바치는데, 말 한 필마다 말고삐를 잡는 사람을 두 명씩으로 하고 번장(蕃將) 22명을 파견하여 부별(部別)로 호송하겠다고 하였다.

하남윤(河南, 하남성 낙양시) 달해순(達奚珣)이 변란이 있을 것33)을 의심하여 주문을 올려 청하였다.

"안록산에게 유시하여 수레와 말을 들여보내는 것은 마땅히 겨울이 되기까지 기다려야 하고, 관부에서 스스로 마부를 보내겠으니 본군(本軍, 안록산의 부대)을 번거롭게 할 것이 없다 하십시오."

이에 황상이 조금씩 깨달았으며 비로소 안록산의 뜻을 의심하였다. 때마침 보구림(輔璆琳)이 뇌물을 받은 일이 역시 새어나와 황상은 다른 일을 핑계로 그를 때려서 살해하였다.

---

31) 황제의 주위에서 필요한 것을 제공하는 직책이다. 당시에 안경종은 경사에서 태복경 노릇을 하면서 말, 목장, 수레 방면의 업무를 관장하고 있었다.

32) 황제가 손수 쓴 조서를 말한다.

33) 말 3천 필이면 딸려오는 장정이 6천 명이고, 이를 지휘하는 장수가 22명이므로 습격할 수 있는 충분한 세력이 된다.

황상은 중사(中使) 풍신위(馮神威)를 파견해서 수조(手詔)를 가지고 안록산을 타이르며 달해순의 계책대로 하였고, 또 말하였다.

"짐이 새롭게 경을 위하여 온천탕 하나를 만들겠으니, 10월에 화청궁(華淸宮)에서 경을 기다리겠소."

풍신위가 범양에 이르러서 뜻을 알리는데 안록산은 침상에 누웠다가 조금 일어나며 역시 절을 하지 않고서 말하였다.

"성인(聖人, 황제, 현종)께서는 평안하고 무사하신가?"

또 말하였다.

"말을 올리지 않아도 또한 괜찮으니 10월에 불을 밝히며 경사로 가겠다."

곧바로 좌우에게 명령하여 풍신위를 데리고 가서 관사(館舍)에 두도록 하고 다시 보지 않았다. 며칠이 지나서야 돌아가도록 보냈는데 또 표문이 없었다. 풍신위가 돌아와서 황상을 보고 울면서 말하였다.

"신이 거의 다시는 대가(大家)[34]를 뵙지 못할 뻔하였습니다!"

8 8월 신묘일(4일)에 올해 백성들의 조세와 노역을 면제하게 하였다.

9 겨울, 10월 경인일(4일)에 황상이 화청궁으로 갔다.

---

34) 궁중에 있는 여인과 환관들은 황제에 대한 친근한 말로 '대가(大家)'라고 부른다.

장안을 향하는 안록산, 이를 막는 사람들

10 안록산이 홀로 세 도(道)를 통제하며35) 몰래 다른 뜻을 쌓은 것이 거의 10년 가까이 되었는데, 황상이 그를 두텁게 대하였으므로 황상이 안가(晏駕)36)하기를 기다렸다가 그 뒤에 난을 일으키고자 하였었다.

때마침 양국충이 안록산과 더불어 서로 기뻐하지 아니하고, 누차 안록산이 또 반란할 것이라고 말하였으나 황상은 듣지 않았다. 양국충이 자주 일을 가지고 그[안록산]를 부딪치게 하였던 것은, 그가 빨리 반란을 일으켜서 황상의 믿음을 얻으려고 한 것이었다.

안록산이 이로 말미암아 급히 반란을 일으킬 것을 마음으로 결심하고, 홀로 공목관(孔目官)·태복승(太僕丞)인 엄장(嚴莊)과 장서기(掌書記)·둔전(屯田)원외랑인 고상(高尚)과 장군 아사나승경(阿史那承慶)과 더불어 몰래 모의하였는데, 나머지 장군과 보좌하는 사람들은 모두 이를 알지 못하였지만, 단지 8월 이래로 누차 사졸들에게 잔치를 베풀어 주며, 말에게 먹이를 주고 병기를 날카롭게 하는 것을 괴상하게 여길 뿐이었다.

때마침 어떤 주사관(奏事官)37)이 경사로부터 돌아오자 안록산은 칙서

---

35) 세 도란 평로, 범양, 하동을 말하며, 평로절도사가 된 것은 천보 원년(742년) 정월의 일이고, 범양절도사가 된 것은 천보 3재(744년) 3월이며, 하동절도사가 된 것은 천보 10재(751년) 2월의 일이다.

36) 황제의 시신을 싣는 수레이다. 따라서 황제의 죽음을 말한다.

를 가짜로 꾸며 제장들을 모두 불러서 그것을 보여주며 말하였다.

"밀지(密旨)38)가 있는데 나 안록산으로 하여금 병사를 거느리고 들어가 조현하고 양국충을 토벌하라고 하였으니 여러분은 마땅히 곧바로 군사행동을 좇아야 합니다."

무리들이 놀라 서로 돌아보며 감히 다른 말을 하지 못하였다.

11월 갑자일(9일)에 안록산이 거느리고 있는 병사와 동라(同羅)·해(奚)·거란(契丹)·실위(室韋)의 무릇 15만의 무리를 발동하였는데, 부르기는 20만 명이라고 하며 범양(范陽)에서 반란하였다.

범양절도부사 가순(賈循)에게 명령하여 범양을 지키게 하고, 평로(平盧, 요녕성 조양시)절도부사 여지회(呂知誨)는 평로를 지키게 하며, 별장(別將) 고수암(高秀巖)은 대동(大同, 산서성 삭주시 동쪽)을 지키도록 하면서, 제장들은 모두 병사를 이끌고 밤에 출발하였다.

다음날 아침에 안록산은 계성(薊城, 범양의 치소, 북경시) 남쪽을 출발하면서 크게 열병(閱兵)하고 무리들에게 맹세하게 하여 양국충을 토벌하는 것을 명분으로 삼고 군대 안에 방(牓)을 붙였다.

"다른 논의를 하면서 군인을 선동하는 사람이 있으면 목을 베는 것이 3족에 이를 것이다."

이에 병사를 이끌고 남쪽으로 향하였다.

안록산은 쇠로 된 수레를 탔는데 보병과 기병은 정예(精銳)였고, 연기와 먼지는 천리에 이어졌으며, 북 울리는 소리는 땅을 흔들었다. 당시는 해내(海內)에 오랫동안 평화가 이어져 백성들은 여러 세대를 걸쳐서 전쟁을 알지 못하였는데, 갑자기 범양의 군사가 일어났다는 소식을 듣고, 먼 곳이나 가까운 곳이나 떨면서 놀랐다.

---

37) 중앙에 주문을 올리는 사무를 관장하는 관리를 말한다.

38) 비밀로 전하는 황제의 뜻을 말한다.

하북(河北, 하북성)은 모두 안록산이 다스리는 곳 안에 있어서 지나는 주현에서는 멀리서 풍문만 듣고서 와해되었고, 수령(守令, 태수와 현령)들 가운데 혹은 문을 열고 나가 영접하였으며, 혹은 성을 버리고 달아나 숨었고, 혹은 사로잡혀 죽었으나 감히 이를 막는 사람이 없었다.

안록산은 먼저 장군인 하천년(何千年)과 고막(高邈)을 파견하여 해(奚)의 기병 20을 이끌고, 겉으로 사생수(射生手)[39]를 올리는 것이라고 말하면서 역참(驛站)의 말을 타고 태원(太原, 산서성 태원시)에 이르게 하였다. 을축일(10일)에 북경 부유수(副留守)인 양광홰(楊光翽)가 나가 영접하니 이어서 그를 위협만 하고 떠나갔다.

태원에서 그 상황을 자세히 말하였다. 동수항성(東受降城, 내몽고 탁극 탁현 남쪽)에서도 역시 안록산이 반란하였다고 주문을 올렸다. 황상은 오히려 안록산을 미워하는 사람들이 거짓으로 그렇게 하는 것으로 여기며 그것을 아직은 믿지 않았다.

경오일(15일)에 황상은 안록산이 반란을 확정하였다는 소식을 듣고 이에 재상을 불러 이를 모의하였다. 양국충은 의기양양하게 뜻을 얻었다는 얼굴빛을 하고서 말하였다.

"지금 반란을 일으킨 사람은 오로지 안록산뿐이고 장군과 사병들은 모두 원하지 않습니다. 열흘이 지나지 않아 반드시 수급을 전하여 행재소(行在所)[40]에 이를 것입니다."
황상은 그렇겠다고 여겼는데, 대신들은 서로 돌아보며 얼굴빛이 변하였다.

황상은 특진 필사침(畢思琛)을 보내어 동경(東京, 낙양)에 가게 하고, 금오(金吾, 衛軍 제11군)장군 정천리(程千里)는 하동(河東, 산서성 영제현)에

---

39) 사생수(射生手)란 '말을 타고 달리며 활을 잘 쏘는 기병'을 말한다. 사생(射生)이란 활을 쏘아서 살아있는 것을 잡는다는 의미이다.
40) 행재소(行在所)란 천자(天子)가 있는 곳을 말한다. 여기서는 장안(長安)을 말한다.

가게 하여 각각 수만 명을 골라 모집하여서 편리한 대로 단결(團結)41)하여 이를 막도록 하였다.

신미일(16일)에 안서(安西, 신강성 고차현)절도사 봉상청(封常淸)이 들어와서 조현하자, 황상이 적(賊, 안록산)을 토벌할 방략을 물었고 봉상청이 큰소리로 말하였다.

"지금 태평한 세월이 오랫동안 쌓였으니, 그러므로 사람들이 풍문을 듣고서 적을 두려워하고 있습니다. 그러나 일에는 거꾸로 되는 순서도 있으며, 형세에는 기이(奇異)한 변화도 있으니, 신이 청컨대 말을 타고 동경(東京, 낙양)으로 가서 부고(府庫)를 열어 군세고 용감한 사람들을 모으고 말채찍을 휘두르며 황하를 건너게 해주시면, 날짜를 헤아리며 반역한 호족(胡族)의 머리를 가져다가 대궐 아래에서 올리겠습니다."
황상이 기뻐하였다.

임신일(17일)에 봉상청을 범양·평로(范陽·平盧) 절도사로 삼았다.42) 봉상청은 그날로 역참의 말을 타고서 동경에 이르러 병사를 모집하였는데, 열흘 동안 6만 명을 얻었다. 마침내 하양교(河陽橋, 하남성 맹현, 하양 황하대교)를 끊고, 막고 방어하는 대비를 하였다.

갑술일(19일)에 안록산이 박릉(博陵, 하북성 정주시) 남쪽에 이르자, 하천년 등이 양광홰(楊光翽)를 사로잡아 안록산에게 보였는데, 양광홰를 보고 양국충에게 붙은 것을 꾸짖고 그의 목을 베어 조리 돌렸다. 안록산은 그의 장군인 안충지(安忠志)로 하여금 정병을 거느리고 토문(土門, 하북성 녹천시 서쪽)에 진을 치도록 하였는데, 안충지는 해족(奚族) 사람으로 안록산이 기른 양자였다. 또 장헌성(張獻誠)을 섭(攝)박릉태수43)로 삼았는

---

41) 단결(團結)은 당(唐) 시기의 장정(壯丁)들로 구성된 일종의 민병(民兵)무장조직을 말한다.

42) 이 직책은 원래 안록산이 갖고 있던 관직인데, 그가 반란하였으므로 봉상청에게 새로 맡긴 것이다.

데, 장헌성은 장수규(張守珪)[44]의 아들이다.

안록산이 고성(藁城, 하북성 고성시)에 이르니, 상산(常山, 하북성 정정현) 태수 안고경(顔杲卿)이 힘으로 막을 수가 없자, 장사 원이겸(袁履謙)과 더불어 나아가 그를 영접하였다. 안록산은 갑자기 안고경에게 금자(金紫, 金魚袋와 紫衣)[45]를 내리며, 그의 자제를 인질로 삼고, 이어서 상산을 지키도록 하였다. 또 그의 장군인 이흠주(李欽湊)로 하여금 병사 수천 명을 거느리고 정형구(井陘口, 하북성 녹천시 서쪽, 太行 8陘 가운데 하나)를 지키도록 하면서 서쪽에서 오는 여러 부대[46]를 대비하도록 하였다.

안고경은 돌아가면서 길에서 그 옷을 가리키며 원이겸에게 말하였다.

"왜 이것을 입는가?"

원이겸은 그의 뜻을 깨닫고 마침내 몰래 안고경과 더불어 모의하기를 군사를 일으켜 안록산을 토벌하기로 하였다. 안고경은 안사노(顔思魯)[47]의 현손(玄孫)이다.

병자일(21일)에 황상이 궁으로 돌아왔다. 태복경 안경종(安慶宗, 안록산의 아들)을 목 베고 영의군주(榮義郡主)에게는 스스로 목숨을 끊도록 하였다. 삭방(朔方)절도사 안사순(安思順)을 호부상서로 삼고, 안사순의 동생인 안원정(安元貞)을 태복경으로 삼았다.

삭방우상(朔方右廂)병마사·구원(九原, 내몽고 오원현)태수인 곽자의(郭子儀)를 삭방절도사로 삼고, 우우림(右羽林, 禁軍 제2군)대장군 왕승업(王承業)을 태원윤(太原尹, 태원, 북경시)으로 삼았다. 하남(河南, 치소는 陳留,

---

43) 섭직(攝職)이다. 임시로 어떤 업무를 대리하게 하는 제도로 황제가 일을 맡기면 칙섭 (勅攝)이라 하여 주부(州府)에서 판서(版署)하는 것과는 달랐다.

44) 장수규는 전에 안록산의 상사였으며, 이 일은 현종 개원 24년(736년) 3월에 있었다.

45) 품계가 3품 이상인 관리가 입는 옷과 관인을 넣는 작은 주머니를 말한다.

46) 중앙정부에서 파견한 군대를 말한다.

47) 안사노(顔思魯)는 안지추(顔之推)의 아들이며, 안사고(顔師古)의 부친이며, 그에 관한 일은 수 의년 원년(617년)에 있었다.

하남성 개봉시)절도사를 설치하여 진류(陳留) 등 13개의 군(郡)을 관장하도록 하였는데, 위위경(衛尉卿)인 의지(猗氏, 산서성 임의현) 사람 장개연(張介然)을 그것으로 삼았다.48) 정천리(程千里)를 노주(潞州, 산서성 장치시)장사로 삼았다. 여러 군 가운데 적을 맞는 요충지에는 처음으로 방어사(防禦使)를 설치하였다.

정축일(22일)에 영왕(榮王) 이완(李琬, 현종의 아들)을 원수로 삼고, 우금오(右金吾, 衛軍 제12군)대장군 고선지(高仙芝)에게 그를 돕도록 하여 여러 군대를 이끌고 동정(東征, 안록산 정벌)하도록 하였다. 내부(內府)의 전(錢)과 비단을 꺼내어 경사(京師, 수도인 장안)에서 병사 11만을 모았는데, 천무군(天武軍)이라 부르고, 열흘 동안 모였는데 모두 저자거리에 있는 사람들의 자제들이었다.

12월 병술일(1일)에 고선지가 비기(飛騎)와 곽기(彍騎)49) 그리고 새로 모집한 병사와 변경의 병사로 경사에 있었던 사람들을 합쳐 5만 명을 거느리고 장안(長安, 하남성 서안시)을 출발하였다. 황상이 환관인 감문(監門)장군 변령성(邊令誠)을 파견하여 그 군대를 감독하도록 하였는데, 섬군(陝郡, 하남성 삼문협시)에 주둔하였다.

11   정해일(2일)에 안록산은 영창(靈昌, 하남성 활현)에서 황하를 건넜는데,50) 깨진 배와 풀과 나무로 하(河, 황하)를 가로질러 묶어 놓으니, 하루저녁에 얼어서 합쳐져 부교처럼 되자 마침내 영창군(靈昌郡)을 함락시켰다. 안록산의 보병(步兵)과 기병(騎兵)이 흩어지고 어지러워 사람들이 그 수를 알지 못하였고, 지나가는 곳에서는 모두 죽여서 없애버렸다.

장개연(張介然)이 진류(陳留)에 도착한 지 겨우 며칠 만에 안록산이 도

---

48) 하남절도사에 임명한 것이다.

49) 비기와 곽기는 각기 특별 기병부대이다.

50) 범양에서 기병하고 24일 만에 황하를 건넌 것이다.

착하였는데, 병사를 주어 성(城)에 오르게 하니, 사람들이 두려워하여 지킬 수가 없었다. 경인일(5일)에 태수 곽납(郭納)이 성을 바치며 항복하였다. 안록산이 성 북쪽으로 들어가서 안경종이 죽었다는 소식을 듣고 통곡하였다.

"내가 무슨 죄를 지었다고 나의 아들을 죽였는가!"

당시 진류(陳留)의 장령과 사졸들 가운데 항복한 사람들이 길 양 옆으로 1만 명 가까이 있었는데, 안록산은 이들을 모두 살해하며 분노를 풀었고 장개연은 군문(軍門) 앞에서 목을 베었다. 그의 장군인 이정망(李庭望)을 절도사로 삼아 진류를 지키도록 하였다.

12 임진일(7일)에 황상이 제서를 내려 친히 정벌하고자 하니, 삭방(朔方)·하서(河西)·농우(隴右)에 있는 병사는 남아서 성과 보루를 지키도록 하고, 그밖에는 모두 행영(行營)[51]으로 이르게 하였으며, 절도사들로 하여금 스스로 병사를 거느리도록 하였는데, 20일을 기한으로 하여 모두 모이도록 하였다.

13 애초에, 평원(平原, 산동성 능현) 태수 안진경(顔眞卿)은 안록산이 또 반란하려는 것을 알고 장마를 이용하여 성(城)의 해자(垓子)를 준설하는 일을 끝내고 장정들을 헤아리고 양식 창고를 가득 채웠다. 안록산은 그가 서생(書生)이었으므로 그를 쉽게 처리할 것으로 여겼다.

안록산이 반란을 일으키자, 안진경에게 공문을 보내[52] 평원(平原)과 박평(博平, 산동성 요성시)의 병사 7천 명으로 하진(河津, 황하를 건너는 나루터)을 방어하도록 하니, 안진경은 평원의 사병(司兵)[53]인 이평(李平)을

---

51) 행영(行營)은 군대가 출정할 때 출정군이 모인 군영(軍營)을 말한다.

52) 안록산이 안진경에게 편지를 보낸 것이다.

53) 평원군의 민병(民兵)을 지휘하는 지휘관을 말한다.

샛길로 보내어 이를 아뢰었다.

황상은 비로소 안록산이 반역을 일으키자 하북(河北, 황하 북쪽)의 군현(郡縣)이 모두 바람 부는 대로 쓰러졌다는 소식을 듣고 탄식하였다.

"24군(郡) 가운데 한 사람의 의사(義士)도 없었단 말인가!"

이평이 도착하게 되자 크게 기뻐하며 말하였다.

"짐(朕)은 안진경이 어떤 모습인지 알지 못하였는데, 마침내 이와 같이 할 수 있다니!"

안진경은 가까이하는 빈객을 파견하여 현상금을 내걸어 도적을 사들이겠다는 공고문을 몰래 품고 여러 군(郡)에 가도록 하였는데, 이로 말미암아 여러 군에서 호응하는 사람이 많았다. 안진경은 안고경(顔杲卿, 상산 태수)의 사촌동생이다.

안록산이 병사를 이끌고 형양(滎陽, 하남성 정주시)으로 향하니, 태수 최무피(崔無詖)가 이를 막았다. 사졸 가운데 성에 올라있던 사람들이 북과 뿔 나팔 소리를 듣자 스스로 추락하는 것이 마치 비가 내리는 것 같았다. 계사일(8일)에 안록산은 형양을 함락시키어 최무피를 살해하고, 그의 장군인 무령순(武令珣)으로 그곳을 지키도록 하였다. 안록산은 명성과 형세가 더욱 커졌고, 그의 장군인 전승사(田承嗣) · 안충지(安忠志) · 장효충(張孝忠)을 선봉으로 삼았다.

봉상청(封常淸)이 모집한 병사는 모두 평민이고 군사훈련을 받지 않았지만, 무뢰(武牢, 하남성 형양현 서북쪽 범수현)에서 주둔하며 적을 막았는데, 적이 철기병(鐵騎兵)으로 그들을 짓밟으니, 관군은 대패하였다. 봉상청이 나머지의 무리를 거두어 규원(葵園, 무뢰 서쪽)에서 싸웠으나 또 패하였다. 상동문(上東門)54) 안에서도 싸웠지만 또 패하였다.

---

54) 낙양의 상춘문(上春門)을 말한다. ≪당육전(唐六典)≫에 의하면 "동도성(東都城)에는 동쪽 면으로 3문(門)이 있는데 북쪽 편에 있는 문을 상동문(上東門)이라 한다."고 하였다.

정유일(12일)에 안록산은 동경(東京, 낙양)을 함락시켰는데, 적들은 북을 치며 시끄럽게 하며 사방의 문으로 들어와 병사들이 제멋대로 풀어 살해하며 노략질하였다. 봉상청이 도정역(都亭驛)55)에서 싸웠으나 또 패하고 물러나 선인문(宣仁門)56)을 지켰지만 또 패하여서 마침내 스스로 원(苑, 葵苑)의 서쪽 담을 무너뜨리고 서쪽으로 도망하였다.

하남윤 달해순(達奚珣)이 안록산에게 항복하였다. 유수 이증(李憕)이 어사중승 노혁(盧弈)에게 말하였다.

"우리들은 나라의 무거운 책임을 떠맡고 있으므로, 비록 힘으로는 대적이 되지 못하는 것을 알지만 죽기를 무릅써야 합니다."

노혁이 이를 허락하였다.

이증이 패잔병 수백 명을 거두어들여 전투를 하려고 하였는데 모두가 이증을 버리고 흩어져서 달아나니, 이증은 홀로 관부의 가운데에 앉아 있었다. 노혁은 먼저 처자를 보내며 관인을 품고 샛길을 따라 장안(長安, 섬서성 서안시)으로 도망하도록 하고, 조복(朝服)을 입고 대(臺, 御史臺) 가운데 앉았는데, 좌우에 있던 사람들은 모두 흩어졌다.

안록산은 한구(閑廐)에 주둔하고서 사람을 보내 이증과 노혁 그리고 채방판관(采訪判官)인 장청(蔣清)을 잡아 오도록 하여 모두 살해하였다. 노혁이 안록산에게 욕하고 그의 죄를 헤아리며 적의 무리를 돌아보고 말하였다.

"무릇 사람이 되어가지고는 마땅히 거스름과 순종함을 알아야 한다. 나는 죽더라도 절조를 잃지 않았으니 다시 무슨 한(恨)이 있겠는가!"

이증은 문수(文水, 산서성 문수현) 사람이며, 노혁은 노회신(盧懷愼)의 아들이고, 장청은 장흠서(蔣欽緒)57)의 아들이다. 안록산은 그의 무리인

---

55) 도정(都亭)은 군이나 현을 지나가는 사람이 쉴 수 있게 만든 사옥(舍屋)을 말한다. 도정역(都亭驛)은 역참의 중앙역으로 낙양성 안에 있었다.

56) 낙양 황성(皇城)의 동쪽 문을 말한다.

장만경(張萬頃)을 하남윤으로 삼았다.

봉상청은 나머지의 병사를 이끌고 섬군(陝郡, 하남성 삼문협시)에 이르렀는데, 섬군 태수 두정지(竇廷之)가 이미 하동(河東, 섬서성 영제현)으로 도망하여 관리와 백성들이 모두 흩어졌다.

봉상청이 고선지에게 말하였다.

"나 봉상청이 연일 혈전(血戰)을 하여도 적의 칼날을 당할 수 없었습니다. 또 동관(潼關, 섬서성 동관현)에는 병사가 없으니, 만약 돼지 같은 적들이 동관으로 돌진하면 장안(長安)이 위험합니다. 섬군(陝郡, 하남성 삼문협시)을 지킬 수가 없으니 병사를 이끌고 먼저 동관을 굳게 지키는 것만 못합니다."

고선지는 마침내 보이는 병사들을 인솔하고 서쪽으로 동관을 향해 갔다. 얼마 지나지 않아 적이 이르자 관군은 허둥지둥 달아나면서 다시 부대의 대열을 이루지 못하여 병사와 말이 서로 올라타며 밟으니 죽는 사람이 매우 많았다. 동관에 이르러 수리하는 일을 완벽하게 하여 지키며 대비하니 적이 도착하였지만 들어오지 못하고 떠나갔다.

안록산은 그의 장수인 최건우(崔乾祐)로 하여금 섬군(陝郡)에 주둔하도록 하였는데, 임여(臨汝, 하남성 여주시)·홍농(弘農, 하남성 영보현)·제음(濟陰, 산동성 정도현)·복양(濮陽, 산동성 견성현)·운중군(雲中郡, 산서성 대동시)이 모두 안록산에게 항복하였다.

이때에 조정에서 병사를 여러 도(道)에서 징발하였지만 모두 아직 도착하지 않았으므로 관중(關中, 섬서성 중부)에서는 놀라며 두려워하였다. 마침 안록산이 바야흐로 칭제(稱帝)할 것을 꾀하며 동경(東京)에 머물면서 나아가지 않았으니 그러므로 조정에서는 그 때문에 대비할 수가 있

---

57) 노회신(盧懷愼)은 개원(開元) 초의 어진 재상이었으며 그에 관한 일은 현종 개원 4년(716년) 11월에 있었고, 그 내용은 《자치통감》 권211에 실려 있고, 장흠서에 대한 일은 중종 경룡(景龍) 3년(712년) 2월에 있었고, 그 내용은 《자치통감》 권209에 실려 있다.

었고 병사들도 역시 조금 모았다.

안록산은 장통유(張通儒)58)의 동생인 장통오(張通晤)를 수양(睢陽, 하남성 상구현) 태수로 삼아서 진류(陳留, 하남성 개봉시)장사 양조종(楊朝宗)과 더불어 호족 기병 1천여를 거느리고 동쪽을 경략(經略)하도록 하였는데, 군현의 관리는 대부분 풍문을 듣고 항복하거나 달아났지만 오로지 동평(東平, 산동성 동평현) 태수인 사오왕(嗣吳王) 이지(李祗)와 제남(濟南, 산동성 제남시) 태수 이수(李隨)가 병사를 일으켜서 그들을 막았다. 이지는 이의(李禕)59)의 동생이다. 군현(郡縣)에서 적을 따르지 않은 사람들은 모두 오왕(吳王)을 의지하는 것을 명분으로 삼았다. 선보(單父, 산동성 단현) 현위 가분(賈賁)이 이민(吏民)을 인솔하고 남쪽으로 수양(睢陽, 하남성 상구현)을 치고 장통오를 목 베었다. 이정망(李庭望, 안록산의 하남절도사)이 군사를 이끌고 동쪽으로 가서 그 지역을 호령하려 하였으나 이를 듣고 감히 나가지 아니하고 돌아갔다.

14 경자일(15일)에 영왕(永王) 이린(李璘, 현종의 아들)을 산남(山南, 호북성 양번시)절도사로 삼고 강릉(江陵, 호북성 강릉현)장사 원유(源洧)에게 그를 돕게 하였다. 영왕(穎王) 이교(李璬, 현종의 아들)를 검남(劍南, 사천성 성도시)절도사로 삼고 촉군(蜀郡, 사천성 성도시)장사 최원(崔圓)에게 그를 돕게 하였다. 두 왕은 모두 궁성의 합문(閤門)을 나서지도 않았다. 원유는 원광유(源光裕)60)의 아들이다.

---

58) 장통유에 관한 일은 현종 천보 10년(751년) 2월에 있었다.

59) 이의에 관한 일은 개원 24년(736년) 4월에 있었고, 그 내용은 ≪자치통감≫ 권214에 실려 있다.

60) 원광유에 관한 일은 현종 개원 13년(725년) 2월에 있었고, 그 내용은 ≪자치통감≫ 권212에 실려 있다.

15 황상이 친히 정벌에 나설 것을 논의하고, 신축일(16일)에 제서를 내려 태자가 감국(監國)61)을 하도록 하면서, 재상에게 말하였다.

"짐(朕)이 자리에 있은 것이 곧 거의 50년이니, 걱정과 근심으로 피로하여 지난 가을에 나는 태자에게 자리를 물려줄 생각이었다. 마침 홍수와 가뭄이 서로 거듭되게 되니 남은 재앙을 자손에게 물려주고 싶지 않아, 미적거리며 조금 넉넉해지기를 기다렸다.

뜻하지 않게 반역을 한 호족(胡族)이 제멋대로 날뛰어 짐이 바야흐로 친히 정벌해야 하고, 또 그로 하여금 감국하도록 하였다. 일이 평정되는 날에 짐은 베개를 높이 베고 아무 것도 하지 않을 것이다."

양국충이 크게 놀라며 물러나 한(韓)·괵(虢)·진(秦) 세 부인에게 말하였다.

"태자는 원래 우리 집안이 전횡(專橫)하는 것을 미워하는 것이 오래되었는데, 만약 하루아침에 천하를 얻게 되면, 나와 자매들은 나란히 목숨이 아침저녁으로 달려 있을 것입니다."

서로 더불어서 모여 소리 내어 울었다. 세 부인으로 하여금 양귀비에게 유세하도록 하였고, 흙을 입에 물고 황상에게 목숨을 살려달라고 청하여 일이 마침내 잠자게 되었다.

16 안진경이 용사들을 불러 모으니, 열흘 동안에 1만여 명이 이르렀고, 무기를 들고 안록산을 토벌할 것을 일러 깨우치며 계속하여 눈물을 흘리자 병사들이 모두 몹시 분(憤)함을 느꼈다.

안록산은 그의 무리인 단자광(段子光)으로 하여금 이증(李憕)·노혁(盧奕)·장청(蔣淸)의 머리를 싸 가져가게 하여 하북(河北, 황하 북쪽)의 여러 군(郡)에 조리를 돌리도록 하여 평원(平原, 산동성 능현)에 이르렀는데, 임

---

61) 황제가 도읍을 떠날 때에 국가의 업무를 맡아 처리하는 직책이며 주로 태자가 맡는다.

인일(17일)에 안진경이 단자광을 사로잡아 요참(腰斬)62)을 하여 조리를 돌리었다. 세 사람의 머리를 거두고 창포(菖蒲)로 몸을 만들어 잇고 관에 넣어 장사를 지냈는데,63) 제사를 지내고 소리 내어 울면서 조문(弔問)을 받았다.

안록산은 해운사(海運使) 유도현(劉道玄)을 섭(攝)64)경성(景城, 하북성 창주시 동남쪽)태수로 삼았는데, 청지(淸池, 景城郡의 치소)현위 가재(賈載)와 염산(鹽山, 하북성 황화시 남쪽)현위인 하내(河內, 하남성 심양시) 사람 목녕(穆寧)이 함께 유도현을 베었고, 그의 갑옷과 무기(武器)를 실은 50여 척(隻)의 배를 얻었다.

유도현의 머리를 휴대(携帶)하고 장사 이위(李暐)를 알현하니, 이위는 엄장(嚴莊)의 종족을 잡아들여 모두 주살하였다. 이날 유도현의 수급(首級)을 평원으로 보냈다. 안진경이 가재와 목녕 그리고 청하(淸河, 淸河郡의 치소, 하북성 청하현)현위 장담(張澹)을 불러 평원(平原)으로 이르게 하여 일을 계획하였다.

요양(饒陽, 하북성 심주시) 태수 노전성(盧全誠)이 성을 점거하고 대신하는 사람을 받아들이지 않았다.65) 하간(河間, 하북성 하간시)사법(司法) 이환(李奐)은 안록산이 임명한 장사 왕회충(王懷忠)을 살해하고, 이수(李隨)는 유혁장(遊弈將)66) 자사현(訾嗣賢)을 파견하여 하(河, 황하)를 건너가서 안록산이 임명한 박평(博平) 태수 마기(馬冀)를 살해하였다. 각각 무리 수천 혹은 1만을 갖게 되니, 함께 안진경을 추대하여 맹주(盟主)67)

---

62) 형벌의 일종으로 허리를 베어 사형시키는 것이다.

63) 창포는 창포과(菖蒲科)에 속하는 다년초 풀을 말한다. 수급(首級)을 조리돌렸으므로 그 몸통은 없다. 따라서 창포로 몸통을 만들어서 그 머리에 이어서 장사를 지낸 것이다.

64) 섭은 대리하는 직책이다. 여기서는 경성 태수의 업무를 대신하는 직책을 말한다.

65) 안록산이 노전성 대신에 요양 태수를 보냈다.

66) 유격부대의 장군을 말한다.

로 삼고 군대의 일을 모두 보고하였다.

안록산은 장헌성(張獻誠)으로 하여금 상곡(上谷, 하북성 역현)·박릉(博陵, 하북성 정주시)·상산(常山, 하북성 정정현)·조군(趙郡, 하북성 조현)·문안(文安, 하북선 임구시 북쪽 막주진) 다섯 군의 단결병(團結兵)68) 1만 명을 거느리고 요양(饒陽, 하북성 심주시)을 포위하도록 하였다.

17   고선지(高仙芝)가 동쪽을 정벌하면서 감군(監軍)69) 변령성(邊令誠)이 자주 일을 가지고 그에게 간여하였는데, 고선지는 대부분 따르지 않았다. 변령성이 들어와서 일에 관하여 주문을 올리면서, 고선지와 봉상청(封常淸)이 기세가 꺾여 패한 상황을 자세히 말하면서 또 말하였다.

"봉상청은 적(賊)을 이용하여 병사들을 흔들었고, 고선지는 섬군(陝郡, 하남성 삼문협시) 땅 수백 리(里)를 버렸으며, 또 줄어든 군사들의 식량으로 내린 것을 도둑질하였습니다."

황상이 크게 노하여 계묘일(18일)에 변령성을 파견하여 칙서를 가지고 가게 하여 곧바로 군대 안에서 고선지와 봉상청을 목 베게 하였다.

애초에, 봉상청은 이미 패하고 나서 세 차례나 사신을 파견하여 표문을 올려 도적의 형세를 자세히 말하였는데, 황상이 이를 모두 보지 않았다. 봉상청은 이에 스스로 대궐로 달려갔는데 위남(渭南, 섬서성 위남시 북쪽 하길진)에 이르자 칙서를 내려 그의 관직과 작위를 빼앗고 고선지의 군대로 돌아가도록 하니 흰옷70)을 입고 스스로 보답하려 하였다.

---

67) 맹약(盟約)을 맺은 사람들의 우두머리를 말한다.

68) 당대에 지방에서 임시로 뽑은 장정들을 단련시킨 무장조직이다.

69) 군대를 감시하는 관(官)을 말한다.

70) 본문의 백의(白衣)는 평민(平民)을 가리키는 말이다. 고대에는 평민들이 흰옷(白衣)을 입고 다녔으므로 백의와 평민은 같은 의미로 사용하였다. 관직이 없이 본래의 업무에 힘을 쏟는 경우에 백의(白衣)라는 용어를 쓴다.

봉상청이 유언으로 쓴 표문의 초안을 잡았다.

"신(臣)이 죽은 뒤에도 바라건대 폐하께서는 이 역적들을 가볍게 여기지 말며 신의 말을 잊지 마십시오!"

당시 조정에서는 논의하면서 모두 안록산이 미쳐서 어그러졌으므로 며칠이 지나지 않아 그의 수급(首級)을 바칠 것이라고 여겼으니, 그러므로 봉상청이 그렇게 말하였던 것이다.

변령성이 동관(潼關, 섬서성 동관현)에 이르러서 먼저 봉상청을 끌어내어 널리 칙서를 그에게 알리자 봉상청은 표문을 변령성에게 맡기어 올리도록 하였다.

봉상청이 이미 죽고 나자, 시신을 명석 위에 늘어놓았다. 고선지가 돌아와서 청사(聽事)71)에 이르렀는데, 변령성이 맥도수(陌刀手)72) 100여 명을 찾아내어 자신을 따르게 하고, 고선지에게 말하였다.

"대부(大夫), 역시 은혜로운 명령이 있었소."

고선지가 급히 내려가니 변령성이 칙서를 선포하였다.

고선지가 말하였다.

"내가 적을 만나서 물러난 것은 죽어도 마땅한 것입니다. 지금 위로는 하늘을 머리에 이고 아래로는 땅을 밟고 있는데, 내게 황제가 내려준 식량을 훔쳐 덜어냈다고 말하는 것은 무고(誣告)하는 것입니다."

이때 사졸들이 앞에 있었는데, 모두 억울하다고 큰 소리로 부르짖으니, 그 소리가 땅을 흔들었지만 마침내 목을 베었다.73) 장군 이승광(李承光)으로 하여금 대리로 병사를 관장하도록 하였다.

---

71) 일을 하는 관청(官廳)을 말한다.

72) 맥도(陌刀)는 긴 칼을 말하는데, 맥도수(陌刀手)는 긴 칼을 사용하는 무사(武士)를 말한다.

73) 역사가들은 "고선지가 변령성으로 말미암아 절도사가 되었지만, 또한 변령성으로 말미암아 목숨을 잃었다."고 말하고 있다.

하서(河西, 치소는 武威, 감숙성 무위시) · 농우(隴右, 치소는 西平, 청해성 낙도현)절도사 가서한(哥舒翰)은 병들어 못쓰게 되어 집에 있었는데, 황상이 그의 위세와 명성을 빌리고 또한 평소에 안록산과는 화합하지 않았으므로 불러서 보고, 병마(兵馬)부원수로 제수하고 병사 8만을 거느리고 안록산을 토벌하도록 하였다. 이어서 천하에 칙서를 내려 사방으로 병사를 나아가게 하여 합쳐서 낙양(洛陽)을 공격하도록 하였다.

가서한은 병 때문에 굳게 사양하였으나 황상이 허락하지 않고, 전량구(田良丘)를 어사중승으로 삼아 행군사마로 충임하였고, 기거랑(起居郎)[74] 소흔(蕭昕)을 판관으로 삼고, 번장(蕃將) 화발귀인(火拔歸仁) 등은 각각 부락을 거느리고 따르도록 하였는데, 고선지의 예전 병사들과 합하여 20만이라고 일컬으며 동관(潼關, 섬서성 동관현)에 진을 쳤다.

가서한은 병이 들어서 일을 처리할 수가 없었으므로 모든 군정(軍政)을 전량구에게 위임하였다. 전량구는 다시 감히 홀로 결정을 하지 못하여 왕사례(王思禮)로 하여금 기병을 맡아서 다스리도록 하게하고, 이승광(李承光)은 보병을 맡아서 다스리도록 하게하니, 두 사람이 우두머리를 다투어서 하나로 통일하지 못하였다. 가서한은 법을 쓰는 것이 엄격하며 아껴주지 않으니 사졸들이 모두 풀어지고 느슨해져 싸울 뜻이 없었다.[75]

---

74) 황제의 언행을 기록하는 낭관(郞官)을 말한다.

75) 이는 가서한(哥舒翰)이 패하게 되는 요인을 지적한 것이다.

안고경의 기병과 꺾이는 안록산

18 안록산의 대동(大同, 산서성 삭주시 동쪽)군사(軍使)인 고수암(高秀巖)
이 진무군(振武軍, 내몽고 허린컬시)을 노략질하였는데 삭방(朔方)절도사
곽자의(郭子儀)가 이를 쳐서 패배시켰고, 곽자의는 승리한 것을 타고서
정변군(靜邊軍, 산서성 우옥현)을 뽑았다. 대동(大同)병마사 설충의(薛忠義)
가 정변군을 노략질하니, 곽자의가 좌병마사 이광필(李光弼)·우병마사
고준(高濬)·좌무봉사(左武鋒使) 복고회은(僕固懷恩)·우무봉사76) 혼석지
(渾釋之) 등으로 하여금 맞이하여 쳐서 그들을 대파하고 그들의 기병
7천을 묻었다.

나아가 운중(雲中, 산서성 대동시)을 포위하고 별장 공손경암(公孫瓊巖)
으로 하여금 2천 기병을 이끌고 마읍(馬邑, 산서성 삭주시)을 치도록 하여
이를 뽑고, 동형관(東陘關, 산서성 대현 동쪽)을 열었다. 갑진일(19일)에
곽자의에게 어사대부를 덧붙여 주었다. 복고회은은 가람발연(哥濫拔延)77)
의 증손이며 대대로 금미(金微, 羈縻軍區, 몽고 巴彦烏拉시)도독을 지냈다.
혼석지는 혼부(渾部, 몽고, 울란바토르 서쪽)의 추장이며 대대로 고란(皐蘭,

---

76) 무봉사는 선봉에 서서 공격하는 지휘관을 말하며, 좌무봉사(左武鋒使)와 우무봉사는
   각각 좌우를 책임지는 지휘관이다.

77) 가람발연(哥濫拔延)에 대하여는 《자치통감》 권198 태종 정관(貞觀) 28년(646년)
   12월의 기사에 있다. 금미(金微)도독부는 또한 이 해에 설치되었다.

羈縻軍區)도독을 지냈다.

19   안고경(顔杲卿)[78]이 장차 병사를 일으키려 하였는데, 참군 풍건(馮
虔)·예전의 진정(眞定, 常山郡의 치소, 하북성 정정현) 현령인 가심(賈
深)·고성(藁城, 하북성 고성시)현위 최안석(崔安石)·그 군(郡, 상상군) 출
신인 적만덕(翟萬德)·내구(內丘, 하북성 내구현)현승 장통유(張通幽) 모두
가 모의에 참여하였다. 또 사람을 파견하여 태원윤(太原尹, 태원, 산서성
태원시) 왕승업(王承業)에게 몰래 더불어서 서로 호응할 것을 말하도록
하였다.

마침 안진경이 평원(平原, 산동성 능현)으로부터 안고경의 생질인 노적
(盧逖)을 파견하여 몰래 안고경에게 알리도록 하였는데, 병사를 이어서
안록산이 돌아가는 길을 끊고, 그가 서쪽으로 들어가는 것을 늦추게 하
자고 모의를 하였다.

이때 안록산이 그의 금오(金吾)장군인 고막(高邈)을 파견하여 유주(幽
州, 북경시)로 가서 병사를 징발하도록 하였는데, 아직 돌아오지 않았으
며, 안고경은 안록산의 명령으로 이흠주(李欽湊)를 불러서 무리를 인솔하
게 하여 군(郡)에 가서 위로하며 물건을 주는 것을 받도록 하였다. 병오
일(21일)에 땅거미가 질 때 이흠주가 도착하자, 안고경은 원루겸(袁履謙)
과 풍건(馮虔) 등으로 하여금 술과 음식 그리고 노래하는 기생을 데리고
가서 그를 위로하였는데, 아울러 그 무리가 모두 크게 취하게 하였다가
이내 이흠주의 머리를 자르고, 그 갑옷과 병사를 거두어들였으며 그 무
리들을 다 잡아 묶었고, 다음날 그를 목 베니 정형(井陘, 하북성 녹천시
서쪽)[79]에 있던 무리들을 다 흩어지게 하였다.

---

78) 안록산으로부터 상산 태수로 임명되었고 금어대와 자의를 받은 것은 지난 8월 19일
이다.

79) 태행(太行) 8형(陘) 가운데 5번째이다. 이곳은 안록산의 무리인 이흠주가 머물던 곳

얼마 뒤에, 고막(高邈)이 유주(幽州)로부터 돌아와서 또 고성(藁城, 하북성 고성시)에 이르렀는데, 안고경은 풍건(馮虔)으로 하여금 가서 그를 사로잡도록 하였다.

남쪽 변경에서는 또 하천년(何千年)이 동경(東京, 낙양)으로부터 온다고 말하자, 최안석(崔安石)과 적만덕(翟萬德)이 말을 달려서 예천역(醴泉驛, 하북성 정정현 남쪽)으로 가서 하천년을 마중하고 또 그를 잡아서, 같은 날 군(郡, 常山郡) 아래로 데리고 왔다.

하천년이 안고경에게 말하였다.

"지금 태수는 왕실에 힘을 다하고자 하는데 이미 그 처음을 잘하였으니 마땅히 그 끝을 신중히 해야 합니다. 이 군(郡)에서 모집에 호응한 사람들은 까마귀가 모인 것 같아서 적에게 다가가기가 어려우니, 마땅히 도랑을 깊게 파고 보루를 높이고서 저들과 더불어 칼끝을 다투지 마십시오. 삭방군(朔方軍)이 오기를 기다렸다가 힘을 합쳐 일제히 나아가며 격문을 조(趙, 하북성 중부와 남부)와 위(魏, 하북성 남부와 하남성 북부)로 보내고, 연(燕, 하북성 북부)과 계(薊, 북경)의 허리를 끊으십시오.

지금 또한 마땅히 소리 내어 이르기를, '이광필(李光弼)이 보병과 기병 1만을 이끌고 정형(井陘)을 나섰다.' 고 하시며, 이어서 사람을 시켜서 장헌성(張獻誠)에게 유세하시기를, '족하(足下)[80]가 이끄는 것은 대부분 단련(團練)[81] 사람들이라 튼튼한 갑옷이나 예리한 무기가 없으니 산서(山西, 북경시 서쪽)의 굳센 병사[82]를 당해내기가 어렵다.' 고 하십시오. 장헌성은 반드시 포위를 풀고 달아날 것입니다. 이 또한 하나의 기묘한 계책입니다."

이다.

80) 족하는 동열의 상대방에게 붙이는 경어로, 여기서는 장헌성(張獻誠)을 가리킨다.

81) 정규군 이외에 어떤 지역에 나아가서 뽑은 장정에게 군사훈련을 시킨 무장조직이다.

82) 올 것이라고 한 이광필의 군대를 말한다.

안고경이 기뻐하며 그 계책을 썼는데 장헌성이 과연 달아났고 그의 단련병(團練兵)들은 모두 무너졌다.

안고경이 이에 사람을 시켜서 요양성(饒陽城, 하북성 심주시)으로 들어가서 장사들을 위로하도록 하였다. 최안석(崔安石)에게 명하여 여러 군을 돌면서 말하도록 하였다.

"대군(大軍)이 이미 정형(井陘, 하북성 녹천시 서쪽)을 떨어뜨렸으니, 아침이나 저녁이면 곧 도착할 것이고, 먼저 하북(河北, 황하 북쪽)의 여러 군을 평정할 것이다. 먼저 내려오는 사람에게는 상을 주겠지만, 뒤에 도착한 사람은 주살하겠다."

이에 하북(河北, 황하 북쪽)에 있는 여러 군이 소리를 내며 호응하니 무릇 17개의 군 모두가 조정으로 돌아왔고, 병사는 합하여 20여만 명이 되었다. 그 가운데 안록산에게 붙어있는 것은 오로지 범양(范陽, 북경시) · 노룡(盧龍, 하북성 노룡현) · 밀운(密雲, 북경시 밀운현) · 어양(漁陽, 천진시 계현) · 급(汲, 하남성 위휘시) · 업(鄴, 하남성 안양시)의 여섯 개군(郡)뿐이었다.

안고경은 몰래 사람을 시켜 범양(范陽)[83]으로 들어가서 가순(賈循)을 불러 오도록 하고, 협성(郟城, 하남성 협현) 사람 마수(馬燧)가 가순에게 유세하였다.

"안록산이 은혜를 등지고 패역(悖逆)한데 비록 낙양(洛陽)을 얻었다고는 하나, 끝내는 이멸(夷滅)될 것으로 귀결됩니다. 공이 만약 명령을 따르지 않는 제장들을 주살하고 범양을 나라[당]에 돌려보낸다면, 그 뿌리가 기울어질 것이니, 이는 세상에 다시없는 공로가 될 것입니다."
가순이 그렇다고 여겼지만, 미적미적하며 때에 맞추어 출발하지 아니하였다.

---

83) 다른 판본에는 어양(漁陽)으로 되어 있는 것도 있다. 범양(范陽)은 지금의 북경시이고, 어양은 지금의 천진시 계현이므로 약간의 차이가 있다.

별장 우윤용(牛潤容)이 이를 알고 안록산에게 알리자, 안록산은 그의 무리인 한조양(韓朝陽)으로 하여금 가순을 부르도록 하였다. 한조양이 범양에 이르러서 가순을 이끌고 사람을 물리치고 말하다가, 장사(壯士)로 하여금 그를 목 졸라 살해하게 하였고, 그의 가족을 죽여 없애고 별장 우정개(牛廷玠)로 지범양군사(知范陽軍事)[84]로 삼았다.

사사명(史思明)과 이립절(李立節)은 번·한(蕃·漢)의 보병과 기병 1만 명을 이끌고 박릉(博陵, 하북성 정주시)과 상산(常山, 하북성 정정현)을 쳤다. 마수는 도망하여 서산(西山, 북경시 서쪽)으로 들어갔는데, 은자(隱者)[85]인 서우(徐遇)가 그를 숨겨 죽음을 면하였다.

20 애초에, 안록산은 스스로 군대를 이끌고 동관(潼關, 하북성 동관현)을 공격하고자 하여 신안(新安, 하남성 신안현)에 이르렀는데, 하북(河北, 황하 북쪽)에 변고가 있다는 소식을 듣고 돌아갔다.[86] 채희덕(蔡希德)은 병사 1만 명을 이끌고 하내(河內, 하남성 심양시)로부터 북쪽으로 상산을 쳤다.

21 무신일(23일)에 영왕(榮王) 이완(李琬, 현종의 아들)이 사망하였고, 시호를 정공(靖恭)태자로 내렸다.

22 이 해에 토번의 찬보(贊普)인 걸리소농렵찬(乞梨蘇籠獵贊)이 사망하여 아들 사실농엽찬(娑悉籠獵贊)이 섰다.

숙종(肅宗) 지덕(至德) 원재(丙申, 756년)[87]

---

84) 범양의 군사사무(軍事事務)를 총관장하는 직책이다.

85) 은자(隱者)는 벼슬을 하지 않고 숨어서 사는 사람을 말한다.

86) 유주와 계주로 가는 길이 끊겨서 돌아간 것이다.

87) 연제 안록산 성무 원년이고, 숙종의 정식명칭은 숙종문명무덕대성대의효황제(肅宗文

1 봄, 정월 초하루 을묘일에 안록산이 대연(大燕)황제라고 자칭(自稱)[88] 하고, 연호를 성무(聖武)라고 고치고, 달해순(達奚珣)을 시중으로 삼고, 장통유(張通儒)를 중서령으로 삼았다. 고상(高尙)과 엄장(嚴莊)은 중서시랑이 되었다.

2 이수(李隨, 당 제남군 태수)가 수양(睢陽, 하남성 상구현)에 이르렀는데, 무리 수만을 가지고 있었다. 병진일(2일)에 이수를 하남(河南)절도사[89]로 삼았고, 예전의 고요(高要, 광동성 조경시)현위인 허원(許遠)[90]을 수양 태수 겸(兼) 방어사로 삼았다.

복양(濮陽, 산동성 견성현) 빈객인 상형(尙衡)이 병사를 일으켜 안록산을 토벌하였는데 그 군(郡, 濮陽郡) 사람인 왕서요(王栖曜)를 아전총관(衙前總管)으로 삼아, 제음(濟陰, 산동성 정도현)을 공격하여 뽑고 안록산의 장군인 형초연(邢超然)을 살해하였다.

3 안고경이 그의 아들인 안천명(顔泉明)·가심(賈深)·적만덕(翟萬德)으로 하여금 이흠주의 수급과 하천년(何千年)·고막(高邈)을 경사에 바치도록 하였다. 장통유(張通幽)가 울면서 청하였다.

"저 장통유(張通幽)의 형[張通儒]이 적에게 함락되었으니, 빌건대 안천

明武德大聖大宣孝皇帝)이다. 태자가 7월에 영무에서 즉위하여 연호를 지덕으로 바꾸었다.

88) 자칭(自稱)이란 역사를 기록하는 방법의 하나로 어떠한 정당한 방법을 거치지 아니하고 스스로 자기의 칭호를 만든 경우를 말하며, 이는 일종의 폄하(貶下)하는 필법이다.

89) 하남(河南)절도사는 천보(天寶) 14재(755년)에 처음으로 설치하여 치소를 변주(卞州, 하남성 개봉시)에 두고, 진류(陳留), 휴양(睢陽), 영창(靈昌), 회양(淮陽), 여음(汝陰), 초(譙), 제음(濟陰), 복양(濮陽), 치천(淄川), 낭야(琅邪), 팽성(彭城), 임회(臨淮), 동해(東海)의 13군(郡)을 다스렸다.

90) 허원(許遠)에 관한 일은 현종 개원 28년(740년) 3월에 있었고, 그 내용은 《자치통감》 권214에 실려 있다.

명과 더불어 가서 종족을 구원하게 하여 주십시오."

안고경은 슬프게 여겨 이를 허락하였다.

태원(太原, 산서성 태원시)에 이르자 장통유는 자신을 왕승업(王承業)에게 의탁하고자 하여, 마침내 그로 하여금 안천명 등을 머물게 하고 그 표문을 고쳐서 대부분을 자신의 공으로 만들고, 안고경의 허물을 꼬집고 헐뜯었고, 별도로 다른 사신을 파견하여 이를 올렸다.

안고경이 병사를 일으킨 지 겨우 여드레여서 아직 수비(守備)를 완전히 하지 못하였는데, 사사명(史思明)과 채희덕(蔡希德)이 병사를 이끌고 모두 성 아래에 이르렀다. 안고경은 급하게 왕승업에게 알렸지만 왕승업은 이미 그의 공로를 훔쳤으므로 성이 함락되는 것을 이롭다 생각하고, 마침내 병사를 끼고 있으면서 구원하지 않았다. 안고경이 낮과 밤으로 막으며 싸웠지만 식량이 다하고 화살이 떨어졌으며, 임술일(8일)에 성이 함락되었다.

도적들이 제멋대로 병사를 풀어놓아 1만여 명을 살해하고, 안고경과 원리겸(袁履謙) 등을 잡아서 낙양으로 보냈다. 왕승업의 사자가 경사(京師, 장안)에 도착하자, 현종이 크게 기뻐하며, 왕승업에게 벼슬을 주어 우림(羽林)대장군으로 하고, 그의 부하로서 관작을 받은 사람이 수백 명이었다. 안고경을 불러들여 위위경(衛尉卿)으로 삼았다. 조정의 명령이 아직 이르지 않았는데 상산(常山, 하북성 정정현)은 이미 함락되었다.

안고경이 낙양에 이르자 안록산이 그에게 죄를 세며 책망하였다.

"너는 범양(范陽, 하북성 탁주시)[91]호조일 때부터 내가 주문을 올려서 너를 판관으로 삼게 하였으며, 몇 년이 지나지 않아 빠르게 태수까지 이르게 하였는데,[92] 너에게 무슨 빚을 졌다고 배반하였느냐?"

---

91) 여기서 말한 범양(范陽)은 범양군(范陽郡, 북경시)과 다른 곳이다.

92) 안고경(顔杲卿)이 범양(范陽)의 호조(戶曹)일 때 안록산이 표문을 올려 영전(營田)판관(判官)으로 삼도록 하였으며, 임시로 상산(常山)의 태수가 되었다.

안고경이 눈을 부릅뜨고 욕을 하며 말하였다.

"너는 본래 영주(營州, 요녕성 조양시)에서 양을 치는 갈족(羯族)의 종놈이지만, 천자께서 너를 발탁하여 삼도(三道)절도사로 삼았으니, 은덕과 총애가 비할 바 없는데, 너에게 무슨 빚을 졌다고 배반한 것이냐? 나는 대대로 당(唐)의 신하이며, 봉록과 벼슬자리가 모두 당의 것이니, 비록 네가 주문을 올리기는 하였으나 어찌 너를 좇아서 반역을 하겠는가!

나는 나라를 위하여 역적을 토벌하면서, 너를 목 베지 못한 것이 한이 되는데, 어찌 배반을 하였다고 하는 것이냐? 누린내가 나는 갈족 개놈아! 어찌 나를 빨리 죽이지 않느냐!"

안록산이 크게 노하여, 원리겸 등과 함께 중교(中橋, 천진교, 洛水 위에 놓인 다리)의 기둥에 묶고 살을 발라냈다. 안고경과 원리겸은 죽을 즈음에도 욕을 하며 입을 다물지 않았다. 안씨(顔氏)와 한 집안 사람으로 칼과 톱으로 죽은 사람이 30여 명이었다.

사사명(史思明)·이립절(李立節)·채희덕(蔡希德)은 이미 상산에서 이기고 나자, 병사를 이끌고 여러 군(郡) 가운데 좇지 않는 곳을 공격하여 지나는 곳에서는 죽여 없애니, 이에 업(鄴, 하남성 안양시)·광평(廣平, 하북성 영년현 동남쪽 구영년진)·거록(鉅鹿, 하북성 형태시)·조(趙, 하북성 조현)·상곡(上谷, 하북성 역현)·박릉(博陵, 하북성 정주시)·문안(文安, 하북성 임구시 북쪽 막주진)·위(魏, 하북성 대명현)·신도(信都, 하북성 기현) 등의 군은 다시 역적이 지키게 되었다.

요양(饒陽, 하북성 심주시) 태수 노전성(盧全誠)이 홀로 따르지 아니하자, 사사명 등이 그를 포위하였다. 하간(河間, 하북성 하간시)사법(司法)[93] 이환(李奐)이 7천 명을 이끌었고, 경성(景城, 하북성 창주시 동남쪽)장사 이위(李暐)는 그의 아들인 이사(李祀)를 파견하여 8천 명을 이끌고서 그

---

93) 사법은 군정부의 사법관(司法官)을 말한다.

를 구원하도록 하였으나 모두 사사명에게 패하였다.

4 황상이 곽자의(郭子儀)에게 명하여 운중(雲中, 산서성 대동시)의 포위를 풀고, 삭방(朔方, 황하 하투)으로 돌아가서, 더욱 많은 병사를 징발하여 나아가서 동경(東京, 낙양)을 빼앗도록 하였다. 훌륭한 장군 한 사람을 뽑아 병사를 나누어 주고 먼저 정형(井陘, 하북성 녹천시 서쪽)으로 나가게 하여 하북(河北, 황하 북쪽)을 평정하도록 하였다.

곽자의가 이광필(李光弼)을 천거하여, 계해일(9일)에 이광필을 하동(河東, 산서성 태원시)절도사로 삼고 삭방의 병사 1만 명을 나누어 그에게 주었다.

5 갑자일(10일)에 가서한(哥舒翰)에게 좌복야(左僕射)·동평장사를 덧붙여 주었고, 나머지는 예전과 같이 하였다.

6 남양(南陽, 치소는 南陽, 하남성 등주시)절도사를 설치하여, 남양 태수 노경(魯炅)으로 그것을 삼았으며, 영남(嶺南, 남령 남쪽)·검중(黔中, 호남성 서부와 귀주성)·양양(襄陽, 호북성 양번시)의 자제 5만 명을 거느리고 섭군(葉郡, 하남성 섭현 서남쪽) 북쪽에 주둔하여 안록산을 대비하도록 하였다.

노경은 표문을 올려서 설원(薛愿)을 영주(潁州, 하남성 허창시)태수 겸 방어사로 삼고, 방견(龐堅)을 부사로 삼겠다고 하였다. 설원은 예전의 태자 이영(李瑛)의 비(妃)의 오빠이고,94) 방견은 방옥(龐玉)95)의 증손이다.

7 을축일(11일)에 안록산이 그의 아들인 안경서(安慶緒)를 파견하여 동

---

94) 태자인 이영(李瑛)이 무고를 당하여 살해된 사건은 현종 개원 25년(737년) 4월에 있었고, 그 내용은 《자치통감》 권214에 실려 있다.

95) 방옥에 관한 일은 수 공제 의녕 원년(617년) 5월에 있었다.

관(潼關, 섬서성 동관현)을 쳐들어 왔는데, 가서한이 이를 쳐서 물리쳤다.

8 기사일(15일)에 안진경에게 호부시랑 겸(兼) 본군(本郡, 平原郡, 산동성 능현)방어사를 덧붙여 주니 안진경은 이위(李暐)를 부사로 삼았다.

9 2월 병술일(2일)에 이광필에게 위군(魏郡, 하북성 대명현)태수·하북도(河北道, 황하 북쪽)채방사를 덧붙여 주었다.

10 사사명 등이 요양(饒陽, 하북성 심주시)을 29일 동안 포위하였지만 떨어뜨리지 못하고, 이광필이 번·한(蕃·漢)의 보병과 기병 1만여 명과 태원(太原, 산서성 태원시)의 노수(弩手)96) 3천 명을 거느리고 정형(井陘)을 출발하였다. 기해일(15일)에 상산(常山, 하북성 정정현)에 이르렀는데, 상산의 단련병 3천 명이 호병(胡兵)들을 살해하고 안사의(安思義)를 사로잡아가지고 나와서 항복하였다.

  이광필이 안사의에게 말하였다.

  "너는 스스로 마땅히 죽어야 할지를 아는가?"

안사의가 대답하지 않았다. 이광필이 말하였다.

  "너는 오랫동안 계속해서 군대의 행렬에 있었고, 나의 이 무리를 보았으니, 적군인 사사명을 대적할 수 있겠는가? 지금 우리를 위한 계책을 세운다면 마땅히 어떠해야 하는가? 너의 계책을 받아들일 만하다면 당연히 너를 살해하지 않겠다."

  안사의가 말하였다.

  "대부(大夫, 이광필)의 병사와 병마는 먼 곳으로부터 와서 피로하고 지쳐 있어서 갑자기 큰 적을 만나면 아마도 쉽게 감당하지 못할 것입니다.

---

96) 쇠뇌를 쏘는 병사를 말한다.

군사를 옮겨 성으로 들어가서 일찍이 막는 대비를 하며 먼저 이기고 지는 것을 헤아리고, 그런 뒤에 병사를 내보내는 것만 같지 못합니다.

호족기병이 비록 날카롭기는 하나 신중하지 못하여 만약에 승리를 얻지 못하면 기세가 꺾이고 마음이 떠나므로 이때 또한 마침내 꾀할 수가 있습니다.

사사명은 지금 요양(饒陽, 하북성 심주시)에 있는데 거리가 이곳에서 200리가 안 됩니다. 어제 저녁에 우서(羽書)[97]를 이미 보냈으니, 헤아리건대 선봉부대가 온다면 새벽에 반드시 도착할 것이고, 대군이 이를 이을 것이니, 마음에 유의(留意)하지 않으면 안 될 것입니다."
이광필(李光弼)이 기뻐하며 묶은 것을 풀어주고 곧바로 군사를 옮겨 성으로 들어갔다.

사사명은 상산(常山, 하북성 정정현)이 지켜지지 못하였다는 소식을 듣고 곧바로 요양(饒陽, 하북성 심주시)의 포위를 풀었다. 다음날(16일) 해가 아직 뜨지 않았는데 선봉부대가 이미 이르렀고 사사명 등이 이를 이었는데 합쳐서 2만여 기병이 곧바로 성 아래에 이르렀다. 이광필은 보졸 5천 명을 파견하여 동문(東門)으로 나가 싸웠는데 적이 문을 지키며 물러나지 않았다.

이광필은 500명의 노수(弩手)들에게 명하여 성 위에서 나란히 쇠뇌를 발사하도록 하자 적들이 조금 물러났다. 이에 노수 1천 명을 내보내 네 개의 대열로 나누고 그들이 화살을 발사하는 것이 서로 이어지게 하니, 적들은 당할 수가 없어 군대를 길 북쪽으로 거두어들였다.

이광필은 병사 5천을 내보내 길 남쪽에 창성(槍城)[98]을 만들고서 호타수(呼沱水)[99]를 끼고서 진(陣)을 쳤다. 적은 자주 기병(騎兵)을 가지고 맞

---

97) 화급을 다투는 편지에는 새의 깃털을 붙여서 급한 편지라는 것을 알리도록 한 습관이다.
98) 창의 뾰족한 날을 밖으로 향하게 하여 진지를 둘러싸는 것이다. 기마병이 접근하기 어려운 진법이다.

부딪치며 싸워왔지만, 이광필의 병사는 그들을 쏘았고, 사람과 말 가운데 화살에 맞은 것이 절반을 넘자 이내 물러나 조금 쉬면서 보병이 오기를 기다렸다.

어떤 마을의 백성이 적의 보병 5천이 요양으로부터 오는데, 낮과 밤으로 배의 속도로 170리를 와서 구문(九門, 하북성 고성시 서북쪽) 남쪽의 봉벽(逢壁, 하북성 고성시 북쪽)에 이르면 숨을 돌릴 것이라고 하였다. 이광필은 보병과 기병 각기 2천을 파견하여 깃발과 북을 숨기고 나란히 잠행(潛行)하여 봉벽에 이르렀는데, 적이 바야흐로 막 밥을 먹고 있으므로 병사들을 풀어서 습격하여서 그들을 죽여 남김이 없었다.

사사명이 이 소식을 듣고 대세를 잃자 물러나 구문으로 들어갔다. 이때 상산의 9개의 현(縣)100) 가운데 7개의 현은 관군이 붙었고, 오로지 구문과 고성(藁城, 하북성 고성시)만이 적이 점거한 바가 되었다. 이광필은 비장 장봉장(張奉璋)을 파견하여 병사 500으로 석읍(石邑, 하북성 석가장시)을 지키도록 하였고, 나머지는 모두 300명씩으로 이를 지키도록 하였다.

11 황상이 오왕(吳王) 이지(李祗)101)를 영창(靈昌, 하남성 활현)태수 · 하남도지병마사(河南都知兵馬使)로 삼았다. 가분(賈賁)이 앞서 옹구(雍丘, 하남성 사현)에 이르렀는데 병사 2천 명을 가지고 있었다.

이보다 먼저 초군(譙郡, 안휘성 박주시) 태수 양만석(楊萬石)이 군(郡)을 가지고 안록산에게 항복하며, 진원(眞源, 하남성 녹읍현) 현령인 하동(河東,

---

99) 상산군(常山郡)의 군성(郡城) 남쪽을 지나면서 흐른다.

100) 상산군의 9현은 진정(眞定), 고성(藁城), 석읍(石邑), 구문(九門), 행당(行唐), 정형(井陘), 평산(平山), 획록(獲鹿), 영수(靈壽)이다.

101) 신안왕(信安王) 이의(李禕)의 동생이며, 오왕(吳王) 이각(李恪 ; 태종의 아들)의 손자이다.

산서성 영제현) 사람 장순(張巡)을 압박하여 장사(長史)로 삼아 서쪽으로 적을 맞이하도록 하였다.

장순은 진원에 이르자 이민(吏民)을 이끌고 현원황제묘(玄元皇帝廟)에서 통곡을 하고, 병사를 일으켜서 적을 토벌하자 이민(吏民) 가운데 기꺼이 따르는 사람들이 수천 명이었다. 장순은 날쌘 병사 1천 명을 뽑아 서쪽으로 가서 옹구에 이르렀고 가분과 합쳤다.

애초에, 옹구(雍丘, 하남성 사현) 현령 영호조(令狐潮)[102]는 현(縣)을 가지고 적에게 항복하였는데, 적이 장군으로 삼아 동쪽으로 회양(淮陽, 하남성 회양현)을 쳐서 양읍(襄邑, 하남성 휴현)에 있는 병사를 구원하도록 하니, 그곳을 깨뜨리고 100여 명을 포로로 잡아서 옹구에 가두고서 장차 그들을 죽이려고 하다가 가서 이정망(李庭望, 하남절도사)을 만났다. 회양의 병사들이 마침내 지키는 사람을 살해하자, 영호조는 처자를 버리고 도망하니 그러므로 가분(賈賁)이 그 사이를 틈타서 옹구로 들어갈 수 있었다.

경자일(16일)에 영호조가 적의 정예의 병사를 이끌고 옹구를 공격하였는데, 가분이 나가 싸우다 패배하여 죽었다. 장순(張巡)은 힘을 다해 싸워 적을 물리쳤는데, 이어서 가분의 병사를 합쳐서 이끌면서 스스로 칭하기를 오왕(吳王, 이지)의 선봉사(先鋒使)라고 하였다.

3월 을묘일(2일)에 영호조가 다시 적장인 이회선(李懷仙)·양조종(楊朝宗)·사원동(謝元同) 등 4만여 무리와 더불어 성 아래를 덮었는데, 무리들이 두려워하여 굳은 마음이 없었다.

장순이 말하였다.

"적의 병사가 정예(精銳)여서, 우리를 가볍게 여기는 마음을 가지고 있다. 지금 나가서 그들이 뜻하지 않은 것으로 나아가 치면 저들은 반드시

---

102) 영호(令狐)가 성씨이다. 복성(複姓)이다.

놀라 무너질 것이다. 적의 기세가 조금 꺾이면, 그런 뒤에는 성을 지킬
수 있을 것이다."

이내 1천 명으로 하여금 성 위로 오르게 하였으며, 자신은 1천 명을
인솔하고 여러 대열로 나누어 문을 열고 돌진해 나갔다. 장순 자신이 사
졸보다 앞서며 곧바로 적의 진지로 부딪치며 나가자 사람과 말이 쉽게
열리며 적들이 마침내 물러났다.

다음날(3일) 다시 나아가 성을 공격하였는데, 성을 둘러싸고 백문(百
門)의 포(礮)103)를 설치하여 성루 위에 쌓은 담이 모두 무너지니, 장순
은 성 위에 목책(木柵)을 세우고 그들을 막았다. 적들이 개미떼처럼 달
라붙어 오르자 장순은 풀을 묶어 기름을 뿌리고 불을 붙여 던지니 적들
이 오를 수가 없었다.

때때로 적의 틈새를 엿보다가 병사를 내보내어 치고, 어떤 때는 밤중
에 밧줄을 타고 내려가 군영을 치면서 60여 일을 보내면서 크고 작게
300여회 전투를 하였으며, 갑옷을 입고 음식을 먹었으며 상처를 싸매고
다시 싸우니, 적이 마침내 패하여 달아났다. 장순은 승리한 기세를 타고
서 그들을 뒤쫓았는데 호족(胡族)병사 2천 명을 사로잡아 가지고 돌아왔
으므로 군대의 명성을 크게 떨쳤다.

12 애초에, 호부상서 안사순(安思順)은 안록산이 반란하려는 음모를 알
고 이어서 조정에 들어가 이를 아뢰었다. 안록산이 반란을 일으키자, 황
상은 안사순이 먼저 주문을 올렸으므로 죄를 묻지 않았다. 가서한(哥舒
翰)은 원래 그와 더불어 틈이 있었으므로104) 사람을 시켜 거짓으로 안록
산이 안사순에게 편지를 보내는 것처럼 하고 관문(關門, 潼關)에서 그를

---

103) 포(礮)는 돌쇠뇌(돌을 쏘는 기구)를 말한다.

104) 가서한과 안사순의 불화에 대하여는 ≪자치통감≫ 권216 현종 천보 10재(752년)
     12월의 기사에 있다.

잡아서 바쳤고, 또 안사순의 7가지 죄를 세며 주살할 것을 청하였다.

병진일(3일)에 안사순과 동생인 태복경(太僕卿) 안원정(安元貞) 모두가 죄에 걸려 죽었으며, 가속들은 영외(嶺外, 남령 남쪽)로 귀양을 갔다. 양국충(楊國忠)은 구원할 수가 없었는데, 이로 말미암아 처음으로 가서한을 두려워하였다.

13 곽자의(郭子儀)가 삭방(朔方, 치소는 靈武, 영하성 영무현)에 이르러서 정예의 병사를 더 뽑았고, 무오일(5일)에 나아가서 대(代, 산서성 대현)에 진을 쳤다.

14 무진일(15일)에 오왕(吳王) 이지(李祗)가 사원동(謝元同)을 쳐서 그를 도망치게 하였으므로 벼슬을 주어 진류(陳留, 하남성 개봉시)태수·하남(河南, 황하 남쪽)절도사로 하였다.

안록산에 대항하는 사람들

15 임오일(29일)에 하동(河東, 치소는 太原, 산서성 태원시)절도사 이광필(李光弼)을 범양(范陽, 북경시)장사·하북(河北, 북경)절도사로 삼았다. 안진경에게 하북(河北)채방사를 덧붙여 주었다. 안진경은 장담(張澹)을 지사(支使)105)로 삼았다.

이보다 먼저 청하(淸河, 하북성 청하현) 빈객인 이악(李萼)은 나이가 스무 살 남짓이었는데, 그 군(郡, 淸河)에 사는 사람들을 위하여 안진경에게 병사를 달라고 애걸하며 말하였다.

"공(公)께서 대의를 앞장서서 외치셨으므로 하북(河北, 황하 북쪽)의 여러 군이 공을 믿어서 장성(長城, 萬里長城)으로 여기고 있습니다. 지금 청하(淸河, 하북성 청하현)는 공의 서쪽 이웃이고, 나라가 평안한 날에는 강(江, 장강)·회(淮, 회하)·하남(河南, 황하 남쪽)의 전(錢)과 비단을 그곳으로 모아놓고 북군(北軍)을 지원하였으므로, 이르기를, '천하의 북고(北庫)106)'라고 하였습니다. 지금 포(布) 300여만 필(匹)과 비단 80여만 필(匹) 그리고 전 30여만 민(緡)과 양식 30여만 곡(斛)을 가지고 있습니다.

---

105) 순찰하는 임무를 맡은 특사(特使)이며 부사인 셈이다.

106) '북(北) 중국의 창고'라는 의미이다.

옛날에 묵철(默啜)107)을 토벌하면서 갑옷과 무기를 모두 청하의 창고에 쌓았으므로 지금도 50여만 사(事)108)가 있습니다. 호구 수는 7만이며, 인구는 10여만 명입니다. 몰래 헤아려보니 재물은 평원(平原, 산동성 능현)의 부유함보다 3배가 되고, 병사는 평원의 강함보다 2배가 됩니다. 공께서 사졸들을 가지고 밑천으로 하여 어루만지며 이를 갖게 하여, 두 군을109) 심복으로 삼는다면, 곧 나머지의 군은 마치 사지(四支)와 같으니 시키는 바를 따르지 않는 곳이 없을 것입니다."

안진경이 말하였다.

"평원(平原, 산동성 능현)의 군사는 새로 모집하여 아직 훈련이 안되어 있어서, 스스로 보전하기도 아마 모자랄 것인데, 어느 겨를에 이웃에까지 가겠소! 비록 그러함에도 불구하고, 만약 그대의 청을 허락하면, 장차 어찌 하려 하오?"

이악이 말하였다.

"청하(淸河, 하북성 청하현)에서 저를 보내어 공(公)에게서 명을 받도록 한 것은 힘이 모자라거나, 공의 군사를 빌려 적을 시험해 보려고 하는 것도 아니며, 역시 크게 현명하신 분의 밝은 의로움을 살피고자 하는 것이었습니다. 지금 우러르며 높은 뜻을 살펴보니, 얼굴빛을 바로하며 말을 정하시지 않았는데 제가 어찌 감히 하고자 하는 바를 갑자기 말씀드리겠습니까?"

안진경이 이를 기이하게 여겨, 그에게 병사를 빌려 주고자 하였다. 무리들은 이악이 나이가 어리고 오랑캐들을 가볍게 보며, 부질없이 병력을 나누면 반드시 성공하는 바가 없을 것으로 여겨서 안진경은 어쩔 수 없이 이를 사양하였다.

---

107) 동돌궐의 19대 가한(可汗)이다.

108) 수량을 세는 단위이다. 사물 1건(件)을 1사(事)라고 한다.

109) 2군은 평원군(平原郡)과 청하군(淸河郡)을 말한다.

이악이 관(館, 숙소, 객관)으로 가서 다시 편지를 보내 안진경에게 유세하였다.

"청하(淸河, 하북성 청하현)에서는 반역함을 버리고 순종함을 본받아서 곡식과 비단 그리고 무기를 받들어서 군대에게 밑천으로 삼게 하려 하는데, 공(公)께서는 마침내 받지 아니하고 이를 의심하십니다. 제가 수레를 돌려서 간 뒤에는 청하는 홀로 서 있을 수가 없으니 반드시 의탁하며 맺는 곳이 있게 되어야 하고, 앞으로 공에게는 서쪽에 있는 강한 적이 될 터인데, 공께서는 후회가 없을 수 있겠습니까?"

안진경이 크게 놀라 급히 그의 객관(客館)으로 가서 병사 6천 명을 빌려주었다. 변경까지 배웅을 하며 손을 잡고 이별을 하였다. 안진경이 물었다.

"병사들이 이미 가고 있으니 그대가 하고자 하는 바를 말해 줄 수 있겠소?"

이악이 말하였다.

"듣건대 조정에서는 정천리(程千里)를 파견하여 날쌘 병사 10만을 이끌고 곽구(崞口, 하남성 임현 서남쪽)로 나가 적을 토벌하도록 한다 하는데, 적이 험한 곳을 점거하며 이를 막아서 나아가지 못하고 있습니다.

지금 마땅히 병사를 이끌고 먼저 위군(魏郡, 하북성 대명현)을 쳐서, 안록산이 임명한 태수 원지태(袁知泰)를 사로잡고, 예전의 태수인 사마수(司馬垂)를 맞이하여 그로 하여금 서남쪽의 주인으로 삼도록 하겠습니다. 병사를 나누어 곽구를 열도록 하여 정천리의 병사를 내보내고, 이어서 급(汲, 하남성 위휘시)과 업(鄴, 하남성 안양시)의 북쪽으로 유릉(幽陵, 幽州, 북경시 서남쪽)의 군현에 이르기까지 아직 떨어지지 않은 곳을 토벌하도록 하겠습니다. 평원(平原)과 청하(淸河)는 여러 동맹들을 이끌어서, 합친 병사 10만이니 남쪽으로 맹진(孟津, 하남성 맹진현 동쪽 황하를 건너는 입구)에 가서 병사를 나누어서 황하를 끼고 따라가며 요충지를 점거하게 하여 지키면 그들이 북쪽으로 도망가는 길을 통제하게 됩니다.

헤아리건대 관군으로 동쪽을 토벌하는 사람들은 20만에 모자라지 않으며, 하남의 의병으로 서쪽을 향한 사람이 또한 10만보다 모자라지 않습니다. 공께서는 다만 조정에 표문을 보내시면서 성벽을 튼튼히 하고 전투를 하지 않으면, 한 달 남짓이 넘지 않아서 적들은 반드시 내부적으로 붕궤되어 서로 도모하려는 변란이 있을 것입니다.”

안진경이 말하였다.

“훌륭하다.”

녹사(錄事)참군 이택교(李擇交)와 평원(平原, 산동성 평원현) 현령 범동복(范冬馥)에게 명하여 그 병사들을 거느리고서, 청하(淸河, 하북성 청하현) 병사 4천과 박평(博平, 산동성 요성시) 병사 1천 명을 모아서 당읍(堂邑, 산동성 요성시 서쪽 당읍진) 남쪽에 진을 치도록 하였다.

원지태(袁知泰)가 그의 장수인 백사공(白嗣恭) 등을 파견하여 2만여 명을 거느리고 와서 맞이하여 싸우도록 하니, 세 군(郡)110)의 병사들이 힘껏 하루 종일 싸웠는데 위군(魏郡, 하북성 대명현)의 병사들이 대패하였고, 베어낸 머리가 1만여 급(級)이었으며, 사로잡은 포로는 1천여 명이었고, 말 1천 필을 얻으니, 군대의 재물이 매우 많았다. 원지태는 급군(汲郡, 하남성 위휘시)으로 도망하였고, 마침내 위군(魏郡)에서 이겼으므로 군대의 명성을 크게 떨쳤다.

이때에 북해(北海, 산동성 청주시) 태수 하란진명(賀蘭進明)111)이 역시 병사를 일으켰는데, 안진경이 편지로 그를 불러 힘을 합치니, 하란진명은 보병과 기병 5천을 이끌고 황하를 건넜고, 안진경은 병사를 늘어놓고 그를 맞이하며 서로 읍(揖)을 하고 말 위에서 곡하자 슬픔이 군대의

---

110) 3군은 청하군(淸河郡), 박평군(博平郡), 평원군(平原郡)을 말한다.

111) 하란(賀蘭)이 성씨(姓氏)로 복성(複姓)이다.

대열을 흔들었다.

　하란진명은 평원성(平原城, 산동성 능현) 남쪽에 주둔하며, 병사와 말을 쉬게 하였는데 안진경은 모든 일을 그에게 물었으니 이로 말미암아 군대의 권한이 조금씩 하란진명에게로 옮겨갔으나 안진경은 싫어하지 않았다. 안진경은 당읍에서의 공로를 하란진명에게 사양하여 하란진명이 그 상황을 주문으로 올리는데, 취사선택을 마음대로 하였다.

　칙서를 내려 하란진명에게 하북(河北)초토사를 덧붙여 주었고, 이택교와 범동복에게는 자격과 품급을 조금 올려 주었으며, 청하와 박평에서 공로가 있는 사람들은 모두 기록하지 않았다. 하란진명이 신도군(信都郡, 하북성 기현)을 공격하였으나 오랫동안 이를 이기지 못하였다. 녹사참군인 장안 사람 제오기(第五琦)가 하란진명에게 권하기를 금과 비단을 두텁게 하여 용감한 병사를 모집하도록 하여 마침내 이를 이겼다.

16　이광필(李光弼)과 사사명(史思明)이 40여 일을 서로 대치하였는데, 사사명은 상산(常山, 하북성 정정현)으로 식량이 들어오는 길을 끊었다. 성 안에는 풀이 없어 말에게 짚으로 만든 자리를 먹였다. 이광필은 수레 500승(乘)으로 석읍(石邑, 하북성 석가장시)에 가서 풀을 거두어들였는데, 수레를 거느리는 사람들이 모두 갑옷을 입고, 노수(弩手) 1천 명이 이를 호위하면서 방진(方陣)112)을 이루고 갔으므로 적이 빼앗을 수가 없었다.

　채희덕(蔡希德)이 병사를 이끌고 석읍을 공격하자 장봉장(張奉璋)이 이를 막아 물리쳤다. 이광필이 사신을 파견하여 급한 상황을 곽자의(郭子儀)에게 알리자, 곽자의는 병사를 이끌고 정형(井陘, 하북성 녹천시 서쪽)으로부터 나와서, 여름, 4월 임진일(9일)에 상산에 이르렀고 이광필과 합하니 번·한(蕃·漢)의 보병과 기병이 모두 10여 만이었다.

---

112) 사방으로 군사를 배치하여 어느 쪽으로도 적을 맞이할 수 있도록 하는 진법이다.

갑오일(11일)에 곽자의와 이광필은 사사명 등과 더불어 구문성(九門城, 하북성 고성시 서북쪽) 남쪽에서 전투하였는데, 사사명이 대패하였다. 중랑장 혼감(渾瑊)이 이립절(李立節)을 활로 쏘아 살해하였다. 혼감은 혼석지(渾釋之)113)의 아들이다.

사사명이 나머지의 병사를 거두어들여 조군(趙郡, 하북성 조현)으로 도망하였고, 채희덕은 거록(鉅鹿, 하북성 형태시)으로 도망하였다. 사사명이 조군으로부터 박릉(博陵, 하북성 정주시)으로 갔는데, 이때에 박릉은 이미 관군에게 항복하였으므로 사사명은 군(郡)의 관리들을 거의 살해하였다.

하삭(河朔, 하북평원)의 백성들은 역적들이 잔인하고 흉포한 것을 고생스럽게 생각하여, 적이 이르는 곳마다 뭉치며 진을 쳤는데, 많은 곳은 2만 명에 이르렀고 적은 곳은 1만 명에 이르렀으며, 각각 영루(營壘)를 만들어서 적을 막았지만, 곽자의와 이광필의 군대가 이르자 다투어 나가서 스스로 힘을 다하였다.

경자일(17일)에 조군(趙郡, 하북성 조현)을 공격하자 하루 만에 성(城)이 항복하였다. 사졸들 대부분이 사람을 사로잡고 재물을 약탈하였는데, 이광필이 성문에 앉아서 손에 넣은 것을 거두어들여 모두 돌려주자 백성들이 크게 기뻐하였다.

곽자의는 4천 명을 산 채로 잡았다가 모두 풀어주었고 안록산이 임명한 태수 곽헌구(郭獻璆)를 목 베었다. 이광필이 나아가 박릉을 포위하였는데 열흘이 되어도 뽑지 못하자 병사를 이끌고 항양(恒陽, 하북성 곡양현)으로 돌아가서 음식을 먹게 하였다.

17　양국충이 좌습유(左拾遺)114)인 박평(博平, 산동성 요성시) 사람 장호

---

113) 혼석지에 관한 일은 천보 14재(755년) 12월에 있었다.

114) 일종의 견습 감독관을 말한다. 품계는 종(從)8품 상(上)이다.

(張鎬)와 소흔(蕭昕)에게 장군으로 삼을 만한 인사를 물었는데, 장호와 소흔이 좌찬선대부(左贊善大夫)[115]인 영수(永壽, 섬서성 영수현) 사람 내진(來瑱)을 천거하자 병오일(23일)에 내진을 영천(潁川, 하남성 허창시) 태수로 삼았다.

적들이 여러 차례 그를 공격하였는데, 내진이 앞뒤로 매우 많은 적들을 깨뜨렸으므로 본군(本郡, 潁川郡)방어사를 덧붙여 주었다. 사람들이 그를 이르기를, '내작철(來嚼鐵)'[116]이라 하였다.

18 안록산이 평로(平盧, 치소는 柳城, 요녕성 조양시)절도사 여지회(呂知誨)로 하여금 안동(安東)부대도호 마령찰(馬靈詧)을 유혹하도록 하여 그를 살해하였다. 평로 유혁사(遊弈使)인 무척(武陟, 하남성 무척현) 사람 유객노(劉客奴)와 선봉사(先鋒使) 동진(董秦) 그리고 안동(安東)장군 왕현지(王玄志)가 더불어 모의하여 여지회를 주살하고자 하면서, 사신을 파견하여 바다를 건너 안진경과 더불어 서로 보고하면서 청하기를 범양(范陽, 북경시)을 손에 넣는 것으로 스스로 보답하겠다고 하였다.

안진경이 판관 가재(賈載)를 파견하여 식량과 싸우는 병사들의 옷을 보내어 그를 도왔다. 안진경은 이때 오직 외아들 안파(安頗)가 겨우 열 살 남짓이었는데 그를 유객노에게 보내 인질이 되도록 하였다. 조정에서 이 소식을 듣고 유객노를 평로절도사로 삼고 이름을 내려 '정신(正臣)'이라 하였으며, 왕현지(王玄志)를 안동부대도호로 삼고, 동진은 평로병마사로 삼았다.

19 남양(南陽, 치소는 南陽, 하남성 등주시)절도사 노경(魯炅)이 치수(滍水,

---

115) 태자궁의 정무(政務)참의관을 말한다.

116) 내(來)는 내진의 성을 말하는 것이고, 작철은 쇠붙이를 씹어 먹는다는 말로 용감한 것을 드러낸 표현이다.

하남성 노산현)의 남쪽에 목책을 세웠는데, 안록산이 무령순(武令珣)과 필
사침(畢思琛)으로 하여금 그를 공격하도록 하였다. ✱

資治通鑑

자치통감 권218
당(唐)시대 34(756년)

장안을 둘러 싼 공방

현종의 몽진과 마외역의 사건

숙종 지덕(至德) 원재(丙申, 756년)[1]

1 5월 정사일(4일)에 노경(魯炅)의 무리가 무너져서 달아나[2] 남양(南陽,
하남성 등주시)을 지키자 도적은 가서 그곳을 포위하였다. 태상경 장기(張
垍)는 이릉(夷陵, 호북성 의창시) 태수인 괵왕(虢王) 이거(李巨)[3]가 용맹과
지략이 있다고 추천하였다. 황상은 오왕(吳王) 이지(李祗)를 징소하여 태
복경으로 삼고, 이거를 진류·초군(陳留·譙郡)태수·하남(河南)절도사로
삼고, 겸하여 영남(嶺南)절도사 하리광(何履光)·검중(黔中)절도사 조국진
(趙國珍)·남양(南陽)절도사 노경을 통제하도록 하였다.[4]

조국진은 본래 장가(牂柯, 귀주성 중남부)의 이족(夷族)이다. 무진일(15일)

---

1) 이 권은 5월부터 시작하였는데, 아직은 현종이 제위에 있다. 현종이 숙종에게 양위한
   것은 7월임에도 연호는 1월부터 숙종의 연호를 쓰고 있다. 부자간에 제위가 계승되면
   서 이와 같이 한 것은 극히 드문 예이다. 이 해는 역시 연제 안록산 성무 원년이기도
   하다.

2) 노경은 남양절도사로 바로 앞권[권117]에서 안록산이 노경을 공격한 일이 있었고, 그
   다음의 일이다.

3) 이옹(李邕)의 아들로 지난 천보 6년(747년) 11월에 이거는 벼슬이 깎였다.

4) 영남과 하남 그리고 남양절도사의 치소는 다음과 같다. 영남절도사는 남해(南海, 광동
   성 광주시)이고, 검중절도사는 금중(黔中, 사천성 팽수현)이며, 남양절도사는 남양(南
   陽, 하남성 등주시)이다.

에 이거는 군사를 이끌고 남전(藍田, 섬서성 남전현)에서 나와 남양으로 향하였다. 도적은 그 소식을 듣고 포위를 풀고 달아났다.

2 영호조(令狐潮, 안록산에 소속한 장군)가 다시 군사를 이끌고 옹구(雍丘, 하남성 기현)를 공격하였다. 영호조는 장순(張巡, 옹구를 지키는 당의 장수)과 옛날에 교분이 있어서 성 아래에서 서로 어려움을 위로하기를 평상시처럼 하였는데, 영호조는 이 틈을 타서 장순에게 유세하였다.

"천하의 일이 지나갔는데 족하5)께서는 위태로운 성을 굳게 지키시니 누구를 위하려는 것입니까?"

장순이 말하였다.

"족하는 평생 충성과 의리를 가지고 있다고 스스로 인정하였는데 오늘날의 거사에는 충성과 의리가 어디에 있습니까!"

영호조는 부끄러워하며 물러났다.

3 곽자의(郭子儀)와 이광필(李光弼)이 상산(常山, 하북성 정정현)으로 돌아오자 사사명(史思明)은 흩어진 병사 수만 명을 거두어서 그 뒤를 밟았다. 곽자의는 날랜 기병을 뽑아 다시 도전하였고 사흘 만에 행당(行唐, 하북성 행당현)에 도착하자 도적은 피로하여 마침내 물러났다. 곽자의는 그 틈을 타서 또 그들을 사하(沙河)6)에서 패배시켰다.

채희덕(蔡希德)이 낙양(洛陽, 하남성 낙양시)에 도착하자 안록산은 다시 보병과 기병 2만 명을 거느리고 북쪽으로 사사명에게 가도록 하고 또 우정개(牛廷玠)로 하여금 범양(范陽, 북경시) 등 여러 군의 병사 1만여 명을 징발하여 사사명을 돕도록 하니 합하여 5만여 명이 되었으나 동라

5) 평배에게 붙이는 존칭어이다.
6) 호타하(滹沱河)의 지류인 대사하(大沙河)를 가리킨다.

(同羅, 몽고 울란바토르 북부)와 예락하(曳落河) 사람이 5분의 1을 차지하였다.

곽자의가 항양(恒陽, 하북성 곡양현)에 도착하였는데 사사명이 그를 좇아서 도착하니, 곽자의는 해자를 깊게 하고 보루를 높이 하여 그들을 기다렸다. 도적이 오면 지키고 물러가면 그를 뒤쫓으면서 낮에는 요병(耀兵)[7]을 하고 밤에는 그들의 군영을 베니 도적은 휴식할 수 없었다.

며칠이 지나서 곽자의와 이광필이 논의하였다.

"도적이 게을러졌으니 나가서 싸울 만합니다."

임오일(29일)에 가산(嘉山, 하북성 곡양현 동북)에서 싸워 그들을 대파하고 목을 벤 것이 4만 급(級)이었으며 포로로 잡은 것이 천여 명이었다.

사사명은 말에서 떨어져 상투를 드러내고 맨발로 걸어서 달아났으며 저녁에 이르러 부러진 창을 짚고 병영으로 돌아가서 박릉(博陵, 하북성 정주시)으로 달아났다. 이광필이 가서 그곳을 포위하자 군대의 명성이 크게 떨쳤다.

이에 하북(河北)의 10여 군에서는 모두 도적의 수비 장수를 죽이고 항복하였다. 어양(漁陽, 천진시 계현)으로 가는 도로[8]는 다시 끊어졌고 도적 가운데 왕래하는 사람은 모두 경무장한 기병 차림으로 몰래 지나갔으나 대부분 관군에게 잡혔으며 장수와 병사들 가운데 집이 어양에 있는 사람은 마음이 흔들리지 않는 사람이 없었다.

안록산은 크게 두려워하여 고상(高尙)과 엄장(嚴莊)을 불러서 꾸짖으며 말하였다.

"너희는 수년간 나에게 반란을 일으키도록 가르쳐서 만전(萬全)을 기한 것으로 여겼었다. 지금 동관(潼關, 섬서성 동관현)을 지키며 몇 개월간

---

7) 군사 시위를 하는 것이다. 되도록이면 군사가 많고 정예하다는 것을 보이려는 것이다.

8) 어양은 안록산의 근거지이며 이들이 지금 점령하고 있는 곳은 동도인 낙양인데 어양에서 낙양으로 통하는 도로를 뜻한다.

나아가지 못하고 북쪽으로 가는 길은 이미 끊어졌으며 여러 군대가 사방9)에서 합해지는데, 내가 가지고 있는 것은 단지 변주(汴州)와 정주(鄭州)의 몇 주 뿐이니, 만전하다는 것은 어디에 있는가? 너희들은 지금부터 와서 나를 보지 말라."

고상과 엄장은 두려워하고 며칠간 감히 보지 못하였다.

전건진(田乾眞)이 동관으로부터 내려와서10) 고상과 엄장을 위해 안록산에게 유세하였다.

"옛날부터 제왕이 대업을 경영하면서 모두 승패(勝敗)가 있는데 어찌 한 번의 거사로 일을 이룰 수 있겠습니까! 지금 사방에 군대와 보루가 비록 많으나 모두 새로 모은 오합지졸이고 아직 진지도 만들어보지 못하였으니 어찌 우리 계북(薊北)의 강하고 예리한 병사를 대적할 수 있겠으며 어찌 깊이 걱정할 만하겠습니까!

고상과 엄장은 모두 천명을 도운 으뜸가는 공신인데 폐하께서 하루아침에 그들을 끊어버리고 제장들로 하여금 그 소식을 듣도록 만든다면 누가 속으로 두려워하지 않겠습니까! 만약 위아래가 마음이 분리되면 신은 가만히 생각하건대 폐하를 위하여 그것을 위태롭게 여깁니다!"

안록산은 기뻐하며 말하였다.

"아호(阿浩),11) 너는 내 마음속의 일을 훤하게 알고 있구나."

즉시 고상과 엄장을 불러 술자리를 베풀고 스스로 그들을 위하여 노래하며 술을 권하고 그들을 대우하기를 처음과 같이 하였다. 아호는 전건진이 어렸을 적의 자(字)이다. 안록산은 낙양을 버리고 달아나 범양으로 돌아갈 것을 논의하였으나 계책은 아직 결정하지 않았다.

---

9) 당 중앙 정부군을 말한다.

10) 낙양으로 내려왔다는 뜻이다.

11) 전건진이 어렸을 적에 쓰던 자이다. 이름을 부르거나 직함을 부르지 않는 것은 친밀함을 보인 것이다.

이때에 천하에서는 양국충(楊國忠)이 교만하고 방종하여 혼란을 불러 일으켰다고 생각하여 이를 갈지 않는 사람이 없었다. 또 안록산은 군사를 일으키면서 양국충을 죽이는 것을 명분으로 삼았으니, 왕사례(王思禮)는 은밀히 가서한(哥舒翰)에게 유세하여 양국충을 죽일 것을 청하는 반항하는 표문을 올리도록 시켰으나 가서한은 호응하지 않았다.

왕사례가 또 청하기를 30의 기병을 데리고 가서 양국충을 위협하여 잡아가지고 와서 동관에 도착하여 그를 죽이자고 하니, 가서한이 말하였다.

"이와 같이 하면 곧 가서한이 반란을 일으키는 것이지 안록산은 아니오."

어떤 사람이 양국충에게 유세하였다.

"지금 조정의 중요한 군사는 다 가서한의 손에 있는데 가서한이 만약 깃발을 끌어당겨 서쪽을 가리킨다면12) 어찌 공이 위태롭지 않겠습니까."

양국충은 크게 두려워하고 마침내 주문을 올렸다.

"동관에 있는 대군(大軍)이 비록 왕성하나 뒤로는 이어진 것이 없으며 만에 하나 승리하지 아니하면 경사가 걱정되오니 청컨대 감목(監牧)에 있는 어린아이13) 3천을 선발하여 금원(禁苑) 안에서 훈련시키십시오." 황상은 그것을 허락하고 검남군(劍南軍)14)의 장수인 이복덕(李福德) 등으로 하여금 그들을 관장하도록 하였다.

또 1만 명을 모아서 파상(灞上, 섬서성 서안시 동부)에 주둔시키고 가까운 사이인 두건운(杜乾運)으로 하여금 그들을 거느리도록 하였는데, 명분

---

12) 안록산은 동쪽에 있다. 범양에서 출동하여 낙양까지 왔으나 장안에서 보면 동쪽인 것이다.

13) 황실에 소속한 각 부서이다. 이때에 감목, 오반, 금원에 있는 병졸을 어린아이라고 불렀다.

14) 본영은 촉군(蜀郡, 사천성 성도시)이다.

은 역적을 방어하는 것이었으나 실제는 가서한에 대비하는 것이었다. 가서한은 그 소식을 듣고 또한 양국충이 도모할까 두려워하여 마침내 표문을 올려 파상군(灞上軍)을 동관에 예속시키기를 청하였다. 6월 계미일(1일)에 두건운을 불러 관(關, 동관)에 가게 하였고 다른 일을 통하여 그의 목을 베니, 양국충은 더욱 두려워하였다.

마침 어떤 사람이 최건우(崔乾祐)[15]가 섬(陝, 하남성 삼문협시)에 있는데 군사는 4천이 되지 않고 모두 파리하고 허약하며 방비한 것이 없다고 알리자, 황상은 사신을 파견하여 가서한에게 가서 군사를 전진시켜 섬(陝)과 낙양을 회복시키도록 하였다.

가서한이 주문을 올려서 말하였다.

"안록산은 오랫동안 군사를 운용하는 것을 익혀왔고 지금 비로소 반역하였는데 어찌 방비함이 없겠습니까? 이것은 반드시 파리하고 허약한 군대를 가지고 우리를 유혹하는 것이니 만약 간다면 바로 그의 계략 안으로 떨어지는 것입니다. 또 역적들은 멀리 왔기 때문에 신속히 싸우는 것을 이익으로 알고 있으며, 관군은 험준한 곳을 점거하여 그들을 누르니, 굳게 지키는 데에 이익이 있습니다.

하물며 역적은 잔인하고 포악하여 무리를 잃었고 군사의 형세가 날로 줄어들고 있으니 장차 안에서 변화가 있을 것입니다. 이에 그것을 틈타면 싸우지 않고도 사로잡을 수 있습니다. 중요한 것은 공을 이루는데 있는 것이지 어찌 반드시 신속히 하려는 것에 힘을 쓰십니까! 지금 여러 도(道)에서 징발된 병사가 아직 대부분 모이지 않았으니 청컨대 또한 이를 기다리십시오."

곽자의와 이광필 역시 말씀을 올렸다.

"청컨대 군사를 이끌고 북쪽으로 가서 범양을 빼앗고 그들의 소굴을

---

15) 안록산의 부하 장수이다.

엎어버리고 역적 무리의 처자들을 인질로 삼아서 그들을 부른다면 역적들은 반드시 안에서 무너질 것입니다. 동관에 있는 대군은 오직 굳게 지켜서 그들을 피곤하게 만들어야만 하지 경솔히 밖으로 내보내서는 안 됩니다."

양국충은 가서한이 자기를 도모하는 것으로 의심하고 황상에게 말하기를 역적들은 바야흐로 방비가 없는데 가서한이 지체하면 장차 기회를 잃게 된다고 하였다. 황상은 그런 것처럼 여기고 계속하여 중사(中使)16)를 파견하여 재촉하였는데 그들의 목과 등이 서로 보일 정도였다.17) 가서한은 어쩔 수 없자 가슴을 쓰다듬으며 통곡하고 병술일(4일)에 병사를 이끌고 동관을 나갔다.

기축일(7일)에 최건우의 군대를 영보(靈寶)18)의 서쪽 평원에서 만났다. 최건우는 험준한 곳을 점거하고서 그들을 기다렸는데, 남쪽으로는 산에 붙어있고 북쪽으로는 하(河, 황하)에 막혀있는 좁은 길이 70리였다. 경인일(8일)에 관군은 최건우와 전투를 하였다.

최건우가 군사를 험준한 곳에 숨기었는데 가서한은 전량구(田良丘)와 더불어 배를 중류(中流)에 띄우고 군대의 형세를 관망하다가 최건우의 군사가 적은 것을 보고 군대를 재촉하여 전진하도록 시켰다. 왕사례 등은 정예 병사 5만을 거느리고 앞에 섰으며, 방충(龐忠) 등은 나머지 병사 10만 명을 거느리고 그 뒤를 이었고, 가서한은 군사 3만을 가지고 황하의 북쪽 언덕에 올라 그들을 바라보고 북을 울려서 그 형세를 도왔다.

---

16) 환관은 금중에 근무하는데 황제가 이 환관을 사신으로 보낼 때 중사(中使)라고 부른다.

17) 사자를 자주 보낸다는 의미이다. 사자를 자주 보내어 앞서 출발한 사자의 등을 뒤에 출발한 사자가 볼 정도라는 말이다.

18) 지금의 하남성 영보현 동북이며, 옛날의 함곡관(函谷關)이다. 이름을 바꾼 것은 천보 원년(742년)이고, 그 내용은 《자치통감》 권215에 실려 있다.

최건우가 내보낸 병사는 1만 명이 넘지 않았으나 열 명씩 열 명씩, 다섯 명씩 다섯 명씩 흩어지는데, 하늘에 늘어선 별과 같아서 어떤 때는 성기게 하거나 어떤 때는 조밀하게 하며, 어떤 때는 나아가기도 하고 어떤 때는 물러서기도 하니, 관군은 그들을 바라보고 비웃었다.

최건우는 정예의 병사를 엄히 하여 그 뒤에 늘어놓았다. 군사가 이미 교전하고 나자 역적들은 깃발을 뉘이고 마치 달아나려는 사람과 같이 하자 관군은 해이해져서 대비하지 아니하였다. 잠깐 사이에 복병이 나타났고 역적들은 높은 곳에 올라가서 나무와 돌을 내려 보내어 병사를 쳐서 죽인 것이 아주 많았다. 길이 좁아서 병사들은 묶어 놓은 것과 같으니 창이나 삭(槊)은 사용할 수 없었다.

가서한은 전거(氈車)[19]를 말이 끌게 하여 앞으로 내몰아 역적들에게 부딪치려고 하였다. 정오를 지날 때에 동풍(東風)이 갑자기 세어지자 최건우는 초거(草車)[20] 수십 채를 가지고 전거의 앞을 막고서 불을 놓아 그것을 태웠다. 연기와 화염에 덮여 관군은 눈을 뜰 수 없었고 망령되게 스스로 서로 죽이면서 역적들이 연기 속에 있다고 생각하고 궁노(弓弩)를 모아서 그곳으로 쏘도록 하였다. 날이 저물고 화살이 다 떨어지자 마침내 도적이 없는 것을 알았다.

최건우가 동라(同羅)의 정예기병을 파견하여 남산에서부터 지나가서 관군의 배후로 나와서 그들을 치도록 하니 관군은 앞과 뒤에서 놀라고 어지러워져 대비할 바를 몰랐으며, 이에 대패하였다. 어떤 사람은 갑옷을 버리고 달아나 산골짜기에 숨었고, 혹은 서로 밀치다가 하(河, 황하)에 빠져 죽었는데, 떠들썩한 소리가 천지를 흔들었고, 도적은 이긴 기세를 틈타 이들을 압박하였다. 후군에서는 전군[21]이 패한 것을 보고 모두

---

19) 털가죽으로 된 넓은 방석 같은 것을 수레 위에 덮어서 화살을 막도록 설계된 수레다. 주로 북방에서 사용하며 남북조시대에 남조에 전해졌다.

20) 풀을 잔뜩 실은 수레를 말한다.

스스로 무너졌고, 하북(河北)군은 멀리서 그것을 보다가 또한 무너졌다.

가서한은 휘하에 있는 수백의 기병과 더불어 달아나 수양산(首陽山, 산서성 영제현 남부)의 서쪽에서 황하를 건너 관(關, 동관)에 들어갔다. 관(關) 밖에는 예전에 세 개의 해자를 만들었고, 모두 넓이가 2장(丈)이고 깊이가 1장이었는데, 사람과 말이 그 가운데 떨어져 잠깐 사이에 채워졌다. 나머지의 남아있는 무리들은 그들을 밟고서 건넜는데, 병사들 가운데 관(關)에 들어갈 수 있었던 사람은 겨우 8천여 명이었다. 신묘일(9일)에 최건우는 전진하여 동관(潼關)을 공격하여 이곳에서 승리하였다.

가서한은 관서역(關西驛, 섬서성 화음시 동부)에 도착하여 방(牓)을 걸어 흩어진 병사를 거두어들이고 다시 동관을 지키려고 하였다. 번장(蕃將) 화발귀인(火拔歸仁) 등은 100여 기병을 데리고 관서역을 포위하고서 들어가 가서한에게 말하였다.

"역적이 도착하였으니 청컨대 공께서는 말에 오르십시오."

가서한이 말에 올라 역을 나가자 화발귀인은 무리를 인솔하고 머리를 조아리며 말하였다.

"공께서는 20만의 무리를 가지고서 한 번 싸우고 그들을 버렸으니 무슨 면목으로 다시 천자를 보겠습니까? 또 공께서는 고선지(高仙芝)와 봉상청(封常淸)을 보지 못하셨습니까?[22] 청컨대 공께서는 동쪽[23]으로 가십시오."

가서한은 옳지 않다고 하고 말에서 내리려고 하였다.

화발귀인은 털로 짠 끈을 가지고 그의 다리를 말의 배에 매었으며 장

---

21) 뒤에 있던 부대를 후군이라 하고 앞에 나갔던 부대를 전군이라고 한다.

22) 고선지와 봉상청이 사형된 것은 현종(玄宗) 천보(天寶) 14재(755년) 12월의 일이고, ≪자치통감≫ 권217에 실려 있다.

23) 안록산을 지칭하는 것이다. 안록산은 범양에서 기병하여 낙양을 점령하였으므로 동관에서는 동쪽이다.

수들 가운데 이를 좇지 않는 사람들에게 이르러서도 모두 잡아서 동쪽
으로 갔다. 마침 역적의 장수인 전건진(田乾眞)이 이미 도착하였고 드디
어 그들을 항복시키자, 함께 낙양으로 호송하였다. 안록산이 가서한에게
물었다.

"너는 항상 나를 가볍게 여겼는데,24) 지금 어떻게 되었는가."

가서한이 땅에 엎드려 대답하였다.

"신은 육안으로 성인(聖人)을 몰라보았습니다. 지금 천하는 아직 평정
되지 않았는데, 이광필은 상산(常山, 하북성 정정현)에 있고, 이지(李祗)는
동평(東平, 산동성 동평현)에 있으며, 노경(魯炅)은 남양(南陽, 하남성 등주
시)에 있으니, 폐하께서는 신을 남겨두어 한 자 길이의 편지를 가지고
그들을 부르도록 만든다면 하루가 되지 않아 모두 함락됩니다."

안록산은 크게 기뻐하고 가서한을 사공·동평장사로 삼았다.

그리고 화발귀인에게 말하였다.

"너는 주군을 배반하였으니 충성스럽지 못하고 의롭지 않다.25)"

체포하여 그의 머리를 베었다.

가서한이 편지를 써가지고 제장들을 불렀으나 모두 회답하는 편지에서
그를 나무랐다. 안록산은 효과가 없는 것을 알고 마침내 그를 원(苑, 낙
양에 있는 禁苑) 가운데에 감금하였다.

동관에서 이미 패배하고 나자 이에 하동(河東, 산서성 영제현)·화음(華
陰, 섬서성 화현)·풍익(馮翊, 섬서성 대협현)·상락(上洛, 섬서성 상주시)의
방어사들은 군(郡)을 버리고 달아났으며, 그곳에 있던 지키는 병사들은
모두 흩어졌다.

---

24) 이 사건은 현종(玄宗) 천보(天寶) 11재(752년) 12월의 일이고, 《자치통감》 권216
에 실려 있다.

25) 화발귀인이 가서한을 항복하게 하였는데 공로로 보지 않고 유가적 충의를 가지고 죽
인 것이다.

이날 가서한의 휘하에 있던 사람이 와서 긴급함을 알리자 황상은 불시(不時)에 불러서 접견하고 다만 이복덕(李福德) 등을 파견하여 감목(監牧)26)에 속한 병사를 거느리고 동관에 가도록 하였다. 어두워지자 평안화(平安火)가 이르지 않자 황상은 비로소 두려워하였다.27)

임진일(10일)에 재상을 불러서 이 문제를 모의하였다. 양국충은 스스로 자신이 검남(劍南)을 관장하였으나 안록산이 반란을 일으켰다는 소식을 듣고 즉시 부사 최원(崔圓)으로 하여금 은밀히 식량과 비품을 갖춰 놓게 하였는데, 긴급한 일이 생기면 그곳에 의탁하려고 준비한 것이고, 이때에 이르러서는 촉(蜀)으로 행차하는 책략을 앞장서서 주장하였다. 황상은 그렇다고 여겼다.

계사일(11일)에 양국충이 백관을 조당에 모아 놓았는데 두렵고 부끄러워하며 눈물을 흘렸다. 책략을 물으니 모두 '예예' 하며 대답하지 않았다. 양국충이 말하였다.

"사람들이 안록산의 반란 일으킬 상황을 알린 지 이미 10년이었지만, 황상이 그것을 믿지 않았습니다. 오늘날의 일은 재상의 잘못이 아닙니다."28)

의장(儀仗)이 내려가자29) 사민(士民)은 놀라면서 어지럽게 달아났으나 갈 곳을 알지 못하였으며 저자거리와 마을은 쓸쓸하였다. 양국충은 한국(韓國)부인과 괵국(虢國)부인으로 하여금 궁궐에 들어가 황상에게 촉(蜀)으로 들어가기를 권하도록 하였다.

갑오일(12일)에 백관 가운데 조현한 사람은 열에 한둘도 없었다. 황상

---

26) 궁중에 소속된 기관을 말한다.

27) 당 때 봉화대가 대략 30리를 거리로 하여 하나씩 있었는데, 매일 초야(初夜)에 올리는 봉화를 평안화(平安火)라고 하였다. 동관이 이미 함락되었기 때문에 당시에는 봉화를 올릴 사람이 그곳에 없었다.

28) ≪자치통감≫에는 왕충사가 현종(玄宗) 천보(天寶) 6재(載, 747년) 3월에 경고한 것이 처음으로 나와 있고, 이는 ≪자치통감≫ 권215에 실려 있다.

29) 조회(朝會)가 끝난 것을 가리킨다.

은 근정루(勤政樓)에 올라 제서를 내렸는데, '친히 정벌하려고 한다.'고
하였으나 그 소리를 들은 사람들은 모두 그것을 믿지 않았다. 경조윤(京
兆尹) 위방진(魏方進)을 어사대부로 겸 치돈사(置頓使)로 삼았는데, 경조
소윤인 영창(靈昌, 하남성 활현) 사람 최광원(崔光遠)을 경조윤으로 삼고
서경유수로 충임하였으며, 장군 변령성(邊令誠)으로 하여금 궁전의 빗장
과 열쇠를 관장하도록 하였다.

검남절도대사인 영왕(潁王) 이교(李璬, 현종 李隆基의 아들)가 장차 진수
하는 곳에 가겠다는 구실을 붙여서 본도(本道, 검남도)에 명령하여 식량
과 비품을 마련하도록 하였다. 이날 황상은 의장을 북내(北內)[30]로 옮겼
다. 이미 저녁이 되자 용무(龍武)대장군 진현례(陳玄禮)로 하여금 육군(六
軍, 모든 금군)을 정돈하고 다스리도록 하였으며 동전과 비단을 후하게
내리고 마구간의 말 900여 필을 가려 뽑도록 하였는데 외부의 사람들은
모두가 그것을 알지 못하였다.

을미일(13일)에 날이 밝자 황상은 오직 귀비의 자매·황제의 아들·
비(妃)·공주·황제의 손자·양국충·위견소·위방진·진현례 그리고 가
까이 하는 환관·궁인들과 더불어 연추문(延秋門, 宮城 서문)을 나갔는데
비·공주·황제의 손자 가운데 궁전 밖에 있던 사람들은 모두 버리고
떠났다.

황상이 좌장(左藏, 국고)을 지나가자 양국충은 그것을 태워버리기를 청
하며 말하였다.

"역적이 지키게 할 것이 없습니다."

황상은 근심하며 말하였다.

"역적들이 왔다가 얻지 못하면 반드시 다시 백성에게 거둘 것이다. 그
것을 주는 것만 같지 못하다. 나의 어린 백성들을 거듭 곤란하도록 만들

---

30) 현무문(玄武門) 안쪽을 말한다. 대명궁(大明宮)을 동내(東內)라고 하고 태극궁(太極
宮)을 서내(西內)라고 하며 흥경궁(興慶宮)을 남내(南內)라고 한다.

지 마라."

이날 백관 가운데에는 여전히 조현하러 들어온 사람이 있었는데 궁전의 문에 도착하자 여전히 누성(漏聲, 시각을 알리는 누각의 소리)을 들었고 삼위(三衛)의 의장도 엄숙하였다고 하였다.[31]

문이 이미 열리고 나자 궁인들이 어지럽게 나왔으며 안팎이 소란스럽게 밀쳤으나 황상이 간 곳을 알지 못하였다. 이에 왕공과 사민(士民)은 사방으로 나가 달아나 숨었고, 산골짜기에 살던 보잘 것 없는 백성들은 다투어 궁전과 왕공들의 저택에 들어와 황금과 보물을 도둑질하여 가져갔는데, 어떤 사람은 당나귀를 타고 전각에까지 올랐다.

또 좌장(左藏)에 속한 대녕고(大盈庫)를 불살랐다.[32] 최광원과 변령성[33]이 사람들을 이끌고 불을 끄고 또 사람들을 모아 부(府)와 현(縣)의 관원을 대신하게 하고 그 곳을 나누어 지키게 하였는데 10여 명을 죽이자 마침내 조금씩 평정되었다. 최광원은 그의 아들을 파견하여 동쪽으로 가서 안록산을 만나게 하였고, 변령성 또한 궁전의 열쇠를 그에게 바쳤다.

---

31) 당의 조회(朝會)제도는 삼위(三衛)가 근무하였는데 오장(五仗)으로 나누어서 아내오위(衙內五衛)라고 불렀다. 첫 번째를 공봉장(供奉仗)이라고 하는데 좌위(左衛)와 우위(右衛)로 하였고, 두 번째는 친장(親仗)이라고 하며 친위(親衛)로 하였다. 세 번째를 훈장(勳仗)이라고 하는데 훈위(勳衛)로 하였고, 네 번째를 익장(翊仗)이라고 하며 익위(翊衛)로 하였다. 다섯 번째를 산수장(散手仗)이라고 하며 친위(親衛)와 훈위(勳衛) 그리고 익위(翊衛)로 하였다. 해가 뜰 무렵에 전점(傳點)이 끝나고 안쪽 문이 열리고 백관이 들어와 열을 서면 황제가 어좌에 오르고 금오(金吾)장군 한 사람이 좌, 우상(廂) 안팎에서 평안(平安)을 아뢰고 통사사인(通事舍人)이 찬(贊)하면 재상(宰相)과 두 성(省)의 관리들이 두 번 절하며 궁전에 오른다. 내알자(內謁者)가 황제의 명령을 받들어 의장(儀仗)을 부르면 좌우림(左羽林)과 우우림(右羽林)장군은 목계(木契)를 가지고 조사하고 동쪽과 서쪽의 궁전 문으로부터 들어온다. 조회가 끝나면 황제는 동서문(東序門)으로 들어가고 그런 후에 의장을 내보낸다. 안팎의 의장대는 칠각(七刻)에야 마침내 내려간다.

32) 현종은 말년에 사치를 심하게 하고 후궁도 포상을 하고 물건을 하사하는데 절제가 없어서 자주 좌장(左藏)과 우장(右藏)에서 그 비용을 충당하였다. 이 내용은 현종(玄宗) 천보(天寶) 4재(載, 745년) 10월의 기록이며, 《자치통감》 권215에 실려 있다.

33) 최광원은 경조윤이고, 변령성은 환관장군이다.

황상이 편교(便橋, 섬서성 함양시 서남)를 지나가자 양국충은 사람을 시켜 다리를 태우도록 하였다. 황상이 말하였다.

"사인(士人)과 서인(庶人)이 각기 역적을 피하여 살기를 바라는데 어찌하여 그 길을 끊는가."

내시감(內侍監) 고력사(高力士)를 남기어 불을 끄고 오도록 하였다.[34]

황상은 환관 왕낙경(王洛卿)을 파견하여 앞에 가도록 하여 군현에 알려서 머무를 곳을 설치하도록 하였다. 식사를 할 시간에 함양의 망현궁(望賢宮)에 도착하였는데,[35] 왕락경은 현령과 더불어 달아났으므로 중사(中使)가 징소하였으나 이민(吏民) 가운데 호응하는 사람이 없었다.

해가 정오를 향하였으나 황상이 아직 먹지를 못하였으므로 양국충은 스스로 호떡[胡餠]을 사서 바쳤다. 이에 백성들이 다투어 거친 쌀로 지은 밥을 바쳤는데 보리와 콩을 섞었지만 황제의 손자들은 다투어 손으로 그것을 움켜쥐고 먹어서 잠깐 사이에 다 떨어졌으나 아직도 배가 부를 수가 없었다. 황상은 그 값을 다 갚고 그들을 위로하였다. 무리는 모두 통곡하였고 황상 또한 얼굴을 가리고 울었다.

부로(父老) 곽종근(郭從謹)이라는 사람이 말씀을 올렸다.

"안록산이 화란을 일으키려는 마음을 품은 것은 진실로 하루가 아니었습니다. 역시 대궐에 가서 그가 모의한 것을 알린 사람이 있었으나 폐하께서는 때때로 그들을 죽여서[36] 그의 간사하게 반역하는 것을 만족시키고 폐하가 파월(播越, 파천)하기에 이르게 되었습니다. 이리하여서 돌아가신 대왕께서는 충성스럽고 훌륭한 사람을 끌어 들여서 총명함을 넓히

---

34) 현종은 처음으로 내시감(內侍監)을 설치하였다. 삼품(三品)에 해당하였고 고력사(高力士)와 원사예(袁思藝)를 내시감으로 삼았다.

35) 함양현(咸陽縣, 섬서성 함양시)은 장안에서 서쪽으로 40리 떨어졌고 망현궁은 함양현의 동쪽에 위치하였다.

36) 이에 관한 일은 천보 14재(755년)이었고, 그 내용은 《자치통감》 권117에 실려 있다.

는데 힘썼는데 대개 이를 위한 것입니다.

　신은 송경(宋璟)이 재상이었을 때에 자주 곧은 말을 올렸고 천하 사람들은 그 사람에 힘입어서 평안하였던 것을 아직도 기억하고 있습니다.37) 근래로부터 조정에 있는 신하들은 말하는 것을 꺼렸고 오직 아부하며 받아들여지기만을 취하였는데, 이리하여서 대궐문 밖의 일은 폐하께서 모두 알 수 없었습니다. 초야에 있는 신은 반드시 오늘날과 같은 일이 있을 것을 안 지 오래이나 다만 아홉 겹에 삼엄하고 깊숙하여 작은 마음들이 위로 전달할 길이 없었습니다. 일이 여기에 이르지 않았다면 신이 어찌 폐하의 얼굴을 보고 그것을 하소연할 수 있었겠습니까.”

황상이 말하였다.

　“이것은 짐밝지 못한 것이며 후회해도 다시 따라잡을 수가 없소.”

그를 위로하고 타일러서 보냈다.

　잠시 후 상식(尙食)이 어선(御膳)38)을 들고 오자 황상은 먼저 시종하는 관리에게 하사하도록 명령하였으며 그렇게 한 후에 그것을 먹었다. 군사들로 하여금 흩어져서 촌락에서 먹을 것을 찾도록 하고 미시(未時)39)로 약속하였다가 모두 모여서 떠났다. 밤이 반쯤 지나서야 마침내 금성(金城)40)에 도착하였다.

　현령 역시 도망하였고 현에 사는 백성들은 모두 몸을 빼어 달아났으

---

37) 송경은 당(唐) 현종(玄宗) 개원(開元) 4년(716년) 윤12월에 형부상서에서 이부상서 겸 황문감으로 임명되었던 인물이다. 능력에 따라 인재를 채용하고 상벌에 공사(公私)를 엄격히 하여 현종도 그를 공경하고 두려워하였다고 하며, 이 내용은 ≪자치통감≫ 권211에 실려 있다.

38) 상식(尙食)은 황제의 식사 즉 어선(御膳)을 주관하는 관서인데, 봉어(奉御)와 직장(直長)이 있다. 어선(御膳)은 황제가 먹는 음식이다.

39) 고대에는 시간을 12시각으로 나누고 12지(支)로 표시하였는데, 자(子)시는 밤 12시이고 오(午)시는 낮 12시이므로 미(未)시는 오후 2시 경이다.

40) 금성현(金城縣, 섬서성 흥평시)은 경조(京兆) 소속으로 원래는 시평현(始平縣)이었으나 중종(中宗) 경룡(景龍) 2년(798년)에 금성공주(金城公主)를 토번에 보냈을 때에 명칭을 금성으로 바꾸었다. 장안성에서 서쪽으로 85리의 거리에 있다.

나 마시고 먹는 그릇은 갖추어져 있어서 병사들은 그것을 가지고 자급할 수 있었다. 이때 따르는 사람들은 대부분 달아났고 내시감 원사예(袁思藝) 역시 도망하였다. 역 안에는 등불이 없어서 사람들이 서로 베개를 삼아 잠을 잤으며 귀천(貴賤)은 다시 말할 것이 없었다.

왕사례(王思禮)가 동관으로부터 도착하자 비로소 가서한이 사로잡힌 것을 알았다. 왕사례를 하서·농우(河西·隴右)절도사로 삼고,[41] 즉시 진수하는 곳으로 가서 흩어진 병사를 거두고 합쳐서 동쪽 토벌을 기다리도록 하였다.

병신일(14일)에 마외역(馬嵬驛, 섬서성 흥평시 서부)에 도착하였는데 장사(將士)들은 굶주리고 피곤하여 모두 분해하고 화를 냈다. 진현례(陳玄禮)는 화란이 양국충으로 말미암은 것으로 생각하여 그를 주살하려고 하였는데, 동궁의 환관인 이보국(李輔國)을 통하여 이 사실을 태자에게 알렸으나 태자는 아직 결정하지 않았다.

마침 토번의 사자 20여 명이 양국충의 말을 막고 먹을 것이 없는 것을 가지고 하소연하였고, 양국충은 아직 대답도 하지 못하였는데 군사들이 외치며 말하였다.

"양국충이 호족 오랑캐와 더불어 반란을 모의하였다."

어떤 사람이 그에게 활을 쏘아 안장을 맞추었다.

양국충은 달아나 서문 안에 도착하였으나 병사가 뒤를 쫓아 그를 죽여 사지를 가르고, 그 창으로 그의 머리를 매달아 역문 밖에 걸었으며, 아울러 그의 아들인 호부시랑 양훤(楊暄)과 한국(韓國)부인·진국(秦國)부인을 죽였다.[42]

---

41) 하서절도사의 본영은 무위(武威, 감숙성 무위시)이고, 농우절도사의 본영은 서평(西平, 청해성 악도현)이다.

42) 양국충이 현종(玄宗) 천보(天寶) 4재(745년)에 경사에 온 뒤 12년 만에 전 가족이 죽게 된 것이다.

어사대부 위방진(魏方進)이 말하였다.

"너희들이 어찌 감히 재상을 해쳤는가?"

무리는 또 그를 죽였다. 위견소(韋見素, 左相)는 난이 일어났다는 소식을 듣고 밖으로 나왔다가 난병(亂兵)들에게 채찍을 맞았는데, 뇌에서 나온 피가 땅에 흘렀다. 무리가 말하였다.

"위상공(韋相公)을 해치지 마라."

그를 구원하여 죽음을 모면할 수 있었다.

병사들이 역을 포위하자 황상은 떠들썩한 소리를 듣고 밖에 무슨 일인가를 물으니, 좌우에 있는 사람들은 양국충이 반란을 일으켰다고 대답하였다. 황상은 지팡이를 짚고 신발을 신고[43] 역(驛)의 문으로 나와 병사들을 위로하고 대오를 거두도록 하였으나 병사들은 호응하지 않았다.

황상이 고력사를 시켜서 이들에게 묻게 하자, 진현례가 대답하였다.

"양국충은 반란을 일으키려고 꾀하였고 귀비는 적당하게 모시지 못하였으니, 바라건대, 폐하께서는 은정을 베어내시고 법을 바르게 하십시오."

황상이 말하였다.

"짐이 마땅히 스스로 이를 처리하겠다."

문 안으로 들어가 지팡이에 의지하여 머리를 수그리고 섰다.

오래 지난 후 경조사록(京兆司錄)[44] 위악(韋諤)이 앞으로 나아가 말하였다.

"지금 무리들이 화를 내고 범접하기 어려워서 안위(安危)가 경각에 달려있으니, 바라건대, 폐하께서는 속히 결정하십시오!"

이어서 머리를 바닥에 조아려서 피를 흘렸다. 황상이 말하였다

---

43) 황제가 직접 지팡이를 짚고 나온다는 것은 아주 특수한 예이다.

44) 경조부의 사록참군(司錄參軍)이며 정7품 상(上)에 속한다. 무덕(武德) 초기에 주(州)의 주부(主簿)를 고쳐서 녹사참군(錄司參軍)이라고 하고 과실을 수정하고 부절과 인장을 관장하였는데, 개원(開元) 원년(713년)에 사록(司錄)으로 고쳤다.

"귀비는 항상 깊은 궁궐에 있었는데, 어찌 양국충의 모반을 알았겠는가?"

고력사가 말하였다.

"귀비는 진실로 죄가 없지만 그러나 장수와 병사들이 이미 양국충을 죽였는데 귀비가 폐하의 좌우에 있었으니 어찌 감히 스스로 편안할 수 있겠습니까? 바라건대, 폐하께서는 깊이 그것을 생각하십시오. 장사들이 편안해지면 폐하는 편안해집니다."

황상은 마침내 고력사에게 명하여 귀비를 불당(佛堂)으로 끌어내게 하여 목매어 죽게 하였다.45) 시체를 수레에 실어 역의 뜰에 두고 진현례 등을 불러 들어와 살피게 하였다. 진현례 등이 마침내 투구를 벗고 갑옷을 벗고서 머리를 조아리며 죄를 내려달라고 청하니, 황상은 그들을 위로하고 병사들을 타이르도록 시켰다.

진현례 등은 모두 만세를 불렀으며 두 번 절하고 나갔고 이에 비로소 대오를 정돈하여 가는 계책을 만들었다. 위악은 위견소(韋見素)의 아들이다. 양국충의 처인 배유(裴柔)46)와 그의 어린 아들인 양희(楊晞) 그리고 괵국(虢國)부인과 그 부인의 아들인 배휘(裴徽)는 모두 달아나 진창(陳倉, 섬서성 보계시)에 도착하였는데, 현령 설경선(薛景仙)이 이사(吏士)를 인솔하고 뒤를 쫓아가 잡아서 그들을 죽였다.

정유일(15일)에 황상이 곧 마외(馬嵬)를 떠나려고 하는데, 조정의 신하 가운데는 오직 위견소 한 사람뿐이어서 마침내 위악을 어사중승으로 삼고 치돈사(置頓使)에 충임하였다. 장사가 모두 말하였다.

"양국충이 모반하였고 그의 장리(將吏)가 모두 촉(蜀)에 있으니 갈 수 없습니다." 47)

---

45) 이 해 양귀비 즉 양옥환(楊玉環)의 나이는 서른여덟 살이다. 현종은 일흔두 살이다.

46) 예전에는 촉(蜀) 출신 창기(倡妓)였다.

47) 양국충의 근거지가 촉이었다. 그러므로 그의 처인 배유도 촉의 노래하는 사람이었다. 그러므로 양국충을 죽인 장사들이 촉으로 가려고 하지 않은 것이다.

어떤 사람은 하서(河西)와 농우(隴右)로 가기를 청하였고, 어떤 사람은 영무(靈武)에 가기를 청하였으며, 어떤 사람은 태원(太原)으로 가기를 청하였고, 또는 경사에 돌아갈 것을 말하였다. 황상의 속마음은 촉으로 들어가는데 있었으나 무리의 마음을 어길까 걱정하여 끝내 향할 곳을 말하지 않았다.

위악이 말하였다.

"경사로 돌아간다면 응당 역적을 막을 대비가 있어야만 합니다. 지금은 병사가 적어서 동쪽으로 향하여 가는 것은 쉽지 않으니 부풍(扶風, 섬서성 봉상현)에 도착하여 서서히 거취를 꾀하는 것만 같지 못합니다."

황상이 무리에게 물으니 무리들은 그럴 것으로 여겨서 마침내 이를 좇았다.

떠나게 되자 부로(父老)가 모두 길을 막고 남아있기를 청하며 말하였다.

"궁궐은 폐하의 집이고 능침(陵寢)은 폐하의 분묘인데 지금 이곳을 버리고 어디로 가시려고 합니까."

황상은 그것 때문에 고삐를 만지면서 오래 있었고 마침내 태자로 하여금 뒤에서 부로를 위로하게 하였다.

부로가 이어서 말하였다.

"지존께서 이미 머물려고 하지 않으시니 아무개48)들은 자제를 인솔하고 전하49)를 따라 동쪽으로 가서 역적을 깨뜨리고 장안을 빼앗기를 원합니다. 만약에 전하께서 지존과 더불어 모두 촉으로 들어가시면 중원에 있는 백성들로 하여금 누구를 주군으로 삼도록 만드시겠습니까."

잠시 사이에 무리가 수천 명에 이르렀다.

---

48) 모(某)라는 말이다. 자기의 이름 대신에 모(某)라고 하는 것이다.

49) 여기서 지존은 현종을 말하며 전하는 숙종을 말한다. 숙종은 아직 즉위하지 않았으므로 태자의 신분이어서 전하라는 용어를 사용하였다.

태자는 안 된다고 하면서 말하였다.

"지존께서 먼 곳에서 험한 고난을 무릅쓰시는데 내가 어찌 차마 아침 저녁으로 그 좌우를 떠날 수 있겠는가? 또한 나는 아직 면전에서 작별을 하지 않았으니 응당 돌아가 지존께 보고하고 전진할지 멈출지를 품신하겠소."

눈물을 흘리면서 말을 빼내어 서쪽으로 가려고 하였다.

건녕왕(建寧王) 이담(李倓)은 이보국(李輔國)과 더불어 말 재갈을 잡고 간하였다.

"역적의 호족(胡族)이 대궐을 침범하여 사해가 나뉘어 무너졌는데 인심을 따르지 않으면 무엇으로 부흥하겠습니까? 지금 전하께서 지존을 따라 촉에 들어가고 만약 도적의 병사들이 잔도(棧道)[50]를 불태워 끊어 버리면 중원의 땅은 팔짱을 끼고 도적에게 주는 것이 됩니다.

인심이 이미 떨어지고 나면 다시 합칠 수 없으니 비록 다시 여기에 이르고자 하나 그것이 될 수 있겠습니까! 서북쪽에서 변경을 지키는 병사를 거두어들이고 곽자의와 이광필을 하북(河北)에서 부르고 그들과 더불어 힘을 합하여 동쪽으로 가서 역적을 토벌하여 양경(兩京)에서 이겨서 되찾고, 사해를 깎아내어 평정하여 사직으로 하여금 위태로웠으나 다시 안정되도록 만들고, 종묘로 하여금 훼손되었으나 다시 보존하도록 만들며, 궁궐을 쓸고 제거하여 지존을 맞이하는 것만 같지 아니하니, 어찌 큰 효도가 아니겠습니까! 하필 사소하게 따뜻한 것을 서늘하게 하려 하여[51] 아녀자가 연모하는 마음을 만드십니까!"

광평왕(廣平王) 이숙(李俶) 또한 태자에게 머물 것을 권하였다.

부로들은 함께 태자의 말을 에워싸니 갈 수가 없었다. 태자는 마침내

---

50) 촉으로 들어갈 수 있도록 만들어 놓은 길이다. 절벽에 나무를 박아 만든 길이다.

51) 아들이 부모를 모시는 모습이다.

이숙으로 하여금 말을 달려가 황상에게 보고하도록 시켰다. 황상은 말고 삐를 잡아매고 태자를 기다렸으나 오래도록 도착하지 않자 사람을 시켜 정탐하도록 하였는데, 돌아와 상황을 보고 하자, 황상이 말하였다.

"하늘아!"

마침내 후군(後軍) 2천 명과 비룡구(飛龍廐)의 말[52]을 나누어 태자를 좇도록 하고, 또 장사들에게 유시하였다.

"태자는 어질고 효성스러워 종묘를 받들 만하니 너희들은 태자를 잘 보좌하라."

또 태자에게 유시하였다.

"너는 부지런히 하면서 나를 걱정하지 마라. 서북에 있는 여러 호족들은 내가 평소 후하게 그들을 안무하였으니 너는 반드시 그들을 사용할 수 있을 것이다."

태자는 남쪽을 향하여 눈물을 흘리며 소리를 내어 울 따름이었다.

또 동궁의 나인(內人)[53]들을 태자에게 보내도록 시키고[54] 또 뜻을 밝혀 황제의 자리를 전하려고 하였으나 태자는 받지 않았다. 이숙과 이담 모두 태자의 아들이다.

---

52) 황실에서 사용하는 말은 모두 여섯 개의 마구간에 비치되어 있었는데, 비룡구(飛龍廐)는 일등급이었다.

53) 궁궐 안에서 대전과 내전을 가까이 모시는 내명부를 말하며, 궁인, 궁녀, 여시이다.

54) 장량제(張良娣)는 군중(軍中)에 있었다. 이로부터 건녕(建寧)의 화(禍)가 시작된다.

갈라지는 황제와 태자

4 기해일(17일)에 황상이 기산(岐山, 섬서성 기산현)에 도착하였다. 어떤 사람이 역적의 선봉이 또 도착하였다고 말하자 황상은 급히 지나쳐서 부풍군(扶風郡, 섬서성 봉상현)에 묵었다. 병사들이 속으로 떠날까 말까 하는 마음을 품고 있어서 때때로 불손한 말이 흘러 다녔으나 진현례가 통제하지 못하자, 황상은 그것을 걱정하였다.

마침 성도의 공물인 춘채(春綵) 10여만 필이 부풍(扶風)에 도착하자 황상은 그것을 뜰에다 펼쳐 놓도록 시키고 장사(將士)를 불러들이고 마루에 나가서 타이르며 말하였다.

"짐은 근래 늙고 쇠약하여 일을 맡기면서 적당한 사람을 잃어 역적 호족으로 하여금 법도를 어지럽게 하도록 만들어서 멀리서 그 칼끝을 피해야만 하였다. 경 등은 모두 갑자기 짐을 따르느라 부모처자와 이별하지 못하고 노숙(露宿)하며 여기에 도착한 것을 아는데 그 노고가 지극하여 짐은 심히 이를 부끄러워한다.

촉(蜀)으로 가는 길은 막히고 멀며 군현이 좁고 작아서 사람과 말이 많은데 충분히 공급하지 못할 수도 있으니 지금 경 등은 각기 집으로 돌아갈 것을 허락한다. 짐 혼자 아들·손자·중관(中官, 환관)과 더불어 앞서 가서 촉(蜀)으로 들어가겠는데 또한 충분히 스스로 도착할 수 있다. 오늘 경 등과 결별(訣別)하니 이 비단을 함께 나누어서 물자와 양식

을 갖출 수 있다. 만약 돌아가서 부모와 장안의 부로(父老)들을 보면 짐
을 위하여 내 뜻을 전하고 각기 스스로를 사랑하라!"

이어서 눈물을 떨어뜨리고 옷깃을 적셨다.

　무리들은 모두 통곡하며 말하였다.

　"신 등은 죽건 살건 폐하를 좇겠으며 감히 두 마음을 갖지 않겠습니다."

황상은 오래 지나서 말하였다.

　"떠나는 것과 남는 것은 경들에게 맡기겠다."

이로부터 근거 없는 말은 비로소 식어졌다.

5　태자가 이미 머물게 되자 있을 곳을 알지 못하였다. 광평왕 이숙이
말하였다.

　"날이 점차 저물고 이곳은 머물 수 없으니 무리들은 어디로 가려고 합
니까?"

모두 대답하지 못하였다.

　건녕왕(建寧王) 이담(李倓)이 말하였다.

　"전하께서 예전에 일찍이 삭방(朔方)절도대사였는데,55) 장리(將吏)들이
세시(歲時)로 계문(啓文)을 보내었으며, 저 이담은 그들의 성명을 대략
압니다. 지금 하서(河西)와 농우(隴右)에 있는 무리들은 모두 패배하여
역적에게 항복을 하였고, 부형과 자제들이 대부분 역적 가운데 있어서
혹은 다른 기도를 만들기도 합니다.

　삭방도(朔方道)는 가깝고 병사와 말이 온전하고 강성하며 배면(裴冕)은
의관(衣冠)을 갖춘 명족(名族)56)이어서 반드시 두 마음이 없을 것입니
다.57) 역적은 장안(長安)에 들어가면 바야흐로 포로로 하고 약탈을 하는

---

55) 당(唐) 현종(玄宗) 개원(開元) 15년(727년)의 일이고, 《자치통감》 권213에 실려 있다.

56) 의관이란 의관을 항상 쓰고 있는 사대부(士大夫)를 가리키는 말이고, 명족은 이름 난
　　족속이라는 말이다.

중이라 땅을 순찰할 겨를이 아직 없을 것이니 이 틈을 타서 속히 그곳에 가서 서서히 큰 거사를 꾀하면 이것이 최상의 책략입니다."

무리는 모두 말하였다.

"좋습니다."

위수(渭水) 가에 이르러 동관에서 패배하였던 병사들을 만났는데 오인하여 그들과 싸워서 죽고 다친 사람이 아주 많았다. 이미 그렇게 하고서 마침내 잔여졸병들을 거두고 위수의 낮은 곳을 가리어 말을 타고 건넜지만 말이 없는 사람들은 눈물을 흘리며 돌아갔다.

태자는 봉천(奉天, 섬서성 건현)으로부터 북쪽으로 올라가 신평(新平, 섬서성 빈현)에 도착할 즈음에는 밤을 새워 300리를 달려가니, 사졸과 기계 중 잃은 것과 없어진 것이 반을 넘었고 남아있는 무리는 수백 명에 지나지 않았다. 신평 태수 설우(薛羽)가 군(郡)을 버리고 달아나니, 태자는 그의 목을 베었다. 이날 안정(安定, 감숙성 경천현)에 도착하였는데, 태수 서학(徐毅)도 역시 달아나자 또 그를 목 베었다.

6 경자일(18일) 검남절도(劍南節度)유후58) 최원(崔圓)을 검남절도등(劍南節度等)부대사로 삼았다. 신축일(19일)에 황상은 부풍을 떠나 진창(陳倉, 섬서성 보계시 동부)에서 묵었다.

7 태자가 오지(烏氏, 감숙성 경천현 동부)에 도착하자 팽원(彭原, 감숙성 영현) 태수 이준(李遵)이 나와서 영접하고 옷과 양식을 바쳤다. 팽원에 도착하여 병사를 모아서 수백 명을 얻었다. 이날 평량(平涼, 영하 고원현)에 도착하였으며 목마(牧馬)를 살피고 조사하여 수만 필을 얻었고, 또

---

57) 배면은 이 당시에 하서(河西)행군사마였다.

58) 본직을 맡은 관리가 치소를 떠나거나 결원이 되었을 때 그 업무를 맡는 관리이다. 여기서는 검남절도사가 없기 때문에 최원이 그 유후(留後)를 맡은 것이다.

병사를 모아서 500여 명을 얻자 군대의 세력이 조금씩 떨쳐졌다.

8 임인일(20일)에 황상은 산관(散關, 섬서성 보계시 서남)에 도착하였고 호종(扈從)하는 장사를 나누어서 육군(六軍)으로 만들었다. 영왕(穎王) 이교(李璬)로 하여금 먼저 검남에 가도록 하였고, 수왕(壽王) 이모(李琩) 등으로 하여금 육군(六軍)을 나누어 거느리고 그 뒤를 잇도록 시켰다. 병오일(24일)에 황상은 하지군(河池郡, 섬서성 봉현)에 도착하였다.

최원은 표문을 받들어 거가(車駕)59)를 영접하고 촉(蜀)에 풍년이 들었고 갑옷을 입은 병사가 온전하며 강성하다고 진술하였다. 황상은 크게 기뻐하고 그 날로 최원을 중서시랑·동평장사로 삼고 촉군(蜀郡) 장사는 옛날처럼 수행하게 하였다. 농서공(隴西公) 이우(李瑀)를 한중왕(漢中王)·양주(梁州)도독·산남서도(山南西道)채방·방어사로 삼았다. 이우는 이진(李璡, 宋王 李憲의 아들)의 동생이다.

9 왕사례(王思禮)60)는 평량(平涼)에 도착하여 하서(河西)의 여러 호족이 반란을 일으켰다는 소식을 듣고 돌아와서 행재(行在)61)에 갔다. \
애초에, 하서의 여러 호족 부락들은 그들의 도호(都護)가 모두 가서한을 좇아서 동관에서 죽었다는 소식을 들었으니, 그러므로 다투어 자립하고 서로 공격하였다. 그러나 도호는 사실 가서한을 좇아서 북쪽 기슭에 있었지만 죽지 않았고 또 화발귀인(火拔歸仁)과 함께 도적에게 항복하지도 않았다.

황상은 마침내 하서(河西)병마사 주필(周泌)을 하서절도사로 삼고, 농

---

59) 거가는 원래 황제가 타는 수레를 지칭하는 것인데, 황제라는 용어 대신으로 사용하여 보통은 황제를 가리킨다.

60) 새로 임명된 하서·농우절도사이다.

61) 황제가 황궁을 떠나서 머무는 곳을 말한다.

우(隴右)병마사 팽원요(彭元耀)를 농우절도사로 삼으며, 도호(都護) 사결
진명(思結進明) 등과 함께 진수하는 곳에 가서 그 부락을 불러들였다.62)
왕사례를 행재(行在)도지병마사63)로 삼았다.

10　무신일(26일)에 부풍의 민간인인 강경룡(康景龍) 등은 스스로 인솔
하고 역적이 임명한 선위사(宣慰使) 설총(薛總)을 공격하여 머리를 벤 것
이 200여 명이었다. 경술일(28일)에 진창(陳倉, 섬서성 보계시 진창진) 현
령 설경선(薛景仙)은 역적의 수비 장수를 죽이고 부풍에서 승리하고 그
곳을 지켰다.

11　안록산은 뜻하지 않게 황상이 갑자기 서쪽으로 행차하자, 사신을 파
견하여 최건우(崔乾祐)의 병사를 저지시켜 동관에 머무르게 하였는데, 무
릇 열흘 만에 마침내 손효철(孫孝哲)을 파견하여 군사를 거느리고 장안
에 들어가도록 하였다. 장통유(張通儒)를 서경유수로 삼고, 최광원(崔光
遠)을 경조윤으로 삼았으며, 안충순(安忠順)64)으로 하여금 군사를 거느리
고 금원(禁苑, 장안에 있는 금원) 안에 주둔시키고 관중을 진수하도록 하
였다.

손효철은 안록산에게 총애를 받아 일을 맡은 바, 더욱 멋대로 일을 처
리하였고 항상 엄장(嚴莊)과 더불어 권력을 다투었다. 안록산이 관중의
제장들을 감독하게 하니 장통유 등은 손효철에게 모두 통제를 받았다.
손효철은 호화스럽고 사치스러웠으며 사람을 죽이는데 과단성이 있어서

---

62) 하서(河西)에는 돌굴부락으로 이루어진 두 개의 기미주(羈縻州)가 있었고, 사결(思
結) 부락으로 구성된 네 개의 기미주가 있었으며, 농우(隴右)에는 돌굴 부락 기미주
가 30개 있었다.

63) 황제가 머무는 곳의 군사에 관한 모든 것을 처리하는 관직이다.

64) 엄연은 ≪자치통감보≫에서 안충순을 안수충(安守忠)으로 고쳐 쓰고 있다.

역적의 무리들은 그를 두려워하였다. 안록산은 백관·환관·궁녀 등을 찾아서 잡도록 하니 매번 수백 명씩을 잡았고 번번이 병사로 호위하여 낙양(洛陽)으로 보냈다. 왕·후·장·상으로 거가를 호종(扈從)하고 가족이 장안에 남아있는 사람은 살육되는 것이 어린아이까지 미쳤다.

진희렬(陳希烈)은 말년에 은총을 잃어서65) 황상을 원망하고 장균(張均)·장기(張垍) 등과 더불어66) 모두 도적에게 항복하였다. 안록산은 진희렬·장기를 재상으로 삼고 나머지 조정의 인사들은 모두 관직을 주었다. 이에 역적의 세력이 크게 일어났고, 서쪽으로는 견·농(汧·隴, 감숙성 동부 및 섬서성 서부)을 위협하였고, 남쪽으로는 강·한(江·漢)을 침략하였으며, 북쪽으로는 하동(河東, 산서성)의 반을 베어냈다.67)

그러나 역적의 장수들은 모두 거칠고 사나우며 원대한 책략이 없어서 이미 장안에서 이기고 나자 뜻을 얻었다고 여기고 주야로 멋대로 술을 마시고 오로지 음악과 여색, 보물을 뇌물로 받는 것을 일삼았으며, 다시 서쪽으로 나가려고 하는 뜻이 없었다. 그러므로 황상은 편안하게 가서 촉(蜀)으로 들어갈 수 있었으며, 태자가 북행(北行)하는 것도 역시 쫓아오며 압박해올 걱정이 없었다.

12　이광필(李光弼)68)은 박릉(博陵, 하북성 정주시)을 포위하였으나 아직 떨어지지 아니하였는데 동관이 지켜지지 못하였다는 소식을 듣고 포위

---

65) 진희렬은 전 재상이다. 이 일은 현종(玄宗) 천보(天寶) 13재(754년) 7월의 일이고, ≪자치통감≫ 권117에 실려 있다.

66) 현종(玄宗) 천보(天寶) 13재(754년) 3월에 안록산이 관직 임용에 불만을 품은 이유를 장기 형제가 안록산에게 밀고한 것으로 보고 장균과 장기 그리고 장기의 동생인 장숙의 관직을 삭감하였는데, 이 내용은 ≪자치통감≫ 권217에 실려 있다.

67) 부풍(扶風)을 차지하면 서쪽으로 견, 농(汧, 隴)을 위협하게 되고, 남양(南陽)을 둘러싸면 남쪽으로 강, 한(江, 漢)을 침범하게 된다. 최건우는 동관전투의 승리를 틈타서 북쪽으로 가서 하동(河東)을 빼앗았다.

68) 하북절도사였다.

를 풀고 남쪽으로 갔다. 사사명이 그 뒤를 밟자 이광필은 그를 공격하여
물리치고 곽자의와 더불어 군사를 다 이끌고 정형(井陘, 하북성 녹천시 서
부)으로 들어가서 상산(常山, 하북성 정정현) 태수 왕보(王俌)를 남겨두어
경성(景城, 하북성 창주시 동남)과 하간(河間, 하북성 하간시)의 단련병을 거
느리고 상산을 지키도록 하였다.

평로(平盧)절도사69) 유정신(劉正臣)이 곧 범양(范陽, 북경시)을 기습하
려고 하고 아직 도착하지 않았는데 사사명이 군사를 이끌고 그에 맞서
공격하자, 유정신은 대패하여 처자를 버리고 달아났으며, 병사들 중 죽
은 사람이 7천여 명이었다.

애초에, 안진경(顔眞卿)은 하북절도사 이광필이 정형을 나갔다는 소식
을 듣고 즉시 군대를 거두어들여 평원(平原, 산동성 능현)으로 돌아가서
이광필의 명령을 기다렸다. 곽자의와 이광필이 서쪽으로 가서 정형으로
들어갔다는 소식을 듣고 안진경은 비로소 하북(河北)의 군사적인 일을
구분하여 처리하였다.

13 태자가 평량(平涼, 영하 고원현)에 도착하여 며칠 만에 삭방유후(朔方
留後) 두홍점(杜鴻漸)·육성수륙운사(六城水陸運使)70) 위소유(魏少遊)·절
도판관 최의(崔漪)·지탁판관(支度判官) 노간금(盧簡金)·염지판관(鹽池判
官) 이함(李涵)은 서로 모의하여 말하였다.

"평량은 산지(散地)71)이니 병사를 주둔시킬 곳이 아니고, 영무(靈武, 영
하 영무현)는 병사와 먹을 것이 완전하고 풍부하니 만약 태자를 영접하

---

69) 본영은 유성(柳城, 요녕성 조양시)이다.

70) 여섯 개의 성이란 다음과 같다. 동수강성(東受降城, 내몽골자치구 托克托현 남부), 중
   수강성(中受降城, 내몽골자치구 포두시), 서수강성(西受降城, 내몽골자치구 오원현 서
   북), 풍안(豊安, 내몽골자치구 烏拉特中旗), 정원(定遠, 영하회족자치구 평라현 남부),
   진무(振武, 내몽골자치구 허린컬현).

71) 지형이 산이나 하천으로 막히지 않은 개활지를 말한다. 이러한 곳은 방어하기가 어렵다.

여 이곳에 도착하면 북쪽에 있는 여러 성의 병사를 거두어들이고 서쪽으로는 하(河)·농(隴)의 굳센 기병을 발동하여 남쪽을 향하여 중원을 평정하면 이것은 만세(萬世)에 한 번 올 수 있는 때이다."

마침내 이함으로 하여금 태자에게 편지를 바치도록 시키고 또 삭방의 병사와 말, 갑옷과 무기·곡식과 비단·군대에 필요한 물품의 숫자를 문서에 적어서 태자에게 바치도록 하였다. 이함이 평량에 도착하자 태자는 크게 기뻐하였다.

마침 하서(河西)사마 배면(裴冕)이 들어와 어사중승이 되어 평량에 도착하여 태자를 만났는데, 그 또한 태자에게 삭방으로 가기를 권유하니, 태자는 이를 좇았다. 두홍점은 두섬(杜暹)[72]의 친척조카이며 이함은 이도(李道)[73]의 증손이다.

두홍점과 최의는 위소유(魏少遊)로 하여금 뒤에 머물도록 시키고 숙소를 만들고 물자를 갖추게 하고 스스로는 평량의 북쪽 경계에서 태자를 맞이하여 태자에게 유세하였다.

"삭방에는 천하의 굳센 병사가 머무르고 있습니다. 지금 토번(吐蕃)이 화친을 청하고 회흘(回紇)이 안으로 귀부하였으며 사방에 있는 군현이 대체로 굳게 지키고 역적을 막으면서 부흥을 기다립니다. 전하께서 지금 영무(靈武)에서 군사를 다스려서 말고삐를 잡고 멀리 몰아가면서 격문을 사방에 돌리어 충성스럽고 의로운 사람을 거두어들이면 역적은 도륙된다고 말할 거리도 되지 않습니다."

위소유(魏少遊)는 궁전을 잘 정비하고 휘장도 모두 궁전을 모방하였으며 음식은 수산물과 육식을 함께 갖추었다. 가을, 7월 신유일(9일)에 태자가 영무에 도착하였는데, 그것들을 모두 치우도록 명령하였다.

---

72) 두섬이 일찍이 재상을 지냈던 일은 《자치통감》 권213의 현종(玄宗) 개원(開元) 17년(729년) 6월 기록에 나오고 있다.

73) 영안왕(永安王) 이효기(李孝基)의 맏아들이다.

숙종의 즉위와 두 개의 조정

14 갑자일(12일)에 황상이 보안(普安, 사천성 검각현)에 도착하자 헌부(憲部)시랑 방관(房琯)이 와서 알현하였다. 황상이 장안을 떠나는데, 여러 신하들은 대부분 그것을 알지 못하였지만 함양에 도착하여 고력사에게 말하였다.

"조정의 신하 가운데 누가 응당 와야 하고, 누가 오지 않겠는가?"

대답하였다.

"장균과 장기 부자는 폐하의 은혜를 아주 깊이 받았고 또 외척관계로 이어졌으니 이들은 반드시 먼저 올 것입니다.74) 당시의 여론은 모두 방관이 의당 재상이 되어야 한다고 하였으나 폐하께서 채용하지 않았고 또 안록산이 일찍이 그를 추천하였으니 혹시 오지 않을까 두렵습니다."

황상은 말하였다.

"일은 아직 알 수가 없다."

방관이 도착하자 황상은 장균의 형제에 관하여 물으니, 대답하였다.

"신이 사람들을 인솔하고 함께 오는데 머뭇거리며 나아가지 않았으니, 그 속마음을 보건대 마음에 쌓아둔 것이 있는 것 같았으나, 말할 수 없었습니다."

---

74) 장기는 현종의 딸인 홍신공주(興信公主)를 아내로 맞아들였다.

황상이 고력사를 돌아보며 말하였다.

"짐은 본래 그것을 알았었다."

그날 방관을 문부시랑 · 동평장사로 삼았다.

애초에, 장기는 영친(寧親)공주[75]를 모시고 살았고 금중(禁中)에 주택을 두도록 허용하여 총애는 비교할 바가 없었다. 진희열(陳希烈)이 정치업무에서 풀어주기를 요구하자[76] 황상은 장기의 집에 행차하여 재상이 될 만한 사람을 물었다. 장기는 대답하지 않았다.

황상이 말하였다.

"사랑하는 사위만한 사람이 없군."

장기는 계단을 내려가 절을 하고 춤을 추었다. 이미 그렇게 하고나서 채용하지 않으니, 그러므로 장기는 원망하는 마음을 품었고, 황상 또한 그것을 알아차렸다.

이 당시에 장균과 장기 형제와 요숭(姚崇)[77]의 아들인 상서우승 요혁(姚奕) · 소숭(蕭嵩)[78]의 아들인 병부시랑 소화(蕭華) · 위안석(韋安石)의 아들인 예부시랑 위척(韋陟)과 태상소경 위빈(韋斌)은 모두 재주와 명망으로 큰 관직에 이르렀는데, 황상이 일찍이 말하였다.

"나는 재상을 임명하면서 응당 예전에 재상이었던 사람의 자제를 두루 천거하여야 할 따름이다."

이미 그렇게 말하고 나서 모두 채용하지 않았다.

---

75) 현종의 맏딸이며 원래는 흥신(興信)공주였으나 영친(寧親)으로 개봉(改封)한 것이다.

76) 이 일은 현종(玄宗) 천보(天寶) 13재(754년) 7월의 일이며, 이 내용은 ≪자치통감≫ 권217에 실려 있다.

77) 현종(玄宗) 개원(開元) 9년(721년) 9월에 사망하였고, 시호는 양문헌공(梁文獻公)이다. ≪자치통감≫ 권212에 실려 있다.

78) 현종(玄宗) 개원(開元) 27년(739년) 6월 당시 태자태사(太子太師)의 지위에 있었으나 일찍이 뇌물을 주어 장안성 남쪽의 경지(耕地)를 구입한 것이 이림보(李林甫)에게 적발되어 청주(青州) 자사로 좌천되었던 인물이다. 이 내용은 ≪자치통감≫ 권214에 실려 있다.

15 배면과 두홍점 등은 태자에게 전(牋, 편지)을 올려 마외(馬嵬, 섬서성 흥평시 서부)의 명령을 따라서 황제의 자리에 오를 것을 청하였으나 태자는 허락하지 않았다.

배면 등이 말하였다.

"장수와 병사는 모두 관중의 사람이고 주야로 돌아갈 것을 생각하니, 그러므로 험하고 가파른 곳에서 전하를 따르고 먼 곳에서 사막과 변방을 지난 것은 아주 작은 공로를 세우기를 바랐던 까닭입니다. 만약에 하루아침에 흩어진다면 다시 모을 수 없습니다. 바라건대, 전하께서는 무리의 마음을 살피는데 힘써 사직을 위한 계책으로 삼으십시오."

편지를 다섯 번 올리자 태자는 마침내 허락하였다.

이날 숙종(肅宗)79)은 영무성(靈武城, 영하 영무현)의 남쪽 누각에서 황제의 자리에 올랐으며 여러 신하들은 춤을 추고 뛰었고 황상80)은 눈물을 흘리며 흐느껴 울었다. 현종을 높여 상황천제(上皇天帝)라고 하고 천하에 사면하였으며 연호를 고쳤다.81) 두홍점과 최의를 나란히 지중서사인사(知中書舍人事)82)로 삼고, 배면을 중서시랑 · 동평장사로 삼았다.

관내(關內) 채방사를 고쳐서 절도사로 하였고, 치소를 안화(安化, 감숙성 경양현)로 옮겼으며, 이전에 포관(蒲關) 방어사였던 여숭분(呂崇賁)으로 하여금 그것으로 삼았다. 진창 현령인 설경선을 부풍 태수로 삼아 방어사를 겸하도록 하였다. 농우절도사 곽영예(郭英乂)를 천수(天水, 감숙성 천수시) 태수로 삼아 방어사를 겸하도록 하였다.

---

79) 이름은 이형(李亨)이고 이 해 마흔여섯 살이다.

80) 사마광이 이때부터 황상이라고 쓴 사람은 숙종을 말하며, 현종은 상황으로 적고 있다.

81) 이전은 현종(玄宗) 천보(天寶) 15재(載)이고, 이후는 지덕(至德) 원재(元載)이다.

82) 지직(知職)이다. 정규의 관직명은 중서사인이고 궁중의 업무를 맡아서 처리하는 직책인데 이 업무를 알아서 처리하는 사람을 말하는 관직이다. 이를 해석한다면 '중서사인의 업무를 알아서 처리하는 사람' 이 된다.

이때에 요새의 정병(精兵)들은 모두 뽑혀 역적을 토벌하는데 들어갔고, 오직 남아 있는 노약자가 변방을 지켰으며, 문무관원은 30명을 채우지 못하였는데, 풀밭을 열어서 조정을 세우고 제도를 처음 만들자 무인들이 교만하였다.

대장(大將) 관숭사(管崇嗣)는 조당(朝堂)에서 대궐을 등지고 앉았는데, 말하고 웃는 것이 태연하여 감찰어사 이면(李勉)이 상주하여 그것을 탄핵하니 유사에게 갇혔다. 황상은 특별히 그를 놓아주고 탄식하며 말하였다.

"나에게는 이면이 있고서야 조정이 비로소 존숭을 받는구나."

이면은 이원의(李元懿)83)의 증손이다. 열흘 사이에 귀부하는 사람이 점차 많아졌다.

장량제(張良娣)는 성격이 약삭빠르고 지혜로워서 황상84)의 마음을 차지할 수 있었고 황상을 좇아 삭방에 왔다. 이때 좇는 병사는 단출하고 적었는데 장량제는 잘 때마다 항상 황상의 앞에 있었다. 황상이 말하였다.

"도적을 막는 것은 부인이 할 수 있는 것이 아니다."

장량제가 말하였다.

"급작스러울 때에는 첩이 몸으로 마주하면 전하85)께서는 뒤에서 편히 달아날 수 있습니다."

영무에 도착하여 아들을 낳았는데 사흘 만에 일어나서 전투병사의 옷을 꿰매었다. 황상이 그것을 저지시키자, 대답하였다.

"이때는 첩이 자신을 봉양할 때가 아닙니다."

황상은 이 때문에 그녀를 더욱 가련하게 여겼다.

---

83) 고조(高祖) 이연(李淵)의 아들이며 정왕(鄭王)에 책봉되었다.

84) 여기서 황상은 숙종을 말하는 것이다. 이미 현종은 상황천제로 높였기 때문이다.

85) 이 기록은 숙종이 즉위하고 난 다음이므로 숙종을 폐하라고 불러야 하나, 이 말은 태자였을 때 있었던 것이고, 그 말을 그대로 따른 것이므로 전하라는 용어를 사용한 것이다.

16 정묘일(15일)에 상황86)은 제서를 내렸다.

"태자 이형(李亨)87)으로 천하병마원수(天下兵馬元帥)에 충임하고 삭방(朔方)·하동(河東)·하북(河北)·평로절도도사(平盧節度都使)를 관장하고, 남쪽으로 가서 장안과 낙양을 빼앗도록 하라.

어사중승 배면(裴冕)으로 하여금 좌서자(左庶子)를 겸하도록 하고, 농서군(隴西郡)사마 유질(劉秩)은 우서자(右庶子)를 시수(試守)하도록88) 하며, 영왕(永王) 이린(李璘)을 산남동도(山南東道)·영남(嶺南)·검중(黔中)·강남서도(江南西道)절도도사로 충임하고, 소부감(少府監) 두소(竇紹)를 부(傅, 보좌관)로 삼도록 하고, 장사(長沙, 호남성 장사시) 태수 이현(李峴)을 도부대사(都副大使)89)로 삼으라.

성왕(盛王) 이기(李琦)를 광릉(廣陵, 강소성 양주시)대도독으로 충임하여 강남동로급회남·하남등로절도도사(江南東及路淮南·河南等路節度都使)의 업무를 관장하게 하고,90) 이전의 강릉(江陵, 호북성 강릉현)도독부 장사(長史)였던 유휘(劉彙)를 부(傅)로 삼고, 광릉군(廣陵郡)장사 이성식(李成式)을 도부대사로 삼으라.

풍왕(豐王) 이공(李珙)을 무위(武威)도독에 충임하고 이어서 하서·농우·안서·북정등로(河西·隴右·安西·北庭等路) 절도도사의 업무를 관

---

86) 숙종이 등극하여 자기 아버지인 현종을 상황으로 올렸기 때문에 상황은 현종 이융기를 말한다.

87) 이 당시 태자였던 이형은 이미 황제위에 올랐으나, 현종은 태자가 이미 등극한 사실을 모르고 있었으므로 여전히 태자라고 하였다.

88) 시직(試職)과 수직(守職)을 합한 관직이다. 시직은 정식으로 임명하는 외에 1년 정도 먼저 시험적으로 관직을 담당하게 하는 것이고, 수직은 정식으로 임명하기 전에 먼저 업무를 수행하게 하고 1년이 지나서 그 업무에 적합하면 정식으로 진직(眞職)을 주었다.

89) 절도도사는 여러 절도사의 업무를 함께 관장하게 하였으므로 도(都)를 더 붙인 것이고, 부도대사(副都大使)는 절도도대사의 부이직(副貳職)인 절도도부대사(節度都副大使)를 말한다.

90) 영직(領職)이다. 임시로 업무를 관장하게 하는 직책이다.

장하도록 하고,[91] 농서(隴西, 감숙성 농서현) 태수인 제음(濟陰, 산동성 정도현) 사람 등경산(鄧景山)을 그 부(傅)로 삼고 도부대사로 충당하도록 하라.

응당 필요로 하는 병사와 말·갑옷과 무기·식량 등은 모두 해당 도(道)에서 스스로 공급하도록 하라. 그 가운데 제로(諸路)의 본절도사였던 괵왕(虢王) 이거(李巨) 등은 나란히 이전의 것에 의거하여 사(使, 절도사)로 충임하도록 하라. 그리고 관속과 본로(本路)의 군현관을 임명하는 것은 나란히 스스로 가려 뽑도록 맡기니, 임명한 후에는 상주문으로 보고하도록 하라."

이때에 이기(李琦)와 이공(李珙)은 모두 합문(閤門) 밖을 나가지 않았으나 오직 이린(李璘) 만은 진수한 곳에 갔다.

산남동도(山南東道)절도사를 두어 양양(襄陽, 호북성 양번시) 등의 아홉 개 군[92]을 관장하게 하였다. 오부(五府)경략사를 올려 영남(嶺南)절도로 삼고 남해(南海, 광동성 광주시) 등의 22개 군을 관장하게 하였다. 오계(五溪)경략사를 높여 검중(黔中)절도로 삼고 검중(黔中, 사천성 팽수현) 등의 여러 군을 관장하게 하였다.[93] 강남을 나누어 동·서 두 도(道)로 만들었는데,[94] 동도(東道)는 여항(餘杭, 절강성 항주시)을 관장하였고, 서도(西道)는 예장(豫章, 강서성 남창시) 등의 여러 군을 관장하였다.

---

91) 각 로(路)의 치소를 보면, 하서는 무위(武威, 감숙성 무위시), 농우는 서평(西平, 청해성 낙도현), 안서는 쿠차(신강 쿠차현), 북정은 북정부(北庭府, 신강 吉木薩爾현)이다. 이 직책은 영직(領職)이다.

92) 아홉 군(郡)은 다음과 같다. 양주(襄州)의 양양군(襄陽郡), 등주(鄧州)의 남양군(南陽郡), 수주(隨州)의 한동군(漢東郡), 당주(唐州)의 회안군(淮安郡), 균주(均州)의 무당군(武當郡), 방주(房州)의 방릉군(房陵郡), 금주(金州)의 안강군(安康郡), 상주(商州)의 상락군(上洛郡).

93) 이 당시 금중절도사는 조국진(趙國珍)이고, 영남절도사는 하리광(何履光)이었다.

94) 강남도(江南道)는 현종(玄宗) 개원(開元) 21년(733년)에 강남동도(江南東道)와 강남서도(江南西道)로 분리되었으며, 이 내용은 ≪자치통감≫ 권213에 실려 있다.

이에 앞서 사방에서는 동관이 지켜지지 못하였다는 소식을 들었는데, 황상[현종]이 간 곳을 알지 못하였으나 이 조서가 내려오자 비로소 승여(乘輿)95)가 있는 곳을 알았다. 유휘(劉彙)는 유질(劉秩)의 동생이다.

17 안록산은 손효철로 하여금 곽국(霍國) 장공주(長公主)96)와 왕비·부마 등을 숭인방(崇仁坊)에서 죽이고 심장을 도려내어 안경종(安慶宗)97)을 위하여 제사 지내었다. 무릇 양국충과 고력사의 무리 그리고 안록산이 평소 미워하던 사람들을 모두 죽였는데 모두 83명이었으며, 혹은 쇠몽둥이로 두개골을 부수어 흐르는 피가 길을 가득 채웠다. 기사일(17일)에 또 황제의 손자와 군주(郡主)와 현주(縣主)98) 20여 명을 죽였다.

18 경오일(18일)에 상황이 파서(巴西, 사천성 금양시)에 도착하자 태수 최환(崔渙)이 영접하고 알현하였다. 상황이 그와 더불어 대화를 하고 이를 기뻐하자 방관(房琯)은 다시 그를 추천하여 그날로 벼슬을 주어 문하시랑·동평장사로 하였으며, 위견소를 좌상(左相)으로 삼았다. 최환은 최현위(崔玄暐)99)의 손자이다.

19 애초에, 경조(京兆) 사람 이필(李泌)은 어려서 재주와 민첩하기로 드러나게 소문이 났는데, 현종100)은 충왕(忠王, 肅宗 李亨)과 놀도록 시켰

---

95) 황제가 타는 수레를 말하는 것으로 황제를 의미한다. 여기서는 현종을 말한다.

96) 예종(睿宗)의 딸이고 현종(玄宗)의 여동생이다. 배허기(裴虛己)와 결혼하였다.

97) 안록산의 맏아들이다. 현종(玄宗) 천보(天寶) 14재(載, 755년) 11월에 사망하였으며, 이 내용은 ≪자치통감≫ 권217에 실려 있다.

98) 군주와 현주는 황실 여자의 작위이다. 공주, 옹주, 군주, 현주 등이 있다.

99) 무조(武照)를 폐출시키고 중종을 복벽한 공로를 세운 사람 가운데 하나이며, 이때 책봉된 다섯 왕 중 하나이다. 이에 관한 일은 장안 2년(705년) 5월에 있었다.

100) 보통은 상(上), 또는 상황(上皇)으로 기록하였으나, 현재에는 숙종과 현종이 각기 조

다. 충왕이 태자가 되자 이필은 이미 성장하여 글을 올리고 업무에 관하여 말하였다. 현종은 그에게 관직을 주려고 하였으나 줄 수 없자 그로 하여금 태자와 더불어 포의(布衣)101)로 교우 관계를 갖게 하였는데, 태자는 항상 그를 선생이라고 불렀다.

양국충은 그것을 싫어하여 상주하여 기춘(蘄春, 호북성 기춘현)에 유배를 보냈는데, 나중에 돌아와 은둔하여 영양(潁陽, 하남성 등봉현 서부)에 거주하였다. 황상은 마외(馬嵬)로부터 북쪽으로 가면서 사신을 파견하여 그를 불렀는데 영무(靈武, 영하 영무현)에서 알현하자 황상은 크게 기뻐하고 나가면 고삐를 나란히 하고 잘 때는 걸상을 마주하여 태자 때와 같이 하였으며, 일은 대소를 막론하고 모두 그에게 물었으며, 말을 하면 따르지 않는 법이 없었으며 장수와 재상을 승진시키고 물러나게 하는데 이르러서도 그와 더불어 논의하였다.

황상은 이필(李泌)102)을 우상으로 삼으려고 하였으나 이필은 굳게 사양하며 말하였다.

"폐하께서 저를 빈객과 벗으로 대우하여 재상보다 귀하게 하셨는데, 어찌 그 뜻을 반드시 굽히십니까!"

황상은 마침내 중지하였다.

20 동라(同羅)와 돌굴 사람들 가운데 안록산을 좇아 반란을 일으켰던 사람들은 장안의 금원(禁苑) 가운데에 주둔하였었는데, 갑술일(22일)에 그들의 추장인 아사나종례(阿史那從禮)103)는 5천의 기병을 인솔하고 마

___

정을 가지고 있는 상황이어서 현종이라고 기록한 것이다.

101) 벼슬 없는 사람을 말한다. 벼슬을 하면 색깔 있는 관복을 입는데 비해 평민은 흰옷을 입는데서 나온 말이다.

102) 이필(李泌)의 6세손이고, 이에 관한 일은 양 간문제 대보 원년(550년) 12월에 있었다.

구간에 있는 말 2천 필을 훔쳐서 달아나 삭방(朔方, 섬서성 정변현 북부)으로 돌아갔으며, 여러 호족(胡族)을 연결하여 변경의 땅을 훔쳐서 점거할 것을 꾀하였다. 황상이 사신을 파견하여 그를 위로하자, 항복하는 사람이 아주 많았다.

21 역적이 병사를 파견하여 부풍(扶風, 섬서성 봉상현)을 노략질하자, 설경선(薛景仙)이 그들을 쳐서 물리쳤다.

22 안록산이 그의 장수인 고숭(高嵩)을 파견하여 칙서와 비단을 가지고 하·농(河·隴, 감숙성 동부)의 장사(將士)를 유혹하자, 대진관(大震關, 감숙성 장가천현 동남)관사(關使) 곽영예(郭英乂)가 그를 사로잡아 목을 베었다.

23 동라(同羅)와 돌궐 사람들이 도망하여 돌아가면서 장안은 크게 소란하였고, 관리는 달아나 숨고, 감옥에 갇힌 죄수는 스스로 나왔다. 경조윤(京兆尹) 최광원(崔光遠)은 역적이 또 달아난 것으로 여기고 이졸(吏卒)을 파견하여 손효철의 집을 지켰다.

손효철이 이 상황을 안록산에게 보고하자 최광원은 마침내 장안 현령 소진(蘇震)과 더불어 부(府)와 현(縣)의 관리104) 10여 명과 도망하여 왔다. 기묘일(27일)에 영무에 도착하자 황상은 최광원을 어사대부 겸 경조윤으로 삼고 그로 하여금 위수(渭水) 북쪽에 가서 이민(吏民)을 불러 모으도록 하였는데, 소진을 중승(中丞)으로 삼았다. 소진은 소괴(蘇壞)105)의 손자이다.

---

103) 아사나(阿史那)가 성(姓)이다.

104) 부(府)는 경조부(京兆府)를 말하고 현(縣)은 장안(長安)과 만년(萬年)을 가리킨다.

105) 무후(武后)와 중종(中宗), 예종(睿宗) 3대에 걸쳐 관직에 올랐던 인물이다. 그에 관한 일은 예종 경운 원년(710년) 11월에 있었다.

안록산은 전건진(田乾眞)을 경조윤으로 삼았다. 시어사 여인(呂諲)과 우습유(右拾遺) 양관(楊綰), 봉천(奉天) 현령인 안평(安平, 하북성 안평현) 사람 최기(崔器)는 서로 이어가면서 영무에 갔는데, 여인과 최기를 어사 중승으로 삼고, 양관을 기거사인(起居舍人)·지제고(知制誥)로 삼았다.

황상이 하서(河西)절도부사 이사업(李嗣業)에게 명령하여 군사 5천을 거느리고 행재소에 오도록 하자, 이사업은 절도사 양재(梁宰)와 더불어 모의하고 또 군대를 늦추면서 변화를 관망하였다.

수덕부(綏德府)의 절충(折衝)인 단수실(段秀實)이 이사업을 나무라며 말하였다.

"군부(君父)가 긴급한 것을 알렸는데 어찌 신하된 사람이 태연한 듯이 하고 가지 않는 것입니까! 특진(特進)[106]께서는 항상 스스로 대장부라고 하셨는데 오늘에 살펴보니 곧 아녀자일 뿐입니다!"

이사업은 크게 부끄러워하고 즉시 양재에게 보고하여 지정한 수(數, 5천 명)만큼의 군사를 발동하고 단수실을 자신의 부관으로 삼아서 그를 거느리고 행재소에 갔다. 황상은 또 안서(安西)에서 군사를 징발하였는데 행군사마(行軍司馬) 이서균(李栖筠)은 정예 병사 7천 명을 징발하여 충성과 의리를 가지고 격려하며 그를 파견하였다.

24 칙서를 내려 부풍(扶風)을 봉상군(鳳翔郡)으로 고치도록 하였다.

25 경진일(28일)에 상황은 성도(成都, 사천성 성도시)에 도착하였는데, 좇아온 관리와 육군(六軍) 가운데 도착한 사람은 1천300명뿐이었다.

26 영호조(令狐潮)가 장순(張巡)[107]을 옹구(雍丘, 하남성 기현)에서 포위

---

106) 이사업은 전공(戰功) 때문에 특진(特進)에 올랐다.

하였는데108) 서로 지킨 지 40여 일이었으나 조정과 소식이 연락되지 않았다. 영호조는 현종이 이미 촉(蜀)으로 행차하였다는 소식을 듣고 다시 편지로 장순을 불렀다.

대장(大將) 여섯 명이 있었는데 관직은 모두 개부(開府)·특진(特進)이었으며, 장순에게 말하길, '군사 세력을 가지고 대적하지 못하고 또 황상이 살았는지 죽었는지를 알 수 없으니 도적에게 항복하는 것만 같지 못하다.'고 하였다. 장순은 겉으로 허락하였다.

다음날 당상(堂上)에 천자의 초상을 설치하고 장사를 인솔하고 조현하자 사람들이 모두 울었다. 장순은 여섯 명의 장수를 앞에 끌어내어 대의(大義)로 나무라고 그들의 목을 베었다. 병사의 마음이 더욱 분발되었다.

성(城) 안에서는 화살이 떨어지자, 장순은 볏짚을 묶어 사람 인형 천여 개를 만들고 검은 옷을 입혀서 밤에 성 아래에 매달아 놓으니, 영호조의 병사는 다투어 화살을 쏘았고, 오랜 후에야 마침내 그것이 볏짚으로 만든 인형이라는 것을 알았지만 화살 수십만 개를 얻었다.109)

그 후 다시 밤에 사람을 매달아 내리자 역적들은 비웃으며 대비를 아니 하자 마침내 결사대 500명을 데리고 영호조의 병영을 찍었다. 영호조의 군대는 크게 어지러워졌고 보루를 불태우고 숨었는데, 뒤쫓아서 10여 리 갔다. 영호조는 부끄러워하고 군사를 늘려 그곳을 포위하였다.

장순은 낭장(郎將) 뇌만춘(雷萬春)으로 하여금 성 위에서 영호조와 서로 말하도록 시켰는데,110) 도적이 쇠뇌를 쏘아 화살 여섯 개를 얼굴에 맞았으나 움직이지 않았다. 영호조는 그것이 나무인형인 것으로 의심하

---

107) 영호조는 안록산 군대의 장수이고, 장순은 옹구의 수장(守將)이다.

108) 이 해 5월에 영호조(令狐潮)가 다시 옹구(雍丘)를 공격하였다.

109) 장순은 볏짚으로 인형을 만들어서 영호조의 군사들로 하여금 활을 쏘게 하였고, 볏짚 인형에 박힌 화살을 거둔 것이다.

110) 다른 판본에는 이 뒤에 '말이 아직 끝나지 않았는데'라는 말이 들어가 있다.

고 간첩을 시켜서 물어보고는 마침내 크게 놀라고 멀리에서 장순에게 말하였다.

"지난번에 뇌(雷)장군을 보니 바야흐로 족하(足下)111)의 군령(軍令)을 알았습니다. 그러나 천도(天道)를 어찌 하겠소!"

장순이 그에게 말하였다.

"그대는 아직 인륜(人倫)도 모르는데112) 어찌 천도를 알겠는가!"

얼마 지나지 않아 나가서 싸워서 역적의 장수 열네 명을 사로잡고 백여 급(級)의 머리를 베었다. 도적은 마침내 밤에 숨어서 군사를 거두어 진류(陳留, 하남성 개봉시)로 들어갔고, 감히 다시 나오지 않았다.

그 무렵에 역적의 보병과 기병 7천여 무리가 백사와(白沙渦, 하남성 영릉현 서부)에 주둔하자 장순은 밤에 기습하여 공격하고 이를 대파하였다. 돌아와 도릉(桃陵, 하남성 기현 동남)에 도착하였는데 도적의 구원병 400여 명을 만나자 이들을 다 사로잡았다. 그 무리를 분별하여 규주(嬀州, 하북성 회래현)와 단주(檀州, 북경시 밀운현) 그리고 호(胡)족 병사들은 모두 머리를 베었고, 형양(滎陽, 하남성 정주시)과 진류에서 협박을 받아 좇았던 병사들은 모두 해산시켜 본업에 돌아가도록 하였다. 열흘 만에 백성 가운데 역적을 버리고 돌아온 사람이 만여 호였다.

27 하북(河北)에 있는 여러 군은 오히려 당(唐)을 위하여 지켰는데, 상산(常山, 하북성 정정현) 태수 왕보(王俌)가 도적에게 항복하려고 하자 제장들이 화를 내고 격구(擊毬)를 이용하여 말을 풀어놓아 그를 밟아 죽였다. 이때에 신도(信都, 하북성 기현) 태수 오승은(烏承恩)의 휘하에 삭방(朔方) 출신 병사가 3천 명이 있었는데 제장들은 사자(使者) 종선운(宗仙

---

111) 동급인 상대방을 높여 부르는 존칭어이다.

112) 영호조는 황제를 배반하고 안록산의 장수가 된 것을 비난한 말이다.

運)을 파견하여 부로(父老)를 인솔하고 신도에 가도록 하고 오승은을 영접하여 상산을 진수하도록 하였다.

오승은은 조명(詔命)이 없어서 사양하였으나 종선운이 오승은에게 유세하였다.

"상산의 땅은 연·계(燕, 薊, 하북성 북부)를 통제하고 길은 하·낙(河, 洛, 하남성 중부)으로 통하며 정형(井陘, 하북성 녹천시 서부)의 험준함을 가지고 있으니, 충분히 그 목구멍을 쥘 수 있습니다.

근래에 때마침 거가(車駕)가 남쪽으로 이동하였고[113] 이대부(李大夫, 이광필)는 군사를 거두고 물러나 진양(晉陽, 산서성 태원시)을 지키고, 왕(王, 왕보) 태수가 임시로 후군(後軍)을 다스리는데 성을 들어서 역적에게 항복하려고 하나 무리의 마음이 따르지 않으면 몸과 머리가 다른 곳에 있게 됩니다.[114]

대장군[오승은]의 병사는 정예이고 기세는 엄숙하여 원근에서 대적할 수 없으니 만약에 국가를 생각하여서 이동하여 상산을 점거하고 대부와 더불어 머리와 꼬리에서 서로 호응하면 커다란 공적이 대단할 것이니 누가 더불어 비교하겠습니까? 만약 의심하여 가지 아니하고 또 대비하지 아니하였다가 상산이 이미 함락되고 나면 신도가 어찌 혼자 보전될 수 있겠습니까?"

오승은은 좇지 않았다.

종선운이 또 말하였다.

"장군께서 이 비부(鄙夫)[115]의 말을 받아들이지 않는 것은 반드시 병사가 적은 것을 두려워하기 때문일 것입니다. 지금 사람들은 편안하게

---

113) 황제가 장안으로부터 촉으로 몽진한 것을 가리킨다. 여기서 거가는 현종을 가리키는 것이다.

114) 왕보가 항복하려 하였다가 죽은 것을 말한다.

115) 낮은 사람이라는 말로 여기서는 종선운이 자기 자신을 지칭하여 부른 겸사이다.

살려고 하지 않고 모두 나라에 보답할 것을 생각하여 다투어 서로 무리를 모아 향촌에 주둔하여 있으니, 만약 상금을 내걸어 그들을 부르면 열흘이 가지 않아 10만 명을 오게 할 수 있습니다.

삭방에 있는 갑옷을 입은 병사 3천 명과 더불어 서로 이용하면 왕의 사업116)을 충분히 이룰 수 있습니다. 만약에 요해처(要害處)를 버려서 다른 사람에게 주고 사방이 통하는 곳117)에 머물러서 스스로 편안하려 한다면 비유하자면 이것은 창과 칼을 거꾸로 잡아 패배를 당하는 길과 같습니다."

오승은은 끝내 의심하고 결정하지 않았다. 오승은은 오승자(烏承玼)118)의 사촌형이다.

이달에 사사명과 채희덕은 병사 1만 명을 거느리고 남쪽으로 가서 구문(九門, 하북성 고성시 서북)을 공격하였다. 열흘 만에 구문에서 거짓으로 항복하고 갑옷을 입은 병사를 성 위에 숨겼다. 사사명이 성에 오르자 복병(伏兵)이 그를 공격하였다. 사사명은 성 아래로 떨어져 녹각(鹿角)119)이 그의 좌측 겨드랑이를 다쳤는데, 밤에 박릉(博陵, 하북성 정주시)으로 달아났다.

28 안진경(顔眞卿)은 납환(蠟丸, 밀랍 속에 넣은 편지)으로 영무(靈武, 숙종이 있는 곳)에 표문을 전달하였다. 안진경을 공부상서 겸 어사대부로 삼고, 예전대로 하북초토사(河北招討使)·채방사(采訪使)·처치사(處置使)로

---

116) 근왕(勤王)의 사업을 말한다. 근왕이란 제왕을 좇아서 제왕의 일을 돕는 것이다.

117) 신도를 말한다.

118) 당(唐) 현종(玄宗) 개원(開元) 20년(732년) 3월 당시 평로선봉장(平虜先鋒將)으로서 거란족 정벌에 공로를 세운 인물이다. 정벌내용은 《자치통감》 권213에 실려 있다.

119) 군사적인 방어설비이다. 나무를 사슴뿔처럼 깎아서 땅에 박아두어 적이 나아갈 수 없게 한 것이다.

하며 나란히 사면하는 편지를 보내었는데 또한 납환으로 그것이 도착하
였다.

　안진경은 하북(河北)의 여러 군(郡)에 내려 보내어 널리 퍼뜨렸고, 또
사람을 보내어 하남(河南)·강(江)·회(淮)에 반포하였다. 이로 말미암아
여러 도에서는 비로소 황상이 영무(靈武)에서 즉위(卽位)한 것을 알았고
나라를 돌보려고 하는 마음이 더욱 견고해졌다.

29　곽자의 등이 군사 5만을 거느리고 하북에서 영무에 도착하자, 영무
의 군대 위세는 비로소 성대(盛大)해졌으며 사람들은 부흥의 희망을 갖
게 되었다. 8월 초하루 임오일에 곽자의를 무부(武部, 병부)상서·영무
(靈武)장사로 삼으며, 이광필을 호부상서·북도(北都)[120]유수로 삼고 나
란히 동평장사로 삼으며 나머지는 예전과 같게 하였다. 이광필은 경성
(景城, 하북성 창주시 동남)과 하간(河間, 하북성 하간시)의 병사 5천으로 태
원(太原, 산서성 태원시)에 갔다.

　이보다 앞서 하동(河東)절도사 왕승업(王承業)이 군정(軍政)을 잘 다스
리지 않자 조정은 시어사 최중(崔衆)을 파견하여 그의 군사를 바꾸게 하
였고, 얼마 후에 중사를 파견하여 그를 주살하였다. 최중이 왕승업을 모
욕하고 가볍게 여기자 이광필은 평소에 불평하였다.

　이에 이르러 칙서를 내려 병사를 이광필에게 교대해 주도록 하였는데,
최중은 이광필을 보고 예절을 차리지 않고 또 때맞추어 군사를 교대해
주지 않자 이광필은 화를 내고 그를 잡아 목을 베었더니, 군대 안에서는
다리를 떨며 두려워하였다.

---

120) 무후 천수 원년에 태원을 북도라 하였고, 중종 신룡 원년에 철폐하였다. 개원 11년
　에 다시 설치하였다. 현종(玄宗) 천보(天寶) 원년에 북경이라 하였다가 이 해에 다
　시 북도라 하였다.

30 회흘(回紇) 가한과 토번의 찬보(贊普)가 서로 이어서 사신을 파견하여 나라를 도와 역적을 토벌하기를 청하자 연회를 베풀고 그들을 보냈다.

31 계미일(2일)에 상황이 제서를 내려 천하를 사면하였다.121)

북해(北海, 산동성 청주시) 태수 하란진명(賀蘭進明)이 녹사참군 제오기(第五琦)를 파견하여 촉(蜀)에 들어가 일을 상주하도록 하였는데, 제오기가 상황에게 말하였다.

"지금 바야흐로 전쟁을 하는 중이고 재부(財賦)가 긴급한데 재부가 나오는 곳은 강·회(江·淮)에 많이 있으니, 빌건대, 신에게 한 직책을 빌려 주시면 군대에 부족한 것이 없도록 만들겠습니다."
상황은 기뻐하고 즉시 제오기를 감찰어사·강회조용사(江淮租庸使)122)로 삼았다.

32 사사명은 다시 구문(九門, 하북성 고성시 서북)을 공격하여 신묘일(10일)에 그곳에서 승리하였는데 죽인 사람이 수천 명이었다. 군대를 이끌고 동쪽으로 가서 고성(藁城, 하북성 고성시)을 포위하였다.

33 이정망(李庭望)123)이 번·한(蕃·漢)으로 구성된 2만여 명을 거느리고 동쪽으로 가서 영릉(寧陵, 하남성 영릉현)과 양읍(襄邑, 하남성 수현)을 기습하고 밤에 옹구성(雍丘城, 하남성 기현)에서 30리 떨어진 거리에 병영을 설치하자 장순은 짧은 무기를 가진 병사 3천을 인솔하고 엄습하여

---

121) 이때에 아직도 현종은 숙종이 영무에서 즉위한 것을 알지 못하였다.

122) 개원(開元) 11년(723년)에 우문융(宇文融)이 조용지세사(租庸地稅使)에 임명되었는데, 이것이 조용사(租庸使)의 시초이다.

123) 안록산이 임명한 하남(河南)절도사이고 본영은 진류(陳留, 하남성 개봉시)이다.

그들을 대파하였는데 죽이고 잡은 사람이 태반이었다. 이정망은 군대를 거두고 밤에 달아났다.

34 계사일(12일)에 영무에서 파견된 사자가 촉(蜀)에 도착하자 상황은 기뻐하며 말하였다.

"나의 아이가 천명에 호응하고 인심을 따르니, 내가 다시 무엇을 걱정하겠는가?"

정유일(16일)에 제서를 내렸다.

"지금부터 제칙(制勅)을 고쳐서 고(誥)로 하고 표문(表文)과 소문(疏文)에는 태상황(太上皇)으로 부르도록 하라. 사해(四海)의 군국(軍國)에 관한 일은 모두 먼저 황제가 진행시킬 것인지 중지할 것인지를 처리하고 이어서 짐에게 상주하여 알도록 할 것이며, 상경(上京, 장안)을 점령하여 회복하기를 기다리면서 짐은 다시 업무에 관여하지 않겠다." [124]

기해일(18일)에 상황이 마루에 올라 위견소 · 방관 · 최환에게 명령하게 전국보옥책(傳國寶玉冊)을 받들고 영무(靈武, 영하 영무현)에 가서 지위를 전하도록 하였다.

35 신축일(20일)에 사사명은 고성(藁城)을 함락시켰다.

---

124) 숙종이 즉위한 지 30일이 된 시점에 현종이 승인한 셈이다.

숙종의 스승 이필

36   애초에, 상황은 포연(酺宴)125)할 때마다 먼저 태상(太常)에 아악좌부(雅樂坐部)·입부(立部)를 설치하였고, 고취(鼓吹)·호악(胡樂)·교방(敎坊)·부현(府縣)의 산악(散樂)·잡희(雜戱)를 가지고서 뒤를 이었다. 또 산거(山車)·육선(陸船)126)에 악기를 싣고 왕래하였으며, 또 궁녀를 내보내어 <예상우의(霓裳羽衣)>를 춤추었고, 또 춤추는 말 100필에게 술잔을 물고 상수(上壽)127)하도록 가르쳤으며, 또 코뿔소와 코끼리를 끌고 입장하여 혹은 절을 하고 혹은 춤을 추게 하기도 하였다.

안록산은 이것을 보고 기뻐하였는데 이미 장안을 점령하고 나자 악공(樂工)을 찾아서 잡도록 명령하고, 악기·무용복실어 운반하고 춤을 추는 말·코뿔소·코끼리를 몰아서 모두 낙양에 향하도록 하였다.

신 사마광이 말씀드립니다.

---

125) 조정에서 백성에게 음식을 주는 연회를 말한다.

126) 산거(山車)는 수레 위에 누각을 만들고 비단으로 꾸며서 산림(山林)의 형상을 표현한 것이고, 육선(陸船)은 대나무를 묶어 배 모양을 만들고 비단으로 꾸몄으며 사람들이 서로 마주 들고 갔다.

127) 오래 살기를 기원하며 바치는 술잔이다.

"성인은 도덕을 아름다운 것으로 여기고 인의(仁義)를 즐거움으로 삼 았습니다. 그러므로 비록 띠로 만든 지붕과 흙으로 만든 계단, 거친 옷 과 변변찮은 음식이어도 그것이 누추한 것을 부끄러워하지 않았으며, 오 직 봉양(奉養)이 지나쳐서 백성을 수고롭게 하고 재물을 소비할까 두려 워하였습니다.

밝으신 황제[128]께서는 승평(承平)을 믿고 후일의 걱정거리를 생각하지 않아서 이목(耳目)의 즐거움을 다하였으며 음악과 재주의 기교를 끝까지 누리면서 스스로 제왕들의 부귀가 모두 나만 못하다고 생각하고 예전에 있었던 사람으로 하여금 미칠 수 없도록 하고, 후대의 사람으로 하여금 뛰어넘을 수 없도록 하였으니, 비단 자기를 즐겁게 하였을 뿐만 아니라 역시 다른 사람에게 과시한 것입니다.

큰 역적이 곁에 있는 것을 어찌 알았겠으며 이미 엿보고 훔치려는 마 음을 가지고 있었으니 끝내 난여(鑾輿)[129]를 방랑하게 만들고 산 백성을 도탄에 빠지도록 하였습니다. 마침내 주군이 화려한 것을 숭상하고 그것 을 다른 사람에게 보이면 큰 도적을 불러오기에 충분하다는 것을 알도 록 하였습니다."

37 안록산이 응벽지(凝碧池)[130]에서 그의 여러 신하들에게 잔치를 하자 여러 음악을 성대하게 연주하였으나 이원(梨園)의 제자[131]들이 가끔 흐 느끼며 눈물을 흘리니, 역적들은 모두 칼날을 드러내고 그들을 노려보았

---

128) 현종을 말한다. 사마광이 현종에 관한 사건을 평가하고 있는 상황이므로 여기서 황 제는 현종이다.

129) 황제가 타는 가마로 황제를 지칭한다.

130) 낙양궁 금원(禁苑) 내에 있는 연못이다.

131) 이원제자(梨園弟子)에 관한 것은 개원(開元) 2년(714년) 1월에 있었고, 그 내용은 ≪자치통감≫ 권211에 실려 있다.

다. 악공(樂工) 뇌해청(雷海淸)이 슬픔과 분노를 이기지 못하고 악기를 땅에 내던지고 서쪽을 향하여 통곡하였다. 안록산은 화를 내고 시마전(試馬殿) 앞에서 그를 포박한 다음 사지를 해체하였다.

안록산은 지난번에 백성들이 어지러운 틈을 타서 창고에 있는 물건을 대부분 도둑질하였다[132]는 소식을 들었으므로 이미 장안을 얻고 나자 사흘간 크게 조사하도록 명령하였는데, 사사로운 재물도 다 약탈하였다. 또 부(府)와 현(縣)으로 하여금 미루어 조사하면서 수량(銖量, 아주 작은 양)의 물건도 끝까지 조사하지 않는 일이 없었으며, 관련시켜 끌어대면서 조사하고 붙잡는데 곁가지조차 끝이 없으니 백성들 사이에서는 놀라니, 더욱 당 황실을 생각하게 되었다.

황상이 마외(馬嵬, 섬서성 흥평시 서부)를 떠나 북쪽으로 가면서부터 백성들 사이에서는 태자가 북쪽으로 가서 병사를 거두어가지고 와서 장안을 빼앗는다는 소식이 전해져서 장안에 있는 백성들은 주야로 그것을 바랐으며 어떤 때는 서로 놀라면서 말하였다.

"태자(太子, 숙종)의 대군이 도착하였다!"

그러면 모두 달아나 저자거리와 마을이 비었다.

역적들은 북방에서 먼지가 일어나는 것을 멀리서 보면 번번이 놀라고 달아나려고 하였다. 경기에 있는 호걸들은 가끔 역적의 관리를 죽이고 멀리서 관군에 호응하였다. 주살하였으나 다시 일어나고 서로 이어져 끊어지지 않으니 역적은 통제하지 못하였다.

그러한 것이 시작한 것은 경기·부주(鄜州)·방주(坊州)에서부터인데 기주(岐州)·농주(隴州)에 이르기까지 모두 그들에게 귀부하였었지만 이때에 이르러서 서문(西門)[133]의 밖은 대개 역적의 보루가 되었으나 역적

---

132) 이 사건은 지난(756년) 6월 13일의 일이다.

133) 장안성 서문을 말한다.

의 병력이 미치는 곳은 남쪽으로는 무관(武關, 섬서성 상남현 서북)을 벗어나지 않았고, 북쪽으로는 운양(雲陽, 섬서성 경양현 북쪽)을 지나지 않았으며, 서쪽으로는 무공(武功, 섬서성 무공현 서쪽)을 지나지 않았다.

강·회에서 주청하는 것과 공물 헌상을 위하여 촉(蜀)에 가고, 영무(靈武)에 가는 사람은 모두 양양(襄陽, 호북성 양번시)으로부터 상진(上津, 호북성 운사현 서북)도로를 통하여 부풍(扶風)까지 다다랐는데, 도로가 막히는 일이 없었던 것은 모두 설경선(薛景仙)의 공로였다.

38 9월, 임자일(1일)에 사사명은 조군(趙郡, 하북성 조현)을 포위하고 병진일(5일)에 그곳을 뽑았으며, 또 상산(常山, 하북성 정정현)을 포위하였는데, 열흘 만에 성이 함락되고 수천 명을 죽였다.

39 건녕왕(建寧王) 이담(李倓)은 성격이 영특하고 과단성이 있으며 재주와 책략을 가지고 있었는데, 황상을 좇아 마외(馬嵬)로부터 북쪽으로 가면서 병사의 무리가 적고 약하였다. 자주 오랑캐와 도적을 만나니, 이담은 스스로 날래고 용맹한 사람을 뽑아 황상의 앞뒤에 머무르며 피를 흘리며 싸워서 황상을 보호하였다.

황상이 때가지나 식사를 하지 않았을 경우는 이담은 슬퍼서 울며 스스로를 이기지 못하니 군중(軍中)이 모두 눈을 모아 그에게 향하였다. 황상은 이담을 천하병마원수(天下兵馬元帥)로 삼아 장수들을 거느리고 동쪽 정벌을 하도록 시키려고 하였는데, 이필(李泌)이 말하였다.

"건녕은 진실로 원수(元帥)의 재목입니다. 그러나 광평왕(廣平王, 李俶)이 형입니다. 만약 건녕왕이 공적을 이루면 어찌 광평왕으로 하여금 오태백(吳太伯)[134]처럼 되도록 할 수 있겠습니까?"

---

134) 오태백(吳太伯)에 관한 내용은 위(魏) 소릉여공(邵陵厲公) 가평(嘉平) 4년(252년) 2월의 사건을 이용하여 이미 설명한 바가 있고, 이 내용은 ≪자치통감≫ 권75에 실

황상이 말하였다.

"광평왕은 적장자(嫡長子)인데 어찌 반드시 원수(元帥)를 중하게 여기 겠는가!"

이필이 말하였다.

"광평왕은 아직 동궁(東宮)의 자리에 정식으로 오르지 않았습니다. 지금 천하가 어려워 무리의 마음이 모이는 곳은 원수에게 있습니다. 만약 건녕왕이 큰 공로를 이미 이루었는데 폐하께서 비록 그를 저부(儲副)135)로 삼지 않으려고 한다 하여도 함께 공로를 세운 사람이 그치려고 하겠습니까? 태종과 상황(上皇)이 바로 그와 같은 일이었습니다.136)"

황상은 마침내 광평왕 이숙을 천하병마원수로 삼고 장수들을 모두 그에게 소속시켰다. 이담은 그 소식을 듣고 이필에게 감사하며 말하였다.

"이것이 진실로 저 이담의 마음이었소!"

황상이 이필과 더불어 나가 행군하는데 군사가 그들을 가리키며 몰래 말하였다.

"황색 옷을 입은 사람은 성인이고 백색 옷을 입은 사람137)은 산인(山人)이다."

황상은 그 소리를 듣고 이필에게 알리며 말하였다.

"어려운 때에 서로 관직 때문에 감히 굽힐 수 없으니 자줏빛 옷138)을 입어서 무리들의 의심을 끊으시오."

려 있다.

135) 황태자(皇太子)와 같은 뜻이다.

136) 태종 이방원과 현종 이융기는 모두 맏아들이 아니면서 공로를 세운 다음에 태자가 되고 황제가 된 경우이다.

137) 황색 옷은 황제가 입는 것이므로 숙종 이형이고, 이필은 포의(布衣)로 황제의 벗이 었으므로 이필을 말하는 것이다.

138) 관복은 색깔이 있는데, 그 색깔에 따라 지위가 표현된다. 자줏빛 관복은 3품관 이상이 입는 것이다.

이필은 어쩔 수 없이 옷을 받았다. 입고서 들어가 감사해 하자 황상이 웃으며 말하였다.

"이미 이 옷을 입었으니 어찌 명칭이 없을 수 있겠는가!"

품속에서 칙서를 꺼내어 이필을 시모군국(侍謀軍國)·원수부행군장사(元帥府行軍長史)[139]로 삼았다.

이필이 굳게 사양하자 황상이 말하였다.

"짐이 감히 신하로 삼으려는 것이 아니고 어려운 일을 넘기기 위해서일 뿐이오. 도적이 평정되기를 기다려 마음대로 고상한 뜻을 행하시오."

이필은 마침내 이를 받았다.

원수부(元帥府)를 금중에 두고 이숙이 들어오면 이필은 부(府, 원수부)에 있었고, 이필이 들어오면 이숙 역시 그 같이 하였다. 이필은 또 황상에게 말하였다.

"제장들이 천자의 위엄을 두려워하여 폐하 앞에서 군사적인 일을 두루 펼쳐놓으면서 품은 생각을 다 말할 수 없으니 만에 하나 약간만 틀려도 해로움은 아주 큽니다. 빌건대 먼저 신과 광평왕이 깊이 논의하도록 해 주시고 신과 광평왕이 조용히 상주하여 알리면 옳은 것은 행하고 옳지 않은 것은 그치십시오."

황상은 이를 허락하였다.

이때에 군대의 업무가 번잡하여 사방에서 상주하여 보고하니 어두울 때부터 새벽에 이르기까지 빈 시간이 없었다. 황상은 모두 부(府, 원수부)로 보내어 이필이 먼저 그 상주문은 열어 보고 긴급하고 절박한 것과 봉화가 있으면 두 겹으로 봉하여 문 사이로 통하여 전달되게 하였으며[140]

---

139) 시모군국(侍謀軍國)은 처음으로 나타난 관직이며, 관직명을 보건대, 황제를 모시고, 군사와 국가에 대한 모의를 한다는 의미이고, 원수부행군장사(元帥府行軍長史)는 막 이숙에게 임명한 천하병마원수부의 장사(長史)이다. 이로 보아서 이평에게 당면한 문제를 맡아서 처리하게 한 것으로 볼 수 있다.

140) 무릇 궁금(宮禁)과 관부의 문 옆에는 윤반(輪盤)을 설치하고, 혹은 밤이 되면 문이

나머지는 날이 밝기를 기다리도록 시켰다. 금문(禁門)의 자물쇠와 증명서는 모두 이숙과 이필에게 맡겨 관장하도록 하였다.

40   아사나종례(阿史那從禮)[141]는 구성부(九姓府, 산서성 서북)와 육호주(六胡州, 알더스 고원)에 있는 여러 호족들 수만의 무리에게 유세하고[142] 유인하여 경략군(經略軍, 영하 영무현) 북쪽에 모으고 장차 삭방(朔方)을 노략질하려고 하자, 황상은 곽자의에게 명령하여 천덕군(天德軍, 내몽고 오이라트 전기 동북)에 가서 군사를 징발하여 이들을 토벌하도록 하였다.

좌무봉사(左武鋒使) 복고회은(僕固懷恩)[143]의 아들인 복고빈(僕固玢)은 따로 군사를 거느리고 오랑캐와 싸웠으나 전쟁에서 패배하자 항복하였다. 이미 그렇게 하고나서 다시 도망하여 돌아오니 복고회은이 그를 꾸짖고 목을 베었다. 장수와 병사들은 다리를 떨며 무서워하며 한 명이 백 명을 당해내지 않는 일이 없었는데 드디어 동라(同羅, 몽고 울란바토르)를 깨뜨렸다.

황상은 비록 삭방의 무리를 이용하였지만 외부의 오랑캐에게 병사를 빌려서 군대세력을 불리려고 하여 빈왕(豳王) 이수례(李守禮)의 아들인 이승채(李承寀)를 돈황왕(敦煌王)으로 삼아 복고회은과 더불어 회흘(回紇)에 사신으로 가서 군사를 청하도록 하였다. 또 발한나(拔汗那, 중앙아시아 나망간)의 병사를 징발하고, 서역에서 성곽을 가진 국가에 다니면서 유세하도록 시켰으며, 후한 포상을 주겠다고 약속하고 안서(安西)병사를

이미 닫히고 밖에 급하고 절박한 문서가 있으면 이를 윤반에 담아 돌려서 이를 안으로 통하게 하였다.

141) 동라 부락의 추장이다. 이들은 지난 7월에 안록산을 배반하였다.

142) 이 당시 9성(姓) 호족들은 모두 하곡(河曲)에 거주하였으며 아직 예전에 설치한 부(府) 명칭을 가지고 있었다.

143) 복고(僕固)가 성(姓)이다.

좇아 들어와 원조하도록 하였다.

　이필이 황상에게 권하였다.

　"또 팽원(彭原, 감숙성 영현)에 행차하시어 서북의 병사가 곧 도착하기를 기다리고 앞으로 나아가 부풍(扶風, 섬서성 봉상현)에 행차하시어 이에 호응하십시오. 이때에 조(調)와 용(庸)이 또한 모여질 것이니, 군대를 넉넉하게 할 수 있습니다."

황상은 그 의견을 좇았다. 무진일(17일)에 영무(靈武)를 떠났다.

41　내시(內侍) 변령성(邊令誠)이 다시 역적 가운데에서 도망하여 돌아오자, 황상은 그의 목을 베었다.

42　병자일(25일)에 황상은 순화(順化, 감숙성 경양현)에 도착하였다. 위견소 등이 성도(成都, 사천성 성도시)로부터 도착하여 보책(寶冊)144)을 황상에게 바치자 황상은 받으려고 하지 않으며 말하였다.

　"근래에 중원이 안정되지 않아서 임시로 백관을 거느리는 것인데 어찌 감히 위태로운 틈을 타서 황급히 전하고 이어받겠는가!"

신하들이 굳게 청하자 황상은 허락하지 않고 보책을 별전(別殿)에 두고 아침과 저녁으로 섬기기를 마치 정성(定省)의 예145)를 올리는 것처럼 하였다.

　황상은 위견소가 본래 양국충에게 붙었던146) 까닭에 내심 그를 가벼이 여겼고, 평소 방관(房琯)의 명성을 들어서 마음을 비우고 그를 대우

---

144) 현종이 숙종을 황제로 삼는다는 조서와 옥새를 말한다.

145) 무릇 아들 된 사람이 해가 저물면 부모의 잠자리를 보살피고 새벽에는 일어날 것을 살피면서 치르는 예의를 말한다.

146) 이 일은 현종(玄宗) 천보(天寶) 13재(754년)의 일이고, 《자치통감》 권217에 실려 있다.

하였다. 방관은 황상을 알현하고 시사(時事)를 말하면 말투가 의분에 북받쳤는데 황상은 그 때문에 용모를 고쳤으며 이로 말미암아 군국의 업무는 대부분 방관과 모의하였다. 방관 역시 천하의 문제를 자기의 임무로 여기고 못할 일이 없다고 알았으니, 여러 재상들은 손을 마주 잡고 그를 피하였다.

43 상황이 장량제(張良娣)에게 일곱 개의 보석이 박힌 안장을 하사하자, 이필이 황상에게 말하였다.

"지금 사해(四海)가 나뉘고 무너졌으니 응당 검소하고 절약하는 것을 사람들에게 보여야만 하니 장량제는 이것을 타서는 안 됩니다. 청컨대, 그 주옥(珠玉)을 거두어서 창고를 지키는 관리에게 맡기고 전공을 세운 사람을 기다려서 그에게 상으로 내리십시오."

장량제가 합문(閤門) 안에서 말하였다.

"고향으로 맺은 예부터 아는 사람이 어찌 여기에 이르렀는가!"[147]

황상이 말하였다.

"선생[이필]은 사직을 위하여 계산하였소."

황급히 그것을 거두도록 명령하였다.

건녕왕 이담이 복도 아래에서 울자 그 소리가 황상에게 들려서 황상은 놀라 그를 불러 물었다. 건녕왕 이담이 대답하였다.

"신은 근래에 재앙과 혼란이 그치지 않는 것을 걱정하였는데 지금 폐하께서 간하는 말을 좇는 것이 물 흐르는 것과 같이 하시니 며칠 되지 않아서 마땅히 폐하께서 상황을 영접하여 장안으로 돌아갈 것입니다. 이 때문에 기쁨이 지극하여 슬플 따름입니다."

---

147) 장량제는 경조(京兆) 신풍(新豊, 섬서성 임동현 동북) 사람이고, 이필도 경조(京兆, 섬서성 서안시) 사람이다. 그러므로 같은 고향 사람인데, 장량제에게 준 선물을 이필이 주지 말라고 하였으므로 장량제가 불평한 것이다.

장량제는 이로 말미암아 이필과 이담을 미워하였다.

황상은 일찍이 조용히 이필과 대화를 하다가 이림보에 미쳤는데 제장들에게 칙서를 내려 장안에서 승리하면 이림보의 무덤을 파헤쳐 뼈를 불사르고 그 재를 날리려고 한다고 말하자, 이필이 말하였다.

"폐하께서는 바야흐로 천하를 평정하시는 중인데 어찌하여 죽은 자에게 복수를 하십니까! 저들 말라빠진 뼈다귀가 무엇을 알겠으며 다만 성스러운 은덕이 넓지 않다는 것을 보일 뿐입니다.[148] 또 바야흐로 지금 역적을 좇는 사람들은 모두 폐하의 원수인데, 만약 이러한 거동의 소식을 들으면 스스로 새로워지려고 하는 마음[149]을 막게 될까 두렵습니다."

황상이 기뻐하지 않으며 말하였다.

"이 도적놈들은 옛날에 백방(百方)으로 짐을 위태롭게 하였고, 당시에 짐은 아침과 저녁을 보장할 수 없었소. 짐이 온전한 것은 다만 천행(天幸)일 따름이오! 이림보는 역시 경을 미워하였고 다만 경에게 해를 끼치지 않고 죽었을 뿐인데, 어찌하여 그를 불쌍히 여기는 것이오!"

대답하였다.

"신이 어찌 모르겠습니까! 상황께서 천하를 소유한 지 거의 50년이었고, 지극히 평화롭고 즐거웠으나 하루아침에 뜻을 잃어 멀리 파촉(巴蜀, 사천성)에 머무르십니다. 남방의 토양은 거칠고 상황의 춘추는 높은데 폐하께서 이 칙서를 내린 것을 들으면 내심 반드시 위비(韋妃)를 채용하였던 이유로 여기고[150] 속으로 부끄러워하며 기뻐하지 않으실 것입니다. 만에 하나 분노가 병이 되면 이것은 폐하께서 천하와 같은 큰 것을 가

---

148) 이림보(李林甫)가 동궁(東宮)을 비난하며 괴롭힌 일은 현종(玄宗) 천보(天寶) 5재(746년)와 6재(747년)에 있었고, 그 내용은 ≪자치통감≫ 권215에 실려 있다.

149) 안록산을 좇은 것을 후회하고 새사람이 되고자 하는 마음을 말한다.

150) 위비(韋妃)를 폐위한 내용은 현종(玄宗) 천보(天寶) 5재(746년)의 일이며, ≪자치통감≫ 권215에 실려 있다.

지고 주군이며 어버이인 분을 편안히 하지 못하는 것을 뜻합니다."

말이 아직 끝나지 않았는데 황상은 흐르는 눈물이 얼굴을 덮었으며 계단에 내려가 하늘을 우러러 보며 절을 하고 말하였다.

"짐은 여기에 미치지 못하였으며 이것은 하늘이 선생으로 하여금 말하도록 시킨 것입니다."

드디어 이필의 목을 끌어안고 울기를 그치지 않았다.

다른 날 저녁에 황상이 또 이필에게 말하였다.

"장량제의 조모(祖母)는 소성태후(昭成太后)의 여동생인데, 상황께서 염두에 두고 있소.151) 짐은 정식으로 중궁(中宮)에 즉위시켜 상황의 마음을 위로하려고 하는데, 어떻겠소?"

대답하였다.

"폐하께서 영무(靈武)에 계실 때에 신하들이 촌척(寸尺)의 공로를 바랐기 때문에 큰 지위를 밟았지 자신을 사사롭게 여긴 것은 아니었습니다. 집안의 일에 이르면 의당 상황(上皇)의 명령을 기다려야 하며 세월 사이를 늦춘 것에 불과할 따름입니다."

황상이 그 말을 좇았다.

44 남조(南詔, 수도는 太和城,, 운남성 대리시)가 혼란한 틈을 타서 월수(越巂, 사천성 서창시)의 회동군(會同軍, 사천성 반지화시 동남)을 함락시키고 청계관(淸溪關, 사천성 석금현 동남)을 점거하자 심전(尋傳, 운남성 보산시 서부)과 표국(驃國, 미얀마)이 모두 그들에게 항복하였다. *

---

151) 소성태후(昭成太后) 두씨(竇氏)는 현종의 어머니이며 693년 1월에 무후(武后)에게 살해되었다. 장량제의 할머니는 두씨의 여동생이다. 현종이 어려서 어머니를 잃자 이모가 양육하였고, 현종은 등극한 후에 이모를 등국부인(鄧國夫人)으로 책봉하였다. 이모의 아들인 장거일(張去逸)이 장량제의 아버지이다.

資治通鑑

자치통감 권219
당(唐)시대 35(756~757년)

안록산 세력의 약화

사사명 그리고 당의 기둥인 이필과 장순
피살된 안록산과 잡혀죽는 영왕
무질서 속에서 장안에 다다른 당군

사사명 그리고 당의 기둥인 이필과 장순

숙종 지덕(至德) 원재(丙申, 756년)[1]

1 겨울, 10월 초하루 신사일에 일식이 있었는데, 개기식이었다.

2 황상[2]은 순화(順化, 감숙성 경양현)를 떠나 계미일(3일)에 팽원(彭原, 감숙성 영현)에 도착하였다.

3 애초에, 이림보(李林甫)가 재상이 되고 간관(諫官)이 업무를 말하면서 모두가 먼저 재상에게 아뢰었고 물러나서도[3] 또 말한 것을 그에게 보고하였다. 어사(御史)가 일을 말하면서 반드시 대부(大夫)가 함께 서명하게 하였다.

이에 이르러 칙령을 내려서 그 폐단을 다 철폐하고 간하고 논쟁하는 길을 열어놓았다. 또 재상에게 명령하여 정사당(政事堂)에서 당직하며 기

---

1) 앞에 이어서 지덕 원년이 계속된다. 이 권은 10월부터 쓰고 있으며, 역시 연 안록산 성무 원년이다.

2) 이때에 현종도 아직 촉에 있었지만 숙종을 '상(上)'이라 하고 현종은 '상황(上皇)'이라고 구별하여 기록하고 있다. 그러므로 황상은 숙종인 이형(李亨)을 가리킨다.

3) 황제에게 간언을 하고 물러난 것을 말한다.

록하는 일과 뜻[황제의 뜻]을 이어받는 일을 나누도록 하였으며 열흘 만에 바꾸도록 시켰는데,[4] 이림보와 양국충(楊國忠)이 권력을 오로지한 것을 경계하였던 연고였다.

4   제오기(第五琦)[5]는 팽원에서 황상을 알현하고, '강·회의 조용(租庸)[6]을 가지고서 가벼운 재물을 사서 강(江, 長江)·한(漢, 漢水)을 거슬러 올라가 양천(洋川, 섬서성 양현)에 이르도록 하고 한중왕(漢中王) 이우(李瑀)[7]에게 명령하여 육로로 운반하여 부풍(扶風)에 도착하도록 하여 군대를 돕도록 하자.'고 청하니, 황상이 그 말을 좇았다.

얼마 안 있다가 제오기에게 산남등오도(山南等五道)탁지사를 덧붙여 주었다. 제오기는 각염법(権塩法)[8]을 만들어 재정을 넉넉히 하는데 이용하였다.

5   방관(房琯, 재상)은 빈객을 좋아하고 말하고 담론(談論)을 좋아하였으며 이름이 알려진 인사를 많이 끌어들이고 뽑았으나 평범한 세속인을 멸시하자 사람들은 대부분 그를 원망하였다.

북해(北海, 산동성 청주시) 태수 하란진명(賀蘭進明)이 행재소로 가자 황

---

4) 재상으로 하여금 정사당에서 매일 기록하는 일과 황상의 지의(旨意)를 이어받는 일을 나누어 담당하게 하였는데 열흘마다 그 업무를 바꾸어 맡게 한 것이다.

5) 제오(第五)가 성(姓)이고 기(琦)가 이름이다. 복성(複姓)이다.

6) 조(租)란 토지세를 말하고 용(庸)은 장정이 공공부역에 나가지 않는 대신에 포(布)나 비단을 국가에 바치는 것을 가리킨다. 이러한 것은 모두 현물이므로 운반에 많은 비용이 들었다.

7) 당시 한중군(漢中郡, 섬서성 한중시)에 주둔하고 있었다.

8) 당대 중엽 소금을 생산지에 가서 전매하도록 한 제도이다. 이때에 염철사인 제오기가 처음으로 염법(塩法)을 바꾸었다. 그 후에 유안이 계속 추진하여 소금을 민제관수(民制官收)하고 염세(塩稅)를 구매가격에 덧붙여 상인에게 사게 하고 이들이 운반해다 팔도록 하는데 주현(州縣)에서는 세금을 붙이지 않고, 산지에서 먼 곳에서는 상평염(常平塩)으로 조절하였다.

상은 방관에게 명령하여 남해(南海, 광동성 광주시) 태수로 삼고 어사대부를 겸하게 하며 영남(嶺南, 치소는 南海, 광동성 광주시)절도사로 충임하도록 하였는데, 방관은 그를 섭어사대부(攝御史大夫)로 삼았다.9)

하란진명이 조정에 들어가 감사해 하자 황상이 그것을 이상하게 여기니, 하란진명은 이어서 방관과 더불어 틈이 생겼던 것을 알렸고, 또 말하였다.

"진(晉)은 왕연(王衍)을 채용하여 삼공(三公)으로 삼았는데 들뜨고 헛된 것을 본받고 숭상하여10) 중원을 판탕(板蕩)11)에 이르게 하였습니다. 지금 방관은 오로지 우활(迂闊)하게 큰 소리를 쳐서 헛된 명분을 세웠고, 끌어들여 채용한 사람들은 모두 들뜨고 화려한 무리이니, 진실로 왕연에 비견됩니다! 폐하께서 그를 채용하여 재상으로 삼았으니 아마도 사직의 복이 아닐까 두렵습니다.

또 방관은 남조(南朝)에서 상황을 보좌하면서12) 폐하와 여러 왕들로 하여금 여러 도(道)를 나누어 관장하며 통제하게 하였는데,13) 이어서 폐하를 사막의 변방과 텅 빈 땅에 두었으며, 또 여러 도(道)에 사사로운 무리14)를 펼쳐두어 큰 권력을 통솔하게 하였습니다. 그 속마음은 상황의

---

9) 섭어사대부란 섭직(攝職)으로 어사대부의 업무를 처리하게 하는 대리(代理)직이다. 이는 숙종의 명령과 다르게 처리한 것이다.

10) 진(晉)시대에 상서령 왕연은 당시 하남윤인 남양(南陽) 사람 악광(樂廣)과 청담(淸談)으로 유명하였는데, 이에 관한 일은 진(晉) 혜제(惠帝) 원강(元康) 7년(297년) 7월에 있었고, 이 내용은 《자치통감》 권82에 실려 있다.

11) 《시경(詩經)》 <대아(大雅)> 편에 나오는 시이다. 주 왕실이 크게 붕괴된 것을 의미한다.

12) 황제는 영무(靈武)에서 즉위하고 팽원(彭原)으로 나아가 주둔하고 있었는데, 그곳은 관산(關山)의 북쪽이었다. 상황이 머물던 성도(成都)는 관산의 남쪽 지역이었기 때문에 현종 이융기가 있던 곳을 남조(南朝)라고 표현한 것이다.

13) 당(唐) 숙종(肅宗) 지덕(至德) 원재(756년) 7월의 기록에 있으며, 이 내용은 《자치통감》 권218에 실려 있다.

14) 이현(李峴), 이승식(李承式), 등경산(鄧景山) 등을 가리킨다.

아들 가운데 한 사람이 천하를 얻게 된다면 자기는 부귀를 잃지 않을 것이라고 생각한 것이니, 이것이 어찌 충성된 신하의 소행입니까!"

황상은 이로 말미암아 그를 멀리하였다.

방관이 소문(疏文)을 올리고 스스로 군사를 거느리고 양경(兩京, 장안과 낙양)을 수복하기를 청하자 황상은 그것을 허락하고 지절(持節)·초토서경겸방어포장양관병마절도등사(招討西京兼防禦蒲漳兩關兵馬節度等使)를 덧붙여 주었다.15) 방관은 스스로 참모와 보좌하는 사람을 뽑겠다고 청하고 어사중승 등경산(鄧景山)을 부사로 삼고 호부시랑 이읍(李揖)을 행군사마로 삼았으며 급사중 유질(劉秩)을 참모로 삼았다. 이미 떠나고 나서 또 병부상서 왕사례(王思禮)로 하여금 그를 돕도록 시켰다.

방관이 군사업무를 다 이읍과 유질에게 맡겼는데 두 사람은 모두 서생이라 군대에 익숙하지 않았다. 방관이 사람들에게 말하였다.

"역적이 황하로 내려와 끌고 있는 사람이 비록 많다 하더라도 어찌 우리 유질을 대적할 수 있겠는가!"

방관은 군대를 나누어 삼군(三軍)으로 만들고, 비장(裨將) 양희문(楊希文)으로 하여금 남군을 거느리고 의수(宜壽, 섬서성 주지현)로부터 들어가도록 하고, 유귀철(劉貴哲)은 중군(中軍)을 거느리고 무공(武功, 섬서성 무공현 서부)으로부터 들어가도록 하였으며, 이광진(李光進)은 북군(北軍)을 거느리고 봉천(奉天, 섬서성 건현)으로부터 들어가도록 하였다. 이광진은 이광필의 동생이다.

하란진명(賀蘭進明)을 하남절도사로 삼았다.

---

15) 비교적 긴 관직명이다. 이 관직명을 풀면 '서경을 불러 토벌하고 포관(蒲關)과 장관 (漳關) 두 관문을 방어하는 병마사(兵馬使) 및 절도사(節度使)'가 된다. 두 개 이상의 사직(使職)을 주었으므로 등사(等使)라고 하였으며, 장(漳)은 관문 가운데 하나이므로 맞지 않고 이는 동(潼)이어야 옳다. 따라서 장(漳)은 동(潼)의 잘못이고, 역시 동관으로 보아야 한다. 포관은 섬서성 대협현 동쪽 황하를 건너는 입구에 있고, 동관은 섬서성 동곤현에 있다.

6 영왕(穎王) 이교(李璬)가 성도(成都, 사천성 성도시)에 도착하면서16) 최원(崔圓)이 영접하여 알현하고 말머리 앞에서 절을 하였는데, 이교가 그것을 멈추게 하지 않으니, 최원은 그것을 한스러워 하였다.17) 이교가 일을 살핀 지 2개월 만에 이민(吏民)들은 이를 편안하게 여겼다.

최원은 상주하기를 이교를 파직시켜 궁전 안으로 돌아가도록 하고 무부(武部, 병부)시랑 이항(李峘)을 검남(劍南)절도사로 삼아 이를 대신하도록 하였다. 이항은 이현(李峴)18)의 형이다.

상황은 조금 후에 이교와 진왕(陳王) 이규(李珪)에게 명하여서 황상에게 가서 위로하도록 시켰는데, 이에 이르러 팽원에서 황상을 알현한 것이다.

연왕(延王) 이분(李玢)이 상황을 좇아서 촉에 들어가는데 거가를 뒤쫓아 갔으나 따라잡지 못하자 상황은 화를 내고 그를 죽이려고 하였다. 한중왕(漢中王) 이우(李瑀)가 그를 구원하여 마침내 이분에게 명하여 또한 황상이 있는 곳으로 가도록 하였다.

7 갑신일(4일)에 영호조(令狐潮)와 왕복덕(王福德)이 다시 보병과 기병 1만 여를 거느리고 옹구(雍丘, 하남성 기현)를 공격하였다. 장순(張巡)이 나가 공격하여 대파하였는데, 머리를 벤 것이 수천 급이었으며 역적은 숨어서 떠났다.

8 방관은 중군(中軍)과 북군(北軍)을 선봉으로 삼고 경자일(20일)에 편교(便橋, 섬서성 함양시 서남)에 도착하였다. 신축일(21일)에 두 군대는 함양(咸陽, 섬서성 함양시)에 있는 진도사(陳濤斜)19)에서 역적의 장수인 안

---

16) 이 일은 ≪자치통감≫ 권218에 실려 있다.

17) 영왕 이교가 최원에 대하여 겸양의 예를 차리지 않았다.

18) 이현에 관한 일은 천보 13년(754년) 8월에 있었다.

수충(安守忠)과 만났다.

방관은 옛날 법을 모방하여 차전(車戰)을 사용하였는데, 우마차 2천 승(乘)에 기병과 보병이 그것을 옆으로 끼었더니, 역적들이 바람을 타고 북을 치며 함성을 지르자 소들이 모두 떨고 놀랐다. 역적들이 불을 멋대로 놓아 이를 태우자 사람과 짐승이 크게 어지러워지고 관군 가운데 죽고 다친 사람이 4만여 명이었으며 살아난 사람은 수천 명일 뿐이었다.

계묘일(23일)에 방관은 스스로 남군을 가지고서 싸웠으나 또 패배하였고, 양희문과 유귀철은 모두 역적에게 항복하였다. 황상은 방관이 패배하였다는 소식을 듣고 크게 화를 내었다. 이필(李泌)이 그를 위하여 그의 군영으로 구원하자 황상은 마침내 용서하고 방관을 대우하기를 처음과 같이 하였다.

설경선(薛景仙)을 관내(關內)절도부사20)로 삼았다.

9 돈황왕(敦煌王) 이승채(李承寀)가 회흘(回紇)의 아장(牙帳)에 도착하자21) 회흘 가한은 딸을 그에게 처로 삼게 하고 그가 귀하게 여기는 신하를 파견하여 이승채와 복고회은과 함께 와서 팽원(彭原, 감숙성 영현)에서 황상을 알현하였다. 황상은 그 사자를 후하게 예우하여 돌려보내고 회흘 가한의 딸에게 비가(毗伽)공주라는 호칭을 하사하였다.

10 윤자기(尹子奇, 안록산 반군의 장수)가 하간(河間, 하북성 하간시)을 포위하였으나 40여 일이 지나도 떨어지지 않자 사사명(史思明)이 군사를 이끌고 그곳에 모였다. 안진경(顔眞卿)은 그의 장수인 화림(和琳)을 파견

---

19) 진도택(陳壽澤)이라고도 하며 함양현 동쪽에 있는 도로 명칭이다.

20) 본래 봉상 태수였으며, 치소는 순화(順化, 감숙성 경양현)에 있다.

21) 아장이란 아기, 즉 지휘관의 깃발이 꽂힌 장막으로 본영(本營)을 말하며, 이승채가 회흘에 사신으로 간 것은 지난 9월이며, 《자치통감》 권218에 실려 있다.

하여 1만2천 명을 거느리고 하간을 구원하도록 하였으나 사사명은 맞서
공격하여 그를 사로잡고 드디어 하간을 떨어뜨리고 이환(李奐)을 잡아
낙양(洛陽)에 보내어 그를 죽였다. 또 경성(景城, 하북성 창주시 동남)을
함락시키자 태수 이위(李暐)는 괴어있는 물에 뛰어들어 죽었다.

사사명이 두 명의 기병으로 하여금 간단한 편지를 가지고서 낙안(樂
安, 산동성 혜민현)을 부르자 낙안은 즉시 군(郡)을 들어가지고 항복하였
다. 또 그의 장수인 강몰야파(康沒野波)22)로 하여금 선봉을 거느리고 평
원(平原, 산동성 능현)을 공격하도록 하였는데, 병사가 아직 도착하지 않
았으나, 안진경은 힘으로 대적할 수 없는 것을 알고 임인일(22일)에 군
을 버리고 황하를 건너 남쪽으로 달아났다.

사사명은 즉시 평원병사를 데리고서 청하(清河, 하북성 청하현)와 박평
(博平, 산동성 요성현)을 공격하여 이를 모두 함락시켰다. 사사명이 군사를
이끌고 신도(信都, 하북성 기현)에서 오승은(烏承恩)을 포위하자, 오승은은
항복하고, 직접 사사명을 인도하여 성 안으로 들어와 무기와 말과 창고
를 교부(交付)하였는데, 말이 3천 필이고 군사가 1만 명이었다. 사사명이
오승은을 호송하여 낙양에 가자 안록산은 그의 작위를 복구시켰다.

요양(饒陽, 하북성 심주시)의 비장(裨將)23)인 속록(束鹿, 하북성 신집시)
사람 장흥(張興)은 힘으로는 천 균(鈞)을 들었고 성격도 또한 밝고 분별
력이 있었다. 역적이 요양을 공격하였으나 한 해가 걸려도 떨어뜨릴 수
없었다.24) 여러 군이 모두 함락되기에 이르자 사사명은 힘을 나란히 하
여 이곳을 포위하니, 외부의 구원이 모두 끊겨서 태수 이계(李系)가 궁
색하게 몰리자 불에 뛰어들어 죽었고 성은 드디어 함락되었다.

---

22) 강몰(康沒)이 성(姓)이다.

23) 군 태수의 비장이다.

24) 요양이 공격을 처음 받은 일은 현종 천보 14재(755년)이며, 이 사건은 《자치통감》
권217에 실려 있다.

　사사명은 장흥을 사로잡아 말 앞에 세우고 말하였다.

　"장군은 진실로 장사(壯士)인데 나와 부귀를 함께 할 수 있겠소?"
장흥이 말하였다.

　"나 장흥은 당의 충성스런 신하이니, 본래 항복할 이치가 없소. 지금
시각을 세는 사람일 뿐이니,25) 바라건대, 한 마디를 하고 죽겠소."
사사명이 말하였다.

　"시험삼아 그것을 말해보시오."

　장흥이 말하였다.

　"주상께서 안록산을 대우하기를 은혜는 부자(父子)와 같이한 것은 여
러 신하들 가운데 거기에 미치는 사람이 없었는데 은덕을 갚는 것을 모
르고 마침내 군사를 일으켜 대궐을 지향하며 살아있는 사람을 도탄에
빠뜨렸소.

　대장부가 흉악한 역적을 베어 없앨 수 없다하여도 마침내 북면(北面)26)
을 하며 그의 신하가 되겠소! 저는 짧은 책략을 가지고 있지만 족하27)
께서는 그것을 들을 수 있겠소? 족하께서 역적을 따르는 까닭은 부귀를
찾을 뿐인데, 비유하자면 제비가 장막에다 집을 짓는 것과 같으니 어찌
오랫동안 편안할 수 있겠소! 하여간 틈을 타서 역적을 잡으면 재앙을 돌
이켜 복으로 만들고 오랫동안 부귀를 누릴 것이니 이 역시 어찌 아름답
지 않겠소!"
사사명은 화를 내고 나무 위에 펼쳐놓도록 시키고 그를 톱으로 켜서 죽
였는데, 욕이 입에서 끊어지지 않으면서 죽음에 이르렀다.

　역적이 성 하나를 깨뜨릴 때마다 성 안에 있는 의복·재물·부녀자를

---

25) 장흥이 자기의 죽음이 초를 헤아릴 정도로 다가왔다고 하는 것이다.

26) 군주는 항상 남쪽을 향해 앉고, 신하는 북쪽을 향해 앉는다. 따라서 북면은 신하의 자
　　리에 앉는다는 의미이다.

27) 평배 사이에서 상대를 높여 부르는 말이다.

모두 약탈하였다. 남자 가운데 건강한 사람은 짐을 지고 메도록 시키고 파리하며 병이 들고 노쇠하고 나이 어린 사람은 모두 칼과 창으로 장난하듯 죽였다.

안록산은 애초에 병사 3천 명을 사사명에게 주어 하북(河北)을 평정하도록 시켰는데, 이에 이르러 하북이 모두 함락되자 군(郡)에는 방위병사 3천을 두고 호족 출신 병사를 섞어 그곳을 진수하게 하고, 사사명은 박릉(博陵, 하북성 정주시)으로 돌아왔다.

윤자기는 5천의 기병을 거느리고 황하를 건너서 북해(北海, 산동성 청주시)를 침략하고 남쪽으로 가서 강과 회를 빼앗으려고 하였다. 마침 회흘 가한이 그의 신하인 갈라지(葛邏支)를 파견하여 군사를 거느리고 들어가 구원하도록 하였는데, 우선 2천의 기병을 데리고서 갑자기 범양성(范陽城, 북경시) 아래에 도착하니, 윤자기는 그 소식을 듣고 황급히 군사를 이끌고 돌아갔다.

11 12월 무오일28)에 회흘(回紇)은 대한곡(帶汗谷, 내몽고 포두시 북부)에 도착하여 곽자의(郭子儀)의 군대와 합쳤다. 신유일(11일)에 동라(同羅)와 반란을 일으킨 호족(胡族)과 더불어 유림하(楡林河, 내몽고 托克托현) 북쪽에서 싸워서 이들을 대파하여서 목을 벤 것이 3만이고 포로로 잡은 것이 1만이었으며, 하곡(河曲)이 모두 평정되었다.29) 곽자의는 돌아와 낙교(洛交, 섬서성 부현)에 진을 쳤다.

12 황상은 최환(崔渙)에게 명령하여 강남을 위로하도록 하고 지선거(知

---

28) 다른 판본에는 11월로 되어 있고, 다음에 오는 14번 기사에 12월이 다시 나오므로 12월은 11월의 잘못이다. 11월 무오일은 8일이다.

29) 동라(同羅)는 이 해 7월에 장안(長安)에서 북쪽의 하곡(河曲)으로 달아났다. 이 내용은 《자치통감》 권219에 실려 있다.

選擧)를 겸하도록 하였다.30)

13　영호조(令狐潮)가 무리 1만 여를 인솔하고 옹구성(雍丘城, 하남성 기
현) 북쪽에 군영을 만들자, 장순이 맞아 쳐서 그들을 대파하니, 역적은
드디어 달아났다.

14　영왕(永王) 이린(李璘)은 어려서 어머니를 잃고31) 황상[현종]에게 길
러지면서 항상 그를 끌어안고 잠을 잤는데, 상황(上皇)을 좇아 촉(蜀)에
들어갔다. 상황이 여러 아들에게 명령하여 천하를 나누어 통제하도록 하
자,32) 간의대부 고적(高適)이 간하며 아니 된다고 하였으나 상황은 듣지
않았다. 이린은 사도(四道)절도도사33)를 관장하여 강릉(江陵, 호북성 강릉
현)에서 진수하였다.

　이때에 장강과 회수의 조부(租賦)가 강릉에 산처럼 쌓여서 이린은 용
맹한 병사 수만 명을 불러 모았는데 하루에 수만 전을 소비하였다. 이린
은 깊은 궁궐에서 성장하여 사람들의 일을 겪지 않았으나, 아들인 양성
왕(襄城王) 이탕(李瑒)은 용맹하고 힘이 있고 전쟁을 좋아하였는데, 설류
(薛鏐) 등이 있어서 그를 위하여 모주(謀主)가 되어서 '지금 천하가 크게
혼란하고 오직 남쪽만 완전히 부유하며 이린은 4도(道)의 군사를 장악하
였고 영토가 수천 리이니 의당 금릉(金陵, 강소성 남경시)을 점거하고 강
남을 보전하고 소유하면 마치 동진(東晉)시대의 옛 일과 같이 된다.' 고

30) 관직명은 겸지선거이다. 선거는 사람을 뽑는 일로 이부의 업무인데 재상급인 최환에
　게 이 일을 맡긴 것이다.
31) 곽순의의 아들인데, 곽순의는 일찍 죽었다.
32) 지난(756년) 7월의 일이다.
33) 사도(四道)는 산남동도(山南東道, 호북성), 영남도(嶺南道, 광동성, 광서성, 해남성과
　베트남 북부), 금중도(黔中道, 귀주성), 강남서도(江南西道, 강서성과 호남성)이다.

생각하였다.

황상은 그 소식을 듣고 이린에게 칙서를 내려 촉(蜀)으로 돌아와 조근(朝覲)하도록 하였으나 이린은 좇지 않았다. 강릉(江陵)장사 이현(李峴)이 병을 핑계대고 행재소로 가자34) 황상은 고적(高適)을 부르고 그와 더불어 모의하였다. 고적은 강동에 이익이 되고 해가 되는 것을 진술하고 또 이린이 반드시 패배하게 될 상황을 진술하였다.

12월에 회남(淮南)절도사를 두어 광릉(廣陵, 강소성 양주시) 등 12군35)을 관장하도록 하고 고적을 그것으로 삼았다. 회남서도(淮南西道)절도사를 설치하여 여남(汝南, 하남성 여남현) 등 5군36)을 관장하도록 하고 내진(來瑱)을 그것으로 삼았으며, 강동(江東, 치소는 吳郡, 강소성 소주시)절도사 위척(韋陟)과 함께 이린을 도모하도록 하였다.

15 안록산(安祿山)은 군사를 파견하여 영천(潁川, 하남성 허창시)을 공격하였다. 성 안에는 군사가 적고 저축해 놓은 것이 없었으나 태수 설원(薛愿)과 장사 방견(龐堅)은 힘을 다하여 막고 지켰는데,37) 성을 둘러싸고 백 리에 걸쳐있는 오두막집과 숲의 나무가 모두 없어졌다.

1년이 되었으나 구원병이 도착하지 않았고 안록산은 아사나승경(阿史那承慶)으로 하여금 군사를 늘리어 그곳을 공격하도록 하니, 주야로 죽을

---

34) 이린이 장차 군사를 일으키면 이현은 그 재앙에 관여하고 싶지 않았다.

35) 12군이란 초주(楚州)의 산양군(山陽郡), 저주(滁州)의 전초군(全椒郡), 화주(和州)의 역양군(歷陽郡), 수주(壽州)의 회남군(淮南郡), 여주(廬州)의 합비군(合肥郡), 서주(舒州)의 동안군(同安郡), 광주(光州)의 익양군(弋陽郡), 기주(蘄州)의 기춘군(蘄春郡), 안주(安州)의 안륙군(安陸郡), 황주(黃州)의 제안군(齊安郡), 신주(申州)의 의양군(義陽郡), 면주(沔州)의 한양군(漢陽郡)이다.

36) 5군이란 채주(蔡州)의 여남군(汝南郡), 정주(鄭州)의 형양군(滎陽郡), 허주(許州)의 영천군(潁川郡), 광주(光州)의 익양군(弋陽郡), 신주(信州)의 의양군(義陽郡)이다.

37) 설원과 방견이 영천을 지킨 것은 지난 정월의 일이므로 지금까지 12개월을 버틴 것이다.

듯이 싸운 지 15일 만에 성이 함락되었고, 설원과 방견을 잡아 낙양에 송치하니 안록산은 낙수(洛水) 물가의 얼음 위에 묶어놓고 그들을 얼려 죽였다.

16 황상이 이필(李泌)에게 물었다.

"지금 적이 강하기가 이와 같은데 언제 평정할 수 있겠소?"

대답하였다.

"신이 보건데 역적은 얻은 자녀와 황금 그리고 비단을 모두 범양(范陽, 북경시)으로 보내는데 이것이 어찌 사해에 웅거할 뜻을 가지고 있는 것이겠습니까? 지금에 다만 오랑캐의 장수는 혹시 이것 때문에 채용되었을 것이고 중국 사람들 중에는 오직 고상(高尙) 등 몇몇 뿐이며 나머지는 모두 위협을 당하여 좇을 뿐입니다. 신이 헤아려 보건대 2년을 지나지 않아 천하에는 역적이 없어집니다."

황상이 말하였다.

"무슨 이유인가."

대답하였다.

"역적의 날랜 장수는 사사명(史思明)·안수충(安守忠)·전건진(田乾眞)·장충지(張忠志)38)·아사나승경 등 몇 명에 지나지 않을 뿐입니다. 지금 만약 이광필로 하여금 태원(太原, 산서성 태원시)으로부터 정형(井陘, 하북성 녹천시 서부)으로 나오도록 하고, 곽자의로 하여금 풍익(馮翊, 산서성 대협현)으로부터 하동(河東, 산서성)으로 들어가게 한다면 사사명과 장충지는 감히 범양과 상산(常山, 하북성 정정현)을 떠나지 못하고, 안수충과 전건진은 감히 장안을 떠나지 못하니, 이 때문에 두 군대가 그들의 네 장수를 잡아매 놓으면 안록산을 좇는 사람은 오직 아사나승경뿐입니다.

---

38) 바로 안충지이다. 이때에 이미 자기 양부(養父)의 성(姓)을 복구하였다.

 바라건대, 곽자의에게 칙서를 내려서 화음(華陰, 섬서성 화현)을 빼앗아 양경(兩京)의 도로를 항상 통하게 만들고 폐하께서는 징발한 군사를 가지고 부풍(扶風, 섬서성 봉상현)에 주둔하여 곽자의·이광필과 더불어 서로 나아가 그들을 공격하게 하면 저들이 머리 쪽을 구원하면 그들의 꼬리를 치고, 꼬리 쪽을 구원하면 그들의 머리를 쳐서 역적으로 하여금 수천 리를 오고 가게 하면 분명(奔命)하느라고 피곤하게 되지만, 우리는 항상 편안한 상태에서 지쳐있는 군대를 기다리는 것입니다. 역적이 도착하면 그 칼끝을 피하고, 물러나면 그 틈을 탈 것이며, 성을 공격하지 않고 길을 막지도 않습니다.

 다가오는 봄에 다시 건녕(建寧)[39]에게 명령하여 범양절도대사로 삼아 나란히 요새지대의 북쪽으로 나아가 이광필과 더불어 남쪽과 북쪽에서 기각(掎角)[40]의 형태로 범양을 빼앗아 역적의 소굴을 뒤엎어 버리게 됩니다. 역적은 물러나더라도 돌아갈 곳이 없고 남아있더라도 편안함을 얻지 못할 것이니 그렇게 한 후에 대군이 사방에서 합쳐져서 그들을 공격하면 반드시 사로잡을 수 있게 됩니다.”

황상은 기뻐하였다.

 이때에 장량제(張良娣)와 이보국(李輔國)은 서로 안팎이 되어서 모두 이필을 미워하였다.[41] 건녕왕 이담이 이필에게 말하였다.

 “선생께서 저 이담을 황상에게 천거하여 신하와 아들로서의 역할을 펼칠 수 있었는데, 은덕을 갚을 방법이 없으니 청컨대 선생을 위해서 해가 되는 것을 없애겠습니다.”

이필이 말하였다.

---

39) 건녕왕(建寧王) 이담(李倓)을 가리킨다.

40) 적을 앞뒤에서 공격하는 것이다. 이는 사슴을 잡을 때 다리와 뿔을 동시에 붙잡아 제압하는 데서 나온 말이다.

41) 이 일은 지난 9월의 사건을 참고하시오.

"무엇입니까."

이담은 장량제의 일을 가지고 말하였다. 이필이 말하였다.

"이것은 아들 된 사람이 말할 바가 아니니, 바라건대, 대왕께서는 잠시 놓아두고 우선할 것으로 여기지 마십시오."

이담은 따르지 않았다.

17 갑진일(25일)에 영왕(永王) 이린(李璘)이 멋대로 군사를 이끌고 동쪽으로 순시하며 장강을 따라 내려가는데, 군대의 위용은 매우 왕성하였으나 오히려 아직 땅을 떼어내어 점거하겠다는 꾀는 드러내지 않았다.

오군(吳郡, 강소성 소주시) 태수 겸 강남동로(江南東路)채방사 이희언(李希言)이 평첩(平牒)[42]을 이린에게 보내어 그가 멋대로 군사를 이끌고 동쪽으로 내려간 뜻을 꾸짖었다. 이린은 화를 내고 군사를 나누어 그의 장수인 혼유명(渾惟明)을 파견하여 이희언을 오군에서 기습하게 하고, 계광침(季廣琛)은 광릉(廣陵)장사·회남(淮南)채방사 이성식(李成式)을 광릉(廣陵, 강소성 양주시)에서 기습하도록 하였다.

이린이 전진하여 당도(當塗, 안휘성 당도현)에 도착하자 이희언은 그의 장수인 원경요(元景曜)와 단도(丹徒, 강소성 진강시) 태수 염경지(閻敬之)를 파견하여 군사를 거느리고 그를 막도록 하고 이성식 역시 그의 장수인 이승경을 파견하여 그를 막도록 하였다.

이린은 염경지를 공격하여 목을 베어 무리에게 돌려서 보였고 원경요와 아사나승경이 모두 이린에게 항복하자 강·회에서는 크게 진동하였다. 고적(高適)과 내진(來瑱)·위척(韋陟)이 안륙(安陸, 호북성 안륙시)에서 만나 맹약을 맺고 무리에게 맹세하며 그를 토벌하였다.

---

42) 대등한 관계에서 보낸 편지이다. 이 두 사람은 똑같이 방기(方鎭)를 책임지고 있기 때문에 평첩(平牒)을 보낸 것이다.

18   우전왕(于闐王) 울지승(尉遲勝)은 안록산이 반란을 일으켰다는 소식을 듣고 그의 동생인 울지요(尉遲曜)에게 명령하여 국사(國事)를 섭정하도록 하고, 스스로 군사 5천을 거느리고 들어와 원조하였다. 황상은 그것을 가상하게 여겨 특진(特進)의 벼슬을 내리고 전중감(殿中監)을 겸하도록 하였다.

19   영호조(令狐潮)와 이정망(李庭望)43)이 옹구(雍丘, 하남성 기현)를 공격하였으나 수개월이 지나도 떨어뜨리지 못하자 마침내 기주(杞州)를 설치하고44) 옹구의 북쪽에 성을 쌓아서 양식이 지원되는 것을 끊었다. 역적은 항상 수만 명이었고 장순45)의 무리는 겨우 천여 명이었지만 싸울 때마다 번번이 이겼다.

하남(河南)절도사인 괵왕(虢王) 이거(李巨)는 팽성(彭城, 강소성 서주시)에 주둔하였는데 장순에게 임시 선봉사(先鋒使)로 하였다. 이 달에 노(魯, 산동성 연주시)·동평(東平, 산동성 동평현)·제음(濟陰, 산동성 정도현)이 역적에게 함락되었다. 역적의 장수인 양조종(楊朝宗)은 기병과 보병 2만을 인솔하고 장차 영릉(寧陵, 하남성 영릉현)을 기습하여 장순의 배후를 차단하려고 하였다. 장순은 드디어 옹구를 뽑고 동쪽으로 가서 영릉을 지키면서 그들을 기다렸는데,46) 처음으로 수양(睢陽, 하남성 상구현) 태수 허원(許遠)과 서로 만나 보았다.

이날 양조종(楊朝宗)이 영릉성의 서북쪽에 도착하였고 장순과 허원이 더불어 싸웠는데 주야로 수십 차례 접전하여 그들을 대파하고 목을 벤

---

43) 모두 안록산의 부하 장수이다.

44) 당(唐) 초기에 기주(杞州)를 설치하였으나 정관(貞觀) 원년에 철폐하였다가 지금 반란군이 다시 그것을 설치하고 그곳에 축성하여 옹구(雍丘)를 압박하고 있다.

45) 옹구의 수장(守將)이다.

46) 옹구(雍丘)와 영릉(寧陵)은 120리의 거리이다.

것이 수만 급(級)이었고 흐르는 시체가 변수(汴水)를 꽉 채워서 내려갔다. 역적은 병사를 거두고 밤에 달아났다. 칙서를 내려 장순을 하남(河南)절도부사로 삼았다.

장순은 장수와 병사에게 공로가 있다고 여기고 사자를 파견하여 괵왕 이거에게 가서 공명고신(空名告身)47)과 하사품을 청하도록 하였는데, 이거는 오직 절충(折衝)과 과의(果毅)48)에게 고신 30통을 주고 하사품을 주지 않았다. 장순이 편지를 보내어 이거를 책망하였으나 이거는 끝내 응답하지 않았다.

20 이 해에 북해(北海)절도사를 설치하여 북해(北海, 산동성 청주시) 등 4군49)을 관장하게 하였고, 상당(上黨)절도사를 두어 상당(上黨, 산동성 장치시) 등 3군50)을 관장하게 하였으며, 흥평(興平)절도사를 두어 상낙(上洛, 섬서성 상주시) 등 4군51)을 관장하게 하였다.

21 토번(吐蕃)은 위융(威戎, 청해성 문원현)·신위(神威, 청해성 해안현)·정융(定戎, 청해성 황원현 서남)·선위(宣威, 청해성 대통현 동남)·제승(制勝)·금천(金天, 청해성 공화현 서남)·천성(天成, 감숙성 적석산현) 등의 군(軍)과 석보성(石堡城, 청해성 황원현 서남)·백곡성(百谷城, 청해성 공화현

---

47) 고신(告身)은 관직을 임명할 때 주는 문서이다. 여기에는 관직을 받는 사람의 이름과 관직명이 적혀있는데, 이 경우에는 공명(空名)이라 하여 이름을 공란으로 두어 장순이 직접 써넣을 수 있게 한 것이다.

48) 절충은 정4품 상(上)의 관직이고, 과의는 종5품 하(下)의 관직이다.

49) 북해군 외 3개 군은 다음과 같다. 고밀군(高密郡, 산동성 제성시), 동모군(東牟郡, 산동성 봉래시), 동래군(東萊郡, 산동성 내주시)이다.

50) 상당군 외 2개 군은 장평군(長平郡, 산서성 진성시)과 양성군(陽城郡, 산서성 심원현)이다.

51) 상낙군(上洛郡), 안강군(安康郡, 섬서성 안강시), 무당군(武當郡, 호북성 단강구시 서북), 방릉군(房陵郡, 호북성 방현), 이렇게 4개 군이다.

동남)·조과성(雕窠城, 청해성 동인현)을 함락시켰다.

22　애초에, 임읍왕(林邑王) 범진룡(范眞龍)이 그의 신하인 마가만다가독(摩訶漫多伽獨)에게 죽었는데, 범씨(范氏)를 다 죽였었다. 그 나라의 사람들은 그 왕인 범두려(范頭黎)의 딸을 세워서 왕으로 삼았으나 딸이 나라를 다스릴 수 없자 다시 범두려 고모의 아들인 제갈지(諸葛地)를 세웠는데, 그를 환왕(環王)이라고 하였고, 여왕을 그에게 시집보내었다.52)

---

52) 이 사건은 ≪신당서(新唐書)≫에 의하면 당 태종 정관 19년(645년)에 일어났고, ≪자치통감≫에서는 권199의 고종 영휘 4년(653년)에 기록되어 있는데, 여기에 또 쓰여 있다. 착오인 것 같다.

피살된 안록산과 잡혀죽는 영왕

숙종 지덕(至德) 2재(丁酉, 757년)[53]

1 봄, 정월에 상황은 고서(誥書)[54]를 내려서 헌부(憲部)상서 이린(李麟)을 동평장사로 삼아 백관을 총괄하도록 하였으며, 최원(崔圓)에게 명령하여 고서를 받들고 팽원(彭原, 감숙성 영현, 숙종이 거주하는 곳)에 가도록 하였다. 이린은 의조(懿祖)의 후손이다.[55]

2 안록산은 군사를 일으킨 이래로부터 눈이 점차 어두워져서 이때에 이르러서는 다시 사물을 보지 못하였는데, 또 등창이 생기니 성질이 더욱 성급하고 포악해져서 좌우에 있는 사령(使令)이 조금이라도 뜻대로 하지 않으면 움직였다하면 채찍질과 매질을 가하였으며 혹은 그를 죽였다.

---

53) 연 안록산 성무 2년이고, 안경서 천성 원년이다.

54) 9대 현종(玄宗) 이융기(李隆基)이다. 이 해에 일흔세 살이다. 현종은 상황(上皇)이 된 다음에 내리는 명령을 고(誥)라 하기로 하였다.

55) 의조(懿祖)는 휘(諱)가 천석(天錫)이고 묘호는 의조(懿祖)이며 태조 이연(李淵)의 증조부이다. 이린은 의조 이천석의 셋째아들인 이걸두(李乞豆)의 5세손이다. 이천석을 의조로 묘호(廟號)를 정한 것은 현종 개원 11년(723년) 8월의 일이고, 《자치통감》 권212에 실려 있다.

  이미 황제를 칭하고 나자 금중(禁中)에 깊이 머물러서 대장도 그의 얼굴을 보는 일이 드물었고 모두 엄장(嚴莊)을 통하여 일을 보고하였다. 엄장은 비록 귀하고 용사(用事)하였으나 역시 채찍질과 매질당하는 것을 피하지 못하였고, 환관 이저아(李豬兒)는 매질을 당하는 일이 더욱 많았으니, 좌우에 있는 사람들은 스스로를 보전하지도 못하였다.

  안록산의 폐첩(嬖妾)인 단씨(段氏)가 아들 안경은(安慶恩)을 낳자 안경서(安慶緒)를 대신하여 후사로 삼으려고 하였다. 안경서는 항상 죽을 것을 두려워하였으나 빠져나갈 바를 알지 못하였다.

  엄장이 안경서에게 말하였다.

  "일에는 부득이한 것이 있으니 때를 놓쳐서는 안 됩니다."

안경서가 말하였다.

  "형56)이 행한 바가 있으면 감히 공경하여 따르지 않겠습니까?"

또 이저아에게 말하였다.

  "너는 전후로 매질을 당한 것을 어찌 헤아릴 수 있겠는가? 큰일을 행하지 않으면 죽는 것은 며칠도 남지 않았다."

이저아 역시 허락하였다.

  엄장과 안경서는 밤에 무기를 가지고 장막 밖에 섰으며 이저아는 칼을 잡고 곧바로 휘장 안으로 들어가 안록산의 배를 찍었다. 좌우에 있는 사람들은 두려워하여 감히 움직이지 못하였다. 안록산은 베개 옆의 칼을 잡으려고 하였으나 잡지 못하고57) 장막의 장대를 흔들면서 말하였다.

  "반드시 집안의 역적일 것이다."

창자가 이미 흘러나와 몇 말[斗]이 되자 마침내 죽었다.

  침상 아래로 깊이 몇 척을 파고 담요로 시체를 덮어서 묻고 궁중에

---

56) 엄장을 형이라고 부른 것이다.

57) 《구당서(舊唐書)》를 보면 안록산은 앞을 보지 못하기 때문에 항상 침상 머리에 칼 하나를 두었다고 한다.

훈계하여 누설되지 않도록 하였다. 을묘일(6일) 아침에 엄장은 외부에 널리 말하길 안록산의 병이 위독하다고 하였다. 진왕(晉王) 안경서를 세워서 태자로 삼고 얼마 안 있다가 황제의 자리에 오르고 나자 안록산을 높여 태상황(太上皇)으로 하였다. 그런 연후에 상사(喪事)를 발표하였다.

안경서는 성격이 아둔하고 나약하였으며 말하는 데는 차례가 없어서 엄장은 무리들이 복종하지 않을까 두려워서 사람들을 만나지 못하도록 만들었다. 안경서는 매일 멋대로 술을 마시는 것을 낙으로 삼았으며, 형으로 엄장을 섬겨서 그를 어사대부·풍익왕(馮翊王)으로 삼았고, 일은 대소를 막론하고 모두 가져다가 결정하였고, 제장들에게 관직과 작위를 후하게 덧붙여 주어서 그들의 마음을 즐겁게 하였다.

3 황상이 조용히 이필에게 말하였다.

"광평(廣平)이 원수가 된 지 한 해를 넘겼고 지금 건녕(建寧)58)에게 명하여 오로지 원정을 시키려고 하는데, 또 세력이 갈라질까 두렵소. 광평을 세워서 태자로 삼으면 어떻겠소."

대답하였다.

"신은 진실로 일찍이 그것을 말하였으며, 군사적인 일은 엇갈리고 절박하니 모름지기 상황에 따라서 처리하여야만 하지만 집안의 일에 이르러서는 응당 상황[현종]의 말씀을 기다려야만 합니다. 그렇지 않으면 후대에 폐하께서 영무(靈武, 영하 영무현)에서 즉위하였던 뜻을 어떻게 밝히시겠습니까!

이것은 반드시 어떤 사람이 신과 광평왕 사이에 틈을 만들려고 한 것뿐입니다. 신이 청컨대 이것을 광평에게 말하게 해주시면, 광평 역시 반드시 아직은 감히 감당하려 하지 않을 것입니다."

---

58) 광평은 광평왕(廣平王) 이숙(李俶)이고, 건녕은 건녕왕 이담이다.

이필이 나아가서 광평왕(廣平王) 이숙(李俶)에게 알리자, 이숙은 말하였다.

"이것은 선생59)께서 그 마음을 깊이 알고 그 일을 완전히 아름답도록 굽혀 만들려고 한 것입니다."

마침내 들어와 굳게 사양하며 말하였다.

"폐하께서는 오히려 아직도 아침과 저녁으로 부모를 봉양하는 도리를 못하고 있는데,60) 신이 무슨 마음으로 감히 저부(儲副)61)가 되겠습니까! 바라건대, 상황께서 궁전으로 돌아오기를 기다려 주면 신의 행복이겠습니다."

황상은 그에게 상을 주고 위로하였다.

이보국(李輔國)은 원래 비룡소아(飛龍小兒)62)였고 글씨를 쓰거나 계산을 잘 못하였으나 태자궁에서 일을 하였기 때문에 황상이 그를 신임하고 일을 맡겼다. 이보국은 겉으로는 공손하고 말이 적었으나 속으로는 교활하고 음흉하며 장량제를 만나 총애를 받자 은밀히 그녀를 따라서 서로 안팎이 되었다.

건녕왕 이담이 자주 황상의 앞에서 두 사람의 죄악을 흉보며 들추어 내자 두 사람은 황상에게 그를 참소하며 말하였다.

"이담은 원수(元帥)가 되지 못한 것을 원망하고 광평왕을 해칠 것을 모의하고 있습니다."

황상은 화를 내고 이담에게 죽음을 내렸다. 이에 광평왕 이숙과 이필은 모두 속으로 두려워하였다.

---

59) 이필을 가리킨다.

60) 아들은 부모에게 아침저녁으로 문안을 드리도록 되어 있으나, 현재 숙종은 그 아버지인 현종과 떨어져 있어서 자식의 도리를 못하고 있다는 뜻이다.

61) 태자를 말한다. 후계자, 두 번째 사람이라는 의미를 가지고 있다.

62) 비룡은 말의 이름으로, 비룡마가 있는 마구간을 가리킨다. 소아는 궁전에서 잔심부름을 하는 아이이므로 이보국은 비룡마구간의 급사였다는 뜻이다.

이숙이 이보국과 장량제를 제거할 것을 모의하자 이필이 말하였다.

"아니 됩니다. 대왕께서는 건녕왕이 당한 화를 보지 못하였습니까?"

이숙이 말하였다.

"가만히 선생님을 위해 이를 걱정하고 있습니다."

이필이 말하였다.

"저 이필은 주상과 더불어 약속한 것이 있습니다. 경사를 평정하기를 기다렸다가 물러나 산으로 돌아가면 환난을 거의 피할 수 있습니다."63)

이숙이 말하였다.

"선생이 가시면 저 이숙은 더욱 위태로워집니다."

이필이 말하였다.

"왕께서는 다만 아들로서의 효도를 다하십시오. 장량제는 부녀자이고 왕께서 일부러 굽히며 순종하시는데 또한 어찌 할 수 있겠습니까!"

4 황상이 이필에게 말하였다.

"지금 곽자의와 이광필은 이미 재상이 되었는데, 만약 양경(兩京)에서 이기고 사해(四海)를 평정하면 그들에게 포상할 관직이 없는데, 어찌하오?"

대답하였다.

"옛날에 관직은 재능 있는 사람을 임명하는 것이고, 작위는 공로에 보답하는 것이었습니다. 한·위(漢·魏) 이래로 비록 군현을 가지고 백성을 다스렸으나 공로를 세우면 모토(茅土)를 하사하고,64) 그것을 자손에게 전하였는데, 주(周, 북주)와 수(隋)에 이르러서도 모두 그러하였습니다.

---

63) 이 일은 숙종 지덕 원재(756년) 9월의 일이고, 《자치통감》 권218에 실려 있다.

64) 고대에 황제가 제사 지내는 제단(祭壇)은 5색 흙으로 만들고, 제후를 책봉할 때에 5색 중 하나의 색깔을 가진 흙을 모초(茅草)에 싸서 준다. 이것은 분봉(分封)의 의미를 가지는 것이다. 따라서 작위를 주는 것을 말한다.

당 초기에 아직 관동(關東)을 차지하지 못하였으니, 그러므로 봉토와 작위 모두 허명(虛名)만 두었고 그들이 실봉(實封)을 먹게 한 것은 비단과 베를 주었을 따름입니다.65) 정관(貞觀) 연간에 태종은 옛날의 제도를 복구하려고 하였으나 대신들의 의견이 똑같지 않아서 중지하였습니다.66) 이로부터 공로를 세운 사람에게 관직을 가지고 상을 주었습니다.

무릇 관직을 가지고 공로를 포상하는 데에는 두 가지 폐해가 있으니, 적당한 재주를 갖지 않아서 일을 그르치고 권력이 무거우면 통제하기 어려운 것입니다.

이 때문에 공신 가운데에서 큰 관직에 있는 사람은 모두 자손을 위하여 원대한 계책을 생각하지 않고 일시에 권력을 타고 이익을 찾는데 힘을 썼으며 행하지 않는 바가 없었습니다. 지난번에 안록산으로 하여금 백리에 걸친 나라를 갖도록 하였다면 역시 그것을 아까워하여 자손에게 전하고 반역하지는 않았을 것입니다.

지금을 위한 계책은 천하가 이미 평정되기를 기다렸다가 작위와 봉토(封土)를 멀리하여서 공신에게 포상하는 것 만한 것이 없으니 비록 큰 나라라고 하여도 이삼백 리를 넘지 않도록 하면 지금의 작은 군(郡)과 비견될 수 있으니 어찌 통제하기 어렵겠습니까! 신하에게 있어서도 이것은 곧 만세(萬世)에 이르는 이익입니다."

황상이 말하였다.

"훌륭한 말이오."

5 황상은 안서(安西)·북정(北庭)67) 그리고 발한나(拔汗那, 중앙아시아 나

---

65) 당 때에는 봉지의 호수 1호(戶)를 1정(丁)의 세조(歲調)로 계산하여 지급하였다.

66) 이 사건은 태종 정관 13년(639년) 2월에 있었고 ≪자치통감≫ 권195에 실려 있다.

67) 안서(安西)의 본영은 쿠차(신강 쿠차현)이고 북정은 북정부(北庭府, 신강 위구루자치구 吉木薩爾현)이다.

망간시) · 대식(大食, 아랍)의 여러 나라의 군대가 양(涼, 감숙성 무위시) · 선(鄯, 청해성 악도현)에 도착하였다는 소식을 듣고 갑자일(15일)에 보정 (保定, 감숙성 경천현)으로 행차하였다.

6 병인일(17일)에 검남(劍南)의 병사인 가수(賈秀) 등 5천 명이 반란을 꾀하자 장군 석원경(席元慶)과 임공(臨邛, 사천성 공래현) 태수 유혁(柳奕) 이 그들을 토벌하고 죽였다.

7 하서(河西, 치소는 무위)병마사 개정륜(蓋庭倫)이 무위(武威, 감숙성 무위 시)의 구성(九姓) 사람인 호족(胡族)상인 안문물(安門物) 등과 더불어 절 도사 주필(周泌)을 죽이고 무리 6만 명을 모았다. 무위의 큰 성 안에는 작은 성이 일곱 개가 있었는데 호족(胡族)이 그 중 다섯 개를 점거하였 고 두 개의 성은 굳게 지켰다. 지탁(支度)판관 최칭(崔稱)은 중사(中使)68) 유일신(劉日新)과 더불어 두 성의 병사를 가지고 그들을 공격하여 17일 만에 이를 평정하였다.

8 사사명은 박릉(博陵, 하북성 정주시)에서부터 오고, 채희덕은 태행(太 行, 하남성 박애현)에서부터 오고, 고수암(高秀巖)은 대동(大同, 산동성 대동 시)에서부터 오고, 우정개(牛廷介)는 범양(范陽, 북경시)에서부터 오는데, 이끈 군사는 모두 10만이였고, 태원(太原)을 노략질하였다. 이광필 휘하 의 정예병사가 모두 삭방(朔方)에 가서 남어지 단련병69)은 오합지졸로 1만 명이 되지 않았다.

　사사명은 태원을 손가락이나 손바닥처럼 쉽게 빼앗을 수 있다고 생각

---

68) 환관으로 사자(使者)가 된 사람을 말한다.

69) 임시로 민간에서 뽑아서 훈련시킨 병사이다.

하고 이미 **빼앗고** 나기만 하면 응당 군대를 멀리까지 몰아가서 삭방(朔方)·하·농(河·隴, 감숙성과 청해성 동부)을 **빼앗아야** 한다고 여겼다.

태원에 있는 제장들은 모두 두려워하고 성(城)을 정비하는 것을 논의하고 이를 기다리자, 이광필은 말하였다.

"태원성은 둘레가 40리이니, 역적이 곧 도착할 것인데, 공사를 일으키면 이것은 아직 적을 보기도 전에 먼저 스스로 곤궁해지는 것이다."
마침내 사졸과 백성을 인솔하여 성 밖에 해자를 파서 스스로 견고히 하였다. 굽지 않은 벽돌 수십만을 만들었는데 무리들은 쓰일 곳을 알지 못하였지만 역적이 밖에서 성을 공격하게 되자 이광필은 이것을 사용하여 안에서 보루를 늘리고 무너지면 번번이 그곳을 보수하였다.

사사명이 사람을 시켜서 산동(山東)에서 공격도구를 가져오도록 하고 호족(胡族) 병사 3천으로 하여금 그것을 호위하여 운송하도록 하였는데, 광양(廣陽, 산서성 평정현)에 도착하자 별장(別將) 모용일(慕容溢)과 장봉장(張奉璋)이 그들을 맞아 공격하여 모두 죽였다.[70]

사사명은 태원을 포위한 지 1개월이 넘게 지나도 함락되지 않자, 마침내 날래고 예리한 사람들을 뽑아서 유격병을 만들고, 그들에게 훈계하여 말하였다.

"내가 북쪽을 공격하겠으니 너희는 몰래 그 남쪽으로 가고, 동쪽을 공격하면 서쪽으로 가서 틈이 생기면 이를 타라."

이광필의 군사명령이 엄격하고 정돈되어 비록 역적이 노략질하지 않은 곳이라 해도 경계하고 순찰하여 일찍이 조금도 나태한 적이 없어서 역적은 들어갈 수 없었다. 이광필은 군대 내에 현상금을 걸고 모집하여 만약에 작은 재주를 가지고 있다 하여도 모두 이를 채용하였고 능력에 따라 그것을 사용하여 사람들은 그 쓰임새를 다하였는데 안변군(安邊軍,

---

70) 이광필의 부장인 장봉장(張奉璋)은 지난해 2월에 석읍(石邑)을 점거하여 지켰다.

하북성 울현) 출신의 전공(錢工) 3명을 얻었는데 땅굴을 잘 팠다.71)

역적이 성 아래에서 위를 쳐다보며 모욕하고 욕을 하면 이광필은 사람을 보내어 땅굴 속에서 그들의 다리를 당겨서 안으로 끌어들이고 성에 다가가서 그들의 머리를 베도록 하였다. 이로부터 역적은 다닐 때면 모두 땅을 살폈다.

역적이 운제(雲梯)와 충차(衝車)72) 그리고 토산(土山)73)을 만들어서 성을 공격하면 이광필은 땅굴을 만들어서 그들을 맞이하니 성에 가까이 간 것들은 번번이 함몰되었다. 역적이 애초에 성을 급히 압박하면 이광필은 큰 대포를 만들어 큰 돌을 날렸는데 한 발을 쏘면 번번이 20여 명을 죽여 넘어뜨렸다. 역적 중에 죽은 사람이 열에 두세 명이니 마침내 병영을 수십 보 밖으로 물리니 포위하고 지키는 것을 더욱 견고히 하였다.

이광필은 사람을 파견하여 거짓으로 역적과 약속을 하여 정한 날에 나아가 항복한다고 하자 역적은 기뻐하고 대비하지 않았다. 이광필은 땅굴을 역적의 군영 안까지 파게하고 그것을 나무로 괴었다. 약속한 날에 이르자 이광필은 병사를 챙겨서 성 위에 있게 하고 비장(裨將)을 파견하여 수천 명을 거느리고 나아가게 하여 항복하는 것처럼 하자 역적들이 모두 눈을 모았다.

갑자기 군영 안에서 땅이 함몰되자 죽은 사람이 천여 명이었고 역적의 무리는 놀라 어지러워지니 관군이 북을 치고 함성을 지르며 그 틈을 타서 포로로 잡고 목을 벤 사람이 1만을 헤아렸다. 마침 안록산이 죽자

---

71) 전공(錢工)은 동전을 만드는 기술자이다. 안변군(安邊軍)은 울주(蔚州)의 흥당현(興唐縣)에 있었다. 울주에는 동(銅) 제련소와 전관(錢官)이 있었기 때문에 전공(錢工)도 있었다.

72) 운제는 높은 사다리로 성벽을 올라가는데 사용하고, 충차는 성벽을 허무는데 사용하는 수레로 모두 공격 도구이다.

73) 성을 공격하기 위하여 성과 같은 높이로 흙을 쌓은 것이다.

안경서는 사사명으로 하여금 돌아가 범양을 지키게 하고 채희덕 등을 남겨두어 태원(太原)을 포위하도록 하였다.

9   안경서는 윤자기(尹子奇)를 변주(汴州, 하남성 개봉시)자사·하남(河南) 절도사로 삼았다. 갑술일(25일)에 윤자기는 귀주(歸州)[74]와 단주(檀州, 북경시 밀운현) 그리고 동라(同羅)와 해(奚)의 병사 13만을 가지고 수양(睢陽, 하남성 상구현)으로 갔다.

허원(許遠, 수양 태수)이 장순(張巡)에게 긴급한 것을 알리자 장순은 영릉(寧陵, 하남성 영릉현)으로부터 군사를 이끌고 수양으로 들어갔다. 장순은 병사 3천을 가지고 있었고 허원의 병사와 합쳐서 6천800명이었다. 역적이 무리를 다 모아서 성을 압박하자 장순은 장사(將士)를 감독하고 격려하여 주야로 힘들게 싸웠는데 혹은 하루에 20회의 전투를 하기에 이르렀다. 무릇 16일 동안에 역적의 장수 60여 명을 사로잡고 사졸 2만여를 죽이자 무리의 기세는 스스로 두 배로 되었다.

허원이 장순에게 말하였다.

"저 허원은 겁이 많고 전쟁에 익숙하지 않으나 공께서는 지혜와 용맹을 다 갖추셨으니 저 허원이 청하건대 공을 위하여 지키고 공께서는 저 허원을 위하여 싸우시지요."

이후부터 허원은 다만 군량을 조달하고 전쟁도구를 정비하였으며 안에서 대응할 뿐이었고 전투와 책략은 모두 장순에게서 나왔다. 역적은 드디어 밤에 달아났다.

10   곽자의[75]는 하동(河東, 산서성 영제현)이 양경(兩京, 낙양과 장안) 사이

---

74) 호삼성은 귀주는 嬀州여야 한다고 하였다. 당대 사람들이 쓴 잡사(雜史)에도 귀주라고 되어 있는 것이 있지만 모두 규(嬀)여야 한다고 주장하는데, 규주는 현재 하북성 회내현이다.

에 있어서 하동을 차지하면 양경을 빼앗을 수 있다고 생각하였다. 이때에 역적의 장수인 최건우(崔乾祐)가 하동을 지키고 있었는데, 정축일(28일)에 곽자의는 몰래 사람을 파견하여 하동에 들여보내고 당의 관리 중에서 역적에게 항복한 사람들과 모의하여 관군이 도착하기를 기다려서 안에서 호응하도록 하였다.

11 애초에, 평로(平盧)절도사 유정신(劉正臣)이 범양에서 패하여 돌아오자[76] 안동(安東)도호 왕현지(王玄志)가 그를 짐살(鴆殺)하였다. 안록산이 그의 무리인 서귀도(徐歸道)를 평로절도사로 삼자 왕현지는 다시 평로(平盧)장수 후희일(侯希逸)과 더불어 그를 기습하여 죽였다. 또 병마사 동진(董秦)을 파견하여 군사를 거느리고 갈대로 만든 뗏목을 타고 바다를 건너게 하고 대장(大將) 전신공(田神功)과 더불어 평원(平原, 산동성 능현)과 낙안(樂安, 산동성 혜민현)을 공격하도록 하여 이를 떨어뜨렸다. 방하(防河)초토사 이선(李銑)은 승제(承制)[77]하여 동진을 평원 태수로 삼았다.

12 2월 무자일(10일)에 황상은 봉상(鳳翔, 섬서성 봉상현)에 도착하였다.

13 곽자의는 낙교(洛交, 섬서성 부현)로부터 군사를 이끌고 하동으로 향하고 군사를 나누어 풍익(馮翊, 섬서성 대협현)을 빼앗았다. 기축일(11일) 밤에 하동(河東)의 사호(司戶)[78]인 한민(韓旻) 등은 하동성(河東城)을 뒤

---

75) 삭방절도사이다.

76) 이 사건은 지난해(756년) 4월과 6월에 있었고, 그 내용은 《자치통감》 권218에 실려 있다.

77) 제는 황제의 명(命)이다. 일정한 범위에서 일을 처리하도록 황제에게 위임받은 것을 승제라 한다.

78) 군부(郡府)에서 호적과 재정을 담당하는 관직이다.

엎어버리고 관군을 맞이하여 역적 근 1천 명을 죽였다.

최건우(崔乾祐)79)는 성을 뛰어넘어서 죽음을 모면할 수 있었고 성 북쪽에 있는 병사를 발동하여 성을 공격하고 또한 관군을 막았으나 곽자의가 그를 쳐서 깨뜨렸다. 최건우가 달아나자 곽자의는 뒤를 쫓아가 쳐서 4천여 급(級)을 베고 5천 명을 포로로 하였다.

최건우가 안읍(安邑, 산서성 운성시 동북)에 도착하니 안읍에 거주하는 사람들은 문을 열고 그를 받아들이는데 반쯤 들어오자 문을 닫고 공격하여 다 쓰러뜨렸다. 최건우는 아직 들어가지 않아서 백경령(白逕嶺, 산서성 운성시 서남)에서 도망하여 떠났다. 드디어 하동(河東, 산서성 영제현)을 평정하였다.

14 황상이 봉상에 도착한 지 열흘 만에 농우(隴右)·하서(河西)·안서(安西)·서역(西域)의 병사들이 모두 모였고, 강·회의 용(庸)과 조(調)도 역시 양천(洋川, 섬서성 양현)·한중(漢中, 섬서성 한중시)에 도착하였다.80) 황상은 산관(散關, 섬서성 보계시 서남)으로부터 성도(成都, 사천성 성도시)까지 표문을 왕래하도록 하였고, 편지와 사신이 끊이지 않았다.

장안의 사람들은 거가(車駕)81)가 도착한다는 소식을 듣고 역적들 속에서 스스로 빠져나온 사람이 주야로 그치지 않았다. 서쪽 군대82)는 숨을 쉬었고 이미 안정되자 이필은 안서와 서역의 무리를 파견하여 예전에 세웠던 책략83)과 같이 동북쪽을 막고 귀주(歸州, 하북성 회래현)와 단주

---

79) 반란군으로 하동의 수장(守將)이다.

80) 장강과 한수의 조운체계가 확보된 것이다. 이에 관하여는 숙종 지덕 원재(756년) 10월에 실려 있다. 장강과 회수의 용(庸)과 조(調)는 한수(漢水)를 거슬러서 량(梁)과 양(洋)으로 올려 갔다.

81) 황제가 타는 수레이지만 황제를 지칭하는 용어로 쓰인다.

82) 안록산의 반군은 동쪽에 있고, 당의 관군은 서쪽에 있었다. 따라서 당의 관군을 말한다.

83) 지난해 12월에 숙종과 이필이 세웠던 대책을 말한다.

(檀州, 북경시 밀운현)로부터 남쪽으로 가서 범양(范陽, 북경시)을 **빼앗기를** 청하였다.

황상이 말하였다.

"지금 큰 무리가 이미 모였고 용(庸)과 조(調)도 역시 도착하였으니, 응당 군대의 날카로운 기세를 타고서 적들의 배와 심장을 치고 다시 군대를 이끌고 동북 수천 리로 나아가야만 하는데, 먼저 범양을 빼앗는다면 우회하는 것이 아니겠는가?"

대답하였다.

"지금 이 무리를 가지고 곧바로 양경(兩京)을 빼앗는다면 반드시 할 수는 있습니다. 그러나 역적은 반드시 다시 강해질 것이고 우리는 반드시 또 지칠 것이니 오래도록 편안해지는 책략이 아닙니다."

황상이 말하였다.

"왜 그런가?"

대답하였다.

"지금 믿는 것은 모두 서북쪽 변방을 지키는 병사와 여러 호족 병사들인데, 이들의 본성은 추위를 잘 견디고 더위를 두려워하니, 만약에 그들이 새로 도착한 날카로운 기세를 타고서 안록산의 이미 노쇠한 군대를 공격한다면 그 형세로는 반드시 이기게 됩니다.

양경(兩京, 장안과 낙양)에는 봄기운이 이미 깊어졌고 역적은 남아있는 무리를 거두어서 달아나 소굴로 돌아간다면 관동은 더워서 관군은 반드시 피곤하여 돌아가기를 생각할 것이니 머무르게 할 수 없습니다.

역적은 병사를 쉬게 하고 말에게 먹이를 주다가 관군이 물러나는 것을 엿보아 반드시 다시 남쪽으로 올 것인데, 그렇게 되면 정벌하는 전쟁의 형세는 아직 끝이 없게 됩니다. 먼저 추운 지역에서 이들을 사용하는 것만 같지 않으니, 역적의 소굴을 없애면 역적은 돌아갈 곳이 없고, 근본은 영원히 끊어집니다."

황상이 말하였다.

"짐은 새벽과 저녁에 부모를 살피는 그리움이 절실하여 이 결정을 기다릴 수 없다."[84]

15　관내(關內, 섬서성)절도사 왕사례(王思禮)는 무공(武功, 섬서성 무공현 서부)에 진을 치고, 병마사 곽영예(郭英乂)는 그 동원(東原, 동쪽 들판)에 주둔하며, 왕난득(王難得)은 서원(西原, 서쪽 들판)에 진을 쳤다. 정유일(19일)에 안수충(安守忠, 안록산의 반군) 등이 무공을 노략질하자 곽영예가 싸웠으나 이기지 못하였고, 화살이 그의 턱을 꿰뚫자 달아났는데, 왕난득은 멀리서 그것을 보았으나 구원하지 않고 또한 달아났으며, 왕사례는 물러나 부풍에 진을 쳤다. 역적의 유격대가 대화관(大和關, 섬서성 기산현 북부)에 도착하였는데 봉상(鳳翔, 섬서성 봉상현)과 떨어진 거리가 50리여서 봉상[85]에서는 크게 놀라고 경계를 단속하였다.

16　이광필이 결사대를 거느리고 나아가서 채희덕을 공격하여 대파하고 7만여 급(級)의 머리를 베자 채희덕은 숨어서 떠났다.

17　안경서는 사사명을 범양절도사로 삼고 항양군(恒陽軍, 하북성 정정현)의 일을 겸하여 관장하도록[86] 하였으며 규천왕(嬀川王)에 책봉하였다. 우정개(牛廷介)에게 안양군(安陽軍, 하남성 안양시)의 일을 관장하도록 하고,[87] 장충지(張忠志)를 상산(常山, 하북성 정정현) 태수 겸 단련사(團練使)

---

84) 숙종은 우선 도읍지인 낙양과 장안을 수복하여 그 아버지인 현종을 모셔오는 것이 급하다고 생각한 것이다.

85) 숙종의 행재소가 있는 곳이다.

86) 관직명은 겸령항양군사(兼領恒陽軍事)이다.

87) 관직명은 영안양군사(永安陽軍事)이다.

로 삼으며 정형구(井陘口, 하북성 녹천시 서부)에서 진수하도록 하였다. 나머지는 각기 옛날에 가졌던 임무로 돌아가도록 하였으며 군사를 모아서 관군을 막도록 하였다.

이보다 앞서 안록산은 양경(兩京)을 차지하자 진귀한 재물을 모두 범양으로 실어 보냈다. 사사명은 강한 군사를 끼고 부유한 재물에 의지하자 더욱 교만하고 횡포하며 점차 안경서의 명령을 조금씩 채용하지 아니하니 안경서도 통제하지 못하였다.

18 무술일(20일)에 영왕(永王) 이린(李璘)이 패하여 죽었고 그의 무리인 설류(薛鏐)도 모두 엎어져 죽었다.

이때에 이성식(李成式, 광릉군 장사)은 하북(河北)초토판관 이선(李銑)과 군사를 합쳐서 이린을 토벌하였는데,[88] 이선의 병사는 수천으로 양자(揚子, 강소성 양주시 남부)에 주둔하였고, 이성식은 판관(判官) 배무(裴茂)로 하여금 군사 3천을 거느리고 과보(瓜步, 강소성 육합현 남부)에 진을 치도록 하였는데, 깃발을 널리 펴서 장강 나루터에 배열하도록 하였다. 이린과 그의 아들인 이탕(李瑒)은 성[89]에 올라가 그것을 바라보고 비로소 두려운 기색을 가졌다.

계광침(季廣琛)이 제장들을 불러서 말하였다.

"우리들은 왕[이린]을 따라 여기에 도착하였으나 천명(天命)이 아직 이르지 않았고 사람들의 모략이 이미 떨어졌으니, 무기와 칼날이 아직 엇비끼기 전에 일찍 거취를 도모하는 것만 같지 못하다. 칼끝과 화살촉에서 죽으면 영원히 역적신하가 된다."

장수들이 모두 그런 것처럼 여겼다. 이에 계광침은 휘하의 부하들을 데

---

88) 지난해(756년) 12월의 일이다.

89) 이린이 올라갔다고 하는 성은 짐작컨대 단양(진강시)일 것이다.

리고 광릉(廣陵, 강소성 양주시)으로 달아났으며, 혼회명(渾准明)은 강녕 (江寧, 강소성 남경시)으로 달아났고, 풍계강(馮季康)은 백사(白沙, 강소성 양주시)로 달아났다.

이린은 걱정하고 두려워하였으나 빠져나갈 곳을 알지 못하였다. 그날 저녁 장강 북쪽에 있는 군대는 횃불을 많이 늘어놓았는데 불빛이 물속 을 비추니 하나가 모두 두 개씩 되었다. 이린의 군대 또한 불을 가지고 그것에 대응하였다. 이린은 관군이 이미 장강을 건넜다고 여기고 황급히 가속을 이끌고 부하와 더불어 몰래 달아났는데, 날이 밝자 건너온 사람 을 보지 못하자 마침내 다시 성 안으로 들어와 군사를 거두어들이고 배 와 노를 챙겨서 떠났다.

이성식의 장수인 조간(趙偘) 등이 장강을 건너 신풍(新豐, 강소성 진강시 동남)에 도착하자 이린은 이탕과 그의 장수인 고선기(高仙琦)로 하여금 군 사를 거느리고 그를 공격하도록 하였는데, 조간 등이 맞서 싸우고 이탕에 게 활을 쏘아 어깨를 맞추자, 이린의 군대는 드디어 무너졌다.

이린은 고선기와 더불어 남아 있는 무리를 거두어서 남쪽으로 가서 파 양(鄱陽, 강서성 파양현)으로 달아났고, 창고의 물건과 갑옷, 무기를 거두 어서 남쪽의 영남(嶺南)으로 달아나려고 하였는데, 강서(江西)90) 채방사 황 보신(皇甫侁)이 병사를 파견하여 뒤를 쫓아가 토벌하고, 그를 사로잡아 몰래 전사(傳舍)91)에서 죽였으며, 이탕도 역시 혼란 속에서 병사에게 죽 었다.

황보신이 사람을 시켜 이린의 가속을 호송하여 촉(蜀, 상황인 현종이 머 무는 곳)으로 돌려보내도록 하자, 황상이 말하였다.

"황보신은 이미 나의 동생을 산 채로 잡았는데, 어찌 그를 촉(蜀)에

---

90) 강서서도(江西西道)를 말한다.

91) 역참에 있는 건물로 여행자들을 위한 숙소이다.

보내지 않고 멋대로 죽였는가!"
드디어 황보신을 파직시키고 채용하지 아니하였다.

무질서 속에서 장안에 다다른 당군

19 경자일(22일)에 곽자의[92)는 그의 아들인 곽간(郭旰)과 병마사(兵馬使) 이소광(李韶光)과 대장(大將) 왕조(王祚)를 파견하여 하(河, 황하)를 건너[93) 동관(潼關, 섬서성 동관현)을 치도록 하여 그곳을 깨뜨리고, 목을 벤 것이 500급(級)이었다.

안경서가 병사를 파견하여 동관을 구원하자 곽간 등은 대패하였고 죽은 자가 1만여 명이었다. 이소광과 왕조는 전사하였고, 복고회은(僕固懷恩, 左武鋒使)은 말머리를 끌어안고 물에 떠서 위수(渭水)를 건너 물러나 하동(河東)을 지켰다.

20 3월 신유일(13일)에 좌상 위견소(韋見素)를 좌복야로 삼고 중서시랑 · 동평장사 배면(裴冕)을 우복야로 삼고 나란히 정사(政事)에서 물러나도록 하였다.

애초에, 양국충은 헌부(憲部)상서 묘진경(苗晉卿)[94)을 미워하였는데, 안록산이 반란을 일으키자 묘진경을 내보내어 섬군(陝郡, 하남성 삼문협

---

92) 이때에 삭방절도사였다.

93) 하동(河東, 산서성 영제현)으로부터 건넜다는 뜻이다.

94) 묘진경에 관한 일은 천보 2년(743년) 정월에 있었다.

시) 태수로 삼고, 또 섬(陝)·홍농(弘農, 하남성 영보현) 방어사를 겸하도록 청하였다.

묘진경이 노쇠하고 병들었다고 굳게 사양하자 상황은 기뻐하지 않고 그를 치사(致仕)하게 하였다. 장안이 지켜지지 않게 되자 묘진경은 몰래 산골짜기로 달아났는데, 황상이 봉상(鳳翔)에 도착하여 수칙(手敕)[95]으로 그를 징소하여 좌상으로 삼았으며 군국(軍國)에 관한 큰 업무는 모두 그에게 자문하였다.

21 상황은 장구령(張九齡)의 앞선 식견[96]을 생각하고 그 때문에 눈물을 흘렸으며 중사(中使)를 파견하여 곡강(曲江, 광동성 소관시)에 보내어 그에게 제사[97]를 지내고 그의 집안을 후하게 구제하도록 하였다.

22 윤자기(尹子奇, 반란군의 하남절도사)는 다시 대군을 이끌고 수양(睢陽, 하남성 상구현)을 공격하였다.

장순이 장사들에게 말하였다.

"나는 나라의 은혜를 입었으니 지키는 곳에서 바로 죽을 따름이다. 그러나 그대들이 몸과 목숨을 던지고 초야에서 고생을 하였으나 상(賞)이 세운 공로에 보답하지 못하였던 것을 생각하니,[98] 이 때문에 마음이 아플 뿐이다."

---

95) 황제가 직접 손수 쓴 칙서이다.

96) 당(唐) 현종(玄宗) 개원(開元) 24년(736년) 4월에 해족(奚族)과 거란족 정벌에 안록산이 실패한 책임을 물어 처형을 당하게 되자 현종은 그의 재능을 아껴서 살려주려고 하였으나 장구령은 안록산을 사형에 처할 것을 강력히 주장하였었다. 이 내용은 ≪자치통감≫ 권214에 실려 있다.

97) 장구령은 소주(韶州) 곡강(曲江) 사람이다.

98) 지난해 12월에 승리하고 괵왕 이거에게 공함(空啣)과 물자를 달라고 하였으나 받지 못한 것을 말한다.

장사들은 모두 격려하고 분발할 것을 청하였다.

　장순은 드디어 소를 몽둥이로 잡아 병사들에게 크게 잔치를 열고 군대를 모두 내보내어 싸웠다. 역적은 멀리서 보고 병사가 적자 비웃었다. 장순은 깃발을 잡고 제장들을 인솔하여 곧바로 역적의 진영을 부딪쳐 들어가니 역적은 마침내 크게 무너져 장수 30여 명의 목을 베었고 병사 3천여 명을 죽였으며 수십 리까지 그들을 내쫓았다.

　다음날 역적이 또 군사를 합쳐서 성 아래에 도착하니 장순은 나가 싸웠는데 밤낮으로 수십 회 싸워 누차 그 칼날을 꺾었으나 역적은 공격하고 포위하기를 멈추지 아니하였다.

23　신미일(23일) 안수충(安守忠, 반군의 관서절도사)이 기병 2만을 거느리고 하동(河東, 산서성 영제현)을 노략질하자, 곽자의가 쳐서 그들을 도망시키고 목을 벤 것이 8천 급(級)이고 포로로 잡은 것이 5천 명이었다.

24　여름, 4월에 안진경은 형주(荊州)와 양양(襄陽, 호북성 양번시)에서부터 북쪽으로 가서 봉상에 가니, 황상은 그를 헌부(憲部)상서로 삼았다.[99]

25　황상은 곽자의를 사공(司空)·천하병마(天下兵馬)부원수로 삼아 군사를 거느리고 봉상에 오도록 하였다. 경인일(13일)에 이귀인(李歸仁, 반군의 장수)이 철갑으로 무장한 기병 5천을 데리고 삼원(三原, 섬서성 삼원현 동북) 북쪽에서 곽자의를 맞이하니, 곽자의는 그의 장수인 복고회은(僕固懷恩)·왕중승(王仲昇)·혼석지(渾釋之)·이약유(李若幽)로 하여금 군사를 숨기고 백거(白渠, 섬서성 삼원현 남부)에 있는 유운교(留運橋, 삼원현 동남)

---

99) 안진경은 평원(平原)을 버리고 황하를 건너 행재소에 가려고 하였으나 섬(陝)과 낙(洛)이 적군에게 막혀서 남쪽으로 강릉과 양양으로 달아났다. 그런 다음 강릉과 양양으로부터 상진(上津)으로 가는 길을 통하여 북쪽으로 가서 봉상(鳳翔, 섬서성 봉상현)에 도착한 것이다. 숙종이 봉상에 있었다.

에서 그들을쳐서 죽이고 다치게 하여 거의 다 없앴는데, 이귀인은 헤엄을
쳐서 달아났다. 이약유는 이신통(李神通)100)의 현손이다.

곽자의는 왕사례와 더불어 군대를 서위교(西渭橋, 섬서성 함양시 서남,
便橋)에서 합치고 나아가 휼수(潏水)101) 서쪽에서 주둔하였다. 안수충과
이귀인은 경성(京城)의 서쪽 청거(淸渠)102)에서 진을 쳤다. 서로 지키기
를 이레 동안 하면서 관군은 앞으로 나아가지 않았다.

5월 계축일(6일)에 안수충이 거짓으로 물러나자 곽자의는 군대를 모
두 데리고 그를 쫓았다. 역적은 날랜 기병 9천을 가지고 장사진(長蛇
陣)103)을 만들었는데 관군이 공격하자 머리와 꼬리를 양 날개로 만들어
양옆에서 관군을 끼고 공격하니 관군은 크게 무너졌다.

판관(判官) 한액(韓液)과 감군(監軍) 손지고(孫知古)는 모두 역적에게
사로잡히고 군사 물자와 기계는 모두 다 버렸다. 곽자의는 물러나 무공
(武功, 섬서성 무공현 서부)을 지키고 안팎으로 엄히 경계하였다.

이때에 부고(府庫)에는 쌓아놓은 것이 없어서 조정에서는 오로지 관직
과 작위를 가지고 공로를 세운 사람에게 포상하였는데, 제장들이 출정하
면 모두 공명고신(空名告身)104)을 주었으며, 개부(開府)·특진(特進)·열
경(列卿)·대장군으로부터 아래로는 중랑(中郎)·낭장(郎將)에 이르기까
지인데, 일을 처리한 것을 들어보고 이름을 적어 넣었다. 그 후에 또 신

---

100) 당(唐) 고조(高祖) 무덕(武德) 9년(626년) 9월 당시 회안왕(淮安王)의 작위를 가지
고 있었다.

101) 위수(渭水)의 지류이며 장안성(長安城) 서남쪽을 흘러 지나간다.

102) 장안성 서쪽에 조거(漕渠)라는 하천이 있었는데, 청거(淸渠)는 조거의 동쪽에 위치
하였다.

103) 진법(陣法)의 하나이다. 긴 뱀처럼 진을 치고 머리와 꼬리가 수시로 바뀌게 하는 것
이다.

104) 고신(告身)은 관직을 임명하는 서류로 이름과 관직을 쓰게 되어 있다. 그런데 이름
을 쓰지 않고 비워 놓은 채로 발급한 고신을 말한다.

첩(信牒)105)을 가지고 사람들에게 관직과 작위를 주는 것을 허용하여 이성(異姓) 왕인 사람106)이 나오기에 이르렀다.

여러 군대들은 다만 직무상 임무를 가지고 서로 통할하고 간섭하였고 다시 관직과 작위의 높고 낮음을 따지지 않았다. 청거(淸渠)전투에서 패배하게 되자 다시 관직과 작위를 가지고 흩어진 병사를 거두어들였다. 이로 말미암아 관직과 작위는 가볍게 여겨지고 재물은 중요하게 여겨져서 대장군의 고신 한 통을 겨우 한 번 취할 정도의 술과 바꿀 수 있었다.

무릇 모집에 응하여 군대에 들어온 사람은 모두가 금빛과 보라색 옷을 걸쳤고 조정의 사인 중에 동복(僮僕)도 금빛과 보라색 옷을 걸치고 대관(大官)이라 칭하며 미천한 일을 맡는 사람도 있었다. 칭호와 상징물의 범람이 여기에 이르러 극을 이루었다.

26 방관은 성격이 고상하고 간결하여 이때에 국가에 어려운 일이 많았으나 방관은 대부분 병을 핑계로 조알(朝謁)하지 않았으며, 직무에 따른 일을 하려는데 뜻을 두지 아니하고 매일 서자(庶子) 유질(劉秩)·간의대부(諫議大夫) 이읍(李揖)과 더불어 석가(釋迦)와 노자(老子)에 관해 고상한 얘기를 하였다. 어떤 경우는 문객 동정란(董庭蘭)의 거문고 소리를 들었는데 동정란은 이 때문에 권력과 이익을 크게 얻었다.

어사가 상주하기를 동정란이 뇌물을 받았다고 하자 정사일(10일)에 방관을 파직시켜서 태자소사(太子少師)로 삼았다. 간의대부 장호(張鎬)를 중서시랑·동평장사로 삼았다. 황상은 항상 승려 수백 명으로 하여금 궁전 내에서 도량을 만들고 새벽과 밤에 불경을 암송하도록 하였다.

장호가 간하였다.

---

105) 아직 고신(告身)을 받지 못한 사람에게 먼저 첩지(牒紙)를 주어 이를 증명하게 하는 것이다.

106) 왕은 이씨(李氏)에게만 주는 것이었다.

"제왕은 응당 덕을 닦아서 어지러운 것을 그치게 하고 사람을 편안하게 만들어야 하는데 반승(飯僧)[107]하여서 지극히 평안한 시대에 이를 수 있었다는 소식은 아직 듣지 못하였습니다."
황상은 그렇다고 여겼다.

27 경신일(13일)에 상황은 황상의 어머니인 양비(楊妃)[108]를 추가로 책봉하여 원헌황후(元獻皇后)로 삼았다.

28 산남동도(山南東道)절도사 노경(魯炅)은 남양(南陽, 하남성 등주시)을 지켰는데,[109] 역적의 장수인 무령순(武令珣)과 전승사(田承嗣)가 서로 이어서 그를 공격하였다. 성 안에 먹을 것이 다 떨어져 쥐 한 마리의 가격이 동전 수백이었으며 굶어죽는 사람이 서로 베개를 삼고 누웠다.
　황상은 환관(宦官)장군[110] 조일승(曹日昇)을 파견하여 가서 위로하도록 하였으나 포위가 급박하여 들어갈 수가 없었다. 조일승은 한 필의 말을 타고 들어가 명령을 전달하기를 청하였으나 양양(襄陽, 호북성 양번시) 태수 위중서(魏仲犀)가 허락하지 않았다.
　마침 안진경이 하북(河北)으로부터 도착하여 말하였다.[111]
　"조(曹) 장군은 만 번 죽을 것을 돌보지 않고 황제의 명령을 전달하려고 하는데 어떻게 그를 막습니까! 설사 도달하지 아니하면 한 명의 사자

---

107) 승려에게 재를 올리게 하고 식사를 대접하는 것이다.

108) 양사달(楊士達)의 증손녀이다. 양사달은 수(隋)에서 벼슬을 하였으며 관직은 납언(納言)에 이르렀었다.

109) 지난해(756년) 5월부터의 일이다.

110) 환관으로 장군의 일을 담당하게 하여 붙여진 이름이다. 주로 궁중에서 호위하는 일을 맡았다.

111) 이 해(757년) 4월에 안진경이 이미 강릉(江陵)과 양양(襄陽)으로부터 북쪽 영무(靈武)에 갔다. 조일승이 양양(襄陽)에 도착한 것은 4월 전이었던 같다.

를 잃는데 불과하지만 도달하면 일개 성의 마음이 굳어지게 됩니다."

조일승은 10명의 기병과 더불어 갔는데 역적은 그들이 날랜 것을 두려워하여 감히 가까이 오지 못하였다.

성 내에서는 스스로 희망이 끊어졌다고 생각하였으나 조일승을 보게되자 크게 기뻐하였다. 조일승은 다시 그들을 위하여 양양에 가서 양식을 얻고 1천 명을 이끌고 양식을 운반하여 들어왔으나 역적은 막지 못하였다.

노경은 포위 속에 있은 지 1년이 되었고,112) 밤낮으로 힘들게 싸워서 힘이 다되어 지탱할 수 없자, 임술일(15일) 밤에 성을 열고 남아있는 병사 수천 명을 인솔하고 포위를 뚫고 나가 양양으로 달아났다.

전승사가 그 뒤를 쫓아서 이리저리 싸우면서 이틀을 보냈으나 이기지 못하고 돌아왔다. 이때에 역적은 남쪽으로 가서 강·한(江·漢)을 침범하려고 하였으나 노경이 그 요충지를 쥐고 있는 것에 의지하여 남하(南夏, 호북성)는 온전할 수 있었다.

29   사공 곽자의가 대궐에 가서 스스로 벼슬을 깎아달라고 청하자113) 갑자일(17일)에 곽자의를 좌복야로 삼았다.

30   윤자기114)가 군사를 늘려서 수양(睢陽, 하남성 상구현)을 포위하고 더욱 급히 조이자 장순은 성 속에서 밤에 북을 울려 군대를 단속하여 마치 곧 나아가 공격하는 것과 같이 하였다. 역적이 그 소리를 듣고 새벽에 이르기까지 경계하고 대비하였다. 날이 밝자 장순은 마침내 군사를 재우고 북을 치기를 그쳤다.

---

112) 지난해(756년) 5월에 적군에게 포위되었으니, 이제 1년이 된 셈이다.

113) 청거에서 패배한 것 때문이다.

114) 반군의 하남절도사이다.

역적은 비루(飛樓)115)를 가지고 성 안을 내려다보았으나 보이는 곳이 없자 드디어 갑옷을 벗고 휴식하였다. 장순은 장군 남제운(南霽雲)과 낭장(郎將) 뇌만춘(雷萬春) 등 10여 명의 장수와 더불어 각기 기병 50기(騎)를 거느리고 성문을 열고 포위를 뚫고 나가 곧바로 역적의 병영에 부딪쳐 들어가 윤자기의 휘하까지 도착하니, 군영 안은 크게 어지러워지고 역적의 장수 50여 명의 머리를 베고 사졸 5천여 명을 죽였다.

장순은 윤자기를 활로 쏘려고 하였으나 알지 못하니, 마침내 쑥을 깎아서 화살을 만들자, 화살에 맞은 사람이 기뻐하며 장순의 화살이 다 떨어졌다고 생각하여 달려가 윤자기에게 보고를 하여 마침내 그 모습을 알게 되었다. 남제운으로 하여금 그를 쏘게 하여 그 좌측 눈을 잃게 하고 거의 잡을 뻔하였다. 윤자기는 마침내 군대를 거두어서 물러나 돌아갔다.

31 6월116)에 전건진(田乾眞, 반군의 경조윤)이 안읍(安邑, 산서성 운성시 동북)을 포위하였다. 마침 섬군(陝郡, 하남성 삼문협시)에 있는 역적의 장수인 양무흠(楊務欽)이 은밀히 당으로 귀부할 것을 모의하자, 하동(河東) 태수 마승광(馬承光)이 군사를 가지고 거기에 호응을 하였다. 양무흠은 성 안에 있는 제장들 가운데 자기의 생각과 같지 않은 사람들을 죽이고 성을 뒤엎어버리고 와서 항복하였다. 전건진은 안읍의 포위를 풀고 달아났다.

32 장군 왕거영(王去榮)은 사사로운 원한 때문에 본현의 현령117)을 죽

---

115) 높은 망루이다. 성의 높이만큼 높게 하여 성 안을 볼 수 있게 한 것인데, 새가 나는 만큼 높다 하여 생긴 이름이다.

116) 다른 판본에는 6월 다음에 계미가 있는데, 6월 계미일은 7일이다.

117) 왕거영(王去榮)은 부평현(富平縣, 섬서성 부평현) 사람이므로 부평현 현령을 말한다.

여서 사형에 해당하였다. 황상은 그가 대포를 잘 사용하기 때문에 임진일(16일)에 칙서를 내려 사형에서 면제하고 백의(白衣)로 섬군(陝郡)118)에서 힘써 보답하도록 하였다.

중서사인 가지(賈至)는 즉시 내려 보내서 시행하지 않고 표문을 올려 말하였다.

"왕거영은 형편없이 본현(本縣, 부평현)의 주군을 죽였습니다. ≪주역(周易)≫에서 말하기를, '신하가 그 주군을 죽이고 아들이 그의 아버지를 죽이는 일은 하루아침이나 하루저녁의 연고로 생기는 것이 아니고 그것이 유래되는 것은 조금씩 커지는 것이다.' 119)라고 하였습니다.

만약 왕거영을 풀어주면 조금씩 물드는 일이 생길 것이라고 할 수 있습니다. 논의하는 사람들은 섬군(陝郡, 하남성 삼문협시)은 회복하고 난 초기여서 그 사람이 아니면 지킬 수 없다고 합니다. 그렇다면 다른 곳에는 왕거영이 없는데 어떻게 역시 굳게 지켜질 수 있습니까?

폐하께서 만약 포석(礮石)120) 한 가지 재능 때문에 베어 죽이는 것을 면제시킬 수 있다면 지금 여러 군대에서 재주가 남다르게 뛰어난 사람들은 그 무리가 진실로 많습니다. 반드시 그 재능을 믿고 있는 곳에서 윗사람을 범할 것이니 다시 무엇으로써 그것을 저지하겠습니까!

만약 왕거영만 제외하고 나머지 사람들을 죽인다면 이것은 법령이 통일되지 않아 사람들에게 죄를 범하도록 유혹하는 것입니다. 지금 왕거영의 재주를 아까워하여 죽이지 않으면 반드시 왕거영과 같은 재주를 가진 사람 열 명을 죽이게 되니 역시 그 손해가 더욱 크지 않겠습니까!

---

118) 흰옷은 평민들이 입는 옷이다. 관리들은 그 직위에 따라서 정해진 색깔의 옷을 입는다. 관리가 죄를 지었으면서 그 원래의 업무를 계속할 때 백의(白衣)를 입는다. 백의종군(白衣從軍)을 말하는 것이고, 당시에 섬군은 양경(兩京) 사이에 있어서 군사적으로 요충지였다.

119) ≪주역(周易)≫의 <곤괘문언(坤卦文言)>에 나오는 말이다.

120) 대포로 돌을 쏘는 것이다.

무릇 왕거영은 거스르고 어지럽힌 사람인데 어찌 여기에서는 거역하고 저기에서는 순종을 하며, 부평(富平)에서는 어지럽히고 섬군에서 잘 다스리며, 현의 주군에게 패역하였으나 대군(大君)121)에게 패역하지 않겠습니까!

엎드려 생각하건대 밝으신 주군께서 먼 앞날과 더 큰 것을 온전하게 하신다면 재앙과 혼란은 하루도 되지 않아 평정됩니다."

황상은 그 일을 내려 보내어 백관으로 하여금 논의하도록 시켰다.

태자태사(太子太師) 위견소(韋見素) 등이 논의하여 말하였다.

"법이라는 것은 천지(天地)에 있는 큰 법전이어서 제왕도 오히려 감히 멋대로 죽이지 못하는 것인데, 이러한 경우122)는 신하의 권리가 인주(人主)보다 지나친 것입니다. 왕거영은 이미 사람을 죽였으나 죽이지 않는다면 군대 안에 무릇 기술과 능력이 있는 사람 역시 스스로 걱정이 없다고 생각하며 있는 곳에서 난폭하고 방자해집니다. 군과 현을 다스리는 사람 역시 어렵지 않겠습니까?

폐하께서는 천하의 주인이어서 사랑함에 친소(親疎)가 없는데 왕거영 한 사람을 얻고 만백성을 잃는다면 무슨 이익이 있겠습니까! 법률에는 본현의 현령을 죽이는 것을 10가지 악(惡)123)에 열거하였습니다. 그러나 폐하께서는 그에게 관대히 하시면 제왕의 법이 행하여지지 않고 인륜의 도리가 굽어지는 것이니 신 등은 조칙을 받들어도 좇아갈 곳을 알지 못하겠습니다.

무릇 나라는 법으로써 다스려지고 군대는 법으로써 승리하는 것인데

---

121) 현의 주군은 현령이며, 대군은 천자를 지칭한다.

122) 다른 판본에는 이 말 위에 '소인이 멋대로 죽일 수 있다면' 이라는 말이 들어가 있다.

123) 십악(十惡)은 용서할 수 없는 죄를 열거한 것인데, 모반(謀反), 대역(大逆)모의, 모반(謀叛), 악역(惡逆)모의, 부도(不道), 대불경(大不敬), 불효, 불목(不睦), 불의(不義), 내란(內亂)이다.

은정만 있고 위엄이 없다면 사랑스러운 어머니라도 그의 아들을 다스리지 못합니다. 폐하께서 전투하는 병사를 후하게 양성하였으나 싸울 때마다 승리하는 일이 적으면 어찌 법이 없는 것이 아니겠습니까!

지금 섬군(陝郡)이 비록 중요하나 법보다 긴급하지 않습니다. 법이 있으면 해내에서 이기지 못할까 근심할 것이 없어지는데 하물며 섬군이겠습니까! 법이 없으면 섬군 역시 지킬 수 없으니 그를[124] 얻는다고 어찌 이익이 되겠습니까!

왕거영의 하찮은 재주는 이 때문에 섬군이 보존되고 없어지는 것은 아니나 제왕의 법이 있고 없음은 이에 따라 국가는 마침내 가벼워지고 무거워집니다. 이것이 신 등이 폐하께서 정관(貞觀) 연간의 법을 지키시기를 구구하게 원하는 까닭입니다."

황상은 끝내 이 의견을 버렸다. 가지(賈至)는 가증(賈曾)[125]의 아들이다.

33 남충(南充, 사천성 남충시)의 토호인 하도(何滔)가 난을 일으켜 그 군[남충군]의 방어사인 양제로(楊齊魯)를 잡았는데, 검남절도사 노원유(盧元裕)가 군사를 발동하여 그들을 토벌하고 평정하였다.

34 가을, 7월에 하남절도사인 하란진명은 고밀(高密, 산동성 제성현)과 낭야(琅邪, 산동성 임기시)에서 이기고 역적 2만여 명을 죽였다.

35 무신일(2일) 밤에 촉군(蜀郡, 사천성 성도시) 출신 병사인 곽천인(郭千仞) 등이 반란을 일으키자 육군(六軍)병마사 진현례(陳玄禮)와 검남절도사 이환(李峘)이 그들을 토벌하고 죽였다.

---

124) 왕거영을 말한다.

125) 당(唐) 현종(玄宗) 선천(先天) 원년(712년) 정월 당시 간의대부(諫議大夫)였으며, 아버지는 가언충(賈言忠)이다. 이에 관한 일은 ≪자치통감≫ 권210에 실려 있다.

36 임자일(6일)에 윤자기(尹子奇, 반군의 하남절도사)는 다시 군사 수만 명을 징발하여 수양(睢陽, 하남성 상구시)을 공격하였다.

이보다 앞서 허원(許遠, 수양군 태수)이 성 안에 양식을 쌓아놓은 것이 6만 석에 이르렀는데, 곽왕(虢王) 이거(李巨)가 그 반을 복양(濮陽, 산동성 견성현)과 제음(濟陰, 산동성 정도현) 두 군에 주려고 하자, 허원이 굳게 다투었으나 이룰 수 없었는데, 이미 그렇게 하고 나서 제음에서 식량을 얻게 되었고 드디어 성을 들어서 배반126)하였으므로 수양성은 이때에 이르러 먹을 것이 다 떨어졌다.

장사(將士) 한 사람에게 주는 쌀이 하루에 한 홉이고 차(茶)와 종이와 나무껍질을 섞어서 먹을 것으로 삼았으나 역적은 양식을 실어서 왕래하고 전쟁에서 패배하면 다시 징발하였다. 수양의 장사들은 죽어도 더해 주지 않고 여러 군대의 지원식량이 도착하지 않자, 병사들이 사라지고 줄어들어 1천 600명에 이르렀으나 모두 굶주리고 병이 들어 전투를 견디지 못하는데 드디어 역적에게 포위되자 장순은 마침내 수비도구를 정비하여 이들을 막았다.

역적은 운제(雲梯)127)를 만들었는데 형세가 반쪽 무지개와 같이 하고 정예병사 200명을 그 위에 놓고 그것을 밀어 성으로 가까이 가서 뛰어 들어가도록 하였다. 장순은 미리 성에 구멍 세 개를 파놓고 사다리가 곧 도착하기를 기다렸다가 한 구멍 안에서 큰 나무를 내어보내고 끝에 쇠갈고리를 설치하여 그것을 걸어가지고 물러날 수 없도록 만들었다. 한 구멍에서 나무를 하나 내보내어 그것을 받쳐 앞으로 나아갈 수 없도록 만들었고, 다른 구멍 하나에서 하나의 나무를 내보내고 나무 끝에 쇠 바구니를 설치하여 불을 가득 채워서 그것을 태우자 그 운제의 가운데가 꺾어져 운제 위에 있는 병사들이 모두 불타 죽었다.

---

126) 제음군이 반군(反軍)에게 투항한 것은 지난해 12월의 일이다.

127) 수레 위에 높은 사다리를 세워 성 위로 올라갈 수 있게 만든 공격 도구이다.

역적은 또 구거(鉤車)128)를 가지고서 성 위에 있는 붕각(棚閣)129)을 걸어 당기니 갈고리가 미치는 곳에서 무너져 빠져버리지 않는 것이 없었다. 장순은 큰 나무를 가지고서 끝에 쇠사슬을 설치하고 쇠사슬 끝에 큰 고리를 설치하여 그 구거의 머리 부분을 걸고서 혁거(革車)를 가지고서 그것을 빼어서 성으로 들어와 그 구거의 머리 부분을 잘라서 수레를 풀어놓아 버리게 하였다.

역적이 또 나무 당나귀를 만들어 성을 공격하자 장순은 쇳물을 녹여 붓고 쇠사슬을 던지면서 녹였다. 역적은 또 성의 서북쪽 모퉁이에서 흙 자루를 가지고서 쌓고 막아서 등도(磴道)130)를 만들어 성에 오르려고 하였다. 장순은 역적과 승리를 다투지 않고 밤마다 몰래 송명(松明)131)과 마른 짚을 그 안에 던졌는데 열흘 남짓 계속하였으나 역적은 그것을 알아차리지 못하고 군대를 내보내어 크게 싸우는 틈을 타서 사람을 시켜 바람을 타고 불을 붙여 그것을 태우도록 하니, 역적은 그것을 끄지 못하다가 20여 일이 지나서 불이 바야흐로 꺼지게 되었다.

장순의 소행은 모두 기회에 따라 처리 방법을 세운 것인데 역적은 그의 지혜에 감복하고 감히 다시 공격하지 아니하였다. 드디어 성 밖에 세 겹의 해자를 파고 목책을 세워서 장순을 막으니, 장순 역시 안에서 해자를 만들어서 그들을 막았다.

---

128) 일종의 공성(攻城)도구로서 사다리가 달려 있는 수레이며, 사다리 끝에 갈고리가 달려 있다.

129) 성 위에 나무로 얽어서 만든 누각이다. 이것은 성 밖으로 4~5척(尺) 정도 나와 있는데, 위에 지붕을 씌워서 비바람을 막도록 하였고, 병사들이 그곳에 있다가 외적을 막게 하였다.

130) 본래는 산에 오르는 돌계단 길을 말한다. 여기서는 성 위에 올라갈 수 있도록 계단을 만든 길이다.

131) 소나무가 마르면서 나오는 진액에는 기름기가 있고 이를 태우면 밝게 된다.

37 정사일(11일)에 역적의 장수인 안무신(安武臣)이 섬군(陝郡)을 공격하였는데 양무흠(楊務欽)은 싸우다 죽었고, 역적은 드디어 섬군을 도륙하였다.132)

38 최환(崔渙)133)이 강남에 있으면서 인재를 뽑아서 보충하였는데 무릅쓰고 함부로 한 것이 많아서 8월에 최환을 파직시켜 여항(餘杭, 절강성 항주시)태수·강동(江東)채방·방어사로 삼았다.

39 장호(張鎬)에게 하남절도사·채방등사를 겸하게 하고 하란진명을 대신하게 하였다.

40 영창(靈昌, 하남성 활현) 태수 허숙기(許叔冀)는 역적에게 포위되고 구원병이 도착하지 않자 무리를 빼내어 팽성(彭城, 강소성 서주시)으로 달아났다.

41 수양(睢陽, 하남성 상구현)의 병사들 중 죽고 다친 나머지는 겨우 600명이었으며 장순과 허원은 성을 나누어 지켰는데, 장순은 동북쪽을 지키고 허원은 서남쪽을 지키면서 병사들과 더불어 찻잎과 종이를 함께 먹으면서 다시 성을 내려가지 않았다.

역적의 병사로 성을 공격하는 사람들은 장순이 거역하는 것과 따르는 것을 가지고서 설득하여 때때로 역적 진영을 버리고 와서 항복하고 장순을 위하여 죽기로 싸운 사람이 전후로 200여 명이었다.

이때에 허숙기는 초군(譙郡, 안휘성 박주시)에 있었고 상형(尙衡)은 팽성에 있었으며 하란진명은 임회(臨淮, 강소성 우이현)에 있었는데 모두 군사를 데리고 있으면서도 구원하지 않았다.

---

132) 숙종이 반대를 무릅쓰고 살린 왕거영에 대한 기록은 없다.

133) 동평장사였다.

성 내가 날로 위축되자 장순은 마침내 남제운(南霽雲)으로 하여금 30의 기병을 거느리고 포위를 범접하며 나가 임회에 가서 긴급한 것을 알리게 하였다. 남제운이 성을 나가자 역적의 무리 수 만이 그를 막으니 남제운은 그 무리를 향하여 곧바로 부딪치며 들어갔고, 좌우에 있는 사람들이 말을 달리며 활을 쏘자 역적의 무리는 바람에 눌려 쓰러지듯이 하여 두 명의 기병을 잃는데 그쳤다.

이미 임회에 도착하고 나서 하란진명을 보니, 하란진명이 말하였다.

"오늘날 수양은 보존될지 없어질지를 알지 못하는데 군사가 간들 어찌 이익이 되겠는가!"

남제운이 말하였다.

"수양이 만약 함락되면 저 남제운이 청컨대 죽음으로써 대부께 사죄하겠습니다. 또 수양이 이미 뽑히고 나면 곧 임회에 미칠 것이며 비유하면 가죽과 털이 서로 의지하는 것과 같으니 어찌 구원하지 않을 수 있습니까!"

하란진명은 남제운이 용맹하고 굳센 것을 사랑하여 그의 말을 들어주지 않고 억지로 그를 머물게 하고 먹을 것을 갖추어주고 함께 즐기면서 남제운을 끌어들여 앉게 하였다.

남제운은 의분에 북받쳐 눈물을 흘리며 말하였다.

"저 남제운은 왔는데,[134] 수양에 있는 사람들은 한 달여 동안 먹지 못하였습니다! 저 남제운은 비록 혼자 먹고 싶으나 목구멍으로 내려가지 않습니다. 대부께서는 앉아서 강한 군사를 끼고서 수양이 함락되어 망하는 것을 구경하면서 일찍이 재앙을 나누고 걱정거리를 구원할 뜻을 가지고 있지 않으니 어찌 충성스런 신하와 의로운 인사가 할 일입니까!"

이어서 손가락 하나를 깨물어 떨어뜨려서 하란진명에게 보이며 말하였다.

"저 남제운은 이미 주장(主將)의 뜻을 달성하지 못하였으니 청컨대 이 손

---

134) 다른 판본에는 '시(時)' 자가 밑에 있다. '시(時)' 자를 넣어 번역하면 '저 남제운이 올 때에'가 된다.

가락 하나를 남겨서 신표(信標)로 보이고 돌아가 보고하겠습니다."

자리에 있는 사람들은 때때로 눈물을 떨어뜨렸다.

남제운은 하란진명이 끝내 군사를 내보낼 의사가 없는 것을 살피고 드디어 떠났다. 영릉(寧陵, 하남성 영릉현)에 도착하여 성사(城使) 겸탄(兼坦)[135]과 더불어 보병과 기병 3천 명을 함께 거느리고 윤월(윤8월) 무신일(3일) 밤에 포위를 무릅쓰고 한편으로 싸우고 한편으로 나가 성 아래에 도착하여 크게 싸워 역적의 진영을 부수었는데, 죽고 다친 사람을 제외하고 겨우 1천 명을 얻어서 성 안으로 들어갔다. 성 안에 있는 장수와 관리는 구원이 없는 것을 알고 모두 통곡하였다. 역적은 원조가 끊어진 것을 알고 포위를 더욱 급하게 하였다.

애초에, 방관(房琯)은 재상이 되면서 하란진명을 미워하여[136] 그를 하남 절도사로 삼고 허숙기를 하란진명의 도지병마사로 삼고 모두 어사대부를 겸하도록 하였다. 허숙기는 휘하 있는 사람이 정예라는 것과 또 관직이 하란진명과 같다는 것을 스스로 믿고 그의 통제를 받지 않았다. 그러므로 하란진명이 감히 군사를 나누지 않은 것은 장순과 허원의 공로와 명성을 미워한 것뿐만 아니고 허숙기에게 기습을 받을까 두려워한 것이었다.

42 무진일(23일)에 황상은 장수들을 위로하며 잘 먹이고 보내어 장안을 공격하도록 하며 곽자의[137]에게 말하였다.

"일이 이루어지고 아니고는 이번의 행차에 달려 있소!"

대답하였다.

"이번에 가서 이기지 못하면 신은 반드시 죽겠습니다."

---

135) 장순이 영릉에서 수양으로 들어갔는데, 겸탄으로 하여금 영릉성을 지키게 하였으므로 겸탄은 장순이 임명한 사람이다. 이 일은 지난해 12월에 있었다.

136) 지난해(756년) 10월의 일이다.

137) 관직은 천하병마부원수이다.

43 신미일(26일)에 어사대부 최광원(崔光遠)이 낙곡(駱谷, 섬서성 주지현 서남)에서 역적을 깨뜨렸다. 최광원의 행군사마인 왕백륜(王伯倫)과 판관 이춘(李椿)은 2천 명을 거느리고 중위교(中渭橋, 섬서성 함양시 동부)를 공격하여 다리를 지키는 사람 1천 명을 죽였으며, 이긴 기세를 틈타고 원문(苑門)138)에 도착하였다.

역적 중에 먼저 무공(武功, 섬서성 무공현 서부)에 주둔하고 있던 사람들이 그 소식을 듣고 달아나 돌아가다가 금원(禁苑)의 북쪽에서 만났는데 만나서 싸워서 왕백륜을 죽이고 이춘을 사로잡아 낙양으로 보내었다. 그러나 이로부터 역적은 다시 무공에 주둔하지 않았다.139)

44 역적은 누차 상당(上黨, 산서성 장치시)을 공격하였으나 항상 절도사 정천리(程千里)에게 패하였다. 채희덕(蔡希德)140)은 다시 군사를 이끌고 상당을 포위하였다. ✽

---

138) 장안에 있는 문이다.

139) 반군이 무공을 점령한 것은 지난 2월의 일이었다.

140) 반군대장 채희덕이 태원을 공격하다 실패한 것은 지난 2월이었다.

資治通鑑

자치통감 권220

당(唐)시대 36(757~758년)

무너지는 기본 질서

장안 탈환과 이필의 대책

숙종 지덕(至德) 2재(丁酉, 757년)[1]

1 9월 정축일(2일)에 채희덕(蔡希德)이 경무장한 기병을 데리고 성(城, 上黨城, 산서성 장치시) 아래에 도착하여 도전하자, 정천리(程千里, 상당절도사)는 100명의 기병을 인솔하고 문을 열고 튀어나가 그를 사로잡으려고 하였k. 마침 구원병이 도착하여 기병을 거두어 물러나 돌아오다가 다리가 부서져 해자 속으로 떨어져 오히려 채희덕에게 사로잡혔다.

올려다보며 좇아오는 기병에게 말하였다.

"내가 불행히 여기에 이른 것은 하늘의 뜻이다! 돌아가서 제장들에게 말하길, '수비를 잘하며 차라리 장수를 잃을지언정 성은 잃지 마라.' 고 하라."

채희덕은 성을 공격하였으나 끝내 이기지 못하고 정천리를 낙양(洛陽, 하남성 낙양시)에 보내니, 안경서(安慶緖)는 특진(特進)으로 삼고 그를 객성(客省)에 가두었다.

2 곽자의(郭子儀)는 회흘(回紇) 출신 군사가 정예여서 황상에게 그 병사

---

1) 전 권에 이어서 지덕 2년 9월부터 쓰고 있으며, 역시 연나라 황제 안경서 천성 원년이다.

를 더 징발하여 역적을 치도록 권하였다. 회인(懷仁) 가한2)은 그의 아들인 엽호(葉護)3)와 장군 제덕(帝德) 등을 파견하여 정예병사 4천여 명을 거느리고 봉상(鳳翔, 섬서성 봉상현)에 도착하였다. 황상이 엽호를 접견하고 잔치를 하여 위로하고 물품을 하사하였는데 오직 그가 바라는 대로 해주었다.

정해일(12일)에 원수(元帥)인 광평왕(廣平王) 이숙(李俶)은 삭방(朔方) 등에 있는 군대와 회흘·서역(西域)의 무리 15만을 거느렸는데 20만이라고 부르면서 봉상을 떠났다. 이숙이 엽호를 보고 형제가 되기를 약속하니 엽호는 크게 기뻐하고 이숙에게 형이라고 하였다.

회흘 사람들이 부풍(扶風, 섬서성 부풍현)에 도착하자 곽자의는 머물러서 잔치하기를 사흘간 하였다. 엽호가 말하였다.

"국가에 긴급한 일이 있어서 멀리에서 와서 서로 돕는데 어찌 밥 먹는 것을 하겠소!"

연회가 끝나자 즉시 떠났다. 하루에 그 군대에 양 200마리와 소 20두 그리고 쌀 40곡(斛)씩을 주었다.

경자일(25일)에 여러 군대가 함께 출발했는데, 임인일(27일)에 장안(長安, 섬서성 서안시)의 서쪽에 도착하여 향적사(香積寺)의 북쪽에 있는 풍수(豊水, 渭水의 지류)의 동쪽에 진을 쳤다. 이사업(李嗣業)은 전군(前軍)이 되고, 곽자의는 중군(中軍)이 되며, 왕사례(王思禮)는 후군(後軍)이 되었다.

역적의 무리 10만이 그 북쪽에 진을 쳤는데, 이귀인(李歸仁)이 나와 도전하자 관군(官軍)이 그를 쫓아서 그들의 진지에서 압박하였다. 역적

---

2) 당(唐) 현종(玄宗) 4재(745년) 1월에 회인 가한은 사망하였으며, 이 내용은 ≪자치통감≫ 권215에 실려 있다. 회인 가한이 사망한 지 이미 13년이 지난 셈이므로, 2대 가한인 갈륵(葛勒) 가한의 오기(誤記)로 보인다. 갈륵 가한의 이름은 약라갈마연철(藥羅葛磨延啜)이다.

3) 엽호는 회흘의 작위이며, 친왕에 해당한다.

의 군대가 일제히 나오자 관군이 물러나니, 역적은 기세를 타자 군대 안에서는 놀라고 혼란하였으며 역적은 다투어 치중(輜重)이 있는 곳으로 갔다.

이사업이 말하였다.

"오늘 몸으로 역적에게 먹이지 않으면 군대에 남을 사람이 없게 될 것이다."

마침내 웃통을 벗고 긴 칼을 잡고 진영 앞에 서서 크게 소리치며 분발하여 공격하니, 그 칼에 맞은 것은 사람이건 말이건 모두 부셔졌는데 수십 명을 죽이자 진영은 마침내 조금씩 안정되었다. 이에 이사업은 전군(前軍)을 인솔하여 각기 긴 칼을 잡고 담장처럼 해가지고 전진하였는데 몸소 병사보다 앞에 서니 향하는 곳마다 꺾이고 쓰러뜨렸다.

도지병마사(都知兵馬使) 왕난득(王難得, 鳳翔도지병마사)이 그의 비장(裨將)을 구원하는데 역적이 그를 쏘아 눈썹을 맞춰서 가죽이 내려 앉아 눈을 가렸다. 왕난득이 스스로 화살을 뽑아내고 가죽을 잘라버리자 피가 흘러 얼굴을 덮었으나 앞으로 나가며 싸우기를 그치지 않았다.

역적은 정예의 기병을 진지의 동쪽에 숨기고 있다가 관군의 배후를 기습하려고 하였는데, 정찰하는 사람이 그것을 알아서 삭방좌상(朔方左廂)병마사 복고회은(僕固懷恩)이 회흘을 이끌고 가서 그들을 쳐서 베고 죽여 거의 다 없애자 역적은 이로 말미암아서 기세가 오그라들었다.

이사업은 또 회흘과 더불어 적진의 뒤로 나가서 대군(大軍)과 양 옆에서 쳤는데, 오시(午時)부터 유시(酉時)[4]에 이르기까지 머리를 벤 것이 6만 급(級)이어서 도랑과 해자를 채우고 죽은 사람이 아주 많았으며 역적은 드디어 크게 무너졌다. 나머지 무리는 달아나 성 안으로 들어갔으며 밤이 되어서도 떠들썩하는 소리가 그치지 않았다.

---

4) 옛날에는 하루를 12로 나누고 12지(支)로 그 시간을 표시하였는데, 자시(子時)가 밤 12시이고 오시(午時)가 낮 12시이므로 유시(酉時)는 오후 6시이다.

복고회은은 광평왕 이숙에게 말하였다.

"역적이 성을 버리고 달아났으니 청컨대 200의 기병을 가지고서 그들을 뒤쫓아 가서 안수충(安守忠)과 이귀인(李歸仁) 등을 포박하여 잡게 허락해 주십시오."

이숙이 말하였다.

"장군은 싸움으로 역시 지쳤으니 또 휴식하고 내일 아침을 기다려 그것을 도모하시오."

복고회은이 말하였다.

"이귀인과 안수충은 역적의 날랜 장수이고 자주 승리하였으나 패배하였으니 이것은 하늘이 우리에게 주신 것인데 어찌하여 그들을 놓아줍니까! 다시 무리를 얻도록 하면 거꾸로 우리의 걱정거리가 되니 그것을 후회해도 따라잡지 못합니다! 싸움은 신속한 것을 숭상하는데 어찌 내일 아침입니까!"

이숙은 굳세게 그것을 저지하고 진영으로 돌아가도록 하였다.

복고회은은 굳게 청하며 갔다가 다시 돌아오기를 하룻저녁에 너덧 번 일어났다. 날이 샐 무렵에 염탐하는 사람이 도착하였는데 안수충·이귀인·장통유(張通儒)·전건진(田乾眞)은 모두 이미 달아났다 하였다. 계묘일(28일)에 대군이 서경(西京)에 들어왔다.[5]

애초에, 황상은 속히 경사를 차지하려고 회흘과 약속하여 말하였었다.

"성에서 이기는 날에 토지와 사인과 서민은 당(唐)으로 돌리고 황금과 비단 그리고 자녀(子女)는 모두 회흘에게 돌려주겠다."

이때에 이르자 엽호는 약속대로 하려고 하였다.

광평왕 이숙이 엽호의 말 앞에서 절을 하며 말하였다.

---

5) 서경(西京)이란 장안(長安)을 뜻한다. 장안은 낙양에 비하여 서쪽에 있어서 서경이라 한 것이다. 당(唐) 숙종(肅宗) 지덕(至德) 원재(756년) 6월 말에 손효철(孫孝哲)이 장안을 점령하였으니, 1년4개월 만에 장안을 회복한 셈이다.

"지금 처음으로 서경을 얻었는데 만약 갑자기 포로로 잡고 약탈하면 동경(東京)6)에 있는 사람들이 모두 역적을 위하여 굳게 지켜서 다시 차지할 수 없게 될 것이니, 바라건대, 동경에 도착하면 마침내 약속대로 하시지요."

엽호는 놀라며 말 아래로 뛰어내려 맞절을 하고 무릎을 꿇고 왕의 다리를 들어 올리며7) 말하였다.

"응당 전하를 위하여 동경으로 달려가야 할 것입니다."

즉시 복고회은과 더불어 회흘과 서역의 군사를 이끌고 성의 남쪽을 지나가 산수(滻水)8)의 동쪽에 군영을 세웠다.

백성·군사·호족(胡族)포로들은 이숙을 보고 절을 하고 모두 울면서 말하였다.

"광평왕께서는 진실로 한족과 이족(夷族)의 주군이십니다!"

황상이 그 소식을 듣고 기뻐하며 말하였다.

"짐은 거기에 미치지 못한다!"

이숙이 무리를 정돈하여 성 안으로 들어가자 백성들 가운데 노약자가 도로 양 옆에서 기뻐서 소리를 지르며 눈물을 흘렸다. 이숙은 장안에 머물며 진수(鎭守)하고 안무하기를 사흘간 하고 대군을 이끌고 동쪽으로9) 나갔다. 태자소부(太子少傅)인 괵왕(虢王) 이거(李巨)를 서경유수(西京留守)로 삼았다.

갑진일(29일)에 승전을 알리는 편지가 봉상10)에 도착하자 백관들이

---

6) 낙양을 가리킨다. 낙양은 장안의 동쪽에 있어서 동경이라 한 것이다.

7) 무릎을 꿇고 절을 하며 상대방의 다리를 들어 올리는 것은 공경을 뜻하는 회흘의 풍속이다.

8) 섬서성 남전현 서남부를 경유하여 위수(渭水)로 들어가는 강이다.

9) 동쪽에 낙양이 있으므로 낙양을 향해 출발한 것이다.

10) 황제인 숙종이 있는 곳이다.

들어와 축하하였다. 황상은 눈물과 콧물이 턱에 엇갈렸고 그 날에 중사(中使) 담정요(啖庭瑤)11)를 파견하여 촉(蜀)에 들어가 상황(上皇)12)에게 상주하도록 하고, 좌복야 배면(裴冕)으로 하여금 경사에 들어가 근교에 있는 종묘(宗廟)에 고(告)하고, 아울러 백성을 널리 위로하도록 하였다.

황상은 준마(駿馬)를 가지고 가서 장안에서 이필(李泌)을 오라고 불렀다.13) 이미 도착하고 나자 황상이 말하였다.

"짐은 이미 표문을 올려서 상황께서 동쪽으로 돌아오시기를14) 청하였으니 짐은 응당 동궁(東宮)으로 돌아가 다시 신하와 아들로서의 직무를 닦겠소."15)

이필이 말하였다.

"올린 표문의 뒤를 좇아갈 수 있겠습니까?"

황상이 말하였다.

"이미 멀리 갔을 것이오."

이필이 말하였다.

"상황은 오시지 않습니다."

황상이 놀라 이유를 물었다.

이필이 말하였다.

"이치와 형세가 스스로 그러합니다."

황상이 말하였다.

"어찌해야 하는가?"

---

11) 중사는 환관으로 사자(使者)의 일을 맡은 사람이고, 담(啖)이 성(姓)이다.

12) 아직 촉에 머무르고 있는 현종이다.

13) 이필은 이 당시 군대를 따라가서 장안에 있었다.

14) 여기서는 장안을 말한다. 상황인 현종이 있는 곳은 촉이고 촉은 장안의 서쪽에 있으므로 촉에 있는 현종의 입장에서는 장안은 동쪽인 것이다.

15) 숙종이 황제에서 다시 태자가 되겠다고 한 말이다.

이필이 말하였다.

"지금 청컨대 다시 신하들에게 축하의 표문을 만들도록 하는데, '스스로 마외(馬嵬, 섬서성 홍평시 서부 마외진)에서 머물기를 청하였던 일과 영무(靈武, 영하 영무현)에서 즉위하기를 권하였던 것16) 그리고 지금 공로를 세우게 되어서 성상(聖上)께서 신혼(晨昏)17)하기를 그리워한다고 말하고, 속히 경사로 돌아오시어 효도하고 봉양하는 뜻을 이루도록 청합니다.' 라고 하면 가능합니다."

황상은 즉시 이필로 하여금 표문의 초안을 만들도록 하였다. 황상은 초안을 읽고 울면서 말하였다.

"짐은 처음에 지극한 정성을 가지고서 만기(萬機)18)를 돌려드리기를 원하였소. 지금 선생의 말을 들으니 마침내 그것이 잘못된 것임을 깨달았소."

즉시 중사로 하여금 표문을 받들고 촉에 들어가도록 하였으며 이 때문에 이필에게 가서 술을 마셨고 침상을 함께하여 잠을 잤다.

그리고 이보국(李輔國)이 궁문 빗장의 열쇠를 가져다가 이필에게 주기를 청하자, 이필은 이보국으로 하여금 그것을 맡도록 청하였으며, 황상은 그것을 허락하였다.19)

이필이 말하였다.

"신은 지금 은덕에 보답한 것이 충분하였는데 다시 한가한 사람으로 만드셨으니 어느 즐거움이 이와 같겠습니까!"

---

16) 이 일은 당(唐) 숙종(肅宗) 지덕(至德) 원재(756년)에 있었으며, ≪자치통감≫ 권218에 실려 있다.

17) 자식이 부모에게 아침저녁으로 문안하는 것을 말한다.

18) 제왕의 정치 업무이다. 그것이 만 가닥처럼 많아서 붙인 이름이다.

19) 환관인 이보국이 궁전 문의 빗장 열쇠를 담당하게 된 것은 지덕(至德) 원재(756년) 9월이고, 그 내용은 ≪자치통감≫ 권218에 실려 있다.

황상이 말하였다.

"짐은 선생과 더불어 여러 해 동안 우환을 함께 하였고 지금 바야흐로 기쁨과 즐거움을 함께 하고 있는데 어찌하여 갑자기 떠나려고 하오!"

이필이 말하였다.

"신은 다섯 가지의 머무를 수 없는 일이 있으니, 바라건대, 폐하께서는 신이 떠나는 것을 들어 주시어서 신을 죽음에서 면하게 해주십시오"

황상이 말하였다.

"무엇을 말하는 것이오?"

대답하였다.

"신이 폐하를 만난 것이 매우 일찍이고, 폐하께서는 신에게 맡긴 것이 아주 무겁고, 신을 총애한 것이 아주 깊으며, 신의 공로가 매우 높고, 공적이 아주 기이하니, 이것이 바로 머물 수 없는 까닭입니다."

황상이 말하였다.

"또 잠을 자겠으니 다른 날에 그것을 논의합시다."

대답하였다.

"폐하께서 지금 신의 침상에 와서 누워 계신데도 오히려 청할 수 없었는데, 하물며 다른 날에 향안(香案) 앞이겠습니까!20) 폐하께서 신이 떠나는 것을 허락하지 않으시면 이것은 신을 죽이는 것입니다."

황상이 말하였다.

"뜻하지 않게 경이 짐을 의심하기를 이와 같이 하다니 어찌 짐 같은 사람이 경을 죽이는 일을 하겠소! 이것은 단지 짐을 구천(句踐)21)으로

---

20) 당에서는 조회하는 날 전상(殿上)에 보의(黼扆), 섭석(躡席), 중로(重爐), 향안(香案), 어좌(御座)를 설치하는데, 재상과 집무자(執務者)들은 향안(香案) 앞에서 일을 보고 하였다.

21) 춘추시대 월(越)의 2대 주군이며 원명은 사구전(姒勾踐)이다. 와신상담(臥薪嘗膽) 끝에 오(吳)의 부차(夫差)에게 보복한 인물로 전해지고 있다. 오를 정벌하기까지 범려

만드는 것이오!"

대답하였다.

"폐하께서 신을 죽이는 일을 하지 않으니 그러므로 신은 돌아가기를 요구하는 것입니다. 만약 이미 그렇게 처리한 것이라면 신이 어찌 감히 다시 말하겠습니까! 또 신을 죽이는 사람은 폐하가 아니라 바로 '다섯 가지 할 수 없는 것' 입니다.

폐하께서 지난날 신을 대우하기를 이와 같이 하였어도 신은 업무에서 아직 감히 말하지 못한 것이 있었는데, 하물며 천하가 이미 안정되고 나서야 신이 감히 말하겠습니까!"

황상은 오래 지난 후 말하였다.

"짐이 경의 북벌책략을 좇지 않았기 때문이오!"[22]

대답하였다.

"아닙니다. 감히 말할 수 없는 것은 바로 건녕(建寧)[23]일 뿐입니다."

황상이 말하였다.

"건녕은 짐이 사랑하는 아들이고 성격이 영특하고 과단성이 있으며 어려웠을 때에 공로를 세웠는데,[24] 짐이 어찌 그것을 알지 못하겠소! 다만 이것을 기회로 소인(小人)에게 교사(敎唆)를 받아 그의 형을 해치고 후사를 잇기를 도모하려고 하였고, 짐은 사직을 위한 큰 계책을 가지고 어쩔 수 없이 그를 제거하였으며,[25] 경은 그 이유를 자세히 알고

(范蠡)의 도움을 크게 받았으나 이후 범려가 구천의 곁을 떠났기 때문에 안락(安樂)은 함께 하지 못하였다.

22) 건녕왕으로 하여금 규주와 단주에서부터 범양을 빼앗아야 한다는 계책을 좇지 않은 것을 말한 것이다. 이 건의는 지난(756년) 2월에 하였다.

23) 건녕왕(建寧王) 이담(李倓)을 가리킨다.

24) 마외(馬嵬)에서 머물도록 권하였고 북쪽으로 영무(靈武)에 가서 피를 흘리며 싸워서 숙종을 보좌한 공로를 말한다. 이 일은 당(唐) 숙종(肅宗) 지덕(至德) 원재(756년) 6월에 있었으며, ≪자치통감≫ 권218에 실려 있다.

있지 않소?"

대답하였다.

"만약 이런 마음을 가졌다면 광평(廣平)26)은 응당 그를 원망하였을 것입니다. 그런데 광평은 매번 신과 더불어 그가 억울하다고 말하고 번번이 눈물을 흘리며 오열하였습니다. 신이 지금 반드시 폐하께 사직하고 떠날 것이기에 비로소 감히 이것을 말할 따름입니다."

황상이 말하였다.

"그가 일찍이 밤에 광평을 더듬어 찾았는데 내심 해를 가하려고 하였던 것이오."

대답하였다.

"이것은 모두 험담하는 사람의 입에서 나온 것이지, 어찌 건녕의 효성과 우애 그리고 총명함이 이런 짓을 하였겠습니까! 또 폐하께서 이전에 건녕을 채용하여 원수(元帥)로 삼으려고 하였는데, 신은 광평을 채용하시기를 청하였습니다.27)

건녕이 만약 이런 마음을 가지고 있었다면 응당 신을 깊이 원망해야 하였습니다. 그러나 신을 충성한다고 여기고 더욱 서로 가까이하였으니 폐하께서는 이것을 가지고 그의 마음을 살필 수 있습니다."

황상은 마침내 눈물을 흘리며 말하였다.

"선생의 말이 옳소. 이미 지났으면 허물하지 않는 것이니,28) 짐은 그것을 듣고 싶지 않소."

---

25) 이 사건은 당(唐) 숙종(肅宗) 지덕(至德) 2재(757년) 1월에 있었으며, ≪자치통감≫ 권219에 실려 있다.

26) 광평왕(廣平王) 이숙(李俶)을 가리킨다.

27) 당(唐) 숙종(肅宗) 지덕(至德) 원재(756년) 9월의 일이며, ≪자치통감≫ 권218에 실려 있다.

28) 공자(孔子)의 ≪논어(論語)≫에 있는 '기왕불구(旣往不咎)'란 말이다.

이필이 말하였다.

"신이 이것을 말하는 까닭은 이미 지난 일을 허물하는 것이 아니라 마침내 폐하로 하여금 장래에 닥칠 일을 신중히 하도록 만들고 싶은 따름입니다. 이전에 천후(天后)29)는 네 아들을 두었는데 맏아들은 태자 이홍(李弘)이라고 하였습니다. 천후가 바야흐로 칭제(稱制)30)하려고 하자 이홍이 총명한 것을 미워하여 그를 짐살하고,31) 둘째아들인 옹왕(雍王) 이현(李賢)을 세웠습니다.

이현은 속으로 근심하고 두려워하고 <황대과사(黃臺瓜辭)>를 지어 천후에게 느껴서 깨우치기를 바랐습니다. 천후가 듣지 않았고 이현은 끝내 검중(黔中)에서 죽었습니다.32) 그 사(辭)33)에서 말하였습니다. '오이를 황대(黃臺) 아래에 심자 오이가 익고 작은 오이들이 잔뜩 붙어있네. 첫 번째 따서 오이를 좋도록 만들었고 두 번째 따서 오이를 드물게 만들었고 세 번째를 딸 때도 오히려 좋았지만 네 번째 딸 때에는 덩굴째 끌어안고 돌아오네!' 지금 폐하께서는 이미 한 번 땄으니 신중히 하여 다시 따지 마십시오!"

황상은 놀라며 말하였다.

"어찌 이런 일이 있겠소! 경이 한 이 사(辭)를 기록하여 짐이 당연히 서신(書紳)34)으로 삼겠소"

---

29) 측천무후(則天武后)의 무조(武照)를 가리킨다.

30) 제는 황제의 명(命)이다. 황제가 아닌 사람이 황제의 제(制)를 내는 것이 칭제(稱制)이다. 즉 황제의 권한을 행사하는 것을 말한다.

31) 당(唐) 고종(高宗) 상원(上元) 2년(675년) 4월의 일이며, 이 내용은 ≪자치통감≫ 권202에 실려 있다.

32) 이현은 고종(高宗) 영륭(永隆) 원년(680년) 8월에 폐위되었고, 이 내용은 ≪자치통감≫ 권202에 실려 있다. 그리고 측천후(則天后) 광택(光宅) 원년(684년) 3월에 자살하였는데, 그 내용은 ≪자치통감≫ 권203에 실려 있다.

33) 이현의 <황대과사>를 말한다. 황대에 심은 오이를 두고 지은 노랫말이다.

대답하였다.

"폐하께서는 다만 그것을 마음에 다 기억하시지 어찌 반드시 밖으로 드러내십니까!"

이때에 광평왕이 큰 공로를 세우자 장량제(張良娣)가 그것을 시기하고 몰래 근거 없이 흘러 다니는 말을 만들었기 때문에 이필은 그것을 언급한 것이다.

---

34) 신(紳)은 원래 허리띠이다. 기억해야 될 말은 허리띠에 써서 차고 다니면서 본다는 말이다. 다른 사람의 말을 꼭 기억하겠다는 뜻으로 쓰인다.

장안으로 돌아온 숙종

3 곽자의(郭子儀)는 번(蕃)과 한(漢) 출신 병사를 이끌고 역적의 뒤를 쫓아가 동관(潼關, 섬서성 동관현)에 도착하여 목을 벤 것이 5천 급(級)이 었고 화음(華陰, 섬서성 화현)과 홍농(弘農, 하남성 영보현) 두 군(郡)에서 이겼다.

관동에서 포로 100여 명을 헌상하자 칙서를 내려 그들을 모두 참수하도록 하였는데 감찰어사 이면(李勉)이 황상에게 말하였다.

"지금 원흉이 아직 제거되지 않았고 역적에게 더럽혀진 사람이 천하에 반이 되며, 폐하께서 용으로 일어서셨다는 소식을 듣고 다 마음을 닦고서 성스런 교화를 받을 것을 생각하는데, 지금 그들을 다 죽이면 이것은 그들을 내몰아 역적을 좇도록 만드는 것입니다."

황상은 황급히 그들을 사면하도록 하였다.

4 겨울, 10월 정미일(3일)에 담정요(啖庭瑤)가 촉(蜀)에 도착하였다.[35]

5 임자일(8일)에 홍평군(興平軍)[36]에서 상주하기를, '무관(武關, 섬서성

---

35) 숙종이 현종에게 장안으로 돌아오기를 청하는 표문을 전달하려고 간 것이다.

36) 이 당시 왕난득(王難得)이 홍평군을 다스리고 있었다.

상남현 서북)에서 역적을 깨뜨리고 상락군(上洛郡, 섬서성 상주시)에서 이 겼다.' 고 하였다.

6   토번(吐蕃)이 서평(西平, 청해성 악도현)37)을 함락하였다.

7   윤자기(尹子奇)38)가 오래도록 수양(睢陽, 하남성 상구현)을 포위하자 성 안에 먹을 것이 다 없어지니, 성을 버리고 동쪽으로 달아날 것을 논의하 였는데, 장순(張巡)과 허원(許遠)이 모의하고 말하였다.

"수양은 강(江)과 회(淮)를 막고 보전하는 곳인데, 만약 그곳을 버리고 떠나면 역적이 반드시 이긴 기세를 타고 멀리까지 달려올 것이니, 이는 강과 회를 없애는 것입니다. 또 우리의 무리가 굶주리고 파리하여 달아난 다 해도 반드시 도달하지 못합니다. 예전에 전국시대의 제후들은 서로 구 원하고 어루만지는 것을 숭상하였는데 하물며 가까이에 있는 제장들인 경 우에서야!39) 굳게 지켜서 그들을 기다리는 것만 같지 못합니다."

찻잎과 종이가 이미 다 없어지자 드디어 말을 잡아먹었고 말이 다 떨 어지자 그물을 쳐서 참새를 잡고 쥐를 파내었으며 참새와 쥐가 또 없어 지니 장순은 애첩을 내보내 죽여서 병사들을 먹이고 허원 역시 그의 노 복을 죽였다. 그런 후에 성 안에 있는 부녀자를 잡아 묶어서 병사에게 먹이고 남자 가운데 노약자를 가지고서 계속하였다. 사람들은 반드시 죽 어야 될 것을 알았지만 배반하는 사람이 없었는데 남아 있는 사람은 겨 우 400명이었다.

---

37) 선주(鄯州) 소속이고 농우군(隴右軍)의 치소가 있었다.

38) 반군의 하남절도사이다.

39) 팽성(彭城, 강소성 서주시)의 상형(尙衡)과 초군(譙郡, 안휘성 박주시)의 허숙기(許叔
    冀) 그리고 임회(臨淮, 강소성 우이현)의 하란진명(賀蘭進明) 등을 가리키는 것이며,
    그들은 반드시 구원하러 올 것이라는 뜻이다.

계축일(9일)에 역적이 성에 오르자 장사는 병이 들어 싸울 수 없었다. 장순은 서쪽을 향하여[40] 두 번 절하고 말하였다.

"신의 힘이 다되어 성을 보전하지 못하였으니, 살아서 이미 폐하께 보답할 방법이 없지만 죽어서 응당 악독한 귀신이 되어 역적을 죽이겠습니다!"

성이 드디어 함락되고 장순과 허원은 함께 붙잡혔다.

윤자기가 장순에게 물었다.

"듣건대 그대는 싸울 때마다 눈가가 찢어지고 이빨이 부서진다고 하는데, 왜 그런가?"

장순이 말하였다.

"나는 역적을 삼키는데 뜻을 두었으나, 다만 힘으로 할 수 없었을 뿐이다."

윤자기가 칼로 장순의 입을 벌리고 살펴보니 남아있는 것이 겨우 서너 개였다. 윤자기는 그의 소행을 의롭게 여기고 그를 살려주려고 하였다. 그의 무리가 말하였다.

"그는 절개를 지키는 사람이니 끝내 쓸모가 되지 않습니다. 또 병사의 마음을 얻고 있으니 그를 살리면 장차 후일의 걱정거리가 됩니다."

마침내 남제운(南霽雲)과 뇌만춘(雷萬春) 등 36명과 함께 이들을 모두 목 베었다. 장순은 또 죽으면서 안색이 어지럽지 않았으며 의기양양하기를 평상시와 같았다.[41] 허원을 산 채로 낙양으로 보냈다.

장순이 애초에 수양을 지킬 때에 병사는 겨우 1만 명이었고 성 안에 거주하는 사람 역시 수만이었는데, 장순은 한 번 보고 성명을 물으면 그 후에도 알지 못하는 사람이 없었다. 앞뒤로 크고 작게 싸운 것이 무릇

---

40) 반란군과 동쪽에서 싸우고 있었으므로 황제가 있는 서쪽으로 절한 것이다.

41) 장순은 이 해 마흔아홉 살이다.

400여 번이었고 역적의 병졸 12만 명을 죽였다. 장순은 군사를 움직이면서 옛날의 법42)을 따르지 않고 전투하는 진법(陣法)을 가르쳤고, 본부의 장수들로 하여금 각기 그 뜻을 가지고서 군사들을 가르치도록 시켰다.

사람들이 혹 그 이유를 물으면 장순이 말하였다.

"지금 호족오랑캐와 더불어 싸우는데 구름처럼 합쳐지고 새처럼 흩어져서 바뀌는 형상이 일정하지 않아 몇 발자국 가는 사이에도 형세에 차이가 있다. 그 시기에 맞추어 신속히 대응하는 것은 숨을 쉬고 들이마시는 사이에 있는데, 움직이면서 대장(大將)에게 물으면 일이 서로 미치지 못하니, 전투의 변화를 아는 사람이 아니다.

그러므로 나는 병사들로 하여금 장수의 뜻을 알도록 하고 장수로 하여금 병사의 마음을 알도록 하고 그들을 투입하여 가게 하는 것은 손으로 가리키는 것처럼 한다. 병사와 장수가 서로 익숙하면 사람들이 스스로 전투를 하니 역시 옳지 않은가!"

군사를 일으킨 후부터 기계와 갑옷과 병장기는 모두 적에게서 빼앗았지 스스로 만든 적은 없었다.

전투할 때마다 장사들은 물러나서 흩어지기도 하였으나 장순은 싸우는 곳에 서서 장사에게 말하였다.

"나는 이곳을 떠나지 않겠으니 너희는 나를 위하여 돌아와서 그들과 결전하라."

장사들 가운데 감히 돌아오지 않는 사람이 없었고 죽을 듯이 싸워서 끝내 적을 깨뜨렸다.

또 정성으로 사람을 대우하여 의심하고 감추는 것이 없었다. 적을 만나서는 변화에 따랐고 기묘한 계책을 내는데 끝이 없었으며, 호령을 분명하게 하고 상을 내리고 벌을 주기를 미덥게 하였으며 무리와 더불어

---

42) 전통적인 전법을 말한다.

기쁨과 괴로움 그리고 추위와 더위를 함께하였으니, 그러므로 아랫사람
들은 다투어 죽는 힘을 다하였다.

장호(張鎬)43)는 수양이 포위되어 위급하다는 소식을 듣고 가는 속도를
두 배로 하여 빨리 전진하였고, 절동(浙東)·절서(浙西)·회남(淮南)·북해
(北海)의 여러 절도사44)와 초군(譙郡, 안휘성 박주시) 태수 여구효(閭丘曉)
에게 격문을 돌려 함께 수양을 구원하도록 하였다. 여구효는 평소 거만하
고 패려(悖戾)하여 장호의 명령을 받지 않았다. 장호가 도착할 즈음에 수
양성이 이미 떨어진 지 사흘이었다. 장호는 여구효를 불러 매를 쳐서 죽
였다.

8 장통유(張通儒, 반군의 장안유수) 등이 남아있는 무리를 거두고 달아나
섬(陝, 하남성 삼문협시)을 지키자, 안경서(安慶緒)는 낙양에 있는 군사를
다 발동하여 그의 어사대부인 엄장(嚴莊)으로 하여금 이를 거느리고 장
통유에게 가서 관군을 막도록 하였는데, 옛날부터 있던 병사45)를 아우
르니 보병과 기병은 아직 15만 명이었다.

기미일(15일)에 광평왕이 곡옥(曲沃, 하남성 삼문협시 서남)에 도착하였
다. 회흘의 엽호는 그의 장군인 비시토발배라(鼻施吐撥裴羅) 등으로 하여
금 군대를 이끌고 남산(南山, 崤山)에 다가가서 복병(伏兵)을 수색하고 이
어서 군대를 산 북쪽에 주둔시켰다.

곽자의 등은 역적과 신점(新店, 하남성 삼문협시 서남)에서 만났는데 역

---

43) 하남(河南)절도사이다. 지난 8월에 하란진명을 대신으로 부임하였다.

44) 절동(浙東)과 절서(浙西)는 다음해에 비로소 절도사를 설치하였다. 이때에 최환(崔
渙)이 절동에 있었고 이희언(李希言)이 절서에 있었으나 모두 절도사가 아니었다. 그
러나 회남에는 이미 이성식(李成式)이 절도사로 있었다. 북해군(北海郡)은 아직 적장
(敵將) 내원호(能元皓)의 수중에 있었다. 아직 북해군을 수복하지 못하였으나 당은
이미 북해절도사를 설치한 것이었다.

45) 장통유 등이 거느리고 서경(西京)으로부터 동쪽으로 달아난 군사를 말한다.

적이 산에 의지하여 진을 치자 곽자의 등은 처음에 역적과 싸웠으나 패배하니 역적은 그들을 쫓으니 산을 내려왔다. 회흘이 남산으로부터 그들(역적)의 배후를 기습하고 황색 먼지 속에서 10여 개의 화살을 쏘았다. 역적은 놀라서 돌아보며 말하였다.

"회흘이 도착하였다!"

드디어 무너졌다.

관군이 회흘과 더불어 협격(挾擊)하자 역적은 대패하여 엎어진 시체가 들을 덮었다. 엄장과 장통유 등이 섬(陝)을 버리고 동쪽으로 달아나자 광평왕 이숙과 곽자의는 섬성(陝城)으로 들어갔고 복고회은 등은 길을 나누어 이들의 뒤를 쫓았다.

엄장은 먼저 낙양에 들어가 안경서에게 알렸다. 경신일(16일) 밤에 안경서는 그의 무리를 인솔하고 원문(苑門)으로부터 나가 하북으로 달아나는데, 사로잡은 당의 장수인 가서한과 정천리 등 30여 명을 죽이고 떠났다.46) 허원은 언사(偃師, 하남성 언사현)에서 죽었다.

임술일(18일)에 광평왕 이숙이 동경(東京, 낙양)에 들어왔다. 회흘은 속으로 아직 만족하지 않으니 이숙은 그것을 걱정하였다. 부로(父老)가 비단 1만 필을 거두어서 회흘에게 뇌물로 주기를 청하자, 회흘은 마침내 멈추었다.

9 성도(成都, 사천성 성도시)에서 사자가 돌아왔는데,47) 상황(上皇, 현종)이 고서(誥書)에서 말하였다.

"응당 나에게 검남도(劍南道, 사천성 중남부) 하나를 주면 스스로 봉양

---

46) 서가한이 잡힌 것은 숙종 지덕 원재(756년) 6월이고, 정천리가 잡힌 것은 지난 9월의 일이다.

47) 숙종(肅宗) 이형(李亨)이 성도(成都)에 있는 현종(玄宗) 이융기(李隆基)에게 파견한 사자 담정요(啖庭瑤)가 다시 돌아왔다는 뜻이다.

을 받으며 살겠으니 다시 오지 마라."

황상은 걱정하고 두려워하여 어찌할 바를 알지 못하였다.

뒤에 갔던 사자가 도착하여 말하였다.

"상황은 애초에 황상께서 동궁(東宮)으로 돌아가기를 청하는 표문을 받고, 방황하여 먹지를 못하고 돌아가지 않으려고 하였습니다. 여러 신하들의 표문이 도착하자 마침내 크게 기뻐하고 식사를 하고 음악을 만들도록 시켰으며 고서를 내려서 가는 날을 정하도록 하셨습니다."

상황은 이필을 불러 그것을 알리며 말하였다.

"다 경의 힘이오!"

이필이 산으로 돌아갈 것을 요구하기를 그치지 않으니 황상이 굳게 그를 머무르게 하였으나 그렇게 할 수 없자 마침내 형산(衡山, 南嶽, 호남성 형산현 서부)으로 돌아가는 것을 허락하였다. 군현에 칙서를 내려 그를 위하여 산 속에 집을 짓도록 하고 삼품(三品)의 급료를 주도록 하였다.

10 계해일(19일)에 황상은 봉상(鳳翔, 섬서성 봉상현)을 떠났는데, 태자태사 위견소(韋見素)를 파견하여 촉에 들어가 상황을 받들어 영접하도록 하였다.

11 을축일(21일)에 곽자의가 좌우병마사 장용제(張用濟)와 우무봉사(右武鋒使) 혼석지(渾釋之)를 파견하여 군사를 거느리고 하양(河陽, 하남성 맹현)과 하내(河內, 하남성 심양시)를 빼앗게 하자, 엄장이 와서 항복하였다. 진류(陳留, 하남성 개봉시) 사람이 윤자기를 죽이고 군을 들어가지고 항복하였다.[48]

전승사(田承嗣)는 영천(潁川, 하남성 허창시)에서 내진(來瑱)[49]을 포위하

---

48) 윤자기가 수양군(睢陽郡, 하남성 개봉시)을 공격하여 함락한 지 겨우 13일이 되었다.

고 역시 사신을 파견하여 와서 항복하였으나 곽자의가 그것에 느리게 대응하자 전승사는 다시 반란하여 무령순(武令珣)과 더불어 모두 하북(河北)으로 달아났다. 제서를 내려 내진을 하남(河南)절도사로 삼도록 하였다.

12 병인일(22일)에 황상은 망현궁(望賢宮, 섬서성 함양시 동부)에 도착하여 동경(東京, 낙양)에서 승리하였다는 주문을 받았다. 정묘일(23일)에 황상이 서경(西京, 장안)에 들어갔다. 백성은 국문(國門, 장안으로 들어오는 문)을 나가 받들어 영접하였는데 20리가 끊이지 않았고 춤을 추고 뛰며 만세를 불렀으며 우는 사람도 있었다.

황상은 들어가 대명궁(大明宮)에 머물렀다. 어사중승 최기(崔器)는 백관 중에서 역적에게 관직과 작위를 받은 사람으로 하여금 모두 두건을 벗고 버선발로 함원전(含元殿) 앞에 서도록 하고, 가슴을 치고 머리를 조아리며 죄를 받기를 청하도록 시켰으며, 병사들로 그들을 둘러싸고 백관으로 하여금 가서 보도록 하였다. 태묘(太廟)가 역적에게 불탔으니, 황상은 소복(素服)차림으로 사당을 향하여 사흘간 곡을 하였다. 이날 상황은 촉군(蜀郡, 사천성 성도시)을 떠났다.

---

49) 회남서도(淮南西道)절도사이며 치소는 안륙(安陸, 호북성 안륙시)이다.

전국보를 넘긴 현종과 전후의 조치

13 안경서[50]는 달아나 업군(鄴郡, 하남성 안양시)을 지키면서 업군을 고쳐 안성부(安成府)로 하고 연호를 천성(天成)으로 고쳤지만,[51] 좇는 기병이 300을 넘지 않았고 보병은 1천 명을 지나지 않았으며, 제장 아사나승경(阿史那承慶) 등은 흩어져서 상산(常山, 하북성 정정현)과 조군(趙郡, 하북성 조현)과 범양(范陽, 북경시)에 투입하였다.

열흘 사이에 채희덕(蔡希德)은 상당(上黨, 산서성 장치시)으로부터, 전승사는 영천(潁川, 하남성 허창시)으로부터, 무령순은 남양(南陽, 하남성 등주시)으로부터 각기 거느리던 병사들을 인솔하고 그에게 돌아왔다. 또 하북의 여러 군에 있는 사람들을 불러 모아 무리가 6만에 이르자 군대의 명성이 다시 떨쳐졌다.

14 광평왕 이숙(李俶)[52]이 동경에 들어오자 백관들로 안록산 부자에게 관직을 받은 사람인 진희열(陳希烈) 등 300여 명이 모두 소복차림으로 슬퍼하고 울면서 죄 받기를 청하였다. 이숙은 황상의 지의(旨意)로 그들

---

50) 안록산의 아들로 연(燕)의 2대 황제이다.

51) 이전은 성무(聖武) 2년이고, 이후는 천성(天成) 원년이다.

52) 숙종의 아들이다.

을 석방하고 조금 있다가 서경(西京)으로 가도록 시켰다.

기사일(25일)에 최기(崔器)53)는 조정에게 가서 청죄(請罪)하도록 하였는데 서경에서 하는 백관들의 의식과 같이 하였으며,54) 그렇게 한 후에 체포하여 대리시(大理寺)와 경조옥(京兆獄)에 가두었다. 그리고 부현(府縣)에서 말미암았고, 마침 다른 사람에게서 이어받은 사람들55) 중에서 역적의 사역(使役)을 받았다가 추가로 체포된 사람은 모두 이를 붙잡아 가두었다.

애초에, 급군(汲郡, 하남성 위요현) 사람 진제(甄濟)는 절조가 있는 품행이 있어서 청암산(靑巖山, 하남성 기현 서부)에 숨어 있었는데, 안록산이 채방사(采訪使)가 되자 장서기(掌書記, 기밀문서를 관장하는 관직)를 시키겠다고 주문(奏文)을 올렸었다. 진제는 안록산이 다른 뜻을 가지고 있는 것을 살피고 거짓으로 중풍에 걸렸다 하며 들것에 들려서 집으로 돌아갔다.

안록산은 반란을 일으키고 채희덕으로 하여금 형벌을 집행하는 사람 두 명을 이끌고 봉도(封刀)를 가지고 그를 부르도록 하였는데 진제가 머리를 내밀어 칼이 내려치기를 기다렸다. 채희덕은 실제 병들었다고 안록산에게 보고하였다.

나중에 안경서 역시 사람을 시켜서 억지로 들것에 들고 동경에 오도록 시켰는데 1개월여 만에 마침 광평왕 이숙이 동경을 평정하게 되자 진제는 일어나 군문(軍門)에 가서 알현하였다. 이숙이 그를 파견하여 경사에 가게 하자 황상은 그를 삼사(三司)에 묵도록 하고 역적의 관직과

---

53) 어사중승이었다.

54) 청죄는 신하가 황제에게 미리 죄지은 것을 스스로 알리고 죄를 내려 달라고 청하는 형식을 말하며, 장안에서 한 의식과 같이 관모(冠帽)를 벗고 맨발로 머리를 조아리는 의식이다.

55) 당의 관직을 받은 자나 하급 관리들을 말한다.

작위를 받은 사람들에게 줄을 지어 절을 하도록 하여 마음을 부끄럽게 하고 진제를 비서랑으로 삼았다. 국자사업(國子司業) 소원명(蘇源明)은 병을 이유로 안록산에게 관직을 받지 않았는데 황상은 그를 발탁하여 고공낭중(考功郎中)·지제고(知制誥)로 삼았다.

임신일(28일)에 황상은 단봉문(丹鳳門)56)에 친히 나아가 제서를 내렸다.

"사인과 서민 중에 역적에게 관직과 녹봉을 받고 역적에게 채용된 사람은 삼사(三司)로 하여금 사건을 조목으로 나누어 상주하여 보고하도록 하라. 그 가운데 싸우다가 포로가 되었거나 혹은 거주한 곳이 아주 가까워서 역적과 왕래한 사람은 모두 스스로 자백하면 죄를 없애도록 허용할 것이다. 그리고 자녀 중 역적에게 더럽혀진 사람은 죄를 묻지 말도록 하라."

15 계유일(29일)에 회흘의 엽호57)가 동경으로부터 돌아오자 황상은 백관에게 그를 장락역(長樂驛, 장안성 동쪽)에서 맞이하도록 하였고, 황상은 선정전(宣政殿)에서 연회를 베풀어 주었다.

엽호는 주문(奏文)을 올렸다.

"군대 안에 말이 적으니, 청컨대 그 병사들을 사원(沙苑, 섬서성 대협현 남부)에 머무르게 하고 스스로 돌아가 말을 가져오게 해주시면 돌아와서 폐하를 위하여 범양에 있는 잔당을 쓸어서 없애게 하여주십시오."
황상은 물품을 하사하고 그를 보내었다.

16 11월에 광평왕 이숙과 곽자의가 동경으로부터 오자, 황상은 곽자의를 위로하며 말하였다.

---

56) 동쪽 안에 있는 단문(端門)을 단봉문(丹鳳門)이라 하고 누각을 단봉루라 하였다.

57) 회흘의 친왕에 해당하는 작위이다.

"나의 집안과 나라는 경을 통하여 다시 만들어졌소."

17 장호(張鎬)는 노경(魯炅) · 내진(來瑱) · 오왕(吳王) 이지(李祗) · 이사업(李嗣業) · 이환(李奐) 다섯 명의 절도사를 인솔하고 하남 · 하동에 있는 군현을 돌게 하자 모두 이를 떨어뜨렸는데, 오직 내원호(能元皓)는 북해(北海, 산동성 청주시)를 점거하였고 고수암(高秀巖)58)은 대동(大同, 산서성 대동시)을 점거하고 있어서 아직 떨어지지 않았다.

18 기축일(15일)에 회흘의 엽호를 사공(司空) · 충의왕(忠義王)으로 삼고, 1년에 회흘에게 비단 2만 필을 보내고 삭방군(朔方軍, 영하 영무현)에 와서 이것을 받도록 하였다.

19 엄장(嚴莊)을 사농경으로 삼았다.

20 황상이 팽원(彭原, 감숙성 영현)에 있으며 다시 밤나무로 구묘(九廟)의 신주를 만들었는데,59) 경인일(16일)에 장락전에서 아침에 제사를 지냈다.

21 병신일(22일)에 상황은 봉상에 도착하는데, 좇는 병사는 600여 명이었지만 상황은 갑옷과 무기를 다 군(郡, 봉상군)의 창고에 보내도록 명령하였다. 황상은 정예기병 3천을 발동하여 받들어 영접하였다.60) 12월 병오일(3일)에 상황이 함양(咸陽)에 도착하니 황상은 법가(法駕)61)를 갖

---

58) 내원호와 고수암은 모두 반란세력인 연의 장군이다. 호삼성은 '能'을 '노대(奴代)의 번자'라고 하였다.

59) 현종이 촉으로 피신하자 구묘(九廟)의 신주가 모두 적의 수중에 들어가게 되었다. 따라서 팽원에서 밤나무로 신주를 다시 만든 것이다.

60) 현종은 스스로 자기 소속 군사의 무장해제를 한 것이고, 숙종은 정예병으로 현종을 호위한 것이다. 그러나 호위인 동시에 감시도 된다.

추어 망현궁(望賢宮)에서 영접하였다.

상황은 궁남루(宮南樓)에 있었는데 황상은 황포(黃袍)를 벗어 적색 적삼을 착용하고,62) 누각을 바라보며 말에서 내려 종종걸음으로 급히 나아가 누각 아래에서 절을 하고 춤을 추었다. 상황이 누각을 내려와 황상을 어루만지며 눈물을 흘리자 황상은 상황의 다리를 받들고 오열(嗚咽)63)하며 스스로를 이기지 못하였다.

상황이 황포(黃袍)를 찾아서 스스로 황상에게 그것을 입히자 황상은 땅에 엎드려 머리를 조아리며 굳게 사양하였다. 상황이 말하였다.

"천수(天數, 天命)와 인심이 모두 너에게 돌아갔으니 짐으로 하여금 나머지 생애를 보전하며 양육하도록 하는 것이 너의 효도이다!"
황상은 어쩔 수 없이 그것을 받았다.

부로(父老)들이 의장(儀仗) 밖에 있었는데, 기뻐하며 소리치고 또 절을 하였다. 황상이 의장을 열도록 하여64) 천여 명을 풀어서 들어가서 상황을 알현하도록 하니 말하였다.

"신 등은 오늘날 다시 두 분의 성상[현종과 숙종]께서 서로 만나는 것을 보았으니 죽어도 한이 없습니다!"
상황은 정전(正殿)에 머무르려고 하지 않으며 말하였다.

"이곳은 천자의 자리이다."
황상은 굳게 청하고 스스로 상황을 부축하여 정전에 올랐다. 상식(尚食)65)이 먹을 것을 올리자 황상은 일일이 맛을 보고 올리게 하였다.66)

---

61) 황제가 타는 수레로 법도에 맞는 의장을 갖춘 것이다. 그 의장의 차이에 따라서 거가 등의 용어를 쓴다.

62) 황색은 황제의 색깔이고 적색은 삼품(三品) 이상 관직을 가진 사람의 복색이다. 숙종은 현종에 대한 예의로 황포를 벗은 것이다.

63) 통곡을 하는데 목구멍에서 소리가 울리도록 우는 것을 말한다.

64) 환관인 이보국이 궁전 문의 빗장 열쇠를 담당하게 된 것은 지덕(至德) 원재(756년) 9월이고, 그 내용은 ≪자치통감≫ 권218에 실려 있다.

정미일(4일)에 곧 행궁(行宮)으로 떠나게 되니, 황상은 친히 상황을 위하여 말을 시험해 보고서 그 말을 상황에게 바쳤다. 상황이 말에 오르니 황상은 친히 고삐를 잡았다. 몇 발자국 가자 상황은 그것을 중지하게 하였다. 황상이 말에 올라 앞에서 인도하니 감히 치도(馳道)로 가지 아니하였다.67)

상황은 좌우에 있는 사람에게 말하였다.

"나는 천자가 된 지 50년이나 아직 귀하다고 생각지 않았는데, 지금 천자의 아버지가 되니 마침내 귀하게 되었다!"

좌우에 있는 사람들이 모두 만세를 불렀다.

상황은 개원문(開遠門)에서 대명궁(大明宮)으로 들어와 함원전(含元殿)에 올라 백관을 위로하며 어루만졌다. 마침내 장락전에 가서 구묘(九廟)의 신주(神主)68)에 사과하고 통곡하기를 오래하였으며, 그날로 흥경궁(興慶宮)에 행차하여 드디어 그곳에 머물렀다. 황상은 누차 표문을 올려 자리를 피하여 동궁(東宮)으로 돌아가기를 청하였으나, 상황은 허락하지 않았다.

22 신해일(15일)에 예부상서 이현(李峴)과 병부시랑 여인(呂諲)을 상리사(詳理使)69)로 삼고 어사대부 최기(崔器)와 더불어 진희열(陳希烈) 등의 옥사(獄事)를 함께 조사하도록 하였다.

이현은 전중시어사(殿中侍御史) 이서균(李栖筠)을 상리판관(詳理判官)으

---

65) 궁중의 음식을 관장하는 부서이다.

66) 제왕에게 올리는 음식은 미리 맛보아 안전을 점검하는 것이 관례이다. 그런데 숙종은 황제로서 직접 이 일을 한 것이다.

67) 치도는 황제(皇帝)만이 다니는 길이다. 숙종은 현종을 위하여 이 길로 가지 않은 것이다.

68) 당 선조들의 신주이다.

69) 옥사를 다루는 관직으로 이때에 특별히 둔 것이다.

로 삼았는데 이서균은 대부분 공평하고 관대하게 하는데 힘썼다. 그러므로 사람들은 모두 여인과 최기가 매우 각박하다고 원망하였으나 이현만은 아름답다는 칭찬을 얻었다.

23 무오일(15일)에 황상은 단봉루(丹鳳樓)에 올라 천하에 사면령을 내렸는데 오직 안록산과 함께 배반한 사람과 이림보(李林甫)·왕홍(王鉷)·양국충(楊國忠)의 자손은 사면의 규정에 넣지 않았다.

광평왕 이숙을 세워 초왕(楚王)으로 삼고 곽자의에게 사공을 덧붙여 주고 이광필에게 사공을 덧붙여 주고, 나머지 촉군과 영무에서부터 호종하며 공로를 세웠던 신하들은 모두 계급을 올리고 작위를 하사하고 식읍을 차등 있게 덧붙여 내렸다.

이증(李憕)·노혁(盧奕)·안고경(顔杲卿)·원리겸(袁履謙)·허원(許遠)·장순(張巡)·장개연(張介然)·장청(蔣淸)·방견(龐堅) 등에게는 모두 증직한 관직을 덧붙여 주었고,[70] 그의 자손과 싸우다 죽은 집안은 2년간 조세와 부역을 면제하여 주었다.

군과 현에게는 다음해의 조·용(租·傭) 가운데 삼분의 일을 면제하였다. 근래 고친 군(郡)의 명칭과 관직명은 모두 예전의 것을 따랐다.[71] 촉군(蜀郡)을 남경(南京)으로 하고, 봉상(鳳翔)을 서경(西京)으로 하였으며, 서경(西京, 낙양)을 중경(中京)으로 하였다.

장량제(張良娣)를 숙비(淑妃)로 삼았고, 황제의 아들인 남양왕(南陽王)

---

70) 이증과 노혁, 장청은 동경인 낙양(洛陽, 하남성 낙양시)을 수비하였고, 안고경과 원리겸은 상산(常山, 하북성 정정현)을 지켰으며, 허원과 장순은 수양(睢陽, 하남성 상구현)을 수비하였었다. 장개연은 진류(陳留, 하남성 개봉시)를 지켰고, 방견(龐堅)은 영천(潁川, 하남성 허창시)을 수비하였다.

71) 당(唐) 천보(天寶) 원년(742년) 2월 주(州)를 고쳐 군(郡)으로 하고 시중(侍中)을 좌상(左相)으로 하였으며 중서령(中書令)을 우상(右相)으로 하였다. 천보(天寶) 11재(752년) 3월에 이부(吏部)를 문부(文部)로 하고 병부(兵部)를 무부(武部)로 하였으며 형부(刑部)를 헌부(憲部)로 하였다.

이계(李係)를 조왕(趙王)으로 삼고, 신성왕(新城王) 이근(李僅)을 팽왕(彭王)으로 삼고, 영천왕(潁川王) 이한(李僴)을 연왕(兗王)으로 삼고, 동양왕(東陽王) 이정(李侹)을 경왕(涇王)으로 삼고, 이황(李僙)을 양왕(襄王)으로 삼고, 이수(李偅)를 기왕(杞王)으로 삼고, 이시(李偲)를 소왕(召王)으로 삼고, 이소(李佋)를 홍왕(興王)으로 삼았으며, 이동(李侗)을 정왕(定王)으로 삼았다.

　논의하는 사람 중에 어떤 이는 장순이 수양(睢陽)을 지키고 떠나지 않으면서 사람을 잡아먹는 것이 어찌 사람을 온전하게 하는 것보다 더 나았는가 하고 죄를 내렸다. 그의 친구인 이한(李翰)은 장순을 위하여 전기(傳記)를 만들고 표문을 올려 말하였다.

　"장순은 적은 무리를 가지고서 많은 적군을 공격하였고, 약한 세력을 가지고서 강한 세력을 통제하였으며, 강(江)과 회(淮)를 보전하여 폐하의 군대를 기다렸으며, 군대가 도착하였는데 장순이 죽었으니, 장순의 공로는 큽니다.

　그러나 논의하는 사람 중에는 혹 장순이 사람을 잡아먹은 것을 죄로 여기고 장순이 지키다가 죽은 것을 어리석다고 여겨서 선한 일을 한 것은 막고 악한 것이 드러나게 하며 흠을 기록하고 공로를 버리니 신은 그것을 가슴아파합니다.

　장순이 굳게 지킨 이유는 여러 군대가 구원해줄 것을 기다렸던 것인데, 구원군이 이르지 않아서 먹을 것이 다 떨어졌고, 먹을 것이 이미 다 없어지자 사람에게까지 미치게 되었으니 그 본디의 뜻에 어긋난 것입니다. 설령 장순이 성을 지키던 초기에 이미 사람을 잡아먹을 마음을 가지고 있었다 하여도 수백 명의 무리를 덜어서 천하를 보전한 것이었으니 신은 오히려 공로와 허물이 서로 감싼다고 하겠는데 하물며 본래의 뜻이 아니었음에야!

　지금 장순은 큰 환난 속에서 죽어서 광명을 보지 못하고 오직 아름다운 이름을 가지고 있는 것만이 그것이 그의 영화와 복록입니다. 만약 때에 맞추어 기록하지 않으면 나중에 전해지지 않을까 두려우며, 장순으로 하여금 생전이나 사후에도 때를 만나지 못하게 한다면 진실로 슬퍼할 만합니다. 신은 감히 전기(傳紀) 한 권을 찬술하여 황상께 바치니 엮어서 사관(史官)에게 늘어놓기를 원합니다."

무리들의 논의는 이로 말미암아서 비로소 그쳤다.

이후 사면령은 이증(李憕) 등에게 미치지 않는 적이 없었으나 정천리한 사람은 산 채로 역적의 조정에 잡혀 있었던 까닭에[72] 포상과 증직을 누리지 못하였다.

24 갑자일(21일)에 상황이 선정전(宣政殿)에 올라 전국보(傳國寶)[73]를 황상에게 전하니, 황상은 비로소 눈물을 흘리며 그것을 받았다.[74]

25 안경서가 북쪽으로 달아나면서[75] 그의 대장(大將)인 북평왕(北平王) 이귀인(李歸仁)과 정예병사인 예락하(曳落河)·동라(同羅)·육주호(六州胡)[76] 수만 명은 모두 무너져서 범양으로 돌아갔는데, 지나가는 곳에서 포로로 잡고 약탈하니, 사람과 물건이 남는 것이 없었다.

사사명은 그들을 위하여 후하게 대비하고 또 사신을 파견하여 그들을 맞

---

72) 이 해 9월 정축일(2일)에 정천리는 적장 채희덕을 공격하려다 오히려 사로잡혀 낙양에 후송되었고, 안경서에게 특진(特進)의 벼슬을 받고 객성(客省)에 감금되었었다.

73) 나라를 전해줄 때에, 나라의 가장 귀중한 보물, 예컨대 옥새 등을 전해주는데, 이것을 전국보라 한다.

74) 숙종은 지난해(765년) 9월에 전국보를 받으려 하지 않았고, 그 내용은 ≪자치통감≫ 권218에 실려 있다.

75) 안경서가 동경(낙양)에서 북쪽으로 달아나면서 황하를 건널 때를 말한다.

76) 예락하는 결사대를 말하고, 동라와 육호는 안록산의 난을 돕기 위하여 왔던 각 지역 출신 호족(胡族)들을 말한다.

아 범양 경내로 부르자 예낙하와 육주호는 모두 항복하였다. 동라가 좇지 않자 사사명은 군사를 풀어 그를 쳤고 동라가 대패하자 그들이 약탈한 것을 다 빼앗았는데 나머지 무리는 달아나 그 나라[77]로 돌아갔다.

안경서는 사사명이 강한 것을 시기하여 아사나승경(阿史那承慶)과 안수충(安守忠)을 파견하여 가서 군사를 징발하고 이어서 은밀히 그를 도모하도록 하였다. 판관(判官) 경인지(耿仁智)[78]가 사사명에게 유세하였다.

"대부께서는 진중한 것을 중히 여겨서 사람들이 감히 말하지 않았으나 저 경인지가 한마디 하고 죽기를 원합니다."

사사명이 말하였다.

"무엇인가?"

경인지가 말하였다.

"대부[79]께서 안씨(安氏)에게 힘을 다한 이유는 흉악한 위세에 압박을 받은 것이었을 뿐입니다. 지금 당황실이 중흥되었고 천자께서는 어질고 성스러우시니 진실로 대부께서 거느린 것을 인솔하고 그에게 돌아가시면 이것은 재앙을 돌이켜 복으로 삼는 계책입니다."

비장(裨將) 오승자(烏承玼) 역시 사사명에게 유세하였다.

"지금 당 황실이 다시 만들어졌으니 안경서는 나뭇잎 위에 있는 이슬일 따름입니다. 대부께서 어찌하여 그와 함께 망하십니까! 만약 돌아가 조정이 정성을 보이면 스스로 씻는 것은 손바닥을 뒤집는 것보다 쉽습니다."

사사명은 그런 것처럼 여겼다.

아사나승경과 안수충이 5천의 강한 기병을 가지고서 따르게 하고 범양에 도착하니, 사사명은 무리 수 만 명을 다하여 그들을 맞이하였는데 서로의

---

77) 몽골 울란바토르 시 북부에 위치하였다.

78) 범양절도판관(范陽節度判官)이었다.

79) 경인지가 사사명을 높여 부른 말이다. 이때에 사사명은 연의 어사대부 등의 관직을 가지고 있었다.

거리가 1리(里)가 되자 사람을 시켜 아사나승경 등에게 말하였다.

"상공(相公)과 왕80)께서 멀리까지 오시니 장사(將士)들은 그 기쁨을 이기지 못하나, 변경에 있는 병사81)는 겁이 많고 나약하여 상공(相公)의 무리를 두려워하여 감히 나아가지 못하는데, 바라건대, 활시위를 느슨하게 하시어 그들을 편안케 해주십시오."

아사나승경 등은 그 말을 좇았다.

사사명은 아사나승경을 데리고 내청(內廳)으로 들어가 음악을 들으며 술을 마시면서 따로 사람을 보내어 그들의 갑병들을 거두고,82) 여러 군(郡)에서 온 병사들에게는 모두 양식을 주어 풀어 보내었으며 남아있기를 원하는 사람은 후하게 물품을 내리고 여러 병영에 소속시켰다.

다음날 아사나승경 등을 감금하고 그의 장수인 두자앙(竇子昂)을 파견하여 표문을 받들어가지고 거느리는 13군(郡)83)과 군사 8만을 가지고서 와서 항복하며 아울러 하동절도사 고수암(高秀巖)을 인솔하여 역시 부하를 거느리고 와서 항복하겠다고 하였다.

을축일(22일)에 두자앙이 경사에 도착하였다. 황상은 크게 기뻐하고 사사명을 귀의왕(歸義王)·범양절도사로 삼고 아들 일곱 명 모두에게 높은 관직을 내렸다. 내시 이사경(李思敬)과 오승은(烏承恩)을 파견하여 가서 널리 위로하고 부하병사를 거느리고 안경서를 토벌하도록 하였다.

이에 앞서 안경서는 장충지(張忠志)를 상산(常山, 하북성 정정현) 태수로

---

80) 아사나승경과 안수충을 가리킨 말이다. 아사나승경은 재상이고 안수충은 친왕이었다.

81) 사사명이 자신의 군사를 가리키는 말이다.

82) 아사나승경과 안수충의 호위병을 말한다.

83) 13개 군(郡)은 다음과 같다. 범양(范陽, 북경시), 북평(北平, 하북성 노룡현), 규천(嬀川, 하북성 회래현), 밀운(蜜雲, 북경시 밀운현), 어양(漁陽, 천진시 계현), 유성(柳城, 요녕성 조양시), 문안(文安, 하북성 임구시 북부), 하간(河間, 하북성 하간시), 상곡(上谷, 하북성 역현), 박릉(博陵, 하북성 정주시), 발해(勃海), 요양(饒陽, 하북성 심주시), 상산(常山, 하북성 정정현)이다.

삼았는데,84) 사사명은 장충지를 불러 범양으로 돌아오게 하며 그의 장수인 설악(薛萼)으로 하여금 섭(攝)항주(恒州, 常山郡)자사85)로 삼고, 정형(井陘, 하북성 녹천시 서부)으로 가는 도로를 열도록 하였고, 조군(趙郡, 하북성 조현) 태수 육제(陸濟)를 불러 그를 항복시켰다. 그의 아들인 사조의(思朝義)로 하여금 군사 5천 명을 거느리고 섭(攝)기주(冀州, 하북성 기현)자사로 삼고, 그의 장수인 영호창(令狐彰)을 박주(博州, 산동성 요성시) 자사로 삼았다.

오승은이 도착하는 곳에서 조서의 뜻을 선포하자 창주(滄州, 하북성 창주시 동남) · 영주(瀛州, 하북성 하간시) · 안주(安州, 하북성 임구시 북부) · 심주(深州, 하북성 심주시) · 덕주(德州, 산동성 능현) · 예주(隸州, 산동성 혜민현) 등의 주는 모두 항복하였으며, 비록 상주(相州, 하남성 안양시)가 아직 떨어지지 않았으나 하북(河北)은 대체로 당의 소유가 되었다.

26　상황은 황상에게 존호(尊號)를 덧붙여서 광천문무대성효감황제(光天文武大聖孝感皇帝)라고 부르게 하였다.

27　곽자의는 동도(東都)86)로 돌아와 하북을 경영하였다.

28　최기(崔器)와 여인(呂諲)이 말씀을 올렸다.

"여러 역적에게 빠졌던 관리들은 나라를 등지고 거짓을 좇았으니, 법률에

---

84) 당(唐) 숙종(肅宗) 지덕(至德) 2재(757년) 2월에 안경서는 장지충을 상산태수 겸 단련사(團練使)로 삼아 정형구(井陘口)를 진수하게 하였는데, 이 내용은 ≪자치통감≫ 권219에 실려 있다.

85) 섭직(攝職)이다. 섭직은 어떤 관직을 잠시 대리하게 하는 관료임용법이다.

86) 이 당시는 낙양을 응당 동경(東京)으로 불렀을 것이나 나중에 동도(東都)로 개칭한 것을 편의상 그대로 사용한 것으로 보인다. 동도로 개칭한 것은 5년 뒤인 숙종(肅宗) 보응(寶應) 원년(762년) 2월이며, ≪자치통감≫ 권222에 실려 있다.

준거하여 모두 응당 사형에 처해야 합니다."

황상은 그 말을 좇으려고 하였다.

이현(李峴)이 말하였다.

"역적이 양경(兩京)을 함락시키고 천자께서는 남쪽으로 순행[87]하시니, 사람들은 스스로 도망하여 살았습니다. 이 무리는 모두 폐하의 친척이거나 혹은 훈구귀족의 자손인데 지금 일제히 반역을 범한 법을 가지고 사형에 처하면 어질고 용서하는 도리에 어긋날까 두렵습니다. 또 하북이 아직 평정되지 않았고 여러 신하 가운데에는 역적에 빠져있는 사람이 아직 많은데, 만약 이들을 너그럽게 해주시면 스스로 새로워지는 길을 열기에 충분하고 만약 모두 죽인다면 이것은 역적에게 붙는 마음을 굳게 만드는 것입니다.

≪서경(書經)≫에 이르기를, '그 괴수를 죽이되 협박으로 좇은 사람은 처리하지 않는다.'[88]라고 하였으니, 여인과 최기는 법률의 문구만을 지키는 것이지 큰 본체에 이르지는 못하였습니다. 오직 폐하께서는 이를 도모하십시오."

그것을 가지고 다투기를 며칠 간 계속하자 황상은 이현의 의견을 좇아서 여섯 등급을 가지고서 죄를 정하고, 죄가 무거운 사람은 저자에서 형벌을 주었으며, 다음에는 스스로 죽도록 명령을 내리는 것이고, 다음은 무거운 곤장 100대, 다음은 삼등(三等)으로 귀양을 보내는 것과 벼슬을 삭감하는 것이었다.

임신일(29일)에 달해순(達奚珣) 등 18명의 목을 성 서남쪽의 독류수(獨柳樹) 아래에서 참수하였고, 진희열(陳希烈)[89] 등 7명에게는 대리시(大理寺)

---

87) 순행이란 황제가 지방을 시찰한다는 말인데, 실제로 현종은 피난하여 촉으로 도망한 것이지만, 순행이라고 하여 도망한다는 용어를 사용하지 않으려고 한 것이다.

88) ≪서경(書經)≫의 <윤정(胤征)>에 나오는 말이다.

89) 달해순에 관한 사건은 2년 전 12월 조에 있고, 진희열에 관한 사건은 지난해 6월 조에 실려 있다.

에서 스스로 목숨을 끊도록 명령을 내렸으며, 곤장을 맞아야 할 사람은 경조부(京兆府)의 문에서 받았다.

황상이 장균(張均)과 장기(張垍)의 죽음을 면제시키려고 하니, 상황이 말하였다.

"장균과 장기는 역적을 섬겼고,90) 모두 권세가 있는 요직을 맡았다. 장균은 역적을 위하여 우리 집안의 일을 훼손하였으니 죄는 사면할 수 없다."

황상은 머리를 조아리며 두 번 절하고 말하였다.

"신은 장열(張說) 부자가 아니었으면 오늘날이 없었습니다.91) 신이 장균과 장기를 살릴 수 없어서 죽은 사람92)으로 하여금 알게 하면 구천(九泉)에서 무슨 면목으로 장열을 보겠습니까!"

이어서 고개를 숙이고 엎드려 눈물을 흘렸다.

상황은 좌우에 있는 사람으로 하여금 황상을 붙잡아 일으키도록 하며 말하였다.

"장기는 너 때문에 남령(南嶺) 이남으로 오랫동안 유배시키겠으나 장균은 반드시 살릴 수 없을 것이니 너는 다시 구하려고 하지 마라."

황상이 울면서 명령을 좇았다.

안록산이 임명하였던 하남윤(河南尹) 장만경(張萬頃)93)은 혼자 역적 가운데에서 백성을 보호하였기 때문에 연좌시키지 않았다. 잠시 후에 역적 가운데에 있다가 온 어떤 사람이 말하였다.

---

90) 장균과 장기가 안록산에게 항복한 것은 지난해 6월의 일이며, 이 내용은 ≪자치통감≫ 권218에 실려 있다.

91) 현종 이융기가 황태자였을 때 태평공주의 시기를 받아 위험에 처하였던 내용은 ≪자치통감≫ 권210의 예종(睿宗) 경운(景雲) 원년(710년) 10월 기록에 있다. 그리고 양씨(楊氏)황후가 잉태하자 이 문제를 시독(侍讀)인 장열(張說)과 상의하여 해결하였다. 숙종 이형이 이림보의 음모를 장기와 고력사의 도움으로 모면할 수 있었던 것은 천보(天寶) 6재(747년) 11월 기록에 나오며, ≪자치통감≫ 권215에 실려 있다.

92) 장열을 말한다. 숙종이 면죄하려는 장균과 장기는 장열의 아들이다.

93) 장만경에 관한 일은 지난해(755년) 12월에 있었다.

"당의 신하 가운데 안경서를 좇아 업(鄴)에 있었던 사람은 광평왕이 진희열 등을 사면하였다는 소식을 듣고 모두 스스로 슬퍼하고 역적의 조정에 몸을 잃어버린 것을 원망하였는데, 진희열 등이 죽임을 당하였다는 소식을 듣자 마침내 멈추었습니다."

황상은 그것을 아주 후회하였다.

신 사마광이 말씀드립니다.

"신하 된 사람은 명분을 받아 일을 맡으면 죽어도 두 마음을 갖지 않습니다. 진희열 등은 혹은 귀하게 되어 경상(卿相)이 되기도 하고 혹은 친하게 되어 폐부94)에 이어지기도 하였으나 태평한 시기에는 주군의 잘못을 한 마디라도 간하여 사직의 위태로움을 구하는 일이 없었으며, 구차하게 받아들이는 것에 영합하여 부귀를 훔쳤습니다. 사해(四海)가 갑자기 무너지고 승여(乘輿)가 파월(播越)하게 되자 삶을 훔쳐서 구차하게 모면하고 처자를 돌아보고 그리워하며 역적에게 아첨하며 신하라고 칭하면서 그들을 위하여 힘을 펼쳤으니, 이것은 곧 백정과 술을 파는 사람도 부끄러워하는 것이고 개와 말도 그와 같지는 않을 것입니다.

만약 각자 머리와 목을 각기 보전하였는데 그들의 관직과 작위를 회복시켜준다면 이것은 아첨하는 신하는 아무 곳을 가더라도 그 계획대로 얻지 못할 일이 없게 한 것입니다.

저들 안고경(顔杲卿)과 장순(張巡)의 무리는 세상이 다스려지면 외부로 배척되어 하급 관료로 빠져서 억눌릴 것이며,95) 세상이 어지러우면 외로운 성에 맡겨서 내버려두어 역적의 손에서 가루로 부서질 것입니다. 어찌하여

---

94) 황실이 폐부라는 말로 황실의 중심인물을 가리키는 것이다.

95) 안고경이 범양의 사호가 된 것은 지난해(756년) 정월이었고, 장순은 원래 진원 현령이었던 것이 지난해(756년) 2월이었다.

선을 행하는 사람은 불행하고 악을 행하는 사람은 행복하며 조정이 충성스럽고 의로운 사람을 대우하는 것은 엷고 간사하는 사람을 보호하는 것은 후합니까!

미천한 신하와 순찰병에 이르러서는 모의에 참여하지 않았고 호령(號令)이 미치지도 않았으며 아침에는 친히 정벌한다는 조서의 소식을 들었고 저녁에는 경필할 곳을 잃어버렸는데,96) 마침내 그들이 호종하지 못한 것을 다시 책임지우니 역시 어려운 일이 아닙니까! 여섯 등급으로 형벌을 논의하였으니 이것이 역시 가당한데 또 어찌 후회합니까!"

29 예전에 비(妃)였던 위씨(韋氏)가 이미 폐위되어97) 비구니가 되어 금중(禁中)에 거주하였는데, 이 해에 죽었다.

30 좌·우 신무군(神武軍)을 설치하여 원종(元從) 공신98)의 자제를 뽑아서 충당하였는데, 그 제도는 모두 사군(四軍)과 같았으며, 총괄하여 그것을 북아육군(北牙六軍)99)이라고 하였다. 또 말을 타고 활을 잘 쏘는 사람 천 명을 뽑아 궁전 앞을 지키는 사수(射手)로 삼았고, 좌·우 상(廂)으로 나누어 영무군(英武軍)이라고 불렀다.

31 하중(河中)방어사를 올려서 절도사로 하고 포주(蒲州, 산서성 영제현)와

---

96) 현경필은 황제가 출동할 때 길을 미리 준비하는 것이고, 경필할 곳을 잃었다 함은 현종이 조서를 내리고 몰래 서쪽으로 피난하여 황제를 경필할 수가 없었다는 것을 뜻한다.

97) 위비가 폐위된 것은 천보 6년(746년) 7월이고, 이 내용은 《자치통감》 권215에 실려 있다.

98) 원래부터 숙종이 도망하는 기간에 그를 호종하던 사람들을 말한다. 이들은 마외에서 숙종을 좇아 북행한 사람과 영무군에서 경사로 올 때 같이 온 사람들이다.

99) 좌·우 우림(羽林), 좌·우 용무(龍武), 좌·우 신무(神武)를 가리킨다.

강주(絳州, 산서성 신강현) 등 7주100)를 관장하게 하였다. 검남(劍南)을 나누어 동천(東川)·서천(西川)절도로 하고, 동천은 재주(梓州, 사천성 삼대현)와 수주(遂州, 사천성 수녕시) 등 12주101)를 관장하게 하였다. 또 형례(荊澧)절도를 두어 형주(荊州, 호북성 강릉현)와 예주(澧州, 호남성 예현) 등 5주102)를 관장하게 하였다. 기협(夔峽)절도를 두어 기주(夔州, 사천성 봉절현)와 협주(峽州, 호북성 의창시) 등 다섯 개 주103)를 관장하게 하였고, 안서(安西)를 고쳐서 진서(鎭西)라고 하였다.

---

100) 7개 주는 포주(蒲州), 강주(絳州), 습주(隰州, 산서성 습현), 자주(慈州, 산서성 길현), 진주(晉州, 산서성 임분시), 괵주(虢州, 하남성 영보현), 동주(同州, 섬서성 대협현)이다.

101) 12개 주는 재주(梓州), 수주(遂州), 면주(綿州, 사천성 면양시), 검주(劍州, 사천성 검각현), 용주(龍州, 사천성 평무현 동남), 낭주(閬州, 사천성 낭중시), 보주(普州, 사천성 안악현), 능주(陵州, 사천성 인수현), 노주(瀘州, 사천성 노주시), 영주(榮州, 사천성 영현), 자주(資州, 사천성 자중현), 간주(簡州, 사천성 간양시), 이 외 서천(西川)절도 관할의 각 주이다.

102) 형주(荊州), 풍주(澧州), 낭주(朗州, 호남성 상덕시), 등주(鄧州, 호북성 경산현), 복주(復州, 호북성 선도시)이다.

103) 기주(夔州), 협주(峽州), 부주(涪州, 사천성 부릉시), 충주(忠州, 사천성 충현), 만주(萬州, 사천성 만현시)이다.

울며 가족 찾는 안진경의 아들

숙종 건원(乾元) 원년(戊戌, 758년)[104]

1 봄, 정월 무인일(5일)에 상황은 선정전(宣政殿)에 올라 책서(冊書)를 주고
황상[105]에게 존호(尊號)를 덧붙여 주었다. 황상은 '대성(大聖)'의 호칭을
굳게 사양하였으나 상황은 허락하지 않았다. 황상은 상황을 높여 '태상지
도성황천제(太上至道聖皇天帝)'라고 하였다.

이에 앞서 관군이 이미 경성(京城)에서 승리하면서 종묘의 기구와 부고
에 있는 물자와 재산이 대부분 흩어져 백성들 사이에 있었는데, 사자를 파
견하여 조사하는 것이 자못 번거롭고 소란스러웠다. 을유일(12일)에 칙서
를 내려 그것을 다 정지시키고 마침내 경조윤(京兆尹) 이현(李峴)으로 하여
금 방시(坊市)를 안무하도록 하였다.

2 2월 초하루 계묘일에 전중감(殿中監) 이보국(李輔國)으로 하여금 태복경
을 겸하게 하였다. 이보국은 장숙비(張淑妃, 張良娣)에게 의지하고 붙어서
판원수부(判元帥府)행군사마가 되니 세력이 조야(朝野)를 기울였다.

---

104) 연제 안경서 천성 2년이다.

105) 상황은 9대 현종(玄宗) 이융기(李隆基)를 가리키고 이 해 일흔네 살이며, 황상은 10
대 숙종(肅宗) 이형(李亨)이며 이 해 마흔여덟 살이다.

3 안경서가 임명한 북해(北海, 치소는 靑州, 산동성 청주시)절도사 내원호
(能元皓)106)가 다스리는 부속을 들고 와서 항복하자 그를 홍려경(鴻臚卿)
으로 삼고 하북(河北)초토사에 충임하였다.

4 정미일(5일)에 황상은 명봉문(明鳳門)에 올라 천하를 사면하고 연호를
고쳤다.107) 백성들이 금년에 낼 조(租)·용(庸)을 다 면제하고108) 재(載)
로 쓰던 것을 다시 년(年)으로 하였다.109)

5 경오일(28일)에 안동(安東)부대도호 왕현지(王玄志)를 영주(營州, 요녕
성 조양시) 자사로 삼고 평로(平盧)절도사로 충임하였다.110)

6 3월 갑술일(2일)에 초왕(楚王) 이숙(李俶)을 옮겨 성왕(成王)으로 삼
았다.

7 무인일(6일)에 장숙비(張淑妃, 張良娣)를 책립하여 황후로 삼았다.

8 진서(鎭西)·북정(北庭)행영절도사인 이사업(李嗣業)이 하내(河內, 하남
성 심양시)에 주둔하였다. 계사일(21일)에 북정병마사 왕유량(王惟良)이
난을 일으키기를 모의하자 이사업은 비장(裨將) 여비원례(荔非元禮)111)와

---

106) 호삼성은 내(能)를 '노대(奴代)의 번자(翻字)'라고 하였으므로 '내'로 읽어야 한다.

107) 이전은 지덕(至德) 3재, 이후는 건원(乾元) 원년이다.

108) 지난해 12월에 조서를 내려 지난해의 조·용(租·庸) 중 삼분의 일을 면제시키도록
하였었는데, 이번에는 전부 면제하고 있다.

109) 연(年)을 재(載)로 한 것은 현종(玄宗) 천보(天寶) 3재(744년) 1월부터 시작되었으
며, 이 내용은 《자치통감》 권215에 실려 있다.

110) 지난해(756년) 정월에 왕현지가 절도사인 유정신(劉正臣)을 독살하였다.

111) 여비(荔非)가 성(姓)이다.

더불어 그를 토벌하고 죽였다.

9　안경서가 북쪽으로 달아나자 그의 평원(平原, 산동성 능현) 태수인 왕간(王暕)과 청하(淸河, 하북성 청하현) 태수인 우문관(宇文寬)은 모두 그의 사자를 죽이고 와서 항복하였다. 안경서는 그의 장수인 채희덕과 안태청(安太淸)으로 하여금 그들을 공격하여 뽑아버리고 산 채로 잡아서 돌아가 업(鄴, 하남성 안양시)의 저자에서 살을 발랐다.

　무릇 귀부할 것을 모의하였던 사람이 있으면 죽임이 종(種)·족(族)까지 미쳤고112) 마침내 부곡(部曲)·주현·관속에 이르게 되니 연좌되어 죽은 사람이 매우 많았다. 또 그의 신하들과 더불어 업의 남쪽에서 삽혈(歃血)113)하고 맹세하였으나 인심은 더욱 떨어져갔다.

　안경서는 이사업이 하내에 있다는 소식을 듣고, 여름, 4월114)에 채희덕과 최건우와 더불어 보병과 기병 2만을 거느리고 심수(沁水, 하내성 동북쪽을 경유)를 건너 그를 공격하였는데 이기지 못하고 돌아왔다.

10　계묘일(2일)에 태자소사인 괵왕(虢王) 이거(李巨)를 하남윤으로 삼고 동경유수에 충임하였다.

11　신묘일115)에 새로 만든 신주(神主)를 태묘에 들여보내고116) 갑인일

---

112) 여기에서 종(種)은 멸종(滅種)의 의미로서 호족(胡族)에게 적용된 개념이다.

113) 동물을 잡아 그 피를 입술에 묻혀 맹세하는 의식이다.

114) 날짜가 빠졌다. 통감필법으로는 날짜가 없는 것은 그달 맨 뒤에 기록하도록 되어 있으나 이 사건 다음에 5월이 되기 전에 계묘, 신묘, 갑인, 을묘 등의 날짜가 기록되어 있는 것으로 보아 이 사건이 난 날짜를 모르면 맨 뒤로 가야하고, 현재의 배열이 맞는다면 날짜가 누락된 것이다.

115) 4월 1일이 임인일이므로 4월에는 신묘일이 없다. 다만 ≪신당서≫ 숙종기에는 이 사건이 난 날을 '사월신해(四月辛亥)'라고 되어 있으므로 신묘는 신해의 잘못으로 보이고, 4월 신해일은 10일인데, 호삼성도 이를 지적하였다. 그러나 호삼성은 신해

(13일)에 황상은 태묘에서 제사를 지냈으며 드디어 호천상제(昊天上帝)에게 제사하고 을묘일(14일)에 명봉문(明鳳門)에 올라 천하에 사면하였다.

12 5월 임오일(10일)에 조서를 내려 채방사(采訪使)를 정지시키고 출척사(黜陟使)를 고쳐서 관찰사(觀察使)로 하였다.117)

13 장호(張鎬, 하남절도사)는 성격이 간결하고 담백하여 중요(中要)118)를 섬기지 않는데 사사명이 항복하기를 청한다는 소식을 듣고 말씀을 올렸다.

"사사명은 흉악하고 음흉하여 어지러운 틈을 타서 지위를 훔쳤으며 힘이 강하면 무리가 붙고 세력을 빼앗기면 사람이 흩어지니 그는 비록 사람의 얼굴을 하고 있으나 마음은 들짐승과 같아서 은덕으로 품기가 어렵습니다. 바라건대, 위세와 권력을 빌려주지 마십시오."

또 말하였다.

"활주(滑州, 하남성 활현)방어사 허숙기(許叔冀)는 교활하여 속이는 일이 많아서 어려운 일에 직면하면 반드시 변할 것이니 청컨대 징소하여 궁전에 들어와 숙위하게 하십시오."

이때에 황상은 이미 사사명을 총애하여 받아들였고, 마침 중사(中使)가 범양(范陽, 북경시)과 백마(白馬, 하남성 활현)로부터 와서119) 모두 사사명과

앞에 '4월'이 누락된 것으로 보지만 앞에서 4월이란 기사가 나오기 때문에 여기서는 4월을 쓸 필요가 없으므로 누락된 것이 아니다.

116) 9명의 조상위패를 장락전(長樂殿)으로부터 태묘로 옮긴 것이다. 숙종이 팽원(彭原)에 있을 때 밤나무로 위패를 만들고 장락전에서 조향(朝享)하였었는데, 이 내용은 ≪자치통감≫ 권220에 실려 있다.

117) 관찰사는 자사(刺史)와 유사하다. 관찰사는 원래 순찰사, 채방사, 안찰사, 채방처치사(採訪處置使), 출척사, 관찰처치사 등으로 불리듯이 고정된 관직이 아니었으나 후대에 이르러서 도(道)의 장관으로 변하였다. 자사 역시 이런 단계를 거쳐 주(州)의 장으로 정착하게 되었다. 자사는 주장(州長)으로 불리기도 한다.

118) 중인, 즉 환관으로서 중요한 자리에 있는 사람을 말한다. 예를 들면 이보국 같은 인물을 말한다.

허숙기가 충성스럽고 간절하여 믿을 만하다고 말하자, 황상은 장호가 사실의 기틀을 절실하게 알지 못한다고 여기고 무자일(17일)에 파직시켜 형주(荊州)방어사로 삼았고 예부상서 최광원(崔光遠)을 하남절도사로 삼았다.

14 장후(張后)는 흥왕(興王) 이소(李佋)를 낳고 겨우 몇 살이 되었는데 후사로 삼으려고 하자[120] 황상은 의심하여 아직 결정하지 않고 조용히 고공낭중(考功郎中)인 지제고(知制誥) 이규(李揆)에게 말하였다.

"성왕(成王)이 맏아들이었고[121] 또 공로가 있어서 짐은 그를 세워서 태자로 삼으려고 하는데, 경의 뜻은 어떻소?"

이규가 두 번 절하고 축하하며 말하였다.

"이것은 사직의 복(福)이며 신은 큰 경사를 이길 수 없습니다."

황상이 기뻐하며 말하였다.

"짐의 뜻은 결정되었소."

경인일(19일)에 성왕(成王) 이숙(李俶)을 황태자로 삼았다. 이규는 이현도(李玄道)[122]의 현손(玄孫)이다.

15 을미일(24일)에 최원(崔圓)을 태자소사로 삼고 이린(李驎)을 소부(少傅)로 삼으며 모두 정치적인 일에서 물러나게 하였다. 황상은 자못 귀신을 좋아하자 태상소경 왕여(王璵)가 오로지 귀신에게 의탁하여 잘 보이기를 찾아서 예의(禮儀)를 논의할 때마다 무축(巫祝)과 속된 풍속을 많이 섞었다. 황

---

119) 중사란 환관으로 사자의 일을 맡은 사람이고, 범양은 유주의 치소가 있는 곳이며, 백마는 활주(滑州)의 치소가 있는 현이다.

120) 이 해 겨우 세 살이다. 이소(李佋)는 영무군(靈武郡)에서 출생하였다.

121) 성왕(成王) 이숙(李俶)은 이 해 서른세 살이다.

122) 방현령(房玄齡)의 생질이며, 당(唐) 태종(太宗) 정관(貞觀) 원년(627년) 9월 당시 유주장사(幽州長史)였다.

상은 그것을 기뻐하고 왕여를 중서시랑·동평장사로 삼았다.

16 예전에 상산(常山, 하북성 정정현) 태수였던 안고경(顏杲卿)을 태자태보(太子太保)로 증직하고 시호를 충절(忠節)이라 하였으며, 그의 아들인 안위명(顏威明)을 태복승(太僕丞)으로 삼았다. 안고경이 죽으면서[123] 양국충은 장통유(張通幽)의 헐뜯는 말을 채용하여 끝내 칭찬하고 증직하는 일이 없었다.

황상이 봉상(鳳翔, 섬서성 봉상현)에 있을 때 안진경(顏眞卿, 河東절도사)은 어사대부였는데 황상에게 울면서 호소하자 황상은 마침내 장통유를 내보내어 보안(普安, 사천성 검각현) 태수로 삼았으며 그 상황을 갖추어 상황에게 상주하자 상황은 장통유를 매질하여 죽였다.

안고경의 아들인 안천명(顏泉明)은 왕승업(王承業, 하동절도사)에게 억류되었고, 이 때문에 수양(壽陽, 산서성 수양현)에서 임시로 머물렀다가 사사명에게 포로가 되어 소가죽으로 싸서 범양에 송치되었으나 마침 안경서가 등극한 지 초기여서 사면이 있게 되어 죽음을 면할 수 있었다.

사사명이 항복하자 마침내 돌아올 수 있었으며 아버지 시체를 동경(東京)에서 찾았고 이를 얻게 되자 드디어 원리겸(袁履謙, 常山郡 長史)의 시신과 나란히 관으로 거두어서 돌아왔다. 안고경의 누이·여동생·딸 그리고 안천명의 아들은 모두 떨어져서 하북을 유랑하였다. 안진경이 당시 포주(蒲州)자사이어서 안천명으로 하여금 가서 그들을 찾도록 시키자, 안천명이 소리를 내어 울며 찾고 물으니, 슬픔이 길가는 사람들을 감동시켰으며, 오래 지나서 마침내 그를 찾아냈다.

안천명은 친구에게 찾아가서 구걸하며 돈을 빌려서 얻는 것의 많고 적음에 따라 그것을 대속(代贖)하였으며, 고모·누이·여동생을 먼저 하였고 그

---

123) 안고경이 죽은 것은 2년 전(756년) 정월의 일이고, 《자치통감》 권217에 실려 있다.

의 아들을 뒤로 미루었다.124) 고모의 딸이 역적에게 납치되었는데 안천명
은 동전 200민(緡)을 가지고 자기의 딸을 대속하려고 하였으나 그의 고모
가 슬퍼하여 초췌해지자 먼저 고모의 딸을 대속하였다. 얼마 뒤에 다시 돈
을 얻게 되자 그의 딸을 찾았지만 이미 있었던 곳을 잃어버렸다.

여러 사촌 자매 그리고 아버지 때 장리(將吏)였던 원리겸 등의 처자 가운
데 떨어져 유랑하는 사람을 만나게 되어 그들과 함께 돌아왔는데, 무릇 50
여 개의 가호이고 300여 명이었으나 물자와 양식을 고르게 줄여 모두 친척
과 같이 하였다.

포주(蒲州, 산서성 영제현)에 도착하자 안진경은 모두에게 넉넉히 주었으
며 오래 지나서 그들이 가는 곳에 따라서 그들에게 물자를 보내었다. 원리
겸의 처가 원리겸의 옷과 이불이 검소하고 얇은 것을 의심하고 관(棺)을 헤
치고 살펴보니 안고경과 다름이 없어서 마침내 비로소 부끄러워하고 감복
하였다.

17 6월 기유일(9일)에 남교(南郊)의 동쪽에 태일단(太一壇)을 세웠는데125)
왕여(王璵)의 요청을 좇은 것이었다. 황상이 일찍이 몸이 편치 않아서 점을
쳤더니, 산과 하천이 빌미126)가 되었다고 하자, 왕여는 중사(中使)와 여자
무당을 보내어 역마를 타고 천하에 있는 명산·대천에 나누어 보내어 기도
하라고 청하였다. 무당은 세력을 믿고 지나가는 곳마다 주현을 번거롭고 소
란하게 하였으며 요구하여 뇌물을 받았다.

황주(黃州, 호북성 신주현)에는 무당이 있었는데 나이가 젊고 미모가 아름

---

124) 피난 중에 다른 집에 팔려갔는데, 이를 풀어 주기 위하여서는 그를 산 값을 되돌려
    주고 데리고 와야 하기 때문에 돈을 빌려서 대속(代贖)하는 비용을 쓰고 풀려나게 한
    것이다.

125) '태일(太一)'은 전설 속에 나오는 천신(天神)으로 한(漢) 무제(武帝) 때 처음으로
    제사 지냈다가 당에 이르러 다시 제사 지냈다.

126) 한자로 수(祟)로, 신(神)의 화(禍)를 말한다.

다운데 무뢰배인 소년 수십 명을 좇게 하고 다니니 폐해가 더욱 심하였으며, 황주에 도착하여 역사(驛舍)에 묵었다.

자사(刺史) 좌진(左震)이 새벽에 역에 도착하였으나 문빗장이 잠겨서 열 수 없자 좌진은 화를 내고 자물쇠를 부수고서 들어가 무당을 계단 아래로 끌어내어 목을 베고 따르는 소년을 모두 죽였다. 그의 장물(贓物)을 관적(官籍)에 몰수하니 수십만이었고 상황을 글로 갖추어 보고하고 또 그 장물을 가난한 백성의 조세로 대신할 것을 청하였으며, 중사를 보내어 경사로 돌아가게 하였으나 황상은 죄를 준 일이 없었다.

18 개부의동삼사 이사업을 회주(懷州, 하남성 심양시) 자사로 삼고 진서(鎭西)·북정(北庭)행영절도사에 충임하였다.127)

19 산에 사는 사람128)인 한영(韓潁)이 역(曆)129)을 고쳐서 새로 만들었는데 정사일(17일)에 처음으로 한영의 역(曆)130)을 시행하였다.

20 무오일(18일)에 양경(兩京)에 칙서를 내려 역적에게 빠진 관리 가운데 삼사(三司)의 조사가 아직 끝나지 않은 사람은 다 석방하되 이미 삭감되고 강등된 사람은 계속하여 조치를 하도록 하였다.131)

---

127) 충직(充職)이다. 충직은 일종의 특파 형식으로 관직을 임용하는 것이다. 이 직책은 현종 개원이후에 많이 나타난다. 이때에 이사업은 진서(鎭西)와 북정(北庭)의 군사를 데리고 회주(懷州)에 주둔하였는데 이제 그를 특별히 자사로 삼아서 특산물을 징발하여 군대에 주려는 것이다.

128) 은사(隱士)를 말한다.

129) 대연력(大衍曆)을 가리킨다. 대연력은 당(唐) 현종(玄宗) 개원(開元) 16년(728년) 8월에 특진(特進)인 장설(張說)이 건의하여 시행되었으며, 이 내용은 ≪자치통감≫ 권213에 실려 있다.

130) 당시에 사용하던 것은 대연력(大衍曆)이었으며, 이때 고친 것은 지덕력(至德曆)이라고 한다.

21 태자소사 방관(房琯)은 이미 관직[재상]을 잃고 나자 자못 불만이 있어 병을 핑계로 조현(朝見)하지 않는 일이 많았으나 빈객이 조석으로 문(門)을 가득 채웠고 그와 함께 하는 무리들은 그를 위하여 조정에서 크게 말하였다.

"방관은 문무의 재능을 가지고 있으니 의당 크게 채용해야 합니다."

황상은 그 소식을 듣고 그를 미워하였으며 제서를 내려 방관의 죄를 일일이 헤아리게 하고 깎아내려서 빈주(邠州, 섬서성 빈현) 자사로 삼았다. 예전에 좨주(祭酒)였던 유질(劉秩)은 낭주(閬州, 사천성 낭중시) 자사로 깎여졌고, 경조윤 엄무(嚴武)는 파주(巴州, 사천성 파중시) 자사로 깎였는데 모두 방관의 무리이다.132)

131) 삼사는 어사대(御史臺)와 형부(刑部) 그리고 대리시(大理寺)를 가리키며, 지난해 12월에 비로소 삼사(三司)에 지시하여 부역자를 조사하도록 하였다.
132) 이들에 관한 사건은 각기 2년 전(756년) 10월과 4년 전(754년) 3월에 기록되어 있다.

362 자치통감 23(권220 당시대Ⅳ)

안경서 토벌과 붕괴되는 예의질서

22 애초에, 사사명은 열장(列將)¹³³⁾으로서 평로(平盧, 요녕성 조양시) 군사(軍使) 오지의(烏知義)를 섬겼는데 오지의는 그를 잘 대우하였었다. 오지의의 아들인 오승은(烏承恩)은 신도(信都, 하북성 기현) 태수였는데, 군(郡, 신도군)을 가지고 사사명에게 항복하자,¹³⁴⁾ 사사명은 옛날의 은혜를 생각하여 그를 온전하게 하였다.

안경서가 패배하게 되자 오승은은 사사명에게 권고하여 당에 항복하라고 하였다. 이광필은 사사명이 끝내 배반하여 반란을 일으킬 것이고 오승은은 사사명이 가까이 신임하는 사람이니 은밀히 그를 도모하도록 하려고 하였다. 또 황상에게 오승은을 범양(范陽, 북경시) 절도부사로 삼고 아사나승경(阿史那承慶)에게 철권(鐵券)¹³⁵⁾을 내려주어 함께 사사명을 도모하도록 권하자 황상이 그 의견을 좇았다.

오승은은 대부분 개인 재물을 가지고서 부곡(部曲)을 모았고 또 부녀자의 옷을 입고 자주 장수들의 병영에 가서 설득하며 유혹하자, 제장들이 사

---

133) 일반적인 장령(將領)을 말한다.

134) 당(唐) 숙종(肅宗) 지덕(至德) 원재(元載, 756년) 10월의 일이며, 이 내용은 ≪자치통감≫ 권219에 실려 있다.

135) 공신(功臣)에게 내리는 쇠로 만들어진 패를 가리킨다. 패에 금니(金泥)로 그 사람의 공적을 기록하였다.

사명에게 보고하니 사사명은 의심하였지만 아직 살피지 않았다.

마침 오승은이 경사에 들어오자 황상은 내시 이사경(李思敬)으로 하여금 그와 함께 범양에 가서 위로하는 말을 선포하게 하였다. 오승은이 이미 황제의 뜻을 전하고 나자 사사명은 오승은을 부(府) 내에 있는 숙소에 머물게 하고 그 침상을 휘장으로 가리고 침상 아래에 두 사람을 숨겼다. 오승은의 작은아들이 범양에 있었는데 사사명은 그를 시켜 아버지를 살피도록 하였다.

밤중에 오승은이 은밀히 그의 아들에게 말하였다.

"나는 이 오랑캐 역적을 없애도록 명령을 받았으니 응당 나를 절도사로 삼을 것이다."

두 사람이 침상 아래에서 크게 소리치며 나왔다.

사사명은 마침내 오승은을 체포하고 그의 짐을 조사하여 철권(鐵券)과 이광필의 첩지를 찾았다. 첩지에서 말하였다.

"아사나승경의 일이 성공하면 철권을 넘겨주고, 그렇지 아니하면 주지 마라."

또 부서(簿書) 수백 장을 얻었는데 모두 예전에 사사명을 좇아서 반란한 장수와 병사의 이름이었다.[136]

사사명이 그를 나무라며 말하였다.

"내가 무슨 잘못을 너에게 하였기에 이렇게 하는가!"

오승은이 사과하며 말하였다.

"죽을죄를 지었으나 이것은 모두 이광필이 모의한 것입니다."

사사명은 마침내 장수와 보좌관, 그리고 관리와 백성을 모아놓고 서쪽[137]을 향하여 크게 곡을 하고 말하였다.

"신은 13만의 무리를 가지고서 조정에 항복하였으니 폐하에게 무슨 잘못을 하였다고 신(臣)을 죽이려고 하십니까!"

---

136) 호삼성은 첩지(牒紙)는 사사명이 꾸민 것일 것이라고 평가하였다.

137) 당 황제가 있는 장안은 서쪽에 있다.

드디어 오승은 부자를 매질하여 죽였는데 연루되어 죽은 사람이 200여 명이었다. 오승은의 동생인 오승자(烏承玼)는 달아나 죽음을 모면하였다. 사사명은 이사경(李思敬)을 가두고 그 상황을 표문으로 올렸다. 황상은 중사(中使)를 파견하여 사사명을 위로하고 타이르며 말하였다.

"이것은 조정과 이광필의 뜻이 아니라 모두 오승은의 소행이었으며 그를 죽인 것은 아주 잘한 일이다."

마침 삼사(三司)가 역적에게 빠졌던 관리들의 죄상을 논의하러 범양(范陽, 북경시)에 도착하자, 사사명이 제장들에게 말하였다.

"진희열(陳希烈)의 무리는 모두 조정대신이었고 상황께서 스스로 그들을 버리고 촉으로 행차하였으면서 지금 오히려 죽음을 면하지 못하였는데,138) 하물며 우리들은 본래 안록산을 좇아 반란을 일으켰었다!"

제장들이 사사명에게 청하길 표문을 올려 이광필을 죽이기를 요구하게 하니, 사사명은 그것을 좇아서 판관 경인지(耿仁智)와 그의 동료 장불긍(張不矜)으로 하여금 표문을 만들도록 하여 말하였다.

"폐하께서 신을 위하여 이광필을 죽이지 않으면 신은 응당 스스로 군사를 이끌고 태원(太原, 산서성 태원시)에 가서 이광필을 죽여야 합니다." 장불긍이 표문의 초안을 잡아서 사사명에게 보이고 곧 상자에 넣으려고 하자 경인지가 그것을 다 깎아서 없애버렸다.139)

표문을 쓰는 사람이 이 사실을 사사명에게 보고하자 사사명은 두 사람을 잡아서 목을 베도록 하였다. 경인지는 사사명을 섬긴 지 오래되어 사사명은 가련히 여기고 그를 살리고 싶어서 다시 불러들여서 말하였다.

"나는 너에게 일을 맡기고 부린 지 거의 30년이니 오늘날 내가 너에

---

138) 진희열을 처형한 것을 가리키는 것이며, 진희열이 처형당한 것은 지난해 12월의 일이다.

139) 표문은 모두 함(函)에 넣어 봉하였는데, 깎아버렸다는 말은 표문을 아직도 목간이나 죽간에 썼던 것으로 보인다.

게 잘못한 것은 아니다."

경인지가 크게 소리치며 말하였다.

"사람이 태어나면 한 번 죽는 것인데 충성과 의리를 다할 수 있다면 죽는다 하여도 좋은 것이오. 지금 대부를 좇아 반란을 일으키는 것은 세월을 연장시키는 것에 지나지 않으니 어찌 빨리 죽는 것만큼 좋겠습니까!" 사사명은 화를 내고 마구 채찍질하여 뇌수가 땅에 흘렀다.

오승자가 태원으로 달아나자 이광필은 표문을 올려서 창화군왕(昌化郡王)으로 삼고 석령(石嶺, 산서성 흔주시)군사(軍使)로 충임하였다.

23 가을, 7월 병술일(16일)에 처음으로 열 배에 해당하는 대전(大錢)을 만들고, 문양에 '건원중보(乾元重寶)'라고 하였는데,140) 어사중승 제오기(第五琦)141)의 꾀를 좇은 것이다.

24 정해일(17일)에 회흘 가한142)을 책명(冊命)하여 영무위원비가궐(英武威遠毗伽闕) 가한이라고 하고, 황상의 어린 딸인 영국(寧國)공주를 그에게 처로 삼게 하였다. 전중감인 한중왕(漢中王) 이우(李瑀)를 책례사(冊禮使)로 삼고 우사랑중(右司郎中) 이손(李巽)으로 그를 돕게 하였으며, 좌복야 배면(裴冕)에 명령하여 공주를 호송하여 국경까지 가도록 하였다.

무자일(18일)에 또 사훈(司勳) 원외랑 선우숙명(鮮于叔明)을 이우의 부사로 삼았다. 선우숙명은 선우중통(鮮于仲通)143)의 동생이다. 갑자일(24일)

---

140) 건원중보의 직경은 1촌(寸)이고 한 꾸러미의 무게는 열 근이었으며, 개원통보(開元通寶)와 함께 사용되었다. 개원통보는 당(唐) 고조(高祖) 무덕(武德) 4년(621년) 7월에 개통하였으며, 이 내용은 ≪자치통감≫ 권189에 실려 있다.

141) 제오(第五)가 성(姓)이다.

142) 현재의 회흘 가한은 2대 갈륵(葛勒) 가한 약라갈마연철(藥羅葛磨延啜)이다.

143) 이름은 향(向)이고 중통(仲通)은 자(字)이다. 당(唐) 현종(玄宗) 천보(天寶) 4재(745년)에 검남(劍南)절도사 장구겸경(章仇兼瓊)의 추천을 받아 채방지사(采訪支

에 황상은 영국공주를 전송하러 함양에 도착하였는데 공주는 이별을 고하였다.

"국가의 일이 중요하니 죽어도 원한이 없겠습니다."

황상이 눈물을 흘리며 돌아왔다.

이우 등이 회흘의 아장(牙帳)144) 에 도착하자 가한은 붉은 적삼과 호모 (胡帽) 차림으로 휘장 안에 있는 걸상 위에 앉았고 의식과 호위가 아주 엄숙하였으며 이우 등을 이끌고 휘장 밖에 서있게 하였다.

이우가 절을 하지 않고 서있자 가한이 말하였다.

"나와 천(天)가한은 두 나라의 주군이며 주군과 신하 간에는 예절이 있는데 어찌 절을 아니 하는가?"

이우는 선우숙명과 더불어 대답하였다.

"지난번에 당은 여러 나라와 혼인을 하였고 모두 종실의 딸을 공주로 삼았습니다. 지금 천자께서 가한이 공로를 세운 까닭에 낳은 딸을 스스로 가한께 처로 삼게 하였습니다. 은덕과 예절이 지극히 무거운데 가한 께서는 어찌하여 사위로서 장인을 업신여기고 걸상 위에 앉아서 책명을 받으십니까!"

가한은 용모를 고치고 일어나 책명을 받았다. 다음날 공주를 세워 가돈 (可敦)으로 삼으니145) 전체가 모두 기뻐하였다.

25 을미일(25일)에 곽자의[삭방절도사]가 들어와 조현하였다.

26 8월 임인일(3일)에 청·등등오주(靑·登等五州)146)절도사 허숙기(許

使)가 되었고, 양국충을 추종하여 높은 지위에 올랐던 인물이다.

144) 아기(牙旗)가 꽂힌 장막(帳幕)으로 본영(本營)을 말한다.

145) 돌굴국이 건국된 이래 돌굴국의 가한은 정실(正室)부인을 가하돈(可賀敦)으로 불렀다.

146) 오주란 청주(靑州), 밀주(密州), 등주(登州), 내주(萊州), 활주(滑州)이다.

叔冀)를 활 · 복등육주(滑 · 濮等六州)절도사로 삼았다.147)

27 경술일(11일)에 이광필이 들어와 조현하였다. 병진일(17일)에 곽자
의를 중서령으로 삼고 이광필을 시중으로 삼았다. 정사일(18일)에 곽자
의는 행영(行營)으로 갔다.

28 회흘에서는 그의 신하인 골철(骨啜) 특특과 제덕(帝德)을 파견하여
교기(驍騎) 3천을 거느리고 안경서를 토벌하는 것을 돕도록 하였는데,
황상은 삭방좌무봉사(朔方左武鋒使) 복고회은(僕固懷恩)으로 하여금 그것
을 관장하도록 하였다.

29 9월 초하루 경오일에 우우림(右羽林)대장군 조차(趙泚)를 포 · 동 · 괵
삼주(蒲 · 同 · 虢三州)절도사로 삼았다.148)

30 병자일(7일)에 초토당항사(招討党項使) 왕중승(王仲昇)은 당항족의 추
장인 탁발융덕(拓跋戎德)의 머리를 베고 수급(首級)을 전해왔다.149)

---

147) 여섯 개 주는 활주(滑州), 복주(濮州), 청주(靑州), 밀주(密州), 등주(登州), 내주(萊
州)인데, 허숙기는 활주(滑州, 하남성 활현)에서 주둔하고 청주(靑州, 산동성 청주
시)와 밀주(密州) 등 네 주를 멀리서 다스렸다. 청주와 밀주는 지난해에 설치되었고
당시에는 북해(北海)절도로 칭해졌다.

148) 지난해에 하중(河中)절도사를 두어 포주(蒲州), 강주(絳州), 동주(同州), 괵주(虢州),
습주(隰州), 자주(慈州), 진주(晋州) 이렇게 일곱 개 주를 다스렸는데 이 해에 또 포
주절도사를 두어 포주와 동주, 괵주를 다스리고 있다. 천하가 혼란하여 절도사로 하
여금 중요한 지역을 막다보니 절도사가 통제하는 이 수시로 늘기도 하고 줄기도 하
는 현상을 보이고 있다.

149) 정관(貞觀) 연간 이래 토번이 점차 강성해지자 당항족과 탁발씨족은 두려워하고 내
지로 이주하기를 청하자 경주(慶州)에 조서를 내려 정변군(靜邊軍)을 설치하고 주
(州)에 거처하도록 시켰다. 당항족은 현재의 사천성 서북 만산(萬山) 속에 거주하였
으나 범양에서 변란이 일어난 후 점차 북상하여 빈주(邠州, 섬서성 빈현)와 영주(寧
州, 감숙성 영현)를 침략하였다.

31 안경서가 처음 업(鄴, 하남성 안양시)에 도착하면서 비록 여러 갈래의 무리가 떨어지고 갈라졌어도 오히려 일곱 개 군(郡)150)과 60여 개의 성(城)을 점거하였고 갑옷을 입은 병사와 물자 그리고 양식이 풍부하게 갖춰졌다. 안경서는 정사(政事)를 직접 하지 않고 오로지 대(臺)와 연못 속의 누선(樓船)을 수리하고 취하도록 술을 마시는 것을 일삼았다.

그의 대신(大臣)인 고상(高尙)과 장통유(張通儒) 등은 권력을 다투며 화합하지 않아서 다시 기강이 없어졌다. 채희덕은 재주와 책략이 있었고 거느리는 병사가 정예였지만 성격이 굳세고 직언하기를 좋아하여 장통유가 그를 헐뜯어서 죽였더니, 그 휘하에 있던 수천 명은 모두 달아나고 흩어졌으며 제장들은 원망하고 화를 내어 사용하지 못하였다. 최건우를 천하병마사로 삼아서 안팎의 병사를 거느리도록 하였다. 최건우는 성격이 괴팍하고 죽이기를 좋아하여 병사가 따르지 않았다.

경인일(21일)에 삭방(朔方)의 곽자의, 회서(淮西)의 노경(魯炅), 흥평(興平)의 이환(李奐), 활복(滑濮)의 허숙기, 진서·북정(鎭西·北庭)의 이사업, 정채(鄭蔡)의 이광심(李廣琛), 하남(河南)의 최광원(崔光遠)의 일곱 절도사와 평로(平虜)병마사 동진(董秦)에게 명령하여 보병과 기병 20만을 거느리고 안경서를 토벌하도록 하였다. 또 하동(河東)의 이광필과 관내·택로(關內·澤潞)의 왕사례의 두 절도사에게 명령하여 부하병사를 거느리고 그들을 돕도록 하였다.151)

황상은 곽자의와 이광필이 모두 으뜸가는 공훈을 세운 사람이어서 서

---

150) 일곱 개 군은 업군(鄴郡), 급군(汲郡, 하남성 위휘시), 거록군(鉅鹿郡, 하북성 형대시), 위군(魏郡, 하북성 대명현), 광평군(廣平郡, 하북성 영년현 동남), 청하군(淸河郡, 하북성 청하현), 박평군(博平郡, 산동성 요성시)이다.

151) 이상의 절도사 본영을 보면, 삭방은 영주(靈州, 영하회족자치구 영무현), 회서는 허주(許州, 하남성 허창시), 흥평은 상주(商州, 섬서성 상주시), 활복(滑濮)은 활주(滑州, 하남성 활현), 정채(鄭蔡)는 정주(鄭州, 하남성 정주시), 하남은 변주(汴州, 하남성 개봉시), 평로는 영주(營州, 요녕성 조양시), 하동은 태원(太原, 산서성 태원시), 택로(澤潞)는 노주(潞州, 산서성 장치시)이다.

로 거느리고 복종하기가 어려웠으니, 그러므로 원수(元帥)를 두지 않고 다만 환관인 개부의동삼사 어조은(魚朝恩)을 관군용선위처치사(觀軍容宣慰 處置使)로 삼았다. 관군용(觀軍容)이란 명칭은 여기에서부터 비롯되었다.

32 계사일(24일)에 광주(廣州, 광동성 광주시)에서 주문을 올렸다.[152]
　"대식(大食, 아랍)과 파사(波斯, 이란)가 주성(州城, 광주성)을 포위하였는데 자사 위리견(韋利見)은 성을 뛰어넘어 달아났으며 두 나라의 병사는 창고를 약탈하고 여사(廬舍)를 불태우고 바다에 배를 띄워서 떠나갔습니다."

33 겨울, 10월 갑진일(5일)에 태자를 책봉하고[153] 이름을 고쳐서 이예(李豫)라고 하였다. 중흥한 이래로부터 여러 아랫사람들에게 다시 하사 물품이 없었는데 이에 이르러 비로소 새로 대전(大錢)[154]을 주조하여 백관과 육군(六軍)이 차등 있게 하사물의 은혜를 받았다.

34 곽자의는 군사를 이끌고 행원(杏園)으로부터 하(河, 황하)를 건너 동쪽으로 가서 획가(獲嘉, 하남성 획가현)에 도착하여 안태청(安太淸)[155]을 깨뜨리고 참수한 것이 4천 급이고 포로로 잡은 것이 500명이었다. 안태청이 달아나 위주(衛州, 하남성 위휘시)를 지키자 곽자의는 나아가서 그곳을 포위하였는데, 병오일(7일)에 사자를 파견하여 승리한 것을 보고하였다.

---

152) 광주는 영남(嶺南) 절도부의 치소이고 외국상인들이 모여 사는 곳이다. 이에 관한 것은 측천무후 광택 원년(684년) 7월의 기사를 참고할 수 있고, ≪자치통감≫ 권203에 실려 있다.

153) 이 해 5월에 이미 이숙(李俶)을 황태자로 책봉하였었다. 왜 다시 언급하였는지 그 이유는 자세하지 않다.

154) 건원중보(乾元重寶)를 가리킨다.

155) 연장군이다.

노경(魯炅)은 양무(陽武, 하남성 원양현)에서 건너고 계광침(季廣琛)과 최광원(崔光遠)은 산조(酸棗, 하남성 원양현 동북)에서 건너서 이사업의 군사와 더불어 모두 위주에서 곽자의를 만났다.

안경서는 업(鄴, 하남성 안양시) 안에 있는 무리 7만을 다 들어서 위주를 구원하였는데, 삼군(三軍)으로 나누어 최건우로 하여금 상군(上軍)을 거느리게 하고, 전승사(田承嗣)는 하군(下軍)을 거느리도록 하였으며, 안경서는 스스로 중군(中軍)을 거느렸다.

곽자의는 활을 잘 쏘는 사람 3천 명으로 하여금 보루 위의 낮은 담 아래에 숨도록 하고 명령하였다.

"내가 물러나면 역적은 반드시 나를 쫓아올 것이니 너희는 이에 보루에 올라 북을 치고 함성을 지르면서 활을 쏘아라."

이미 그렇게 한 후에 안경서와 더불어 싸우다가 거짓으로 물러나자 역적은 그를 쫓아서 보루 아래에 도착하였고, 복병(伏兵)들이 일어나 활을 쏘는데 화살이 비처럼 쏟아졌으며, 역적이 돌아서서 달아나자 곽자의는 다시 병사를 이끌고 뒤를 쫓았으며 안경서는 대패하였다. 안경서의 동생인 안경화(安慶和)를 잡아서 죽였다. 드디어 위주(衛州)를 뽑았다.

안경서가 달아나자 곽자의 등은 뒤를 쫓아 업(鄴)에 도착하였고, 허숙기 · 동진(董秦) · 왕사례 그리고 하동(河東)병마사 설겸훈(薛兼訓)은 모두 군사를 데리고 뒤를 이어 도착하였다. 안경서는 남아있는 병사를 거두어 수사강(愁思岡, 하남성 안양시 서남)에서 막으며 싸웠으나 또 패배하였다. 전후로 참수한 것이 3만 급이었고 포로로 잡은 것이 1천 명이었다.

안경서가 마침내 성 안에 들어가 굳게 지키자 곽자의 등은 이를 포위하였다. 안경서는 궁색하고 긴급해져서 설숭(薛嵩)을 파견하여 사사명에게 구원해주기를 요구하고 또 자리를 그에게 양보하게 해달라고 청하였다.

사사명은 범양에 있는 군사 13만을 발동하여 업(鄴)을 구원하려고 하였지만 멀리서 바라보고 감히 전진하지 않고, 먼저 이귀인을 파견하여 보병과 기병 1만을 거느리고 부양(滏陽, 하북성 자현)에서 진을 치도록 하고156) 멀리서 안경서를 성원하는 세력이 되었다.

35　갑인일(15일)에 상황은 화청궁(華淸宮, 섬서성 임동현 서부)에 행차하였고, 11월 정축일(8일)에 경사로 돌아왔다.

36　최광원은 위주(魏州, 하북성 대명현)를 뽑고 병술일(17일)에 예전에 병부시랑이었던 소화(蕭華)를 위주(魏州)방어사로 삼았다. 마침 사사명은 군대를 나누어 셋으로 만들었는데, 하나는 형주(邢州, 하북성 형대시)와 명주(洺州, 하북성 영년현 동남)로 나가고, 다른 하나는 기주(冀州, 하북성 기현)와 패주(貝州, 하북성 청하현)로 나갔으며, 또 다른 하나는 원수(洹水, 하북성 위현 서남)로부터 위주(魏州)로 나아갔다.
　곽자의는 주문을 올려서 최광원으로 하여금 소화를 대신하도록 하니, 12월 계묘일(5일)에 칙서를 내려서 최광원으로 하여금 위주 자사를 관장하도록157) 하였다.

37　갑진일(6일)에 절강서도(浙江西道)절도사를 두어 소주(蘇州, 강소성 소주시)와 윤주(潤州, 강소성 진강시) 등 10주(州)를 관장하게 하고, 승주(昇州, 강소성 남경시) 자사 위황상(韋黃裳)을 그것으로 삼았다.158) 경술일(12일)에 절강동도(浙江東道)절도사를 두어 월주(越州, 절강성 소흥시)와 목주

---

156) 부양(滏陽)은 자주(磁州)의 치소가 있는 곳이며, 업성(鄴城)과는 남쪽으로 60리 떨어져 있다.

157) 영직이다. 관직명은 영위주자사이다.

158) 나머지 일곱 주(州)는 선주(宣州, 안휘성 선주시), 흡주(歙州, 안휘성 흡현), 요주(饒州, 강서성 파양현), 강주(江州, 강서성 구강시), 상주(常州, 강소성 상주시), 항주(杭州, 절강성 항주시), 호주(湖州, 절강성 호주시)이다.

(睦州, 절강성 건덕시) 등 8주를 관장하게 하고[159] 호부상서 이환(李峘)을 그것으로 삼고 회남(淮南)절도사를 겸하도록 하였다.

38 기미일(21일)에 여러 신하들이 존호(尊號)를 올리기를 청하며 '건원 대성광천문무효감황제(乾元大聖光天文武孝感皇帝)'라고 하자 그것을 허락하였다.

39 사사명은 최광원이 처음으로 도착한 틈을 타서 군사를 이끌고 크게 내려 보내자 최광원은 장군 이처음(李處崟)으로 하여금 막도록 하였다. 역적의 세력이 왕성하여 이처음은 이어진 싸움에서 승리하지 못하자 돌아서서 성으로 향하였다.

역적이 뒤를 쫓아 성 아래에 도착하여 소리를 떨치며 말하였다.

"이처음이 우리를 불러서 왔는데 어찌하여 나오지 않는가!"

최광원은 그 말을 믿고 이처음을 요참(腰斬)[160]하였다. 이처음은 날랜 장수이고 무리가 믿었으나 이미 죽고 나자 무리는 싸울 마음이 없어졌으니, 최광원은 몸을 빼내어 달아나 변주(汴州, 하남성 개봉시)로 돌아왔다. 정묘일(29일)에 사사명은 위주(魏州)를 함락시켰으며 죽인 사람이 3만 명이었다.

40 평로(平盧)절도사 왕현지(王玄志)가 죽자 황상은 중사(中使)를 파견하여 가서 장사들을 안무하도록 하면서, 또 군중(軍中)에서 세우려고 하는 사람을 살펴가지고 정기(旌旗)와 부절을 주도록 하였다. 고려(高麗, 고구려) 사람 이회옥(李懷玉)은 비장(裨將)이었는데 왕현지의 아들을 죽이고

---

159) 그 밖의 여섯 주는 구주(衢州, 절강성 구주시), 무주(婺州, 절강성 금화시), 대주(臺州, 절강성 임해시), 명주(明州, 절강성 영파시), 괄주(括州, 절강성 여수시), 온주(溫州, 절강성 온주시)이다.

160) 사형의 한 방법으로 허리를 베어 죽이는 것이다.

후희일(侯希逸)을 추대하여 평로군사(平盧軍使)로 삼았다.

후희일의 어머니는 이회옥의 고모이니 그러므로 이회옥은 그를 세운 것이다.161) 조정에서는 이어서 후희일을 절도부사(節度副使)로 삼았다. 절도사가 군사(軍士)로 말미암아 폐립된 것은 이로부터 시작되었다.

신 사마광이 말씀드립니다.

"무릇 백성은 살면서 욕심을 가지고 있어서 주군이 없으면 어지러워집니다. 이러한 연고로 성인(聖人)께서는 예절을 제정하시어 이들을 다스렸습니다. 천자·제후에서부터 경·대부·사·서인에 이르기까지 높고 낮은 구분을 갖게 하고, 크고 작은 것이 차례를 두도록 하여 마치 줄기와 가지가 서로 매이게 하면 팔과 손가락이 서로 부리는 것과 같도록 하였는데, 이 까닭에 백성은 그 윗사람에게 복종하여 섬기고 아랫사람은 분수에 맞지 않는 것을 넘겨보는 일이 없었습니다.

그것은 《주역(周易)》에서 '위는 하늘이고 아래는 소택이니 이것이 이괘(履卦)이다.' 라고 말하고, 《상사(象辭)》에 '군자는 상하(上下)를 분별하여서 백성의 뜻을 안정시킨다.' 라고 하였는데 바로 이것을 말합니다. 무릇 인군이 신하와 백성을 소유할 수 있는 이유는 여덟 개의 권력162)이 자기에게 있기 때문입니다. 만약 그것을 버린다면 저쪽과 이쪽의 세력이 같으니 무엇을 가지고서 그 아랫사람을 부리겠습니까!

숙종(肅宗)은 당 중기의 쇠약해지는 시기를 만났고 요행히 나라를 회복하였는데 의당 상하(上下)의 예의를 올바르게 하여 사방을 질서 있게

---

161) 이회옥은 후희일을 추대하기도 하고 내쫓기도 하였다. 이회옥은 나중에 당 왕실로부터 정기(正己)라는 이름을 하사받는다.

162) 주례에서 왕이 여덟 가지를 가지고 여러 신하를 어거한다고 하였는데, 그것은 봉작(封爵), 봉록(俸祿), 상사(賞賜), 폄찬(貶竄), 사면(赦免), 박탈(剝奪), 면직(免職), 주살(誅殺)이다.

하여야 하였습니다. 한때의 편안함을 훔치며 영구한 걱정거리를 생각하지 않았습니다. 그가 장수에게 명하여 지방을 다스리도록 하는 것은 나라의 대사(大事)인데 마침내 일개의 사자에게 맡겨서 행오(行伍)들의 인심을 좇았습니다. 현명한지 똑똑하지 못한지를 묻지 않고 오직 함께 하려고 하는 사람이면 이것을 주었습니다.

이후로부터 쌓인 습관이 일상으로 되어 주군과 신하가 좇으며 지키고 책략을 얻은 것으로 여겼으니 그것을 고식(姑息)[163]이라고 합니다. 마침내 편장(偏將)과 비장(裨將)과 병사가 주인인 우두머리를 죽이거나 내쫓았으나 역시 그 죄를 다스리지 못하고 이어서 그의 자리와 임무를 그에게 주었습니다. 그렇게 되니 작록(爵祿)·폐치(廢置)·살생(殺生)·여탈(予奪)은 모두 윗사람에게서 나오지 않고 아랫사람에게서 나오니 혼란의 발생이 어찌 끝이 있겠습니까?

또 무릇 국가를 가지고 있는 사람은 선한 사람에게 상을 내리고 악한 사람을 죽이는 것이니, 그러므로 선을 행한 사람은 장려하고 악을 행한 사람은 징벌하는 것입니다. 저 사람은 다른 사람의 아랫사람이었는데 그 윗사람을 죽이고 내쫓았으면 악한 것이 얼마나 큽니까! 마침내 그로 하여금 정모(旌旄)를 끼고 부월(斧鉞)[164]을 잡고 한 지방의 우두머리가 되도록 하였으니 이것이 그에게 상을 내린 것입니다.

상을 내려서 악(惡)을 권하였으니 악이 그 어느 곳에 이르지 않았겠습니까! ≪서경(書經)≫에는 '원대한 것이 곧 계책이다.'[165]라고 하였고 ≪시경(詩經)≫에는 '계책이 원대하지 않으니 큰 간언을 채용하라.'[166]

<hr/>

163) '고(姑)'는 '또'라는 뜻이고 '식(息)'은 '쉬다, 편안하다'는 뜻으로 눈앞에 있는 편안함을 말한다.
164) 황제가 내려준 정기와 부월로 권력을 행사하는 상징물이다.
165) ≪서경(書經)≫ <강고(康誥)> 편에 있는 '원내유(遠乃猷)'란 말이다.
166) ≪시경(詩經)≫ <대아(大雅)> 편의 <판(板)>에 있는 내용이다.

라고 하였습니다. 공자께서 말씀하시길, '사람에게 원대한 걱정이 없으면 반드시 가까운 근심이 있다.' 167)라고 하였는데, 천하의 정치를 하면서 오로지 눈앞의 고식(姑息)하기를 일삼으면 그 근심과 걱정을 이루 다 끊을 수 있겠습니까!

이로 말미암아 아랫사람은 항상 곁눈질하며 그의 윗사람을 엿보고 만약 틈을 얻으면 공격하여 멸족시킵니다. 윗사람이 되어서는 항상 두려워하며 그의 아랫사람을 두려워하고 만약 틈을 얻으면 엄습하여 도륙시킵니다. 먼저 발동하기를 다투고 힘써서 그 속마음을 드러내니 서로 보전하고 키워서 함께 이익을 오래도록 보전하는 계책을 갖는 것이 아닙니다. 이와 같이하면서 천하의 안정을 찾는다 하여도 그것이 가능하겠습니까! 그 악의 단계를 추적하면 여기168)에서 비롯되었습니다.

대개 옛날에는 군대를 다스리면서 반드시 예절에 근본을 두었으니, 그러므로 진(晉) 문공(文公)은 성복(城濮, 산동성 견성현 서남)의 전투169)에서 그의 군사에는 젊고 나이가 많은 사람에게 예의가 있는 것을 보고 그들을 사용할 만한 것을 알았습니다.170) 지금171) 당에서는 군대를 다스리면서 예절을 돌아보지 않으며 사졸로 하여금 편장이나 비장을 능멸하게 하고, 편장이나 비장은 장수를 짓밟도록 하였으니, 장수가 천자를 능멸하는 것은 자연스런 형세입니다.

이로 말미암아 재앙과 혼란이 계속하여 일어나고 전쟁이 쉬지 않으며 백성은 도탄에 떨어져도 알리고 하소연할 곳이 없는 지 무릇 200여 년

---

167) ≪논어(論語)≫의 말이다.

168) 평로(平盧)절도사를 군사들에 의하여 세우게 한 것을 말한다.

169) 춘추시대인 기원전 632년의 일이다.

170) ≪춘추 좌전≫에 나오는 이야기로 진(晉)과 초(楚)가 성복에서 싸웠는데, 초가 패하였다.

171) 사마광이 ≪자치통감≫을 쓰는 당대(當代)를 말하는 것이므로 11세기이다.

이었으며 그런 후에 우리 위대한 송(宋)이 천명(天命)을 받았습니다.

태조172)께서 처음으로 군법(軍法)을 제정하시고 계급을 가지고서 서로 잇도록 하여 조금이라도 어기는 일이 있어도 모두 도끼 아래 엎어놓았습니다. 이리하여서 위아래에 차례가 있고 행하도록 하고 금지시켰으며, 반듯하지 않은 사람을 사방으로 정벌하자 복종하지 않을 것을 생각하는 사람이 없어졌고, 천하가 다스려져서 편안하고 많은 백성은 참되게 번성하여 지금에 이르렀으니, 모두 예절을 가지고서 군대를 다스렸기 때문입니다. 어찌 후손에 물려줄 원대한 모책이 아니겠습니까!"

41 이 해에 진무(振武, 치소는 單于府, 내몽고 허린컬현)절도사를 두어 진북(鎭北, 치소는 내몽고 包頭市)대도호부·인·승이주(麟·勝二州)를 관장하게 하였다.173) 또 섬·괵·화(陝·虢·華, 치소는 陝州, 하남성 삼문협시)와 예·허·여(豫·許·汝, 치소는 豫州, 하남성 여남현)의 두 절도사를 두고, 안남(安南)경략사를 절도사로 삼아 교주(交州, 베트남 하노이시)와 육주(陸州, 광서성 흠주시 동남) 등 11주를 관장하게 하였다.174)

42 토번이 하원군(河源郡, 청해성 서녕시)을 함락하였다. *

---

172) 송(宋)이 천명(天命)을 받았다는 것은 송 태조 건륭 원년(960년)을 말하는 것이고, 태조란 송 태조 조광윤을 말한다.

173) 영직(領職)이다.

174) 나머지 아홉 개 주는 다음과 같다. 봉주(峰州 베트남 永安縣), 애주(愛州, 베트남 淸化市), 환주(驩州, 베트남 榮市), 장주(長州, 베트남 南定縣), 복록주(福祿州, 베트남 山西縣), 지주(芝州, 광서성 흔성현), 무아주(武峨州, 베트남 大泉縣), 연주(演州, 베트남 연주시)이다.

資治通鑑

자치통감 권221

당(唐)시대 37 (759~760년)

내전 속에서 어려워지는 황실

안록산의 본거지로 돌아간 사사명

숙종(肅宗) 건원(乾元) 2년(己亥, 759년)[1]

1 봄, 정월 초하루 기사일에 사사명(史思明)[2]은 위주(魏州, 하북성 大名縣)의 성 북쪽에 제단을 쌓고 스스로 '대성연왕(大聖燕王)'이라 칭하고, 주지(周摯)를 행군사마로 삼았다.

이광필(李光弼)이 말하였다.

"사사명은 위주를 얻었지만 병사들을 안무할 뿐 전진하지 않고 있는데, 이는 우리를 나태하게 하고서 정예의 병사들을 가지고 우리가 대비하지 않고 있는 것을 습격하려고 하는 것입니다. 청컨대, 삭방군(朔方軍, 영하 靈武縣)과 함께 같이 위성(魏城, 하북성 大名縣)을 압박하여 그들과

---

1) 연 안경서 천성 3년, 연제 사사명 순천 원년, 남초 패왕강 초원 원년이다.

2) 영주 소속의 기미주인 영이주(寧夷州) 출신의 돌궐잡호(突厥雜胡)로서, 생몰년대는 703년~761년이다. 처음 이름은 '솔간(窣干)'이었으나 후에 현종으로부터 '사명(思明)'이란 이름이 하사되었다. 6종류의 이민족의 언어에 능통하여 안록산과 함께 호시아랑(互市牙郞)에 임명되었고, 모두 날래고 용맹스러운 것으로 널리 알려져서 유주절도사인 장수규(張守珪)의 편장이 되었다. 후에 평로절도지병마사가 되었는데, 천보 14재(755년)에 안록산이 반란을 일으켰다. 안경서(安慶緖)가 아버지 안록산을 죽이고 황제를 칭하자, 그는 자기가 관장하고 있는 13군과 8만 명의 병사들과 함께 당에 항복하여 귀의왕(歸義王)에 책봉되고 하북절도사에 임명되었다. 그러나 건원 원년(758년)에 다시 반란하였다. 바로 건원 2년(759년) 정월에 위주에서 '대성연왕'이라 칭하고 연호는 '응천(應天)'이라 하였던 것이다.

싸우자고 요구한다 하더라도, 그는 가산(嘉山, 하북성 曲陽縣의 동북쪽)에서
패배한 것3)을 거울삼아 반드시 감히 가볍게 나오지 않을 것입니다.

헛되이 날짜를 보내며 오랫동안 이끌어간다면, 업성(鄴城, 반란 세력의 도
읍, 하남성 安陽市)은 반드시 뽑혀질 것입니다. 안경서(安慶緖, 안록산의 아들)
가 이미 죽고 나면 그는 그 무리를 사용하겠다는 말을 할 수 없습니다."
어조은(魚朝恩, 관군용사)은 안 된다고 생각하여 마침내 중지하였다.

2 무인일(10일)에 황상이 구궁귀신(九宮貴神)4)에게 제사를 지냈는데, 왕
여(王璵, 재상)의 말을 채용한 것이다. 을묘일5)에 적전(藉田)에서 밭을
갈았다.

3 진서(鎭西, 치소는 회주, 하남성 沁陽市) 절도사 이사업(李嗣業)이 업성을
공격하다가 떠도는 화살에 맞아서 병신일(28일)에 죽으니, 병마사 여비
원례(荔非元禮)가 대신하여 그 병사들을 거느렸다.

애초에, 이사업은 표문을 올려서 단수실(段秀實)을 회주(懷州, 하남성
沁陽市)의 장사로 삼아 지유후사(知留後事)6)로 하도록 하였다. 당시 여러

---

3) 숙종(肅宗) 지덕(至德) 원재(元載, 756년) 5월 임오일(壬午日)에 벌어진 전투이다. 이
   내용은 ≪자치통감≫ 권218에 실려 있다.

4) 도교의 9위의 신기(神祇)로 태일신(太一神), 섭제신(攝提神), 권주신(權主神), 초요신
   (招搖神), 천부신(天符神), 청룡신(靑龍神), 함지신(咸池神), 태음신(太陰神) 그리고 천
   일신(天一神)이다.

5) 정월 1일이 기사일이므로 정월 중에는 을묘일이 없다. 다만 ≪구당서≫ <예문지>에 의
   하면 이 사건이 있은 날은 신묘일로 되어 있는데 정월 신묘일은 11일이다. 이 기록에
   의거한다면 을묘는 신묘의 잘못으로 볼 수도 있다. 그러나 호삼성은 을묘는 을유라고
   해야 맞는다고 하였는데, 을유는 17일이다. 이 경우라면 을묘는 을유의 잘못이다. 구당
   서의 기록과 호삼성의 교정 가운데 어느 것이 맞는지는 알 수 없다.

6) 지직(知職)이다. 변경 혹은 지방에 주둔하고 있는 군대의 지휘자는 중앙관료를 겸직하
   고 있어서, 그가 수도 장안(長安)의 조정에서 업무를 처리해야 되기 때문에, 그를 대리
   하여 현지에 있으면서 그 업무를 담당하는 관리를 가리킨다. 율령(律令)에는 없는 현
   종(玄宗)의 치세에 새로 생긴 임시 관직이다.

군대는 주둔하여 수자리를 서는 날이 오래되었고 재화는 고갈되고 군량은 다 되었지만 단수실은 혼자 말먹이와 곡식을 운반하고 병사들을 모으며 말을 사서 진서절도사의 행영(行營)에 이바지하였는데, 길에 서로 이어졌다.

4 2월 임자일(15일)에 월식이 일어났는데, 개기식이었다. 이에 앞서 백관들이 황후의 존호에 '보성(輔聖)'을 덧붙이라고 요청하였는데, 황상이 중서사인 이규(李揆)에게 물어보니, 대답하였다.

"옛날부터 황후에게는 존호가 없었는데, 오직 위후(韋后, 중종의 황후)만이 그것을 가지고 있었으니, 어찌 충분히 모범으로 삼을 만하겠습니까?"
황상이 놀라며 말하였다.

"어리석은 사람이 거의 나를 잘못되게 할 번하였구나!"

마침 월식이 일어나자, 그 일은 마침내 묵혀 두어 버렸다. 황후는 이보국(李輔國, 환관, 전중감)과 서로 안팎이 되어 금중(禁中)을 휘젓고 다니면서 정사에 간여하면서 청탁하는 것이 끝이 없게 되자, 황상은 자못 기쁘지 아니하였으나, 이를 어찌 하지 못하였다.

5 곽자의(郭子儀) 등 아홉 명의 절도사가 업성을 포위하고 보루를 두 겹으로 쌓고 참호를 3중으로 파서 장수(漳水)7)를 막아서 그곳에 물을 대었다. 성 안에 있는 우물과 샘은 모두 넘쳐서 잔방(棧房)8)을 만들어서 거주하면서 겨울에서 봄을 거치도록 안경서는 견고하게 지키면서 사사명을 기다렸는데, 먹을 것이 다 떨어지자 쥐 한 마리의 가격이 전(錢)으로 4천이었고, 담에 섞여 있는 보릿겨와 말똥을 걸러다가 말에게 먹였다.9)

---

7) 업성(鄴城)의 북쪽을 거쳐서 동북쪽으로 흘러서 발해(渤海)로 들어간다.

8) 나무로 얽어서 창고 같이 만든 집이다.

9) 담을 쌓을 때, 보릿겨와 마분(馬糞)을 흙과 섞었는데 이 보릿겨와 마분을 걸러서 말에

사람[당의 군사]들은 모두 이기는 일은 조석 간에 이루어질 것으로 생각하고 있었지만, 여러 군대에는 이미 통수가 없어서[10] 나아가는 것과 물러나는 것을 명령할 곳이 없었다. 성 안에 있는 사람 가운데 항복하려고 하는 자는 깊은 물에 막혀 나올 수가 없었다. 성이 오랫동안 함락되지 않자,[11] 윗사람이나 아랫사람이나 몸이 풀어졌다.

사사명은 마침내 위주에서 군대를 이끌고 업성으로 향하였고, 제장들에게 각각 업성에서 50리 떨어진 곳에서 진영을 설치하고, 각 진영마다 북을 300번 쳐서 멀리서 그들을 위협하도록 하였다. 또 진영마다 정예의 기병 500을 뽑아서 매일 업성 아래에서 노략질하게 하고, 관군이 출동하면 번번이 흩어져서 그들의 진영으로 돌아가게 하였다. 여러 부대에 있는 병사와 말 그리고 소달구지는 매일 잃었고, 땔나무를 채취하는 것이 대단히 어렵게 되었으며, 낮에 그들을 대비하면 밤이 되었고, 밤에 그들을 대비하면 낮이 되었다.

당시에 천하에는 기근이 발생하여, 군량을 수송하는 것이 남쪽으로는 강·회(江·淮)에서부터이고, 서쪽으로는 병(幷, 幷州, 치소는 산서성 太原市)·분(汾, 汾州, 치소는 산서성 汾陽縣)에서부터 배와 수레가 계속 이어졌다.

사사명은 장사(壯士)들을 많이 파견하여 관군의 복장과 신호를 훔쳐내어, 운반하는 자들을 독촉하여 달리게 하고, 그들이 머무르거나 느리게 가면 책임을 지우고, 망령되이 사람을 살육하자, 운반하는 자들은 놀라면서 두려워하였다. 배와 수레가 모이면, 곧바로 몰래 불을 질러서 그것들을 불태웠다. 가고 오며 모이고 흩어지면서 자연 서로 분별하여 알게

게 먹인 것이다.

10) 9개 절도사를 지휘할 지휘자가 없었다.

11) 지난해(758년) 9월부터 올해(759년) 2월까지로 반년동안의 기간이었다.

되었지만, 그러나 관군의 순라병과 포졸들은 살펴낼 수가 없었다.

이 때문에 여러 부대에는 식량이 부족하였고, 사람들은 저절로 무너질 것이라고 생각하였다. 사사명이 이에 대군을 이끌고 곧바로 성 아래 도착하니, 관군은 날짜를 정하고 그와 결전하게 되었다.

3월 임신일(6일)에 관군의 보병과 기병 60만이 안양하(安陽河, 涇水)의 북쪽에서 포진하자, 사사명은 스스로 정예의 병사 5만을 거느리고 이와 대적하였는데, 여러 부대는 멀리서 그들을 보고 유군(遊軍)12)이라고 생각하여 마음에 두지 않았다.

사사명이 곧장 앞으로 나아가서 분발하여 공격하자, 이광필(李光弼)·왕사례(王思禮)·허숙기(許叔冀)·노경(魯炅)이 먼저 그와 싸웠는데, 죽거나 부상을 당한 자가 서로 반이나 되었고, 노경은 떠도는 화살에 맞았다. 곽자의가 그 뒤를 이었으나 군진을 펼치기도 전에 큰바람이 갑자기 불어와서 모래를 날리고 나무뿌리를 뽑으니, 하늘과 땅은 낮에도 어두워져서 지척을 분간하기 어렵게 되자, 양쪽 군대가 크게 놀라서 관군은 군진이 무너져서 남쪽으로 가고, 도적도 무너져서 북쪽으로 가니, 버려진 병장기와 치중이 길에다 던져서 쌓였다. 곽자의는 삭방군(朔方軍)을 가지고 하양교(河陽橋)를 끊고 동경(東京)을 지켰다.

전마는 1만 필이었는데 오직 3천만 남았고, 갑옷과 병장기는 10만이었는데 유실되고 버려서 거의 모두 없어졌다. 동경의 관리와 백성들은 놀라서 산과 계곡으로 흩어져서 달아났다. 유수 최원(崔圓)과 하남윤(河南尹) 소진(蘇震) 등의 관리들은 남쪽으로 달아나서 양주(襄州, 호북성 襄樊市)와 등주(鄧州, 하남성 등주시)로 갔으며 여러 절도사는 각각 무너져서 본래의 진영으로 돌아갔다.

사졸들이 통과하는 곳마다 사납게 노략질하였으나 지방의 하급 관리

---

12) 일정한 소속이 없이 지원(支援)하거나 유격업무를 담당하는 부대이다.

들로서는 중지시킬 수 없었고 열흘이 지나서야 바야흐로 안정되었다. 오직 이광필과 왕사례만이 부대의 대오를 정돈시켜서 지휘하였기 때문에 군사를 온전히 하여 돌아갈 수 있었다.

곽자의는 하양(河陽, 하남성 孟縣)에 도착하여 장차 성을 지키려고 꾀하였으나, 병사와 사람들이 서로 두려워하여 또 결문(缺門, 하남성 新安縣 서쪽 鐵門鎭)으로 달아났다. 제장들이 계속 도착하여 무리가 수만에 이르자, 동경을 덜어내고 물러서서 포주(蒲州, 산서성 永濟縣)와 섬주(陝州, 하남성 三門峽市)를 지키는 것을 논의하였다.

도우후(都虞候)[13] 장용제(張用濟)가 말하였다.

"포·섬(蒲·陝)은 거듭하여 기근이 들어 하양을 지키는 것만 같지 못하니, 도적이 도착하면 힘을 아울러서 그들을 막읍시다."

곽자의가 그 말을 따랐다.

도유혁사(都遊弈使)[14]인 영무(靈武, 영하 영무현) 사람 한유괴(韓遊瓌)로 하여금 500의 기병을 거느리고 하양으로 가도록 하고, 장용제는 보병 5천으로 그를 이었다. 주지(周摯)가 군대를 이끌고 와서 하양을 두고 다투었으나, 뒤에 도착하여 들어갈 수 없게 되자 떠났다. 장용제는 거느린 부대의 병사들을 부려서 남·북에 두 개의 성을 쌓고 이를 지켰다.

단수실은 장사(將士)들의 아내와 자식과 공사(公私)의 치중을 인솔하고 야수(野戍, 하남성 孟津縣 북쪽 황하 입구)에서 하(河, 황하)를 건너서 하청(河淸, 하남성 濟源市 남쪽)의 남쪽 언덕에서 명령을 기다리고 있었고, 여비원례(荔非元禮)도 도착하여 진을 쳤다.

제장들이 각각 표문을 올려서 사죄하자, 황상은 모두에게 불문(不問)

---

13) 당대(唐代)에 군대에서 법을 집행하는 임무를 지니고 있는 관리이다.

14) 유혁사(遊弈使)는 당대(唐代)에 처음 설치된 무관(武官)으로, 변경에서 순라(巡邏)와 정찰(偵察)의 임무를 관장하였다. 앞에 '도(都)' 자가 붙은 것은 여러 유혁사를 통솔하는 선임 유혁사라고 볼 수 있다.

에 붙였으나, 오직 최원(崔圓)의 품계와 봉작을 삭감하고, 소진(蘇震)을 깎아내려서 제왕부(濟王府, 제왕, 肅宗의 아우 李環)장사로 삼고, 은청(銀靑, 은청광록대부)의 품계를 삭탈하였다.

사사명은 관군이 무너져서 달아난 것을 살펴서 알고 사하(沙河, 하북성 沙河市 북쪽 沙河城)에서부터 병사들을 수습하여 정돈하고 업성의 남쪽으로 돌아가서 주둔하였다. 안경서는 곽자의의 군영에 있던 식량을 거두어서 6만~7만 석(石)을 얻자 손효철(孫孝哲)·최건우(崔乾祐)와 모의하여 다시 성문을 닫고 다시 사사명을 막았다.

제장들이 말하였다.

"오늘 어찌 다시 사왕(史王, 사사명)을 배반할 수 있겠습니까?"

사사명은 안경서와 서로 연락할 수 없다는 사실을 들었고 또 남쪽으로 관군을 추격하지 않고, 다만 매일 군중(軍中)에서 병사들에게 잘 먹였다. 장통유(張通儒, 燕의 재상)와 고상(高尙, 燕의 中書侍郞) 등이 안경서에게 말하였다.

"사왕은 멀리서 왔으니, 신 등은 응당 환영하여 감사를 드려야 합니다."

안경서가 말하였다.

"공들에게 맡기겠으니 잠시 가보시오."

사사명은 그들을 보자 눈물을 흘렸고, 후하게 예의를 갖춘 후 그들을 돌려보냈다.

사흘이 지나도 안경서는 도착하지 않았다. 사사명은 몰래 안태청(安太淸)을 불러서 그를 유인하도록 하였는데, 안경서는 궁색해지자 어찌할 바를 몰라서 마침내 안태청을 파견하여 표문을 올려서 사사명에게 칭신(稱臣)[15]하면서, 갑옷을 벗고 성으로 들어가기를 기다려서 옥새와 인수를 받들어 올리도록 해달라고 요청하였다.

---

15) '신하임을 나타내다' 란 말이다. 자기 스스로 사사명의 신하라는 뜻이다.

사사명이 표문을 살펴본 후 말하였다.

"어찌 이와 같이 되기에 이르렀나?"

이어서 표문을 꺼내어 장사들에게 두루 보이니16) 모두가 만세를 불렀다.

마침내 사사명은 손수 소문(疏文)을 써서 안경서를 위로하였으나 칭신하지 않았고, 또 말하였다.

"바라건대, 형제의 나라가 되고, 더욱 울타리 같은 후원(後援) 세력이 됩시다. 정족(鼎足)의 형세17)가 성립되는 것도 오히려 어쩌면 거의 될 것 같소. 북면하는 예의는 진실로 감히 받을 수 없소."

아울러 올린 표문을 봉함하여 그에게 돌려주었다. 안경서가 크게 기뻐하면서, 이를 계기로 삽혈(歃血)18)하여 동맹을 맺자고 요청하자, 사사명이 그것을 허락하였다.

안경서는 300명의 기병을 데리고 사사명의 군영으로 갔는데, 사사명은 군사들에게 명령하여 갑옷을 입고 병기를 잡고 그들을 기다리도록 하고, 안경서와 여러 아우들을 인도하여 조정의 뜰아래에 이르게 하였다.

안경서는 두 번 절한 후에 머리를 조아리고 말하였다.

"신이 지워진 짐을 이기지 못하고 양도(兩都, 동도와 서도, 장안과 낙양)를 버리거나 잃고 오랫동안 겹으로 된 포위에 빠졌는데, 생각하지도 않게 대왕(大王, 사사명)께서 태상황(太上皇, 안록산)의 연고19) 때문에 멀리

---

16) 병사들이 어느 편을 선택할 것인가를 살펴보려한 것이다.

17) 원래 '3개의 다리가 서서 솥이 균형을 이루다'란 말로, '삼국(三國)이 성립되어 균형을 이루면서 상호 대립하다'란 의미를 지니고 있다. 여기서는 사사명의 연과 안경서의 연 그리고 당이 정족을 이룬다는 것을 말한 것이다.

18) 맹약을 치르는 의식이다. 맹약의 당사자가 짐승을 잡아 그 피를 입술에 바르는 의식이다.

19) 숙종(肅宗) 지덕(至德) 2재(757년) 정월에 안경서(安慶緖)가 아버지 안록산(安祿山)을 높여서 태상황으로 하였다. 이 내용은 ≪자치통감≫ 권219에 실려 있다.

서 곧장 내려오셔서 구원하시니 신으로 하여금 응당 죽어야할 터인데, 다시 살려 주셨으니, 정수리에서 발꿈치까지를 갈아도 은덕에 보답할 수 없습니다."

사사명이 홀연히 떨면서 분노하여 말하였다.

"양도를 버리거나 잃은 것이야 어찌 충분히 말할 만한 것이겠는가? 너는 남의 아들이 되어 아버지를 죽이고 그 지위를 빼앗았으니 하늘과 땅이 받아들이지 않을 것이다. 나는 태상황을 위하여 역적들을 토벌하는데 어찌 네가 아첨하는 것을 받겠는가?"

즉각 좌우에 있는 자들에게 명령하여 끌고 나가게 하고 그의 네 아우들과 고상(高尙)·손효철(孫孝哲)·최건우(崔乾祐)를 함께하여 모두 죽이도록 하였고, 장통유(張通儒)·이정망(李庭望) 등에게는 모두 관직을 주었다.

사사명은 군대를 챙겨서 업성(鄴城)으로 들어가서 그 병사들과 말들을 거두어들이고, 부고를 열어서 장사들에게 상을 주었으며, 안경서가 이전에 소유하고 있던 주·현(州·縣) 그리고 군대는 모두 사사명에게 돌아갔다. 안태청을 파견하여 병사 5천을 거느리고 가서 회주(懷州, 하남성 沁陽市)를 빼앗게 하고, 이어서 그곳에 머무르면서 진수하도록 하였다.

사사명은 드디어 서쪽으로 공략하고 싶었지만, 근본이 아직 공고하지 못한 것을 염려하여 그의 아들인 사조의(史朝義)를 남겨서 상주(相州, 하남성 安陽市)를 지키게 하고 군대를 이끌고 범양성(范陽城, 北京市)으로 돌아갔다.

황제에 오른 사사명과 이보국의 전횡

6 갑신일(18일)에 회흘의 골철(骨啜)특륵20)과 제덕(帝德) 등 15명이 상
주로부터 달아나서 서경으로 돌아오자, 황상이 자신전(紫宸殿)에서 그들
에게 연회를 열어주고 상을 내려주었는데, 차등이 있었다. 경인일(24일)
에 골철특륵 등이 작별인사를 하고 행영(行營)으로 돌아갔다.

7 신묘일(25일)에 여비원례를 회주 자사로 삼아 권지진서 · 북정(權知鎭
西 · 北庭)행영절도사21)로 하였다. 여비원례는 다시 단수실(段秀實)을 절
도판관22)으로 삼았다.

---

20) 골철(骨啜)은 '구르초르(Gur Chor)'란 말의 한자음역(漢字音譯)으로, 그 뜻은 '사해
의 족장', 즉 천하의 지배자란 의미를 지니고 있다. '특륵(特勒)'은 '특근(特勤)'의
오자(誤字)이다. 특근은 고대 투르크계 종족이 세운 국가나 부족에서 씨족장 이상에
게 주어지는 관직 이름인 '티긴(Tigin)'의 한자음역이다. 한문으로 된 사서에서는 종
종 '특륵(特勒)'으로 기재된 것이 적지 않다.

21) 권과 지는 모두 관리를 임용하는 방법의 하나이다. 권직은 섭직과 유사하며, 잠시로
어떤 업무를 위임하는 경우에 수여한다. 지직은 칙지(勅旨)의 규정에 의하여 임용하
는 관직으로 여기서는 이 두 개를 다 사용하여 관직을 준 것이다. 내용은 진서와 북
정의 행영절도사의 업무를 임시로 알아서 처리하는 직책인 것이다. 여기서 행영이란
본거지를 떠난 부대의 군영을 말하므로 진서와 북정절도사 휘하의 부대가 군사적 업
무를 위하여 본거지를 떠난 부대의 업무를 알아서 처리하도록 한 직책이다.

22) 당대(唐代)에 절도사(節度使), 관찰사(觀察使), 단련사(團練使), 방어사(防禦使) 그리
고 도호(都護) 등을 맡은 대신(大臣)들이 직접 중급(中級)의 관료 중에서 선발한 관
리이다. 주로 문서 등에 관한 사무를 도와주었다. 판직은 관원을 임용하는 방법의 하

8 갑오일(28일)에 병부시랑 여인(呂諲)을 동평장사로 삼았다. 을미일(29
일)에 중서시랑 · 동평장사 묘진경(苗晉卿)을 태자태부로 삼고, 왕여(王
璵)를 형부상서로 삼아서 모두 정사에서는 파직하였다. 경조윤 이현(李
峴)을 행(行)이부상서23)로 삼고, 중서사인 겸 예부시랑인 이규(李揆)를
중서시랑으로 삼았고, 호부시랑 제오기(第五琦)와 나란히 동평장사를 맡
도록 하였다.

황상이 이현에게 은총을 주는 마음이 더욱 두터웠는데, 이현 역시 경
세제민을 자기의 임무라고 생각하여 군사와 국가의 큰일은 대부분 이현
에게 혼자서 결단하도록 하였다. 이에 경사에 도둑이 많게 되자, 이보국
이 우림(羽林) 기사(騎士) 500을 선발하여 대비하여 순라(巡邏)하도록
하게 해달라고 청하였다.

이규가 상소를 올렸다.

"옛날 서한(西漢)은 남 · 북군이 서로 견제하도록 하였으니, 그러므로 주
발(周勃)은 남군을 가지고 북군으로 들어갔기 때문에 마침내 유씨들을 안
전하게 하였습니다.24) 우리 황조(皇朝)에서도 남아(南牙) · 북아(北牙)25)
를 설치하고 문무(文武)를 구분시켜서 서로 엿보고 살펴보도록 하였습니

나로, 어떤 관직의 업무를 판단하는 직책으로 정관을 보좌하는 제일 높은 관직이다.
여기서 절도판관은 절도사의 업무에서 판단할 만한 일을 적절히 판단하여 처리하게
한 관직이다.

23) 행직(行職)이다. 즉 임시 혹은 대리 관직이다. 높은 직함을 가진 사람이 낮은 직책을
겸무할 때 붙이는 관명이다.

24) 혜제(惠帝)가 즉위한 후에는 모후 여태후(呂太后)가 실권(實權)을 장악하고 있었다.
그에 따라 여씨 일족의 세력이 팽창되고 전횡을 부리게 되자, 고조의 손자인 제왕(齊
王) 유장(劉章)이 반격을 준비하고 있었고 공신들도 진평과 주발을 중심으로 반여(反
呂)세력을 형성하고 있었다. 이와 같은 사태 속에서 기원전 180년에 여태후가 병사
하자, 한 종실에서도 연합 세력이 형성되기 시작하였고, 수도 장안에서도 이에 호응
하여 주발(周勃) 등이 공모하여 속임수로 여록(呂祿)으로부터 북군의 지휘권을 탈취
하였다. 이후 주발은 북군을 지휘하여 여씨 일족을 전부 주살하였다. 이후 대왕(代王)
유항(劉恒)이 제위(帝位)를 계승하니, 그가 바로 문제(文帝)이다.

25) 남아(南牙)는 남아(南衙)로 정부를 맡고, 북아(北牙)는 북아(北衙)로 황궁을 맡는다.

다. 이제 우림군으로 금오군을 대신하게 하여 야간을 방비하다가 홀연히
비상의 변고라도 생기면 장차 어떻게 그들을 통제하겠습니까?"[26]
마침내 그만두었다.

9 병신일(30일)에 곽자의를 동기·산동·하남제도(東畿·山東·河南諸道)
원수[27]로 삼아 권지동경유수(權知東京留守)[28]를 수행하게 하였다. 하서절
도사 내진(來瑱)을 행섬주(行陝州)자사[29]로 삼아서 섬·괵·화주(陝·
虢·華州)[30]절도사에 충임하였다.

10 여름, 4월 경자일(4일)에 택로(澤潞, 산서성 長治市)절도사 왕사례가
사사명의 장수인 양민(楊旻)을 노성(潞城, 산서성 노성현)의 동쪽에서 격
파하였다.

11 태자첨사(太子詹事) 이보국은 황상이 영무(靈武, 영하 영무현 서북쪽)에
있을 때부터 판원수(判元帥)행군사마사[31]로서 유악(帷幄, 황제)을 모시고

---

26) 금오위(金吾衛)는 남아(南牙)에 속해 있고, 우림위(羽林衛)는 북아(北牙)에 속해 있
다. 남아(男牙)에 속한 금오위(金吾衛)는 숙라의 책임을 지고 있는데 이보국이 우림
군을 가지고 그 직분을 빼앗으려 하였던 것이다.

27) 동기(東畿)는 동부 경기(京畿) 지방, 산동(山東)은 원래 효산(崤山, 하남성 洛寧縣)의
동쪽을 가리키고 하동(河東)은 포주(蒲州, 치소는 산서성 永濟縣)와 강주(絳州, 치소
는 산서성 新絳縣)에서부터 북쪽으로 병주(幷州, 치소는 산서성 太原市)와 대주(代州,
치소는 산서성 代縣)에 이르는 지역을 가리킨다.

28) '권지(權知)'란 '임시로 맡다'란 뜻이고, '동경(東京)'은 동도인 낙양(洛陽)을 가리
키며, '유수(留守)'란 황제가 출정(出征) 또는 행행(行幸) 중에 이를 지키는 관직을
말한다.

29) 행직(行職)으로 임시 혹은 대리 관직이다. 높은 직함을 가진 사람이 낮은 직책을 겸
하는 것이다. 이 경우에 높은 직위인 절도사가 낮은 직위인 자사 업무를 겸한 것이다.

30) 섬주(陝州)의 치소는 지금의 하남성 삼문협시(三門峽市)이고, 괵주(虢州)의 치소는
하남성 영보현(靈寶縣)이며, 화주(華州)의 치소는 섬서성 화현(華縣)이다.

31) 판직(判職)이다. 여기서는 원수부(元帥府)의 행군사마(行軍司馬)가 하는 일을 주관하

당직을 섰는데, 조서와 명령을 선포해 전하고 사방에서 올라오는 글들의 상주하여 보인(寶印)과 부계(符契)를 관리하고 아침과 저녁의 군대에서의 호령에 관한 일을 모두 그에게 맡겼다.

경사로 돌아오게 되자 금병(禁兵)을 오로지 관장하고, 항상 내택(內宅, 금중에 있음)에 거주하였으며, 제칙(制勅)에는 반드시 이보국의 압서(押署)를 거치고 그런 후에 시행되니, 재상과 모든 관부에서 비상시에 사건을 상주하려면 모두 이보국을 거쳐서 보고하여 뜻을 이어받았다.

항상 은대문(銀臺門)32)에서 천하의 일을 결재하였는데, 일이 크든 작든 이보국의 입에서 나오는 것이 제칙이 되어 내용을 써서 외부에 주어 시행하고, 일이 끝나면 다시 주문으로 보고하였다. 또 찰사(察事)33) 수십 명을 두고, 몰래 그들을 시켜서 항간에서 일어나는 세세한 일이라도 경청하고 관찰하여 즉각 조사하였는데, 추적하여 찾아야 할 것이 있으면 여러 관서 가운데 감히 거역하는 곳은 없었다.

어사대(御史臺)와 대리시34)에 있는 무거운 죄를 지은 죄수로 혹 조사나 판결이 아직 끝나지 않았으나, 이보국이 추적하여 은대에 이르면 일시에 이를 놓아주었다. 삼사·부(府)·현(縣)의 국옥(鞫獄)35)은 모두 면

여 처리한다는 뜻이다. 지난해 2월에 있었던 일이다.

32) 고종(高宗) 용삭(龍朔) 3년(663년)부터 당 왕조의 정궁(正宮)이 된 대명궁(大明宮)에는 좌은대문(左銀臺門)과 우은대문(右銀臺門)이 있었는데, 좌은대문은 자신전(紫宸殿)의 동쪽에 위치하고, 우은대문은 자신전의 서쪽에 위치한다.

33) 비밀리에 일을 살피는 직책으로 비밀경찰과 흡사한 역할을 한다.

34) 어사대는 백관을 나누어 관찰하고, 군현을 안무하며, 형옥을 살펴보고, 조의(朝儀)를 정숙하며, 육부(六部)를 나누어 관찰하고, 창고를 감독하는 일 등을 관장하는 관부이고, 대리시는 중앙의 최고 심판 기관이다.

35) 삼사는 상서성(尙書省) 소속의 형부(刑部), 어사대(御史臺) 그리고 대리시(大理寺) 등 죄인들에 관한 업무를 관장하는 3관서를 말하고, 부(府)는 경조부(京兆府), 하남부(河南府) 그리고 태원부(太原府) 등 특별시에 해당되는 관부를 가리키고, 현(縣)은 당대에 백성들과 가장 가까이 접촉하는 지방의 하급이지만 가장 기초적인 관서이며, 국옥(鞫獄)은 죄인을 조사하고 가두어두는 곳이다.

저 이보국에게 가서 품신(稟申)을 자문 받고 가볍건 무겁건 그의 의견에 따라 제칙이란 명칭으로 시행되었는데, 감히 어기는 자가 없었다.

환관들은 감히 그의 관함(官銜)을 말할 수 없어서 모두 그를 오랑(五郞)이라고 칭하였다. 이규(李揆)는 산동의 갑족(甲族)인데 이보국(李輔國)을 보면 자제로서의 예의를 갖추고 그를 오부(五父)³⁶)라고 말하였다.

이현(李峴)이 재상이 되자 황상 앞에서 이마를 조아리며 제칙은 모두 응당 중서성에서 나와야 한다는 것을 논(論)하고, 이보국이 권력을 오로지하면서 정치를 어지럽히는 상황을 구체적으로 진술하니, 황상은 깨닫게 되었고 그의 정직함을 칭찬하였다. 이보국이 시행하던 일을 대부분 변경하였는데, 그가 설치한 찰사(察事)도 폐지하였다.

이보국은 이로 말미암아 '행군사마를 양보하고 본래의 관직으로 돌아가게 해달라.'³⁷)고 청하였으나 황상이 허락하지 않았다. 제서를 내렸다.

"근래에 군사와 국가의 관한 업무가 많아졌기 때문에 혹은 구칙(口敕)으로 처리하도록 하였다. 각종 명목으로 물품을 취득하거나 찾고, 죄수들에게 장형을 시행한 후 유배시키는 것은 지금부터는 나란히 모두 중지한다. 만약 정선(正宣)³⁸)이 아니면 나란히 시행할 수 없다.

안팎에 관한 모든 업무는 각각 유사에게 되돌려주도록 하라. 영무군(英武軍) 우후(虞候)와 육군(六軍)³⁹)의 모든 사직(使職)과 모든 관사(官司)

---

36) 오랑은 그의 형제들 중에서 다섯째아들이란 뜻이고, 오부는 다섯째 아버지란 말인데 여기서는 모두 이보국을 가리키는 말로, 이보국은 형제 가운데 다섯째였기 때문이다.

37) 이보국은 숙종이 태자였을 때에는 태자첨사(太子詹事)로 있었으나, 현종 천보(天寶) 14재(755년)에 안록산(安祿山)의 반란이 일어난 후, 전중감(殿中監)과 판원수행군사마사(判元帥行軍司馬事)를 겸하게 되었다. 따라서 그는 판원수행군사마사는 사퇴하고 전중감만 수행하겠다고 말한 것이다.

38) 당대(唐代) 제도의 하나이다. 조령(詔令)은 중서성(中書省)에서 기획되고 문하성(門下省)에서 구체적으로 그려져서 상서성(尙書省)에서 시행한다. 이러한 과정을 완전하게 갖추는 절차를 '정선(正宣)'이라 한다.

39) 영무군은 숙종 지덕 2재(757년) 12월경에 설치된 금군이다. 기사(騎射)에 뛰어난 자

등은 근래에 와서 혹은 경쟁적으로 논의한다는 이유로 현안(懸案)을 자신들이 쫓아가서 간섭하는데, 이제부터는 반드시 모든 안건은 대(臺, 御史臺)와 부(府, 京兆府)를 거치도록 하라.

만약 일을 처리하는 과정이 공평하지 않으면 그 구체적인 상황을 상주(上奏)하여 보고하는 것을 허락한다. 모든 율령은 십악(十惡)40) · 살인 · 강도 · 위조(僞造)한 것을 제외하고, 나머지 번거롭고 쓸데없는 것은 삭제하고 중서성과 문하성에게 맡겨서 법관과 함께 상세하게 규정한 후에 상주하여 보고하도록 하라."

이보국은 이로부터 이현을 미워하게 되었다.

12 갑진일(8일)에 진 · 정 · 박(陳 · 鄭 · 亳, 치소는 진주)절도사를 설치하고, 등주(鄧州, 하남성 등주시) 자사 노경(魯炅)을 그것으로 삼았다. 서주(徐州, 강소성 서주시) 자사 상형(尙衡)을 청 · 밀칠주(靑 · 密七州, 치소는 청주)절도사41)로 삼았다. 흥평군(興平軍, 치소는 상주)절도사 이환(李奐)에게 예 · 허 · 여삼주(豫 · 許 · 汝三州, 치소는 여주)절도사를 겸하도록 하였고, 이어서 각기 변경의 수착(守捉)42)에서 방어하게 하였다.

1천 명을 뽑아서 전전사생수(殿前射生手)라 칭하고, 이어 그것을 좌상(左廂)과 우상(右廂)으로 나눈 후에 영무군(英武軍)이라 호칭하였으며, 우후는 당대(唐代)에 군대에서 법을 집행하는 임무를 지니고 있는 관리이고, 육군은 금군육군(禁軍六軍)을 말하는데, 좌우림군(左羽林軍), 우우림군(右羽林軍), 좌용무군(左龍武軍), 우용무군(右龍武軍), 좌신무군(左神武軍) 그리고 우신무군(右神武軍)을 가리킨다.

40) 모반(謀反), 대역 모의(謀大逆), 모반(謀叛), 악역 모의(謀惡逆), 부도(不道), 큰 불경(大不敬), 불효(不孝), 불목(不睦), 불의(不義), 내란(內亂)의 10가지 죄악(罪惡)이다.

41) 7주(州)는 청주(靑州, 치소는 산동성 청주시), 밀주(密州, 치소는 산동성 諸城市), 등주(登州, 치소는 산동성 蓬萊市), 내주(萊州, 치소는 산동성 掖縣), 치주(淄州, 치소는 산동성 淄博市 남쪽), 기주(沂州, 치소는 산동성 臨沂市 남쪽) 그리고 해주(海州, 치소는 강소성 連雲港市 서남쪽 海州鎭)를 가리킨다.

42) 변경에서 적을 방어하는 장소이다. 비교적 큰 것은 '군(軍)'이라고 칭하고, 작은 것은 '수착(守捉)'이라 칭한다.

아홉 명의 절도사가 상주(相州, 치소는 鄴城)에서 무너지면서,43) 노경(魯炅)이 거느리고 있던 병사들의 노략질이 아주 심하였는데, 곽자의가 후퇴하여 황하의 북안(北岸)에 주둔하고, 이광필은 태원(太原, 산서성 태원시)으로 돌아갔다는 소식을 듣고, 노경은 부끄럽고 두려워서 약을 마시고 죽었다.

13   사사명은 스스로 대연황제를 칭하고 연호를 순천(順天)으로 고치고, 그 처인 신씨(辛氏)를 세워서 황후로 삼고, 아들 사조의(史朝義)를 회왕(懷王)으로 삼고, 주지(周摯)를 재상으로 삼았다. 이귀인(李歸仁)을 장군으로 삼고, 범양(范陽, 북경시)을 고쳐서 연경(燕京)이라 하고, 모든 주(州)는 군(郡)이라 하였다.

14   무신일(12일)에 홍려경(鴻臚卿) 이옥포(李玉抱)을 정·진·영·박(鄭·陳·潁·亳, 치소는 정주)절도사로 삼았다. 이옥포는 안흥귀(安興貴)44)의 후예인데, 이광필의 비장이 된 후에 누차 전공을 세웠지만 스스로 안록산과 성이 같은 것이 수치스럽다고 진술하니, 그러므로 성을 이씨(李氏)로 하사하였던 것이다.

15   회흘의 비가궐(毗伽闕) 가한45)이 죽었으나, 맏아들 엽호(葉護)46)가

---

43) 건원 2년(759년) 3월 임신일(6일)에 9절도사가 거느리고 있던 관군, 보병과 기병을 합쳐서 60만 명이 안양하(安陽河, 洹水)의 북쪽에서 사사명(史思明)의 군대에게 궤멸되었다.

44) 양주(涼州) 사람이다. 수말당초(隋末唐初, 610년대)에 같은 양주(涼州) 출신으로 이 지역에서 강력한 군벌 세력으로서 스스로 황제에 즉위한 이궤(李軌, ?~619년)를 당 고조 무덕 2년(619년) 5월에 장안(長安)에서 무위(武威)로 가서 사로잡음으로써, 당이 하서(河西) 지방을 평정하는데 일등공신이 되었다. 이에 관한 일은 《자치통감》 권187에 실려 있다.

45) 재위는 747년~759년, 갈륵 가한(葛勒 可汗)으로도 불리며, 회흘가한국(回紇可汗國, 744년~840년)의 기틀을 마련한 가한으로 널리 알려져 있다.

먼저 살해되어서 그 나라 사람들이 그의 작은아들을 가한으로 세웠는데, 이 사람이 등리(登利) 가한47)이다. 회흘 사람들은 영국(寧國)공주48)를 순장하게 하려고 하였다.

영국공주가 말하였다.

"회흘 사람들이 중국의 풍속을 사모하니, 그러므로 중국여자에게 장가를 들어서 아내로 삼았다. 만약 그 본래의 풍속을 따르고 싶었다면, 하필 만 리 먼 외국 사람과 결혼하겠는가?"

그러나 역시 그를 위하여 이면(剺面)49)을 하고 통곡하였다.

16 봉상(鳳翔, 섬서성 봉상현)의 마방압관(馬坊押官)이 겁탈 당했는데,50) 천흥(天興, 봉상부의 치소)현위 사이보(謝夷甫)가 그를 죽이자 그의 처가 억울하다고 소송하였다. 이보국은 본래 비룡구(飛龍廐) 출신51)이기 때문

---

46) 원래의 음은 '야브구(Yabghu)'로 돌궐 계통의 종족이 세운 국가나 부족에서 사용되는 관직 이름이다. 최고 권력자인 가한(可汗, 카간)의 바로 아래에 위치하는 씨족장 이상에게만 주어지는 칭호이다.

47) 재위는 759년~780년, 등리 가한(登利 可汗, 天可汗)은 모우 가한(牟羽可汗), 뵈귀카간(현명한 카간)으로도 불렸다. 당으로부터 영의건공 가한(英義建功 可汗)으로 책봉을 받았다.

48) 당 숙종(肅宗, 재위 756년~762년)의 둘째딸이다. 처음에는 정손(鄭巽)에게 시집갔으나, 후에 숙종이 안사의 반란(755년~763년)을 평정하기 위하여 북방 몽골리아(Mongolia)에 거주하고 있는 투르크계 유목 종족인 위구르인(Uyghurs)이 세운 회흘 가한국(回紇可汗國, 744년~840년)에 구원을 요청하였다. 회흘 구원군의 활약으로 마침내 양경(兩京, 장안과 낙양)을 수복하였고, 이에 숙종 건원(乾元) 원년(758년) 7월에 영국공주를 회흘가한국의 가한인 비가궐 가한(毗伽闕 可汗)에게 시집보냈다. 숙종 건원 2년(759년) 4월에 회흘의 비가궐 가한이 죽고 아울러 그녀의 소생이 없었기 때문에, 회흘 가한국은 그녀의 귀국을 허락하였고, 마침내 그해 8월에 귀국하였다. 이후 설강형(薛康衡)과 재혼하였고, 다시 소국공주(蕭國公主)로 다시 책봉되었다.

49) 북방민족의 상사(喪事)에서는 시체를 봉장(蓬帳) 안에 두고 자손과 친지들이 장막 앞에서 제사 지내고 말을 타고 장막을 일곱 바퀴 돈 다음에 장막 앞에서 정지하고 울면서 칼로 자기 얼굴을 그어 피를 낸다. 이와 같이 7번을 하고서야 의식이 끝난다.

50) 마방압관은 마구간을 관리(管理)하는 관리로 말을 겁탈 당한 것이다.

에 감찰어사 손형(孫螢)에게 명령하여 그를 국문하게 하였으나 억울한 일이 아니었다.

또 어사중승 최백양(崔伯陽)과 형부시랑 이엽(李曄)과 대리경 권헌(權獻)을 시켜서 그를 국문하여 보았지만 손형과 마찬가지였다. 그래도 승복하지 않았다. 또 시어사인 태평(太平, 산서성 襄汾縣 서남쪽 汾城鎭) 사람 모약허(毛若虛)를 시켜서 그를 국문하도록 하였는데, 모약허는 경교(傾巧)52)한 인사여서 이보국의 뜻에 맞추어 죄를 사이보에게 돌아가도록 하였다.

최백양이 분노하여 모약허를 불러서 힐책하고는 그를 탄핵하는 주문을 올리려고 하였다. 모약허는 먼저 스스로 황상에게 돌아갔는데 황상이 발(簾) 아래에다 모약허를 숨겼다. 최백양이 얼마 후에 도착하여 모약허가 중인(中人)에게 붙어서 국문하였던 옥사가 정직하지 않았다고 말하였다.

황상이 분노하여 그를 꾸짖으면서 나가라고 하였다. 최백양은 벼슬이 깎이어 고요(高要, 광동성 肇慶市)현위로 되었고, 권헌은 벼슬이 깎이어 계양(桂陽, 광동성 연주시)현위로 되었고, 이엽(李曄)과 봉상윤(鳳翔尹) 엄향(嚴向)은 모두 벼슬이 깎이어 영하(嶺下, 광동성과 광서)현위로 되었으며, 손형(孫螢)은 제명되어 멀리 파주(播州, 귀주성 遵義市)로 유배되었다.

이부상서·동평장사 이현은 최백양이 죄가 없는데 그에게 책임 지운 것이 지나치게 무겁다고 주문을 올렸지만, 황상은 그가 붕당이라고 생각하여, 5월 신사일(16일)에 벼슬을 깎아서 이현을 촉주(蜀州, 사천성 崇州市) 자사로 삼았다.

---

51) ≪자치통감(資治通鑑)≫ 권219 숙종(肅宗) 지덕(至德) 2재(757년) 정월(正月)에 '이보국(李輔國)은 본래 비룡소아(飛龍小兒)이다'라고 기재되어 있는데, 이를 호삼성(胡三省)은 '이보국은 엄노(閹奴, 거세된 남자)로서 한구(閑廐, 마구간)에서 일하는 어린아이이다'라고 주석(注釋)하고 있다.

52) 마음이 바르지 못하여 교묘하게 아첨을 잘하는 것을 말한다.

우산기상시 한택목(韓擇木)이 들어가서 면대하니, 황상이 그에게 말하였다.

"이현이 권력을 전횡하려 하여서 지금은 벼슬을 깎아서 촉주(蜀州)로 보냈으나 짐은 스스로 그에게 적용한 법령이 너무나 관대하였다고 느끼고 있소."

대답하였다.

"이현은 정직하게 말했지 권력을 오로지 한 것은 아닙니다. 폐하께서 그를 너그럽게 이해해주시면 다만 성덕을 더욱 보탤 뿐입니다."

모약허(毛若虛)는 곧 어사중승에 제수(除授)되었고, 위세는 조정을 흔들었다.

강초원의 반란과 사사명의 남하

17 임오일(17일)에 활·복(滑·濮, 치소는 활주)절도사 허숙기(許叔冀)를 변주(汴州, 하남성 開封市) 자사로 삼아 활·변등칠주(滑·汴等七州, 치소는 변주)절도사53)에 충임하였다. 시(試)54)여주(汝州, 하남성 여주시)자사 유전(劉展)을 활주(滑州, 하남성 滑縣) 자사로 삼아 절도부사(節度副使)에도 충임하였다.

18 6월 정사일(23일)에 삭방(朔方, 寧夏 靈武縣 서남쪽)55)을 나누어서 빈·녕등구주56)(邠·寧等九州, 치소는 빈주)절도사를 설치하였다.

---

53) 7주(州)는 활주(滑州, 치소는 하남성 滑縣), 변주(汴州, 치소는 하남성 開封市), 조주(曹州, 치소는 산동성 定陶縣), 송주(宋州, 치소는 하남성 商丘縣 남쪽), 서주(徐州, 치소는 강소성 서주시), 사주(泗州, 치소는 강소성 宿遷市) 그리고 해주(海州, 치소는 강소성 連雲港市 서남쪽의 海州鎭)이다.

54) 시직(試職)이다. 이는 정식 관직을 맡기기 전에 주로 초임관에게 시험적으로 임명한 관직을 말한다. 정식 관직에 임명되면 시(試) 자는 없어진다.

55) 삭방군(朔方軍)의 삭방절도사는 경략군(經略軍), 풍안군(豊安軍), 정원군(定遠軍)의 세 군과 동수항성(東受降城), 서수항성(西受降城), 중수항성(中受降城)의 세 수항성 그리고 안북(安北)도호부, 선우(單于)도호부의 두 도호부의 장병 총 6만4천700명과 군마 1만3천300필을 거느리고 있었다.

56) 9주(州)는 빈주(邠州, 치소는 섬서성 彬縣), 영주(寧州, 치소는 감숙성 寧縣), 경주(慶州, 치소는 감숙성 慶城縣)의 대로 가고 치소는 감숙성 涇川縣), 원주(原州, 치소는 영하 固原縣), 부주(鄜州, 치소는 섬서성 富縣), 방주(坊州, 치소는 섬서성 黃陵縣 남쪽의 洛水 남쪽 연안), 단주(丹州, 치소는 섬서성 宜川縣) 그리고 연주(延州, 치소는 섬서성 延安市)이다. 빈

19 관군용사(觀軍容使)57) 어조은(魚朝恩)이 곽자의를 미워하여 그가 패배한 것을 이용하여 황상에게 그를 부족하다고 하였다.

가을, 7월에 황상은 곽자의를 불러서 경사로 돌아오도록 하고, 이광필로 대신 삭방(朔方)절도사·병마원수로 삼았다. 사졸들이 눈물을 흘리면서 중사(中使)를 가로막고 곽자의를 남아 있도록 해달라고 요청하였다. 곽자의가 그들을 속이면서 말하였다.

"나는 중사를 전송할 따름이지 가지는 않는다."

이어서 말에 뛰어 올라타고 가버렸다.

이광필은 친왕의 부수(副帥)가 될 수 있기를 바랐는데, 신사일(7일)에 조왕(趙王) 이계(李係, 肅宗의 아들)를 천하병마원수로 삼고, 이광필은 그를 돕도록 하고, 여전히 이광필은 지제절도행영(知諸節度行營)58)으로 있었다.

이광필이 하동(河東, 산서성 태원시)의 기병 500을 가지고 달려서 동도에 갔는데, 밤에 그 군영[삭방절도사 본영]에 들어갔다. 이광필은 군대를 다스리는 것이 엄정하여 처음 도착하고서 호령이 일단 시행되니, 사졸(士卒)·벽루(壁壘)·정기(旌旗)가 정채(精采)하여 모두 변하였다. 이때에 삭방(朔方, 영하 靈武縣 서남쪽)의 장사들은 곽자의가 관용하였던 것을 즐거워하고, 이광필의 엄정한 것에는 꺼렸다.

좌상(左廂)병마사59) 장용제(張用濟)는 하양에 주둔하고 있었는데, 이광

주(邠州)는 원래 빈주(豳州)였는데 왕왕 유주(幽州)와 혼동되어 현종 개원 13년(725년)에 빈주(豳州)를 빈주(邠州)로 고쳤다.

57) 당대에 출정(出征)한 장수들을 감독하는 특별 사절인데, 환관이 이 관직에 임명되었으며, 어조은이 이 관직에 처음 임명되었다.

58) '지제절도행영(知諸節度行營)'이란 관직을 글자 그대로 풀어보면, '여러 절도의 행영(行營, 전쟁 중에 설치된 군영)이 알아서 처리하는 관직이다.'란 말이 된다. 지직으로 율령에는 없는 임의의 무관 관직이다.

59) 삭방절도사 휘하의 양군(兩軍), 즉 좌익군과 우익군 중 좌익군의 지휘관이다. 율령에 규정되어 있지 않은 무관직(武官職)이다.

필이 격문을 보내어 그를 불렀다. 장용제가 말하였다.

"삭방이 반군도 아닌데 밤을 타서 들어오시니 어찌 그들을 의심스럽게 보는 것이 그렇게 심하십니까?"

제장들과 모의하여 정예의 병사들을 데리고 동경으로 돌입하여 이광필을 축출하고 곽자의를 회복시켜 달라고 요청하면서 그 병사들에게 모두 갑옷을 입고 말에 올라서 함매(銜枚)[60]하고 기다리라고 명령하였다. 도지병마사(都知兵馬使) 복고회은(僕固懷恩)이 말하였다.

"업성이 궤멸 되면서 곽공(郭公)이 먼저 떠났고 조정에서는 그 통수에게 책임을 지워야 하였으니, 그러므로 그의 병권을 빼앗은 것입니다. 이제 이공(李公)을 축출하고 곽공을 억지로 회복시켜 달라고 요청하는 것은 반역이 되는데 그래도 좋습니까?"

우무봉사(右武鋒使)[61] 강원보(康元寶)가 말하였다.

"그대가 병사들을 가지고 곽공을 회복시켜 달라고 요청하면, 조정에서는 반드시 곽공이 그대에게 넌지시 일러서 그 일을 시켰다고 의심할 것이므로, 이는 그의 집안을 파멸시키는 일입니다. 곽공은 백 개의 입이 있더라도 어찌 그대에게 짐을 지우겠습니까?"

장용제(張用濟)는 이에 그만두었다.

이광필은 수천의 기병을 가지고 동쪽으로 가서 사수(汜水, 하남성滎陽縣 서북쪽 汜水鎭)로 나가자, 장용제는 홀로 말을 타고 와서 배알하였다. 이광필은 장용제에게 불렀음에도 제때에 도착하지 않았다고 질책하면서 그의 목을 베고, 부장 신경고(辛京杲)에게 명령하여 그의 병사들을 대신 관장하도록 하였다.

---

60) 말에 재갈을 물리어 행군 도중에 소리가 나지 않게 하는 것이다.

61) 우익군(右翼軍)의 공격 책임자라 할 수 있다.

20 복고회은이 뒤이어 도착하자, 이광필이 그를 인도하여 자리에 앉게 한 후에 더불어 말하였다. 잠깐 있다가 문지기가 아뢰었다.

"번족(蕃族)과 혼족(渾族)⁶²⁾의 500기(騎)가 도착하였습니다."
이광필은 얼굴색이 변하였다.

복고회은은 달려 나가면서 휘하의 부장을 부른 후에 겉으로는 그를 질책하면서 말하였다.

"너에게 오지 말자고 하였는데 어찌하여 고집스레 거스를 수 있느냐?"
이광필이 말하였다.

"사졸이 장수를 따랐는데, 다시 어찌 죄를 묻겠습니까?"
그들에게 쇠고기와 술을 주도록 명령하였다.

21 노심(潞沁, 치소는 노주)절도사 왕사례에게 태원윤(太原尹)을 겸하도록 하고, 북경유수(北京留守)·하동절도사에 충임하였다.

애초에, 동관(潼關, 섬서성 동관현의 동북쪽 楊家庄 부근)에서 패배하면서⁶³⁾ 왕사례의 말이 화살에 맞아서 죽자, 기병(騎兵)인 주질(盩厔, 섬서성 주질현) 사람 장광성(張光晟)이 말에서 내려서 그에게 건네었는데 그의 성명을 물었으나 알리지 않고 가버렸다.

왕사례는 마음속으로 그 모습을 기억하고서는 그를 찾았으나 찾아내

---

62) 번족(蕃族)은 당시 몽골리아(Mongolia)에서 성립한 유목국가 회흘가한국(回紇可汗國, 744년~840년)의 지배세력인 투르크(Turk) 계통의 회흘(回紇), 즉 위구르(Uyghur) 사람을 가리키고, 혼족(渾族)은 당시 몽골리아(Mongolia)에서 성립한 회흘가한국(回紇可汗國, 744년~840년)의 지배를 받고 있던 또 다른 투르크(Turk) 계통의 유목민인 혼(渾) 부족의 사람을 가리킨다.

63) 숙종(肅宗) 지덕(至德) 원재(756년) 6월에 농우절도사 가서한(哥舒翰)이 통솔하고 있던 관군이 하남성 영보현(靈寶縣)에서 안록산의 부장 최건우(崔乾祐)에게 죽은 자가 열에 여덟아홉 명이나 되었던 궤멸적인 패배를 가리킨다. 그 결과 수도 장안(長安)의 동쪽의 최후 방어선인 동관(潼關)이 반란군에게 함락당하여, 현종은 서쪽으로 달아나지 않을 수 없었고, 양국충(楊國忠)과 양귀비(楊貴妃) 등이 피살되었다. 이 사건은 ≪자치통감≫ 권118에 보인다.

지를 못하였다. 하동에 도착하게 되자, 어떤 사람이 대주(代州, 산서성 代縣) 자사인 하서(河西, 감숙성 중서부) 사람 신운경(辛雲京)을 헐뜯자, 왕사례가 그에게 화를 내었고, 신운경은 두려워할 뿐 어떻게 벗어나야 할지를 몰랐다.

장광성은 당시에 신운경의 휘하에 있었는데, 말하였다.

"저 장광성은 일찍이 왕공(王公, 왕사례)께 은덕을 베푼 일이 있지만, 종래에 감히 말하지 않았던 것은 이것으로써 상을 얻는다는 것을 수치스러워하였을 뿐입니다. 지금 사군(使君)64)께 위급한 일이 있으니, 저 장광성은 청컨대, 가서 왕공을 뵙고 반드시 사군을 위하여 이 일을 해결하게 해 주십시오."

신운경은 기뻐하면서 그를 보냈다.

장광성(張光晟)이 왕사례를 알현하며 아직 말을 하지도 않았는데 왕사례가 그를 알아보고 말하였다.

"아! 그대는 나의 오랜 친구가 아닌가? 어찌하여 서로 만나보는 것이 이렇게 늦었는가?"

장광성이 사실대로 알렸다. 왕사례는 크게 기뻐하면서 그의 손을 잡고 눈물을 흘리면서 말하였다.

"내게 오늘이 있는 것은 모두 그대의 힘일세. 내가 그대를 찾은 지 오래 되었네."

손을 잡아끌어서 그와 함께 같은 걸상에 앉아서 형제가 되기로 약속하였다.

장광성은 이어서 조용하게 신운경의 억울함을 말하였다. 왕사례가 말하였다.

"신운경의 과오는 역시 작은 것은 아니나, 오늘 특히 오랜 친구를 위

---

64) '사군(使君)'은 주(州)의 장관, 즉 자사(刺史)에 대한 존칭이다. 여기서 자기가 모시는 신운경을 지적하는 것이다.

하여 그것을 없애주겠네."

그날 즉시 장광성을 발탁하여 병마사로 삼고, 금, 비단, 농토 그리고 집을 선물로 아주 후하게 내려주었다.

22 신묘일(辛卯, 27일)에 삭방(朔方, 치소는 영주)절도부사·전중감인 복고회은에게 태상경을 겸임하도록 하고, 작위를 올려서 대녕군왕(大寧郡王)으로 하였다. 복고회은은 곽자의를 따라가서 선봉에 섰는데, 용맹하기가 삼군 가운데에서 으뜸이었고, 앞뒤로 전공이 많았으니, 그러므로 그를 상 준 것이다.

23 8월 을사일(12일)에 양주(襄州, 호북성 襄樊市)장수 강초원(康楚元)과 장가연(張嘉延)이 주(州, 양주)를 점거하고 반란을 일으키자, 자사 왕정(王政)은 형주(荊州, 호북성 江陵縣)로 달아났다. 강초원은 스스로 남초패왕(南楚覇王)이라고 하였다.

24 회흘(回紇)에서는 영국(寧國)공주에게 자식이 없기 때문에 귀국을 허락하였는데,65) 병진일(23일)에 경사에 도착하였다.

25 무오일(25일)에 황상이 장군 조일승(曹日昇)을 시켜서 양주(襄州, 호북성 襄樊市)로 가서 강초원을 위로하면서 알아듣게 타이르게 하고, 왕정을 깎아내려서 요주(饒州, 강서성 波陽縣)장사로 삼게 하며, 사농소경(司農少卿) 장광기(張光奇)를 양주 자사로 삼았다. 강초원이 따르지 않았다.

26 임술일(29일)에 이광필을 유주(幽州, 치소는 北京市) 장사·하북절도

___
65) 영국공주가 회흘로 시집갔던 일은 지난해(758년) 7월의 일이고, 《자치통감》 권220에 실려 있다.

사등사로 하였다.66)

27 9월 갑오일67)에 장가연(張嘉延)68)이 형주(荊州, 호북성 江陵縣)를 습격하여 격파하니, 형남(荊南, 호북성 江陵縣)절도사 두홍점(杜鴻漸)이 성을 버리고 달아났고, 풍주(澧州, 호남성 澧縣)·낭주(朗州, 호남성 常德市)·영주(郢州, 호북성 鍾祥市)·협주(峽州, 호북성 宜昌市)·귀주(歸州, 호북성 秭歸縣) 등 주(州)의 관리가 그 소식을 듣고 다투어 산과 계곡으로 숨어버렸다.

28 무진일(5일)에 또다시 강주(絳州, 산서성 新絳縣)에 명령을 내려서 건원중보(乾元重寶)라는 대전(大錢)을 주조하고, 두 겹으로 둥근 바퀴를 덧붙이도록 하여, 1매(枚)를 50전에 해당하도록 하였다. 경사에 있던 백관(百官)들은 먼저 군대에 징집되면서 모두 봉록(俸祿)이 없었으니, 의당 새 돈으로 그들의 겨울 급료로 지급하여야 하였다.

29 정해일(24일)에 태자소보 최광원(崔光遠)을 형·양(荊·襄)초토사로 삼아서 산남동도 처치병마도사(處置兵馬都使)69)에 충임하였고, 진·영·

---

66) 하북은 아직 사사명의 세력이 있는 곳이므로, 이러한 조치는 이광필을 이 관직에 임명하여 그를 시켜서 하북(河北)과 유주(幽州)와 연주(燕州)를 수복하기 위함이라고 호삼성(胡三省)은 해석하고 있다. 등사(等使)는 절도사, 병마사 같은 사직을 여러 개 주었다는 뜻이다.

67) 9월 1일이 갑자일이므로 9월에는 갑오일이 없다. 다만 ≪신당서(新唐書)≫ 권6 <숙종기(肅宗紀)>에 의하면 이 사건이 있은 것은 '갑자일(甲子日)'로 되어 있고 이 날은 9월 1일이다. 그러므로 갑오는 갑자의 잘못이다.

68) 이 해 8월 을사일(12일)에 그는 양주(襄州, 치소는 호북성 襄樊市)의 부장인 강초원(康楚元)과 함께 양주를 근거로 삼아 반란을 일으켰다.

69) 용어대로 한다면 군대 즉 병마를 조치할 수 있는 직책이다. 산남동도절도사(山南東道節度使)의 휘하 또는 절도사의 다른 관칭(官稱)으로 볼 수 있다. 이 산남동도절도사의 관할은 양주(襄州, 치소는 호북성 襄樊市), 등주(鄧州, 치소는 하남성 등주시), 수

박·신(陳·郢·亳·申, 치소는 진주)절도사 왕중승(王仲昇)을 신·면등오주(申·沔等五州, 치소는 신주)절도사와 지회남서도(知淮南西道)행영병마70)로 삼았다.

30 사사명이 그 아들인 사조청(史朝淸)을 시켜서 범양을 지키도록 하고, 여러 군의 태수에게 명령하여 각각 군사 3천을 거느리고 자기를 따라서 하남(河南)을 향하도록 하여 4개의 길로 나누어 가는데, 그의 장수인 영호창(令狐彰)을 시켜서 병사 5천을 거느리고 여양(黎陽, 하남성 浚縣)에서 황하를 건너서 활주(滑州, 하남성 滑縣)를 점령하도록 하고, 사사명 자신은 복양(濮陽, 하남성 복양시)에서, 사조의(史朝義)는 백고(白皐, 하남성 滑縣의 북쪽)에서 그리고 주지(周摯)는 호량(胡良, 하남성 浚縣 동쪽)에서 황하를 건너서 변주(汴州, 하남성 開封市)에서 모이도록 하였다.

이광필은 바야흐로 하(河, 황하)에 있는 여러 군영을 순시하고 있다가 그 소식을 듣자 돌아가 변주(汴州, 하남성 開封市)로 들어가서 변활(汴滑)절도사 허숙기(許叔冀)에게 말하였다.

"대부께서는 변주(汴州)를 15일 동안만은 지킬 수 있다면 내가 곧바로 군대를 거느리고 와서 구원하겠습니다."

허숙기가 허락하였다. 이광필은 동경으로 돌아갔다.

사사명이 변주에 도착하여 허숙기가 그와 싸웠으나 이기지 못하자, 마

주(隋州, 치소는 호북성 수주시), 당주(唐州, 치소는 하남성 泌陽縣), 안주(安州, 치소는 호북성 安陸縣), 균주(均州, 치소는 호북성 丹江口市 서북쪽), 방주(房州, 치소는 호북성 房縣), 금주(金州, 치소는 섬서성 安康市) 그리고 상주(商州, 치소는 섬서성 상주시)의 9주이고, 본영은 양주(襄州)의 치소였던 지금의 호북성 양번시(襄樊市)이다.

70) 정확하게는 '지회남서도행영병마사(知淮南西道行營兵馬事)' 혹은 '지회남서도행영병마사사(知淮南西道行營兵馬事使)'로 불러야 한다. 이 무관직(武官職)은 숙종 지덕(至德) 원재(元載, 756년)에 설치된 회남서도절도사(淮南西道節度使, 淮西節度使)의 휘하 또는 절도사의 다른 관명으로 볼 수 있다.

침내 복주(濮州, 하남성 濮陽市) 자사 동진(董秦)과 그 장수인 양포(梁浦)·유종간(劉從諫)·전신공 등과 함께 그에게 항복하였다. 사사명은 허숙기를 중서령으로 삼아서 그의 장수인 이상(李詳)과 함께 변주를 지키도록 하였다. 동진을 후하게 대우하면서 그의 처자식들을 거두어서 장노(長蘆, 하북성 滄州市)에 배치하여 인질로 삼았다. 그 장수인 남덕신(南德信)으로 하여금 양포·유종간·전신공 등 수십 명과 함께 강(江)·회(淮)를 공략하도록 하였다. 전신공은 남궁(南宮, 하북성 남궁시) 사람인데, 사사명은 그를 평로(平盧, 요녕성 朝陽市)병마사[71]로 삼았다. 조금 있다가 전신공이 남덕신을 습격하여 그의 목을 베었다. 유종간은 몸을 빼어서 달아났다. 전신공은 그의 병사들을 거느리고 와서 항복하였다.

사사명이 승리의 기세를 타고 서쪽으로 나아가서 정주(鄭州, 하남성 정주시)를 공격하자, 이광필은 무리들을 정비하여 천천히 나아가서 낙양에 도착하여 유수 위척(韋陟)에게 말하였다.

"도적들이 승리의 기세를 타고 오는데, 승리는 병사들을 어루만지는 것에 있으니, 성급한 싸움은 이롭지 않습니다. 낙성(洛城, 洛陽城)은 지켜낼 수가 없는데, 공의 계책은 무엇입니까?"

위척은 섬주(陝州)에 병사들을 머무르게 하고 동관(潼關)으로 물러나 지키면서 험요(險要)한 곳을 점거하고 그들의 예봉을 꺾도록 하게 해달라고 요청하였다.

이광필이 말하였다.

"두 적(敵)이 서로 균형을 이루면, 진격하는 것을 귀하게 여기고 후퇴하는 것을 꺼리는데, 지금 연고도 없이 500리의 땅을 내버리면 도적들의 세력이 더욱 커지게 됩니다. 하양으로 군대를 이동하여 북쪽으로는

---

71) 병마사는 당대에 군대를 통솔하는 장령(將領)으로, 어떤 때는 절도사를 거쳐서 겸직하고, 어떤 때는 절도사가 되는 경우도 있었으며, 관찰사의 하속(下屬) 혹은 신책군(神策軍) 등 금군(禁軍)의 하속인 경우도 있었다.

택로(澤潞, 산서성 長治市)와 연결하여 유리하면 전진하여 빼앗고, 불리하면 물러나 지키면서 겉과 속이 서로 응하게 하여 도적들에게 감히 서쪽으로 나아가서 침입하지 못하게 하는 것만 못하니, 이것이 원비의 형세[猿臂之勢]72)라 하겠습니다. 무릇 조정에서 예의를 분별하는 데에는 저 이광필이 공(公)보다 못하지만, 군대의 일을 논한다면 공께서 저 이광필보다 못할 것입니다."

위척은 응답하지 않았다.

판관 위손(韋損)이 말하였다.

"동경은 황제의 집이 있는 곳인데, 시중73)께서는 어찌하여 지키려고 하지 않는 것입니까?"

이광필이 말하였다.

"그곳을 지키려면 사수(汜水, 하남성 滎陽縣 서북쪽 汜水鎭)·악령(崿嶺, 하남성 登封縣 남쪽)·용문(龍門, 하남성 洛陽市 남쪽)에 모두 응당 병력을 배치하여야 하는데, 그대는 병마판관(兵馬判官)74)이니, 이를 지킬 수 있는가?"

마침내 이광필은 첩서(牒書)를 유수(留守, 동경유수) 위척에게 보내어 동경의 관속들을 거느리고 서쪽으로 나아가서 동관으로 들어가도록 하였고, 하남윤 이약유(李若幽)에게도 첩서를 보내어 이민(吏民)들을 거느리고 성을 나와서 도적들을 피하게 하라고 하여 그 성을 텅 비워놓았다.

이광필은 군사들을 인솔하여 기름과 철로 만든 여러 물품을 운반하여 하양으로 가서 수비하는데 사용하였고, 이광필은 500의 기병으로

---

72) 원숭이의 긴 팔과 같은 형세, 즉 형세가 좋을 때에는 진출하고 불리할 때에는 후퇴하여 군대의 진퇴(進退)를 자유로이 한다는 뜻이다.

73) ≪구당서(舊唐書)≫ 권110 <이광필전(李光弼傳)>에 의하면, 그는 늦어도 건원(乾元) 2년(759년) 7월경에는 문하성(門下省)의 장관으로 정삼품(正三品)의 재상인 시중(侍中)이란 직함도 가지고 있었음을 알 수 있다.

74) 병마사(兵馬使)의 속관(屬官)으로, 그의 임의대로 임명한 판관(判官)이란 뜻이다.

전군(殿軍)75)이 되었다.

　당시 사사명의 유병(遊兵, 척후부대)이 이미 석교(石橋, 낙양성의 동쪽)에 도착하였는데, 제장들이 청하여 말하였다.

　"이제 낙성에서부터 북쪽으로 가야합니까? 마땅히 석교에서 앞으로 나아갑니까?"

이광필이 말하였다.

　"마땅히 석교에서 앞으로 나아간다."

날이 저물자, 이광필은 횃불을 잡고 서서히 나아갔고 부곡(部曲)76)들은 신중함을 견지하니, 도적들이 병사들을 이끌고 그 뒤를 밟았으나, 감히 압박하지 못하였다.

　이광필이 밤에 하양에 도착하니 병력은 2만이었지만 군량은 겨우 열흘 지탱할 정도였다. 이광필은 수비대를 조사하고 검열하면서 사졸들을 분별하여 배치하였는데 엄격하게 처리하지 않는 것이 없었다.

　경인일(27일)에 사사명은 낙양으로 들어갔는데, 성이 텅 비어 있어서

---

75) 행군에서 뒤에 가면서 추격하는 적을 막는 임무를 가진 부대이다.

76) 부곡(部曲)은 중국 고대에는 의부성(依附性)이 비교적 강한 농민을 가리켰다. 한대(漢代) 이후부터는 군사제도로 바뀌게 됨에 따라 군대를 대신하는 이름으로 변화되어, 사졸(士卒)의 대오(隊伍)란 의미를 지니게 되었다. 후한 말에 이르러서는 주인인 장군에 대하여 의부(依附) 관계에 놓여 있는 부곡이 생기게 되어, 부곡은 개인의 종속 물품과 같이 되었다. 위진시대 이후에는 전란으로 곤궁에 빠진 농민들이 무장한 호족(豪族)들에게 보호를 청구하면서 사적(私的)인 부곡이 생기게 되었고, 이들은 가병(家兵)이라 칭해졌다. 이후에도 전란이 더욱 확대되고 계속되면서, 부곡의 숫자는 더욱 많게 되었고, 점차 싸우면서 농경을 하는 생산자로 변화되었다. 당대(唐代)의 부곡은 남북조시대를 거치면서 다시 변화되었다. 이들의 주요한 임무는 농업생산에 종사하면서, 개인적인 가문에서 소유하게 되었고, 인신(人身)의 자유가 없었으며, 주인의 허가를 받지 못하면 자기 마음대로 토지를 떠날 수 없었는데, 도망을 가면 형벌을 받았다. 혼인 역시 주인으로부터 제한을 받았고, 부곡이 죽으면 그의 처는 주인이 마음대로 처분하였다. 당조(唐朝)의 법전(法典)인 《당률소의(唐律疏議)》 등에는 부곡(部曲) 등에 관한 명문규정(明文規定)이 있다. 노비(奴婢)와 부곡(部曲)은 양인(良人)보다 지위가 낮기 때문에, 부곡이 양인을 죽이면 목을 매어서 죽이고, 양인이 부곡을 죽이면 1등을 줄여서 3천 리 떨어진 곳에 유배시키고, 부곡이 주인을 죽이면 목을 베고, 주인이 부곡을 죽였을 때는, 부곡이 죄를 지었다면 논하지 않고, 부곡이 죄를 짓지 않았다면 주인에게 도형(徒刑) 1년에 처해졌다.

얻을 것도 없었지만, 이광필이 그 후방을 잡아당길까봐 감히 궁궐에는 들어가지 못하고 물러나서 백마사(白馬寺, 하남성 낙양시 동쪽)의 남쪽에 주둔하고, 하양의 남쪽에 월성(月城, 반원형의 성채)을 쌓고 이광필을 막았다. 이에 정주(鄭州, 하남성 정주시)와 활주 등의 주(州)가 잇달아 함몰되었지만, 위척과 이약유는 모두 섬주에서 우거하며 다스렸다.

31 겨울, 10월 정유일(4일)에 제서를 내려서 사사명을 친히 정벌하겠다고 하자, 여러 신하들이 표문을 올려서 간(諫)하니 마침내 그만두었다.

사사명을 패배시킨 이광필과 제명된 제오기

32 사사명은 군대를 이끌고 하양을 공격하는데 용맹한 장수인 유룡선(劉龍仙)으로 하여금 성 아래까지 가서 도전(挑戰)하도록 하였다. 유룡선은 용감함만을 믿고 오른쪽 다리를 들어서 말갈기 위에 얹어서 오만스럽게 이광필을 욕하였다.

이광필이 제장들을 뒤돌아보면서 말하였다.

"누가 저 자를 잡을 수 있겠는가?"

복고회은77)이 가게 해달라고 청하였다. 이광필이 말하였다.

"이것은 대장이 할 바가 아니오."

좌우에 있던 사람들이 말하였다.

"비장 백효덕(白孝德)이 갈 수 있을 것입니다."

이광필이 그를 불러서 물어보니, 백효덕은 가게 해달라고 청하였다.

이광필이 물었다.

"몇 명의 병사를 필요로 하는가?"

대답하였다.

"청컨대 제 몸 하나만 달려가서 그를 잡겠습니다."

이광필은 그의 마음은 장하다고 하고 그러나 한사코 그에게 필요한 것

---

77) 이때 복고회은은 삭방절도부사(朔方節度副使), 전중감(殿中監) 그리고 태상경(太常卿) 3개의 관직을 겸임하고 있었고, 작위는 대녕군왕(大寧郡王)이었다.

을 물었다.

대답하였다.

"바라건대, 50의 기병을 선발하여 누문(壘門)으로 내보내어 뒤를 잇게 해주시고, 아울러 청컨대 많은 군사들이 북소리와 함성으로 도와주시어 기세를 더해주십시오."

이광필은 그의 등을 쓰다듬어주고 그를 보냈다.

백효덕은 두 자루의 창을 겨드랑이에 끼고 말에 채찍질하면서 가로질러서 나아갔다. 반쯤 건너는데, 복고회은이 축하하듯이 말하였다.

"이겼습니다."

이광필이 말하였다.

"창의 끝도 아직 마주치지 않았는데 어떻게 그것을 압니까?"

복고회은이 말하였다.

"그가 고삐를 잡고 있는 모습이 편안하고 한가한 것을 보니, 그 모든 것을 완전하게 하고 있음을 알았습니다."

유룡선은 그가 혼자 오는 것을 보고는 그를 대단히 쉽게 여겼다. 점점 가까이 오자 곧 움직이려 하는데, 백효덕이 손을 흔들면서 그에게 보이는데 마치 와서 대적하지 않으려는 사람 같아서 유룡선은 헤아릴 수가 없어서 멈추었다.

그와 떨어진 것이 10보가 되자 마침내 그에게 말을 걸었는데, 유룡선은 오만하고 모욕하는 태도가 처음과 같았다. 백효덕은 말을 오랫동안 휴식시키고서 이어서 눈을 부릅뜨고 말하였다.

"도적놈이 나를 알겠는가?"

유룡선이 말하였다.

"누구냐?"

말하였다.

"나는 백효덕이다."

유룡선이 말하였다.

"이건 무슨 개돼지냐?"

백효덕은 크게 호통을 치고, 창을 움직이면서 말을 뛰게 하여 그를 쳤다. 성 위에서 북소리와 함성을 내자, 50기(騎)가 잇달아 앞으로 나아갔다.

유룡선은 화살을 쏘지도 못한 채 제방 위에서 빙빙 돌았다. 백효덕이 추격하여 따라잡아 그의 목을 베고 그것을 가지고 돌아왔다. 도적의 무리들이 크게 놀랐다. 백효덕은 본래 안서(安西)에 거주하고 있던 호인(胡人)[78]이다.

사사명은 좋은 말 1천여 필을 가지고 있었는데, 날마다 황하의 남쪽 강물에 말들을 목욕시키면서 말들을 순환시키는 일을 쉬지 않게 하여 많다는 것을 보여 주었다. 이광필은 군대 안에서 암말을 찾아서 500필을 얻자, 그 중에서 망아지를 성 안에 잡아매어 놓았다. 사사명의 말들이 물가에 이르기를 기다렸다가 그것들을 모두 내어놓으니, 말들이 울기를 그치지 않았고, 사사명의 말들은 모두 물에 떠서 황하를 건너니, 한꺼번에 그것들을 몰아서 성으로 들어가게 하였다.[79]

사사명은 분노하여 전선 수백 척을 배열한 후, 앞에는 화선(火船, 불을 붙여 놓은 배)을 띄워놓고 그것을 따라가게 하여, 그것들이 물결을 타고 가서 부교(浮橋)를 불사르게 하려고 하였다.

이광필은 먼저 100척(尺)의 긴 장대 수백 개를 저축해 놓고 큰 나무를 가지고 그 뿌리를 이어놓고, 담요로 싼 철차(鐵叉)[80]를 그 머리 부분

---

78) 안서는 안서도호부(安西都護府, 치소는 Kucha)로써 지금의 신강위구르자치구 고차현(庫車縣)이고, 호인은 이란계의 소그드인(Sogdians, 粟特, 粟弋) 혹은 강국(康國)으로 기재되어 있는데, 그 중심도시는 지금의 우즈베키스탄의 사마르칸트이다. 이들의 원래 고향은 중앙아시아 혹은 이란으로, 이 시기에 실크로드를 통해서 대상(隊商, 카라반)을 이루어 상업하면서 동서남북 곳곳에 그들의 식민취락(植民聚落)을 만들어 놓았다. 물론 중국에도 이들은 그들의 정착 거주지를 만들었다.

79) 사사명의 말들이 암말을 보고 쫓아온 것이다.

에 설치하여 화선을 맞이하여 그것을 찌르게 하였다. 배는 앞으로 나아 갈 수 없었고, 잠깐 사이에 스스로 다 타서 없어졌다. 또 철차로 전선 (戰船)을 막으면서 다리 위에서는 돌대포를 발사하여 그것들을 공격하니, 명중된 것은 모두 침몰하게 되어 도적들은 이기지 못하고 가버렸다.

사사명은 하청(河淸, 하남성 濟源市 남쪽 황하 입구)에서 병사들을 드러 내 보여서 이광필의 군량 수송로를 끊으려고 하니, 이광필은 야수도(野 水渡, 하남성 孟津縣 북쪽 황하 입구)에 진을 치고 그것에 대비하였다. 이미 저녁이 되자 하양으로 돌아가면서 병사 1천 명을 남겨놓고, 부장 옹희 호(雍希顥)로 하여금 그 목책을 지키게 하며 말하였다.

"적장 고정휘(高庭暉)·이일월(李日越)[81]·유문경(喩文景)은 모두 1만이 대적할 장수들이니, 사사명은 반드시 한 명을 시켜서 와서 우리를 위협 할 것이다. 나는 또 여기를 떠나지만, 너희들은 여기에서 기다리도록 하 라. 만약 도적들이 도착한다 해도 그들과 싸우지 마라. 투항하면 그들과 함께 오라."

제장들은 그 의미를 깨닫지 못하고, 모두 가만히 그를 비웃었다.

이미 그렇게 하였는데 사사명이 과연 이일월에게 말하였다.

"이광필은 성에 의지하여 싸우는 것이 장기인데, 지금 나와서 들판에 있으니 이는 사로잡히게 되는 것이다. 너는 철기(鐵騎)를 데리고 밤에 건너가서 나를 위하여 그것을 빼앗도록 하라. 그렇게 하지 못하면 돌아

---

80) 쇠로 만든 쇠스랑 같은 것으로 찍을 수 있는 도구이다.

81) ≪책부원귀(冊府元龜)≫ 권5 <외신부-포이(外臣部-褒異)2>에 기재되어 있는 "개원 (開元) 11년(723년) 4월 기미일(己未日)에 해족(奚族) 수령 이일월(李日越) 등이 와서 조공을 바치므로 그를 원외절충장군(員外折衝將軍)에 제수하고 숙위로 남아있 도록 하였다." 란 기사가 있다. 여기 ≪자치통감≫에 사사명(史思明)의 부장으로 등 장하는 이일월(李日越)이 바로 현종의 치세에 해족(奚族) 수령 출신으로 당에 조공 하러 왔다가 숙위(宿衛)의 명령을 받고 당에 남았던 인물일 수도 있다. 그는 같은 이민족 출신이어서 동질감을 느껴서 사사명의 휘하에 들어갈 수도 있다고 보이기 때 문이다.

오지 마라."

　이일월이 500의 기병을 거느리고 새벽에 목책 아래에 도착하였는데, 옹희호는 참호로 막혀 있어서 병사들을 휴식시키니, 그들은 시를 읊거나 휘파람을 불면서 서로 보고 있었다. 이일월이 그것을 이상하게 생각하여 물었다.

　"사공(司空, 이광필)께서는 계시느냐?"

　말하였다.

　"밤에 가셨다."

　"병사들은 몇 명인가?"

말하였다.

　"1천 명이다."

　"장수는 누구인가?"

말하였다.

　"옹희호이다."

이일월은 한참동안 말없이 헤아리고 있었다.

　그리고 그 부하에게 말하였다.

　"지금 이광필을 놓치고 옹희호만 잡아가지고 돌아가면 우리가 죽는 것은 분명하니 투항하는 것만 못하다."

마침내 항복을 받아달라고 청하였다.

옹희호는 그와 함께 이광필을 찾아뵈니, 이광필은 후하게 그를 대우하고 관직에 임명하여 심복으로 삼았다. 고정휘(高庭暉)가 그 소식을 듣고 역시 투항하였다.

　어떤 사람이 이광필에게 물었다.

　"두 장수를 항복 시키는 것이 어떻게 그리 쉽습니까?"

이광필이 말하였다.

　"이는 사람의 정(情)일 뿐이다. 사사명은 항상 들판에서 싸우지 못하는 것을 원통하게 생각하였는데, 내가 성 밖에 있다는 소식을 듣고 반드시 잡을 수 있다고 생각하였다. 이일월은 나를 잡아가지 못하면, 형세로 볼 때 감히 돌아갈 수 없게 되어 있었다. 고정휘는 재주나 용기에서 이일월을 뛰어넘기 때문에 이일월이 총애를 받고 임명되었다는 소식을 들으면 반드시 그것을 빼앗겠다고 생각하였을 것이다."

고정휘는 이때에 오대부(五臺府)[82]의 과의(果毅)[83]였으나, 기해일(6일)에 우무위(右武衛)대장군으로 삼았다.

사사명이 다시 하양을 공격하자, 이광필은 정진(鄭陳, 치소는 진주)절도사 이옥포(李玉抱)에게 말하였다.

"장군은 우리들을 위하여 남성(南城, 河陽, 하남성 孟縣 남쪽)을 이틀 동안은 지킬 수 있습니까?"

이옥포가 말하였다.

"기일이 지나면 어떻게 합니까?"

이광필이 말하였다.

"기일이 지났는데도 구원군이 도착할 수가 없다면 그곳을 포기하는 것을 맡기겠다."

이옥포는 허락하고는 병사들을 챙겨서 막아서 지켰다. 성이 또 함락되려 하자, 이옥포는 그들을 속이면서 말하였다.

"우리는 식량이 모두 떨어졌으니, 날이 밝아오면 항복해야 할 것이오."

도적들은 기뻐하면서 병사들을 거두어들이고, 그것을 기다리고 있었다. 이옥포는 성을 수선하는 것을 완료하여 대비하고, 다음날 싸우자고

---

82) 하동도(河東道, 代州) 소속의 절충부(折衝府) 중의 하나이다. 본영은 산서성 오대현(五臺縣, 五臺山) 안에 위치한다.

83) 정확한 관칭은 '과의도위(果毅都尉)'이다. 당 태종 정관 10년(636년)에 부병의 군부(軍府)를 절충부(折衝府)라 고치고, 그 주장(主將)은 절충도위(折衝都尉)라 칭하고, 부장(副將)은 좌·우과의도위(左·右果毅都尉)라 칭하였다. 이 둘은 절충도위를 도와서 부병의 훈련, 번상(番上)의 숙직 그리고 출사(出師) 등의 업무를 담당하였다. 품계는 정육품(正六品) 상(上)이다.

요청하였다. 도적들은 분노하여 급하게 그를 공격하였다. 이옥포는 기습부대를 내보내어 안팎에서 협격하니 죽이거나 부상을 시킨 자가 대단히 많았다.

동진(董秦)84)은 사사명을 따라서 하양을 침구하였으나, 밤에 그 무리 500을 거느리고 목책을 뽑고 포위를 돌파하여 들어와서 이광필에게 항복하였다. 당시 이광필은 스스로 병사들을 거느리고 중단(中潬, 하남성 孟縣 서남쪽 모래섬)에 주둔하고 있었는데, 성85) 밖에는 목책을 설치하고 목책 밖에는 참호를 파 놓았는데 깊이와 너비가 모두 2장(丈)86)이었다.

을사일(12일)에 적장 주지가 남성(南城)을 버리고 병력을 아울러서 중단을 공격하였다. 이광필은 여비원례87)에게 명령하여 굳센 병졸을 내보내어 양마성(羊馬城)88)에서 도적들을 막도록 하였다. 이광필 자신은 성의 동북쪽에 있는 모서리에서 작은 붉은 깃발을 세워놓고 도적들을 멀리서 바라보았다. 도적들은 그들의 무리가 많은 것을 믿고 곧바로 나아가서 성을 압박하며, 수레에 공격 기구들을 싣고 스스로 뒤따르게 하며, 무리들을 독려하여 참호를 메우게 하고, 세 방면에서 각각 8개의 길로 병사들을 통과시키고, 아울러 목책을 열어서 문을 만들었다.

이광필은 도적들이 성으로 가까이 오는 것을 멀리서 바라보고는 사람을 시켜서 여비원례에게 묻게 하였다.

---

84) 이 해 9월 하순경에 복주(濮州, 치소는 하남성 濮陽市)자사였던 동진(董秦)은 그 부장(部將)인 양포(梁浦), 유종간(劉從諫) 그리고 전신공(田神功) 등과 함께 사사명(史思明)에게 항복하였다.

85) 동위(東魏)의 효정제(孝靜帝) 원상(元象) 원년(538년)에 쌓은 성으로 하양(河陽), 하남성 맹현(孟縣)의 3성 중의 하나이다. 당대에도 중요한 군사기지였음을 알 수 있다.

86) 당대의 1장(丈)은 10척(尺)이고, 1척은 약 30cm이므로, 1장은 약 3m 정도가 된다.

87) 이때 그의 관직은 회주자사(懷州刺史) · 겸권지진서(兼權知鎭西) · 북정행영절도사(北庭行營節度使)였다. 모두 치소는 하남성 심양시(沁陽市)이다.

88) 유목민과 항상 함께 움직이는 양과 말이 뛰어넘지 못하게 하는 기능을 지닌 성이기 때문에 사람이 지키는 주성(主城)의 밖에 낮게 쌓은 성을 말한다.

"중승(中丞)89)은 도적들이 참호를 메우고 목책을 열어 병사들을 통과시키는 것을 보았는데 마음이 침착하고 편안하며 움직이지도 않고 있는데 무엇 때문이오?"

여비원례가 말하였다.

"사공(司空)께서는 지키시렵니까? 싸우시렵니까?"

이광필이 말하였다.

"싸우고자 하오."

여비원례가 말하였다.

"싸우시겠다면, 도적들이 우리의 참호를 메우고 있는데, 왜 그것을 금지하게 하겠습니까?"

이광필이 말하였다.

"좋소. 내가 미치지 못하는 것이니 힘써보시오."

여비원례는 목책이 열리기를 기다렸다가, 결사대의 병사를 거느리고 갑자기 성에서 나와서 도적들을 공격하니 퇴각하여 수백 보를 달아났다. 여비원례는 도적의 진지가 견고한 것임을 헤아리고 아직은 쉽게 부러뜨리거나 함락시키는 것이 쉽지 않다고 생각하고 마침내 다시 병사들을 이끌고 후퇴하고 그들이 태만해지는 것을 기다렸다가 그들을 공격하려고 하였다.

이광필이 여비원례가 후퇴하는 것을 멀리서 바라보고는 분노하여 좌우에 있는 사람을 보내어 그를 불러서 그의 목을 베려고 하였다. 여비원례가 말하였다.

"싸우기도 급한데 바로 부르시는 것은 무엇 때문입니까?"

마침내 물러나서 목책의 안으로 들어갔다. 도적들 역시 감히 가까이 접

---

89) 어사중승(御史中丞) 여비원례(荔非元禮)를 가리킨다. 어사중승은 주로 모든 관료들의 비위(非違)를 감찰(監察)하는 업무를 담당하는 어사대(御史臺)의 차관으로 품계는 정오품(正五品) 상(上)이다.

근하지 못하였다. 오랜 시간이 지나자, 북을 치고 고함을 지르면서 책문으로 나가서 떨쳐서 공격하여 그들을 격파하였다.

주지(周摯)90)는 다시 병사들을 수습하여 북성(北城)으로 향하였다. 이광필은 재빨리 병사들을 거느리고 북성으로 들어가서 성 위에 올라가서 도적들을 멀리서 바라보면서 말하였다.

"도적들의 병사들이 비록 많지만, 왁자지껄하고 정돈이 되어 있지 않으니 두려워하기에는 모자란다. 정오를 지나지 않아서 보증하건대 여러분들이 그들을 격파하게 될 것이다."

마침내 제장들에게 명령하여 나가서 싸우도록 하였다.

기약한 시간이 되어도 결판나지 않자 이광필은 제장들을 불러서 물었다.

"근래 도적들의 진지 중에서 어느 쪽이 가장 견고하던가?"

말하였다.

"서북쪽 구석입니다."

이광필은 그 장수인 학정옥(郝廷玉)에게 명령하여 그곳을 담당하도록 하였다. 학정옥은 기병 500을 요청하였으나, 그에게 300을 주었다.

또 그 다음으로 견고한 곳을 물었다. 대답하였다.

"동남쪽 구석입니다."

이광필은 그 장수인 논유정(論惟貞)에게 명령하여 그곳을 담당하도록 하였다. 논유정은 철기 300을 요청하였으나, 그에게 200을 주었다.

이광필이 제장들에게 명령하였다.

"너희들이 멀리서 나의 깃발을 보면 나가서 싸우는데, 내가 깃발을 느리게 흔들면 너희들이 임의대로 유리한 것을 선택하여 싸우라는 것이다. 내가 급하게 깃발을 흔들면서 세 번 땅에 닿게 하면 모든 병사들은 일제히

---

90) 사사명(史思明)이 세운 연(燕)의 재상(宰相)이다.

들어가야 하는데, 죽기 살기로 하고 조금이라도 물러나는 자는 목을 벨 것이다."

또 짧은 칼을 가죽신 안에 넣어 두면서 말하였다.

"전투는 위험한 일이고 나는 나라의 삼공(三公)이므로 도적들의 손에 죽을 수 없으니, 만일 싸우다 불리해지면, 여러분은 앞에서 적에게 죽고, 나는 여기에서 스스로 목을 베어 여러분에게 혼자 죽게는 하지 않을 것이다."

제장들이 나가서 싸우는데, 잠시 후에 학정옥이 달아나서 돌아왔다.

이광필은 그 광경을 보고 놀라서 말하였다.

"학정옥이 물러나면 우리의 일이 위험해진다."

좌우에 있는 사람들에게 명령하여 학정옥의 머리를 베라고 하였다. 학정옥이 말하였다.

"말이 화살을 맞은 것이지 감히 물러난 것은 아니다."

사자(使者)가 질주해 와서 보고하였다.

이광필은 명령하여 말을 바꾸어주도록 하려고 그를 보냈다. 복고회은과 그의 아들인 개부의동삼사 복고창(僕固瑒)이 전장에서 조금 물러나자, 이광필이 또 명령하여 그들의 머리를 베라고 하였다. 복고회은의 부자는 사자가 칼을 들고 질주해오는 것을 뒤돌아보고는 다시 앞으로 나아가서 싸움을 결판내려고 하였다.

이광필이 연달아 그의 깃발을 흔들자, 제장들은 일제히 죽기를 한하고 전진하였는데, 고함소리가 하늘과 땅을 움직이니 도적들의 병사들은 크게 무너졌다. 참수한 것이 1천여 급(級)이고 포로로 잡은 것이 500명이며 물에 빠져 죽은 자가 1천여 명이었다. 주지는 몇 명의 기병들을 데리고 달아났고, 그 대장인 서황옥(徐璜玉)과 이진수(李秦授)를 사로잡았다.

그들의 하남절도사인 안태청(安泰淸)은 달아나서 회주(懷州, 하남성 沁陽市)를 지켰다. 사사명은 주지(周摯)가 패한 것을 알지 못하고 여전히

남성(南城)을 공격하였으나, 이광필이 포로가 된 죄수들을 몰고 나와서 황하를 사이에 두고 사사명에게 그들을 보이자, 마침내 달아났다.

정사일(24일)에 이일월을 우금오위(右金吾衛)대장군으로 삼았다.

33 공주(邛州, 치소는 사천성 邛峽縣) · 간주(簡州, 사천성 簡陽市) · 가주(嘉州, 사천성 樂山市) · 미주(眉州,사천성 眉山縣) · 노주(瀘州, 사천성 노주시) · 융주(戎州, 사천성 宜賓市) 등의 주에 사는 만족(蠻族)이 반란을 일으켰다.

34 11월 갑자일(1일)에 전중감 동진(董秦)을 섬서 · 신책양군(陝西 · 神策兩軍)병마사로 삼고, 성을 내려주어서 '이(李)'로 하고 이름은 '충신(忠臣)'이라 하였다.

35 강초원(康楚元)[91] 등의 무리가 1만여 명에 이르자, 상주(商州, 섬서성 상주시) 자사로 형 · 양등도(荊 · 襄等道)조용사에 충임된 위륜(韋倫)이 군대를 발동하여 그들을 토벌하는데, 등주(鄧州, 하남성 등주시)의 경내에 주둔하여 투항한 자들을 불러서 깨우치면서 후덕하게 그들을 어루만져 주었다. 그들이 조금 태만해지는 것을 엿보다가 군대를 전진시켜서 그들을 공격하여 강초원을 산 채로 사로잡으니, 그 무리는 마침내 무너졌다. 그들이 약탈한 조용(租傭) 2백만 민(緡)을 획득하고 형주(荊州, 호북성 江陵縣)와 양주(襄州, 호북성 襄樊市)는 모두 평정되었다. 위륜은 위견소(韋見素)[92]의 사촌동생이다.

---

91) 이 해 8월 을사일(12일)에 반란을 일으키고, '남초패왕(南楚霸王)'이라 자칭하였다.

92) 현종(玄宗) 천보 5재(746년)에 강서등도출척사(江西等道黜陟使)가 되어 바르게 다스려 크게 명성을 얻었고, 이후 이부시랑에 임명되어 여러 해 동안 관리 선발의 임무를 맡았는데 대단히 공평하여 역시 널리 그 이름이 알려지게 되었고, 양국충에게 발탁되어 그의 조언자로 활약하였다. 그리하여 천보 13재(754년)에는 무부상서 · 동평장사 · 지문하성사(知門下省事)로 승진하였다. 안록산의 반란이 일어났을 때에는 현종을 따라서 촉(蜀, 사천성)으로 들어가서 좌상(左相)에 임명되고 빈국공(邠國公)에 책

36 안서(安西)와 북정(北庭)의 병사들을 발동하여 섬주(陝州, 하남성 三門峽市)에 주둔시켜서 사사명(史思明)을 대비하게 하였다.

37 제오기(第五琦, 동평장사)가 건원전(乾元錢)과 중륜전(重輪錢)93)을 만들어서 개원전(開元錢)94)과 함께 세 종류를 나란히 통행(通行)시키자, 백성들이 다투어 몰래 돈을 주조하니, 화폐는 가벼워지고 물건은 비싸져서 곡물 가격이 뛰어올라서 굶어죽은 자들이 서로 바라보였다. 말씀을 올리는 자는 모두 제오기에게 그 허물을 돌리니, 경오일(7일)에 제오기를 깎아내려서 충주(忠州, 사천성 忠縣)장사로 삼았다.

　어사대부(御史大夫) 하란진명(賀蘭進明)도 벼슬이 깎이어 진주(溱州, 사천성 綦江縣 동남쪽) 원외사마로 되었는데, 제오기의 무리라는 죄에 연좌된 것이다.

38 12월 갑오일(2일)에 여인(呂諲)을 영탁지사(領度支使)95)로 삼았다.

39 을사일(3일)에 위륜(韋倫)이 강초원(康楚元)을 궁궐에 보내니, 그의 목을 베었다.

봉되었다. 천보 15재(756년)에 숙종(肅宗)이 영무(靈武)에서 즉위할 때, 방관(房琯) 등과 함께 명령을 받들어서 옥새(玉璽)를 운반하여 전달하는 공을 세웠으나, 일찍이 양국충과 가까웠다는 이유로 홀로 박대를 받았다.

93) 건원전(乾元錢)은 건원중보(乾元重寶)이고, 중륜전(重輪錢)은 쌍중륜변전(雙重輪邊錢)인데, 건원전(乾元錢)은 숙종 건원 원년(758년) 7월에 당시 어사중승 제오기의 계획으로 주조되었고, 중륜전(重輪錢)은 건원 2년(759년) 9월에 주조되었다.

94) 개원통보(開元通寶)인데, 고조 무덕 4년(621년) 7월에 그때까지 사용되어오던 오수전(五銖錢)을 폐기하고, 낙양·병주·유주·익주·계주 등의 주에 감(監)을 설치하여 동전(銅錢)을 주조하였다.

95) 영직(領職), 즉 임시로 맡은 직관(職官)이다. 탁지사(度支使)는 당송대(唐宋代)에 재정(財政)을 주관(主管)하는 관원이다.

40 사사명이 그 장수인 이귀인(李歸仁)을 보내어 철기 5천을 거느리고 섬주를 침입하게 하자 신책(神策)병마사 위백옥(衛伯玉)이 수백의 기병으로 강자판(礓子阪, 하남성 三門峽市 남쪽)에서 그들을 격파하고 말 6천 필을 획득하니 이귀인은 달아났다. 위백옥을 진서·사진행영(鎭西·四鎭行營)절도사96)로 삼았다. 이충신(李忠臣)은 이귀인 등과 영녕(永寧, 하남성 洛寧縣 북쪽)과 사책(莎柵, 하남성 洛寧縣 서쪽)의 중간에서 싸워서 여러 번 그를 격파하였다.

숙종 상원(上元) 원년(庚子, 760년)97)

1 봄, 정월 신사일(19일)에 이광필을 태위 겸 중서령으로 삼았는데, 나머지 직함은 이전과 같게 하였다.98)

2 병술일(24일)에 우전왕(于闐王) 울지승(尉遲勝)99)의 아우인 울지요(尉遲曜)를 동사진(同四鎭)절도부사·권지본국사(權知本國事)100)로 삼았다.

3 당항(党項) 등 강족(羌族)101)들이 변방의 시골지역을 병탄해 나가면서

---

96) 사진(四鎭)은 구자(龜玆, Kucha)·우전(于闐, Khotan)·소륵(疏勒, Kashgar)·언기(焉耆, Karashahr)를 관할하고 있었다.

97) 연제 사사명 순천 2년이다.

98) 이광필이 가진 이전의 직함(職啣)은 천하병마부수(天下兵馬副帥), 지제절도행영(知諸節度行營), 삭방절도사(朔方節度使), 시중(侍中) 그리고 사공(司空)이다.

99) 울지씨(尉遲氏)는 원래 북방 몽골리아의 유목민인 선비족(鮮卑族)의 성씨(姓氏)이다. 한족(漢族)일 경우에는 울지로 읽는다.

100) 동은 다른 사람과 함께 업무를 처리하는 직책이고, 권지는 임시로 업무를 처리하는 직책이다. 따라서 울지요는 사진(四鎭)절도부사의 업무에 참여하며 본국의 업무를 임시로 처리하는 직책을 받은 것이다. 여기서 본국은 우전국이다.

101) 사서에 의하면 당항족(党項族)은 티베트(Tibet, 吐蕃) 계통의 종족이라 추정되는 강

장차 경기(京畿)를 압박하려 하니, 마침내 빈·녕등주(邠·寧等州, 치소는 邠州, 섬서성 彬縣)절도를 나누어서 부방·단연(鄜坊·丹延, 치소는 鄜州, 섬서성 富縣)절도를 만들었는데, 역시 그것을 위북(渭北)절도라고 말하였다. 빈주(邠州, 섬서성 彬縣) 자사 상여규(桑如珪)에게 빈녕(邠寧)을 관장하게 하고, 부주(鄜州) 자사 두면(杜冕)을 부방(鄜坊)절도부사의 업무를 관장102)하게 하여 길을 나누어서 토벌하도록 하였다.

무자일(26일)에 황제는 곽자의에게 양도(兩道)절도사를 관장하게103) 하고 경사에 머물게 하였는데, 그것은 그의 위엄과 명성을 빌려서 그들을 진압하려 한 것이다.

4 황상이 구궁귀신(九宮貴神)에게 제사 지냈다.

5 2월에 이광필이 회주를 공격하자, 사사명이 그곳을 구원하였다. 계묘일(11일)에 이광필은 심수(沁水)104) 상류에서 맞이하여 싸워서 그들을 격파하고 3천여 급을 참수하였다.

6 충주(忠州, 사천성 忠縣)장사 제오기가 이미 떠나고 나자 어떤 사람이 '제오기는 다른 사람으로부터 금 200냥(兩)을 받았다.'고 고발하니, 어사 유기광(劉期光)을 보내어서 뒤쫓아 가서 이를 조사하도록 하였다. 제오기가 말하였다.

족(羌族)의 한 가지 중에서 또 뻗어나간 한 가지이다.

102) 상여규(桑如珪)와 두면(杜冕)에게 준 관직은 모두 영직(領職)이다. 영직은 해당 관부에 가지 않고 멀리서 그 업무를 관장하는 관리 임용법이다.

103) 영직(領職)으로 양도(兩道)는 빈녕(邠寧)과 부방(鄜坊)을 가리킨다.

104) 산서성 남부에서 발원(發源)하여 북쪽에서 남쪽으로 흐르다가 다시 동남쪽으로 방향을 바꾸어 심양(沁陽)을 거쳐서 황하(黃河)로 흘러 들어간다.

"저 제오기는 재상이란 자리에 있었지만, 200냥(兩)의 금은 손으로 들 수가 없습니다. 만약 주고받은 것이 증빙이 있다면, 법률에 따라서 죄를 받기를 청합니다."

유기광은 즉각 주문을 올려서 '제오기가 자신이 죄를 지었다고 자복하였다.' 고 하였다. 경술일(18일)에 제오기는 죄에 연좌되어 제명되었고, 멀리 이주(夷州, 귀주성 鳳岡縣)로 유배되었다.

7 3월 갑신일(23일)에 포주(蒲州, 산서성 永濟縣)를 하중부(河中府)로 바꾸었다.

어려워지는 경제, 이보국의 압박

8 경인일(29일)에 이광필이 회주성 아래에서 안태청(安太淸, 燕의 河南節度使)을 격파하였고 여름, 4월 임진일(2일)에 하양의 서저(西渚, 三角洲)에서 사사명을 격파하고, 목을 벤 것이 1천500여 급(級)이었다.

9 양주(襄州, 호북성 襄樊市)의 장수인 장유근(張維瑾)과 조개(曹玠)가 절도사 사홰(史翽, 山南東道節度使)를 죽이고 주(州, 양주)를 점거하고 반란을 일으켰다.

제서를 내려서 농주(隴州, 섬서성 隴縣) 자사 위륜(韋倫)을 산남동도(山南東道, 하남성 沁陽市)절도사로 삼았다. 당시 이보국(李輔國)이 용사(用事)[105]하고 있어서 절도사들은 모두 그의 문에서 나왔다. 위륜은 조정에서 이미 제수한 바여서 또 이보국을 찾아보지 않았더니 얼마 지나지 않아서 진주(秦州, 감숙성 天水市)방어사로 바뀌었다. 기미일(29일)에 섬서절도사 내진(來瑱)을 산남동도절도사로 삼았다. 내진이 양주(襄州)에 도착하자, 장유근 등이 모두 항복하였다.

---

105) 요로(要路)에 있어서 정권을 좌지우지하는 것을 말한다. 이보국은 전중성(殿中省)의 장관으로 품계는 종삼품(從三品)인 전중감(殿中監)으로 있으면서, 황제의 의복, 음식, 거주 그리고 출행 등에 관한 업무를 담당하였기 때문에, 황제를 가까이 모시면서 친밀하게 되고 나아가 총애를 받게 되어 황제를 대신하는 경우가 적지 않게 되어 실제적인 권력은 황제 다음이었다.

10 윤월(윤4월) 정묘일(7일)에 하동(河東, 치소는 太原, 산서성 태원시)절
도사 왕사례에게 사공(司空)을 더하여 주었다. 무덕(武德, 高祖 李淵의 연
호) 연간 이래 왕사례가 처음으로 재상을 역임하지 않고 삼공에 임명되
었다.

11 갑술일(14일)에 조왕(趙王) 이계(李係, 숙종의 아들)를 옮겨 월왕(越
王)으로 삼았다.

12 기묘일(19일)에 천하를 사면하고, 연호를 바꾸었다.

13 태공망(太公望)106)에게 추가로 시호를 내려서 무성왕(武成王)으로 하
고, 역대에 이름 난 장수들을 선발하여 '아성(亞聖)'과 '십철(十哲)'107)
로 하였다. 그 가운데 중사(中祀)와 하사(下祀)는 잡사(雜祀)108)와 나란히
모든 것을 정지시켰다.

14 이날[윤4월 19일] 사사명이 동경으로 들어갔다.

---

106) 성(姓)은 '강(姜)' 이고, 씨(氏)는 '여(呂)' 이며, 이름은 '망(望)' 인 태공망(太公望)
여상(呂尙)을 가리킨다. 아울러 그의 별명으로는 '강아(姜牙)', '강자아(姜子牙)' 그
리고 '강태공(姜太公)' 등이 있다. 주(周) 왕조 초기에 무왕을 보좌하여 동쪽의 은
상(殷商) 왕조를 멸망시키는데 큰 공을 세웠다.

107) 백기, 한신, 제갈량, 이정, 이세적, 장량, 전양자, 손무, 오기, 낙의이다.

108) 제사 규모에 따라서 대사, 중사 하사, 잡사로 나눈다. ≪당육전(唐六典)≫에는 다음
과 같이 기재되어 있다. 호천상제(昊天上帝), 오방제(五方帝), 황지저(皇地祇) 그리
고 황가조묘(皇家祖廟) 등에 제사 지내는 것을 '대사(大祀)' 라고 하고, 일월성신(日
月星辰), 농신(農神), 선대제왕(先代帝王) 그리고 명산대천(名山大川) 등에 제사 지
내는 것을 '중사(中祀)' 라고 하고, 사중(司中), 사명(司命), 풍신(風神), 우신(雨神)
그리고 산림하류(山林河流) 등에 제사 지내는 것을 '소사(小祀)' 라고 하고, 제사의
이름이 경전(經傳)에 보이지 않거나 지위가 비미(卑微)한 작은 신에게 제사 지내는
것을 '잡사(雜祀)' 라고 한다.

15 5월 병오일(17일)에 태자태부 묘진경(苗晉卿)을 행시중(行侍中)109)으로 삼았다. 묘진경은 관리(官吏)의 업무를 처리하는 것에 숙달되었고 자신을 삼가하며 지위를 굳혀서 당시의 사람들은 그를 호광(胡廣)110)에 비교하였다.

16 환자(宦者)인 마상언(馬上言)이 뇌물을 받고 다른 사람을 위하여 병부시랑·동중서문하삼품인 여인(呂諲)에게 관직을 요구하니, 여인이 그를 위하여 관직에 보임하였다. 일이 발각되어 마상언은 장형으로 죽었다. 임자일(23일)에 여인은 파직되어 태자빈객111)이 되었다.

17 계축일(24일)에 경조윤인 남화(南華, 산동성 東明縣 동북쪽) 사람 유안(劉晏)을 호부시랑으로 삼고, 탁지·주전·염철등사에 충임하였다. 유안이 평소에 재산의 이익을 잘 처리하였으니, 그러므로 그를 등용하였다.

18 6월 갑자일(6일)에 계주(桂州, 치소는 桂州)경략사 형제(邢濟)가 주문을 올렸다.

"서원(西原, 광서 靖西縣 변경)에 거주하는 만족 20만의 무리를 격파하고, 그 지휘자인 황건요(黃乾曜) 등의 목을 베었습니다."

---

109) 행직(行職)으로 임시 혹은 대리 관직이다. 시중은 문하성(門下省)의 장관으로 품계가 정삼품(正三品)인 재상(宰相)이다. 낮은 직함을 가진 사람이 높은 직책을 대리하는 것이 행직이다.

110) 후한(後漢)의 남군(南郡) 화용현(華容縣) 사람으로, 자(字)는 백시(伯始)이고, 여러 차례 재보(宰輔)로 있으면서 6명의 황제를 섬기면서 보좌하였는데, 성격이 온유하고 근신하며 겸손하였지만, 직언(直言)을 하는 것이 없었고, 환관들과 연결하며, 외척 양기(梁冀)와 부화(附和)하여 편안한 고위 관직을 얻을 수 있었다. 그래서 당시 수도 낙양(洛陽)에서는 "만사(萬事)는 우선 처리하지 말고 먼저 백시(伯始)에게 물어보라. 천하의 중용(中庸)은 호공(胡公)에게 있다."란 속담이 널리 퍼져 있었다.

111) 태자궁(太子宮)의 속관으로 태자를 보호하고 시종(侍從)하며 그리고 태자가 올바르게 처신하도록 간언하는 일을 하였다. 품계는 정삼품(正三品)으로 재상이었다.

19 을축일(7일)에 봉상(鳳翔, 치소는 봉상부)절도사 최광원(崔光遠)이 주문을 올려서 경주(涇州, 감숙성 涇川縣)와 농주(隴州, 섬서성 隴縣)에 거주하는 강족(羌族)과 혼족(渾族) 10여만의 무리를 격파하였다고 하였다.

20 세 종류의 전(錢)112)이 통행되고 점점 오래되었는데 기황(饑荒)이 발생하는 해에는 쌀값이 1말[斗]에 7천전에 이르렀고, 사람들이 서로 잡아먹었다. 경조윤 정숙청(鄭叔淸)이 사사로이 주전(鑄錢)한 자를 붙잡았는데 몇 달 사이에 매질을 당하여 죽은 자가 800여 명이었지만, 금지시킬 수가 없었다.

마침내 경기(京畿, 섬서성 중부)에 칙서를 내려서, 개원전(開元錢)과 건원소전(乾元小錢)은 모두 1매(枚)당 10전으로 하고, 중륜전(重輪錢)은 1매당 30전으로 하였으나, 여러 주(州)에서는 다시 기다렸다가 시행하든지 중지하게 하였다.

이때 사사명 역시 순천전(順天錢)과 득일전(得一錢)을 주조하여, 1매당 개원전 100으로 하였다. 도적들이 점령하고 있는 지역에서의 물건의 값은 더욱 비싸졌다.

21 갑신일(26일)에 흥왕(興王) 이소(李侶)가 죽었다. 이소는 장황후(張皇后)의 맏아들이었는데 어린 아들은 정왕(定王) 이동(李侗)이었다. 장황후가 고의로 태자를 자주 위협하려 하였으나 태자는 항상 공손하게 받아들였다. 마침 이소가 죽고, 이동은 오히려 어렸으니 태자의 지위는 마침내 확정되었다.

---

112) 고조(高祖) 무덕(武德) 4년(621년) 7월에 주조된 개원전(開元錢, 開元通寶), 숙종(肅宗) 건원(乾元) 원년(758년) 7월에 주조된 건원전(乾元錢, 乾元重寶) 그리고 건원(乾元) 2년(759년) 9월에 주조된 중륜전(重輪錢, 雙重輪邊錢), 3종류의 주전(鑄錢)을 가리킨다.

22 을유일(27일)에 봉상(鳳翔, 치소는 鳳翔府)절도사 최광원(崔光遠)이 보윤(普潤, 섬서성 봉상현의 북쪽)에서 당항(党項)을 격파하였다.

23 평로(平盧, 치소는 영주)병마사 전신공(田神功)이 주문을 올려서 정주(鄭州, 하북성 정주시)에서 사사명의 군대를 격파하였다고 하였다.

24 상황이 흥경궁(興慶宮)을 좋아하여 촉(蜀, 사천성)에서 돌아오면서부터113) 곧바로 그곳에 거주하였다. 황상은 당시 협성(夾城)114)에 가서 기거하였는데, 상황 역시 사이사이에 대명궁(大明宮)으로 갔다. 좌용무(左龍武, 禁軍六軍)대장군 진현례와 내시감115) 고력사(高力士)는 오랫동안 상황을 시위(侍衛)하였다. 황상은 또 옥진(玉眞)공주116) · 여선원(如仙媛, 궁녀) · 내시 왕승은(王承恩) · 위열(魏悅) 그리고 이원제자(梨園弟子)에게 명령하여 항상 좌우에서 즐겁게 시종하도록 하였다.

상황은 대부분 장경루(長慶樓)에 갔는데 부로(父老)들 가운데 지나가던 사람들이 왕왕 우러러보면서 절을 하고 만세를 불렀으며, 상황은 항상 누(樓, 장경루) 아래에 음식을 준비해놓고 이것을 그들에게 하사하였다. 또 일찍이 장군 곽영예(郭英乂) 등을 불러서 장경루에 올라오도록 하여 연회를 베풀어주었다. 어떤 검남(劍南, 成都府, 사천성 성도시)의 주사관(奏

---

113) 숙종 지덕(至德) 2재(757년) 12월의 일이고, 그 내용은 ≪자치통감≫ 권220에 실려 있다.

114) ≪신당서(新唐書)≫ 권37 <지리지일(地理志一)−상도(上都)>를 보면, 협성(夾城)은 현종 개원(開元) 20년(732년)에 쌓은 것이고, 이 '협성(夾城)'을 통해서 부용원(芙蓉園)으로 들어갔다.

115) 내시감(內侍監)은 관직(官職)이 아닌 관부(官府)로서의 내시성(內侍省)의 다른 이름이다. 고력사(高力士)는 현종의 치세에 전중감(殿中監)을 역임하였다. 따라서 '내시감(內侍監)'은 '전중감(殿中監)'으로 고쳐야 한다.

116) 현종의 딸로서 이름은 이지영(李持盈)이다. 원래 융창공주(隆昌公主)로 불렸으나, 예종(睿宗) 경운(景雲) 2년(711년) 5월에 옥진공주(玉眞公主)로 바꾸었다.

事官)117)이 장경루 아래를 지나가면서 절을 하고 춤을 춘 적이 있었는데, 상황은 옥진(玉眞)공주와 여선원에게 명령하여 그를 위하여 주인 노릇을 하도록 하였다.

이보국은 본래 미천한 사람이어서 비록 갑자기 귀하게 되어 용사(用事)하고 있지만, 상황의 좌우에서는 모두 그를 경시하였다. 이보국은 속으로 원한을 품고, 또 기이한 공적을 세워 그의 총애를 굳히고 싶어서 마침내 황상에게 말하였다.

"상황께서 흥경궁에 계시면서, 날마다 외부인들과 교통하고 있으며 진현례와 고력사가 폐하게 불리하도록 꾀합니다. 지금 육군(六軍, 금군)의 장사(將士)들은 모두 영무(靈武, 영하 靈武縣)에서 공훈을 세운 사람들인데,118) 모두 반대로 몸을 뒤척이면서 불안해하고 있고, 신은 환히 깨닫고는 있으나 해결할 수는 없어서 감히 알리지 않을 수 없습니다."

황상이 눈물을 흘리면서 말하였다.

"성황(聖皇, 현종)께서 자비롭고 어진데, 어찌 이런 일이 일어나는 것을 받아들이시겠는가?"

대답하였다.

"상황께서는 진실로 이런 마음이 없으시겠지만, 그 여러 소인배들을 어떻게 하겠습니까? 폐하께서는 천하의 주인이 되시니, 마땅히 사직의 큰 계획을 만들어 아직 싹이 트지 않았을 때에 반란을 없애야지, 어찌 필부들의 효도만을 주창할 수 있겠습니까?

또 흥경궁은 염려(閻閭, 황궁 밖의 백성들의 생활 구역)과 서로 섞여있고, 원용(垣墉, 담)이 얕아서 들여다보이므로 지존(至尊)께서 거주하시기에

---

117) 지방정부에서 파견하여 수도에 들어와서 그 나라의 사무에 관하여 주문(奏文)을 올려서 보고하는 관원을 말한다.

118) 현종 천보(天寶) 14재(755년)에 일어난 안사(安史)의 난(亂)으로 인하여, 숙종은 지덕(至德) 원재(756년) 7월에 현종이 살아있음에도 불구하고 삭방절도사(朔方節度使)의 본영인 영무(靈武)에서 신하들에게 옹립되어 황제에 등극하였다.

마땅한 곳이 아닙니다. 대내(大內, 대궐 안)는 깊고 경비도 삼엄한데다가 받들어서 영접하여 그곳에 거주하시게 한다면 그곳과 무엇이 다르겠으며, 또 소인배들이 성청(聖聽)을 헷갈리게 하는 것을 막고 끊어 버릴 수도 있습니다.

이와 같이 하면, 상황께서는 만세의 안녕을 누리게 되고, 폐하께서는 삼조(三朝)[119]의 즐거움이 생기니, 어찌 무슨 손해될 일이 있겠습니까?" 황상은 받아들이지 않았다.

홍경궁에는 이전에 말 300필이 있었으나, 이보국이 칙서를 위조하여 그것들을 끌고 가고, 겨우 10필만 남겨놓았다. 상황이 고력사에게 말하였다.

"내 아이[숙종]가 이보국에게 미혹되어 끝까지 효도를 할 수 없게 되었구나!"

이보국은 또 육군(六軍)의 장사들에게 명령하여 소리 내어 울면서 머리를 조아리며 상황을 맞이하여 서내(西內)[120]에 거주하게 하라고 요청하였다. 황상은 눈물을 흘리면서도 응하지 않았다. 이보국이 두려워하였다.

그때 마침 황상이 불편해지자, 가을, 7월 정미일(19일)에 이보국은 황상의 말씀이라고 속여서 상황을 맞이하여 서내에서 놀다가 상황이 예무문(睿武門)에 이르자, 이보국은 사생수(射生手) 500기(騎)를 거느리고 칼날을 드러내고 길을 막으면서 말하였다.

"황제께서 홍경궁은 땅이 낮고 좁기 때문에, 상황을 맞이하여 대내(大內)에서 거주하도록 하셨습니다."

상황은 놀라서 거의 말에서 떨어질 뻔하였다.

---

119) ≪예기≫에 문왕(文王)이 세자(世子)였을 때에 왕계(王季)에게 하루에 세 번 뵙고 효도하였다고 한다. 즉 효도를 다할 수 있는 즐거움이다.

120) 당대에 대명궁은 동내(東內)에 있고, 태극궁(太極宮)은 서내(西內)에 있으며, 홍경궁은 남내(南內)에 있었으므로, 서내는 태극궁(太極宮)을 말한다.

고력사가 말하였다.

"이보국(李輔國)! 어찌 무례할 수가 있는가?"

꾸짖으면서 말에서 내릴 것을 명령하였다. 이보국은 할 수 없이 내렸다. 고력사는 이어서 상황의 고서(誥書)를 선포하며 말하였다.

"여러 장사들은 각각 잘 있는가?"

장사들은 모두 칼날을 넣고 두 번 절한 후 만세를 불렀다.

고력사는 또 이보국을 꾸짖으면서 자기와 함께 상황의 말의 재갈을 잡고 시위하면서 서내(西內)로 가서 감로전(甘露殿)에서 거주하도록 하였다. 이보국은 무리를 거느리고 물러났다. 남아서 시위(侍衛)하는 병사는 겨우 허약한 늙은이 수십 명이었다.

진현례와 고력사 그리고 옛날부터 있던 궁인들은 모두 바로 옆에 남아 있을 수가 없었다. 상황이 말하였다.

"흥경궁은 내가 왕(王)이었을 때에 거주한 곳으로서,121) 나는 자주 황제에게 양보하였지만, 황제가 받아들이지 않았다. 오늘 옮긴 것은 나의 뜻이었다."

이날 이보국은 육군(六軍)의 대장들과 함께 흰옷을 입고 황상을 알현하면서 죄를 달라고 요청하였다. 황상은 다시 제장들에게 압박되어 마침내 그들을 위로하면서 말하였다.

"남궁(南宮, 興慶宮)이든 서내(西內)이든 다시 무엇이 다른가? 경들은 소인배들이 미혹시키는 것을 두려워하여, 조그마한 것이 점점 스며드는 것을 막아서 사직을 안전하게 하는 것이었는데 무엇이 두려운가?"

---

121) 상황 이융기(李隆基)는 예종(睿宗) 이단(李旦)의 셋째아들이다. 나이 두 살 때인 측천무후(則天武后) 수공 3년(687년) 봄 윤정월 정묘일(2일)에 처음으로 초왕(楚王)에 책봉되었고, 이후 평왕(平王)을 거쳐서 예종 경운 원년(710년) 6월에 쿠데타를 성공시킨 후 얼마 되지 않아서 황태자로 책봉되었으며, 이후 다시 임치왕에 책봉되었다. 그리고 예종 선천 2년(712년) 8월에 아버지 예종의 양위(讓位)로 황제에 즉위하였다. 이에 관한 일은 ≪자치통감≫ 권209에 실려 있다.

형부상서 안진경(顔眞卿)이 우두머리가 되어 백관들을 거느리고 표문을 올려서 상황의 기거(起居)를 문안하게 해달라고 요청하였다. 이보국이 이를 싫어하여 주문을 올려서 깎아내려서 봉주(蓬州, 사천성 儀隴縣 남쪽) 장사로 삼았다.

25 계축일(25일)에 천하에 칙서를 내려서 중릉전(重稜錢)122)은 모두 1매(枚)당 30으로 하여, 기내(畿內)와 같이 하도록 하였다.

26 병진일(28일)에 고력사는 무주(巫州, 호남성 洪州市 서북쪽 黔城鎭)로 유배되고, 왕승은(王承恩)은 파주(播州, 귀주성 遵義市)로 유배되며, 위열(魏悅)은 진주(溱州, 사천성 綦江縣 동남쪽)로 유배되고, 진현례는 억지로 치사(致仕)하게 하였다. 여선원(如仙媛)은 귀주(歸州, 호북성 秭歸縣)에 안치시켰고 옥진공주는 내보내어져서 옥진관(玉眞觀, 道觀)에서 거주하게 하였다.

황상은 다시 후궁 100여 명을 뽑아서 서내(西內, 太極宮)에 보내어 청소하는데 대비하게 하였다. 만안(萬安)과 함의(咸宜) 두 공주123)에게 명령하여 의복과 음식을 돌보아주도록 하고, 사방에서 바치는 진귀하고 특별한 것이 있으면, 먼저 상황에게 올려드렸다.

그러나 상황은 나날이 기쁘지 않았고 이어서 고기를 먹지 아니하고 벽곡(辟穀)124)하니, 점차 병이 되었다. 황상은 처음에는 오히려 가서 문안드렸지만, 이미 황상도 역시 병이 있으니 다만 사람을 보내어 문안드렸다. 그 후 황상은 점차 깨닫고 이보국을 미워하게 되어, 그를 죽이려고 하였으나, 그가 군대를 장악하고 있는 것에 두려움을 느껴서 결국 미

---

122) 중륜전(重輪錢), 즉 쌍중륜변전(雙重輪邊錢)의 다른 이름이다.

123) 모두 현종(玄宗)의 딸이다.

124) 도교의 수련법 중 하나인 곡식을 피하고 먹지 않는 것을 말한다.

적미적 하며 결정할 수 없었다.

27 애초에, 가서한(哥舒翰)이 임조(臨洮, 감숙성 臨潭縣)의 서쪽 관문인 마환천(磨環川, 임담현의 서쪽)에서 토번을 격파하고, 그 땅에 신책군(神策軍)을 설치하였다.125) 안록산이 반란을 일으키자 군사(軍使) 성여구(成如璆)가 그 장수인 위백옥(衛伯玉)을 보내어 1천 명을 거느리고 고난(苦難)을 당하는 곳으로 달려갔다.

이미 그렇게 하였는데 군(軍, 신책군)이 방어하던 땅이 토번으로 들어간 후에는 위백옥은 섬주(陝州, 하남성 三門峽市)에 남아서 주둔하게 되었고, 누차 승진하여 관직이 우우림군(右羽林軍)대장군에 이르렀다. 8월 경오일(13일)에 위백옥을 신책군(神策軍, 치소는 陝州)절도사로 삼았다.

28 정해일(30일)에 흥왕(興王) 이소(李佋, 張皇后의 맏아들)에게 시호를 추증하여 공의(恭懿)태자라고 하였다.

29 9월 갑오일(7일)에 형주(荊州, 호북성 江陵縣)에 남도(南都, 사천성 成都市)를 설치하고, 형주를 강릉부(江陵府)라고 하였으며, 이어서 영평군(永平軍) 단련병(團練兵)126) 3천 명을 배치하여서 오(吳, 양자강 하류 유역)와 촉(蜀, 양자강 상류 유역)의 요충을 장악하도록 하였는데, 절도사 여인(呂諲, 荊南절도사, 치소는 江陵府)의 요청을 따른 것이다.

---

125) 이 일은 현종(玄宗) 천보 13재(754년) 가을 7월의 일이고, 이 내용은 ≪자치통감≫ 권217에 실려 있다.

126) '단결병(團結兵)' 또는 '단병(團兵)' 으로도 불렸다. 측천무후(則天武后)의 치세(684년~704년)에 처음으로 설치되었다. 일반적으로 재산이 넉넉하고 건강한 정남(丁男, 대략 스무 살~예순 살) 중에서 선발하였다. 정기적으로 모이게 하여 훈련시키고, 그 대신 그들의 차역(差役)을 면제하였고, 훈련 중에는 식량은 관부에서 공급하였다. 이 군대의 성질은 부병(府兵)과 관건(官健)의 사이라고 할 수 있다.

군사를 일으킨 유전과 전신공의 평정

30 어떤 사람이 말씀을 올렸다.

"천하가 아직 평정되지 않았는데 곽자의(郭子儀)를 산지(散地)에 배치하여 놓은 것127)은 마땅하지 않습니다."

을미일(8일)에 곽자의에게 명령하여 빈주(邠州, 섬서성 彬縣)로 나가서 진수(鎭戍)하도록 하니, 당항이 달아났다.

무신일(21일)에 제서를 내렸다.

"곽자의는 여러 도(道)의 군대를 통합하여 삭방(朔方, 영하 靈武縣)에서 곧바로 나아가 범양을 빼앗고, 돌아오는 길에 하북(河北)을 평정하도록 하라. 사생영무군(射生英武軍)128) 등의 금군(禁軍)과 삭방(朔方)·부방(鄜坊, 치소는 鄜州)·빈녕(邠寧, 치소는 邠州)·경원(涇原, 치소는 涇州) 등 여러 도에 있는 번·한(蕃·漢)을 합쳐서 7만 명을 징발하는데, 모두 곽자

---

127) 산지는 사람이 많이 살지 않는 지역을 말하며, 가장 근래로는 숙종 상원(上元) 원년(760년) 봄 정월 무자일(戊子日, 26일)인데, 이날 숙종은 곽자의(郭子儀)를 영양도절도사(領兩道節度使)로 삼아서 경사(京師, 長安)에 머물게 하였다. 그러나 이 관직은 영직(領職)이다. 아마 곽자의를 지금의 섬서성(陝西省) 중부에 있는 당의 수도인 장안(長安)에 남아있게 하고, 최전선인 지금의 하남성(河南省)으로 내보내지 않은 것을 못마땅해 하고 있던 사람일 것이다.

128) 금군(禁軍)의 제7군과 제8군이다. 사생(射生)은 사생수(射生手) 또는 사생군(射生軍)을 줄인 단어로써, 기사(騎射, 말 타고 활 쏘는 것)에 뛰어난 무사를 가리킨다. 이에 관한 내용은 ≪자치통감≫ 권220에 실려 있다.

의의 통제를 받도록 하라."

제서가 내려가고 열흘 만에 다시 어조은(魚朝恩, 領監軍事)의 방해를 받아
서 일은 끝내 실행되지 못하였다.

31 겨울, 10월 병자일(19일)에 청·기등오주129)절도사(靑·沂等五州節度
使, 치소는 靑州)를 설치하였다.

32 11월 임진일(6일)에 경주(涇州, 감숙성 川縣)의 군대가 당항(党項)을
격파하였다.

33 어사중승 이선(李銑)과 송주(宋州, 하남성 商丘縣) 자사 유전(劉展)은
모두 영회서(領淮西, 치소는 申州)절도부사130)로 하였다. 이선이 탐욕스럽
고 포악하며 불법을 저지르고, 유전은 굳세게 자기주장을 펼치니, 그러
므로 그 위에 있는 자들은 대부분 그들을 미워하였다. 절도사 왕중승(王
仲昇)은 먼저 이선이 죄를 상주(上奏)하고 그를 주살하였다.

당시 사람들이 노래한 말이 있었다.

"손에 금도(金刀)를 잡고 동방에서 일어나네." 131)

왕중승은 감군사·내좌상시인 형연은(刑延恩)을 시켜서 들어가서 주문을
올리게 하였다.

"유전은 고집이 세어서 명령을 받지 않고, 성명이 요참(謠讖)에 맞으

---

129) 다섯 주는 치주(淄州), 기주(沂州), 창주(滄州), 덕주(德州), 체주(棣州)이다.

130) 영직(領職), 즉 임시로 맡은 직관(職官)이다.

131) 당 현종(玄宗) 천보(天寶) 9재(750년) 10월에 "양소(楊銷)가 도참(圖讖)에 금도(金
刀)가 있기 때문에, 이름을 바꾸어 줄 것을 요청하여 황상 현종이 그의 이름으로 '국
충(國忠)'을 하사하였다"라고 한 것이 ≪자치통감≫ 권216에 보인다. 이를 통해 볼
때, 도참사상(圖讖思想)에서는 '금도(金刀)'의 등장은 장차 반란 혹은 불길한 일이
일어날 것임을 예언하는 징조로 보고 있음을 알 수 있다.

니,132) 청컨대 그를 제거하십시오."

형연은(邢延恩)이 이어서 황상에게 유세하였다.

"유전과 이선은 한 몸과 같은 사람인데, 이제 이선이 주살되어 유전은 스스로 마음이 편안하지 않을 것이니, 진실로 그를 제거하지 않으면 그가 반란을 일으킬까 두렵습니다. 그러나 유전은 바야흐로 강한 군대를 장악하고 있으니, 의당 계책을 세워서 그를 제거해야 할 것입니다.

청컨대 유전을 강·회(江·淮)도통(都統)으로 제수하시고, 이환(李峘)133)을 대신하도록 하는데, 그가 병권을 풀어 놓고 군진(軍鎭)으로 가기를 기다렸다가 도중에 그를 체포하면, 이 일은 한 사내의 힘으로 할 것일 뿐입니다."

황상이 이를 좇아서, 유전을 회남동·강남서·절서삼도(淮南東·江南西·浙西三道)절도사로 삼고, 비밀리에 이전에 도통(都統)이었던 이환(李峘)과 회남동도(淮南東道)절도사 등경산(鄧景山)에게 칙서를 내려서 그를 도모하도록 하였다.

형연은이 제서를 유전에게 주자, 유전이 그것을 의심하면서 말하였다.

"저 유전은 진류(陳留, 하남성 開封市)참군에서 수년 만에 자사(刺史)가 되었으니 갑자기 귀하게 되었다고 말할 수 있습니다. 강·회는 조부(租賦)가 나오는 곳이고 이것은 오늘날의 중요한 직임인데, 저 유전은 공훈을 세운 수고도 한 일이 없고, 역시 현명한 분과 가까운 사람이 아님에

---

132) 요참은 항간(巷間)에 유행하는 노래로써 미래를 예언하는 도참사상(圖讖思想)을 가리키며 유전의 성씨(姓氏)인 '유(劉)' 자에는 '금(金)' 자와 '도(刀, 刂)' 자가 들어있다.

133) ≪자치통감≫ 권220 숙종(肅宗) 건원(乾元) 원년(758년) 12월 조에 "경술(庚戌)에 절강동도절도사(浙江東道節度使)를 설치하여, 월주(越州)와 목주(睦州) 등 8주를 다스리게 하였는데, 호부상서(戶部尚書)인 이환(李峘)을 그 절도사로 삼고, 회남절도사(淮南節度使)도 겸직하도록 하였다."란 기사가 기재되어 있다. 따라서 이때 이환은 절강동도절도사(浙江東道節度使)와 회남절도사(淮南節度使), 양 절도사를 겸직하고 있었다.

도 하루아침에 은혜로운 명령과 총애를 받고 이와 같이 발탁되었으니, 참언하는 사람이 이를 갈라놓을 일이 아닐 수 있겠습니까?"

이어서 그는 울면서 내려갔다.

형연은이 두려워하면서 말하였다.

"공(公)은 평소 재주가 있어서 촉망을 받았고, 주상께서는 강·회를 걱정하니 그러므로 순서가 아니어도 공을 기용한 것입니다. 공께서 거꾸로 의심을 하고 계신 것은 어쩐 일입니까?"

유전이 말하였다.

"일이 진실로 속이는 것이 아니라면, 인수와 부절을 먼저 얻을 수 있습니까?"

형연은이 말하였다.

"좋습니다."

마침내 형연은은 말을 타고 달려서 광릉(廣陵, 강소성 양주시)으로 가서 이환(李峘)과 모의하여 이환이 차고 있던 인수와 부절을 풀어서 유전에게 주었다. 유전은 인수와 부절을 얻자, 마침내 표문을 올려서 은혜에 감사한 후에 첩서를 강·회에 있는 친척과 친구에게 보내어 그것을 심려(心膂, 심복)들에게 보내도록 하니, 3도(道) 관속들이 사자를 보내어 환영하고 축하하면서, 지도와 서적을 보내는 것이 길에서 서로 마주볼 정도로 많았는데, 유전은 송주(宋州, 하남성 商丘縣)에 있는 병사 7천을 모두 동원하여134) 광릉(廣陵, 강소성 양주시)으로 향하였다.

형연은은 유전이 이미 그 정황을 파악한 것을 알고, 돌아가던 중에 광릉으로 달아나서 이환·등경산(鄧景山)과 함께 군대를 발동하여 그를 막았고, 격문을 주현에 보내어 유전이 반란을 일으켰다고 말하였다. 유전 역시 격문을 보내어 이환이 반란을 일으켰다고 말하니, 주현에서는

---

134) 이때 유전(劉展)은 송주(宋州) 자사이기도 하였다.

따라야할 바를 몰랐다.

이환은 군대를 이끌고 강(江, 장강)을 건너서 부사인 윤주(潤州, 강소성 鎭江市) 자사 위현(韋儇)과 절서(浙江, 치소는 昇州)절도사 후령의(侯令儀)와 함께 경구(京口, 강소성 鎭江市)에 주둔하고, 등경산은 1만을 거느리고 서성(徐城, 강소성 肝胎縣 서북쪽)에 주둔하였다.

유전은 평소에 위엄과 명망을 가지고 있고, 군대를 다스리는 것이 엄정하여 강·회에 사는 사람들은 멀리서 풍문을 듣고서도 그를 두려워하였다. 유전은 배나 빠른 속도로 나아가서 기일보다 먼저 도착하여 사람을 시켜서 등경산(鄧景山)에게 물었다.

"나는 조서를 받들어서 여기 군진(軍鎭)에 부임하였는데, 이들은 어떤 병사들인가?"

등경산은 응대하지 않았다.

유전이 사람을 시켜서 진영 앞에서 부르며 말하였다.

"너희들은 모두 나의 백성이니, 나의 기고(旗鼓)를 막지 마라."

그 부장인 손대봉(孫待封)과 장법뢰(張法雷)를 시켜서 그들을 공격하도록 하니, 등경산은 무리들이 무너졌고 형연은과 함께 수주(壽州, 안휘성 壽縣)로 달아났다. 유전은 군대를 이끌고 광릉으로 들어가서 그 장수인 굴돌효표(屈突孝標)135)를 파견하여 병사 3천을 거느리고 가서 호주(濠洲, 안휘성 鳳陽縣 동북쪽 臨淮關)와 초주(楚州, 강소성 淮安市)를 순회하게 하였고, 왕긍(王眰)은 병사 4천 명을 거느리고 회서(淮西)를 공략하였다.

---

135) 복성(復姓)인 굴돌씨(屈突氏)이다. 이 성씨는 4세기 중반부터 사상(史上)에 등장하여 요하(遼河)의 상류 시라무렌(西剌木倫, Sira-Muren, 潢水)유역, 노합하(老哈河, Lao-Muren) 유역 그리고 난하(灤河)의 상류 유역 등에서 거주하던 유목민으로서, 그 동북쪽에서 유목하던 거란족(契丹族)과 때로는 대립하기도 하고, 때로는 연합하면서 주변의 강대 세력에 대항하였으나, 10세기 초반에 야율아보기(耶律阿保機)가 거란(契丹) 왕조를 세운 후, 계속 거란의 침입을 받고 마침내 936년에 요 왕조의 태종(太宗)에 의해 완전히 복속된 고막해족(庫莫奚族, 奚族)의 후예로 전해지고 있다.

이환은 북고(北固, 강소성 鎭江市 북쪽)를 열어서 군사기지로 삼고, 나무를 꽂아서 장강으로 들어오는 입구를 막았다. 유전은 백사(白沙, 강소성 儀徵市)에 진을 치고, 과주(瓜洲, 長江 안의 작은 섬)에 의병(疑兵)136)을 설치하고 횃불과 북을 많이 설치하여 마치 곧 북고로 가려는 것처럼 해놓았는데, 이와 같이 하면서 여러 날을 보냈다.

이환은 정예의 병사를 모두 모아서 경구를 지키면서 이들을 기다렸다. 유전은 마침내 상류에서 장강을 건너서 하촉(下蜀, 강소성 句容市 북쪽의 장강 입구)을 습격하였다. 이환의 군대가 그 소식을 듣고 스스로 무너지자, 이환은 선성(宣城, 안휘성 선주시)으로 달아났다.

갑오일(8일)에 유전(劉展)이 윤주를 함락시켰다. 승주(昇州, 강소성 南京市)의 군사 1만5천 명이 유전에게 호응하기로 모의하고 금릉성(金陵城, 昇州의 치소)을 공격하였으나 이기지 못하여 달아났다. 후령의(侯令儀, 浙江節度使)는 두려워서 뒷일을 병마사 강창군(姜昌群)에게 주고 성을 버리고 달아났다.

강창군은 그 장수인 종서(宗犀)를 파견하여 유전에게 가서 항복하였다. 병신일(10일)에 유전은 승주를 함락시키고 종서를 윤주 사마·단양군사(丹楊軍使)로 삼았다. 강창군으로 하여금 승주를 관장하게 하고, 그 조카인 강백영(姜伯瑛)으로 그를 보좌하게 하였다.

34 이광필이 회주(懷州, 하남성 沁陽市)를 공격한 지 100여 일만에 마침내 그곳을 뽑고 안태청을 생포하였다.

35 사사명은 그의 장수인 전승사를 파견하여 병사 5천을 거느리고 회서를 순회하도록 하고, 왕동지(王同芝)는 병사 3천을 거느리고 진주(陳

---

136) 적을 현혹시키기 위하여 군사(軍士)가 있는 것처럼 보이게 하는 것을 말한다. 즉 적의 눈을 속이는 가짜 병정이다.

州, 하남성 淮陽縣)를 순회하도록 하였으며, 허경강(許敬江)은 병사 2천을 거느리고 연주(兗州, 산동성 연주시)와 운주(鄆州, 산동성 東平縣)를 순회하도록 하였고, 설악(薛鄂)은 병사 5천을 거느리고 조주(曹州, 산동성 定陶縣)를 순회하도록 하였다.

36 12월 병자일(20일)에 당항이 미원(美原, 섬서성 耀縣)과 동관(同官, 섬서성 銅川市)을 침입하여 크게 노략질하고 갔다.

37 도적137)의 우두머리인 곽음(郭愔) 등이 여러 강족과 호족을 이끌고 와서 진롱(秦隴, 감숙성 天水市)방어사 위륜(韋倫)138)을 패배시키고 감군사를 죽였다.

38 연운(兗鄆, 치소는 연주)절도사 내원호(能元皓)가 사사명의 군사를 공격하여 그들을 격파하였다.

39 이환(李峘, 浙江東道節度使 · 淮南節度使)이 윤주를 떠나는데,139) 부사 이장용(李藏用)이 이환에게 말하였다.

"다른 사람의 높은 자리를 차지하고, 다른 사람의 많은 봉록을 먹으면

---

137) 안경서의 무리가 아닌 다른 변란집단이다.

138) 숙종 건원(乾元) 2년(759년) 8월 을사일(乙巳日, 12일)에 양주(襄州)의 부장(部將)인 강초원(康楚元)과 장가연(張嘉延)이 양주를 근거지로 삼아서 반란을 일으킨 후, 양주(襄州) 자사 왕정(王政)을 내쫓고 강초원은 '남초패왕(南楚霸王)'이라 자칭하였다. 이에 이 해 11월 경에 강초원(康楚元) 등의 무리가 1만여 명에 이르자, 상주(商州) 자사로서 형 · 양등도조용사(荊 · 襄等道租庸使)에 충원된 위륜(韋倫)은 이들을 공격하여 강초원을 사로잡고, 그들이 약탈한 조용(租庸) 2백만 민(緡)을 획득하는 전공을 세운 바 있다.

139) 숙종 상원(上元) 원년(760년) 11월 갑오일(甲午日, 8일)에 유전(劉展)이 윤주(潤州, 치소는 京口로 강소성 鎭江市)를 함락하였기 때문에 이환(李峘)은 윤주를 떠나지 않을 수 없었던 것이다.

서 어려움이 닥치자 도망치는 것은 충성하는 것이 아닙니다. 수십 개 주의 병사와 먹을 것이 있고, 삼강(三江; 吳松江, 錢塘江, 浦陽江)과 오호(五湖)140)의 험난한 요충지를 차지하고 있으면서, 화살 한 발도 쏘지 않고 그곳을 버리는 것은 용감한 것이 아닙니다. 충성심과 용감성을 잃고서 어찌 임금을 섬기겠습니까? 저 이장용은 청컨대 나머지 병사들을 거두어서 온 힘을 다하여 그들을 막도록 해주십시오."

이환은 마침내 이후의 일을 처리할 수 있는 권한을 모두 이장용에게 넘겨주었다. 이장용은 흩어진 병졸들을 거두어서 700명을 얻고, 동쪽으로 가서 소주(蘇州, 강소성 소주시)에 도착하여 장사들을 모집하여 2천 명을 얻자, 목책을 세워서 유전을 막았다.

유전은 그 장수인 부자앙(傅子昂)과 종서(宗犀)를 파견하여 선주(宣州, 안휘성 선주시)를 공격하자, 선흡(宣歙, 치소는 선주)절도사 정경지(鄭炅之)는 성을 버리고 달아났고, 이환은 기주(淇州)141)로 달아났다.

이장용(李藏用)은 유전의 장수인 장경초(張景超) · 손대봉(孫待封)과 욱서(郁墅, 강소성 蘇州市 서북쪽)에서 싸웠으나, 군대가 패하자 항주(杭州, 절강성 항주시)로 달아났다. 장경초는 마침내 소주를 점거하였고, 손대봉은 나아가서 호주(湖州, 절강성 호주시)를 함락시켰다. 유전은 그 장수인 허역(許嶧)을 윤주 자사로 삼고, 이가봉(李可封)을 상주(常州, 강소성 상주시) 자사로 삼았으며, 양지벽(楊持璧)을 소주 자사로 삼고, 손대봉을 영호주사(領湖州事)로 하였다.

장경초가 드디어 전진하여 항주를 압박하자, 이장용은 그의 장수인 온

---

140) 여기에 대해서는 크게 두 가지의 주장이 있다. 첫째로 강소성(江蘇省) 남부와 절강성(浙江省) 북부에 걸쳐있는 태호(太湖)라는 설, 둘째로 태호와 그 주변의 4곳의 호수(四湖)를 합하여 5곳의 호수[五湖]란 설이다. 그런데 이 오호(五湖)의 명칭에 대해서는 태호(太湖)를 제외하고 나머지 사호(四湖)의 명칭은 사서(史書)마다 제각각이어서 여기에서 다 열거할 수가 없다.

141) 다른 판본에는 기(淇)를 홍(洪)으로 쓴 것이 있으며, 전체적으로 보아 홍주(洪州)가 맞으며, 홍주는 강서성 남창시(南昌市)이다.

조(溫晁)를 시켜서 여항(餘杭, 절강성 여항시 서남쪽 餘杭鎭)에 주둔시켰다. 유전은 이황(李晃)을 사주(泗州, 강소성 우태현) 자사로 삼고, 종서를 선주(宣州, 안휘성 선주시) 자사로 삼았다.

부자앙(傅子昂)은 남릉(南陵, 안휘성 남릉현)에 주둔하고서 장차 강주(江州, 강서성 九江市)로 내려가서 강서(江西, 江西省)를 순회하려고 하였다. 이에 굴돌효표(屈突孝摽)는 호주·초주(楚州, 강소성 淮安市)를 함락시키고, 왕굉(王暉)은 서주(舒州, 안휘성 潛山縣)·화주(和州, 안휘성 和縣)·저주(滁州, 안휘성 저주시)·여주(廬州, 안휘성 合肥市) 등의 주를 함락시키고 향하는 곳마다 쓰러지지 않은 곳이 없었으니, 모은 군사는 1만 명이고 기병은 3천인데 강·회에서 멋대로 돌아다녔다. 수주(壽州, 안휘성 壽縣) 자사 최소(崔昭)가 군대를 발동하여 이들을 막았는데, 이로 말미암아 왕굉은 서쪽으로 갈 수가 없었고 멈추고 여주에 주둔하였다.

애초에, 황상은 평로(平盧, 치소는 영주)병마사 전신공에게 명령하여 소속한 정예의 병사 5천을 거느리고 임성(任城, 산동성 濟寧市)에 주둔하도록 하였다. 등경산(鄧景山)은 이미 패하고 나자 형연은(邢延恩)과 함께 주문(奏文)을 올려서 전신공에게 칙서를 내려서 회남 지방을 구원하게 해달라고 빌었지만, 아직 회보 되지 않았다.

등경산이 사람을 보내어 그에게 가도록 하고 또 회남의 금과 비단 그리고 아들과 딸을 가지고 뇌물로 주는 것을 허락하니, 전신공과 거느린 사람들이 모두 기뻐하면서, 무리를 다 모아서 남쪽으로 내려갔는데, 팽성(彭城, 강소성 서주시)에 이르자, 전신공에게 유전을 토벌하라는 칙서가 내려갔다.

유전은 그 소식을 듣고, 처음으로 두려워하는 기색을 가졌으나, 광릉에서 병사 8천을 거느리고 와서 그들을 막고, 정예의 병사 2천을 선발하여 회수를 건너서 도양산(都梁山, 강소성 肝胎縣 남쪽)에서 전신공을 공격하도록 하였는데, 유전은 패하여 달아나다가 천장(天長, 안휘성 天長市)

에 이르렀다. 500의 기병으로 다리를 점거하고 항전하였지만 또 패하여 유전은 단지 1명의 기병과 함께 도망하여 강을 건넜다. 전신공이 광릉과 초주로 들어가서 크게 약탈하면서 상호(商胡, 페르시아와 아랍의 상인들)를 죽였는데, 1천 명으로 헤아려졌고, 성 안에는 땅이 파혜쳐진 것이 대략 두루 널려있었다.[142]

40 이 해에 토번(吐蕃)이 곽주(廓州, 청해성 化隆縣)를 함락시켰다. *

---

142) 사람들이 숨겨놓은 보물을 찾으려고 한 것이다.

資治通鑑

자치통감 권222
당(唐)시대 38(761~763년)

두 황제의 죽음과 연의 멸망

붕괴하는 사사명의 연과 또 다른 기병

숙종(肅宗) 상원(上元) 2년(辛丑, 761년)[1]

1 봄, 정월 계묘일(17일)에 사사명(史思明)[2]이 연호를 응천(應天)이라고 고쳤다.

2 장경초(張景超)[3]가 군사를 이끌고 항주(杭州, 절강성 항주시)를 공격하여 이장용(李藏用)의 장수인 이강(李彊)을 석이문(石夷門, 절강성 동향시 서쪽 석문진)에서 패배시켰다. 손대봉(孫待封)은 무강(武康, 절강성 덕청현 서쪽 무강진) 남쪽에서부터 나와서 장차 장경초를 만나서 항주를 공격하려는데, 온조(溫晁)[4]가 험한 곳을 점거하고 그를 쳐서 패배시켰다. 손대봉은 몸만 빼서 오정(烏程, 절강성 호주시)으로 달아나고, 이가봉(李可封)은 상주(常州, 강소성 상주시)를 들어가지고 항복하였다.

정미일(21일)에 전신공(田神功, 평로병마사)은 특진 양혜원(楊惠元) 등으

---

1) 연제 사사명 순천 3년, 응천 원년, 연제 사조의 현성 원년, 양왕 당자장 황룡 원년이다.

2) 사사명은 스스로 연 황제라고 하였지만 ≪자치통감≫에서는 황제의 칭호를 쓰지 않고 바로 이름을 써서 폄하하고 있다.

3) 당의 반란군 수령인 유전(劉展)의 부장이다.

4) 이장용의 부하 장수이다.

로 하여금 1천500명을 거느리고 서쪽으로 가서 왕흥(王暅)을 치게 하였다. 신해일(25일) 밤에 전신공은 먼저 특진 범지신(范知新) 등을 파견하여 4천 명을 거느리고 백사(白沙)에서부터 물을 건너게 하여 서쪽으로 가서 하촉(下蜀, 강소성 구용시 북쪽 장강의 나루)으로 향하게 하였다. 등경산(鄧景山)은 1천 명을 거느리고 해릉(海陵, 강소성 태주시)에서 물을 건너서 동쪽으로 상주(常州)를 향하였다. 전신공은 형연은(邢延恩)과 더불어 3천 명을 거느리고 과주(瓜洲, 강소성 양주시 남쪽 장강 가운데 있는 작은 섬)에서 진을 치고 있다가 임자일(26일)에 장강을 건넜다.

유전(劉展)은 1만 여 보병과 기병을 거느리고 산산(蒜山, 강소성 진강시 서쪽)에 진을 쳤고, 전신공은 배에다 병사를 싣고 금산(金山, 진강시 북쪽 장강 안에 있는 작은 섬)을 향하였는데, 마침 큰 바람을 만나서 다섯 척의 배가 표류하다가 금산 아래에 이르니 유전이 그 가운데 두 척의 배를 도륙하고 그 세 척의 배는 가라앉혀서 전신공은 건널 수가 없어서 과주로 돌아가서 진을 쳤다.

그러나 범지신 등의 군사가 이미 하촉에 도착하였으므로 유전이 이를 쳤지만 이기지 못하였다. 동생 유은(劉殷)이 유전에게 군사를 이끌고 도망하여 바다로 들어가서 세월을 연장시킬 수 있을 것이라고 권고하자, 유전이 말하였다.

"만약에 일이 잘 넘어지지 않을 것이라면 어찌 다른 사람의 부자(父子)를 많이 죽일 필요가 있겠는가? 죽는 것은 이르던 늦던 한 가지일 뿐이다."

드디어 다시 무리를 인솔하고 싸웠다.

장군 가은림(賈隱林)이 유전을 쏘아서 눈에 명중시켜 넘어뜨렸고 드디어 그의 목을 베었다. 유은과 허역(許嶧) 등이 모두 죽었다. 가은림은 활주(滑州, 하남성 활현) 사람이다.[5]

양혜원(楊惠元) 등이 왕흥(王暅)[6]을 회남에서 격파하니 왕흥이 군사를 이끌고 동쪽으로 도망하여 상숙(常熟, 강소성 상숙시)에 도착하였다가 마침내 항복하였다. 손대봉(孫待封)은 이장용에게 가서 항복하였다. 장경초는 병사를 모아 7천여 명에 이르렀지만 유전이 죽었다는 소식을 듣고 모두가 군사를 장법뇌(張法雷)[7]에게 주어 항주를 공격하게 하고, 장경초는 도망하여 바다로 들어갔다. 장법뇌가 항주에 도착하니 이장용이 이를 쳐서 깨뜨리고 나머지 무리들은 모두 평정되었다.

평로군(平盧軍)들이 열흘 동안 크게 노략질하였다. 안·사(安·史)의 난에는 반란을 일으킨 병사가 강·회(江·淮)에는 이르지 않았지만 이때에 이르러서 그 백성들이 비로소 해독(害毒)에 걸려들었다.

3 형남(荊南, 치소는 강릉)절도사 여인(呂諲)이 주문을 올렸다.

"청컨대 강남의 담주(潭州)·악주(岳州)·침주(郴州)·소주(邵州)·영주(永州)·도주(道州)·연주(連州)·검중(黔中, 사천성)의 부주(涪州)는 모두 형남에 예속시켜 주십시오."

이를 좇았다.

4 2월에 노랄(奴剌)[8]과 당항(党項)이 보계(寶雞, 섬서성 보계시)를 노략질하고 대산관(大散關)에 불 지르고 남쪽으로 가서 봉주(鳳州, 섬서성 봉현)를 침범하고 자사 소예(蕭恱)를 죽이고 대대적으로 약탈하고 서쪽으로 갔다. 봉상(鳳翔)절도사 이정(李鼎)이 이들을 추격하여 깨뜨렸다.

---

5) 가은림은 가순(賈循)의 당질인데, 가순에 관한 일은 현종 천보 14재(755년) 12월 조, ≪자치통감≫ 권217에 실려 있다.

6) 호삼성은 그 음주에서 眰을 古鄧의 翻이라고 하였으므로 긍으로 발음해야 한다.

7) 손대봉의 부하 장수이다.

8) 서강의 종족 명칭이다. 지금의 감숙성 남부에 거주하였다.

5 무진일(13일)에 신라왕 김억(金嶷)⁹⁾이 들어와서 조현하면서 이어서 숙위(宿衛)하게 해달라고 청하였다.

6 어떤 사람이 말하였다.

"낙중(洛中)에 있는 장사(將士)¹⁰⁾는 모두 연인(燕人)인데 오래 수(戍)자리를 서서 고향에 돌아갈 생각을 하여 위아래가 마음이 떨어져 있으니, 이를 치면 격파할 수 있습니다."

섬주(陝州, 하남성 삼문협시)관군용사 어조은(魚朝恩)이 믿을 만하다고 생각하여 누차 황상에게 말하니 황상이 이광필(李光弼, 천하병마부원수) 등에게 칙령을 내려서 나아가서 동경(東京)을 빼앗으라고 하였다. 이광필이 주문을 올려서 말하였다.

"도적들의 칼끝은 아직도 예리하니, 아직은 가볍게 나아갈 수 없습니다."

삭방(朔方)절도사 복고회은(僕固懷恩)은 용감하지만 괴곽(乖愎)하였고, 휘하에는 모두 번·한(蕃·漢)의 강한 병졸들이었고, 공로를 믿고 대부분이 불법을 저질렀으나 곽자의(郭子儀, 전 삭방절도사)는 넓고 후하게 대하고, 굽혀서 이들을 받아들여서 매번 군사를 써서 적에게 나아갈 적마다 이들에 의지하여 일을 처리하였다. 이광필은 성격이 엄격하여 하나같이 법으로 이들을 제재하였고 적당히 봐주는 일이 없었다.

복고회은은 이광필을 꺼리면서 속으로는 그를 미워하여 마침내 어조은에게 붙어서 동도(東都)는 빼앗을 수 있다고 말하였다. 이로 말미암아서 중사(中使)가 계속하여 와서 이광필에게 군사를 출동시키라고 하니 이광필은 부득이하여 정진(鄭陳)¹¹⁾절도사 이옥포(李玉抱)로 하여금 하양

---

9) 신라의 35대 경덕왕이다.

10) 반란을 일으킨 군사들을 말한다.

11) 이미 함락된 곳이며, 관직만 남아 있을 뿐이다.

(河陽)을 지키게 하고, 복고회은과 더불어 군사를 거느리고 어조은과 신책절도사 위백옥(衛伯玉)과 만나서 낙양을 공격하게 하였다.

무인일(23일)에 망산(邙山, 낙양성의 북쪽)에 진을 쳤다. 이광필은 험한 곳에 의지하여 진을 치도록 명령하였는데, 복고회은은 평원에 진을 치자 이광필이 말하였다.

"험한 곳에 의지하여야 나아갈 수도 있고 물러설 수도 있다. 만약에 평원이라면 싸우다 승리하지 못하면 다 없어진다. 사사명을 홀시(忽視)하지 말라."

험한 곳으로 이동하게 하니 복고회은은 다시 이를 저지하였다.

사사명은 그들의 진지가 아직 확정되지 않은 것을 틈타고서 군사를 진격시켜서 이들을 압박하니 관군은 대패하고 죽은 사람이 수천 명이었으며 군사 물자와 기계는 다 없어졌다. 이광필과 복고회은은 황하를 건너서 달아나서 문희(聞喜, 산서성 문희현)를 지켰으며, 어조은과 위백옥은 도망하여 섬주로 돌아왔고, 이옥포 역시 하양을 버리고 달아나니, 하양과 회주는 모두 도적에게 들어갔다. 조정에서는 이 소식을 듣고 크게 두려워하여 군사를 더욱 보태어 섬주에 주둔시켰다.

7 이규(李揆)는 여인(呂諲)과 함께 재상이었는데,[12] 서로 좋아하지 않았다. 여인이 형남(荊南)에 있으면서[13] 정치를 잘하였다고 소문이 나자, 이규는 그가 다시 재상이 되어 들어올까 두려워하여 주문을 올려서 호남(湖南)에 군진(軍鎭)을 두는 것은 편안하지 않다[14]고 말하고 또 몰래 사람을 시켜서 형남과 호남에 가게 하여 여인의 과실을 찾아내게 하였다.

---

12) 숙종 건원 2년(759년) 3월의 일이고, 그 내용은 ≪자치통감≫ 권221에 실려 있다.

13) 숙종 상원 원년(760년) 5월의 일이고, 그 내용은 ≪자치통감≫ 권221에 실려 있다.

14) 담주, 침주, 소주, 영주, 도주, 연주는 모두 동정호의 남쪽에 있고 여인이 이를 겸하여 관장하게 해달라고 청하였기 때문에 이를 반대한 것이다.

여인은 상소문을 올려서 이규의 죄를 소송하니 계미일(28일)에 이규를 깎아내려서 원주(袁州, 강서성 의춘시)장사로 삼고 하중절도사 소화(蕭華)를 중서시랑·동평장사로 삼았다.

8 사사명은 시기하고 잔인하며 죽이기를 좋아하여 여러 밑에 있는 사람들이 조금만 뜻대로 되지 아니하는 경우에 움직였다 하면 족멸(族滅)시키기에 이르니 사람들은 스스로를 보장하지 못하였다. 사조의(史朝義)는 그의 맏아들이고 항상 사사명을 좇아서 군사를 거느렸는데 자못 겸손하고 부지런하며 사졸들을 아껴서 장사(將士)들은 대부분 그에게 붙으니 사사명에게 총애를 받지 못하였다.

사사명은 어린 아들인 사조청(史朝淸)을 아껴서 범양(范陽, 북경시)을 지키게 하고,15) 항상 사조의를 죽이고 사조청을 세워서 태자로 삼고자 하였는데, 좌우에 있는 사람들이 그 모의한 것을 누설하였다. 사사명이 이미 이광필을 격파하고 나서 이긴 기세를 타고서 서쪽으로 가서 관(關, 潼關)에 들어가게 하는데, 사조의로 하여금 군사를 거느리고 선봉이 되게 하여 북쪽 길에서부터 섬성(陝城, 하남성 삼문협시)을 습격하게 하고, 사사명은 스스로 남쪽 길16)에서 많은 군사를 거느리고 이를 이어주려고 하였다.

3월 갑오일(9일)17)에 사조의의 군사가 강자령(礓子嶺, 삼문협시 남쪽)에 도착하였는데 위백옥(衛伯玉)이 마주쳐서 그를 격파하였다. 사조의는 자주 군사를 진격시켰으나 모두 섬성의 군사들에게 패배되었다. 사사명은

---

15) 이 일은 상원 원년(760년)에 있었고, 그 내용은 ≪자치통감≫ 권221에 실려 있다.

16) 북쪽 길은 황하의 남안을 말하고, 남쪽 길은 효산 협곡을 말한다.

17) ≪실록≫에는 이날을 갑자라고 하였으나, ≪통감고이≫에서는 '3월 1일이 병술일이므로 갑오가 맞다.'고 말하였다. ≪실록≫의 기록이 잘못된 것인데, ≪자치통감≫에서 이를 정정한 것이다.

물러나서 영녕(永寧, 하남성 낙녕현 북쪽)에 주둔하고 사조의를 겁쟁이라고 하면서 말하였다.

"끝내는 나의 대업을 이루기에는 부족하겠구나!"

군법에 따라서 사조의와 제장을 참수하려고 하였다.

무술일(13일)에 사조의에게 명령하여 삼우성(三隅城)[18]을 쌓게 하고 군량(軍糧)을 저축하려고 하면서 하루에 마치기를 기대하였다. 사조의가 쌓는 일을 마치고 아직 흙칠을 하지 않았는데 사사명이 도착하여 그에게 욕하고 노하였고 좌우에 있는 사람들에게 말을 세워 놓은 채 흙칠 하는 것을 감독하게 하여 이 일은 드디어 마쳤다. 사사명이 또 말하였다.

"섬주(陝州)에서 이길 때까지 기다렸다가 끝내 이 도적놈을 참수하겠다."

사조의는 두려워서 할 바를 알지 못하였다.

사사명이 녹교역(鹿橋驛, 하남성 낙녕현)에 있었으면서 심복 조장군(曹將軍)에게 군사를 거느리고 숙위(宿衛)하게 하였다. 사조의는 역여(逆旅)[19]에 묵었는데, 그의 부장인 낙열(駱悅)과 채문경(蔡文景)이 사조의에게 유세하였다.

"저 낙열 등은 왕과 더불어 죽을 날이 얼마 남아 있지 않습니다. 옛날부터 폐위시키고 세우는 일은 있었는데, 청컨대 조 장군을 불러서 이를 모의하십시오."

사조의는 머리를 구부리고 응답하지 않았다.

마열 등이 말하였다.

"왕께서 만약에 허락하지 아니한다면 저 마열 등은 지금 이씨(李氏)[20]

---

18) 삼각성이라고 한 판본도 있다. 삼면만 성을 쌓고 한쪽은 산에 기대어서 만든 성을 말한다.

19) 역관이다. 여행객이 묵을 수 있는 시설을 말한다.

20) 당 황실을 말한다.

에게로 귀부할 것인데 왕께서도 역시 온전하지 아니할 것입니다.”

사조의가 울면서 말하였다.

“여러분이 잘 하시되 성인(聖人)21)을 놀라게 하지 마시오.”

마열 등은 마침내 허숙기(許叔冀)의 아들인 허계상(許季常)으로 하여금 조 장군을 부르게 하고, 도착하자, 그들이 모의한 것을 그에게 알렸다. 조 장군은 제장들의 원한이 다하였음을 알고, 화가 자기에게 미칠까 두려워하여 감히 어기지 못하였다.

이날 저녁에 마열 등은 사조의의 부병(部兵) 300에게 갑옷을 입혀서 역(驛)으로 가게 하니 숙위하는 군사들이 이를 이상하게 생각하였으나 조 장군을 두려워하여 감히 움직이지 않았다. 마열 등은 군사를 이끌고 들어가서 사사명이 자는 곳에 갔으나 마침 사사명은 측간(厠間)에 갔는데, 좌우에 있는 사람에게 물었지만 그 대답이 나오기도 전에 이미 몇 명을 죽이니, 좌우에 있는 사람이 그곳을 가리켜 보였다.

사사명은 변고가 있다는 것을 듣고서 담장을 넘어서 마구간22)으로 가서 스스로 말안장을 채우고 이를 탔는데, 마열의 겸인(傔人, 시종)인 주자준(周子俊)이 그를 활로 쏘아 어깨를 명중시켜 말에서 떨어뜨리고 드디어 그를 잡았다. 사사명이 물었다.

“난을 일으킨 사람이 누구냐?”

마열이 말하였다.

“회왕(懷王)23)의 명령을 받들었습니다.”

사사명이 말하였다.

---

21) 군왕을 듣기 좋게 표현한 말이다. 여기서는 사조의가 자기 아버지인 사사명을 가리키는 말이다.

22) 원문에는 '廏□'라고 되어 있어서 한 글자가 누락되었다. 다른 판본에는 □ 대신에 '중(中)' 자가 들어가 있는 것도 있지만 마구간으로 번역하는 데는 차이가 없다.

23) 회왕은 사조의를 말한다. 사조의는 사사명의 연회왕에 책봉되었었다.

"내가 아침에 말을 잘못하여서 의당 여기에 이른 것이다. 그러나 나를 너무 일찍 죽이는데, 어찌 내가 장안에서 승리하기를 기다리지 않았는가? 이제 일은 완성되지 않겠구나."

마열 등은 사사명을 유천역(柳泉驛, 하남성 의양현 서쪽 유천진)으로 호송하여 이를 가두었다. 돌아와서 사조의에게 보고하였다.

"일이 성공되었습니다."

사조의가 말하였다.

"성인(聖人)을 놀라게 하지 않았는가?"

마열이 말하였다.

"없습니다."

이때에 주지(周摯)와 허숙기가 후군(後軍)을 거느리고 복창(福昌, 하남성 의양현 서쪽 복창진)에 있었는데, 마열 등이 허계상으로 하여금 가서 이를 알리게 하니 주지는 놀라서 땅에 넘어졌다. 사조의는 군사를 이끌고 돌아왔고 주지와 허숙기가 와서 영접하자 마열 등이 사조의에게 주지를 잡아서 죽이라고 권고하였다.

군사가 유천역에 도착하자 마열 등은 무리들의 마음이 하나가 되지 않을까 두려워하여 드디어 사사명을 목매달아 죽이고 그 시체를 담요에 싸서 낙타의 등에 짊어지게 하여 낙양으로 돌아왔다.

사조의가 황제의 자리에 올랐고 연호를 고쳐서 현성(顯聖)이라고 하였다. 비밀리에 사자를 파견하여 범양(范陽, 북경)에 가서 산기상시 장통유(張通儒) 등에게 칙령을 내려서 사조청(史朝淸)[24]과 사조청의 생모인 신씨(辛氏)와 아울러 자기에게 붙지 않은 사람 수십 명을 죽이게 하였다. 그 무리들이 스스로 서로 공격하여 성 안에서 몇 달을 싸우니 죽은 사람이 수천 명이 되고서야 범양은 마침내 안정되었다. 사조의는 그의 장

---

24) 사사명의 아들이며 사조의의 동생으로 사사명이 귀여워한 사람인데 범양에서 지키고 있었다.

수인 유성(柳城, 요녕성 조양시) 사람 이회선(李懷仙)을 범양윤·연경(燕京) 유수로 삼았다.

이때에 낙양의 주위 400리에 있는 주와 현은 모두 텅 빈 언덕이 되었으나 사조의가 거느리는 절도사는 모두 안록산이 거느렸던 옛날 장수로 사사명과 같은 등급이어서 사조의가 불렀으나 대부분 오지 않았고, 대략 서로 기미(羈縻)[25]하였을 뿐이어서 그들을 쓸 수는 없었다.

9 이광필(李光弼, 천하병마부원수)이 표문을 올려서 굳게 스스로 벼슬을 깎게 해달라고 요구하니 제서(制書)를 내려서 개부의동삼사·시중으로 하중(河中, 치소는 하중)절도사를 관장하게 하였다.[26]

10 술사(術士)인 장새(長塞, 하북성 울현 서남쪽) 진장(鎭將) 주융(朱融)이 좌무위장군 두여분(竇如玢) 등과 더불어 사기왕(嗣岐王) 이진(李珍)을 받들고 난을 일으키기로 모의하였는데, 금오장군 형제(邢濟)가 이를 고발하였다. 여름, 4월 초하루 을묘일에 이진을 폐위시켜서 서인(庶人)으로 만들고 진주(溱州, 서천성 기강현 동남쪽)에 안치(安置)하였으며, 그 무리들은 모두 복주(伏誅)되었다. 이진은 이업(李業)[27]의 아들이다.

병진일(2일)에 좌산기상시 장호(張鎬)는 진주(辰州, 호남성 원릉현)사호(司戶)로 벼슬이 깎였다. 장호가 일찍이 이진의 집을 샀었기 때문이다.

---

25) 기미란 형식상의 예속 관계를 유지하지만 실제적으로는 큰 연관을 갖지 않는 관계인 것으로, 이 경우에는 사조의와 미약한 종속관계를 갖추는 정도를 말한다.

26) 영직(領職)이다. 명목상으로는 개부의동삼사와 시중이지만 실제로는 하중절도사의 업무를 관장하게 한 것이다.

27) 사기왕은 기왕을 이을 사람이라는 말이다. 기왕(岐王) 이업(李業)은 상황 현종의 동생이다. 그러므로 숙종의 삼촌이고, 이진은 숙종의 사촌이다. 이업이 기왕에 책봉된 것은 예종 경운 원년(710년) 6월의 일이고, 이 내용은 ≪자치통감≫ 권210에 실려 있다.

11 기미일(5일)에 이부시랑 배준경(裴遵慶)을 황문시랑·동평장사로 삼았다.

12 을해일(21일)에 청밀(青密, 치소는 청주)절도사 상형(尚衡)이 사조의의 군사를 깨뜨리고 참수한 것이 5천여 급이었다.

13 정축일(23일)에 연운(兗鄆, 치소는 연주)절도사 내원호(能元皓)가 사조의의 군사를 격파하였다.

14 임오일(28일)에 재주(梓州, 사천성 삼태현) 자사 단자장(段子璋)이 반란을 일으켰다. 단자장은 날래고 용감하여 상황을 좇아 촉에 있으면서[28] 공로를 세웠는데, 동천(東川, 치소는 재주)절도사 이환(李奐)이 주문을 올려서 그를 바꾸자, 단자장이 군사를 일으켜서 면주(綿州, 사천성 면양시)에서 이환을 습격하였다.

  길을 가면서 수주(遂州, 사천성 수녕시)를 지나가는데 자사인 괵왕(虢王) 이거(李巨)가 너무 갑작스러워서 속군(屬郡)의 예를 가지고 그를 영접하였는데,[29] 단자장은 그를 죽였다. 이환은 싸우다 패배하자 성도(成都)로 달아났고, 단자장은 스스로 양왕(梁王)이라고 하면서 연호를 황룡(黃龍)이라고 고쳤고, 면주를 용안부(龍安府)로 하여 백관을 두고 또 검주(黔州, 사천성 검각현)를 함락시켰다.

15 5월 기축일(5일)에 이광필(李光弼)이 하중(河中, 산서성 영제현)에서 들어와 조현하였다.

---

28) 당 현종이 촉으로 피난하였을 때인 숙종 지덕 원재(756년) 6월의 일을 말하며, 이 내용은 《자치통감》 권218에 실려 있다.
29) 재주와 수주 두 주는 모두 동천절도사에게 예속된 열군이었다.

16 애초에, 이보국(李輔國)은 장후(張后)와 더불어 상황을 서내(西內, 태극궁)로 옮기려고 같이 모의하였다. 이날이 단오일이어서 산인(山人)[30]인 이당(李唐)이 황상을 알현하였는데, 황상이 바야흐로 어린 딸을 안고 있다가 이당에게 말하였다.

"짐은 이를 생각하고 있는데, 경은 이상하게 생각하지 마시오."

대답하였다.

"태상황이 폐하를 만나보려고 생각하는 것이 추측컨대 역시 폐하께서 공주를 생각하는 것과 같을 것입니다."

황상이 눈물이 글썽거리듯 하더니 눈물을 흘렸지만 그러나 장후를 두려워하여 오히려 감히 서내(西內, 상황 이융기가 머무는 곳)로 가지 못하였다.

17 계사일(9일)에 당항(党項)이 보계(寶雞, 섬서성 보계시)를 노략질하였다.

18 애초에, 사사명은 그의 박주(博州, 산동성 유성시) 자사인 영호창(令狐彰)[31]을 활·정·변(滑·鄭·汴)절도사로 삼아, 수천 명의 군사를 거느리고 활대(滑臺, 하남성 활현)에서 지키게 하였다. 영호창은 비밀리에 중사(中使) 양만정(楊萬定)을 통하여 표문을 전하여서 항복을 받아달라고 요청하며 옮겨서 행원도(杏園度, 하남성 위휘시 남쪽, 옛날 황하 나루)에 주둔하였다.

사사명은 이를 의심하고 그의 장수인 설급(薛岌)을 파견하여 그를 포위하였다. 영호창은 설급과 싸워서 그를 대파하고 이어서 양만정을 좇아서 들어와 조현하였다. 갑오일(10일)에 영호창을 활·위등육주(滑·衛等六州) 절도사로 삼았다.[32]

---

30) 산에서 사는 사람 즉, 도사나 은사 같은 사람을 말한다.

31) 영호창에 관한 일은 숙종 지덕 2재(757년) 12월에 있었는데, ≪자치통감≫ 권219를 참고하시오.

19 무술일(14일)에 평로(平盧, 치소는 영주)절도사 후희일(侯希逸)이 사조의의 범양(范陽) 군사를 쳐서 이를 깨뜨렸다.

20 을미일(11일)에 서천(西川)절도사 최광원(崔光遠)과 동천(東川)절도사 이환(李奐)이 함께 면주(綿州)를 공격하여 경자일(16일)에 이를 뽑고 단자장(段子璋)을 참수하였다.

21 다시 이광필(李光弼)을 하남(河南)부원수 · 태위 · 겸시중으로 삼고, 하남(河南), 회남동 · 서(淮南東 · 西), 산남동(山南東), 형남(荊南), 강남서(江南西), 절강동 · 서(浙工東 · 西)의 팔도(八道)행영절도를 전체적으로 통괄하게 하여33) 나아가서 임회(臨淮, 사주의 치소, 강소성 우태현 회하의 북안)에서 진수하게 하였다.

22 6월 갑인일(1일)에 청밀(青密)절도사 내원호(能元皓)34)가 사조의의 장수인 이원우(李元遇)를 패배시켰다.

23 강회도통(江淮都統) 이환(李峘)이 지켜내지 못한35) 죄를 받을까 두려워하여 절서(浙西, 치소는 승주)절도사 후령의(侯令儀)에게 허물을 돌리자, 병자일(23일)에 후령의가 연좌되어 제명(除名)36)되었고, 강주(康州, 광동

---

32) 6주란 활주(滑州), 위주(衛州), 상주(相州), 패주(貝州), 위주(魏州), 박주(博州)이다.

33) 관직명은 도통회남동서산남동형남강남서절강동서팔도행영절도(都統淮南東西山南東荊南江南西浙工東西八道行營節度)인데, 이 관직명이 너무 길어서 이를 풀어 썼다.

34) ≪자치통감≫ 권221에 연운(兗鄆)절도사 내원호라는 기록이 있는 것으로 보아서 청밀은 연운으로 하여야 하지 않을까 생각된다. 연운의 치소는 연주이다.

35) 이환이 실패한 일은 상원 원년(670년)의 일이고, 이 내용은 ≪자치통감≫ 권221에 실려 있다.

36) 관직을 가지거나 가질 수 있는 사람의 명단에서 제적하는 것을 말한다.

성 덕경현)로 멀리 유배되었다. 전신공에게 개부의동삼사를 덧붙여 주어서 서주(徐州) 자사로 옮기고, 이환과 등경산(鄧景山, 회남절도사)을 징소하여 경사(京師)로 돌아오게 하였다.

24 무인일(25일)에 당항(党項)이 호치(好畤, 섬서성 영수현 서남쪽)를 노략질하였다.

25 가을, 7월 초하루 계미일에 일식이 있었는데 개기식(皆旣蝕)이어서 큰 별들이 모두 드러났다.

26 시소부감(試小府監)37) 이장용(李藏用)을 절서절도부사로 삼았다.

27 8월 초하루 계축일에 개부의동삼사 이보국(李輔國)에게 병부상서를 덧붙여 주었다. 을미일38)에 이보국이 부상(赴上)39)하였는데, 재상과 조정의 신하들이 모두 그를 배웅하였고, 어주(御廚)40)에서는 음식을 갖추었으며 태상시에서는 음악을 진설하였다. 이보국의 교만함과 방종함이 날로 심해져 재상으로 삼아 달라고 요구하였다.

  황상이 말하였다.

  "경의 공로를 가지고서는 어느 직책인들 할 수 없겠소만, 조정에서의

---

37) 시직(試職)이다. 이는 처음 관직을 임용하면서 시험적으로 1년간 채용해 보고, 그 업무에 맞으면 진직(眞職)을 주도록 한 임용방법이다.

38) 8월 1일이 계축일이므로 8월에는 을미일은 없고, ≪구당서≫에는 이 기사는 8월 1일 조 아래에 날짜 없이 쓰여 있다. 다만 을(乙)과 기(己)는 필사과정에서 서로 잘못 쓰인 경우가 많으므로 만약에 을미(乙未)를 기미(己未)의 잘못으로 본다면, 기미일은 7일이다.

39) 복야와 상서가 성에 들어가서 직책을 맡아 보는 것이다.

40) 황제의 음식을 만드는 주방을 말한다.

명망 있는 사람들이 아직은 동의하지 않으니 어찌하오?"

이보국이 마침내 복야(僕射) 배면(裴冕) 등에게 자기를 천거하도록 넌지시 말하였다.

　황상이 비밀리에 소화(蕭華, 재상)에게 말하였다.

　"이보국이 재상을 시켜달라고 요구하는데, 만약에 공경들이 표문을 올려 오면 주지 않을 수가 없소."

소화가 나가서 배면에게 물었더니, 말하였다.

　"애초에, 이런 일을 없애야 하니, 내 팔을 자를 수는 있어도 재상은 얻을 수 없을 것이오."

소화가 들어가서 이를 말하니 황상이 크게 기뻐하였다. 이보국은 이를 악 물었다.

28　기사일(17일)에 이광필(李光弼)이 하남(河南, 치소는 서주) 행영으로 갔다.

29　신사일(29일)에 전중감(殿中監) 이약유(李若幽)를 진서(鎮西, 치소는 구자)·북정(北庭, 치소는 북정, 신강성 길목살이현)·흥평(興平, 치소는 상주, 섬서성 상주시)·진정(陳鄭) 등 절도행영 및 하중(河中) 절도사[41]로 삼아 강주(絳州, 산서성 신강현)에서 진수하게 하니, 이름을 하사하여 이국정(李國貞)이라고 하였다.

30　9월 갑신일(3일)에 천성지평절(天成地平節)에 황상이 삼전(三殿)[42]에

---

41) 진정(陳鄭)은 이미 함락당한 곳이고, 이 직책은 이광필을 대신한 것이다.

42) 천성지평절은 황제인 숙종의 생일이다. 숙종은 예종 경운 2년(711년) 9월 3일에 탄생하였다. 삼전은 대명궁(大明宮) 안에 인덕전(麟德殿)이 있는데, 선거전(仙居殿)의 서북쪽에 있으며 이 전의 세 면 역시 삼전이라고 명명하였다고 한다. 인덕전은 한림원의 동쪽에 있다.

도량(道場)을 설치하고 궁인(宮人)을 불보살(佛菩薩)로 만들고 무사(武士)를 금강신왕(金剛神王)으로 만들어 대신을 불러서 둘러싸고 모배(膜拜)[43] 하게 하였다.

---

43) 고대에 절하는 예식의 하나이다. 예를 진행할 때에 두 손응 이마에 올려 놓고 오래도록 무릎을 꿇고 머리를 조아리는 것을 말한다. 원래는 전적으로 부처에게 절하는 일종의 경례인데 후에 극단적으로 공격하거나 혹은 두려워 복종하는 뜻을 표현하는 방식이다. 일반적으로 오체투지라고 하는 것이다.

재정 악화 속에 현종·숙종의 연이은 죽음

31 임인일(21일)에 제서(制書)를 내려서 존호(尊號)44)를 없애고 다만 황제라고만 부르라고 하였다. 연호를 없애고 다만 원년(元年)이라고만 칭하라고 하였다. 건자월(建子月)45)을 매해의 첫째 달로 하고, 매달은 모두 소건(所建)한 것을 수(數)로 하라고 하고, 이어서 천하를 사면하였다.

경조(京兆)·하남(河南)·태원(太原)·봉상(鳳翔)의 사경(四京)과 강릉(江陵)의 남도(南都)라는 칭호를 정지시켰다. 지금부터 매번 5품 이상의 청망관(淸望官)46)과 낭관·어사·자사를 제수할 적에는 한 사람을 천거하여 자기를 대신하게 하고, 그 천거된 사람을 보고 전최(殿最)47)를 시행한다.

32 강·회(江·淮)에 큰 기근이 생겨서 사람이 서로 잡아먹었다.

---

44) 숙종에게 존호를 올린 것은 숙종 지덕 2재(757년) 12월 22일의 일이었고, 이 내용은 《자치통감》 권219에 실려 있다.

45) 주대에는 자월(子月) 즉 음력 11월을 매해의 첫째 달로 정하였는데, 이를 건자라고 하였다. 따라서 건자월이란 11월을 말한다.

46) 당대(唐代)에 대성의 시어(侍御)하는 관직을 말하는데, 시종에 참여하여 명망이 있는 것을 부르는 말이다.

47) 군인이나 관직에 있는 사람을 평가할 적에 가장 우수한 사람은 최라고 하고 하등의 경우를 전이라고 한다.

33   겨울, 10월에 강·회도통 최원(崔圓)이 이장용(李藏用)을 초주(楚州, 강소성 회안시) 자사로 삼았다. 마침 지탁조용사(支度租庸使)[48]는 유전(劉展)의 반란으로 여러 주의 창고에 있는 물건을 사용하는 기준이 없게 되자 조사하고 대조하게 해달라고 주청(奏請)하였다.

이때에 갑자기 병사를 모집하게 되니 물자가 많이 흩어지고 없어져서 이를 조사하여 부족하게 되면 제장들은 왕왕 재산을 팔아서 이를 배상하였다. 이장용은 그 일이 자기에게 미치게 될까 두려워하여 일찍이 다른 사람과 말하면서 자못 회한(悔恨)[49]을 갖게 되었다. 그의 아장인 고간(高幹)은 옛날의 원한을 품고, 사람을 시켜서 광릉(廣陵, 강소성 양주시)에 가서 이장용이 반란한다고 고발하게 하고, 먼저 군사를 가지고 그를 습격하였다. 이장용은 달아났지만 고간이 쫓아가서 그를 목 베었다.

최원이 드디어 이장용의 장리(將吏)들에게 장부를 가지고 책임을 지게 하면서 이를 조사하니, 장리들은 두려워하여 모두가 그러한 상황을 이루었다는 말[50]에 붙어 버렸다. 다만 손대봉(孫待封)만은 굳게 반란하지 않았다고 말하자 최원은 끌어내어 그를 참수하라고 명령하였다.

어떤 사람이 말하였다.

"그대는 어찌하여 무리를 좇아서 사는 길을 찾지 않으시오?"

손대봉이 말하였다.

"나는 처음부터 유대부(劉大夫, 유전)를 좇았고 조서를 받들어서 군진(軍鎭)으로 오자[51] 어떤 사람이 내가 반란하였다고 말하였지만 이공(李

---

48) 《당육전》에 의하면 탁지랑(度支郞)이 국용(國用)의 지출과 조부(租賦)의 다소를 관장하도록 되어 있다.

49) 스스로 초주 자사가 된 것을 후회한 것이다.

50) 이장용이 반란을 준비하였다는 상황을 주장하는 고간의 말에 동조한 것을 말한다.

51) 진수 지역으로 온 것은 상원 원년(760년)이고, 그 내용은 《자치통감》 권221에 실려 있다.

公, 이장용)이 군사를 일으켜서 유대부를 없앴는데 지금 또 이공이 반란하였다고 하오. 이와 같다면 누가 반란한 사람이 안 되겠으며 끝까지 남을 사람이 있겠소? 나는 차라리 죽게 되더라도 다른 사람이 죄를 짓지아니한 것을 가지고 무고할 수는 없소."

드디어 그를 참수하였다.

34　건자월(建子月) 초하루 임오일에 황상이 조하를 받았는데, 마치 정월(正月) 원단(元旦)의 의식과 같이 하였다.[52]

35　어떤 사람이 홍려경(鴻臚卿) 강겸(康謙)과 사조의가 내통한다고 고발하였는데, 이 일은 사농경(司農卿) 엄장(嚴莊)[53]에게까지 연루되니 모두옥에 집어넣었다. 경조윤 유안(劉晏)이 관리를 파견하여 엄장의 집을 막고 지키게 하였다.

황상이 얼마 안 있다가 칙령을 내려서 엄장을 나오게 하였고 이끌려알현하였다. 엄장은 유안을 원망하여서 이어서 '유안이 신과 말하는데항상 금중(禁中)에 있었던 말을 하면서 공로를 세운 것을 자랑하고 황상을 원망하였다.'고 말하였다. 정해일(6일)에 유안을 통주(通州, 사천성 달천시) 자사로 깎아 내리고 강겸은 주살되었다.

무자일(11월 7일)에 어사중승 원재(元載)를 호부시랑으로 삼아 탁지 · 주전 · 염철 겸 강 · 회전운등사(度支 · 鑄錢 · 鹽鐵兼江 · 淮轉運等使)에 구당(句當)하도록 충임하였다.[54] 원재는 애초에 탁지낭중(度支郎中)이었는데,

---

52) 건자월은 11월이고, 지난 9월 21일의 제서에 의하여 건자월 즉 11월을 새해의 첫 달로 하라는 명령이 있었으므로 당연히 이날 해가 바뀌어야 함에도 ≪자치통감≫에서는바꾸지 않고 있다.

53) 엄장은 안록산의 심복이었다가 안록산을 죽이고 당에 투항한 인물이며, 이 일은 숙종지덕 2재(757년) 정월과 10월의 일이고, ≪자치통감≫ 권219에 실려 있다.

54) 탁지 · 주전 · 염철 겸강 · 회전운등사(句當度支 · 鑄錢 · 鹽鐵 · 榷江 · 淮轉運等使)는 관

민첩하고 깨닫고 상주하고 대답하는 일을 잘하여 황상이 그의 재주를 아껴서 강·회의 조운하는 일을 위임하였는데, 몇 달 만에 드디어 유안을 대신하여 재리(財利)에 관한 일을 전적으로 관장하였다.

36 무술일(17일)은 동지이다. 기해일(18일)에 황상이 서내(西內)에서 상황(上皇, 현종)을 조현하였다.

37 신책(神策)절도사 위백옥(衛伯玉)이 사조의를 공격하고 영녕(永寧, 하남성 낙녕현 북쪽)을 뽑고, 면지(澠池, 하남성 면지현)·복창(福昌, 하남성 의양현 서쪽 복창진)·장수(長水, 하남성 낙녕현 서쪽 장수진) 등의 현을 깨뜨렸다.

38 기유일(28일)에 황상이 태청궁(太淸宮, 노자 이이의 사당)에 가서 제사를 지냈다. 경술일(29일)에 태묘(太廟)와 원헌묘(元獻廟, 숙종의 어머니인 양후의 사당)에 제사를 지냈다. 건축월(建丑月)55) 초하루 신해일에 원구(圜丘)·태일단(太一壇)에 제사를 지냈다.

39 평로(平盧, 치소는 영주)절도사 후희일(侯希逸)과 범양(范陽, 사조의의 근거지, 연)이 서로 공격한 지 몇 해가 계속되었는데 구원하는 것이 이미 끊어졌다. 또 해족(奚族)들의 침략하는 바가 되어 마침내 그 군사 2만여 명을 모두 들어 가지고 이회선(李懷仙, 연경유수)을 공격하여 이를 격파하고 이어서 군사를 이끌고 남쪽으로 갔다.

직명이다. 이 관직은 탁지사·주전사·염철사와 강회전운사 등 여러 사직(使職)을 겸한 직책이다. 그리하여 마지막에 등사(等使)라고 한 것이다. 구당(句當)이란 원래 담당한다는 의미인데, 당대에는 직함의 이름 앞에 붙여서 사용하였다.

55) 앞서 달을 숫자로 하지 말로 간지(干支)로 하라고 하였으므로, 11월이 자(子)이므로 축(丑)은 12월이다.

숙종 보응(寶應) 원년(壬寅, 762년)[56]

1   건인(建寅)월[57] 갑신일(4일)에 정덕(靖德)태자 이종(李琮)[58]을 봉천(奉天)황제로 추존하고, 비(妃)인 두씨(竇氏)를 공응(恭應)황후로 하였으며, 정유일(17일)에 제릉(齊陵)에 장사 지냈다.

2   갑진일(24일)에 토번(吐蕃)이 사자를 파견하여 화의하기를 청하였다.

3   이광필(李光弼, 하남부원수)이 허주(許州, 하남성 허창현)를 뽑고 사조의가 임명한 영천(潁川, 허주) 태수 이춘(李春)을 사로잡았다. 사조의의 장수인 사참(史參)이 이를 구원하였고, 병오일(26일)에 성 아래에서 싸워서 역시 이들을 격파하였다.

4   무신일(28일)에 평로(平盧)절도사 후희일이 청주(青州, 산동성 청주시)의 북쪽에서 하(河, 황하)를 건너서 전신공(田神功) · 내원호(能元皓)[59]와 연주(兗州)에서 만났다.

5   조용사(租庸使) 원재(元載)는 강 · 회(江 · 淮)가 비록 전쟁을 거치는 바람에 황폐화 되었지만 그 백성들은 여러 도(道)에 비하여 오히려 재산을

---

56) 연 사조의 현성 2년이고, 원조(袁晁) 보승(寶勝) 원년이다.

57) 지난해 9월에 숙종은 칙령을 내려서 건자월(11월)을 1년의 첫 달로 하라고 하였는데, 그러므로 12지의 순서에 따라서 지난달은 건축월이고, 이번 달은 건인월이며, 1월이 된다. 다만 해가 바뀌는 것이 지난 11월 즉, 건자월에 바뀌어야 하나 ≪자치통감≫에서는 여전히 1월을 해가 바뀌는 것으로 기록하고 있다. 아마도 이 해의 4월에 다시 월수로 기록하라는 제서를 내렸기 때문에 소급하여 이를 적용한 것 같다.

58) 숙종 이형의 형이며, 이에 관한 사건은 현종 천보 11재(752년) 2월 5일에 있었고, ≪자치통감≫ 권216에 기록되어 있다.

59) 전신공은 서주 자사이고, 내원호는 연운(兗鄆)절도사이다.

가지고 있어서 마침내 호적에 의거하여 8년 동안의 조조(租調)를 위반한 것을 조사하여 미납한 것을 거둬들이게 하였는데, 그 대략의 숫자를 계산하여 이를 징수하였다. 호리(豪吏, 토호관리)를 골라 현령(縣令)으로 삼아서 그것을 감독하게 하였더니 미납한 것이 있는지 없는지 그리고 자산의 많고 적은 것을 묻지 아니하고, 백성들 가운데 곡식과 비단을 가지고 있는지를 살펴서 무리를 발동하여 그곳을 둘러싸고 그가 가지고 있는 것을 등록하고 반으로 나누었으며, 심한 경우에는 열에 여덟아홉을 빼앗았는데 이를 백착(白著)60)이라고 하였다.

복종하지 않는 사람이 있게 되면 엄한 형벌로 그들을 위협하였다. 백성들 가운데 곡식 10곡(斛)을 쌓아 놓은 사람이 있다면 발을 포개가지고 명령을 기다렸고, 혹은 산이나 늪지대에 모여서 도적떼가 되었으니 주현에서는 통제할 수가 없었다.

6 건묘월(建卯月)61) 초하루 신해일에 천하를 사면하고 다시 경조(京兆)를 상도(上都)로 하고, 하남(河南)을 동도(東都)로 하며, 봉상(鳳翔)을 서도(西都)로 하고, 강릉(江陵)을 남도(南都)로 하며, 태원(太原)을 북도(北都)로 하였다.62)

7 노랄(奴剌)63)이 성고(成固, 섬서성 성고현)를 노략질하였다.

---

60) 백이란 없다는 말이고, 착은 붙는다는 뜻이므로 아무 이유 없이 덤벼들어서 세금을 걷으려고 붙는다는 말이며, 이것은 관부에서 아무 연고 없이 강제적으로 백성들에게서 수탈한다는 뜻으로 쓰인 것이다.

61) 2월이다. 숙종이 11월을 매해의 첫 달로 잡아서 건자월로 정하였으므로 12지에 의하면 묘(卯)는 네 번째이고, 따라서 2월이 되는 것이다.

62) 지난해 9월 21일에 경조(京兆), 하남(河南), 태원(太原), 봉상(鳳翔)의 사경(四京)과 강릉(江陵)의 남도(南都)라는 칭호를 정지시켰는데 이제 회복시킨 것이고, 다만 4경의 경(京)이란 글자 대신에 도(都)라는 글자를 썼을 뿐이다.

63) 호삼성은 '奴剌'에서 '剌'를 '래달(來達)의 번자'라고 하였으므로 '랄'로 읽어야 하

8 애초에, 왕사례(王思禮)가 하동(河東)절도사가 되었는데, 물자와 저축한 것이 풍부하고 넘쳐서 군대를 넉넉하게 하는 것 말고도 쌓인 쌀이 1백만 곡(斛)이니, 주청(奏請)하여 50만 곡을 경사로 운송하겠다고 하였다.

왕사례가 죽게 되자64) 관숭사(管崇嗣)가 그를 대신하였는데, 정치를 하는 것이 너그럽고 느슨하였고 좌우에 있는 사람들을 믿고 맡기니, 몇 달 사이에 소모하고 흩어버려서 거의 다 없어졌고, 오직 묵어서 썩은 쌀 1만여 곡이 있을 뿐이었다.

황상이 이 소식을 듣고 등경산(鄧景山)65)으로 그를 대신하게 하였다. 등경산이 도착하여 지출하고 수입한 내용을 비교하였지만 장사(將士)들은 대부분 숨기고 없앤 일을 하였으므로 모두 두려워하였다.

어떤 비장(裨將)은 죄에 저촉되어 사형에 처해지게 되자 제장들이 청(請)66)하였으나 허락하지 않았다. 그의 동생이 형을 대신하여 죽겠다고 청하였으나 역시 허락하지 않았는데, 한필의 말을 들어 놓고서 사형에서 면제받게 해달라고 청하니 마침내 이를 허락하였다. 제장들이 화가 나서 말하였다.

"우리들의 값어치가 한 필의 말에도 미치지 못하는가?"

드디어 난을 일으키고 계축일(3일)에 등경산을 살해하였다.

황상은 등경산이 어루만지고 통제하는 것에서 실수하여 난을 불러들인 것이기 때문이라 하여 다시는 난을 일으킨 사람을 미루어 조사하지

며, 노랄은 감숙성 남부에 있는 부락 이름이다.

64) 왕사례가 택로에서 하동으로 옮겨진 것은 숙종 건원 2년(759년) 7월의 일이고, 그가 죽은 것은 2년 뒤인 .숙종 상원 원년(761년)으로 보인다.

65) 유전의 부하 장수였다가 패한 장수로, 이 일은 숙정 상원 원년(761년) 11월에 일어났다.

66) 보통 청(請)하였다 함은 목숨을 살려달라고 청한 것을 말한다.

않고서 사자를 파견하여 위로하고 타이르고 그들을 편안하게 하였다. 제장들이 도지병마사·대주(代州)자사인 신운경(辛雲京)을 절도사로 삼아달라고 청하였다. 신운경이 주문을 올려서 장광성(張光晟)을 대주 자사로 삼아 달라고 하였다.67)

9 강주(絳州, 산서성 신강현)에는 평소에 저축된 것이 없었고, 백성들 사이에는 기근이 돌아서 부세를 거둘 수가 없었으며, 장사들에게 양식을 내려 주는 것이 충분하지가 않자, 삭방(朔方) 등 여러 도의 행영도통(行營都統)인 이국정(李國貞)이 누차에 걸쳐서 상황을 보고하였다. 조정에서는 회보하지 않으니, 군대 안에서는 한탄하고 원망하였다.

돌장(突將)68) 왕원진(王元振)이 곧 난을 일으키려고 무리들에게 명령을 고쳐서 말하였다.

"내일 도통의 집을 수리할 것이니 각자 삼태기와 삽을 갖추어 가지고 문에서 명령을 기다리라."

사졸들이 모두 화가 나서 말하였다.

"삭방(朔方)의 건아(健兒)들이 어찌하여서 집을 수리하는 잡부(雜夫)란 말인가?"

을축일(15일)에 왕원진이 그 무리들을 인솔하고 난을 일으키고 아성문(牙城門)69)을 태웠다.

이국정은 감옥으로 도망하였지만 왕원진이 그를 잡아서 앞에다가 병졸들이 먹는 것을 놓아두고 말하였다.

---

67) 신운경은 건원 2년(759년) 7월에 장광성에게 진 신세를 갚은 것이다. 장광성이 신운경을 구원한 일은 ≪자치통감≫ 권221에 실려 있다.

68) 돌격부대의 책임자이다.

69) 아기를 꽂아 둔 성문을 말한다. 아기(牙旗)는 상아로 만든 깃대를 말하며 이는 지휘관이 있다는 표시이므로 이 경우에는 그곳의 최고 책임자인 행영도통 이국정이 머문 성을 말한다.

"이것을 먹고 그 힘을 부리려고 하면 할 수 있겠소?"

이국정이 말하였다.

"집을 수리하라고 한 일은 없었고, 군사들이 먹을 것은 누차 주문을 올렸으나 아직 회보가 없는 것은 여러분도 아는 바요."

무리들이 물러가려고 하였다. 왕원진이 말하였다.

"오늘의 일을 어찌 반드시 다시 물어야 하겠는가? 도통이 죽지 않으면 우리들이 죽는다."

드디어 칼을 빼어 그를 살해하였다.

진서(鎭西)·북정(北庭)행영의 군대는 익성(翼城, 산서성 익성현)에 주둔하였는데, 역시 절도사 여비원례(荔非元禮)를 죽이고, 비장 백효덕(白孝德)을 추대하여 절도사로 삼으니, 조정에서는 이어서 그에게 제수(除授)하였다.

10 무진일(18일)에 회서(淮西, 치소는 신주)절도사 왕중승(王仲昇)이 사조의의 장수인 사흠양(謝欽讓)과 신주(申州, 하남성 신양시) 성 아래에서 싸우다가 도적들의 포로가 되니, 회서에서 떨며 놀랐다. 마침 후희일(侯希逸)·전신공(田神功)·내원호(能元皓)[70]가 변주(汴州, 하남성 개봉시)를 공격하자 사조의는 사흠양의 군사를 불러서 이를 구원하게 하였다.

11 강주(絳州, 산서성 신강현)에 있는 여러 군대들이 사납게 약탈하는 일을 그치지 않자 조정에서는 그들이 태원(太原)에 있는 반란군과 합종(合從)하여 도적들과 연결하면[71] 새로이 진급한 제장들이 눌러 복종시킬 수 없을까 두려워하여, 신미일(21일)에 곽자의(郭子儀)를 분양왕(汾陽王)

---

70) 이때에 후희일은 평로절도사이고, 전신공은 서주 자사이며, 내원호는 연운절도사였다.

71) 태원은 그곳에서 반란한 군대를 말하는 것이고, 도적이란 연의 사조의 군사를 말하는 것이다. 합종이란 남북세력이 합치는 것을 말한다.

으로 삼아 지삭방·하중·북정·노택절도행영겸흥평·정국등군(知朔方·
河中·北庭·潞澤節度行營兼興平·定國等軍)부원수72)로 삼아서 경사(京師)
에 있는 비단 4만 필·포(布) 5만 단(端)·쌀 6만 석(石)을 내어 강주의
군사들에게 공급하게 하였다.

건진월(建辰月)73) 경인일(11일)에 곽자의가 곧 떠나려고 하는데, 이때
에 황상이 즐겁지 않아서74) 여러 신하들은 나아가서 알현할 수가 없었
다. 곽자의가 청하여 말하였다.

"이 늙은 신하가 명령을 받았으니 곧 밖에서 죽게 될 것인데, 폐하를
뵙지 아니하면 눈을 감지 못할 것입니다."
황상이 불러서 침실로 들어오게 하여 말하였다.
"하동(河東)의 일은 모두 경에게 맡기오."

사조의가 군사를 파견하여 이옥포(李玉抱)75)을 택주(澤州, 산서성 진성
시)에서 포위하자, 곽자의가 정국군(定國軍)을 발동하여 그를 구원하니,
마침내 떠났다.

12   황상이 산남동도(山南東道, 치소는 양주)절도사 내진(來瑱)을 불러서
경사로 오게 하였다. 내진은 양양(襄陽, 호북성 양번시)에 있는 것을 즐겼
고, 그 장사(將士)들 역시 그를 아끼자 마침내 거느리는 장리(將吏)들에

---

72) 지직(知職)으로 칙령에 의하여 일을 맡긴 것이고, 이것은 명청시대에 오면 정식 관명
  이 된다. 또 겸직(兼職)은 같은 급의 관직 또는 다른 급의 관직을 한 사람이 담당하
  게 하는 임용법이다. 여기서 등군(等軍)은 여러 군(軍)을 나열하였으므로 등군이라고
  하는 관직을 준 것인데, 이는 등사(等使)와 같은 이치이다. 이를 해석하면, 삭방군·
  하중군·북정군·로택군의 절도행영에 관한 업무를 처리하고, 겸하여 흥평군·정국군
  의 업무를 맡는 부원수라는 뜻이 된다.

73) 3월이다. 12지에 의하여 월을 표시하기로 하였으므로, 자(子)월이 11월이므로 진(辰)
  월은 3월이 된다.

74) 황제가 병이 났다는 말 대신으로 표현하는 말이다.

75) 정진(鄭陳, 치소는 진주)절도사이다. 이미 정진군은 연(燕)에게 점령되어 있었다.

게 넌지시 말하여 그를 머물게 해달라고 표문을 올리게 하였다. 떠나서 등주(鄧州, 하남성 등주시)에 이르렀는데, 다시 진수하는 곳[양양]으로 돌아가게 하였다.

형남(荊南, 치소는 강릉)절도사 여인(呂諲) · 회서(淮西, 치소는 신주)절도사 왕중승(王仲昇) 그리고 중사(中使)로 왕래하던 사람들76)이 말하였다.

"내진이 무리들의 마음을 굽혀 거두었으니 오래 되면 통제하기 어려울까 두렵습니다."

황상은 상주(商州, 섬서성 상주시) · 금주(金州, 섬서성 안강시) · 균주(均州, 호북성 단강구시 서북쪽) · 방주(房州, 호북성 방현)를 나누어서 별도로 관찰사를 두고 내진에게 여섯 주77)를 관장하는 것으로 그치게 하였다. 마침 사흠양(謝欽讓)이 왕중승을 신주(申州, 하남성 신양시)에서 몇 달 동안 포위하자 내진은 이를 원망하고 군사를 어루만지며 구원하지 않으니, 왕중승은 끝내 패배하여 없어졌다.

행군사마 배융(裴茙)이 내진의 지위를 빼앗고자 모의하여, 몰래 표문을 올려서 내진은 고집 세고 강하여 통제하기 어렵다고 하면서 군사를 가지고 그를 습격하여 빼앗게 해달라고 요청하자, 황상은 그러할 것이라고 생각하였다.

계사일(13일)에 내진을 회서(淮西)와 하남(河南)의 16개 주의 절도사78)로 삼아 겉으로는 총애하고 일을 맡기는 것을 보였지만 실제로는

---

76) 중사는 궁중에 사는 환관으로 황제의 사자가 된 사람을 말하며, 여기서는 내진에게 황제의 명령을 전하려고 왕래하였던 사람을 말한다.

77) 산남동도는 모두 양(襄), 등(鄧), 수(隨), 당(唐), 안(安), 균(均), 방(房), 금(金), 상주(商州) 등 9개의 주를 관장하였는데, 앞서서 4개의 주를 나누어 나머지는 5개의 주 밖에 없다. 그런데 6주를 관장하게 하였다고 하였으므로 영주(郢州)나 복주(復州) 가운데 어느 하나를 관장하게 하였는지는 확실하지 않다.

78) 회서와 하남에 속한 16개 주를 말하는 것으로 이는 신(申), 안(安), 기(蘄), 황(黃), 광(光), 면(沔), 진(陳), 예(豫), 허(許), 정(鄭), 변(汴), 조(曹), 송(宋), 영(潁), 사(泗), 여주(汝州)인데, 이 가운데 몇 개는 연에 점령되어 있었다.

그를 도모하고자 한 것이다. 비밀 칙령을 내려서 배융으로 내진을 대신하여 양·등등주(襄·鄧等州)방어사79)로 삼았다.

13 갑오일(15일)에 노랄(奴剌)이 양주(梁州, 섬서성 한중시)를 노략질하니 관찰사 이면(李勉)은 성을 버리고 달아났다. 빈주(邠州, 섬서성 빈현) 자사인 하서(河西) 사람 장희양(臧希讓)을 산남서도절도사로 삼았다.

14 병신일(17일)에 당항(党項)이 봉천(奉天, 섬서성 건현)을 노략질하였다.

15 이보국(李輔國)은 재상을 시켜달라고 요구하였다가 얻지 못하자,80) 소화(蕭華, 재상)를 원망하였다. 경오일81)에 호부시랑 원재(元載)를 경조윤(京兆尹)으로 삼았다. 원재는 이보국에게 가서 굳게 사양하였는데 이보국은 그의 뜻을 알았다. 임인일(23일)에 사농경 도예(陶銳)를 경조윤으로 삼았다.

이보국은 소화가 권력을 오로지한다고 말하며 그의 재상직을 파직시킬 것을 청하였지만 황상은 허락하지 않았다. 이보국은 굳게 청하면서 그치지 않으니 마침내 이를 좇았고 이어서 원재를 끌어서 소화를 대신하게 하였다. 무신일(29일)에 소화를 파직시켜82) 예부상서로 삼고, 원재

---

79) 방어책임을 맡은 관직을 말하는데, 두 개 이상의 주(州)를 책임지게 하였으므로 '등주'라고 한 것이다.

80) 이 사건은 지난해(761년) 8월에 있었던 일이다.

81) 통감필법으로 보아 경오일은 3월[건진월]의 경오일로 보아야 하는데, 3월 1일이 경진일이므로 3월 중에는 경오일이 없다. 《신·구당서》에도 이에 대한 날짜는 나와 있지 않다. 다만 추론해 볼 수 있는 것은 《자치통감》의 사건배열이 기전체인데, 이 사건의 앞은 병신(17일)이고, 이것 다음에 기술된 사건이 일어난 것은 임인(23일)이어서 이 사건이 일어난 날은 병신과 임인 사이에 일어난 사건으로 보아야 한다. 이 사이에 있는 날 가운데 경자(庚子)가 있으며, 필사과정에서 흔히 자(子)와 오(午)가 잘못 필사되는 경우가 많으므로, 경자를 경오로 오기한 것으로 볼 수도 있다. 이러한 추론이 맞다면 이날은 21일이다.

를 동평장사로 삼고 탁지사(度支使)·전운사(轉運使)의 직책을 관장하는
것은 옛날대로 하였다.

16 건사월(建巳月, 4월) 초하루 경술일에 택주(澤州, 산서성 진성시) 자사
이옥포가 사조의의 군사를 성 아래에서 격파하였다.

17 임자일(3일)에 초주(楚州, 강소성 회안시) 자사 최신(崔侁)이 표문을
올려서 말하기를, '어떤 비구니인 진여(眞如)라는 사람이 황홀하게 하늘
에 올라가서 상제(上帝)를 알현하였는데, 보옥(寶玉) 13개를 하사하였
다.' 고 하였다. 그리고 말하였다.
 "중국(中國)에 재앙이 있으면 이것을 가지고 진압하라."
여러 신하들이 표문을 올려서 축하하였다.

18 갑인일(5일)에 상황이 신룡전(神龍殿)에서 붕어하였는데 나이는 일흔
여덟 살이었다. 을묘일(6일)에 태극전(太極殿)으로 옮겨서 모셨다. 황상
은 아파서 누워있어서 내전(內殿)에서 애도하였고, 여러 신하들은 태극
전에서 애도함을 드러냈다. 번족(蕃族) 관리 가운데 얼굴을 베고 귀를
자르는 사람83)이 400여 명이었다.
 병진일(7일)에 묘진경(苗晉卿)에게 명령하여 섭총재(攝冢宰)84)하게 하
였다. 황상은 중춘(仲春)부터 병으로 누워있었는데 상황이 등하(登遐)85)

---

82) 동평장사라는 재상직만 파직한 것이다.

83) 만족들의 풍습이다. 이들은 태종 이세민이 죽었을 때에도 이와 같이 한 일이 있다.

84) 묘진경은 이때에 시중이었고, 섭총재란 총재 즉 국가의 모든 결재사항을 총괄하는 직
    책을 섭정하는 직책이다. 그러므로 국정의 책임자인 셈이다.

85) 멀리 올라간다는 말이다. 이는 사람이 죽은 것을 죽는다는 말로 직접 표현하지 않는
    방법이다. 특히 제왕이 사망할 경우에 등하, 혹은 승하(昇遐)라는 말을 사용한다.

하였다는 소식을 듣고 슬프고 사모하여 병이 더욱 심해져서 마침내 태자에게 감국(監國)86)할 것을 명령하였다.

갑자일(15일)에 제서를 내려서 연호를 고치게 하였고, 다시 건인월(建寅月)을 정월(正月)87)로 하게하고, 달을 세는 것도 옛날대로 하게하였고, 천하를 사면하였다.

19　애초에, 장후와 이보국은 서로 표리(表裏)가 되었는데,88) 만년(晚年)에 다시 틈이 생겼다. 내사생사(內射生使)89)인 삼원(三原, 섬서성 삼원현 동북) 사람 정원진(程元振)은 이보국과 한 무리가 되어 있었다. 황상의 병이 위독해지자 황후는 태자를 불러서 말하였다.

"이보국은 오래 금병(禁兵)을 관리하여 제칙(制勅)은 모두 그로부터 나가게 되어 멋대로 성황(聖皇)을 압박하여 옮겼으니,90) 그 죄는 아주 크지만 꺼리는 사람은 오직 나와 태자이다. 지금 주상께서 미류(彌留)91)하신데, 이보국은 몰래 정원진과 난을 일으키기로 모의하였으니, 죽이지 않을 수가 없다."

태자가 울면서 말하였다.

---

86) 제왕이 어떤 일이 있어서 국가 업무를 관장하지 못할 때에 국가의 업무를 전체적으로 감독하는 직책이다. 주로 제왕의 계승자에게 맡긴다.

87) 정월이란 매 해의 첫 달을 의미하는 것이다. 숙종은 지난해에 월을 12지(支)로 표시하라고 하였고, 동시에 12지의 첫째인 자월(子月)을 정월로 하게하였다. 따라서 종래에 숫자로 월을 표시하던 것에 맞추어 보면 11월이 자월(子月)이 되고 1월은 인월(寅月)이 된다. 여기에서 지난해 9월에 숙종이 명령하여 시행하였던 월에 대한 호칭과 해가 바뀌는 시기도 그 이전으로 돌아간 것이다.

88) 이 내용은 건원 2년(759년)의 일이고, 그 내용은 ≪자치통감≫ 권221에 실려 있다.

89) 궁전 안에 있는 궁수를 지휘하는 책임자이다.

90) 성황은 상황인 이융기를 말하며, 숙종 상원 원년(760년) 7월에 상황의 거처를 옮긴 사건을 말한다.

91) 병이 몸에서 떠나지 않은 상태를 말한다.

"폐하께서 병이 심하여 위독하고, 두 사람은 모두 폐하의 훈구(勳舊) 신하이니 하루아침에 말씀드리지 않고 그들을 주살하면 반드시 떨고 놀라게 되어 감당할 수 없게 될까 걱정입니다."

황후가 말하였다.

"그렇다면 태자는 그냥 돌아가시오. 내가 다시 천천히 이를 생각해 보겠소."

태자가 나가자 황후는 월왕(越王) 이계(李係, 궁녀 손씨 소생)를 불러서 말하였다.

"태자는 어질지만 나약하여 도적 같은 신하를 주살할 수 없는데, 너는 이 일을 할 수 있겠는가?"

대답하였다.

"할 수 있습니다."

이계는 마침내 내알자감(內謁者監)[92] 단항준(段恒俊)에게 명령하여 환관 가운데 용기 있고 힘 있는 사람 200명을 선발하여 갑옷을 장생전(長生殿) 뒤에서 주게 하였다.

을축일(16일)에 황후가 황상의 명령이라고 하면서 태자를 불렀다. 정원진은 그 모의한 것을 알고 비밀리에 이보국에게 알렸고, 군사를 능소문(陵霄門)에 숨겨두고 그들을 기다렸다. 태자가 이르자 난이 있었던 것을 알렸다. 태자가 말하였다.

"반드시 이러한 일은 없을 것이오. 주상의 병이 급하여 나를 부른 것인데, 내가 어찌 죽는 것이 두려워서 가지 않겠소?"

정원진이 말하였다.

"사직(社稷)은 큰일이니 태자께서는 반드시 들어갈 수 없습니다."

마침내 군사를 가지고 태자를 비룡구(飛龍廐, 현무문 밖)까지 호송하고 또

---

92) 궁궐에서 황제를 알현하는 업무를 관장하는 책임자이다.

갑졸들에게 이를 지키게 하였다.

이날 밤에 이보국과 정원진은 삼전(三殿, 인덕전)에서 군사를 챙겨서 월왕 이계와 단항준과 지내시성사(知內侍省事) 주광휘(朱光輝) 등 100여 명을 붙잡아서 이를 가두었다. 태자의 명령으로 황후를 별전으로 옮겼다.

이때에 황상은 장생전(長生殿)에 있었는데, 사자가 황후를 압박하여 전각에서 내려가게 하고 좌우에 있던 수십 명을 함께 후궁에 유폐하니 환관과 궁인들은 모두 놀라서 도망하고 흩어졌다. 정묘일(18일)에 황상이 붕어하였다.93)

이보국 등은 황후와 아울러 이계 그리고 연왕(兗王) 이한(李僩)을 죽였다. 이날 이보국은 처음으로 태자를 이끌어서 구선문(九仙門, 궁궐의 서문)에서 소복을 입고 재상과 만나보게 하였고, 상황이 안가(晏駕)하고 나서 있었던 일을 서술하였으며, 절하고 곡하며 비로소 감국(監國)의 명령을 시행하였다.

무진일(19일)에 대행황제(大行皇帝)의 상사(喪事)를 양의전(兩儀殿)에서 발표하고 유조(遺詔)94)를 선포하였다. 기사일(20일)에 대종(代宗)95)이 즉위하였다.

20   고력사(高力士)96)가 사면을 받아서 돌아오다가 낭주(朗州, 호남성 상

---

93) 이때에 숙종의 나이는 쉰두 살이었다. 현종 이융기가 죽은 지 14일 만에 그 아들 숙종 이형도 죽은 것이다.

94) 안가(晏駕)란 죽은 황제가 타는 수레로 이는 죽은 황제를 가리키는 말이고, 대행황제(大行皇帝)란 아직 장사를 지내지 않은 황제의 시신을 말한다. 여기서는 숙종을 말한다. 대행이란 한 번 가면 다시 오지 않은 정도로 크게 떠났다는 뜻이고, 유조(遺詔)는 유언으로 남긴 조서이다.

95) 이때에 황제가 된 태자 이예(李豫)는 서른일곱 살이었다.

96) 환관으로 무주에 귀양 갔다. 고력사가 귀양 간 일은 숙종 상원 원년(760년) 7월의 일이며, 그 내용은 ≪자치통감≫ 권221에 실려 있고, 이때에 일흔아홉 살이었다.

덕시)에 도착하였는데, 상황(上皇)이 붕어하였다는 소식을 듣고 통곡하다
가 피를 토하고 죽었다.

21. 갑술일(25일)에 황제의 아들인 봉절왕(奉節王) 이괄(李适)을 천하병
마원수로 삼았다.

새로운 권력자 정원진과 몰리는 사조의

22 이보국은 공로를 믿고 더욱 교만하고 횡포하여져서 분명하게 황상[대종]에게 말하였다.

"대가(大家)97)께서는 다만 금중(禁中)에 거처하시고, 밖의 일은 이 늙은 노복98)이 처리하는 것을 들어주십시오."

황상은 속으로 평온할 수 없었지만 그가 바야흐로 금병(禁兵)을 쥐고 있기 때문에 밖으로는 그를 높여 예우하였다.

을해일(26일)에 이보국을 불러서 상보(尙父)라고 하고 이름을 부르지 않았으며, 일의 크고 작은 것이 없이 모두 그에게 자문하니, 여러 신하들은 들고날 때에 모두가 먼저 이보국에게 갔는데, 그 역시 편안한 상태에서 처신(處身)하였다.

내비룡구(內飛龍廐)부사 정원진을 좌감문위(左監門衛)장군으로 삼았다. 지내시성사 주광휘와 내상시(內常侍) 담정요(啖庭瑤), 산인(山人) 이당(李唐) 등 20여 명은 모두 검중(黔中, 호남성 서부와 귀주성)으로 유배되었다.

---

97) 큰집이라는 말로 높은 사람을 가리키는 말이고, 여기서는 황제를 부르는 것이다. 보통 노복은 자기 주인을 대가라고 부르는데, 이보국은 신분이 환관이므로 대종에게는 노복이므로 황제인 대종을 대가라고 부른 것이다.

98) 이보국이 자신을 낮추어서 부른 말이다.

23 애초에, 이국정(李國貞, 삭방절도사)이 군사를 다루는 것이 엄격하여 삭방(朔方, 치소는 강주)에 있는 장사(將士)들은 즐겨하지 않고, 모두가 곽자의(郭子儀)를 생각하였으니, 그런 고로 왕원진(王元振)이 이를 이용하여 난을 일으켰다.[99]

곽자의가 군진(軍鎭)에 도착하였는데, 왕원진은 스스로 공로를 세웠다고 여기니, 곽자의가 말하였다.

"너는 적의 접경에 있으면서 번번이 주장(主將)을 죽이니, 만약에 도적이 그 틈을 탄다면 강주(絳州, 산서성 신강현)를 없어질 것이다. 내가 재상이 되어서 어찌 한 졸병의 사사로움을 받겠는가?"

5월 경진일(2일)에 왕원진과 그와 같이 모의하였던 40명을 붙잡았다가 이를 모두 죽였다. 신운경이 이 소식을 듣고 역시 등경산(鄧景山)을 죽인 사람[100]을 미루어 조사하여 이를 죽였다. 이로 말미암아서 하동에 있는 여러 진(鎭)에서는 모두가 법을 받들게 되었다.

24 임오일(4일)에 이보국을 사공 겸 중서령으로 삼았다.

25 당항(党項, 사천성 서북부)이 동관(同官, 섬서성 동천시)과 화원(華原, 섬서성 요현)을 노략질하였다.

26 갑신일(6일)에 평로(平盧)절도사 후희일(侯希逸)을 평로 · 청 · 치등육주(平盧 · 青 · 淄等六州)[101] 절도사로 삼으니, 이로부터 청주(青州)절도는 평로라는 명칭을 갖게 되었다.[102]

---

99) 지난 2월 15일에 있었던 일이다.

100) 지난 2월 3일에 있었던 일이다.

101) 여섯 주는 청주(青州), 치주(淄州), 제주(齊州), 기주(沂州), 밀주(密州), 해주(海州)이며, 치소는 청주이다.

27 을유일(7일)에 봉절왕 이괄(李适)을 옮겨서 노왕(魯王)으로 하였다.

28 황상의 어머니인 오비(吳妃)[103]를 황태후로 추존하였다.

29 임진일(14일)에 예부상서 소화(蕭華)를 깎아내려서 협주(峽州, 호북성 의창시)사마로 삼았다. 원재(元載)는 이보국의 뜻에 맞추어 죄를 가지고 그를 무고한 것이다.

30 건원전(乾元錢)은 크고 작고를 막론하고 모두 1개를 1전으로 하니, 백성들은 비로소 이를 편안하게 생각하였다.[104]

31 사조의가 스스로 송주(宋州, 하남성 상구현)를 포위하고 몇 달 있었는데, 성 안에서는 먹을 것이 다하여 곧 함락되려 하니, 자사 이잠(李岑)은 할 바를 몰랐다. 수성(遂城, 하북성 서수현 서쪽 수성진)의 과의(果毅)[105]인 개봉(開封, 하남성 개봉시, 변주의 치소) 사람 유창(劉昌)이 말하였다.

"창고 안에는 오히려 누룩이 수천 근이 있으니 청컨대 이것을 갈아서 먹게 해 주십시오. 스무날이 지나지 않아서 이 태위(李 太尉, 이광필)가 반드시 우리를 구원할 것입니다. 성의 동남쪽 귀퉁이가 가장 위험하니, 저 유창이 청컨대 이곳을 지키게 하여 주십시오."

---

102) 지난해 11월에 영주에 치소를 둔 노희일의 평로절도의 군사들은 모두 남하하였으며, 다만 명칭만 그대로 가지고 있었다.

103) 오비는 지금 황제가 된 이예를 낳고 얼마 안 있다가 죽었다.

104) 숙종 건원 원년(758년) 9월에 소전(小錢)인 건원중보(乾元重寶)를 주조하여 1전을 10전으로 사용하게 하였는데, 다시 건원 2년(759년) 9월에 대전(大錢)인 쌍중윤변전(雙重輪邊錢, 돈의 가장자리에 두개의 바퀴 같은 원을 표시한 모양의 돈)을 만들어서 1전을 50전으로 치게 하였으며, 숙종 상원 원년(760년) 6월에 대전을 1전당 30전으로 치도록 하였지만 계속하여 통화는 팽창되었다.

105) 민간에서 징집한 군대의 부지휘자에 해당하는 직책이다.

이광필이 임회(臨淮, 사주의 치소, 강소성 우태현 회하의 북안)에 도착하자 제장들이 사조의의 군사가 아직은 강하니 남쪽으로 가서 양주(揚州, 강소성 양주시)를 지키자고 청하였다.

이광필이 말하였다.

"조정은 나에게 의지하여 편안하거나 위태로워 하고 있는데, 내가 다시 물러나서 위축되면 조정에서는 무엇을 바라겠소? 또 내가 그들이 생각하지 못한 곳으로 나가면 도적들이 어찌 우리가 많은지 적은지를 알겠소?"

드디어 샛길로 서주(徐州)로 나가면서 연운(兗鄆, 치소는 연주)절도사 전신공(田神功)으로 하여금 나아가서 사조의를 치게 하여 그들을 대파하였다.

이보다 먼저 전신공이 이미 유전(劉展)을 이기고106) 나서 잇달아 양주에 머물면서 아직 돌아가지 않았는데, 태자빈객 상형(尙衡)과 좌우림대장군 은중경(殷仲卿)이 연(兗)과 운(鄆)에서 서로 공격하다가 이광필이 도착하였다는 소식을 듣고 그 위엄 있는 명성을 꺼려서 전신공은 급히 하남(河南)으로 돌아가고 상형과 은중경은 이어서 들어와서 조현하였다.107)

이광필이 서주에 있으면서 오직 군려(軍旅)의 업무만은 스스로 이를 결정하고 나머지 많은 업무는 모두 판관(判官) 장참(張傪)에게 위임하였다. 장참은 관리의 업무에 정확하고 빨라서 구분하고 처리하는 것이 물 흐르는 것 같았고, 제장들이 일을 보고하면 이광필은 대부분 장참과 더불어 이를 논의하게 하였더니, 제장들이 장참을 섬기는 것이 마치 이광필을 섬기는 것처럼 하였다. 이로 말미암아서 군중(軍中)에서는 숙연해

---

106) 숙종 상원 2년(761년) 정월의 일이다.

107) 상형은 원래 청밀절도사였고, 은중경은 새로 광록경으로 제수되었으나 아직 들어가서 조현하지 않았던 것이다.

졌고, 동하(東夏, 중원의 동부)는 편안하였다.

이보다 먼저 전신공이 편비장(偏裨將)108)에서 시작하여서 절도사가 되었는데109) 전임 절도사의 판관이었던 유위(劉位) 등을 막부에 머물게 하고 전신공이 평온하게 그들의 절을 받았다. 이광필과 장참이 항례(抗禮)110)하는 것을 보게 되니, 마침내 크게 놀라서 유위 등에게 두루 절을 하며 말하였다.

"나 전신공은 행오(行伍)111)에서 나왔으므로 예의를 모르는데, 여러분은 역시 어찌하여 말을 하지 아니하여서 나 전신공이 허물을 가지게 하였소?"

32 정유일(19일)에 천하를 사면하였다.

33 황제의 아들인 익창왕(益昌王) 이막(李邈)을 정왕(鄭王)으로 삼고, 이연(李延)을 경왕(慶王)으로 삼으며, 이형(李逈)을 한왕(韓王)으로 삼았다.

34 내진(來瑱)이 회서로 옮기라는 소식112)을 듣고 크게 두려워하여 말씀을 올렸다.

"회서에는 양식이 없으니 청컨대 보리를 거두어들이기를 기다렸다가 가게 하여 주십시오."

또 장리(將吏)들에게 넌지시 일러서 자기를 머물도록 하게하였다. 황상이 고식적(姑息的)으로 일이 없게 하고자 하여 임인일(24일)에 다시 내

---

108) 편장이나 비장은 모두 하급 장교에 해당하는 직급이다.

109) 지난해 6월에 전신공은 평로병마사에서 연운절도사로 승급하였다.

110) 평배 사이에 치르는 예법이다.

111) 군대의 일반 병사들이 늘어 서있는 열을 말한다. 이는 하급 군사라는 의미이다.

112) 산남동도절도사인 내진에게 지난 3월에 옮기라는 조서가 내렸다.

진을 산남동도(山南東道, 치소는 양주)절도사로 삼았다.

35 비룡부사(飛龍副使) 정원진(程元振)은 이보국의 권한을 빼앗으려고 모의하고 비밀리에 황상에게 말하여 조금씩 제재를 가하도록 요청하였다.

6월 기미일(11일)에 이보국의 행군사마와 병부상서를 해제시키고 나머지는 옛날 그대로 두었으며, 정원진을 대판원수(代判元帥)행군사마113)로 삼으며, 이어서 이보국을 옮겨서 나아가서 밖에 있는 집에 살게 하였다.114) 이에 도로에서는 서로 축하하였다.

이보국은 비로소 두려워하여 표문을 올려서 직위를 양보하겠다고 하였다. 신유일(13일)에 이보국의 겸중서령을 파직시키고 작위를 올려서 박육왕(博陸王)으로 하였다. 이보국이 들어가서 사례하면서 분(憤)이 북받쳐서 울면서 말하였다.

"이 늙은 노복이 낭군(郎君)을 끝까지 섬기지 못하게 되니 청컨대 지하로 돌아가서 먼저 돌아가신 황제를 섬기게 해주십시오.115)"
황상은 오히려 위로하고 타이르며 그를 보냈다.

36 임술일(14일)에 병부시랑 엄무(嚴武)를 서천(西川, 치소는 성도)절도사로 삼았다.

37 양등(襄鄧, 치소는 양주)방어사 배융(裴茙)이 곡성(穀城, 호북성 곡성현)

---

113) 대는 대신 즉 대리직을 말하며, 판직은 다른 직급을 가진 사람에게 업무를 맡기는 것이다. 따라서 행군원수의 행군사마 직책을 대신하여 처리하게 한 것이다.

114) 이보국은 그 동안 궁궐 안에 머물러 있었다.

115) 낭군이란 이보국이 현 현제인 대종이 어렸을 적부터 보아 왔기 때문에 대종을 낭군이라고 부른 것이며, 끝까지 섬기지 못하게 되었으니 죽여 달라는 말이었다.

에 주둔하였는데, 이미 비밀 칙령을 얻고 나자116) 즉시 휘하에 있는 2천 명을 인솔하고 한(漢, 漢水)을 따라서 양양(襄陽, 양주의 치소, 호북 양번시)으로 향하였다. 기사일(21일)에 곡수(穀水, 한수의 지류)의 북쪽에 진을 쳤다.

내진이 군사를 가지고 이를 막으면서 그가 온 까닭을 물었더니, 대답하였다.

"상서(尚書, 내진)께서 조정의 명령을 받지 아니하니, 그런 까닭에 왔습니다. 만약에 대신 보낸 사람을 받아들이신다면 삼가 마땅히 무리를 놓겠습니다."

내진이 말하였다.

"나는 이미 은정(恩情)을 입어서 다시 머무르며 이곳을 진수하게 되었는데, 어찌 받아 대신할 사람이 있다는 것이오?"

이어서 칙령과 고신첩(告身帖)을 가져다가 그에게 보였더니 배융은 놀라고 의심하였다. 내진은 부사 설남양(薛南陽)과 더불어 군사를 풀어서 협격(挾擊)하여 그를 대파하고 쫓아가서 신구(申口, 섬서성 순양현 남쪽)에서 붙잡아서 이를 경사로 호송하였더니, 죽음을 내렸다.

38 을해일(27일)에 통주(通州, 사천성 달천시) 자사 유안(劉晏)을 호부시랑 겸 경조윤으로 삼고, 탁지·전운·염철·주전등사(度支·轉運·鹽鐵·鑄錢等使)117)에 충임하였다.

39 가을, 7월 임진일(15일)에 곽자의를 도지삭방·하동·북정·노·의·택·심·진·정등(都知朔方·河東·北庭·潞·儀·澤·沁·陳·鄭等)118) 절도

---

116) 이 일은 지난 3월 14일에 있었다.

117) 등사(等使)란 여러 개의 사직(使職)을 가지고 있기 때문에 사용한 말이며, 여기서는 탁지사·전운사·염철사·주전사 등 4개의 사직을 갖게 한 것이다.

행영 및 흥평등군(興平等軍)119) 부원수로 삼았다.

40   계사일(16일)에 검남(劍南)병마사 서지도(徐知道)가 반란을 일으키고서 군사를 가지고 요해처(要害處)를 지키며 엄무(嚴武)를 막으니 엄무는 나아갈 수가 없었다.

41   8월에 계주(桂州, 광서성 계림시) 자사 형제(邢濟)가 서원(西原, 광서성 정서현 경내의 만족)의 도적 우두머리인 오공조(吳功曹) 등을 토벌하여 이를 평정하였다.120)

42   기미일(13일)에 서지도가 그의 장수인 이충후(李忠厚)에게 살해되니 검남은 모두 평정되었다.

43   을축일(19일)에 산남동도(山南東道, 치소는 양주)절도사 내진(來瑱)이 들어와서 조현하고 사죄하니, 황상은 그를 우대하였다.

44   기사일(23일)에 곽자의가 하동(河東)에서 들어와서 조현하였다. 이때에 정원진(程元振)이 용사(用事)하였는데, 곽자의는 공로가 높고 책임도 중한 것을 꺼려 자주 황상에게 참소하였다. 곽자의는 스스로 편안하

---

118) 아주 긴 관직명이다. 도지(都知)란 지직(知職)으로 도는 전체를 의미한다. 하나의 지역만을 관장하는 것이 아니므로 맨 마지막에 등(等)을 붙인 것이며, 여기서의 여섯 주가 1군(軍)이었다. 이옥포가 진정절도사였는데 이광필이 망산에서 패배하고(지난 해 2월) 진정군은 연의 사사조의 손에 들어갔고 이옥포는 택주로 도망하였으며, 조정에서는 그를 노의택심절도사를 맡게 하였고, 빼앗겼으나 진정도 함께 관장하게 하였던 것이다.

119) 흥평군과 또 다른 군(軍)의 부원수를 하고 있기 때문에 등(等)이라는 용어를 더 넣은 것이다.

120) 숙종 상원 원년(760년) 6월에 서원에서 만족의 오공조 등이 변란을 일으켰다.

지 아니하여 스스로 표문을 올려서 부원수·절도사를 해직시켜 달라고 요청하였다. 황상은 그를 위무하자 곽자의는 드디어 경사에 머물게 되었다.

45 태주(台州, 절강성 임해시)의 도적 우두머리인 원조(袁晁)가 절동(浙東)의 여러 주를 공격하여 함락시키고 연호를 고쳐서 보승(寶勝)이라고 하였는데, 백성들이 부렴(賦斂)으로 피로하여 대부분 그에게 귀부하였다. 이광필이 군사를 파견하여 구주(衢州, 절강성 구주시)에서 원조를 쳐서 이를 깨뜨렸다.

46 을해일(29일)에 노왕 이괄(李适)을 옮겨서 옹왕(雍王)으로 삼았다.

47 9월 경진일(4일)에 내진을 병부상서·동평장사·지(知)산남동도절도사로 삼았다.

48 을미일(19일)에 정원진에게 표기대장군 겸 내시감을 덧붙여 주었다.

49 좌복야 배면(裴冕)을 산릉사(山陵使)[121]로 삼았는데, 일을 논의하면서 정원진과 어그러진 것이 있자, 병신일(20일)에 배면을 깎아내려서 시주(施州, 호북성 은시주) 자사로 삼았다.

50 황상이 중사(中使) 유청담(劉淸潭)을 파견하여 회흘(回紇)에 사신으로 가게 하여 옛날의 우호관계를 맺게 하고, 또 군사를 불러들여서 사조의를 토벌하게 하였다.

---

121) 황제의 능묘를 만드는 책임자이다. 이때에는 현종과 숙종이 모두 죽었는데, 아직 장사 지내지 않았었다.

유청담이 그들의 왕정(王庭, 몽고 허린컬시)에 도착하니, 회흘의 등리 (登里) 가한122)에게는 이미 사조의가 유혹하면서 말하였었다.

"당실(唐室)은 계속하여 대상(大喪)123)이 있었고, 지금 중원에는 주인 이 없으니 가한께서는 의당 속히 오셔서 그들의 부고(府庫)를 함께 거두 어 가십시오."

가한이 이 말을 믿었다.

유청담이 칙서를 가져다가 주며 말하였다.

"먼저 돌아가신 황제는 비록 천하를 버리셨지만 지금의 황상께서 그 통서(統緒)를 이으셨으니, 바로 예전의 광평왕(廣平王)이었으며 엽호(葉 護)와 함께 양경(兩京)을 수복한 분입니다."124)

회흘은 이미 군사를 일으켜 세 성125)에 도착하여 주와 현이 모두 언 덕과 폐허가 된 것을 보고 당을 가볍게 보는 생각을 가지고서 마침내 유청담을 곤란하게 하고 모욕하였다. 유청담은 사자를 파견하여 상황을 말하고 역시 말하였다.

"회흘이 그의 10만의 무리를 들어가지고 도착하였습니다."

경사에서는 크게 놀랐다.

황상은 전중감(殿中監) 약자앙(藥子昻)을 파견하여 가서 흔주(忻州, 산 서성 흔주시)의 남쪽에서 그들을 위로하게 하였다. 애초에, 비가궐(毗伽 闕) 가한126)이 등리를 위하여 혼인 관계를 맺자고 요구하였는데, 숙종은 복고회은(僕固懷恩)의 딸을 그에게 처로 삼게 하여 등리가돈(登里可敦)127)

---

122) 회흘의 3대 가한인 약라갈이지건(藥羅葛移地健)을 말한다.

123) 당에서 현종과 숙종이 죽은 것을 말한다.

124) 회흘의 친왕인 엽호와 함께 장안과 낙양 두 경사를 수복한 사건은 숙종 지덕 2재 (757년)의 일이고, 《자치통감》 권220에 실려 있다.

125) 수항성을 말하는데, 이 수항성은 세 개가 있다. 동수항성은 내몽고 탁극탁현에 있고, 중수항성은 내몽고 포두시에 있었으며, 서수항성은 내몽고 오원현 서북쪽에 있었다.

126) 회흘의 1대 가한인 약라갈골력비라(藥羅葛骨力斐羅)이다.

이 되었다.

가한이 복고회은을 만나게 해달라고 청하니 복고회은은 당시에 분주(汾州, 산서성 분양시)에 있었는데 황상은 가서 그를 만나 보게 하였고, 복고회은은 가한에게 당의 은혜와 믿음을 저버릴 수는 없다고 말하자, 가한은 기뻐하며 사자를 파견하여 표문을 올려서 나라를 도와서 사조의를 토벌하게 해달라고 청하였다.

가한은 스스로 포관(蒲關, 섬서성 대협현 동쪽 황하나루)에서 들어와서 사원(沙苑, 섬서성 대협현 남쪽)을 거쳐서 동관을 나와서 동쪽으로 가고자 하였는데, 약자앙이 그에게 유세하였다.

"관중은 자주 병란(兵亂)으로 황폐한 일을 만나서 주와 현은 쓸쓸하고 공급하여 줄 것이 없으니 아마도 가한께서 실망하실까 두렵습니다. 도적의 군대는 모두 낙양(洛陽)에 있으니 청컨대 토문(土門, 하북성 녹천시 서쪽)에서부터 형(邢)·명(洺)·회(懷)·위주(衛州)를 경략하고 남쪽으로 내려가면 그들의 재물을 얻어서 군대의 장비를 채울 수 있습니다."

가한이 좇지 않았다. 또 청하였다.

"태행(太行)에서 남쪽으로 내려가서 하음(河陰, 하남성 정주시 서북쪽 도화곡)을 근거지로 삼으면 도적은 목구멍을 꽉 죄는 것입니다."

역시 좇지 않았다. 또 청하였다.

"섬주(陝州, 하남성 삼문협시) 대양진(大陽津)에서부터 하(河, 황하)를 건너서 태원창(太原倉)에 있는 곡식을 먹으면서 여러 도와 함께 나아가십시오."

마침내 이를 좇았다.[128]

---

127) 가돈은 회흘의 황후에 해당하는 직위이다.

128) 회흘의 목적과 유청담의 목적이 달랐다. 회흘은 재물에 있었고, 유청담 등은 사조의와 전투하게 하는데 있었다.

51 원조(袁晁)129)가 신주(信州, 강서성 상요시)를 함락시켰다.

52 겨울, 10월에 원조가 온주(溫州, 절강성 온주시)와 명주(明州, 절강성 녕파시)를 함락시켰다.

53 옹왕(雍王) 이괄(李适)을 천하병마원수로 삼았다. 신유일(16일)에 떠나가겠다고 인사를 하니 겸어사중승인 약자앙과 위거(魏琚)를 좌우상(左右廂)병마사로 삼고, 중서사인 위소화(韋少華)를 판관으로 삼았으며, 급사중 이진(李進)을 행군사마로 삼아서 여러 도의 절도사와 회흘을 섬주(陝州)에서 만나서 나아가서 사조의를 토벌하게 하였다.

　황상은 곽자의(郭子儀)를 이괄의 부사로 삼고 싶었으나 정원진과 어조은(魚朝恩) 등이 이를 막아서 중지하였다. 삭방(朔方)절도사 복고회은에게 동평장사 겸 강주(絳州) 자사를 덧붙여 주었고 영제군(領諸軍)절도행영으로 이괄을 돕게 하였다.

54 황상이 동궁에 있을 적에 이보국이 전횡하여서 마음으로 아주 평안하지 아니하였는데,130) 자리를 잇게 되자 이보국이 장후(張后)를 살해한 공로를 가지고 있어서 드러내 놓고 이를 죽이지 아니하였다. 임술일(17일) 밤에 도둑이 그 집에 들어가서 이보국의 머리와 한쪽 팔을 훔쳐 가지고 갔다. 유사에게 칙령을 내려서 도둑을 체포하게 하고 중사(中使)를 파견하여 그 집에 안부를 묻게 하며 나무로 머리를 깎아서 그를 장사 지내게 하며 이어서 태부(太傅)의 직함을 추증하였다.

---

129) 태주에서 일어난 반란세력의 우두머리이다.

130) 황제와 이보국의 관계는 숙종 지덕 2재(757년) 정월의 일로, ≪자치통감≫ 권220에 내용이 실려 있다.

55 병인일(21일)에 황상은 복고회은에게 명령하여 어머니와 처와 더불어 같이 행영(行營)131)으로 가게 하였다.

옹왕 이괄이 섬주에 도착하니 회흘의 가한은 하북에 주둔하였으므로 이괄은 요속(僚屬)과 더불어 수십 명의 기병을 따르게 하며 가서 그를 보았다. 가한은 이괄에게 절하며 춤추지132) 않는 것을 책망하자 약자앙이 예(禮)로써는 마땅히 그러한 것은 아니라고 대답하였다.

회흘의 장군인 거비(車鼻)가 말하였다.

"당의 천자와 가한은 약속하여 형제가 되었으니 가한은 옹왕에게는 숙부인데 어찌하여 절하고 춤을 출 수 없는가?"

약자앙이 말하였다.

"옹왕은 천자의 맏아들이고, 지금은 원수입니다. 어찌 중국의 저군(儲君)133)이 외국의 가한에게 절하고 춤추겠소? 또 양궁(兩宮, 현종과 숙종)이 빈소(殯所)에 있으니 응당 무도(舞蹈)를 해서는 안 되오."

힘껏 다투며 오래 가자, 거비가 드디어 약자앙·위거·위소화·이진을 이끌어다가 각기 채찍 100대를 때리고 이괄은 나이가 아직 어려서 일을 모른다 하여 보내어 행영으로 돌려보냈다. 위거와 위소화는 하룻저녁 만에 죽었다.

무진일(23일)에 여러 군대가 섬주(陝州)를 출발하였는데 복고회은과 회흘의 좌살(左殺)134)을 선봉으로 삼고, 섬서(陝西)절도사 곽영예(郭英乂)와 신책관군용사(神策觀軍容使) 어조은을 전군(殿軍, 후위군)으로 삼고서 면지(澠池, 하남성 면지현)에서부터 들어갔다. 노택(潞澤, 치소는 노주)절도

---

131) 군대가 주둔지를 떠나서 머물며 군영을 설치한 곳을 말한다.

132) 일종의 예의이다. 여기서 춤이란 오늘날의 무용이 아니고 손을 흔들고 발로 뛰어 굴복한다는 표시를 하는 것이다.

133) 제왕의 뒤를 이을 후계자를 말한다.

134) 회흘의 작위로 살(殺)은 친왕을 의미하며, 좌살은 동부를 담당하는 친왕이다.

사 이옥포(李玉抱)는 하양(河陽, 하남성 맹현)으로부터 들어가고, 하남등도 (河南等道)135) 부원수 이광필(李光弼)은 진류(陳留, 변주, 하남성 개봉시)로 부터 들어갔으며, 옹왕은 섬주에 남았다. 신미일(26일)에 복고회은 등은 동궤(同軌, 하남성 낙녕현 동쪽)에 진을 쳤다.

사조의는 관군이 곧 도착할 것이라는 소식을 듣고 제장들에게 모의하게 하였다. 아사나승경이 말하였다.

"당이 만약에 홀로 한족(漢族) 군사와 더불어 온다면 의당 무리를 모두 모아서 싸워야 할 것이지만, 만약에 회흘의 군사들과 함께 온다면 그 예봉은 감당할 수 없으니 의당 물러서서 하양을 지키면서 이를 피해야 합니다."

사조의는 좇지 않았다.

임신일(27일)에 관군이 낙양의 북쪽 교외에 도착하여 군사를 나누어서 회주(懷州, 하남성 심양시)를 빼앗았고 계유일(28일)에 이를 뽑아버렸다. 을해일(30일)에 관군은 횡수(橫水, 낙양 북쪽에 있는 강)에 진을 쳤다. 도적의 무리는 수만인데, 목책(木柵)을 세워서 스스로 굳게 하고 있으니, 복고회은이 서원(西原, 낙양의 서쪽)에 진을 치고 이들과 맞섰다.

교기(驍騎)와 회흘을 파견하여 남산(南山)을 나란히 하여 목책의 동북쪽으로 나아가서 안팎에서 합쳐서 공격하여 이들을 대파하였다. 사조의는 그들의 정예의 병사 10만을 다 가지고 이를 구원하려고 소각사(昭覺寺)에 진을 쳤는데, 관군을 모아서 이를 치니 죽이고 다치게 한 것이 아주 많았지만 도적의 진영은 움직이지 않았다. 어조은은 사생(射生, 활 쏘는 사람) 500명을 파견하여 힘껏 싸웠는데 도적들은 비록 죽은 사람이 많았지만 진지는 역시 처음과 같았다.

진서(鎭西, 치소는 구자)절도사 마린(馬璘)이 말하였다.

---

135) 하남도와 그 외에 다른 도(道)의 부원수를 맡고 있으므로 등도라는 용어를 사용한 것이다.

"일이 급합니다." 136)

드디어 단독으로 말을 타고 분발하여 치면서 도적이 가지고 있는 두개의 방패137)를 빼앗아 가지고 많은 무리 속으로 돌진하여 들어갔다. 도적은 좌우로 쪼개져서 쏠리니 대군(大軍)은 이를 타고서 들어갔고 도적의 무리들은 대패하였다. 석류원(石榴園, 하남성 심양시 북쪽)과 노군묘(老君廟)에서 돌면서 싸웠는데 도적은 또 패배하였으며, 사람과 말이 서로 밟아서 상서곡(尙書谷, 하남성 무척현 경계)을 메웠는데 목을 벤 것이 6만 급(級)이었고 포로로 잡은 것이 2만 명이었으며, 사조의는 경무장한 기병 수백을 거느리고 동쪽으로 달아났다.

복고회은은 나아가서 동경(東京)과 하양성(河陽城)에서 이기고 그들의 중서령인 허숙기(許叔冀)와 왕주(王伷) 등을 포획하고 승제(承制)138)로 이들을 풀어주었다. 복고회은은 하양에서 회흘 가한의 군영에 머물면서 그 아들인 우상(右廂)병마사 복고창(僕固瑒)과 삭방병마사 고보성(高輔成)으로 하여금 보병과 기병 1만 여를 인솔하고 이긴 기세를 타고서 사조의를 좇게 하였는데, 정주(鄭州)에 이르러서 다시 싸워서 모두 승리하였다. 사조의는 변주(汴州)에 도착하였는데, 그들의 진류(陳留, 치소는 변주)절도사 장헌성(張獻誠)이 문을 닫고 이들을 막으니, 사조의는 복주(濮州, 산동성 인성현)로 달아났고, 장헌성은 문을 열고 나와서 항복하였다.

회흘이 동경에 들어가서 방자하게 죽이고 약탈을 행하니 죽은 사람은 1만을 헤아렸고 불길은 수십 일이 되어도 꺼지지 아니하였다. 삭방·신

---

136) 호삼성은 이 말을 한 까닭을 설명하였다. 즉 적의 진지를 범하였다가 함락시키지 못하고 군사를 이끌고 물러나게 된다면 반드시 패배하게 되어있으므로 사태가 급하다고 한 것이다.

137) 패(牌)를 말한다. 옛날에는 순(楯)이라고 하였다. 진(晉), 송(宋) 일대에서는 팽배(彭排)라고 하는데, 남방에서는 가죽 끈으로 대나무를 엮어서 이것을 만들어 적을 막는 것이고, 북방 사람들은 나무로 이것을 만든다.

138) 제는 황제의 명이다. 황제로부터 일정한 권한을 받아서 행정을 처리하는 것을 말한다.

책군도 역시 동경(東京) · 정주(鄭州) · 변주(汴州) · 여주(汝州)가 모두 도적의 경내여서 지나가는 곳에서 포로로 잡고 약탈하였는데, 석 달이 되어서야 마침내 그쳤다. 즐비한 집들은 모두 타 버렸고, 사민(士民)들은 모두 종이로 옷을 해 입었다. 회흘은 모두 약탈한 보화(寶貨)를 하양(河陽)에 두고서 그 장수인 안각(安恪)을 남겨두어 이를 지켰다.

11월 정축일(2일)에 노포(露布)[139]가 경사에 도착하였다.

사조의는 복주(濮州)에서 북쪽으로 하(河, 황하)를 건넜는데, 복고회은은 나아가서 활주(滑州, 하남성 활현)를 공격하여 이를 뽑고 뒤쫓아서 사조의를 위주(衛州, 하남성 위휘현)에서 패배시켰다. 사조의의 수양(睢陽, 치소는 송주)절도사인 전승사(田承嗣) 등은 군사 4만여 명을 거느리고 사조의와 합하여 다시 와서 막으며 싸웠다. 복고창이 이들을 쳐서 깨뜨리고 멀리까지 달려가 창락(昌樂, 하남성 남락현)의 동쪽에 도착하였다. 사조의는 위주(魏州, 하남성 대명현)의 병사를 인솔하고 와서 싸웠으나 또 패배하여 달아났다.

이에 업군(鄴郡, 치소는 상주)절도사 설숭(薛嵩)은 상(相) · 위(衛) · 명(洺) · 형(邢)의 네 주(州)를 가지고 진정(陳鄭)과 택로(澤潞)절도사 이옥포(李玉抱)에게 항복하였고, 항양(恒陽, 치소는 항주)절도사 장충지(張忠志)는 조(趙) · 항(恒) · 심(深) · 정(定) · 역(易)의 다섯 주(州)를 가지고 하동절도사 신운경(辛雲京)에게 항복하였다. 설숭은 설초옥(薛楚玉)[140]의 아들이다.

이옥포 등은 이미 진군하여 그 군영으로 들어가서 그들의 부오(部伍)를 어루만지는데 설숭 등은 모두 대신할 사람을 받아들였다. 거주하는데

---

139) 본래는 봉함하지 않은 편지를 가리키는 말이다. 후에는 대체적으로 첩보 혹은 격문을 가리키는 말로 이해되었다.

140) 설초옥에 관한 일은 현종 개원 21년(733년) 윤3월에 있었고, 《자치통감》 권213에 실려 있다.

아무 문제가 없자 복고회은은 모두 지위를 회복시켰다. 이로 말미암아서 이옥포와 설운경은 복고회은이 두 마음을 가진 것으로 의심하고 각기 표문을 올려서 이를 말하니, 조정에서는 비밀리에 이를 대비하였다. 복고회은 역시 상소문을 올려서 스스로 해명하니, 황상은 그에게 위로하고 격려하였다. 신사일(6일)에 제서(制書)를 내렸다.

"동경과 하남·북에서 위관(僞官)141)을 받은 사람에게는 일체 묻지 아니한다."

---

141) 위관이란 원래 거짓 관직이라는 말로, 인정할 수 없는 정부로부터 받은 관직을 말한다. 여기서는 사조의의 연으로부터 받은 관직을 가리키는 말이며, 이 사람들에게는 당연히 벌을 주어야 하지만 벌을 주지 않겠다는 것이다.

사조의의 죽음과 새로운 대책

56 기축일(14일)에 호부시랑 유안(劉晏)을 하남도수륙전운도사(河南道水陸轉運都使)142)를 겸하게 하였다.

57 정유일(22일)에 장충지(張忠志)를 성덕군(成德軍)절도사로 삼아서 항(恒)·조(趙)·심(深)·정(定)·역(易) 다섯 주(州)를 통할하게 하고 성(姓)을 내려주어 이(李)씨로 하고 이름을 보신(寶臣)이라 하게하였다.

애초에, 신운경이 군사를 이끌고 곧 정형(井陘, 태행산의 8개의 陘 가운데 하나)과 상산(常山, 하북성 정정현)으로 나가려고 하는데, 비장 왕무준(王武俊)이 이보신에게 유세하였다.

"지금 하동의 군사는 정예(精銳)여서 경계에서 멀리까지 나가서 싸우면 대적할 수 없습니다. 또 우리는 적은 수를 가지고 많은 수를 감당해야 하고, 굽은 것으로 곧은 것을 만나야 하니, 싸운다면 반드시 흩어지고, 지킨다면 반드시 무너질 것입니다. 공(公)은 그것을 도모하십시오."

이보신(李寶臣)은 마침내 거두고 수비하다가 다섯 주를 들어가지고 와

---

142) 관직명이다. 하남도는 지역 명칭이고, 전운은 군량이나 조세를 운반하는 것인데, 육로를 이용하거나 수로를 이용하는 것을 통틀어 수륙전운이라고 한다. 도사란 총책임을 지고 처리하게 하는 직책으로, 보통은 전운사인데, 여기서는 수로와 육로를 다 관장하게 하였으므로 도사라고 한 것이다.

서 항복하였다. 다시 절도사가 되기에 이르자 왕무준의 정책이 훌륭하다고 하여 발탁하여 선봉병마사로 삼았다. 왕무준은 본래 거란 사람인데 처음 이름은 몰락간(沒諾干)이었다.

곽자의는 복고회은이 하삭을 평정하는 공로를 가졌으므로 부원수를 그에게 양보하게 해달라고 청하였다. 기해일(24일)에 복고회은을 하북부원수로 삼고 좌복야 겸 중서령·선우진북(單于鎭北)대도호·삭방절도사를 덧붙여 주었다.

사조의는 도망하다가 패주(貝州, 하북성 청하시)에 도착하여 그의 대장인 설충의(薛忠義) 등 두 명의 절도사와 합하였는데 복고창이 그들을 뒤쫓아서 임청(臨淸, 하북성 임서현)에 이르렀다. 사조의는 형수(衡水, 하북성 형수시)에서 군사 3만을 이끌고 그에게서 돌아와서 그를 공격하니 복고창은 매복을 설치하였다가 이들을 쳐서 도주시켰다.

회흘도 또 도착하니 관군은 더욱 떨치게 되어 드디어 그들을 축출하였다. 하박(下博, 하북 심주시 동남)의 동남쪽에서 크게 싸웠고, 도적들은 대패하여 시체가 쌓여 물에 가득하게 흘러 내려갔고 사조의는 막주(莫州, 하북성 임구시 북쪽 막주진)로 달아났다.

복고회은의 도지(都知)병마사 설겸훈(薛兼訓)·병마사 학정옥(郝庭玉)이 전신공(田神功)·신운경과 더불어 하박에서 모여서 나아가서 사조의를 막주에서 포위하였는데, 청치(青淄, 치소는 청주)절도사 후희일(侯希逸)이 뒤이어 도착하였다.

58   12월 경신일(16일)에 처음으로 태조(太祖)를 천지(天地)에 배향하였다.[143]

---

[143] 태조는 고조 이연의 할아버지인 경황제이다. 고제 무덕 원년(618년)에 제서를 내려서 매년 원구와 방구에 제사를 지내게 하였다. 고종 건봉 2년(667년)에는 고조와 태종을 나란히 배향하였다. 이때에 태상경 두홍점 등이 논의하여 신요(神堯)를 천명을 받은 주군으로 하고 처음으로 책봉된 군주가 아니라고 하여 태조를 천지에 배향

대종(代宗) 광덕 원년(癸卯, 763년)[144]

1 봄, 정월 기묘일(5일)에 오태후(吳太后, 대종 이예의 생모)에게 추시(追諡)하여 장경(章敬)황후라고 하였다.

2 계미일(9일)에 국자좨주(國子祭酒) 유안(劉晏)을 이부상서·동평장사로 삼고 탁지등사(度支等使)는 예전대로 하였다.

3 애초에, 내진(來瑱)이 양양(襄陽)에 있었는데 정원진(程元振, 환관)이 청탁한 것이 있었지만 좇지 않았다. 재상이 되고 나자[145] 정원진은 내진 참소하여 불순종하는데 관계된 말을 하였다고 참소하였다.[146] 왕중승(王仲昇)이 도적들 가운데에 있으면서[147] 굴복하여 온전할 수가 있었지만 도적이 평정되어 돌아올 수 있게 되니 정원진과 잘 사귀며 내진과 도적이 합하여 모의하여 왕중승을 적에게 빠지게 하였다고 주문을 올렸다.

임인일(28일)에 내진이 이 일에 걸려들어 관작이 깎이고 파주(播州, 귀주성 준의시)로 유배되었는데 가는 길에서 죽음이 내려지니, 이로부터 번진에서는 모두 정원진에게 이를 갈았다.

4 사조의는 여러 번 나와서 싸웠지만 모두 패배하니, 전승사(田承嗣)가 사조의에게 유세하여 친히 유주(幽州, 북경시)에 가서 군사를 징발해 가

할 수 없었다. 태조 경황제가 처음으로 당에서 책봉을 받았으므로 은의 설과 주의 후직이니 천지에 교배하게 하여 이를 좇았다.

144) 대종의 정식 칭호는 대종예문무효(代宗睿文武孝)황제이고, 연(燕) 사조의 현성 2년, 원조(袁晁) 보승 2년, 당제(唐帝) 이승핑 원년이다.
145) 내진이 재상에 오른 것은 숙종 보은 원년(762년) 9월의 일이다.
146) 대종이 태자로 있을 때에 내진이 태자에게 불순하였다고 한 말이다.
147) 숙종 보은 원년(762년) 3월의 일이다.

지고 돌아와서 막주를 구원하라고 하면서 전승사는 스스로 남아서 막주를 지키겠다고 하였다.

사조의는 이를 좇아서 정예의 기병 5천을 뽑아가지고 북문(北門)에서부터 포위망을 범하고 나갔다. 사조의가 이미 떠나고 나자 전승사는 즉각 성(城)을 가지고 항복하고 사조의의 모친·처·자식을 관군에 압송하였다. 이에 복고창(僕固瑒)·후희일(侯希逸)·설겸훈(薛兼訓) 등은 무리 3만을 인솔하고 그를 추격하여 귀의(歸義, 하북성 임구시 북쪽 정주진)에 이르러서 더불어 싸웠는데, 사조의가 패하고 달아났다.

이때에 사조의의 범양(范陽)절도사인 이회선(李懷仙)은 이미 중사(中使)[148] 낙봉선(駱奉仙)을 통하여 항복을 받아달라고 청하여서 병마사 이포충(李苞忠)을 파견하여 군사 3천을 거느리고 범양현(范陽縣, 하북성 탁주시)에서 진수하게 하였으니, 사조의가 범양에 도착하였으나 들어갈 수가 없었다.[149]

관군이 곧 도착하게 되자 사조의는 사람을 파견하여 이포충에게 유시(諭示)하기를, '대군을 막주에 머물게 하고, 경무장한 기병으로 와서 군사를 발동하여 이들을 구원하려고 온 뜻'을 전하고서 이어서 군신(君臣)의 의(義)를 가지고 책망하였다.

이포충이 대답하였다.

"하늘은 연(燕)에 복을 주지 않고, 당실(唐室)을 부흥시키니 지금 이미 당에 귀부하였는데, 어찌 다시 반대로 뒤집을 수 있으며 혼자서 삼군(三軍)을 부끄럽지 않겠습니까? 대장부는 속이는 계책으로 서로 도모하려는 것을 부끄럽게 여기니, 바라건대, 일직 거취를 선택하여 스스로 온전한 길을 꾀하기를 바랍니다. 또 전승사는 반드시 이미 배반하였을 것이며

---

148) 환관으로 황제의 사자가 된 사람을 말한다.

149) 범양현과 원래의 범양군과는 같은 곳이 아니다.

그렇지 않다면 관군이 어찌 여기에 이를 수 있었겠습니까?"

사조의는 크게 두려워서 말하였다.

"내가 아침에 오느라고 아직 먹지를 못하였는데 다만 한 그릇 식사를 먹여 줄 수 없겠소?"

이포충은 마침내 사람을 시켜서 성의 동쪽에 식사자리를 마련하였다. 이에 범양에 있는 사람들 가운데 사조의의 휘하에 있던 사람들은 나란히 절하고 작별인사를 하고 떠나니 사조의는 눈물을 흘릴 뿐이었고, 다만 호족(胡族) 기병 수백과 더불어 먹기를 다하자 떠났다.

동쪽으로 달아나서 광양으로 갔는데 광양에서도 받지 않자 북쪽으로 해(奚)와 거란(契丹)으로 들어가려고 하여 온천책(溫泉柵, 하북성 천요현)에 도착하였는데, 이회선(李懷仙)이 군사를 파견하여 그를 뒤쫓아서 따라잡으니, 사조의는 궁색하게 몰리어 숲 속에서 목을 매었고, 이회선은 그의 머리를 가져다가 바쳤다. 복고회은과 여러 군대들은 모두 돌아왔다.

갑진일(30일)에 사조의의 수급(首級)이 경사에 도착하였다.150)

5 윤월(윤정월) 기유일(5일) 밤에 회흘 사람 15명이 함광문(含光門)151)을 침범하고 홍려시(鴻臚寺)로 돌진해 들어오자 문사(門司)152)가 감히 막지 못하였다.

6 계해일(19일)에 사조의에게 있다가 항복한 장수인 설숭(薛嵩)을 상·위·형·명·자육주(相·衛·邢·洺·磁六州)절도사로 삼고, 전승사를 위·박·덕·창·영오주도방어사(魏·博·德·滄·瀛五州都防禦使)로 삼았으며, 이회

---

150) 사사명이 일으킨 전란은 4년에 걸쳐서 계속되었다가 이제 마친 것이다.

151) 정부의 각 관서가 있는 남황성의 서쪽 문이다. 태극궁(서내)의 남쪽에는 세 문이 있는데, 중간에는 주작문, 동쪽에는 안상문, 서쪽에는 함광문이 있다.

152) 문을 담당하고 있는 관서이다. 여기서는 문사에 근무하는 사람을 말한다.

선은 여전히 옛날부터 있던 땅인 유주 · 노룡(幽州 · 盧龍)절도사로 삼았다.

이때에 하북의 여러 주(州)들은 모두 이미 항복하였고, 설숭 등은 복고회은을 영접하여 말 머리에서 절을 하며 행간(行間)에서 스스로 모범을 보이게 해달라고 빌었다. 복고회은도 역시 도적이 평정된 은총이 쇠퇴할까 두려워 하니, 그러므로 주문을 올려서 설숭과 이보신(李寶臣)[153]을 머물게 하여 나누어 하북을 통솔하게 하여 스스로의 한 패거리의 후원세력으로 삼았다. 조정에서는 역시 전쟁을 싫어하고 고통스럽게 생각하여 억지로 무사하기를 바라니, 이어서 그대로 제수(除授)하였다.

7   회흘의 등리(登利) 가한[154]이 귀국하는데 그의 부하 무리들은 지나는 곳에서 약탈하였으며 저장한 것을 공급하는 것이 조금이라도 뜻대로 되지 아니하면 번번이 사람을 죽였고 꺼리는 바가 없었다.

진정 · 택로(陳鄭 · 澤潞)절도사인 이옥포(李玉抱)가 관속들을 파견하여 주둔하며 안정시키려고 하였더니 사람마다 사양하고 꺼렸고, 조성(趙城, 산서성 홍동현 북쪽 조성진)현위(縣尉) 마수(馬燧)[155]만이 홀로 가게 해달라고 청하였다.

회흘이 곧 도착할 즈음에 마수는 먼저 사람을 파견하여 그들의 거수(渠帥)[156]에게 뇌물을 주고 포학하게 약탈하지 말도록 약속하게 하였더니, 그 우두머리는 그에게 기(旗, 군기)를 주면서 말하였다.

"명령을 범하는 사람이 있으면 그대는 스스로 그들을 주륙(誅戮)하시오."
마수는 사형수를 데려다가 좌우에 두고 조금이라도 명령을 어기는 것이

---

153) 원래의 장충지로, 황제로부터 성명을 하사 받은 이름이며 성덕절도사이다.

154) 회흘의 3대 가한인 약나갈이지건이다.

155) 마수에 관한 이야기는 현종 천보 14재(755년) 12월에 있었고, 그 내용은 《자치통감》 권217에 실려 있다.

156) 군대의 장군이나 지휘관, 인솔자를 말한다.

있으면 즉각 목을 베게 하였다. 회흘 사람들은 서로 돌아보며 안색이 변하였고, 그 경계를 건너는 사람은 모두 손을 마주하며 약속을 준수하였다.

이옥포가 이를 기이하게 생각하니 마수는 이어서 이옥포에게 유세하였다.

"저 마수는 회흘과 말하였는데, 자못 그 실정을 알았습니다. 복고회은은 공로를 세운 것을 믿고 교만하고 방자하며 그 아들인 복고창은 용감한 짓을 좋아하고 가벼운데, 지금 안으로 네 명의 장수157)를 세워놓고 밖으로는 회흘과 왕래하니, 반드시 하동(河東)과 택로(澤潞)를 넘볼 뜻을 가지고 있으므로 의당 깊이 있게 이를 대비해야 합니다."

이옥포가 그렇게 생각하였다.

8 애초에, 장안 출신 양숭의(梁崇義)는 우림사생(羽林射生)158)으로서 내진(來瑱)을 좇아서 양양(襄陽)에서 진수하였는데 누차 승진하여 우병마사(右兵馬使)가 되었다. 양숭의는 용기와 힘을 가지고 있어서 철을 둘둘 말수 있고 쇠갈고리를 펼 수 있었으며, 침착하고 과감하지만 말이 적어서 많은 사람의 마음을 얻을 수 있었다.

내진이 들어와서 조현하면서159) 제장들에게 명령하여 나누어 여러 주를 지키게 하였는데, 내진이 죽자 수자리 서는 사람들은 달아나서 양양으로 돌아왔다. 행군사마 방충(龐充)이 군사 2천을 거느리고 하남(河南)160)으로 가다가 여주(汝州, 하남성 여주시)에 이르렀는데, 내진이 죽었

---

157) 설숭(상위절도사), 전승사(위박도방어사), 이회선(노룡절도사), 이보신(성덕절도사)을 말하며, 이는 모두 복고회은의 부하들이다.

158) 우림군 소속의 전문적으로 활을 쏘는 병사를 말한다.

159) 숙종 보응 원년(762년) 8월의 일이다.

160) 하남부원수인 이광필의 부대가 있는 곳이고, 치소는 서주이다.

다는 소식을 듣고 군사를 이끌고 돌아가서 양주(襄州)를 습격하였다. 좌병마사 이소(李昭)가 이를 막으니 방충은 방주(房州, 호남성 방현)로 달아났다.

양숭의는 등주(鄧州, 하남성 등주시)에서 수자리 서던 병사들을 이끌고 돌아왔는데, 이소와 부사(副使) 설남양(薛南陽)과 더불어 서로 장(長)의 자리를 양보하였으며 오래 되어도 결판나지 않자, 무리들이 모두 말하였다.

"군사들은 양경(梁卿, 양숭의)이 주관하지 않으면 안 됩니다."

드디어 양숭의를 추대하여 우두머리로 삼았다. 양숭의는 얼마 안 되어 이소와 설남양을 죽이고 그 상황을 보고하였는데 황상은 토벌할 수가 없었다.

3월 갑진일(1일)에 양숭의를 양주자사·산남동도(山南東道) 절도유후로 삼았다. 양숭의는 주문을 올려서 내진을 고쳐 장사 지내고 그를 위하여 사당을 세우겠다고 하면서 내진의 청사(聽事)와 정당(正堂)[161]에 살지 아니하였다.

9 신유일(18일)에 지도대성대명효(至道大聖大明孝)황제를 태릉(泰陵)에 장사 지내고 묘호(廟號)를 현종(玄宗)이라 하였다. 경오일(27일)에 문명덕무대성대선효(文明德武大聖大宣孝)황제를 건릉(建陵)에 장사 지내고 묘호를 숙종(肅宗)으로 하였다.

10 여름, 4월 경진일(7일)에 이광필이 주문을 올려서 '원조(袁晁)[162]를 사로잡았고 절동(浙東)이 모두 평정되었다'고 하였다. 당시에 원조의 무

---

161) 청사(聽事)는 업무를 보던 곳으로 청사(聽舍)와 같은 뜻이고 청사 가운데 정당(正堂)은 중심에 있는 건물을 말한다.

162) 원조가 군사를 일으킨 것은 지난해(762년) 8월의 일이다.

리들은 20만에 가까웠고 돌아다니며 주현을 공격하였는데, 이광필이 부장 장백의(張伯儀)로 하여금 군사를 거느리고 이를 토벌하여 평정하게 하였다. 장백의는 위주(魏州, 하북성 대명현) 사람이다.

11 곽자의가 자주 말씀을 올렸다.

"토번과 당항을 소홀하게 할 수 없으며, 의당 일찍 이를 대비하여야 합니다."

12 신축일(28일)에 겸어사대부 이지방(李之芳)을 파견하여 토번에 사자로 가게 하였는데, 오랑캐들에게 억류되었다가 2년이 지나서야 마침내 돌아올 수 있었다.

13 여러 신하들이 세 번 표문을 올려서 태자를 세우라고 요청하였다. 5월 계묘일(1일)에 조서를 내려서 가을까지 기다렸다가 이를 논의하는 것을 허락한다고 하였다.

14 정묘일(25일)에 제서(制書)를 내려서 하북(河北)에 있는 여러 주(州)를 나누라고 하였는데, '유주(幽州)·막주(莫州)·규주(嬀州)·단주(檀州)·평주(平州)·계주(薊州)를 유주(幽州)에서 관장하고, 항주(恒州)·정주(定州)·조주(趙州)·심주(深州)·역주(易州)를 성덕군(成德軍)에서 관장하며, 상주(相州)·패주(貝州)·형주(邢州)·명주(洺州)는 상주(相州)가 관장하고, 위주(魏州)·박주(博州)·덕주(德州)는 위주에서 관장하며, 창주(滄州)·체주(棣州)·기주(冀州)·영주(瀛州)는 청치(青淄)에서 관장하고, 회주(懷州)·위주(衛州)·하양(河陽)은 택로(澤潞)에서 관장하라.' 고 하였다.

15 6월 계유일(1일)에 예부시랑인 화음(華陰, 섬서성 회음시) 사람 양관

(楊綰)이 상소문을 올렸다.

"옛날에 선비를 선발하는 데는 반드시 행실을 채택하였는데, 근세에는 오로지 문사(文辭)만을 숭상합니다. 수(隋) 양제(煬帝) 때부터 처음으로 진사과(進士科)를 설치하였는데, 책시(策試)163)와 비슷하였을 뿐이었습니다. 고종(高宗) 시대에 이르러서 고공원외랑 유사립(劉思立)164)이 비로소 주문을 올려서 진사들에게 잡문(雜文)을 덧붙여 보게 하였고, 명경과(明經科)에 첩서(帖書)를 추가하였으니, 이로부터 폐단이 쌓였고 돌아서 습속이 되었습니다.

조정의 공경들은 이것으로 선비를 기다렸고, 집안의 장로들은 이것으로 자식들을 교훈하였으니, 그 명경이라는 것은 첩괄(帖括)165)을 외우고서 요행이 나타나기를 요구하였으며, 또 거인(擧人)은 모두 첩지(牒紙)를 던져서 스스로 응시하게 하니 이와 같이 하여 그들을 순박하도록 돌리고 염치 있고 양보하는 것을 숭상하게 하려 하지만 어찌 얻을 수 있겠습니까? 청컨대 현령들로 하여금 효성과 염치를 살펴서 향려(鄕閭)에서 행적이 드러나며 경술을 배워 아는 자를 주(州)에 천거하게 하십시오. 자사는 고시하여 이를 성(省, 상서성)에 올리게 하십시오.

각자에게 한 가지의 경전을 고르도록 맡기고, 조정에서는 유학을 공부한 인사를 선택하여 경의(經義) 20개 조목과 대책을 세 가지 묻게 하는데, 상등의 급제자는 즉각 관직을 주도록 하고 중급의 급제자는 출신(出身)166)을 얻게 하며 하급의 급제자는 파출하여 돌아가게 하십시오.

---

163) 과거 시험의 과목으로 사건을 해결하는 대책을 쓰게 하는 것이다.

164) 당 고종 의봉 2년(677년) 4월의 일이다.

165) 당대의 고시제도에서 명경과는 경서를 외우는 것으로 시험을 보았다. 그런 다음부터 시험을 치려는 사람이 많아지자 시험관은 항상 편벽한 장구를 선택하여 시험문제를 냈고, 시험 보는 사람은 이 때문에 편벽되고 숨겨진 경문을 골라서 편집하여 노래를 만들어 이를 익혀가지고 고시를 대비하니 이를 '첩괄'이라고 하였는데, 그 뜻은 '첩경(帖經)'의 지름길이라는 말이다.

또 도거(道擧)167)도 역시 국가를 다스리는 것은 아니니 바라기는 명경·진사과와 나란히 정지시키십시오."

황상이 여러 관사(官司)에 명령하여 전체적으로 논의하게 하니 급사중 이서균(李栖筠)·좌승 가지(賈至)·경조윤 엄무(嚴武)는 나란히 양관(楊管)과 같다고 하였다.

가지는 논의를 하였다.

"지금 경학을 시험 치는 사람은 첩자(帖子)에 정통하고, 문장을 시험 치는 사람은 성조(聲調)의 병통168)으로 시비를 가리니, 풍류는 퇴폐하여지므로 진실로 마땅히 고쳐야 합니다. 그러나 동진시대 이후로 사람들은 대부분 교우(僑寓)169)하여 선비로 향토에 살고 있는 사람은 백 가운데 한둘도 없으니, 청컨대 겸하여 학교를 넓히시고 상재(桑梓)170)를 지키는 사람은 향리에서 천거하게 하고, 유우(流寓)하는 사람은 상서(庠序, 학교)에서 천거하게 하십시오."

예부에 칙령을 내려서 조목을 갖추어서 보고하게 하였다. 양관은 또한 오경수재과(五經秀才科)를 두라고 청하였다.

16 경인일(18일)에 위박(魏博, 치소는 위주)도방어사 전승사를 절도사로 삼았다. 전승사가 관내(管內)의 호구를 조사하니 건장한 사람은 모두 적(籍)을 만들어 병사가 되게 하였고, 오직 노약자만이 농사일을 하게하자 몇 년 사이에 무리가 10만 명이 되었다. 또 그 가운데 날래고 건장한

---

166) 예비합격의 의미를 갖는다. 관리가 될 수 있는 자격만을 주는 것이다.

167) 도교(道敎)에 관한 과거를 말한다. 이것은 현종 개원 25년(737년) 정월의 일이다.

168) 중국음의 성조는 4성으로 되어 있고 이것의 정확성 여부를 따지는 것이다. 그리하여 시의 성률의 원칙에 맞는가를 보는 것이다.

169) 고향을 떠나서 다른 곳에 가서 사는 사람을 말한다. 교민과 같은 의미이다.

170) ≪시경(詩經)≫에 나오는 말로 담 밑에 뽕나무를 심어서 자손에게 남겨 양잠기구를 만들게 하였다는 뜻에서 출발하여 고향, 향리라는 말이다.

사람 1만 명을 선발하여 스스로 지키게 하고 이를 아병(牙兵)171)이라고 하였다.

17 동화(同華)절도사 이회양(李懷讓)은 정원진(程元振)에게 참소되자 무섭고 두려워서 자살하였다. ✻

---

171) 이빨 같은 군사라는 말로 사납게 덤벼든다는 의미로 강한 군사를 말한다.

資治通鑑

자치통감 권223
당(唐)시대 39(763~765년)

내부 불화와 회홀 등의 침입

조정에 못 들어가는 복고회은

대종(代宗) 광덕 원년(癸卯, 763년)[1]

1 가을, 7월 임인일(1일)에 여러 신하들이 존호를 올려서 보응원성문무효(寶應元聖文武孝) 황제라고 하였다. 임자일(11일)에 천하를 사면하고 연호를 고쳤다. 제장들 가운데 사조의를 토벌한 사람에게는 관계(官階)를 올려주고, 작읍(爵邑)을 덧붙여 주었는데, 차등이 있었다.

회흘(回紇) 가한을 책봉하여 힐돌등밀시합구록영의건공비가(頡咄登蜜施合俱錄英義建功毗伽) 가한이라고 하고 가돈(可敦)을 사묵광친여화비가(娑墨光親麗華毗伽) 가돈[2]이라고 하였으며, 좌·우살(左·右殺)[3] 이하 모

---

1) 앞에 이어서 광덕 원년 7월부터 시작된다. 이 해는 여전히 연제 사조의 현성 3년, 원조 보승 2년, 당제 이승평 원년이다.

2) 가한은 중국북방민족에서 제왕에 해당하는 사람을 부르는 칭호이고, 가돈은 황후에 해당하는 사람에게 붙이는 칭호이다. 여기서 회흘 가한은 2대 등리 가한인 약라갈이지건을 말하는데, 당 정부가 사조의를 토벌하였다는 공로 때문에 특별히 높은 호칭을 내려준 것이다. 이 말은 회흘 말을 한자로 음역한 것이며, 힐돌은 원수(元首)의 의미이고, 등밀시는 성공의 뜻이며, 합구록은 가경(可敬) 즉 존경할 만하다는 뜻이고, 비가는 지혜라는 뜻이다. 가돈의 존호 가운데 나오는 사묵은 연애(憐愛) 즉 불쌍히 여기고 아껴준다는 의미이다. 가한의 존호에 있는 영의건공과 가돈에게 광친여화라는 말은 한자식의 존칭이다. 따라서 이들에게 보낸 존호에는 회흘언어와 한어(漢語)를 혼합하여 사용한 것으로 보인다.

3) 우살과 좌살은 좌·우익왕을 의미하는 회흘의 작위이다.

두에게 봉작과 상이 덧붙여졌다.

2 무진일(27일)에 양관(楊綰)이 공거(貢擧)의 조목을 올렸다. '수재과(秀才科)는 경의(經義) 20조와 대책을 다섯 번 묻는다. 국자감(國子監)의 거인(擧人)은 박사로 하여금 좨주(祭酒)에게 천거하게 하고 좨주는 시험을 보아 통과한 사람을 성(省, 상서성)에 올리는데, 마치 향공법(鄕貢法)과 같게 한다. 명법과(明法科)4)는 형부(刑部)에 위탁하여 시험 치게 한다.'고 하였다.

어떤 사람은 명경과(明經科)와 진사과는 이를 시행한 지 이미 오래 되어서 갑자기 고칠 수 없다고 하였다. 일은 비록 시행되지 않았으나 아는 사람은 이를 옳은 것이라고 하였다.

3 복고창(僕固瑒)을 삭방(朔方)행영절도사로 삼았다.

4 토번이 대진관(大震關, 감숙성 장가천현 동남)으로 들어와서 난(蘭)·곽(廓)·하(河)·선(鄯)·조(洮)·민(岷)·진(秦)·성(成)·위(渭) 등의 주(州)를 함락시키고 하서(河西)와 농우(隴右)의 땅을 전부 빼앗았다.

당의 무덕(武德, 고조의 연호) 이래로 변경을 개척하여 땅이 서역에 연결되면 모두 도독·부(府)·주(州)·현(縣)을 설치하였다. 개원(開元, 현종의 연호) 중에는 삭방(朔方)·농우·하서(河西)·북정(北庭)의 여러 절도사를 설치하여 이를 통할하게 하였는데, 해마다 산동의 정장(丁壯)을 징발하여 수졸(戍卒)로 삼고, 증백(繒帛)을 군사물자로 하며, 둔전을 개간하여 후량(餱糧)5)을 공급하고, 감목(監牧)을 설치하여 말과 소를 기르게

---

4) 당대 과거제도 가운데 과목의 하나로 법률지식을 시험 보는 과이다.

5) 군용으로 만든 마른 음식이다.

하니, 군성(軍城)에서 수라(戍羅)하는 것이 만 리에 걸쳐서 서로 바라보았다.

안록산이 반란을 일으키게 되자[6] 변방에 있는 군사 가운데 정예한 사람들은 모두 징발되어 들어가서 돕게 하였는데 이를 행영(行營)이라고 하였으며, 머물러 있는 군사는 외롭고 약하여 호로(胡虜)들이 조금씩 이를 잠식하였다. 몇 년 동안 서북에 있는 수십 개의 주(州)는 서로 이어가면서 윤몰(淪沒)하여 봉상(鳳翔, 섬서성 봉상현)의 서쪽에서부터 빈주(邠州, 섬서성 빈현) 이북은 모두 좌임(左袵)[7]을 하였다.

5 애초에, 복고회은(僕固懷恩)이 조서를 받고 회흘 가한과 태원(太原, 산서성 태원시)에서 만났다. 하동(河東)절도사 신운경(辛雲京)은 가한이 복고회은의 사위[8]이기 때문에 그들이 합해서 모의하여 군부(軍府)를 습격할까 두려워하여 성문을 닫고 스스로 지켰으며 역시 호사(犒師)[9]하지도 않았다.

사조의가 이미 평정되고 나자 복고회은에게 조서를 내려서 가한(可汗)을 호송하여 요새를 나가게 하라 하니 오고 가는 길에 태원을 지나가게 되었는데, 신운경은 역시 성문을 닫고서 더불어 보고를 하지 않았다. 복고회은은 화가 나서 그 상황을 구체적으로 기록하여 표문을 올렸지만 회보하지 않았다.

복고회은은 삭방의 군사 수만을 거느리고 분주(汾州, 산서성 분양현)에 주둔하고 그의 아들인 어사대부 복고창(僕固瑒)으로 하여금 1만 명을 거

---

6) 안록산의 난은 현종 천보 14재(755년) 11월에 일어났다.

7) 옷을 왼쪽으로 여미는 것을 말하는데 이는 토번 사람들이 옷 입는 습관이다. 따라서 이 모두 토번에게 넘어갔다는 것을 의미하는 말이다.

8) 이 일은 지난해(762년) 9월에 이루어졌다.

9) 멀리서 군대가 자기 관할지로 오면 이들에게 음식과 술을 대접하여 위로하는 것이다.

느리고 유차(榆次, 산서성 유차시)에 주둔하게 하며, 비장인 이광일(李光逸) 등은 기현(祁縣, 산서성 기현)에 주둔하고, 이회광(李懷光) 등은 진주(晉州, 산서성 임분시)에 주둔하며, 장유악(張維嶽) 등은 심주(沁州, 산서성 심원현)에 주둔하였다. 이회광은 본래 발해말갈(渤海靺鞨) 사람으로 성은 여(茹)였는데, 삭방의 장수가 되어 공로를 세운 것 때문에 성을 하사한 것이었다.

중사(中使) 낙봉선(駱奉仙)이 태원(太原)에 도착하자 신운경이 후하게 그와 관계를 맺고 복고회은과 회흘이 연합하기로 모의하였는데 반란하려는 상황이 이미 드러났다고 말하게 하였다. 낙봉선이 돌아가다가 복고회은이 있는 곳을 지났고 복고회은이 어머니 앞에서 함께 술을 마셨는데, 어머니가 자주 낙봉선을 나무라며 말하였다.

"너는 나의 아이와 형제가 되기로 약속하였는데, 지금에 또 신운경과 가까이 하니 어찌하여 두 얼굴을 갖느냐?"

술에 취하여 복고회은이 일어나서 춤을 추니 낙봉선은 전두채(纏頭綵)[10]를 증정하였다.

복고회은은 이를 응수(應酬)하려고 말하였다.

"내일은 단오(端午)[11]이니 마땅히 다시 음악을 연주하고 술을 마시면서 하루를 지냅시다."

낙봉선은 굳게 가게 해달라고 청하자 복고회은이 그의 말을 감추었더니 낙봉선이 좌우에 있는 사람들에게 말하였다.

"아침에 왔더니 나를 책망하였고 또 나의 말을 감추었으니 장차 나를

---

10) 당대에는 노래하고 춤추는 예인(藝人)이 공연을 할 때에 면으로 된 수건으로 머리를 묶었다가 공연을 마친 다음에 손님은 비단을 그에게 주는데 이를 전두라고 불렀다. 당대 사람들은 연회를 할 때에 술기가 돌아서 다른 사람을 대신하여 노래하고 춤을 추면 보는 사람은 이에 대응하여 노래하고 춤춘 사람에게 전두하는 채색의 비단을 보내는데 이를 전두채라고 하였다. 뒤에 가서 전두 혹은 전두채란 기녀와 재물이라는 말로 통용되었다.

11) 5월 5일로 민속 절기이다.

죽이려는 것이다."

밤중에 담장을 넘어서 달아났다. 복고회은은 놀라서 급히 그의 말을 가지고 뒤쫓아 가서 그것을 돌려주었다.

8월 계미일(13일)에 낙봉선이 장안(長安)에 도착하여 복고회은이 반란을 모의하였다고 주문을 올렸다. 복고회은도 역시 그 상황을 다 갖추어서 주문을 올리고 신운경과 낙봉선을 주살하라고 요청하였다. 황상은 두 쪽에 아무 것도 묻지 않으면서 우대하는 조서를 내려서 그들에게 화해하게 하였다.

복고회은은 스스로 군사를 일으킨 이래로 있는 곳에서 힘써 싸웠고, 한 집안 사람 가운데 왕을 위하여 죽으면서 섬긴 사람이 46명이었고, 딸로서 멀리 떨어진 지역으로 시집가서 회흘 사람들을 유세하고 타일러서 다시금 양경(兩京)을 수복하였으며[12] 하남·북을 평정하니, 공로에서 비할 사람이 없었는데 다른 사람이 함정을 만들었으니 분하고 원통한 것이 특별히 깊었다.

편지를 올려서 자신을 변호하며 말하였다.

"신(臣)은 지난번에 조서를 받들고 가한을 전송하고 귀국하였는데 집안의 재산을 기울여 다 없애면서 그로 하여금 귀국길에 오르게 하였습니다. 가다가 산의 북쪽에 도착하였는데 신운경과 낙봉선이 성문을 닫고 나와서 지영(祗迎)[13]하지 아니하였고, 이어서 몰래 가서 절도(竊盜)하게 하였습니다.

회흘이 원망하고 노여워하여 재빨리 군사를 멋대로 풀어 놓으려고 하여 신이 힘껏 미봉(彌縫)하여 바야흐로 요새를 나가게 할 수 있었습니다. 신운경과 낙봉선은 신(臣)이 먼저 주문을 올려서 이를 논증할까 두려워

---

12) 양경은 장안과 낙양으로, 첫 번째로 양경을 수복한 것은 숙종 지덕 2재(757년) 9월과 10월이며, 제2차는 지난해(762년) 10월에 낙양을 수복한 것이다.

13) 공경하면서 환영하는 것을 말한다.

하여 드디어 다시 망령되이 설비(設備)를 하였다고 말하고, 이옥포(李玉抱, 택로절도사)와 서로 조직하였다고 하였습니다.

신은 조용히 이를 생각해 보니 그 죄는 여섯 가지입니다.

옛날에 동라(同羅; 몽골 울란바토르)가 반란하였을 적에 신이 먼저 돌아가신 황제를 위하여 하곡(河曲, 산서성 서북부)을 깨끗이 쓸어버렸는데, 첫 번째입니다.

신의 아들인 복고분(僕固玢)이 동라에게 사로잡힌바 되었다가, 틈새를 얻어서 도망하여 돌아왔는데 신이 그 목을 베어서 많은 병사들을 호령하였으니,14) 이것이 두 번째입니다.

신에게는 두 딸이 있는데, 멀리 외이(外夷)에게 시집을 보내서 나라를 위하여 화친하게 하였고,15) 침략한 적군을 모두 평정하게 하였으니, 세 번째입니다.

신은 아들 복고창과 죽는 것을 돌아보지 않고 나라를 위하여 목숨을 바쳤으니, 네 번째입니다.

하북이 새로이 귀부하였는데 절도사16)들이 모두 강한 군사를 장악하고 있었지만 신이 어루만져서 반란을 안정시켰으니, 다섯 번째입니다.

신이 회흘에게 유세하고 타일러서 급하게 된 어려움이 있는 곳에 달려오게 하고, 천하가 이미 평정되자 그들을 전송하여 귀국하게 하였으니, 여섯 번째입니다.

신이 이미 여섯 가지의 죄를 짊어지고 있으니 실로 만 번 죽기에 합당

---

14) 이상 두 가지 일은 숙종 지덕 원재(756년) 9월의 일이고, 내용은 ≪자치통감≫ 권218에 실려 있다.

15) 이때에는 단지 복고회은의 맏딸만이 회흘에 시집가 있었다. 둘째딸이 회흘로 시집 간 것은 대종 대력 4년(769년) 5월의 일이므로 6년 뒤에 일어났고, 이는 복고회은이 죽은 다음의 일이다. 그렇다면 둘째딸이 회흘로 시집갔다는 말은 이 시점에서 할 수 없는 것이고, 후의 사람 누군가가 이를 고친 것으로 보인다.

16) 이때에 귀부한 사람들은 전승사, 이보신, 이회선이다.

하지만 오직 구천(九泉)에서 한스러움을 삼키며 천고(千古)17)에 억울함을 악문다고 하여도 다시 어디에서 호소하겠습니까? 신은 은혜를 입은 것이 깊고도 무거워서 밤낮으로 천안(天顔)을 받들 것을 생각하였는데, 다만 내진(來瑱)이 죽음을 받은 것18)을 조정에서는 그 죄를 표시하지 않았으니 여러 도의 절도사들이 누군들 의심하고 두려워하지 않겠습니까?

근래에 듣건대 조서를 내려서 몇 사람을 불렀으나 모두가 오지 않았다고 하니 실로 중관(中官)들이 참소하는 입 때문에 헛되이 폐하의 주살을 받을까 두려워 한 것입니다. 어찌 오직 여러 신하들이 충성스럽지가 않아서이겠습니까? 바로 사악한 사람이 곁에 있기 때문입니다.19)

또 신이 앞뒤로 낙봉선에 관하여 상주한 바, 말씀과 실정이 사실대로 주워 모으지 않은 것이 아닌데 폐하께서는 끝내 아무런 조처를 하지 않고 내버려 두고 총애하고 맡기는 것이 더욱 깊어졌습니다. 모두 비슷한 것들이 줄줄이 널려 있어서 성청(聖聽, 황제의 들음)을 가리어 차단하고 있습니다.

가만히 듣건대 사방에서 사람을 파견하여 일에 관하여 주문 올린 것을 들어보면 폐하는 모두 표기(驃騎)와 더불어 논의하라고 말씀하시고,20) 일찍이 재상에게 옳고 그른 것을 위임하지 않고, 혹은 몇 달 동안 계류(稽留)시키고 돌려보내지 않으니 멀리 있는 사람이나 가까이 있는 사람이 더욱 의심하고 막히고 있습니다.

예컨대 신이 데리고 있는 삭방(朔方)의 장사들은 공로와 모범에서 최

---

17) 구천은 지하이고 천고는 천년 세월을 말하는 것이므로 죽은 다음을 의미하는 말이다.

18) 지난 정월의 일이다.

19) 사악한 사람이 황제의 곁에 있기 때문이라는 말이며, 호삼성은 당시의 군신관계는 진실로 복고회은이 말한바 대로였다고 하였다.

20) 환관인 정원진이 이때에 표기장군이었으므로 정원진을 가리키는 말이고, 이 내용은 지난해(762년) 9월에 있었던 일이다.

고이어서 먼저 돌아가신 황제가 중흥(中興)하시는데 주인공이었지만 마침내 폐하가 몽진(蒙塵)[21]하실 때의 고리(故吏, 오래 된 관리)들은 일찍이 따로 우대하는 상이 덧붙여지지 않았고 도리어 아첨하고 질투하는 말을 믿었습니다.

곽자의는 먼저 이미 시기를 받았고 신이 지금 또 헐뜯고 훼방함을 만나게 되었으니, '새가 다 없어지면 활을 넣어두는 것이라.'고 하였더니 헛된 말이 아님을 믿겠습니다. 폐하께서 그들이 고쳐서 무고하는 것을 믿으시니 어찌 '사슴을 가리키면 말이라.'[22]고 한 것과 다르겠습니까?

만약에 어리석은 저의 간청(懇請)을 받아들이지 않고 역시 인순(因循)하는 것을 귀하게 생각하신다면 신은 실로 감히 집안을 보존하지 못할 것이지만 폐하께서는 어찌 나라를 편안하게 하실 수 있겠습니까? 충성스러운 말을 실행하는데 이로운 것이니 오직 폐하께서 이를 도모하십시오.

신은 공공연하게 들어가서 조현하고자 하지만 장사(將士)들이 머물러 있으라고 막을까 두렵습니다. 지금 진주(晉州, 산서성 임분시)와 강주(絳州, 산서성 신강현)를 순방하느라고 여기에서 지연되었으니 빌건대 폐하께서 특히 한 사람을 파견하셔서 중간에서 강주에 이르게 하여 신에게 묻게 하시면 신은 즉각 그와 더불어 출발하겠습니다."

9월 임술일(22일)에 황상은 배준경(裴遵慶)을 파견하여 복고회은에게 가서 뜻을 가지고 타이르게 하면서 또 그의 거취를 살피게 하였다. 복고회은은 배준경을 보고 그의 발을 안고서 눈물을 흘리면서 억울함을 호소하였다. 배준경은 성은(聖恩, 황제가 베풀어 주는 은덕)이 넉넉하고 두텁

---

21) 먼지를 뒤집어쓴다는 말로 제왕이 피난하는 것을 말한다.

22) 곽자의는 먼저 이미 시기를 받은 것은 지난해(762년) 8월의 일이다. 새가 다 없어지면 활을 넣어두는 것이라고 한 것은 범려가 문종에게 한 말로 이 사건은 위 원제 경원 4년(263년) 12월에 있었던 일이고, 사슴을 가리키면 말이라 한 것은 진 2세황제에게 조고가 한 말이다.

다고 말하고 넌지시 말하여 들어가서 조현하도록 하였다. 복고회은은 허락하였다.

부장(副將) 범지성(范志誠)이 안 된다고 생각하면서 말하였다.

"공은 그의 감언(甘言)을 믿지만 들어가면 내진처럼 될 것이고 다시 돌아오지 못합니다."

다음날 복고회은은 배준경을 보고 죽을까 두렵다는 말로써 사양하면서 한 아들이 들어가서 조현하게 해달라고 청하였지만 범지성은 또 안 된다고 생각하여 배준경은 마침내 돌아갔다.

어사대부 왕익(王翊)이 회흘에 사자로 갔다가 돌아오는데 복고회은이 먼저 가한과 왕래하였으므로 왕익이 그 일을 누설할까 두려워서 드디어 그를 억류하였다.

토번의 침략과 몽진, 그리고 환관 정원진

6   토번이 들어와서 노략질하면서23) 변경에 있는 장수가 급한 상황을 알렸지만 정원진(程元振, 권력을 쥐고 있는 환관)은 모두 보고하지 아니하였다. 겨울, 10월에 토번이 경주(涇州, 감숙성 경천현)를 노략질하자, 자사 고휘(高暉)가 성을 들어 가지고 그들에게 항복하고 드디어 그들을 위하여 향도(嚮導)하여 토번을 이끌고 깊숙이 들어왔는데, 빈주(邠州)를 지나서야 황상이 비로소 이 소식을 들었다.

신미일(2일)에 봉천(奉天, 섬서성 건현)과 무공(武功, 섬서성 무공현 서쪽)을 노략질하니 경사에서는 떨면서 놀랐다. 조서를 내려서 옹왕(雍王) 이괄(李适)을 관내(關內)원수로 삼고 곽자의(郭子儀)를 부원수로 삼아서 나아가서 함양(咸陽)에 진수하면서 이를 막게 하였다.

곽자의는 한가하게 폐출된 지 날짜가 이미 오래되어24) 부곡(部曲)들이 떨어지고 흩어졌는데, 이때에 이르러 불러서 모집하여 20명의 기병을 얻어 가지고 가서 함양에 도착하니, 토번은 토욕혼(土谷渾)·당항(党項)·저(氐)·강(羌)의 20여만 무리를 거느리고 수십 리에 널리 널려 있었고 이미 사죽원(司竹園, 섬서성 주질현 동쪽)에서 위수(渭水)를 건너서

---

23) 지난 7월의 일이다.

24) 지난해(762년) 8월에 하동에서 경사로 돌아왔다.

산을 끼고서 동쪽으로 오고 있었다.

곽자의는 판관인 중서사인 왕연창(王延昌)으로 하여금 들어가서 주문을 올리게 하여 군사를 보태 줄 것을 요청하게 하였으나 정원진이 이를 막아서 끝내 불려 알현하지 못하였다. 계유일(4일)에 위북(渭北)행영병마사 여월장(呂月將)이 정예의 병졸 2천을 거느리고 토번을 주질(盩厔, 섬서성 주질현)의 서쪽에서 격파하였다. 을해일(6일)에 토번이 주질을 노략질하자 여월장이 다시 그들과 힘껏 싸우다가 군사가 다하여 오랑캐에게 잡혔다.

황상은 바야흐로 군사문제를 처리하는데 토번이 이미 편교(便橋, 서위교, 섬서성 함양시 서남쪽)를 건너니 갑작스러운 일이라 어찌할 줄을 몰라서, 병자일(7일)에 나아가서 섬주(陝州, 하남성 삼문협시)에 행차하였는데 관리들은 숨어버리고 6군(軍, 금군)은 도망하여 흩어졌다. 곽자의가 이 소식을 듣고 급히 함양에서 장안으로 돌아오는데 도착할 즈음에는 거가(車駕)25)는 이미 떠났다.

황상은 겨우 원문(苑門)을 나와서 산수(滻水)를 건넜는데 사생장(射生將) 왕헌충(王獻忠)이 400여 기병을 가지고 배반하고 장안으로 돌아가서 풍왕(豐王) 이공(李珙)26) 등 10명의 왕으로 위협하여 서쪽으로 가서 토번을 영접하였다.

곽자의를 개원문 안에서 만났는데 곽자의가 그를 질책하니 왕헌충이 말에서 내려서 곽자의에게 말하였다.

"지금 주상께서는 동쪽으로 옮기셨고 사직에는 주인이 없는데 영공(令公)27)의 몸은 원수(元帥)이시니 폐위시키고 세우는 일은 한 마디 말에 달려 있을 뿐입니다."

---

25) 황제가 타는 수레이다. 그러나 보통은 황제를 직접 거론하지 않고 황제를 가리킬 때에 거가라고 한다.

26) 현종의 아들이며, 현제 황제인 대종의 숙부이다.

27) 곽자의가 중서령이기 때문에 중서령의 령을 불러서 영공이라고 한 것이다.

곽자의가 아직은 대응하지 아니하였다. 이공이 순서를 넘어서 말하였다.

"공은 어찌하여 말씀하지 않으시오?"

곽자의는 그를 책망하여 나무라고 군사를 가지고 행재소(行在所)28)로 호송하게 하였다.

정축일(8일)에 거가는 화주(華州)에 도착하였는데 관리들은 달아나고 흩어져서 다시는 물건을 공급하는 일이 없었고, 호종(扈從)하는 장사들도 얼고 주리는 일을 면치 못하였다. 마침 관군용사(觀軍容使) 어조은(魚朝恩)이 신책군을 거느리고 섬주에서부터 와서 영접하니 황상은 어조은의 군영으로 행차하였다. 풍왕 이공은 동관(潼關)에서 황상을 알현하였지만 황상은 책망하지 않았는데, 물러나서 장막 안으로 가서도 불손한 말을 하였다. 여러 신하들이 상주문을 올려서 그를 주살하라고 논의하니 마침내 죽음을 내렸다.

무인일(9일)에 토번이 장안에 들어가니 고휘(高暉)와 토번대장 마중영(馬重英) 등이 옛날 빈왕(邠王)인 이수례(李守禮)의 손자 이승굉(李承宏)29)을 세워서 황제로 삼고 연호를 고치고,30) 백관을 두면서 전에 한림학사였던 우가봉(于可封) 등을 재상으로 삼았다.

토번은 부고(府庫)와 저자와 마을을 사납게 약탈하고 민간의 집에 불을 놓아 장안 안은 쓸쓸하고 텅 비었다. 묘진경(苗晉卿, 재상을 지냈던 사람)은 병들어서 집에서 누워 있는데, 사람과 수레를 보내어 들어오게 하여 그를 협박하니 묘진경은 입을 다물고 말을 하지 아니하였지만 오랑캐는 감히 죽이지는 아니하였다. 이에 6군 소속으로 흩어진 사람들이 있는 곳에서 사납게 약탈하니 사민(士民)들은 피난하여 모두 산으로 들어

---

28) 제왕이 궁궐을 떠나서 머무는 곳을 말한다.

29) 이수례는 현종의 사촌형이고 이승굉은 현종 개원 24년(736년)4월에 이미 방주로 귀양을 갔으며, 이 사건은 ≪자치통감≫ 권214에 실려 있다.

30) 이때에 정한 연호는 무엇인지 전해지지 않는다.

갔다.

　신사일(12일)에 황상이 섬주(陝州)에 도착하였는데 백관 가운데 점차로 도착하는 사람이 있었다. 곽자의는 30기(騎)를 이끌고 어숙천(御宿川, 섬서성 장안현의 서남쪽)에서 산을 끼고서 동쪽으로 가서 왕연창(王延昌)에게 말하였다.

　"6군(軍)의 장사(將士)들 가운데 도망하여 무너진 사람들은 대부분 상주(商州, 섬서성 상주시)에 있으니 지금 속히 가서 그들을 수습하고 아울러 무관(武關, 섬서성 상남현 서북쪽)의 방어병을 발동하여 며칠 사이에 북쪽으로 가서 남전(藍田, 섬서성 남전현)을 나와서 장안으로 향하면 토번은 반드시 숨어버릴 것이오."

남전을 지나다가 원수도우후 장희양(臧希讓)과 봉상(鳳翔, 치소는 봉상)절도사 고승(高昇)을 만나서 군사를 거의 1천 명을 얻었다.

　곽자의와 왕연창이 모의하여 말하였다.

　"무너진 군사들이 상주(商州, 섬서성 상주시)에 이르렀으니, 관리들은 반드시 도망하여 숨어버려서 사람들이 혼란할 것이다."

왕연창으로 하여금 스스로 곧장 지름길로 상주에 가서 그들을 어루만지고 타이르게 하였다. 제장들이 바야흐로 군사를 풀어 놓아 포악하게 약탈하다가 곽자의가 도착하였다는 소식을 듣고 모두가 기뻐하며 명령을 듣겠다고 하였다.

　곽자의는 토번이 승여(乘輿)[31]를 압박할까 걱정하여 군사를 칠반(七盤, 섬서성 남전현 동남쪽)에 머물게 하다가 사흘이 되어서야 마침내 떠났는데, 상주에 도착할 즈음에는 군사를 수습하고 아울러 무관의 방어병을 아울러서 합하여 4천 명이 되자 군사세력이 조금 떨쳤다.

　곽자의는 마침내 울면서 장사(將士)들에게 타이르면서 함께 나라의 수

---

31) 황제가 타는 수레인데, 황제라는 용어를 직접 부르지 아니하고 황제를 지칭할 때 이 말을 사용한다.

치스러움을 씻고 장안을 빼앗자고 하니, 모두 감격하여 약속을 받았다. 곽자의는 태자빈객 제오기(第五琦)를 청하여 양료사(糧料使)로 삼고 군대의 식량을 공급하게 하였다. 황상은 곽자의에게 조서를 내려서 토번이 동쪽으로 와서 동관으로 나올까 두려워하여 곽자의를 불러서 행재소로 오라고 하였다.

곽자의가 표문을 올려서 말하였다.

"신은 경성(京城, 장안)을 수복하지 아니하면 폐하를 알현할 수 없으며, 만약에 남전(藍田, 섬서성 남전현)으로 군사를 내보내면 오랑캐는 반드시 감히 동쪽으로 향하지 않을 것입니다."

황상이 이를 허락하였다.

부연(鄜延, 치소는 방주)절도판관 단수실(段秀實)이 절도사인 백효덕(白孝德)에게 유세하여 군사를 이끌고 어려움을 당한 곳으로 가게 하니, 백효덕이 그날로 크게 군사를 일으켜서 남쪽으로 가서 경기(京畿)로 향하였고, 포주(蒲州, 산서성 영제현)·섬주(陝州)·상주(商州)·화주(華州, 섬서성 화현)와 더불어 세력을 합하여 진격하였다.

토번이 이미 광무왕 이승굉을 세우고 나자 성 안에 있는 사인(士人)·부녀자·백공(百工)을 약취(掠取)하여 무리를 정돈하여 귀국하였다. 곽자의는 좌우림대장군 장손전서(長孫全緒)로 하여금 200여 기(騎)를 거느리고 남전을 나와서 오랑캐의 형세를 관찰하게 하고, 제오기로 하여금 경조윤의 직책을 섭리(攝理)하게[32] 하여 그와 더불어 같이 가고, 또 보응군사(寶應軍使) 장지절(張知節)에게 명령하여 군사를 거느리고 그를 이어주게 하였다.

장손전서가 한공퇴(韓公堆, 섬서성 남전현의 북쪽)에 도착하여 낮에는 북을 치고 기치를 늘어놓고 밤에는 불을 많이 피우게 하여 토번이 의심하

---

32) 섭직(攝職)으로 관직명은 섭경조윤(攝京兆尹)이고, 경조는 장안을 말한다.

게 하였다. 전에 광록경이던 은중경(殷仲卿)이 무리를 1천 명 가까이 모아서 남전을 지키면서 장손전서와 표리(表裏)를 이루어 200여 기병을 거느리고 곧바로 산수(滻水, 灞水의 지류)를 건넜다.

토번이 두려워하자, 백성들이 그들을 속여서 말하였다.

"곽령공(郭令公)33)이 상주(商州)에서부터 그 수를 알 수 없는 대군을 거느리고 도착합니다."

오랑캐는 그럴 것이라고 생각하고, 차츰 군사를 이끌고 떠났다.

장손전서는 또 사생장(射生將)34) 왕보(王甫)로 하여금 성에 들어가서 몰래 청년 수백을 결성하여 밤에 주작가(朱雀街)35)에서 북을 치며 크게 고함치게 하니, 토번 사람들은 당황하고 두려워서 경인일(21일)에 무리를 다 모아 가지고 숨어서 가버렸다. 고휘(高暉)는 이 소식을 듣고 휘하에 있는 300여 기병을 인솔하여 동쪽으로 달려가서 동관에 이르렀는데, 수장(守將) 이일월(李日越)이 그를 사로잡아서 죽였다.

임진일(23일)에 조사를 내려서 원재(元載)를 판(判)원수행군사마36)로 삼고, 제오기를 경조윤으로 삼았다. 계사일(24일)에 곽자의를 서경(西京) 유수로 삼았다. 갑오일(25일)에 곽자의는 상주를 출발하였다. 기해일(30일)에 어조은의 부장(部將)인 황보온(皇甫溫)을 섬주 자사로 삼고 주지광(周知光)을 화주(華州) 자사로 삼았다.

---

33) 곽자의를 가리키는 말이다. 곽자의는 중서령이므로 중서령의 령 자를 붙여서 말한 것이다.

34) 활을 가지고 사격하는 사람들로 구성된 시위(侍衛)부대의 지휘관이다.

35) 궁궐인 태극전 앞에 있는 큰 도로이다.

36) 판직(判職)이다. 판직은 관리 임용 방법 가운데 하나로 어떤 업무를 판결하는 자리이며, 검교(檢校), 시(試), 섭(攝), 지직(知職)처럼 정식 직책을 수여한 것이 아니다. 대체적으로 어느 관직을 제시하고, 그 관직으로 처리할 일을 주관하여 처리하는 직책이다. 여기서는 원수부(元帥府)가 전장에 나가면서 군사관계 업무를 맡은 직책인 행군사마의 업무를 처리하는 직책이다.

7 표기(驃騎)대장군·판(判)원수행군사마인 정원진(程元振)이 권력을 오로지하고 스스로 방자하니, 사람들이 그를 두려워하는 것이 이보국(李輔國)37)보다 심하였다. 제장들 가운데 큰 공로를 세운 사람이 있기만 하면 정원진이 모두 시기하고 질투하여 그를 해치고자 하였다.

토번이 들어와서 노략질하는데, 정원진은 때에 맞추어 상주(上奏)하지 아니하여 황상이 낭패(狼狽)하고 나아가 행차하기38)에 이르렀다. 황상이 조서를 내어서 여러 도의 군사를 징집하였지만 이광필(李光弼, 하남군의 부원수) 등은 모두 정원진이 궁중에 있는 것을 꺼려서 가려고 하는 사람이 없었고, 안팎에서는 모두 이를 갈았지만 감히 말을 꺼내는 사람이 없었다.

태상박사 유항(柳伉)이 상소문을 올렸다.

"견융(犬戎)39)이 관(關, 대진관)을 침범하고 농산(隴山)을 넘어서 칼에 피를 묻히지 않고 경사로 들어와서 궁위(宮闈, 궁궐)를 겁탈하고 능침(陵寢)에 불을 놓았지만 무사(武士) 가운데는 한 사람도 힘써 싸우는 사람이 없었으니, 이는 장수들이 폐하를 배반한 것입니다.

폐하께서 으뜸가는 공신을 멀리하고, 가까이 있고 익숙하게 아는 사람들에게 일을 맡기시니, 날로 이끌어지고 달로 자라나서 큰 화(禍)가 되었으며, 여러 신하들이 조정에 있지만 한 사람도 용안(龍顔)을 보고서 생각을 돌리려고 하는 사람이 없으니, 이는 공경(公卿)들이 폐하를 배반한 것입니다.

폐하께서 처음에 도성(都城)을 나오니, 백성들이 잔뜩 메울 듯 나와서

---

37) 이보국에 관한 사건은 숙종 지덕 2재(757년) 정월에 있었고, 이 내용은 ≪자치통감≫ 권220에 실려 있다.

38) 대종이 도망하여 몽진한 것을 표현한 것이다. 황제에게는 도망이라는 말을 사용하지 않는다.

39) 토번은 서쪽에 위치하기 때문에 전통적으로 서융(西戎)으로 불렸다. 여기서는 그들을 더 낮추어서 개 같은 융족이라는 용어를 사용하였다.

부고(府庫)를 탈취하고 서로 죽이니 이는 삼보(三輔)40)가 폐하를 배반한 것입니다. 10월 초하루부터 여러 도의 군사를 불렀지만 거의 40일이 되어도 한 대의 수레도 관문으로 들어오는 것이 없었으니, 이는 사방에서 폐하를 배반한 것입니다.

안팎이 떨어지고 배반하는데 폐하께서는 오늘날의 형세를 가지고 편안하다고 생각하십니까, 위험하다고 생각하십니까? 만약에 위험하다고 여기신다면 어찌하여 높은 베개를 베고서 천하 사람들을 위하여 죄지은 사람을 토벌(討伐)하지 않으십니까?

신이 듣건대 좋은 의원(醫員)이 병을 치료하는 데는 병을 마주하면서 약을 먹는다고 하는데 약이 병에 맞지 않으면 오히려 이로울 것이 없습니다. 폐하께서 오늘날의 병통을 보시고도 어찌 이에 이르도록 따랐습니까? 반드시 종묘와 사직을 보존하시려면 다만 정원진의 머리를 베고 말을 달려서 천하 사람들에게 알리되, 모두 내사(內使)41)를 내보내어 여러 주(州)에 예속시키고 신책병을 대신에게 붙여주십시오. 그런 다음에 존호(尊號)42)를 깎아버리고 조서를 내려서 허물을 끌어안고 말하십시오. '천하 사람들은 짐(朕)이 스스로 새로워지고 허물을 고치도록 허락하면 의당 즉각 병사를 모아 서쪽으로 향하여 조정으로 오시오. 만약에 짐의 죄악이 고쳐지지 않는다면 제왕이라는 큰 그릇이 감히 성현(聖賢)이 나올 길을 방해하는 것이니,43) 천하 사람들이 가는 곳을 허락할 것이오.'

---

40) 경기를 말한다. 원래 장안은 작은 범위의 장안이 있고, 좌우에 각기 좌풍익과 우부풍이 있었으며 이를 합쳐서 삼보라고 한다. 이때에 비록 행정구분이 바뀌었지만 관습적으로 경기를 삼보라고 불렀다.

41) 당 때에 조정 안에 있는 관사의 책임자는 모두 환관이 맡았다. 그러므로 내사란 환관을 지칭한다.

42) 대종에게는 지난 7월에 존호를 올렸다. 이때에 대종에게 올린 명칭은 보응원성문무효황제였다.

43) 황제의 자리를 내놓는다는 표현이다. 중국에서 고대에는 현성(賢聖)한 사람이 황제가 나타나는데 방해가 되지 않도록 길을 비켜 준다는 말이 있는데, 이 말인 것이다.

이와 같이 하고도 군사가 이르지 아니하고 사람들이 감동하지 않으면 천하 사람들이 복종하지 않는 것이니, 신이 청컨대 합문(閤門)에서 한 치씩 한 치씩 잘리어 폐하께 사죄하겠습니다."

황상은 정원진이 일찍이 보호하였던 공로를 가지고 있어서44) 11월 신축일(2일)에 정원진의 관작(官爵)을 삭탈(削奪)하고 내쫓아서 시골45) 로 돌려보냈다.

8 왕보(王甫, 射生將)는 스스로 경조윤(京兆尹)이라고 하면서 무리 2천여 명을 모아서 관속(官屬)을 두고 장안(長安)에서 횡포하였다. 임인일(3일) 에 곽자의가 산수(滻水)의 서쪽에 도착하였는데 왕보는 군사를 어루만지 며 나오지 않았다. 어떤 사람이 곽자의에게 말하기를 성(城)에는 들어 갈 수 없을 것이라고 하였다.

곽자의는 듣지 않고 30기의 기병을 이끌고 천천히 나아가며 사람을 시켜서 전달하여 왕보를 불렀더니, 왕보는 근거할 곳을 잃고서 나와서 영접하고 절하며 엎드렸는데 곽자의가 그를 참수하니 그 군사들이 모두 흩어졌다.

백효덕(白孝德, 鄜延절도사)과 빈녕(邠寧, 치소는 빈주)절도사 장온기(張 蘊琦)가 군사를 거느리고 기현(畿縣)46)에 주둔하였는데, 곽자의가 그를 불러 성으로 들어오게 하자, 경기(京畿)는 드디어 안정되었다.

9 환관인 광주시박사(廣州市舶使)47) 여태일(呂太一)이 군사를 발동하여

---

44) 숙종 보응 원년(762년) 4월에 정원진이 이보국을 도와서 장황후를 죽이고 대종이 즉 위하는 데 공로를 세웠다.

45) 정원진의 고향은 삼원(섬서성 삼원현 동북쪽)이다.

46) 경기에 있는 여러 현을 말한다. 경조에서 관할하던 현은 20개가 있고, 만년현과 장안 현은 적현(赤縣)이라고 불리고 나머지는 기현이라고 불린다.

난을 일으키니 절도사[嶺南절도사, 치소는 광주] 장휴(張休)가 성을 버리고 단주(端州, 광동성 조경시)로 달아났다. 여태일이 군사를 풀어서 불을 놓고 약탈하였는데, 관군이 이를 토벌하여 평정하였다.

10   토번이 돌아가다가 봉상(鳳翔)에 도착하니 절도사 손지직(孫志直)이 성문을 닫고 막고 지켰는데, 토번은 그곳을 포위하고서 며칠이나 있었다. 진서(鎭西)절도사 마린(馬璘)은 거가(車駕)가 섬주(陝州)로 행차하였다는 소식을 듣고 정예의 기병 1천여기를 거느리고 하서(河西)에서부터 어렵게 된 곳으로 갔다.

이리저리 다니면서 전투를 하면서 봉상에 도착하니 마침 토번이 성을 포위하고 있으니, 마린은 무리를 인솔하고 활을 당겨서 밖으로 향하게 하면서 돌진하여 성 안으로 들어갔다. 갑옷을 벗어 놓지 않고서 성을 등지고 나와서 싸웠는데, 단기(單騎)로 사졸의 앞으로 나아가서 분발하여 싸우며 포로로 잡거나 목을 벤 것이 1천을 헤아리게 되자 돌아왔다.

다음날 오랑캐가 다시 성으로 압박해 오면서 싸움을 청하니 마린은 현문(懸門)48)을 열고 그들을 기다렸다. 오랑캐는 군사를 이끌고 물러나며 말하였다.

"이 장군은 죽음을 애석하게 생각하지 아니하니 의당 그를 피하여야 한다."

드디어 떠나서 원주(原州, 영하주 고원현)·회주(會州, 감숙성 정원현)·성주(成州, 감숙성 예현 남쪽)·위주(渭州, 감숙성 농서현)의 땅에 거주하였다.

---

47) 시박사(市舶使)는 상선(商船)을 관리하며, 그 세금을 징수하는 책임자이며, 여기서는 광주(廣州) 지역의 상선관리 책임자를 말한다.

48) 옛날 성에 설치한 문갑(門閘)이다. 평시에는 이 문을 걷어 올리고, 비상시에는 내려놓을 수 있게 만들어서 방어하는데 좋게 만든 것이다.

11 12월 정해일(19일)에 거가(車駕)가 섬주를 출발하였다. 좌승 안진경 (顔眞卿)이 황상에게 먼저 능묘(陵墓)에 배알하고, 그런 다음에 궁궐로 돌아가라고 요청하였으나, 원재(元載)가 좇지 않자 안진경이 화가 나서 말하였다.

"조정이 어찌 상공(相公)49)께서 다시 파괴하는 것을 감당하겠소?" 원재는 이로부터 그에게 이를 악물었다.

갑오일(26일)에 황상이 장안에 도착하니, 곽자의가 성 안에 있는 백관 들과 여러 군대를 인솔하고 산수(滻水)의 동쪽에서 영접하고 땅에 엎드 려서 죄 받기를 기다렸다. 황상은 그들을 위로하며 말하였다.

"경을 일찍 채용하지 아니하였으니, 그런 고로 이 지경에 이르렀던 것 이오."

12 어조은(魚朝恩)은 천하관군용선위처치사(天下觀軍容宣慰處置使)50)여서 금병을 총괄하여 권력과 총애가 비할 곳이 없었는데 호현(鄠縣, 섬서성 호현)과 중위교(中渭橋)에 성을 쌓고 군사를 주둔시켜서 토번에 대비하였 다. 낙봉선(駱奉仙)을 호현축성사(築城使)51)로 삼아서 드디어 그 군사를 거느리게 하였다.

13 을미일(27일)에 묘진경(苗晉卿)을 태보(太保)로 삼고, 배준경(裴遵慶) 을 태자소부로 삼고서 나란히 정사(政事)에서는 물러나게 하였다. 종정 경(宗正卿) 이현(李峴)을 황문시랑·동평장사로 삼았다.

---

49) 재상을 가리키는 말이다. 이때에 원재가 재상이었으므로 원재를 가리키는 말이다.

50) 관군용사. 선위사, 처치사 등의 업무를 합친 직책이다. 관군용사는 환관으로 군대를 감독하는 직책이고, 선위사는 황제의 뜻을 전하고 위로하는 직책이며, 처치사는 필요 한 조치를 취하는 직책이다.

51) 축성사란 성을 쌓는 책임을 진 관리라는 말이다. 호현에 성을 쌓게 되는데, 그 책임자 를 말하며, 성을 쌓는다는 명분 아래 군사를 갖게 된 것을 말한다.

배준경이 이미 떠나니 원재(元載)의 권력은 더욱 강성해져서 물건(物件)을 가지고 내시 동수(董秀)와 연결하고 주서(主書)52) 탁영천(卓英倩)으로 하여금 더불어 왕래하게 하니, 황상이 속으로 부탁하고자 하는 것이면 원재가 반드시 먼저 이를 알고 뜻을 이어서 미미한 것도 조사하니 말을 하면 맞아 떨어지지 않는 것이 없었다. 황상은 이로써 그를 더욱 아꼈다. 탁영천은 금주(金州, 섬서성 안강시) 사람이다.

14 토번이 이미 떠나고 나자 광무왕(廣武王) 이승굉(李承宏)53)은 초야로 도망하여 숨었다. 황상은 사면하여 죽이지 않고, 병신일(28일)에 화주(華州, 섬서성 화현)에다 방치하였다.

15 정원진이 이미 죄를 얻고 나서 삼원(三原, 섬서성 삼원 현의 동북쪽)으로 돌아갔는데, 황상이 궁궐로 돌아온다는 소식을 듣고, 여자의 복장을 입고 사사롭게 장안으로 들어가서 다시 임용되기를 도모하였는데, 경조부(京兆府)에서 그를 붙잡아서 보고하였다.

16 토번이 송(宋)·유(維)·보(保) 세 주(州)와 운산(雲山)에 새로 쌓은 두 개의 성을 함락시키니, 서천(西川)절도사 고적(高適)이 구원할 수 없자, 이에 검남(劍南)의 서산(西山, 성도의 서쪽에 있는 여러 산)에 있는 여러 주(州)도 역시 토번의 영역으로 들어갔다.

대종 광덕 2년(甲辰, 764년)

1 봄, 정월 임인일(4일)에 칙령을 내려서 '정원진이 복장을 바꾸어 입고

---

52) 중서성의 관리이다. 주서는 비밀 서류를 관장하는 직책을 가졌다.
53) 토번의 군사들에 의하여 황제로 세워졌던 사람이다.

몰래 돌아다닌 것은 장차 불궤(不軌)[54]한 짓을 도모하려는 것이라' 하여 진주(溱州, 사천성 기강현)로 멀리 유배를 보냈다. 황상은 정원진의 공로[55]를 생각하여 얼마 안 있다가 다시 강릉(江陵, 호북성 강릉현)에 안치하게 하였다.

2 계묘일(5일)에 검남동·서천(劍南東·西川)을 합쳐서 하나의 도(道)로 만들고,[56] 황문시랑 엄무(嚴武)로 절도사를 삼았다.

3 병오일(8일)에 검교(檢校)형부상서 안진경(顏眞卿)을 파견하여 삭방(朔方)행영을 선무(宣撫)하고 위로하게 하였다.[57] 황상이 섬주(陝州)에 있었을 적에 안진경은 조서를 받들고 복고회은을 부르게 해달라고 청하였으나 황상이 허락하지 않았었다. 이때에 이르러서 황상은 안진경에게 복고회은에게 유세하여 타이르게 명령하였다.

대답하였다.

"폐하께서 섬주에 계시자[58] 신이 가서 충성과 의로움을 가지고 그를

---

54) 정상적인 길을 걷지 않는 것, 즉 반역을 의미하는 말이다. 이 일은 지난해 12월에 있었다.

55) 정원진이 현재 황제인 대종 이숙(李俶)을 위하여 공로를 세운 것은 숙종 보응 원년(762년) 4월에 있었다.

56) 검남도를 서천과 동천으로 나눈 것은 숙종 지덕 2재(757년) 12월의 일이고, ≪자치통감≫ 권220에 실려 있다. 이제부터 검남도로 된 것이다.

57) 안진경에게 준 직책은 검교직(檢校職)이다. 이는 관리를 임용하는 종류의 하나이다. 다른 관직을 가지고 있는 사람을 어떤 일을 하게하려고 파견하는 경우를 말한다. 이는 정식으로 임용한 것은 아니고, 어떤 일을 특별히 할 필요가 있을 때에 사용하는 방법이다. 여기에는 두 가지 뜻이 있는데, 하나는 어떤 관직을 대리한다는 뜻이고, 다른 하나는 중앙의 관직을 가지고 지방에 나아가 어떤 업무를 수행하는 것이다. 이때에 그 사람의 품계는 중앙관직으로 가름한다. 여기서는 안진경에게 삭방 지역에 나가 있는 행영(行營)을 선무하도록 한 것인데, 그 직위는 형부상서의 직위를 가지고 선무하는 것을 말한다.

58) 대종이 섬주로 도망한 지난해 10월을 말한다. 다만 황제이기 때문에 도망이라는 용어

책망하여 그로 하여금 어려운 일을 당한 곳으로 가게 하였다면 저 사람은 오히려 올 수 있는 이유를 가지고 있었습니다. 지금 폐하께서 궁궐로 돌아오셨으니 저 사람은 나아간다하여도 근왕(勤王)[59]하는 것이 이루어지지 않고, 물러난다 하여도 무리를 풀 수 없을 것이니 그를 부르면 오려고 하겠습니까?

또 복고회은이 반란한 사람이라고 말하는 사람은 다만 신운경·낙봉선·이옥포·어조윤 네 사람뿐이고, 그 나머지의 여러 신하들은 모두 그가 억울하다고 말합니다. 폐하께서 곽자의로 복고회은을 대신하게 하여 싸우지 않고도 복종시킬 수 있는 것만 못합니다."

이때에 분주(汾州, 산서성 분양시)별가(別駕)인 이포진은 이옥포의 사촌 동생이었는데 복고회은이 다른 뜻을 가지고 있다는 것을 알고 몸을 빼내어 경사로 돌아왔다. 황상이 바야흐로 복고회은 때문에 근심을 하다가 이포진을 불러서 만나보고 계책을 물었더니, 대답하였다.

"이는 걱정할 거리가 되지 못합니다. 삭방의 장사(將士)들은 곽자의를 생각하는 것이 마치 자제(子弟)가 부형을 생각하는 것과 같았습니다. 복고회은이 그 무리들을 속여서 말하기를, '곽자의는 이미 어조윤에게 죽었다.'고 하자 무리들이 이 말을 믿었으니, 그런 고로 그에게 이용된 것뿐입니다. 폐하께서 진실로 곽자의로 삭방(朔方)을 관장하게 한다면 저들은 모두 부르지 않아도 올 것입니다."
황상은 그렇다고 여겼다.

4 갑인일(16일)에 예의사(禮儀使) 두홍점(杜鴻漸)이 주문을 올렸다.
"지금부터 원구(圜丘)와 방구(方丘)[60]에 제사를 지내시는데, 청컨대 태

를 사용하지 않은 것이다.
59) 군사를 일으켜서 어려운 일에 처하여 있는 제왕과 왕조를 돕는 일을 말한다.
60) 원구는 원단(圜壇)이라고도 하는데 원형으로 제사 지내는 곳을 만들어 놓은 것으로

조(太祖)를 배향하시고 곡식신(穀食神)61)에 제사를 지내면서는 고조(高祖)를 배향하시며, 대우(大雩)에 제사 지내면서는 태종(太宗)을 배향하시며, 명당(明堂)62)에는 숙종(肅宗)63)을 배향하십시오."
이를 좇았다.

5 을묘일(17일)에 옹왕(雍王) 이괄(李适)을 세워서 황태자로 삼았다.

6 토번이 장안에 들어오면서 여러 군대의 도망한 졸병과 향곡(鄉曲)의 무뢰배의 자제들이 서로 모여서 도둑이 되었다. 토번이 떠나고 나자 오히려 남산(南山)의 자오곡(子午谷) 등 다섯 골짜기64)로 숨어들어서 그들이 있는 곳에서는 걱정거리가 되었다. 정사일(19일)에 태자빈객 설경선(薛景仙)을 남산오곡(南山五谷)방어사로 삼아서 이를 토벌하였다.

7 위박(魏博, 치소는 위주)절도사 전승사(田承嗣)가 주문을 올려서 관할하는 곳을 천웅군(天雄軍)으로 이름 붙여 달라고 하니, 이를 좇았다.

하늘에 제사를 지내는 곳이며, 방구는 네모로 제사 지내는 곳을 만들었는데 이는 땅, 토지신에 제사를 지내는 곳이다.

61) 신농씨를 말하는 것으로 봄에 곡식을 심기 시작할 때에 지내는 제사이다.

62) 대우는 여름에 지내는 기우제를 말하며, 명당은 가을에 황실이 모여 제사 지내는 것을 말한다.

63) 태조는 당 1대 황제인 이연의 할아버지인 이호(李虎)이고, 고조는 당을 세운 이연(李淵)이며, 태종은 2대 이세민(李世民)이며, 숙종은 현 황제의 아버지인 10대 이형(李亨)이다.

64) 진령에는 다섯 개의 험한 골짜기가 있는데, 자오곡, 야곡(斜谷), 낙곡(駱谷), 남전곡(藍田谷), 형령곡(衡嶺谷)으로, 모두 섬서성에 있다.

복고회은의 반란과 대응

8 복고회은이 이미 조정에서 쓰이지 않게 되자 드디어 하동(河東)의 도장(都將, 도지병마사)인 이갈성(李竭誠)과 더불어 몰래 태원(太原, 산서성 태원현)을 빼앗으려고 모의하였다. 신운경(辛雲京, 절도사)이 이를 깨닫고 이갈성을 죽이고 성에 올라가서 방비를 설치하였다. 복고회은이 그의 아들인 복고창으로 하여금 군사를 거느리고 이를 공격하게 하자, 신운경이 나와서 더불어 싸웠는데, 복고창이 대패하고 돌아가자 드디어 군사를 이끌고 유차(楡次, 산서성 유차현)를 포위하였다.[65]

황상이 곽자의에게 말하였다.

"복고회은의 부자는 짐에게 죄를 진 것이 실로 깊소. 듣건대 삭방의 장사(將士)들은 공(公)을 생각하기를 가뭄에 비를 기다리듯 한다고 하는데, 공이 짐을 위하여 하동(河東)을 누르고 어루만져 준다면 분양(汾陽)에 있는 군대[66]는 반드시 변란을 일으키지 않을 것이오."

무오일(20일)에 곽자의를 관내·하동(關內·河東)부원수·하중(河中)절도사로 삼았다. 복고회은의 장사들이 이 소식을 듣고 모두 말하였다.

"우리들이 복고회은을 좇아서 불의(不義)한 짓을 하였는데, 무슨 면목

---

65) 유차는 지난해 7월에 복고회은이 아들 복고창으로 하여금 주둔하게 하였던 곳이다.

66) 당시에 삭방의 군대는 대부분이 분양에 있었다.

으로 분양왕(汾陽王)67)을 볼 것인가?"

9 계해일(25일)에 유안(劉晏)을 태자빈객으로 삼고, 이현(李峴)을 첨사(詹事)로 삼았으며, 나란히 정사에서 물러나게 하였다. 유안은 정원진과 왕래하였다는 것에 연좌되었는데, 정원진이 죄를 얻고 나서 이현은 공로를 세웠지만 이로 말미암아서 환관들에게 질시를 받으니, 그런 연고로 유안과 더불어 모두 물러나게 된 것이다.

우산기상시 왕진(王縉)을 황문시랑으로 삼고, 태상경 두홍점(杜鴻漸)을 병부시랑으로 삼고, 나란히 동평장사로 하였다.

10 정묘일(29일)에 곽자의를 삭방절도대사(朔方節度大使)68)로 삼았다. 2월에 곽자의가 하중(河中)에 도착하였다. 운남(雲南)의 자제 1만 명이 하중(河中)에서 수(戍)자리를 서면서 장군은 탐욕스럽고 졸병은 포학하여 온 부(府, 하중부)의 걱정거리였는데, 곽자의가 14명을 참수하고 30명에게 장형(杖刑)을 내리니 부중(府中)이 드디어 편안해졌다.

11 계유일(5일)에 황상이 태청궁(太淸宮)69)에 조헌례(朝獻禮)를 거행하였고, 갑술일(6일)에는 태묘(太廟)에서 제사를 지냈으며, 을해일(7일)에는 원구(圓丘)에서 호천상제(昊天上帝)에게 제사를 지냈다.

12 복고회은이 유차(楡次, 산서성 유차현)를 포위하고 열흘 남짓이 되어도 뽑지 못하였다. 사자를 파견하여 급히 기현(祁縣, 산서성 기현)의 군사

---

67) 곽자의를 말한다. 곽자의는 분양왕에 책봉되었다.

68) 보통은 절도사이다. 그런데 만약에 친왕(親王)이 절도사의 업무를 그곳에 가지 않고 관장할 경우에는 절도대사의 명칭을 사용하는 경우가 있다.

69) 태청궁은 현종이 건축한 것으로 노자(老子)를 모시는 곳이다.

를 발동하게 하고 이광일(李光逸)이 그에게 전부 주었다.70)

사졸들은 아직 밥을 먹지도 않았고 가려고 하는데도 앞으로 나갈 수가 없었는데, 십장(十將) 백옥(白玉)과 초휘(焦暉)가 명적(鳴鏑)71)을 가지고 그 뒤에 쳐진 사람을 쏘니, 군사(軍士)들이 말하였다.

"장군! 왜 사람을 쏘십니까?"

백옥이 말하였다.

"지금 다른 사람이 반란한 것을 좇는데, 끝내는 죽음을 면치 못할 것이다. 죽는 것은 한 가지인데, 그를 쏜들 손해 될 것이 무엇인가?"

유차에 이르렀는데 복고창(僕固瑒)은 그들이 지연한 것을 책망하자 호인(胡人)들이 말하였다.

"우리는 말을 타지만 바로 한인(漢人) 병졸들이 행군하지 못하였을 뿐입니다."

복고창이 한족 병졸을 때렸는데 졸병들이 모두 원망하고 화를 냈다.

"절도사는 호인(胡人)과 한 무리이다."

그날 저녁에 초휘(焦暉)와 백옥이 무리를 인솔하고 복고창을 공격하여 그를 죽였다.

복고회은이 이 소식을 듣고 들어가서 그의 모친에게 알리자 어머니가 말하였다.

"내가 너에게 반란하지 말라고 말하였다. 국가에서 너에게 야박하게 대하지 않았고 지금 무리들의 마음이 이미 변하였으니 화는 반드시 우리에게 미칠 것인데, 장차 어찌할꼬?"

복고회은이 대답하지 않고 두 번 절하고 나왔다.

어머니는 칼을 뽑아 들고 그를 좇으며 말하였다.

---

70) 이광일이 기현에 주둔하였던 것은 지난해 7월의 일이다.

71) 화살로 이를 발사하면 소리가 나는 것이다. 이것은 신호용으로 사용하는 것이다.

"내가 국가를 위하여 이 도적을 죽이고 그 심장을 가져다가 삼군(三軍)에 사죄하겠다."

복고회은이 빨리 달아나서 벗어날 수 있었고, 드디어 휘하의 300과 황하를 건너서 북쪽으로 도망하였다.

이때에 삭방(朔方)의 장수인 혼석지(渾釋之)가 영주(靈州, 녕하성 영무현)를 지키고 있었는데, 복고회은의 격문(檄文)72)이 도착하여 '군대를 온전하게 하여 진수하는 곳으로 돌아간다.'고 말하였다. 혼석지가 말하였다.

"그렇지 않다. 이것은 반드시 무리가 무너졌다는 것이다."

곧 이를 막으려고 하는데, 그의 생질인 장소(張韶)가 말하였다.

"저 사람이 혹 바꾸어 의도를 고치고 무리를 데리고 진수하는 곳으로 돌아온다면 어찌 받아들이지 않겠습니까?"

혼석지가 의심하며 결정하지 못하였다.

복고회은은 행군을 빨리하여 척후(斥候)로 보냈던 사람보다 먼저 도착하자 혼석지는 부득이 그들을 받아들였다. 장소가 그가 모의한 것을 복고회은에게 알리니 복고회은은 장소를 중간에 넣어 가지고서 혼석지를 죽이고 그 군사를 거두어 장소로 하여금 이를 주관하게 하였다. 이미 그렇게 하고 말하였다.

"혼석지는 외삼촌인데도 저 사람이 오히려 그에게 죄를 졌는데, 어찌 나에게 충성심이 있겠는가?"

다른 날 어떤 일로 그에게 장형(杖刑)을 내려서 그의 정갱이를 부러뜨려서 미아산(彌峨山)에 방치하여 죽게 하였다.73)

도우후 장유악(張維嶽)이 심주(沁州, 산서성 심현)에 있으면서 복고회은

---

72) 공개된 서신이다. 대체적으로 여러 사람에게 보이려고 쓴 것이다.
73) 장소가 그의 동료인 서황옥의 손에 죽은 것은 다음해(765년) 9월의 일이다.

이 갔다는 소식을 듣고 전거(傳車)74)를 타고 분주(汾州, 산서성 분양시)에 도착하여서 그 무리들을 어루만져서 안정시키고 초휘와 백옥을 죽이고 그 공로를 훔쳐가지고 곽자의에게 보고하였다. 곽자의는 아관(牙官) 노량(盧諒)을 시켜서 분주에 가게 하였는데, 장유악은 노량에게 뇌물을 주고 그 말을 사실이라 하게하였다.

곽자의는 주문을 올려서 장유악이 복고창을 죽였다고 하고 그 수급(首級)을 전하여 궁궐로 보냈다. 여러 신하들이 들어와서 축하하니, 황상은 참혹하게 생각하여 기뻐하지 않으며 말하였다.

"짐의 신의(信義)가 다른 사람에게까지 미치지 아니하여, 훈신(勳臣)이 넘어지고 뛰어 넘는 지경에 이르렀으니 깊이 부끄럽게 생각하는데 또 무슨 축하를 한단 말인가?"

복고회은의 어머니를 연(輦)에 태워서 장안에 오게 하여 지급하고 대우하는 것을 후하게 하라고 명령하였는데, 한 달여를 지나서 수명을 다하자, 예(禮)로써 그를 장사 지내니, 공신들이 모두 감탄하였다.

무인일(10일)에 곽자의가 분주에 갔는데, 복고회은의 무리가 모두 그에게 귀부하고 모두가 북을 치고 춤을 추며 눈물을 흘리면서 그가 온 것을 기뻐하고 그가 늦게 온 것을 슬퍼하였다. 곽자의는 노량이 속인 것을 알고 그에게 장형(杖刑)을 내려서 죽였다. 황상은 이포진(李抱眞)의 말에는 영험(靈驗)이 있었기 때문에 승진시켜서 전중소감으로 삼았다.

13　황상이 섬주(陝州)에 갔을 적에 이광필(李光弼)이 끝내 미적미적75) 연기하면서 도착하지 않았었다. 황상은 드디어 혐의와 틈새가 생길까 두려워하여 그의 어머니가 하중에 있었는데, 자주 중사를 파견하여 그에게

---

74) 역(驛)에 마련되어 공무의 필요에 따라서 이용할 수 있는 수레를 말한다.

75) 지난해(763년) 10월 토번의 침략으로 피난 갔을 때에 이광필은 하남부원수의 직위를 가지고 있었다.

안부를 묻게 하였다.

　토번이 물러나자 이광필을 동도(東都)유수로 제수하고 그의 거취를 살폈다. 이광필은 강·회(江·淮)의 양곡을 운반한다고 말하고서 군사를 이끌고 서주(徐州)로 돌아갔다. 황상은 그의 어머니를 영접하여 장안에 오게 하고, 공급할 것을 후하게 덧붙여 주고, 그의 동생인 이광진(李光進)으로 하여금 금병(禁兵)을 장악하게 하여 그에게 후하게 대우하였다.

14　무자일(20일)에 천하를 사면하였다.

15　죽음과 혼란이 일어난 이후로76) 변수(汴水)77)는 묻혀 못쓰게 되어 조운(漕運)을 하는 사람은 장강(長江)과 한수(漢水)에서 양주(梁州, 섬서성 남정현)와 양주(洋州, 섬서성 양현)에 이르고 나서 험한 길을 멀리 돌게 되니 수고롭고 비용이 많아졌다.78)

　3월 기유일(12일)에 태자빈객 유안(劉晏)을 하남·강·회이래전운사(河南·江·淮以來轉運使)79)로 삼고 변수(汴水)를 여는 문제를 논의하게 하였다. 경술일(13일)에 또 유안에게 명령하여 여러 도의 절도사와 더불어 부역(賦役)을 고르게 조절하도록 하고, 편리한 대로 시행하고 마치고 나서 보고하는 것을 허락하였다.

　이때에 병화(兵火)가 있은 뒤여서 안팎으로 먹을 것이 어려워서 관중(關中)의 쌀은 한 말이 1천전이었고 백성들은 이삭을 주워서 금군에게

---

76) 안록산과 사사명이 반란을 일으킨 현종 천보 14재(755년) 이후를 말한다. 그 이후 계속하여 전쟁과 혼란이 있었다.

77) 회하와 황하를 잇도록 개착한 운하를 말한다.

78) 장안으로 물자를 운반하는 일을 말한다.

79) 하남·강·회이래전운사(河南·江·淮以來轉運使)는 다소 긴 관직명으로 전운사를 말한다. 전운사는 물건 특히 곡식을 운반하는 책임을 진 관직으로, 여기서는 하남과 강회에서부터 경사로 오는 전운을 책임진 관직이라는 말이다.

제공하였으며 궁전의 주방에는 두 때를 먹을 것을 쌓아 놓지 못하였다. 유안은 마침내 변수(汴水)를 준설하여 소통시키고 원재(元載)에게 편지를 보내어 조운의 좋은 점과 폐단을 구체적으로 진술하고 안팎에서 서로 호응하게 하였다.

이로부터 매해에 쌀 수십만 석을 운반하여 관중(關中)에 공급하니 당 (唐)시대에 조운을 추진한 사람 가운데 능력 있는 사람은 오직 유안이 첫 번째이고 뒤에 온 사람들은 모두 그의 법도를 좇는다고 말하였다.

16　갑자일(27일)에 성왕(盛王) 이기(李琦, 현종의 아들)가 죽었다.

17　당항(党項, 사천성 서북부에 거주)이 동주(同州, 섬서성 대협현)를 노략 질하니, 곽자의(郭子儀)가 개부의동삼사[80] 이국신(李國臣)으로 하여금 이 를 치게 하며 말하였다.

"오랑캐가 틈새를 얻게 되면 나와서 노략질을 하고, 관군(官軍)이 도 착하면 도망하여 산으로 들어가니, 의당 파리한 군사로 하여금 앞에 있 게 하여 그들을 유인하고 강한 기병을 뒤에 두어서 이들을 뒤엎어야 할 것이오."

이국신은 징성(澄城, 섬서성 징성현)의 북쪽에서 싸워서 이들을 대파하 고 목을 벤 것과 포로로 잡은 것이 1천여 명이었다.

18　여름, 5월 계축일(17일)에 처음으로 '오기력(五紀曆)'[81]을 시행하였다.

---

80) 개부는 관부를 열 수 있는 직위를 말하며, 삼사인 재상과 같은 의례를 받을 수 있는 직위로 문산관 1급 종1품이다.

81) 역법(曆法)의 이름이다. 당 보응 원년(762년)에 '지덕력(至德曆)'이 날짜를 맞추지 못하게 되자 사천대의 관속인 곽헌지(郭獻之) 등에게 다시 조서를 내려서 인덕(麟德) 기원(紀元)을 사용하게 하고서 따로 세차(歲差)를 세우고 속도와 교회(交會) 그리고 오성(五星)의 차수(差數)를 조정하여 대연력(大衍曆)의 옛날 역법을 모방하여 따로 새로운 역법을 찬술(撰述)하게 하였는데, '대연력'과 조금 달라서 이를 '오기력'이라

19 경신일(24일)에 예부시랑 양관(楊縮)이 주문을 올려서 매년 상공(上
貢)하는 효제역전과(孝弟力田科)는 실제의 상황에 맞지 않고, 동자과(童子
科)82)도 모두가 요행을 바라는 것이라고 하자, 모두 이를 철폐하였다.

20 곽자의는 안·사가 옛날에 낙양을 점거하였었으니 그러므로 여러 도
(道)에 절도사를 두고 그 요충지를 통제하였다. 지금에는 큰 도적이 이
미 평정되었지만 있는 곳에서 군사를 모아서 백성들을 좀먹고 해치게
되자, 표문을 올려서 이를 철폐하게 하였는데, 이어서 하중(河中)에서부
터 시작하게 하였다.

 6월83)에 칙령을 내려서 하중절도와 요덕군(耀德軍, 산서성 영제현)을
철폐하게 하였다. 곽자의는 다시 관내(關內)부원수를 철폐해 달라84)고
청하였으나 허락하지 않았다.

21 복고회은이 영무(靈武, 녕하성 영무현)에 도착하여 흩어지고 도망하
였던 사람들을 모으니, 그의 무리는 다시 진작되었다. 황상이 그 집안
을 두텁게 어루만져 주었다. 계미일(17일)에 조서를 내려서 그를 칭찬

 고 한 것이며, 이 달력을 보응 원년(762년)부터 건중 5년(784년)까지 23년간 사용
 하였다.

82) 효제역전과(孝弟力田科)는 과거제도의 하나로 이는 한대(기원전 191년)부터 시작되
 었는데, 매년 각 지역별로 효성스러운 사람과 열심히 농사짓는 사람을 뽑아서 과거를
 실시하는 것이었다. 동자과(童子科)는 당대의 선거제도의 하나로, 규정에 보면 열 살
 이하의 아동 가운데 경전 중의 하나인 효경(孝經), 논어(論語)를 외울 수 있어서 매
 경전마다 10통하는 사람은 관직을 주고 7통하는 사람은 출신자로 하는데 이를 동자
 과라고 하였다.

83) 6월이라고만 하여 날짜를 모르는 것은 그달 맨 뒤에 배열하도록 되어 있는데, 이
 사건 다음으로 날짜가 계미(17일)로 밝혀진 사건이 배열되었으므로 이대로라면 통
 감필법에 어긋난다. 그런데 다른 판본에는 6월 아래에 경진(庚辰)이라는 글자가 더
 들어가 있으며, 6월 경진일은 14일이다. 그렇다면 경진이 누락된 것이라고 보아야
 한다.

84) 곽자의는 이때에 하동부원수였다. 즉 자기의 직책을 없애 달라는 것이었다.

하였다.

　"공훈과 수고로움이 황실에 저록(著錄)되었고, 천하에 미쳤도다. 의심하고 틈이 생긴 실마리는 여러 소인배들로부터 시작되었으니 그 깊은 충정(衷情)을 살펴보면 본래 다른 뜻이 없었다. 군신(君臣)의 의는 마음과 실제가 처음과 같았다. 다만 하북이 이미 평정되었고 삭방도 이미 귀속(歸屬)하였으니 의당 하북(河北)부원수와 삭방절도등사(朔方節度等使)의 직위는 해제해야 할 것이고, 그 태보(太保) 겸 중서령·대녕군왕(大寧郡王)은 옛날대로 한다. 다만 마땅히 궁궐로 와야 하며, 다시는 의심하지 말라."
복고회은은 끝내 좇지 않았다.

22　가을, 7월 경자일(5일)에 천하에 청묘전(靑苗錢)을 세(稅)로 징수하여 백관의 녹봉을 지급하였다.[85]

23　태위(太尉)겸시중·하남(河南)부원수·임회무목왕(臨淮武穆王)[86]인 이광필(李光弼)은 군사를 다스리는 것이 엄정하였는데, 지시하고 돌아보며 호령하면 제장들은 감히 올려다보지를 못하였고, 모의한 것이 정해지고 나서 싸웠으며, 능히 적은 것을 가지고 많은 것을 제압하니, 곽자의와 명성이 같았다.

　서주(徐州, 강소성 동산현)에 있게 되었는데 군사를 끌어안고 조현하지 아니하니 제장(諸將)[87] 전신공(田神功) 등이 다시는 품신하거나 두려워하

---

85) 청묘란 농작물을 심어서 그 싹이 파랗게 나는 것을 말하는 것으로 이 시기에 전세를 거두기 때문에 청묘세라는 이름이 붙여진 것이다. 이 세금은 무(畝) 당 매년 15전(錢)을 내도록 되어 있었는데 조정에서는 돈 쓸 일이 급하여 이를 일찍 받았던 것이다. 세율은 시기적으로 조금씩 달랐다.

86) 이광필은 임회왕인데, 죽은 후에 시호를 무목왕으로 하였고, 이를 병칭한 것이다.

87) 특정한 임무가 주어지지 않고 지휘관의 지휘에 의하여 임무를 맡는 장수 즉, 부장(部將)에 해당하는 직위이다.

지 않자 이광필은 부끄럽고 한이 되어 병이 되었다가 기유일(14일)에 죽었다.88) 8월 병인일(1일)에 왕진(王縉)을 이광필을 대신하여 도통하남·회서·산남동도제행영(都統河南·淮西·山南東道諸行營)89)으로 하였다.

---

88) 이광필이 황제에게 조현하지 않는 것을 본 그의 부장들도 그와 마찬가지로 윗사람에게 보고하지 않은 것이다.

89) 다소 긴 관직명이다. 도통은 전체를 지휘한다는 의미이고, 행영(行營)은 주둔지를 떠나서 전쟁터로 움직이는 군영을 말하는데, 관직명을 해석한다면 하남·회서·산남동도 세 지역에 있는 여러 행영을 총체적으로 감독한다는 뜻이다.

곽자의 부자와 단수실 그리고 변방절도사들

24　곽자의가 하중(河中)에서부터 들어와서 조현하였는데, 마침 경원(涇原, 치소는 경주, 감숙성 경천현)에서 주문을 올려서 복고회은이 회흘(回紇)과 토번(吐蕃)의 10만의 무리를 이끌고 곧 들어와서 노략질하려고 한다고 하니, 경사에서는 떨고 두려워하자 곽자의에게 조서를 내려서 제장을 인솔하고 나아가서 봉천(奉天, 섬서성 건현)에서 진수하게 하였다.

황상이 불러서 방략을 물었더니, 대답하였다.

"복고회은은 아무 것도 할 수 없을 것입니다."

황상이 말하였다.

"어떤 연고요?"

대답하였다.

"복고회은은 용감하지만 은혜를 베푼 것이 적어서 병사들이 마음으로 그에게 붙지 않았으니, 들어와서 노략질할 수 있는 사람은 고향으로 돌아가기를 생각하는 병사이기 때문일 뿐입니다.[90] 복고회은은 본래 신(臣)의 편장(偏將)과 비장(裨將)이어서 그의 휘하에 있는 사람들은 모두 신의 부곡(部曲)[91]이었으니, 반드시 차마 서로 칼끝을 겨누지 못할 것이

---

90)　복고회은의 군사들은 대부분 관내나 하동 출신이었다.

91)　개인에게 소속된 병사나 사람을 말한다.

며 이로써 그가 아무 것도 할 수 없을 것임을 압니다."

신사일(16일)에 곽자의가 출발하여 봉천으로 갔다.

25 갑오일(29일)에 왕진에게 동도유수를 덧붙여 주었다.

26 하중윤(河中尹) 겸 절도부사[92]인 최우(崔寓)가 진병(鎭兵)을 발동하
여 서쪽으로 토번을 막았는데, 법을 시행하는 것이 하나같지 아니하였
다. 9월 병신일(2일)에 진병들이 난을 일으켜서 관부(官府)와 주민들을
약탈하다가 저녁이 되어서야 마침내 안정되었다.

27 병오일(12일)에 하동절도사 신운경(辛雲京)에게 동평장사를 덧붙여
주었다.

28 신해일(17일)에 곽자의를 북도빈녕·경원·하서이래통화토번사(北道
邠寧·涇原·河西以來通和吐蕃使)[93]에 충임하고 진정·택로(陳鄭·澤潞)절도
사 이옥포(李玉抱)를 남도(南道)통화토번사에 충임하였다. 곽자의는 토번
이 빈주(邠州, 섬서성 빈현)를 압박한다는 소식을 듣고, 갑인일(20일)에
그의 아들인 삭방병마사 곽희(郭晞)를 파견하여 군사 1만 명을 거느리고
이를 구원하게 하였다.

29 기미일(25일)에 검남(劍南)절도사 엄무(嚴武)가 토번의 7만 무리를

---

92) 지난 5월에 하중절도사는 철폐하였으므로 여기에서 말하는 절도부사라는 관직은 아마
도 그 전직일 것이다.

93) 통화토번사란 토번과 화해하는 책임을 가진 책임자라는 말이고, 앞에 있는 북도빈녕
등은 모두 지명이다. 따라서 해당 지역에서 토번과 화해를 추진할 수 있는 권한을 준
것이다. 그러나 이 화해라는 단어는 겉으로 토번과 싸우지 않겠다는 의미를 표시하여
전투에서 명분상 유리한 고지를 점하려는 것이며, 경우에 따라서는 화해도 할 수 있
게 한 것이다.

깨뜨리고 당구성(當狗城, 사천성 이현 북쪽)을 뽑았다.

30 관중에 황충(蝗蟲)이 나타나고, 장맛비[94]가 내리니, 쌀은 한 말에 1천여 전이었다.

31 복고회은의 선봉군이 의록(宜祿, 섬서성 장무현)에 도착하였는데, 곽자의는 우병마사(兵右馬使) 이국신(李國臣)으로 하여금 군사를 거느리고 곽희의 뒤를 이어주게 하였다. 빈녕절도사 백효덕(白孝德)이 의록에서 토번을 패배시켰다.

 겨울, 10월에 복고회은이 회흘과 토번을 이끌고 빈주에 도착하였는데, 백효덕과 곽희가 성문을 닫고 막으며 지켰다.

32 경오일(6일)에 엄무가 토번의 염천성(鹽川城, 사천성 이현 북쪽)을 뽑았다.

33 복고회은은 회흘·토번과 더불어 나와서 봉천(奉天, 섬서성 건현)을 압박하니, 경사에서는 엄중하게 경계하였다. 제장들이 싸우기를 청하였으나 곽자의는 허락하지 않고 말하였다.

 "오랑캐가 깊이 우리 땅에 들어왔으므로 신속하게 싸우는 것이 유리하고, 우리는 성벽을 굳게 하고서 이를 기다리면 저들은 우리가 겁을 먹은 것으로 여기고 반드시 경계하지 않을 것이니, 마침내 격파할 수 있다. 만약에 급히 싸우다가 승리하지 못하면 무리들의 마음이 흐트러질 것이다. 감히 싸우겠다고 하는 사람은 참수할 것이다."

 신미일(7일) 밤에 곽자의가 나아가서 건릉(乾陵)[95]의 남쪽에 포진하였

---

94) 장마란 비가 여러 날 계속 오는 경우를 말하는 것인데, ≪자치통감≫에서는 보통 사흘간 계속하여 비가 오는 경우를 말한다.

으며, 임신일(8일) 날이 아직 밝지 않았는데 오랑캐의 무리가 대대적으로 도착하였다. 오랑캐는 처음에 곽자의가 아무런 대비가 없는 것으로 생각하고 이를 습격하려고 하다가, 갑자기 대군(大軍)을 보고는 놀라서 드디어 싸우지 않고 물러났다.

곽자의는 비장 이회광(李懷光) 등으로 하여금 5천의 기병을 거느리고 오랑캐를 추격하게 하여 마정(麻亭, 섬서성 빈현의 남쪽)에 이르렀다가 돌아왔다. 오랑캐가 빈주에 도착하여 정축일(13일)에 이를 공격하였으나 이기지 못하니, 을유일(21일)에 오랑캐가 경수(涇水)를 건너서 숨었다.

34 복고회은이 남쪽으로 침구하면서 하서(河西, 치소 ; 양주, 감숙성 무위현)절도사 양지열(楊志烈)이 병졸 5천을 발동하면서 감군(監軍)96) 백문달(柏文達)에게 말하였다.

"하서(河西)의 정예 병졸은 여기에 모두 있으니, 그대는 이를 거느리고 영무(靈武, 녕하성 영무현 서북쪽)를 공격한다면 복고회은은 되돌아보아야 하는 염려를 갖게 될 것이고, 이 역시 경사를 구원하는 하나의 기습병(奇襲兵)이 될 것이오."

백문달이 드디어 무리를 거느리고 최사보(摧砂堡, 감숙성 해원현)와 영무현(靈武縣, 녕하성 영무현 서북쪽)을 쳐서 모두 그곳을 떨어뜨리고 나아가서 영주(靈州, 녕하성 영무현)를 공격하였다. 복고회은은 이 소식을 듣고, 영수(永壽, 섬서성 영수현)에서부터 급히 돌아가서 토번과 토욕혼(吐谷渾)의 2천 기병으로 하여금 밤중에 백문달을 습격하게 하여 이를 대파하니, 사졸 가운데 죽은 사람이 거의 반이었다.

백문달은 나머지 무리를 거느리고 양주(涼州, 감숙성 무위현)로 돌아와

---

95) 당 고종 이치의 능묘이다.

96) 환관으로 황제의 명을 받아 군대를 감독하는 직책이다.

서 곡(哭)을 하며 들어왔다. 양지열이 그를 영접하며 말하였다.

"이번 출행으로 경실(京室)97)을 안전하게 한 공로를 세웠는데 졸병이 죽었다고 무슨 속상할 일이겠소?"

사졸들은 그 말을 듣고 원망하였다.

얼마 안 되어 토번이 양주(涼州)를 포위하였는데 사졸을 사용하지 못하였다. 유지열은 감주(甘州, 감숙성 장액현)로 도망하였다가 사타(沙陀)98) 들에게 죽었다. 사타의 성은 주야(朱耶)이며 대대로 사타적(沙陀磧, 신강성 고이반통고특 사막 남부)99)에 거주하였으니 이 때문에 이름으로 한 것이다.

35 11월 정미일(14일)에 곽자의는 행영(行營)에서부터 들어와서 조현하고, 곽희(郭晞)는 빈주(邠州)에 있었는데 사졸들을 풀어놓아 횡포하니, 절도사 백효덕(白孝德)이 이를 걱정하였지만 곽자의 때문에 감히 말을 하지 아니하였다. 경주(涇州, 감숙성 경천현) 자사 단수실(段秀實)이 스스로 도우후(都虞候)100)에 보임(補任)되기를 청하니, 백효덕이 이를 좇았다.

이미 임명을 하고 나서 한 달이 되었는데, 곽희의 군사(軍士) 17명이 저자에 들어가서 술을 빼앗고 칼로 술집영감을 찌르며 술그릇을 파괴하자 단수실이 17명의 머리를 베어서 창끝에 매달아 늘어놓아서 저자의 문 앞에 세워 놓았다.

곽희의 온 군영은 크게 시끄러워졌고, 모두 갑옷을 입으니, 백효덕이

___

97) 경사에 있는 황실을 말한다.

98) 중국 고대의 부족 이름이고, 서돌궐의 별부여서 사타돌궐이라고도 하는데, 본래는 처월로 불렸다.

99) 적(磧)이란 낮은 물 안에 있는 모래와 돌인데, 이것이 사막이 된다. 즉 자갈이 많은 사막이다.

100) 군사들의 규찰을 담당하는 직책이다.

떨리고 두려워서 단수실을 불러서 말하였다.

"어떻게 할 것인가?"

단수실이 말하였다.

"마음 상할 것 없습니다. 청컨대 가서 이를 해결하게 해 주십시오."

백호덕이 수십 명을 따르게 하였지만 단수실은 모두 사양하여 보내고 늙고 절뚝거리는 사람 한 명을 선발하고 말을 잡고 곽희가 있는 영문(營門) 아래로 갔다.

갑옷을 입은 사람이 나오니 단수실이 웃으면서 또 들어가면서 말하였다.

"한 명의 늙은 졸병을 죽이는데 왜 갑옷을 입었소? 내가 나의 목을 이고서101) 왔소."

갑옷을 입은 사람이 놀랐다. 이어서 타이르면서 말하였다.

"상시(常侍)가 너희들에게 죄를 지었는가? 부원수가 너희들에게 죄를 지었는가? 어찌하여 어지럽혀서 곽(郭)씨를 패망하게 하려고 하는가?"102)

곽희가 나오니 단수실이 그를 나무라면서 말하였다.

"부원수의 공훈은 천지를 틀어막았지만 마땅히 처음과 끝을 생각하여야 합니다. 지금 상시[곽희]의 방자한 졸병들이 횡포한 짓을 하여 역시 난에 이르렀고, 난이 일어났다고 하면 죄는 부원수에게 미치게 됩니다. 난을 일으킨 것이 상시로 말미암았는데, 그렇다면 곽씨의 공로와 명성은 그 남아 있는 것이 얼마나 되겠소?"

말을 다 마치지 않아서 곽희는 두 번 절하고 말하였다.

"공께서 다행스럽게 저 곽희에게 도리를 가지고 가르쳐 주시니 은혜가

---

101) 늙은 졸병이란 단수실이 자기를 가리키는 말이고, 목을 머리에 인다는 것은 잘릴 목을 가지고 왔다는 뜻이다. 곽씨란 곽자의 부자와 그 가문(家門)을 말한다. 즉 군사들이 횡포하면 곽씨 집안이 망한다는 뜻이다.

102) 상시는 곽자의의 아들인 곽희가 당시에 산기상시였으므로 그의 관직을 말하는 것이고, 부원수는 곽자의의 관직이다. 따라서 곽희와 곽자의를 가리키는 말이다.

아주 큰데, 감히 명령을 좇지 않겠습니까?"

좌우에 있는 사람들을 돌아보며 질책하며 말하였다.

"모두 갑옷을 벗고 흩어져서 자기 대오(隊伍) 속으로 돌아가라. 감히 떠드는 사람은 죽으리라."

단수실은 이어서 군중(軍中)에서 유숙(留宿)하였다.

곽희는 저녁 내내 옷을 벗지 아니하고 경계하는 병졸에게 딱따기를 치면서 단수실을 호위하게 하였다. 아침에 모두가 백효덕이 있는 곳에 이르러서 어찌 할 수 없었음을 가지고 사죄하고 고치게 해달라고 청하였다. 빈주는 이로 말미암아서 걱정이 없게 되었다.

36 오곡(五谷, 秦嶺)방어사 설경선(薛景仙)이 남산에 있는 떼도적을 토벌하는데 몇 달을 계속해도 이기지 못하였다. 황상이 이옥포(李玉抱)에게 명령하여 이를 토벌하게 하였다.

도적의 우두머리 가운데 고옥(高玉)이 가장 강하였는데, 이옥포가 병마사 이숭객(李崇客)을 파견하여 400여 기병을 거느리고 양주(洋州, 섬서성 양현)에서부터 들어가서 도괵천(桃虢川, 섬서성 태백현 서쪽)에서 그를 기습하여 이를 대파하니 이옥포는 성고(成固, 섬서성 성고현)로 달아났다. 경신일(27일)에 산남서도절도사 장헌성(張獻誠)이 고옥을 붙잡아서 이를 바치니 나머지 도적들도 모두 평정되었다.

37 12월 을축일(2일)에 곽자의에게 상서령을 덧붙여 주었다. 곽자의가 생각하였다.

"태종(太宗)이 이 관직을 가지고 나서부터는 역대 황제는 다시 설치하지 않았으며, 최근에 황태자[103]가 일찍이 이 일을 하였는데, 미미한 신

---

103) 태종은 당의 2대 황제인 이세민이다. 그가 황제가 되기 전에 상서령이었고, 황태자란 이괄을 말한다. 이괄에 관한 일은 지난해(763년) 7월에 있었다.

(臣)이 의당 감당할 것은 아닙니다."

굳게 사양하고 받지 아니하고서 돌아와서 하중(河中)에서 진수하였다.

38 이 해에 호부(戶部)에서 주문을 올렸다. 호구(戶口)는 290여 만이고, 인구는 1천690여 만이었다.104)

39 황상이 우전왕(于闐王, 신강성 화전현) 울지승(尉遲勝)을 보내어 그 나라로 돌아가게 하니 울지승이 굳게 청하기를 머물면서 숙위(宿衛)하게 해달라고 하고서 그의 나라를 동생인 울지요(尉遲曜)에게 주겠다고 하자 황상이 이를 허락하였다. 울지승에게 개부의동삼사를 덧붙여 주고 작위를 내려서 무도왕(武都王)이라 하였다.

대종 영태 원년(乙巳, 765년)

1 봄, 정월 초하루 계묘일105)에 연호를 고치고, 천하를 사면하였다.

2 무신일(16일)에 진정·택로(陳鄭·澤潞)절도사 이옥포(李玉抱)에게 봉상·농우(鳳翔·隴右)절도사106)를 덧붙여 주었고, 그의 사촌동생인 전중소감(殿中少監) 이포진(李抱眞)을 택로절도부사로 삼았다.

이포진은 산동에 변고가 있으므로 상당(上黨, 노주의 치소)이 군사 요충지라고 생각하고 황폐하고 혼란한 나머지 땅은 척박(瘠薄)하고 백성은

---

104) 전쟁을 겪고 나서 인구가 평소의 70~80%였음을 알 수 있다.

105) ≪신·구당서≫에는 계사(癸巳)로 되어 있고, ≪20사삭윤표≫에도 계사로 되어 있으므로 ≪자치통감≫이 잘못인 것으로 보인다. 이후의 날짜 계산도 계사로 한다.

106) 이옥포는 당시에 진정·택로행영으로 경서(京西)에 주둔하고 있었으므로 이 직책을 덧붙여 준 것인데 이때에 농우는 이미 토번의 판도 안에 있었으므로 이것은 사실상 허직(虛職)이다.

어려워서 군사에게 도울 방법이 없자, 마침내 호적에 올라 있는 백성 가운데 매 세 명의 정장 가운데 한 명의 건장한 사람을 뽑아 그의 조세(租稅)와 요역(徭役)을 면제해 주고, 활과 화살을 공급하며 농한기에 활쏘기 연습을 하게하고 연말에 도시(都試)107)를 치러 그들에게 상이나 벌을 시행하였다.

　3년 쯤 되어서 정예의 병사 2만을 얻게 되었지만 이미 늠급(廩給)을 소비하지 않아서 부고(府庫)는 충실하게 되었으며 드디어 산동을 크게 보게 되었다. 이로 말미암아서 천하에서는 택로의 보병이 여러 도(道) 가운데 제일이라고 칭찬하였다.

3　2월 무인일(16일)에 당항이 부평(富平, 섬서성 부평현)을 노략질하고 정릉(定陵, 부평현 북쪽, 6대 황제 李顯의 능묘)에 있는 전각을 불태웠다.

4　경진일(18일)에 의왕(儀王) 이수(李璲, 현종 이융기의 아들)가 죽었다.

5　3월 초하루 임진일에 좌복야 배면(裴冕)과 우복야 곽영예(郭英乂) 등의 문무 신하 13명에게 명령하여 집현전(集賢殿)에서 대제(待制)108)하게 하였다.

　좌습유인 낙양(洛陽) 사람 독고급(獨孤及)이 상소문을 올렸다.

　"폐하께서는 배면 등을 불러서 대제하게 하여 순문(詢問)에 대비하게 하였는데, 이는 5제(帝)109)의 성대한 덕(德)입니다. 근래에 폐하께서는

---

107) 한때에는 입추일에 기사들에게 전체적으로 시험을 치고 무비를 연습하게 하였는데 이를 도시라고 하였다.

108) 대제(待制)는 황제의 명을 기다린다는 의미의 관직이므로, 황제가 궁금한 것이 있으면 이에 따라서 자문하기 위하여 대기하고 있는 것을 말한다.

109) 중국의 전통적인 다섯 명의 황제를 말한다.

비록 그들의 곧은 말을 용납하고 있지만 그들의 말을 기록하지 않고 있으니 아랫사람들을 용납한다는 이름은 있으나 간언하는 내용을 들어 주는 실제는 없어서 드디어 간언을 하는 사람으로 하여금 점점 입을 다물고 배부르게 먹으면서 서로 불러들여서 녹봉을 받는 벼슬을 하게하고 있으니, 이는 충성스럽고 뼈가 있는 사람이 가만히 한탄하는 이유여서, 신(臣)은 이를 수치스럽게 생각합니다.

지금 군사를 일으켜서 10년을 쉬지 않았으니[110] 사람들의 생업은 저축(杼軸)[111]에서도 텅 비었습니다. 군사를 손에 쥐고 있는 사람들의 집은 가로와 경계를 연이어 있고 노비도 술과 고기를 싫어할 정도이지만 가난한 사람은 파리하고 굶으면서 역(役)에 나아가고 있어서 피부를 긁어대는 것이 골수에까지 이르렀습니다.

장안성 안에서는 대낮에 몽둥이를 들고 노략질하여도 관리는 감히 힐문(詰問)하지 아니 하니 관리는 어지러워졌고 직책은 철폐되었으며 장교는 타락하고 졸병은 포악하며 백규(百揆)[112]는 타락하여 찔러서 마치 끓는 죽이나 얽힌 실과 같으니, 백성들은 유사에게 감히 호소하지 아니하고, 유사는 감히 폐하게 보고하지 않으며, 독(毒)한 것을 먹고 아픈 것을 마셨지만 끝내는 알리는 일이 없습니다.

폐하께서 이 시대를 가지고 구제할 수 있는 방법을 생각하시지 않으니, 신(臣)은 실로 이를 두려워합니다.

지금 천하에서는 오직 삭방(朔方)·농서(隴西)에 있는 토번·복고회은의 걱정거리[113]를 생각하지만 빈주(邠州)·경주·봉상(鳳翔)의 군사로 충

---

110) 안록산이 군사를 일으킨 지 10년이 되었다는 것을 말한다.

111) 직물을 짜는 기계에 있는 중요한 부분인 북을 말한다.

112) 옛날의 관직명이다. 총재(冢宰)처럼 백관을 총괄하는 것을 말한다. 그러나 여기서는 백관(百官)들이 하는 직책을 말한다.

113) 복고회은의 반란을 말한다.

분히 이를 당해낼 수 있습니다. 이로부터 이후에는 동쪽으로는 바다에 이르고, 남쪽으로는 반우(番禺, 광동성 광주시)에 이르며, 서쪽으로 파·촉(巴·蜀)을 다하여서 쥐같이 훔쳐 먹는 도둑을 없이하고서도 군사를 해산하지 않습니다.

천하의 재물을 기울이고 천하의 곡식을 다 없애어 쓸데없는 군사에게 공급하니 신은 그 연고를 모르겠습니다. 가령 편안한 곳에 살면서 위험이 닥칠 것을 생각한다면 스스로 요해가 되는 곳을 꽉 누르고 주둔하여 방어하게 하면서 그 나머지는 모두 쉬게 하여 양식과 비구(屝屨)114)에 제공할 물자를 피로한 사람들의 공부(貢賦)에 충당한다면 1년에 전국의 조세(租稅)의 반을 덜어낼 수 있을 것입니다.

폐하께서 어찌 고쳐 지으시는데 의심을 가지시어 온 국토의 걱정거리로 하여금 하루하루를 더 심하게 하십니까?"
황상은 채용할 수 없었다.

6   병오일(15일)에 이옥포를 동평장사로 삼았는데, 봉상에서 진수하는 것은 예전처럼 하게하였다.

7   경술일(19일)에 토번에서 사자를 파견하여 화의하자고 청하니, 원재(元載, 재상)와 두홍점(杜鴻漸)에게 조서를 내려서 흥당사(興唐寺, 장안현의 장낙방)115)에서 그들과 동맹을 맺게 하였다.
황상이 곽자의에게 물었다.
"토번이 맹약하기를 청하는데, 어찌해야 하오?"
대답하였다.

---

114) 신발 혹은 짚신을 말한다. 여기서는 군사들이 신는 신발이나 군장을 말한다.

115) 이 절은 당 신룡 원년(705년)에 태평공주가 측천무후를 위하여 세웠으며, 이름을 망극사라고 하였다가 개원 20년(732년)에 흥당사로 고쳤다.

"토번은 우리가 방비하지 않는 것을 이롭게 생각하는 것인데, 만약에 방비를 하지 않으면 올 것이니 나라는 지킬 수가 없습니다."

이에 이어서 하중(河中)의 군사를 파견하여 봉천(奉天)에서 수(戍)자리를 서게 하였고, 또 군사를 파견하여 경원(涇原, 감숙성 경천현)을 순회하면서 그들을 엿보게 하였다.

8 이 봄에는 비가 내리지 않아서 쌀 한 말에 1천전이었다.

9 여름, 4월 정축일(16일)에 어사대부 왕익(王翊)을 제도세전사(諸道稅錢使)116)에 충임하게 명령하였다. 하동도조용·염철사 배서(裴諝)가 들어와서 일을 가지고 상주하였는데, 황상이 물었다.

"각고(榷酤)117)의 이익은 1년에 들어오는 것이 얼마쯤이오?"

배서는 한참 있어도 대답을 하지 아니하였다.

황상이 다시 그것을 물으니, 대답하였다.

"신은 하동(河東)에서부터 왔는데, 지나는 곳에서 콩과 곡식이 아직 심지도 못하여 농부들이 근심하고 원망하는 것을 보았습니다. 신이 생각하기로는 폐하께서 신을 보시면 반드시 다른 사람들의 질고(疾苦)에 관하여 물으실 것으로 여겼는데, 신에게 이익 남기는 것을 책임지우시니, 신은 이리하여서 감히 대답을 못하였습니다."

황상이 그에게 사과하고 좌사(左司)낭중으로 제수하였다. 배서는 배관(裴寬)118)의 아들이다.

---

116) 여러 도의 세전을 독촉하여 징수하는 직책이다.

117) 각은 전매(專賣)를 말하고 고는 술을 말하는 것으로 국가에서 술을 전매하는 것을 말한다.

118) 배관은 당 현종 천보 연간의 인물로 이에 관한 일은 현종 천보 5재(746년) 7월에 있었고, 그 내용은 ≪자치통감≫ 권215에 실려 있다.

10 신묘일(30일)에 검남(劍南, 치소는 성도)절도사 엄무(嚴武)가 죽었다. 엄무는 세 번 검남에서 진수하였는데,119) 부렴(賦斂)을 두텁게 거두어 극에 달하게 사치스럽게 살았다. 재주(梓州, 사천성 삼대현) 자사 장이(章 彝)가 조금 뜻에 부응하지 않는다 하여 불러서 장형(杖刑)으로 그를 죽였다. 그러나 토번들은 그를 두려워하여 감히 그 경계를 침범하지 아니하였다.

어머니가 자주 그가 교만하고 횡포한 것을 경계하였으나 엄무는 좇지 아니하였다. 죽게 되자 어머니가 말하였다.

"내가 지금에야 관비(官婢)가 되는 것을 면하게 되었구나!"120)

11 5월 계축일(22일)에 우복야 곽영예(郭英乂)를 검남절도사로 삼았다.

12 기내(畿內)에 보리가 풍년 들자 경조윤 제오기(第五琦)가 백성들의 전지(田地)에 세금을 부과하였는데, 10무(畝)에 그 1무의 수확량을 거두게 해달라고 청하면서 말하였다.

"이것은 옛날의 십일(什一)의 법입니다."121)
황상이 이를 좇았다.

13 평로(平盧, 치소는 영주)절도사 후희일(侯希逸)이 치청(淄靑, 치소는 청주)에 진수하면서122) 놀고 사냥하며 탑(塔)과 절을 짓기 좋아하니, 군

---

119) 엄무가 검남에서 진수한 것은 숙종 지덕 2재(757년) 12월이고, 숙종 보응 원년 (762년) 6월, 그리고 대종 광덕 2년(764년) 정월이었다.

120) 만약에 엄무가 더욱 패역하다가 죽게 되면 그의 어머니는 적몰되어 관비가 될 수도 있는 것이었지만 엄무가 죽음으로써 이러한 화를 면할 수 있게 된 것이다.

121) 호삼성은 제오기가 고래의 법이라고 하면서 그의 주군을 속인 것이라고 하였다.

122) 후희일이 치청에서 진수한 것은 숙종 상원 원년(761년) 5월의 일이며, 《자치통감》 권222에 실려 있다.

(軍)과 주(州)에서 이를 고생스럽게 생각하였다.

병마사 이회옥(李懷玉)이 무리들의 인심을 얻었는데 후희일은 이를 시기하다가 사건을 이용하여 그의 군직을 해직시켰다. 후희일은 성 밖에서 무사(巫師)와 묵었는데 군사(軍士)들이 문을 닫고 받아들이지 않고 이회옥을 받들어서 우두머리로 삼았다. 후희일은 활주(滑州, 하남성 활현)로 달아나서 표문을 올려서 죄를 받기를 기다리니, 조서를 내려서 그를 사면하였고 불러서 경사로 돌아오게 하였다.

가을, 7월 임진일(2일)에 정왕(鄭王) 이막(李邈)을 평로·치청절도대사로 삼고 이회옥을 지유후(知留後)로 삼고 이름을 하사하여 이정기(李正己)라고 하였다.

이때에 승덕(承德)[123]절도사 이보신·위박(魏博, 치소는 위주)절도사 전승사(田承嗣)·상위(相衛, 치소는 상주)절도사 설숭(薛嵩)·노룡(盧龍, 치소는 유주)절도사 이회선(李懷仙)은 안·사(安·史)의 남은 무리들을 거두어 각기 강한 병졸 수만을 가지고서 군사를 다스리고 성벽을 완전하게 하고 스스로 문무(文武)의 장리(將吏)를 임명하였으며, 공부(貢賦)를 바치지 않고 산남동도(山南東道)절도사 양숭의(梁崇義)와 이정기와 더불어 모두 연결하여 혼인을 하여 표리(表裏)를 이루었다.

조정에서는 오로지 고식적(姑息的)으로 일을 처리하여 다시 통제할 수 없게 되자 비록 이름은 번신(藩臣)이지만 기미(羈縻)[124]하고 있을 뿐이었다.

---

123) 승(承)은 성(成)의 잘못이고 성덕(成德)이어야 옳다. 성덕의 치소는 항주이다.

124) 번신에서 번은 울타리를 말하므로 울타리가 되는 신하라는 뜻이지만 보통으로는 제후를 가리키는 말이다. 제후는 사방의 변방에서 국가를 지키며 수자리를 서기 때문에 번신이라고 한 것이다. 기미란 일정한 정도의 이익을 가지고 적당하게 얽어매 놓는 것을 말한다. 외교관계에서 사용하는 정책의 하나이다. 이는 직접지배가 불가능할 경우에 맺어지는 관계이다.

14 갑오일(4일)에 황상의 딸인 승평(昇平)공주가 곽자의의 아들인 곽애(郭曖)에게 시집을 갔다.125)

15 태자126)의 어머니인 심(沈)씨는 오흥(吳興, 절강성 오흥현) 사람이다. 안록산이 장안(長安)을 함락시켰을 때127) 노략질 당하여 낙양궁(洛陽宮)으로 보내졌다. 황상이 낙양에서 승리하고 나서 그를 보았으나, 아직 맞이하여 장안으로 돌아오게 하지 못하였는데, 마침 사사명(史思明)이 다시 낙양을 함락시키자128) 드디어 있는 곳을 잃어버렸다.

황상이 즉위하서 사자를 파견하여 흩어져서 이를 찾았으나 찾지 못하였다. 기해일(9일)에 수주(壽州, 안휘성 수현)에 있는 숭선사(崇仙寺)의 비구니인 광징(廣澄)이 태자의 어머니라고 하여 조사하고 시험하였는데, 이는 소양원(少陽院)129)의 유모였다. 가죽 띠로 쳐서 죽였다.

16 9월 초하루 경인일에 백고좌(百高座)130)를 자성사(資聖寺)와과 서명사(西明寺) 두 절에서 열고서 ≪인왕경(仁王經)≫131)을 강론하는데, 안에

---

125) 공주가 시집을 가는 경우에 보통은 상(尙)이라는 용어를 사용하여 모신다는 뜻으로 사용하였는데, 이 경우에는 시집을 가다는 뜻의 가(嫁)라는 용어를 사용하였다. 이 점은 곽자의의 위력을 말해 주는 것이기도 하다.

126) 현재 태자인 이괄(李适)을 말한다.

127) 이 일은 지덕 원년(756년)에 있었고, 그 내용은 ≪자치통감≫ 권221에 실려 있다.

128) 먼저 낙양이 함락된 것은 숙종 지덕 원재(756년) 6월이고, 숙종이 낙양을 함락시킨 것은 다음해 10월이고, 사사명에게 낙양이 다시 함락 된 것은 숙종 건원 2년(759년) 9월의 일이다.

129) 장안에 있는 대명궁 안에 있는데, 대종이 태자였을 적에 일찍이 거주하던 곳이다.

130) 백척(百尺)이나 되는 높은 자리에 설법하는 자리를 마련한 것을 말한다. ≪당회요≫에 의하면 자성사는 숭인방에 있었는데 본래 장손무기의 집이었다가 용삭 3년에 문덕황후의 복을 빌기 위하여 이것을 비구니의 절로 세웠고 다시 함형 4년에 승려들의 절로 만들었다.

131) 불경의 이름이다. 두 가지가 있는데, 구본(舊本)은 요진(姚秦)의 구마라즙이 번역한

서 불경(佛經) 두 수레의 보여(寶輿)를 내왔으며, 사람을 보살(菩薩)과 귀
신(鬼神)의 모습을 하였고 음악을 연주하는 노부(鹵簿)¹³²⁾로 인도하게 하
고, 백관들이 광순문(光順門) 밖에서 맞아서 뒤따르면서 절에 도착하였
다.

것으로 제목을 ≪불설인왕반야바라밀경≫이고, 신본(新本)은 당의 대종 시기에 고승
인 불공이 번역한 것으로 제목을 ≪인왕호국반야바라밀다경≫이라고 하였으며, 모두
두 권으로 되어 있다. 이는 석가모니가 당시 인도의 16국의 국왕에게 불법을 강론
한 경문이다.

132) 고대의 제왕이 나갈 때에 호종하는 의장대를 말한다. 한(漢) 이후에는 후비와 태자,
    왕공 대신들에게도 사용되었으며, 당대에는 4품 이상의 관리에게 노부가 주어졌다.

회흘과 맹약, 토번을 격파한 곽자의

17   복고회은(僕固懷恩)이 회흘(回紇) · 토번(吐蕃) · 토욕혼(土谷渾) · 당항 (党項) · 노랄(奴刺)의 수십만의 무리를 유혹하여서 모두 들어와서 침구하 였는데, 토번의 대장인 상결실찬마(尙結悉贊摩)와 마중영(馬重英) 등으로 하여금 북도(北道)에서부터 봉천(奉天)으로 나아가게 하고, 당항은 임부 (任敷, 삭방군의 옛날 장수) · 정정(鄭庭) · 학덕(郝德) 등을 인솔하고 동도 (東道)에서부터 동주(同州, 섬서성 대협현)로 향하고, 토욕혼과 노랄의 무 리들은 서도(西道)에서부터 주질(盩厔, 섬서성 주지현)로 나가며, 회흘은 토번의 뒤를 잇게 하며, 복고회은은 또 삭방(朔方)의 군사를 가지고 이 를 이었다.

곽자의는 행군사마 조복(趙復)으로 하여금 들어가서 주문을 올리게 하 여 말하였다.

"오랑캐는 모두 기병(騎兵)이니 그 오는 것이 나는 것 같아서 가벼이 생각할 수 없습니다. 청컨대 제도(諸道)절도사인 봉상(鳳翔)의 이옥포(李 玉抱) · 활복(滑濮)의 이광정(李光庭) · 빈녕(邠寧)의 백효덕(白孝德) · 진서 (鎭西)의 마린(馬璘) · 하남의 학정옥(郝庭玉) · 회서(淮西)의 이충신(李忠 臣)으로 하여금 각기 군사를 내어 그 요충지를 꽉 누르게 하십시오." [133]

---

133) 이때에 이광정과 학정옥과 이충신은 각기 자기의 진수지에 있었지만 다른 사람들은 장안의 서쪽에 있었다.

황상은 이를 좇았다.

제도(諸道)에서는 대부분 때에 맞추어 군사를 내지 않았지만 이충신은 바야흐로 제장과 격구(擊毬)[134]를 하고 있다가 조서를 받자 빨리 명령하여 시행하게 하였다. 제장들과 감군은 모두 말하였다.

"군사가 떠날 때에는 반드시 날짜를 택해야 합니다."

이충신이 노하여 말하였다.

"부모가 급한 일이 생겼는데, 어찌 날짜를 택하고 나서 구원하겠는가?"

그날로 군사를 챙겨서 길에 올랐다.

복고회은은 중도에서 갑작스런 병을 만나서 돌아갔는데. 정유일(8일)에 명사(鳴沙, 녕하성 중녕현)에서 죽었다. 대장(大將) 장소(張詔)는 그 무리를 대신 관장하자, 별장 서황옥(徐璜玉)이 그를 죽였고, 범지성(范志誠)이 또 서황옥을 죽이고 그 무리를 관장하였다.

복고회은이 명령을 거역한 지 3년에 다시 호족(胡族)을 이끌어서 침구하여 나라의 큰 걱정거리가 되었지만, 황상은 오히려 그를 위하여 감추어 주었고, 앞뒤로 칙서(敕書)와 제서(制書)를 내리면서 아직 일찍이 그가 반란하였던 것을 말하지 않았다. 그리고 그가 죽었다는 소식을 듣자 불쌍히 여기며 말하였다.

"복고회은이 반란하지 않았는데 좌우에 있는 사람들이 그르치게 한 것이다."

토번이 빈주(邠州)에 도착하니 백효덕(白孝德)이 농성(籠城)하며 스스로 지켰다. 갑진일(15일)에 황상은 재상과 여러 관서의 장관들에게 명령을 내려서 서명사(西明寺)에서 향불을 피우고 소찬(素饌)[135]을 진설하고 음악을 연주하게 하였다.

---

134) 털로 된 공을 말을 타고 치는 게임의 하나이다.

135) 고기가 들어가지 않은 음식을 말한다. 이는 절에서 사용하는 음식이다.

이날 토번의 10만의 무리가 봉천(奉天, 섬서성 건현)에 도착하니 경성에서는 떨고 두려워하였다. 삭방병마사 혼감(渾瑊)과 토격사(討擊使) 백원광(白元光)이 먼저 봉천에서 수(戍)자리를 서고 있어서 오랑캐들은 비로소 군영을 늘어놓았고, 혼감은 날랜 기병 200을 인솔하고 그들에게 부딪쳐갔는데, 몸소 사병들보다 먼저 나가니 오랑캐들은 쓰러져버렸다.

혼감은 오랑캐의 장수 한 명을 끼고 말에 뛰어 올라 돌아왔는데 따르던 기병 가운데는 칼날과 명적(鳴鏑, 소리 나는 화살)에 맞은 사람이 하나도 없었다. 성 위에 있던 병사들은 이를 바라보고서 용기가 비로소 떨치게 되었다.

을사일(16일)에 토번이 나와서 그를 공격하였으나 오랑캐 가운데 죽거나 다친 사람이 아주 많았고 며칠 사이에 무리를 거두어 군영으로 돌아갔다. 혼감은 밤중에 병사를 이끌고 그들을 습격하여 1천여 명을 죽였고, 앞뒤로 오랑캐와 200여 회를 싸웠는데 목을 벤 것이 5천 급(級)이었다.

병오일(17일)에 백고좌(百高座)의 강론은 철폐하였고,[136] 곽자의를 하중에서 불러서 경양(涇陽, 섬서성 경양현)에 주둔하게 하였다. 기유일(20일)에 이충신에게 명령하여 동위교(東渭橋)에서 주둔하게 하고, 이광진(李光進)은 운양(雲陽)에 주둔하며, 마린(馬璘)과 학정옥(郝庭玉)은 편교(便橋)에 주둔하고, 이옥포는 봉상(鳳翔)에 주둔하고, 내시 낙봉선(駱奉仙)과 장군 이일월(李日越)은 주질(盩厔)에 주둔하고, 동화(同華)절도사 주지광(周智光)은 동주(同州)에 주둔하고, 부방(鄜坊)절도사 두면(杜冕)은 방주(坊州)에 주둔하고, 황상은 스스로 6군(軍)을 거느리고 금원(禁苑)에 주둔하였다.

경술일(21일)에 제서(制書)를 내려서 친정(親征)하겠다고 하였다. 신해

---

136) 지난 9월 1일에 시작하였다.

일(22일)에 어조은이 성 안을 뒤져서 사민(士民)들의 개인 말을 가져오고, 성 안에 있는 남자들을 모두 조의(皁衣)를 입게 하여 단결(團結)137)로 하여 병사를 삼으며, 모든 성문은 두 개를 닫고 한 개를 열게 해 달라138)고 청하였다. 사민(士民)들은 크게 놀라서 담장을 넘고 구멍을 파고 도망하는 사람이 아주 많았지만 관리들은 금할 수가 없었다.

어조은은(魚朝恩, 환관)은 황상을 받들고 하중(河中)으로 행차하여 토번을 피하려고 하였지만 여러 신하들이 의논하는 것이 하나가 되지 않을까 염려하여, 하루아침에 백관들이 들어와서 조현하자 반열에 세워둔 채로 아주 오래 있게 하고, 합문(閤門, 궁궐에 있는 작은 문)을 열지 않다가 어조은이 홀연히 금군 10여 명을 따르게 하고 번득이는 칼을 쥐고 나오면서 선언하였다.

"토번이 자주 교기(郊畿, 도읍지의 근교)를 침범하니, 거가(車駕)가 하중으로 행차하려고 하는데, 어떠합니까?"

공경들은 모두 놀라서 대답할 바를 몰랐다.

유급사(劉給事)139)라는 사람이 있었는데, 홀로 반열에서 나와서 항의하며 소리쳤다.

"칙사(敕使)140)는 반란하는 것이오? 지금 주둔하고 있는 군대가 구름과 같은데 힘을 합쳐서 오랑캐를 막지 않고 갑자기 천자를 협박하여 종묘와 사직을 버리고 간다고 하니 반란이 아니면 무엇이오?"

어조은은 놀라고 막혀서 물러났고 일은 드디어 잠재워졌다.

---

137) 조의(皁衣)는 하인들이 입는 검은 옷을 말하며, 단결(團結)은 민간인을 모아서 군사를 만든 부대를 말한다.

138) 전체의 3분의 2를 닫고 3분의 1만 열라는 뜻이다.

139) 급사(給事)는 이름이 아닌 것 같다. 급사중(給事中)이라는 관직과 성을 함께 부른 것으로 보인다.

140) 당대 사람들은 환관을 칙사라고 불렀으므로 환관을 가리키는 것이고, 여기서는 환관인 어조은을 가리킨다.

병오일(17일)에서 갑인일(25일)까지 큰 비가 내리며 그치지 않았으니 그러므로 오랑캐는 진전할 수가 없었다. 토번은 군사를 옮겨서 예천(醴泉, 섬서성 예천현)을 공격하고 당항은 서쪽으로 백수(白水, 섬서성 백수현)를 노략질하며 동쪽으로 가서 포진(蒲津, 섬서성 대협현의 황하 나루)을 침범하였다.

정사일(28일)에 토번은 남자와 여자 수만을 크게 노략질해가지고 떠났는데, 지나는 곳에서 여사(廬舍, 민간인들의 집)에 불 지르고 곡식을 짓밟아서 거의 다 없어졌다. 주지광(周智光, 同華절도사)은 군사를 이끌고 맞아서 공격하여 그들을 징성(澄城, 섬서성 징성현)의 북쪽에서 깨뜨리고 이어서 북쪽으로 쫓아서 부주(鄜州)에 이르렀다. 주지광은 평소에 두면(杜冕, 鄜坊절도사)과 협조하지 아니하여 드디어 부주 자사 장린(張璘)을 죽이고 두면의 가족 81명을 파묻고 방주(坊州, 섬서성 황릉현)의 여사(廬舍) 30여 집을 불 질렀다.

겨울, 10월 기미일(1일)에 다시 자성사(資聖寺)에서 경전(經傳)을 강론하였다.

토번이 물러나서 빈주(邠州)에 도착하여 회흘(回紇)을 만나자 다시 서로 합쳐서 들어와서 노략질하였는데, 신유일(3일)에 봉천에 도착하였다. 계해일(9일)에 당항은 동주의 관해(官廨, 관청 건물)와 백성의 거주하는 집을 불태우고 갔다.

병인일(8일)에 회흘과 토번이 군사를 합쳐서 경양(涇陽, 섬서성 경양현)을 포위하니, 곽자의는 제장들에게 명령하여 수비하는 시설을 설치하고 싸우지는 말라고 하였다. 저녁이 되자 두 오랑캐들은 물러가서 북쪽 들판에 주둔하였다가 정묘일(9일)에 다시 성 아래에 도착하였다.

이때에 회흘은 토번과 더불어 복고회은이 죽었다는 소식을 듣고 이미 우두머리가 되기를 두고 다투다가 서로 화목하지 못하여 군영을 나누어 있게 되었는데, 곽자의는 이것을 알았다. 회흘은 성의 서쪽에 있었는데,

곽자의는 아장(牙將)[141] 이광찬(李光瓚) 등으로 하여금 가서 그들에게 유세하게 하여 그들과 더불어 토번을 공격하자고 하였다.

회흘은 믿지 않고 말하였다.

"곽공(郭公, 곽자의)이 진실로 이곳에 있는가? 네가 나를 속이는 것일 뿐이다. 만약에 여기 있다면 만나 볼 수 있겠는가?"

이광찬이 돌아와서 보고하였더니 곽자의가 말하였다.

"지금은 중과부적이니 힘으로써 이기기는 어렵다. 옛날에 회흘과 약속을 맺은 것이 아주 후하였는데, 몸을 빼내어 가서 그에게 유세하여 싸우지 않고 떨어뜨리는 것만 못하다."

제장들이 철기(鐵騎) 500을 선발하여 호위하며 따르게 하라고 청하였더니, 곽자의가 말하였다.

"이것은 바로 충분히 해(害)가 될 만하다."

곽희가 말고삐를 잡고 간하였다.

"저들은 호랑이나 승냥이입니다. 대인(大人)께서는 나라의 원수(元帥)이신데 어찌하여 몸소 오랑캐의 밥이 되십니까?"

곽자의가 말하였다.

"지금은 싸운다면 부자(父子)가 함께 죽고 국가는 위태로워진다. 가서 지극한 정성으로 그들과 더불어 말하여 혹 다행스럽게 좇는 일을 나타나게 된다면 사해(四海)의 복이 될 것이다. 그렇지 않다면 이 몸을 죽여서 집안을 온전하게 하겠다."

채찍으로 그 손을 치고 말하였다.

"가라."

드디어 몇 명의 기병과 함께 문을 열고 나가면서 사람을 시켜서 큰 소리로 전하게 하였다.

---

141) 아장(牙帳)에 속한 장수이다. 아장은 군부의 최고지휘관이 있는 장막이다. 따라서 이는 지휘관의 친병이다.

"영공(令公)142)께서 옵니다."

회흘이 크게 놀랐다.

그들의 대수(大帥)인 합호록도독(合胡祿都督) 약갈라(藥葛羅)는 가한143)
의 동생인데, 활을 잡고 화살을 매겨가지고 진(陣) 앞에 서 있었다. 곽자
의는 투구를 벗고 갑옷을 벗었으며 창을 던지고 나아가니, 회흘의 여러
추장들이 서로 돌아보며 말하였다.

"이 사람이다."

모두 말에서 내려서 늘어서서 절하였다.

곽자의 역시 말에서 내려서 앞으로 나가서 약갈라의 손을 잡고 그를
나무라며 말하였다.

"너희 회흘은 우리 당(唐)에 큰 공로를 세웠고 당에서 너희에게 보답
한 것이 역시 야박하지 않았는데, 어찌하여 약속을 등지고 깊이 우리 땅
에 들어와서 경기에 있는 현(縣)을 침입하고 압박하여 전에 세운 공로를
버리고 원수를 맺고 은덕을 배반하고 반란을 일으킨 신하를 돕고 있으
니, 얼마나 그것이 어리석은가?

또 복고회은은 임금을 배반하고 어머니를 버렸는데 너희 나라에 무엇
이 있겠는가? 내가 지금 몸을 빼내어 온 것은 너희가 나를 잡아서 죽이
면 나의 장사들이 반드시 죽기로 하며 너희들과 싸울 것이다."

약갈라가 말하였다.

"복고회은이 나를 속이고 천가한(天可汗)144)이 이미 안가(晏駕)하였다
고 말하고 영공(令公) 역시 연관(捐館)145)하여 중국에는 주군이 없다고

---

142) 곽자의를 가리킨다. 곽자의는 상서령이기 때문에 영공으로 부른 것이다.

143) 합호록도독(合胡祿都督)에서 합호록은 회흘의 군구(軍區)에 해당하는 명칭이고, 약
갈라(藥葛羅)는 약라갈의 잘못인 것 같으며, 가한은 회흘의 가한은 3대 등리(登利)
가한을 말한다.

144) 회흘에서 최고의 수장을 가한이라고 하며, 천가한은 그들이 중원에 있는 황제를 부
르는 용어이다. 여기서는 대종을 말한다.

말하니, 내가 이리하여서 감히 그와 더불어 온 것입니다. 지금 천가한께 서 상도(上都, 장안)에 계시고 영공께서도 다시 여기에서 군사를 총괄하 시며 복고회은도 역시 하늘이 죽인 바 되었으니 우리들이 어찌 영공과 싸울 수 있겠습니까?"

곽자의는 이어서 그에게 유세하였다.

"토번은 무도(無道)하여 우리나라에 혼란이 일어난 틈을 이용하여 구 생(舅甥) 사이의 가까움146)을 돌아보지 아니하고 우리 변방을 물어뜯고 서 우리의 기전(畿甸, 도읍 주변 즉 경기)에 불을 놓고 분탕질하니, 그들이 약탈해 간 재물은 다 실을 수도 없고 말과 소 그리고 여러 가지 가축은 길이가 수백 리에 이어져 있고 들에 잔뜩 퍼져있는데, 이것은 하늘이 너 에게 내려 준 것이다. 군사를 온전히 하고 우호관계를 계속 이어가며 적 을 깨뜨려서 부유함을 가져가는 것은 네가 계산해 보면 여기에서 어느 것이 편할 것인가? 잃어서는 안 될 것이오."

약갈라(藥葛羅)가 말하였다.

"나는 복고회은에게 오도(誤導)되어서 공에게 잘못한 것이 정말로 깊 은데, 지금 청컨대 공을 위하여 힘을 다하여 토번을 치는 것으로 사과하 겠습니다. 그러나 복고회은의 아들은 가돈(可敦)147)의 형제이니, 바라건 대, 그를 내버려 두어 죽이지 마시오."

곽자의가 이를 허락하였다.

회흘을 보고 있던 사람들이 양익(兩翼)으로 만들고 점차 앞으로 오니 곽자의의 휘하에 있던 사람들도 역시 앞으로 나아갔으나 곽자의가 손을

---

145) 안가는 제왕이 죽은 것을 말한다. 안(晏)은 늦다는 말이고 가는 수레라는 말이어서 제왕이 맨 마지막에 타는 수레 즉 죽은 것을 말하는 것이고, 연관은 사는 집을 버린 다는 말로 죽는다는 것을 표현한 말이다.

146) 구생이란 장인과 사위의 관계이다. 당의 공주가 토번에 시집을 갔으므로 당은 장인 의 나라이고 토번은 사위의 나라가 되는 셈이다.

147) 회흘의 황후에 해당하는 사람을 가돈이라고 하였다.

흔들어 그들을 물리치고 이어서 술을 가져다가 그 추장과 함께 마셨다. 약갈라는 곽자의로 하여금 먼저 술잔을 잡고 맹세하게 하니, 곽자의가 땅에 술을 붓고 말하였다.

"대당 천자 만세! 회흘 가한 역시 만세! 두 나라 장상(將相) 역시 만세! 약속을 어기는 사람의 몸은 진지 앞에서 운명할 것이고 가족은 □□148)하리라."

술잔이 약갈라에게 이르자 역시 땅에다 술을 붓고 말하였다.

"영공(令公)이 맹세한 것과 같소."

이에 여러 추장들은 모두 크게 기뻐하며 말하였다.

"전에 두 명의 무사(巫師)가 종군하였는데, 무사는 이번 행차에서는 안온(安穩)하여 당과 싸우지 않을 것이며, 한 명의 대인(大人)을 만나고 돌아올 것이라고 하였는데, 지금 과연 그러합니다."

곽자의가 그들에게 비단 3천 필(匹)을 주니, 추장은 나누어서 무사(巫師)들에게 상을 주었다. 곽자의는 끝내 약속을 정하고 돌아왔다. 토번이 이 소식을 듣고 밤중에 군사를 이끌고 달아났다. 회흘은 그 추장인 석야나(石野那) 등 여섯 명을 파견하여 들어와서 천자를 알현하였다.

약갈라가 무리를 인솔하고 토번을 쫓아갔는데, 곽자의는 백원광(白元光)으로 하여금 정예의 기병을 거느리고 그들과 함께 하라고 하였다. 계유일(15일)에 영대(靈臺, 감숙성 영대현)의 서쪽 벌판에서 싸워서 그들을 대파하니 토번 사람을 죽인 것이 1만 명으로 헤아려졌고 노략질하였던 사녀(士女) 4천 명을 얻었다. 병자일(18일)에 또 경주(涇州)의 동쪽에서 격파하였다.

정축일(18일)에 복고회은의 장수인 장휴장(張休藏) 등이 항복하였다.

---

148) 원본의 글자가 없고 □로 표시되어 있다. 그러나 다른 판본에는 '멸절(滅絶)'이라는 글자가 들어가 있는 것도 있다. 따라서 내용은 '가족은 다 대가 끊어질 정도로 멸망할 것이다.' 라는 뜻이다.

신사일(23일)에 조서를 내려서 친정(親征)을 그치고 경성에 계엄을 해제한다고 하였다.

18 애초에, 숙종은 섬서(陝西, 치소는 섬주)절도사 곽영예(郭英乂)로 신책군을 관장하게 하고 내시 어조은으로 하여금 그 군대를 감독하게 하였다. 곽영예가 들어와서 복야(僕射)가 되니 어조은이 그것을 오로지 거느렸다. 황상이 섬(陝)으로 행차하게 되니149) 어조은은 섬에 있는 군사와 신책군을 들어가지고 호종(扈從)하는 사람들을 영접하고150) 모두 신책군이라고 부르니, 천자는 그의 군영으로 행차하였다.

경사가 평정되게 되자 어조은은 드디어 군대를 금중(禁中)으로 돌려보내는데, 스스로 이를 거느렸지만 그러나 오히려 아직은 북군과는 같을 수 없었다. 이에 이르러 어조은은 신책군을 가지고 황상을 좇아서 금원(禁苑) 가운데 주둔하니 그 세력이 점차로 강성해졌고, 나누어 좌·우상(左·右廂)으로 하면서 북군(北軍)151)의 우위를 차지하였다.

19 곽자의는 복고명신(僕固名臣)과 이건충(李建忠) 등이 모두 복고회은의 날랜 장수여서 도망하여 외이(外夷)로 들어갈까 두려워하여 그들을 청하여 불렀다. 복고명신은 복고회은의 조카인데 당시에 회흘의 군영에 있었다. 황상이 칙령을 내려서 옛날 장수 가운데 공로를 세운 사람은 모두 그 죄를 사면하고 회흘로 하여금 그들을 보내오게 하였다.

임오일(24일)에 복고명신이 1천여 기병을 가지고 와서 항복하였다. 곽

---

149) 대종 광덕 원년(763년) 10월의 일이며, 피난한 것을 말한다.

150) 호종이란 제왕을 좇아가는 사람들을 말하지만, 제왕을 직접 거론하지 않는 관례에서 본다면 결국 황제를 가리키는 말이 된다.

151) 금군을 말한다. 당 때에 금군은 금원의 북쪽에 주둔하였으므로 북군이라는 명칭으로 불렸다.

자의는 개부의동삼사 모용휴정(慕容休貞)으로 하여금 편지를 써서 당항의 우두머리인 정정(鄭庭)과 학덕(郝德) 등에게 타이르게 하니, 모두 봉상(鳳翔)에 와서 항복하였다.

20 갑신일(26일)에 주지광(周智光, 同華절도사)이 궁궐에 가서 승리한 것을 바치고 두 번 자고서 진수(鎭戍)하는 곳으로 돌아갔다. 주지광이 멋대로 사람을 죽인 죄를 지었는데, 아직 다스리지 않아서 황상은 이미 보내고 나자 이를 후회하였다.

21 을유일(27일)에 회흘(回紇)의 호록(胡祿)[152]도독 등 200여 명이 들어와서 알현하니 앞뒤로 선물을 내려준 것이 비단 10만 필이었다. 정부의 창고에 쌓인 것이 텅 비어 없어져서 백관들의 봉록에 세금을 거두어서 이들에게 공급하였다. *

---

152) 호록은 회흘의 군구에 해당하는 명칭이다.

資治通鑑

자치통감 권224
당(唐)시대 30(765~773년)

발호하는 번진과 토번의 침략

언로를 막으려는 재상 원재

대종(代宗)[1] 영태(永泰) 원년(乙巳, 765년)

1 윤10월[2] 을사일(17일)에 곽자의(郭子儀)가 들어와서 조현하였다. 곽자의가 영무(靈武, 영하성 영무현)를 처음 회복하고 나서, 백성들은 쇠하고 피로하였으며, 융족(戎族) 부락은 아직 편안하지 않아, 삭방(朔方, 치소는 영주, 영주성 영무현) 군량사(軍糧使)인 삼원(三原, 섬서성 삼원현 동북쪽) 사람 노사공(路嗣恭)으로 하여금 그곳에 진수하도록 해달라고 청하였다. 하서(河西, 치소는 무위, 감숙성 무위시) 절도사 양지열(楊志烈)[3]은 이미 사망하였으므로, 사신을 파견하여 하서를 돌면서 어루만져 줄 것과 양주(涼州, 감숙성 무위시)와 감주(甘州, 감숙성 장액시) 그리고 숙주(肅州, 감숙성 주천시)와 과주(瓜州, 감숙성 안서현) 그리고 사주(沙州, 감숙성 돈황시) 등의 주(州)에 장사(長史)를 설치하여 줄 것을 청하였다. 황상이 이를 좇았다.

---

1) 대종의 정식명칭은 대종예문효무황제(代宗睿文孝武皇帝)이다.

2) 보통은 윤월(閏月)만 기록하는데, 여기서는 윤10월로 기록하였다. 이것은 《자치통감》 권224가 처음 시작하는 것이고, 윤월로만 기록하면 앞의 권으로 거슬러 올라가서 찾는다 하여도 6월 기사뿐이어서 윤6월로 오해할 수 있기 때문에 전부 기록한 것이다.

3) 양지열에 관한 일은 광덕 2년(764년) 10월에 있었고, 그 내용은 《자치통감》 권223에 실려 있다.

2　정미일(19일)에 백관들이 직전(職田)⁴⁾을 바쳐 군량으로 충당하게 해 달라고 요청하였더니, 이를 허락하였다.

3　무신일(20일)에 호부시랑 노사공(路嗣恭)을 삭방(朔方, 치소는 영주)절 도사로 삼았다. 노사공은 가시나무를 벗겨 군부(軍府)에 세우고 위엄과 호령은 크게 시행되었다.

4　기유일(21일)에 곽자의가 하중(河中, 산서성 영제현)에서 돌아갔다.

5　애초에, 검남(劍南, 치소는 성도, 사천성 성도시)절도사 엄무(嚴武)는 주 문을 올려서 장군 최간(崔旰)을 이주(利州, 사천성 광원시) 자사로 삼게 하였는데, 이때에 촉(蜀, 사천성) 안에서는 새로이 어지러워져서 산적들 이 길을 막았으므로, 최간이 토벌하여 이를 평정하였다.

엄무가 다시 검남을 진수하게 되어,⁵⁾ 산남서도(山南西道, 치소는 양주, 섬서성 한중시)절도사 장헌성(張獻誠)에게 뇌물을 주며 최간을 달라고 요 구하였으므로, 장헌성은 최간으로 하여금 병이 옮겨져서 스스로 관직을 벗겠다고 하도록 하여 엄무에게로 가게 하였다.

엄무를 한주(漢州, 사천성 광한시) 자사로 삼아 병사를 거느리고 서산 (西山, 성도시 서쪽의 산악)에서 토번을 치도록 하였는데, 이어서 몇 개의 성을 뽑고 땅 수백 리를 빼앗았다. 엄무는 일곱 개의 보석으로 장식한 수레⁶⁾를 만들어 최간을 마중하여 성도(成都, 사천성 성도시)로 들어오게 하여 그를 총애하였다.

---

4) 직전(職田)은 직분전(職分田)이라고도 하며, 북위(北魏) 시기부터 명(明) 초까지 관직 과 품급에 따라 관리들에게 봉록으로 내려 주었던 공전(公田)을 말한다.

5) 숙종 보응 원년(762년) 6월의 일이다.

6) 이를 칠보여(七寶轝)라고 말한다.

엄무가 사망하자,[7] 행군사마 두제(杜濟)는 지군부사(知軍府事)로 되었다. 도지병마사(都知兵馬使) 곽영간(郭英幹)은 곽영예(郭英乂)의 동생인데, 도우후(都虞候)[8] 곽가림(郭嘉琳)과 더불어 곽영예를 청하여 절도사로 삼았는데 최간은 이때에 서산(西山, 치소는 무주 사천성 무현)도지병마사가 되어 맡은 부(部)와 더불어 대장 왕숭준(王崇俊)을 청하여 절도사로 삼았다.

마침 조정에서는 이미 곽영예에게 벼슬을 제수하니, 곽영예는 이로 말미암아 그에게 이를 악물었고, 성도(成都, 사천성 성도시)에 이르러 며칠이 지나자 곧바로 왕숭준을 무고하여 죄를 씌워 주살하였다.

최간을 불러 성도로 돌아오도록 하였는데, 최간이 토번을 대비한다고 말을 하며 아직은 돌아갈 수가 없다고 하자, 곽영예는 더욱 화가 나서 군대식량을 끊어 그를 곤란하게 하였다. 최간은 이리저리 옮기며 깊은 산으로 들어갔는데 곽영예가 병사를 거느리고 그를 공격하며 널리 말하기를 최간을 도와 막아 지키려는 것이라고 하였다.

마침 큰 눈이 내려 산골짜기는 깊이가 몇 척(尺)이나 되었고, 병사와 말 가운데 얼어 죽은 것이 매우 많았는데, 최간이 병사를 내보내어서 이들을 치자 곽영예는 대패하였고, 남은 병사를 거두어들이니, 겨우 천 명이 되어 돌아왔다.

곽영예는 정치를 하면서 엄하고 포악하고 교만하며 사치스러웠고 사졸들을 구휼하지 않아 무리들의 마음이 흐트러지고 원망하였다. 현종(玄宗)이 촉(蜀, 사천성)을 떠나면서,[9] 머물고 있던 행궁(行宮)을 도사관(道

---

7) 지난 4월의 일이다.

8) 도지병마사(都知兵馬使)는 절도사의 속관으로 병마를 다스리는 일을 관장하였고, 도우후(都虞候)는 절도사의 속관(屬官)으로 군대의 군기와 규찰을 관장하였다.

9) 숙종(肅宗) 지덕(至德) 2재(757년) 10월의 일이고, 현종이 안록산의 난을 피하여 촉으로 피난 간 일은 ≪자치통감≫ 권219에 실려 있다.

土觀)10)으로 만들었고, 역시 금(金)으로 주조하여 진용(眞容, 진짜 얼굴처럼 만든 부조물)을 만들었다. 곽영예는 대나무가 우거진 아름다움을 사랑하여 주문을 올려서 군영(軍營)으로 삼겠다고 하고, 이어서 진용을 옮겨 놓고 자신이 그곳에서 살았다.

최간(崔旰)은 곽영예가 반역을 하였다는 말을 퍼뜨리면서 '그렇지 않다면 어찌하여 진용을 옮기고 자신이 그곳에 살 수 있겠느냐!' 고 하였다. 이에 그는 맡은 부(部)의 5천여 명을 이끌고 성도를 습격하였다. 신사일11)에 성의 서쪽에서 싸웠는데 곽영예가 대패하였다.

최간은 마침내 성도로 들어가 곽영예의 집 사람들을 도륙하였다. 곽영예는 홀로 말을 타고 간주(簡州, 사천성 간양시)로 도망하였다. 보주(普州, 사천성 안악시) 자사 한징(韓澄)이 곽영예를 살해하고 그 수급을 최간에게 보냈다.

공주(邛州, 사천성 공협시)아장(牙將) 백무림(柏茂琳)·여주(瀘州, 사천성 여주시)아장 양자림(楊子琳)·검주(劍州, 사천성 검각현)아장12) 이창노(李昌巎)가 각각 병사를 일으켜 최간을 토벌하였으므로 촉(蜀, 사천성) 안이 크게 어지러웠다. 최간은 위주(衛州, 하남성 위휘시) 사람이다.

6   화원(華原, 섬서성 요현) 현령 고요(顧繇)가 말씀을 올려서 원재(元載, 재상)의 아들인 원백화(元伯和) 등이 권세를 불러 들여 뇌물을 받았다고 하였는데, 12월 무술일(11일)에 고요는 연좌되어 금주(錦州, 호남성 마양

---

10) 불교에서 부처를 모신 곳을 '불당(佛堂)' 또는 '불묘(佛廟)' 라 하는데, 도교(道敎)에서는 현원(玄元)황제인 노자(老子)를 모신 곳을 '도관(道觀)' 이라 한다.

11) 통감필법으로 보면 신사일은 윤10월 신사(辛巳)일이겠지만 윤10월 1일이 기축일이므로 윤10월에는 신사일이 없다. 그런데 ≪신당서(新唐書)≫ <대종(代宗)본기>에 따르면 이 사건이 있은 날은 신해(辛亥)일로 기록하고 있으며, 신해일은 23일이다. 따라서 신사는 신해(辛亥)의 잘못으로 보인다.

12) 아장(牙將)은 군영 가운데 본영에 소속되어 그 군영을 관장하는 장수를 말한다.

현 서남쪽 금화현)로 귀양 갔다.

7 안록산(安祿山) · 사사명(史思明)의 난으로부터 국자감(國子監)의 교실
과 청당(聽堂)이 모두 기울어지고 황폐해졌으며, 군사들이 대부분 이곳
을 빌려서 머물렀다. 좨주(祭酒) 소흔(蕭昕)이 말씀을 올렸다.
　"학교는 끝까지 없앨 수 없습니다."

대종 대력(大曆) 원년(丙午, 766년)[13]

1 봄, 정월 을유일(29일)에 칙서를 내려 다시 국자학생(國子學生)들을
보충하도록 하였다.

2 병술일(30일)에 호부상서 유안(劉晏)을 도기 · 하남 · 회남 · 강남 · 호
남 · 형남 · 산남동도전운 · 상평 · 주전 · 염철등사(都畿 · 河南 · 淮南 · 江南 ·
湖南 · 荊南 · 山南東道轉運 · 常平 · 鑄錢 · 鹽鐵等使)로 삼았고,[14] 시랑 제오기
(第五琦)를 경기 · 관내 · 하동 · 검남 · 산남서도전운등사(京畿 · 關內 · 河東 ·
劍南 · 山南西道轉運等使)[15]로 삼아 나누어서 천하의 재화(財貨)와 부세(賦
稅)를 다스리도록 하였다.[16]

---

13) 당시 대종(代宗)의 나이는 마흔한 살이었고, 대종은 당 왕조의 제11대 황제이다.

14) 도기 · 하남 · 회남 · 강남 · 호남 · 형남 · 산남동도전운사 · 상평사 · 주전사 · 염철사(都畿 ·
　　河南 · 淮南 · 江南 · 湖南 · 荊南 · 山南東道轉運 · 常平 · 鑄錢 · 鹽鐵等使)는 퍽 긴 관직
　　명이다. 먼저, 유안이 관장하는 지역의 범위는 도기 · 하남 · 회남 · 강남 · 호남 · 형
　　남 · 산남동도이고, 그가 맡은 관직은 전운사, 상평사, 주전사, 염철사 등 네 개의 관
　　직으로, 네 개의 관직이기 때문에 등사라고 한 것이다.

15) 제오기는 제오(第五)가 성씨(姓氏)로 복성(複姓)이며, 경기 · 관내 · 하동 · 검남 · 산남
　　서도전운등사(京畿 · 關內 · 河東 · 劍南 · 山南西道轉運等使)도 관직으로 앞에는 관할지
　　역을 표시하고, 뒤에는 전운사와 기타의 사직(使職)을 맡았기 때문에 등사라고 한 것
　　이다.

16) 동관(潼關)을 경계로 나누어, 동부(東部)는 유안(劉晏)이 맡도록 하고, 서부(西部)는

3 주지광(周智光, 동화 절도사)이 화주(華州, 섬서성 화현)에 이르자17) 더욱 교만하게 제멋대로 하여 그를 불렀으나 오지 않았고, 황상이 두면(杜冕, 부방절도사)에게 명하여 산남(山南, 치소는 양주, 섬서성 한중시)에 있는 장헌성(張獻誠)을 따라가서 그를 피하도록 하였다. 주지광은 병사를 파견하여 상산(商山, 섬서성 상주시 동쪽)에서 그를 맞이하였지만 잡지 못하였다.

주지광은 스스로 죄가 무거운 것을 알고 이내 망명(亡命)18)하였거나 무뢰배 자제들을 모았는데 무리가 수만 명에 이르니, 제멋대로 심하게 약탈하게 하여 그들의 마음을 기쁘게 하고, 멋대로 관중(關中, 화동지구)에 조운하는 쌀 2만 곡(斛)을 억류해 놓았으며, 번진(藩鎭)에서 올리는 공물(貢物)은 왕왕 그 사자를 살해하고 이를 빼앗았다.

4 2월 초하루 정해일에 국자감에서 석전(釋奠)19)을 올렸다. 재상에게 명하여 상참관(常參官)20)을 인솔하고, 어조은(魚朝恩)21)은 6군(軍)의 제 장들을 이끌고 가서 강의를 듣도록 하였는데, 자제(子弟)에게 모두 붉은

제오기(第五琦)가 맡도록 한 것이다.

17) 주지광이 화주로 돌아온 것은 지난해(765년) 10월의 일로, 장안에서 온 것이며 이 내용은 ≪자치통감≫ 권223에 실려 있다.

18) 망명(亡命)은 호적지(戶籍地)를 이탈하여 마음대로 떠돌아다니는 사람을 말한다.

19) 음력 2월과 8월의 첫 번째 정(丁)일에 문묘(文廟)에서 지내는 제사를 석전(釋奠)이라 한다.

20) 상참관(常參官)은 매일 아침 조정의 회의에 참여하는 사람을 말한다. 당 제도에 의하면 문관(文官)으로 5품 이상과 양성(兩省)의 공봉관(供奉官), 감찰어사(監察御史), 원외랑(員外郎), 태상박사(太常博士)가 매일 조회에 참여하였으므로 상참관(常參官)이라 불렸다. 무관(武官)으로 3품 이상은 사흘에 한 번 조회에 참여하여 구참관(九參官)이라고 불렸다. 5품 이상이며 새로 지방에서 온 당번관(當番官)은 닷새에 한 번 조회에 참여하여 육참관(六參官)이라 불렸다. 홍문관(弘文館)과 숭문관(崇文館) 및 국자감(國子監)의 학생은 4계절에 한 번 조회에 참여하였다. 대개 여러 왕(王)들이 조정에 들어오면 은덕이 뒤따랐고 날마다 조회에 참여하였다.

21) 내시로 환관을 총지휘하는 사람이다.

자색 옷을[22] 입혀 학생으로 삼았다.

어조은은 이미 신분이 높았고 드러났으나 마침내 경전을 듣고 글을 짓는 것을 배워, 겨우 붓을 들고 문구(文句)를 지을 수 있었지만 갑자기 재주는 스스로 문무(文武)를 겸비하였다고 생각하였으니 사람들은 감히 그와 더불어 맞서지를 못하였다.

신묘일(5일)에 유사(有司)에게 명하여 국자감(國子監)을 수리하도록 하였다.

5 원재(元載)가 권력을 오로지하자, 일을 상주하는 사람이 그의 사사로움을 들추어내서 공격할 것이 두려워서 이에 청하였다.

"백관(百官)이 모든 일을 논하면서는 모두 먼저 장관(長官)에게 아뢰고 장관은 재상에게 아뢰며 그런 뒤에 주문을 올려 보고하도록 하게하여 주십시오."

이어서 황상의 뜻이라고 하면서 백관들에게 일깨워 주었다.

"요즈음 여러 관사(官司)에서 주문을 올리는 일이 번거롭고 많아졌으며 말하는 바가 대부분 참소하며 헐뜯는 것이니, 그러므로 장관과 재상에게 맡겨서 그것의 가부(可否)를 먼저 정하도록 하라."

형부상서 안진경(顔眞卿)이 상소하였다.

"낭관(郎官)과 어사(御史)는 폐하의 귀와 눈입니다. 지금 일을 논의하는 사람들로 하여금 먼저 재상에게 말하도록 하는데, 이것은 스스로 그 귀와 눈을 덮어 가리는 것입니다. 폐하께서 여러 신하들이 하는 참소를 걱정하신다면 어찌 그 말의 허실(虛實)을 헤아리지 않는 것입니까!

만약 말하는 바가 가령 허(虛)한 것이라면 마땅히 그를 주살하셔야 하고, 사실이라면 마땅히 그에게 상을 내려야 합니다. 힘써 이와 같이 일

---

22) 붉은 자색의 옷은 3품 이상이 입는 관복이다.

을 하지 않으시면, 천하에서는 폐하께서는 듣고 보는 번거로움을 싫어한
다고 생각할 것이고, 이 말을 구실로 삼아 다투며 간하는 길을 막을 것
이니 신(臣)은 사사로이 폐하를 위하여 이를 안타깝게 여깁니다.

태종(太宗)께서 <문사식(門司式)>23)을 짓고 이르시기를, '문적(門籍)24)
이 없는 사람으로 급하게 주문을 아뢸 사람이 있으면 모두 문사(門司)와
장가(仗家)25)들로 하여금 주문을 끌어 들어오도록 하게 하여 닫으며 가
로막는 것을 없게 하라.' 고 하였으니, 막고 가리는 것을 막고자 한 까닭
입니다.

천보(天寶, 현종 연간의 연호) 이후에 이림보(李林甫)가 재상이 되자 말
하는 사람을 몹시 미워하여 길 위에서 눈으로 말하였습니다. 황상의 뜻
이 아래로 미치지 않고 아래의 정황이 위로 통하지 못하여 어둡게 가려
지고 우는 것인지 웃는 것인지를 알지 못하여 마침내 촉(蜀)으로 행차하
시는 화가 이루어진 것입니다.26)

능이(陵夷, 점점 쇠퇴함)함이 오늘에 이르러서 그것이 따라서 온 것은
조금씩 물 든 것입니다. 대개 임금께서 꺼림이 없이 말하는 길을 크게
열어 놓아도 여러 신하들이 오히려 감히 모든 말을 하지 못하는데, 하물

---

23) 태종이 지은 《당식(唐式)》 33편을 말하는 것으로, 상서성(尙書省)의 여러 조(曹)와
비서(祕書), 태상(太常), 사농(司農), 광록(光祿), 태부(太府), 태복(太僕), 소부(少府)
와 감문(監門), 숙위(宿衛), 계장(計帳)으로 편목(篇目)을 이루었다. 일종의 당대 중
앙기관의 업무(業務)시행세칙(施行細則)이다. 《자치통감》 권195 태종 정관 11년
(637년) 정월의 기사를 참고하시오.

24) 문적(文籍)이란 궁문을 출입하는 사람들을 기록한 장부를 말한다. 유내관(流內官)인
구품관(九品官)의 관작(官爵), 성명을 기록하고, 구품관 이외의 유외관(流外官)은 연
령, 얼굴 생김새를 기록하였다. 매월 한 번씩 장부를 바꾸었는데, 관직을 옮겼거나 해
직되지 않았으면 기록을 없애지 않았다. 문적이 없는 사람이 급하게 주문을 올릴 것
이 있으면 곧바로 문사(門司)와 장가(仗家)로 하여금 주문을 가지고 문으로 들어오게
하였다.

25) 장가(仗家)는 숙위(宿衛)오장(五仗)의 일을 맡은 사람을 말한다.

26) 황제인 현종이 촉으로 도망한 것인데, 이를 '행차' 라고 표현한 것이다.

며 재상과 대신으로 하여금 이를 자르고 누르게 하면 폐하께서 보고 듣는 것이 단지 서너 명에 지나지 않을 뿐일 것입니다.

천하의 선비들이 이로부터 입을 다물고 혀를 묶으니 폐하께서는 다시 말하는 사람이 없는 것으로 여기시고 천하에 논의해야 할 일이 없는 것으로 여기게 되니 이는 이림보가 오늘 다시 태어날 것입니다.

옛날에 이림보가 비록 권력을 제멋대로 하였지만 여러 신하들이 재상에게 자문하지 않고 갑자기 상주문으로 아뢰는 일을 하면, 곧 다른 일을 핑계로 몰래 그를 중상하였어도 오히려 감히 드러내며 감히 모든 관사(官司)에서 주문을 올리는 일을 모두 먼저 재상에게 아뢰도록 하라고 명령하지는 아니하였습니다.

폐하께서 만일 일찍 깨우치지 못하시면 점차 고립될 것이며, 뒤에 비록 이를 후회하신다 하여도 역시 이를 따라잡을 수 없습니다."

원재가 소식을 듣고 이를 한스럽게 생각하여 안진경이 비방하였다고 주문을 올렸고, 을미일(9일)에 벼슬을 깎아내려 협주(峽州, 호북성 의창시) 별가(別駕)로 삼았다.

6 기해일(13일)에 대리소경(大理少卿) 양제(楊濟)에게 명하여 토번(吐蕃)과 우호관계를 맺도록 하였다.

7 임자일(26일)에 두홍점(杜鴻漸)을 산남서도 · 검남동도 · 서천(山南西道 · 劍南東道 · 西川)부원수와 검남서천(劍南西川, 치소는 성도, 사천성 성도시) 절도사로 삼아 촉(蜀, 사천성)에서의 난리[27]를 평정하도록 하였다.

8 사진 · 북정행영(四鎭 · 北庭行營)절도사 마린(馬璘)에게 빈녕(邠寧, 치소

---

27) 최간(崔旰)이 일으킨 난을 말한다.

는 빈주, 섬서성 빈현)절도사를 겸하게 하였다.28) 마린은 단수실(段秀實)을 삼사도우후(三使都虞候)29)로 삼았다. 병졸 가운데 무게가 240근(斤)이나 되는 활을 끌어당길 수 있는 사람이 있었는데 도둑질을 하여 마땅히 사형을 시켜야 하였지만 마린이 그를 살려주고자 하였으므로 단수실이 말하였다.

"장군이 아끼는 사람과 미워하는 사람을 갖게 되어 법이 하나로 시행되지 않으면 비록 한신(韓信)과 팽월(彭越)이라 하여도 다스릴 수가 없습니다."

마린은 그 의견을 훌륭하다 여겨 마침내 그를 죽였다.

마린이 일을 처리하는데 혹시라도 이치에 맞지 않으면 단수실은 힘을 다하여 그와 다투었다. 마린이 어떤 때에 매우 화를 내어 좌우에 있던 사람들이 두려워서 떨었는데 단수실이 말하였다.

"저 단수실의 죄가 만약 죽을 만하다면 어찌 화를 내십니까! 죄가 없는 데도 사람을 죽이면 아마도 길이 아닌 곳을 걷는 것일 겁니다."

마린이 옷을 털며 일어나자 단수실이 천천히 걸어서 나왔다. 오랫동안 있다가 마린은 술을 차려놓고 단수실을 불러 사과하였다. 이로부터 군대와 주의 일은 모두 단수실에게 물은 뒤에 시행하였다. 마린은 이로 말미암아 빈녕(邠寧)에서 명성이 매우 훌륭하게 일컬어졌다.

9 계축일(27일)에 산남서도(山南西道)절도사 장헌성(張獻誠)을 검남동천(劍南東川, 치소는 재주)절도사를 겸하게 하고, 공주(邛州, 사천성 공래시)자사 백무림(柏茂琳)을 공남(邛南, 치소는 공주)방어사로 삼았다. 최간을 무주(茂州, 사천성 무현) 자사로 삼아 서산(西山, 치소는 무주)방어사로 충

---

28) 사진(四鎭)과 북정(北庭) 행영(行營)은 당시 빈주(邠州, 섬서성 빈현)에 주둔하였다.

29) 도우후란 규찰을 책임진 관직이고, 3사(使)는 사진(四鎭), 북정(北庭), 빈녕(邠寧)의 절도사를 말한다. 따라서 3사가 관할하는 곳의 규찰을 책임진 관직이다.

임하였다. 3월 계미일(28일)에 장헌성은 최간과 재주(梓州, 사천성 삼태현)에서 싸웠는데 장헌성의 군대가 패하여 간신히 몸을 피하였고, 정기(旌旗)와 부절은 모두 최간에게 빼앗겼다.

10 여름, 5월에 하서(河西)절도사 양휴명(楊休明)을 옮겨서 사주(沙州, 감숙성 돈황시)에서 진수하도록 하였다.30)

11 가을, 8월에 국자감이 완성되었고, 정해일(4일)에 석전(釋奠)31)을 올렸다. 어조은(魚朝恩, 환관)이 ≪역경(易經)≫을 들고 높은 자리에 올라 '정복속(鼎覆餗)'32)을 강론하며 재상을 비난하였다.

왕진(王縉)은 화를 냈으나 원재(元載)33)는 즐거워하였다. 어조은이 사람들에게 말하였다.

"화를 낸 사람은 변함없이 행하는 마음을 가지고 있지만, 웃는 사람은 속을 헤아릴 수 없다."

12 두홍점(杜鴻漸)이 촉(蜀)의 지경에 이르러서 장헌성이 패하였다는 소식을 듣고 두려워서 사람을 시켜서 먼저 최간(崔旰)에게 뜻을 전달하도록 하여 모든 것이 안전하다는 것을 약속하였다. 최간이 말씨를 낮추고

---

30) 토번에게 이미 양주(涼州)가 함락되었기 때문이었다.

31) 공자에게 제사 지내는 의식이다. 당 제도에 의하면 중춘(中春 ; 2월), 중추(中秋 ; 8월)에 문묘에서 제사를 지냈는데, 모두 상정일(上丁日), 즉 첫 번째 정일(丁日)에 석전제를 지냈고, 좨주(祭酒), 사업(司業), 박사(博士)가 3헌(獻 ; 술을 잔에 부어 제사상에 올리는 행위)을 하였다.

32) ≪역경(易經)≫ <정괘(鼎卦)> 94의 "정절족복공속기형악흉(鼎折足覆公餗其形渥凶 ; 솥의 다리가 부러져 공의 고기죽을 뒤엎은 것이니 그 모양이 부끄러워 흉하다."를 인용한 말이다. 이 말은 대신의 무능을 비판하는 의미이며, 어조은(魚朝恩)이 이 구절을 인용하여 당시 재상의 무능을 비유한 것이다.

33) 왕진과 원재는 모두 재상이었다.

많은 뇌물을 주며 그를 맞이하니 두홍점이 기뻐하였다. 나아가서 성도(成都, 사천성 성도시)에 이르러서 최간을 만났지만 그러나 따뜻하고 공손하게 대하면서 한마디도 기강(紀綱)을 어긴 것을 꾸짖는 말이 없었고,34) 주부(州府)의 일을 모두 최간에게 맡겼다.

또 자주 그를 조정에 천거하였고 이어서 절제(節制)하는 일을 최간에게 물려주고, 백무림(柏茂琳)·양자림(楊子琳)·이창노(李昌巙)를 각각 본주(本州)의 자사로 삼아 줄 것을 청하였다.35) 황상은 부득이하여 이를 따랐다. 임인일(19일)에 최간을 성도윤(成都尹, 성도는 사천성 성도시)·서천(西川, 치소는 성도)절도행군사마로 삼았다.

13　갑진일(21일)에 어조은을 행내시감(行內侍監)·판국자감사(判國子監事)36)로 삼았다. 중서사인(中書舍人)인 경조(京兆, 장안) 사람 상곤(常袞)이 상소하였다.

"성균(成均)37)의 책임은 마땅히 유명한 유학자(儒學者)를 채용하여야 하며 환관으로 이를 관장하게 하는 것은 마땅하지 않습니다."38)

---

34) 최간이 반란을 일으켰던 일을 말한다.

35) 백무림(柏茂琳)은 공주(邛州)아장(牙將)이었고, 양자림(楊子琳)은 여주(瀘州)아장이었으며, 이창노(李昌巙)는 검주(劍州)아장이었다. 이들은 서산(西山)도지병마사(都知兵馬使)인 최간(崔旰)이 검남(劍南)절도사인 곽영예(郭英乂)와 싸워 성도(成都)에서 쫓아내고, 곽영예가 마침내 간주(簡州)로 도망하다가 보주(普州) 자사 한징(韓澄)에게 살해되자 촉(蜀) 안에서 난을 일으킨 아장들이었다. 대종(代宗) 영태(永泰) 원년(765년) 10월의 기사에 실려 있다.

36) 행내시감(行內侍監)은 행직으로 높은 직함을 가진 사람이 낮은 직함의 업무를 대리할 때 쓰는 관직이며 여기서는 내시감의 직책을 임시로 맡는 관직이다. 판국자감사(判國子監事)는 판직(判職)으로 국자감의 일을 처리하는 관직을 말한다. 직함에서 '판'(判)을 관직명 앞에 붙이면 '서리'(署理)의 의미로 높은 벼슬아치가 낮은 벼슬을 겸하여 일을 맡는다는 의미이다.

37) 성균(成均)은 고대의 대학(大學)을 가리키는 말이다. 후에 이르러 나라에서 세운 학교를 일반적으로 부르는 용어로 사용되었다. 당 측천무후 수공(垂拱) 원년(685년)에 국자감을 고쳐 성균이라 하였다가 얼마 지나지 않아 다시 국자감이라 하였다.

정미일(24일)에 재상 이하의 관원에게 명하여 어조은을 환송하게 하였
다.

14 경조윤(京兆尹) 여간(黎幹)이 남산(南山)으로부터 계곡의 시냇물을 끌
어들여 장안(長安)으로 들어오는 조거(漕渠)³⁹⁾를 뚫었는데, 일은 끝내 이
루지 못하였다.

15 겨울, 10월 을미일(13일)이 황상의 생일이어서⁴⁰⁾ 여러 도의 절도사
들이 금과 비단 · 그릇과 의복 · 진귀한 노리개 · 준마(駿馬)를 받쳐서 장
수(長壽)를 기원하였는데, 다 합한 가치가 민전(緡錢)으로 24만이었다.
　상곤(常袞)이 말씀을 올렸다.
　"절도사는 남자가 밭 갈고 여자가 길쌈하는 것 같은 직책이 아니니,
반드시 다른 사람들에게서 빼앗은 것입니다. 원한을 거두어들여 아첨을
구한 것이니 잘하였다고 할 수 없습니다. 청하건대 이를 물리치십시
오."
황상은 듣지 않았다.

16 경조윤(京兆尹) 제오기(第五琦)가 십일세법(什一稅法)⁴¹⁾을 시행하니
백성들이 무거운 세금을 힘들어 하여 대부분이 고향을 버리고 흘러 다
녔다. 11월 갑자일(12일) 해가 남쪽 끝으로 간 날[동지]에 사면령을 내

---

38) 어조은은 환관인데 판국자감으로 삼았기 때문에 이에 반대한 것이다.

39) 조거(漕渠)는 배로 화물을 운반하기 위하여 만든 뱃길을 말한다.

40) 대종(代宗)은 현종 개원(開元) 14년(726년) 10월 13일에 태어났다. 후에 이 날을 '천
　흥성절(天興聖節)'로 정하였다.

41) 대종(代宗) 영태(永泰) 원년(765년) 5월에 시행하였으며, 《자치통감》 권223에 실
　려 있다.

리고 연호를 고쳤으며,42) 십일세법을 다 멈추게 하였다.

17　12월 계묘일(22일)에 주지광(周智光)이 섬주(陝州, 하남성 삼문협시)감군(監軍) 장지빈(張智斌)을 살해하였다. 주지광은 평소에 섬주 자사 황보온(皇甫溫)과 협조하지 않았는데, 장지빈이 들어가서 일을 아뢰자, 주지광은 그를 숙소에 머무르게 하였고, 장지빈이 그 부하들이 정숙하지 않았다고 꾸짖자 주지광이 화를 내며 말하였다.

"복고회은(僕固懷恩)은 반역을 하지 않으려 하였으나, 바로 너와 같은 무리들로 말미암아서 격발한 것이다. 내가 역시 반역을 하지 않으려 하였으나 오늘 너 때문에 반역을 한다!"

큰소리로 꾸짖으며 그를 목 베고, 그 살코기를 잘게 썰어서 먹었다.

조정의 인사들이 천거하여 온 과거응시자들이 주지광의 사나움을 두려워하여 대부분이 동주(同州, 섬서성 대려현)로부터 몰래 지나가니, 주지광은 장군을 파견하여 병사들을 이끌고 그들을 길에서 가로막도록 하였는데 죽은 사람이 매우 많았다.

무신일(27일)에 조서를 내려서 주지광에게 검교좌복야(檢校左僕射)를 덧붙여주고, 중사(中使) 여원선(余元仙)을 파견하여 고신첩(告身帖)43)을 가지고 가서 그에게 주도록 하였다.

주지광이 업신여기며 욕을 하였다.

"나 주지광은 천하와 국가에 큰 공을 세웠는데 평장사(平章事)를 주지 아니하고 복야(僕射) 직함을 주는가! 게다가 동주(同州, 섬서성 대려현)와 화주(華州, 섬서성 화현)의 땅은 좁아 재능을 펼치기는 부족하니 만약 섬주(陝州, 하남성 삼문협시)·괵주(虢州, 하남성 영보현)·상주(商州, 섬서성 상

---

42) 연호를 고쳐 대력(大曆)으로 하였다.

43) 관리 임명장이다.

주시) · 부주(鄜州, 섬서성 부현) · 방주(坊州, 섬서성 황릉현) 다섯 주를 더해
준다면 거의 받아들일 만하다."

이어서 대신들의 잘못을 일일이 세면서 또 말하였다.

"이곳은 장안(長安, 섬서성 서안시)에서 180리 떨어져 있어서 나 주지
광(周智光)은 밤에 잠을 자면서 감히 다리를 펴지 못하는데, 아마도 장안
성(長安城)까지 밟아 깨뜨려버릴까 두려워서이며, 천자를 옆에 끼고 제후
들을 호령하는데 이르러서는 오로지 주지광만이 그것을 할 수 있다."
여원선이 넓적다리를 떨었다. 곽자의(郭子儀)가 누차 주지광을 토벌하기
를 청하였지만 황상이 허락하지 않았다.

18　곽자의는 하중(河中, 치소는 하중, 산서성 영제현)의 군량이 항상 부족
하여서 마침내 스스로 100무(畝)를 농사지으며, 장교들은 이것으로 차
이를 두었고, 이에 사졸들은 모두 농사를 짓게 하였다. 그러므로 사졸들
이 모두 권하지 않았어도 밭을 갈았다. 이 해에 하중(河東, 산서성 서남
부)의 들판에는 비어 있는 땅이 없었고 군대는 식량이 남았다.

19　농우(隴右)행군사마 진소유(陳少遊)를 계관(桂管, 광서성 계림시)44)관
찰사(觀察使)로 삼았다. 진소유는 박주(博州, 산동성 요성시) 사람으로 관
리가 되어 강하고 재빨랐으나 뇌물을 좋아하고, 권세 있고 귀한 사람들
과 관계를 잘 맺었으므로 이 때문에 올라가게 되었다.

이미 계주(桂州)를 얻었지만 길이 멀고 장려(瘴癘)45)가 많은 것을 싫

---

44) 총부는 계주(桂州)에 두었다. 계관도(桂管道)는 계주(桂州), 소주(昭州), 하주(賀州),
　　부주(富州), 등주(藤州), 오주(梧州), 반주(潘州), 백주(白州), 염주(廉州), 수주(繡
　　州), 흠주(欽州), 횡주(橫州), 옹주(邕州), 융주(融州), 유주(柳州), 귀주(貴州) 등 모
　　두 17주를 거느렸다.

45) 장려(瘴癘)는 일종의 열병(熱病)으로 열대의 더운 습지에서 생기는 독기(毒氣)로 인
　　하여 발생하는 병이다.

어하였다. 환관(宦官) 동수(董秀)가 추밀(樞密)을 관장하자 진소유가 청하기를 매년 5만 민을 올리겠다고 하고, 또 원재(元載)의 아들인 원중무(元仲武)에게 뇌물을 납부했다. 안팎에서 끌어주고 천거하니 며칠이 지나자 선흡(宣歙, 치소는 선주, 안휘성 선주시)관찰사로 고쳐졌다.

대대적인 불사, 그리고 곽자의와 이필

대종 대력 2년(丁未, 767년)

1 봄, 정월 정사일(6일)에 비밀리에 곽자의(郭子儀)에게 조서를 내려 주지광(周智光)을 치도록 하니 곽자의는 대장 혼감(渾瑊)과 이회광(李懷光)에게 명하여 위수(渭水)에 진을 치도록 하였다. 주지광의 부하들은 이소식을 듣고 모두 떠나갈 마음을 가졌다.

기미일(8일)에 주지광의 대장인 이한혜(李漢惠)가 동주(同州, 섬서성 대려현)로부터 맡은 부대를 이끌고 곽자의에게 항복하였다. 임술일(11일)에 주지광의 벼슬을 깎아내려서 풍주(灃州, 호남성 풍현) 자사로 삼았다. 갑자일(13일)에 화주(華州, 섬서성 화현)아장 요회(姚懷)와 이연준(李延俊)이 주지광을 살해하고 그 수급을 가지고 와서 바쳤다.

회서(淮西, 치소는 채주, 하남성 여남현)절도사 이충신(李忠臣)이 들어와 조현하고, 화주를 수복한다는 명목으로 맡은 부병(部兵)을 이끌고 크게 약탈하니, 동관(潼關, 섬서성 동관현)으로부터 적수(赤水, 섬서성 화현 서쪽)[46]에 이르기까지 200리 사이의 재물과 가축을 거의 다 소진 하였으므로 관리들은 좋이웃을 가졌으며, 어떤 사람은 여러 날을 먹지 못한 사

---

46) 적수(赤水)는 섬서성 화현 서쪽을 지나 위수(渭水)로 흘러 들어간다.

람도 있었다. 기사일(18일)에 동관에 진수하는 병사 2천 명을 두었다.

2 임신일(21일)에 검남(劍南, 치소는 成都, 사천성 성도시)을 나누어 동천(東川)관찰사를 설치하고, 수주(遂州, 사천성 수령시)에서 진수하도록 하였다.

3 2월 병술일(6일)에 곽자의가 들어와 조현하였다. 황상이 원재(元載)·왕진(王縉)·어조은(魚朝恩) 등에게 명하여 서로 돌아가며 그 집에서 술자리를 열도록 하였는데, 한 번 모임의 비용이 10만 민(緡)에 달하였다. 황상은 곽자의에게 예우를 무겁게 하여 항상 대신(大臣)이라 하며 이름을 부르지 않았다.

곽애(郭曖, 곽자의의 아들)가 일찍이 승평(昇平)공주와 말다툼을 하였는데47) 곽애가 말하였다.

"네가 의지하는 것이 역시 너의 아버지가 천자이기 때문이냐? 나의 아버지는 천자를 시시하게 보고 안하는 것이다."48)

공주는 화가 나서 수레를 타고 달려가 이를 아뢰었다. 황상이 말하였다.

"이는 네가 알 바가 아니다. 저들이 참으로 이와 같고 저들로 하여금 천자가 되게 하려고 한다면, 천하가 어찌 너의 집안이 소유할 것이겠는가!"

달래고 일깨워서 돌아가도록 하였다.

곽자의가 이 소식을 듣고 곽애를 잡아가두고 조정으로 들어가 죄 받기를 기다렸다. 황상이 말하였다.

"항간에 퍼져 전해지는 말에 '바보가 아니거나 귀머거리가 아니면 가장이 안 된다.'고 하였소. 어린 여자아이들이 규방(閨房)에서 한 말을 어

---

47) 승평공주가 곽자의의 아들인 곽애에게 시집간 것은 대종 영태 원년(765년) 7월의 일이다. 이 일은 ≪자치통감≫ 권223에 실려 있다.

48) 천자가 될 수 있으나 하지 않는다는 것이다.

찌 들어볼 만하겠소!"
곽자의는 돌아가서 곽애에게 곧장 수십 대를 때렸다.

4 여름, 4월 경자일(21일)에 재상과 어조은에게 명하여 토번과 더불어
흥당사(興唐寺)에서 맹약을 맺도록 하였다.

5 두홍점(杜鴻漸)이 들어와 조현하고 일을 아뢰겠다고 청하고, 최간(崔
旴)을 지(知)서천(西川, 치소는 성도, 사천성 성도시)유후로 삼게 했다. 6월
갑술일49)에 두점홍이 성도(成都, 사천성 성도시)로부터 와서 많은 공물을
바치고, 이어서 이로운 것과 해로운 것을 가득 늘어놓으며 최간의 재능
이 맡긴 임무를 감당한다고 천거하였다. 황상은 역시 억지로 편한 것만
을 찾아 이내 두홍점을 남아 있게 하여 다시 지정사(知政事)50)를 하게하
였다.
  가을, 7월 병인일(19일)에 최간을 서천(西川)절도사로 삼고, 두제(杜
濟)를 동천(東川, 치소는 수주, 사천성 수령시)절도사로 삼았다. 최간은 두
텁게 세금을 거두어들여서 권력이 있고 귀한 사람들에게 뇌물을 주었는
데, 원재(元載, 재상)가 최간의 동생인 최관(崔寬)을 발탁하여 어사중승에
이르렀고, 최관의 형 최심(崔審)은 급사중에 이르렀다.

6 정묘일(20일)에 어조은이 주문을 올려서 예전에 내려주신 장원(莊園)
으로 장경사(章敬寺)를 만들어서 장경(章敬)태후의 명복(冥福)을 돕겠다고
하였는데, 이에 다함이 없는 장엄함과 끝없는 화려함을 갖추기 위해 도

---

49) 6월에는 1일이 기묘일이므로, 6월에는 갑술일이 없다. 다만 ≪구당서(舊唐書)≫ <대
    종본기(代宗本紀)>에 의하면, 이 사건이 일어난 것은 '무술(戊戌)' 일로 되어 있으며,
    무술일은 20일이므로 여기에 기록된 '갑술(甲戌)' 일은 무술일의 오기(誤記)로 여겨
    진다.
50) 정치적인 일을 알아서 처리하는 직책으로 재상에 해당한다.

시(都市)의 재목(材木)51)을 다하여도 부족하여, 주문을 올려서 곡강(曲江, 장안의 동남쪽 모퉁이)과 화청궁(華淸宮)52) 건물을 헐어서 그곳에 공급하도록 하였는데, 비용이 만억을 뛰어 넘었다.

위주(衛州, 하남서 위휘시)진사(進士) 고영(高郢)이 편지를 올렸는데, 그 대략이다.

"먼저 돌아가신 태후53)께서는 성스럽고 덕이 있으셔서, 절 하나를 늘리어 빛나게 할 필요가 없습니다. 국가가 영원하도록 꾀하려면 차라리 백성들을 근본으로 삼지 않을 수 있겠습니까? 사람들을 버리고 절에 간다면 어찌 그것이 복이 된다고 하겠습니까!"

또 말하였다.

"절은 없어도 오히려 괜찮겠지만 사람이 없으면 그것이 괜찮겠습니까!"

또 말하였다.

"폐하께서는 마땅히 궁실을 낮게 만드셔서 하우(夏禹)를 모범으로 삼아야지, 탑과 사당을 높게 지어서 양 무제(梁 武帝)의 기풍54)을 따라야 하겠습니까!"

또 편지를 올렸는데, 그 대략이다.

"옛날의 밝은 왕은 선(善)을 쌓아 복 받기에 이르렀고, 재화(財貨)를

---

51) 본문에서는 '도시지재(都市之財)'라고 하였는데 호삼성은 '재(財)'는 '재(材)'라고 하였으므로 집을 짓는 재목(材木)으로 보인다.

52) 곡강은 장안성의 주작가(朱雀街) 동쪽으로 제5가(街), 황성(皇城)의 동쪽으로 제3가(街)의 승도방(昇道坊)에 있는 용화니사(龍華尼寺) 남쪽으로 물이 굽어져 흐르는데, 이곳을 '곡강(曲江)'이라 하였다. 진(秦) 때에는 이곳에 의춘원(宜春園)이 있었고, 한(漢) 때에는 낙유원(樂遊苑)이 있었다. 개원(開元) 연간에 땅을 뚫어 물을 통하게 하여 마침내 절경을 이루었다. 곡강의 남쪽으로 자운루(紫雲樓)와 부용원(芙蓉苑)이 있으며, 서쪽으로는 행원(杏園), 자은사(慈恩寺)가 있으며, 화청궁은 여산(驪山)의 온천궁(溫泉宮)을 말한다.

53) 장경태후를 말한다.

54) 하우(夏禹)는 하(夏) 왕조의 시조인 우왕(禹王)을 말하고, 양 무제(梁 武帝)는 양(梁)의 무제(武帝) 소연(蕭衍)을 말한다.

낭비하여 복을 구하지 않았습니다. 덕(德)을 닦아 재앙을 줄이고 사람을 괴롭히지 않고 재앙을 물리쳤습니다.

지금 일으켜 만들며 급하게 재촉하며, 낮과 밤을 쉬지 않고 힘이 미치지 못하는 사람은 몽둥이와 채찍질이 뒤따르니, 근심하며 고통스러워하는 소리가 도로에 가득한데, 이것으로 복(福) 받기를 바라지만 신(臣)은 아마도 그렇지 않을까 두렵습니다."

또 말하였다.

"폐하께서는 안에 있는 마음에서 바른 길을 피하시고 밖에 있는 사물에서 조그만 도움을 구하시며 좌우(左右)에 있는 사람들의 잘못된 계책을 따르시고 황왕(皇王)의 큰 도리를 상하게 하시니, 신은 가만히 폐하를 위하여 이를 애석하게 여깁니다!"

모두 잠재우고 보고하지 않았다.

애초에, 황상은 사당에 제사 지내기를 좋아하였지만 아직 불교를 매우 중요하게 여기지는 않았다. 원재(元載)·왕진(王縉)·두홍점(杜鴻漸)이 재상이 되었는데, 이 세 사람은 모두 불교를 좋아하였지만, 왕진이 더욱 심하여 그는 냄새나는 채소나 짐승의 피 흘린 것을 먹지 않았으며, 두홍점과 더불어 절을 지었는데 끝이 없었다.

황상이 일찍이 물었다.

"부처는 인과응보(因果應報)55)를 말하는데, 과연 있는 것인가?"

원재 등이 아뢰었다.

"국가의 운수와 복이 신령스럽게 오래가는 것이 예전에 복업(福業)56)을 심지 않았다면 어찌 그렇게 될 수 있었겠습니까! 복업은 이미 정해져 있어서 때로는 비록 조그만 재해가 있다 하여도 끝내는 재앙이 될 수

---

55) 인과응보(因果應報)는 불교의 한 가지 가르침으로, 좋은 인연을 쌓으면 좋은 과보(果報)가 오고, 나쁜 인연을 맺으면 나쁜 과보를 받는다는 의미이다.

56) 복업(福業)은 "과거에 복을 받게 하였던 선행(善行)"을 한 것을 말한다.

없으니, 그러므로 안록산(安祿山)과 사사명(史思明)이 도리에 어그러지는 반역을 하며 사방에서 타올랐지만 모두 자식들에게 화가 있었습니다. 복고회은(僕固懷恩)이 군사를 칭(稱)하며 안을 업신여겼지만 문을 나서자 병으로 죽었습니다. 회흘(回紇, 한해사막군)과 토번(吐蕃, 서장)이 크게 일어나 깊이 들어왔으나 싸우지 않고 물러났습니다.57) 이는 모두 사람의 힘으로 미칠 수 있는 바가 아니니, 어찌 보응(報應)하는 것이 없다고 말할 수 있겠습니까!"

황상은 이로 말미암아 이를 깊이 믿었으며 항상 금중에서 밥을 먹는 승려가 100여 명이었다. 쳐들어온 도적이 있기라도 하면 곧바로 승려들로 하여금 인왕경(仁王經, 護國仁王經)을 강의하여 그들을 물리치도록 하였고, 도적이 물러나면 곧바로 후하게 상을 내렸다.

호승(胡僧) 불공(不空)58)은 관직이 경감(卿監)에 이르렀고 작위가 국공(國公)59)이었으며 궁중의 작은 문을 드나들었는데 세력은 권력 있고 귀

---

57) 안록산(安祿山)과 사사명(史思明)의 자식들에게 화가 있었다는 말은 안록산(安祿山)이 아들인 안경서(安慶緒)에게 살해되었고, 사사명(史思明) 역시 아들인 사조의(史朝義)에게 살해된 것을 말하는 것이고, 복고회은(僕固懷恩)이 병으로 죽었다는 것은 대종(代宗) 영태(永泰) 원년(765년) 9월의 일이고, 회흘과 토번이 물러난 일은 대력 원년(766년)의 일이고, 그 내용은 《자치통감》 권223에 실려 있다.

58) 불공(不空, 705년~774년)은 당대(唐代)의 승려로 밀종(密宗)을 창시하였고, 중국에 불경을 번역한 4명의 대사(大師) 가운데 한 사람이다. 원래의 출생지는 북천축(北天竺, 북인도)으로 알려져 있으나, 또 다른 설로는 스리랑카 출신으로 언급되기도 한다. 열다섯 살에 출가하여 금강지(金剛智)를 스승으로 모시고 함께 낙양으로 왔고, 스무 살 때 낙양의 광복사(廣福寺)에서 구족계(具足戒)를 받았다고 한다. 역경사업에 참여하여 오부(五部) 밀법(密法)을 전하고 있다. 항상 금강지를 수행하여 낙양과 장안을 오고 갔다고 한다. 대종 영태 원년(765년)에 《인왕호국반야파라밀다경(仁王護國般若波羅蜜多經)》과 《대승밀엄경(大乘密嚴經)》을 번역하였다. 대종(代宗)이 역경에 서문을 붙이고, 불공에게 '광지삼장(大廣智三藏)'으로 호를 내렸다. 불공은 생전에 '부의동삼사(開府儀同三司)'와 '국공(肅國公)'이라는 관직과 작위를 받았고, 사후(死後)에는 '변정광불공삼장화상(大辯正廣智不空三藏和尙)'이라는 시호를 받았다. 불공은 '불공금강(不空金剛)'을 줄여서 법명(法名)으로 삼은 것으로 전해지며, 불공금강을 음역하면 '아목거발절라(阿目佉跋折羅)'이다.

59) 공작에는 제일 높은 것이 국공(國公)이고, 다음으로 군공(郡公), 현공(縣公)이 있다.

한 사람들을 움직였고, 경기의 좋은 논과 이로움이 많은 것은 대부분 승려들의 절에게로 돌아가게 하였다. 천하에 칙서를 내려 승려와 비구니들은 채찍으로 때리거나 끌고 다니지 못하게 하였다.

오대산(五臺山, 산서성 오대현 동북쪽)에 금각사(金閣寺)를 짓게 하였는데, 동(銅)으로 주조하여 금(金)을 입힌 기와를 만들어 들어간 비용이 거억(鉅億)이었다. 왕진은 중서성(中書省)의 부첩(符牒)60)을 주어 오대산의 승려 수십 명으로 하여금 사방으로 흩어져 이로움을 찾아서 그것을 짓도록 하였다.

원재 등은 매번 황상을 모시면서 한가할 때마다 많은 불교에 관한 일을 이야기하였으니, 이로 말미암아 안팎의 신하와 백성들이 흐름을 타고 서로 변화되어 모두 사람의 일을 하지 않고 부처를 받들어 정치와 형벌이 날로 문란해졌다.

7 8월 경진일(3일)에 봉상(鳳翔, 치소는 봉상, 섬서성 봉상현)등도(等道) 절도사61)·좌복야·평장사(平章事)인 이옥포(李玉抱)가 들어와서 조현하였는데, 굳게 복야(僕射)를 사양하며 말하는 것이 확실하고 지극하여 황상이 이를 허락하였다. 계축일62)에 역시 봉상절도사를 사양하였으나 허락하지 않았다.

8 정유일(20일)에 두홍점(杜鴻漸)이 1천 명의 승려에게 밥을 먹였는데

---

60) 부첩(符牒)은 관아에서 승려에게 발행해 준 출가증명서를 말한다. 또는 도첩(度牒)이라고도 한다.

61) 이옥포는 진정, 택노, 봉상 등 세 도의 절도사로 토번을 맡고 있었으므로 등이라는 글자를 넣은 것이다.

62) 8월 초하루가 무인일(戊寅日)이므로 8월에는 계축일(癸丑日)이 없다. ≪신구당서≫에도 정확한 날짜의 기록이 없다. 다만 축(丑)과 사(巳)가 가끔 오사(誤寫)되는 경우가 있으므로 계축을 계사의 잘못으로 본다면 이날은 13일이다.

촉(蜀, 사천성)에 사직(使職)으로 있으면서 걱정거리를 없앴던 까닭이었다.63)

9 9월에 토번의 무리 수 만이 영주(靈州, 영하성 영무현)를 포위하였는데, 유기병(遊騎兵)은 반원(潘原, 감숙성 평량시)과 의록(宜祿, 섬서성 장무현)에 이르렀다. 곽자의에게 조서를 내려서 하중(河中, 섬서성과 산서성)으로부터 갑사(甲士) 13만을 이끌고 경양(涇陽, 섬서성 경양현)에 진수하도록 하고 경사(京師, 장안)를 엄히 경계하게 하였다. 갑자일(17일)에 곽자의가 봉천(奉天, 섬서성 건현)으로 옮겨 진수하였다.

10 산료(山獠) 부락이 계주(桂州, 광서성 계림시)를 함락시키고 자사(刺史) 이량(李良)을 내쫓았다.

11 겨울, 10월 무인일(1일)에 삭방(朔方)절도사 노사공(路嗣恭)이 영주성(靈州城) 아래에서 토번을 깨뜨리고 2천여 급(級)을 참수하자 토번이 물러났다.

12 12월 경진일(4일)에 도적들이 곽자의(郭子儀) 아버지의 무덤을 파헤쳤는데 이를 사로잡으려 하였으나 잡지 못하였다. 사람들은 어조은(魚朝恩)이 원래 곽자의를 미워하였으니 그가 이를 시킨 것으로 의심하였다.
  곽자의가 봉천(奉天)으로부터 들어와 조현하니 조정은 그가 변란을 일으킬 것을 걱정하였다. 곽자의가 황상을 알현하였는데 황상의 말이 이에 이르자, 곽자의가 눈물을 흘리며 말하였다.
  "신(臣)이 오랜 동안 병사를 거느리면서 사납게 하는 것을 금지할 수

---

63) 두홍점은 검남절도사로 있었다.

없어서 군사들이 다른 사람들의 무덤을 많이 파헤쳤습니다. 오늘 여기에 이른 것은 역시 하늘이 꾸짖는 것이지 사람이 한 일이 아닙니다." 조정이 이내 편안해졌다.

13 이 해에 다시 진서(鎭西, 치소는 구자, 신강성 고차현)를 안서(安西)로 회복시켰다.64)

14 신라왕(新羅王) 김헌영(金憲英)이 사망하였는데, 아들 김건운(金乾運)65)이 섰다.

대종 대력 3년(戊申, 768년)

1 봄, 정월 을축일(20일)에 황상이 장경사(章敬寺)로 행차하였는데, 승려와 비구니로 된 사람이 1천 명이었다.66)

2 건영왕(建寧王) 이담(李倓)67)을 제왕(齊王)으로 추증(追贈)하였다.

3 2월 계사일(18일)에 상주(商州, 섬서성 상주시)병마사 유흡(劉洽)이 방

---

64) 안서(安西)를 진서(鎭西)로 고친 때는 숙종(肅宗) 지덕(至德) 원재(元載, 757년) 12월이고, 《자치통감》 권220에 실려 있다.

65) 김헌영(金憲英)은 신라 제35대 임금인 경덕왕(景德王)이고 사망한 것은 숙종(肅宗) 상원(上元) 2년(761년) 2월이고, 《자치통감》 권222에 김헌영의 다른 이름인 김억(金嶷)에 관한 기사가 실려 있으며, 김건운(金乾運)은 신라 제36대 임금인 혜공왕(惠恭王)이다.

66) '도승니(度僧尼)'라고 기록하고 있는데, 이는 불교에서 사용하는 용어로 의미는 "일정한 의식을 거치며 삭발을 하고 출가하여 화상(和尙)이나 비구니가 되는 것"을 말한다. '도(度)'는 세속을 떠나 스님이 된다는 의미의 용례가 있다.

67) 이담(李倓)은 숙종 지덕 2재(載, 757년) 정월에 사망하였다.

어사(防禦使) 은중경(殷仲卿)을 살해하였는데,[68] 얼마 지나지 않아 이를 토벌하여 평정하였다.

4 갑오일(19일)에 곽자의는 아무런 까닭 없이 군대 안에서 말을 타고 달리는 것을 금지하였다. 남양(南陽)부인[69]의 유모(乳母)의 아들이 금법을 범하였으므로 도우후(都虞候)가 곤장을 쳐서 살해하였다. 여러 아들들이 눈물을 흘리며 곽자의에게 하소연을 하면서 역시 말하기를 도우후가 횡포하였다고 하자 곽자의가 그들을 큰소리로 꾸짖어서 보냈다.

다음날 이 일을 가지고 요좌(僚佐, 屬官)에게 말하면서 탄식하였다.

"나 곽자의의 여러 아들들은 모두 노복(奴僕)이 될 재목이다. 아버지의 도우후를 상주지 않고 어머니 유모의 자식을 가엾다고 하니, 노복이 될 재목이 아니면 무엇이겠는가!"

5 경자일(25일)에 후궁(後宮) 독고씨(獨孤氏)를 귀비(貴妃)로 삼았다.

6 3월 초하루 을사일에 일식이 있었다.

7 여름, 4월 무인일(4일)에 산남서도(山南西道, 치소는 양주, 섬서성 한중시)절도사 장헌성(張獻誠)이 병이 들어 사촌동생 우우림(右羽林)장군 장헌공(張獻恭)으로 하여금 자신을 대신하도록 천거하자, 황상이 이를 허락하였다.

8 임인일(28일)에 서천(西川, 치소는 성도, 사천성 성도시)절도사 최간(崔

---

68) 은중경에 대한 일은 숙종 보응(寶應) 원년(762년) 5월에 있었고, 그 내용은 《자치통감》 권222에 실려 있다.

69) 곽자의(郭子儀)의 부인이 남양(南陽)부인으로 봉해진 것이다.

旰)이 들어와서 조현하였다.

9 애초에, 황상은 중사를 파견하여 형산(衡山, 호남성 형산현 서쪽)에 있
는 이필(李泌)을 징소하였고,70) 이미 도착하고 나자 다시 금자(金紫)를
내렸으며,71) 그를 위해 봉래전(蓬萊殿) 옆에 서원(書院)을 짓고, 황상은
때때로 한삼(汗衫)72)과 미투리 신을 신고 그곳을 지나가면서 급사중(給
事中)과 중서사인(中書舍人) 이상의 관직에서 방진(方鎭)73)에 이르기까지
벼슬을 내리거나, 군대와 나라의 큰일은 모두 그와 더불어 논의하였다.
또 어조은으로 하여금 백화둔(白花屯)에 이필을 위하여 외원(外院)을 짓
도록 하였고, 그로 하여금 친구와 더불어 서로 만나도록 하였다.

황상은 이필을 문하시랑·동평장사로 삼고자 하였으나 이필이 굳게
사양하였다. 황상이 말하였다.

"기무(機務)74)의 번거로움으로 아침저녁으로 서로 만날 수 없을 것이
고, 진실로 또 가깝게 사는 것만 같지 못할 터인데, 어찌 반드시 칙서를
내려서 임명하고, 그런 뒤에야 재상으로 삼는단 것인가?"

이후에 단오절(端午節, 5월 5일)을 이용하여 왕(王)·공(公)·비(妃)·

---

70) 이필이 형산으로 들어간 일은 숙종(肅宗) 지덕(至德) 2재(載, 757년) 10월이었으며,
   그 내용은 ≪자치통감≫ 권220에 실려 있다.

71) 금자(金紫)는 금(金)으로 된 물고기 모양의 부신(符信)과 자주색의 도포를 말하는데, 이
   필은 숙종을 따라 영무(靈武)에 있었는데, 자신에게 금자(金紫)를 내리자 받지 않고 곧
   바로 형산(衡山)으로 들어갔다. 그러므로 이때 대종(代宗)이 다시 금자를 내린 것이다.
   이 일은 숙종 지덕 원재(元載, 756년) 9월에 있었고, 그 내용은 ≪자치통감≫ 권219에
   실려 있다.

72) 한삼(汗衫)은 주로 연회를 할 때 입는 일종의 땀받이 옷으로, 귀하고 천함을 가리지
   않고 입었는데, 오로지 천자가 입는 한삼은 황색으로 하여 구별을 두었다. 한삼은 역
   시 속적삼의 궁중용어로 쓰이기도 한다.

73) 방진(方鎭)은 한 지방의 병권(兵權)을 관장하는 벼슬을 의미하기도 하며, 또는 한 지
   방의 병권이 있는 주재지를 의미한다.

74) 국가의 중요한 기밀을 다루는 일을 기무(機務)라고 한다.

공주(公主)가 각기 의복과 노리개를 올리자 황상이 이필에게 말하였다.

"선생은 어찌 홀로 바치는 것이 없소?"

대답하였다.

"신은 금중에 살고 있어 건(巾)으로부터 신발에 이르기까지 모두 전하께서 내려주신 것이고, 그 나머지는 오로지 한 몸뿐인데 무엇을 바칩니까!"

황상이 말하였다.

"짐(朕)이 얻고자 하는 바가 바로 여기에 있을 뿐이다."

이필이 말하였다.

"신의 몸이 폐하의 소유가 아니라면 누구의 소유이겠습니까?"

황상이 말하였다.

"먼저 돌아가신 황제께서 재상으로 경(卿)을 굽히게 하려 하였으나 할 수가 없었는데,75) 지금 그 몸을 이미 바쳤으니 마땅히 오로지 짐이 하는 대로 해야 하며 경이 갖는 일을 하지 마시오!"

이필이 말하였다.

"폐하께서는 신(臣)으로 하여금 무엇을 하도록 하시는 것입니까?"

황상이 말하였다.

"짐(朕)은 경(卿)에게 술과 고기를 먹게 하며, 아내를 맞아들여 집안을 이루고 봉록(俸祿)과 작위(爵位)를 받게 하여 속된 사람이 되게 하고 싶소."

이필이 눈물을 흘리며 말하였다.

"신(臣)이 낟알을 끊은 지 20여 년인데, 폐하께서는 어찌하여 반드시 신으로 하여금 그 뜻을 져버리도록 하시는 것입니까!"

황상이 말하였다.

"눈물을 흘린다고 다시 무슨 보탬이 되겠는가! 경은 아홉 겹으로 둘러

---

75) 이에 관한 일은 숙종 지덕 원재(元載, 756년) 7월에 있었고, 그 내용은 《자치통감》 권219에 실려 있다.

싸인 궁정 안에 있으면서 바라는 것이 무엇인가?"

　이내 중사에게 명하여 이필을 위하여 두 부모님을 장사 지내도록 하고, 또 이필을 위하여 노씨(盧氏)의 딸76)을 맞아들여 아내로 삼도록 하면서 드는 비용은 모두 현관(縣官, 관부)에서 나오도록 하였다. 광복방(光福坊, 장안 동쪽 반성 만년현)에 집을 내려 주고 이필에게 명하여 며칠은 집에서 머물고 며칠은 봉래원(蓬萊院)에서 머물도록 하였다.

　황상이 이필과 더불어 말을 하면서 제왕(齊王) 이담(李倓)에게 미치자, 찬양하는 시호(諡號)를 후하게 가하기를 원하였으므로, 이필이 기(岐)와 설(薛)의 옛 일77)을 인용하며 태자로 추증할 것을 청하자, 황상이 눈물을 흘리며 말하였다.

　"나의 동생은 먼저 영무(靈武, 영하성 영무현)로 갈 것을 논의하고 중흥(中興)의 대업(大業)을 이루었지만78) 기(岐)와 설(薛)이 어찌 이러한 공이 있는가! 충성과 효도를 참으로 다하였는데 마침내 참소하는 사람들에게서 해침을 받았다. 만일 아직도 살아있다면 짐은 반드시 태제(太弟)로 삼았을 것이다. 지금 당장에 황제의 칭호로 높여서 나의 평소에 품은 뜻을 이루게 하시오."

　을묘일79)에 제서를 내렸고, 추가로 시호를 내려서 이담을 승천(承天)

---

76) 범양(范陽)노씨(盧氏)는 당시 1등의 권문세가(權門世家)였다. 이에 관한 일은 당(唐) 고종(高宗) 현경(顯慶) 4년(659년) 10월에 있었고, 그 내용은 ≪자치통감≫ 권200에 실려 있다.

77) 기(岐)와 설(薛) 고사(故事)는 현종의 동생이며 예종의 넷째와 다섯째 아들인 기왕(岐王) 이융범(李融範)과 설왕(薛王) 이융업(李融業)이 현종을 따라 선천(先天)(712년)연간 소지충(蕭至忠) 등을 토벌한 공으로, 기왕(開元 14년 死)과 설왕(開元 22년 死)이 사망한 후에 각각 혜문(惠文)태자와 혜선(惠宣)태자로 추증하여 책봉한 고사를 말한다.

78) 숙종 지덕 원재(元載, 756년) 6월 15일에 숙종에게 영무로 북상하자고 주장한 것을 말하며, 이 내용은 ≪자치통감≫ 권219에 실려 있다.

79) 통감필법으로는 4월 을묘일이어야 하지만, 4월 1일이 을해일이므로 4월에는 을묘일이 없다. 그런데 ≪신·구당서≫에 의거하여 이 사건이 일어난 것은 5월이고, 5월 을

황제라고 하였으며, 경신일(17일)에 순릉(順陵, 섬서성 함양시 함양원)에 장사 지냈다.

10 최간(崔旰, 서천절도사)은 조정으로 들어오면서[80] 동생 최관(崔寬)을 유후로 삼았는데, 여주(瀘州, 사천성 여주시) 자사 양자림(楊子琳)이 정예의 기병 수천을 이끌고 비어있는 틈을 타서, 성도(成都, 사천성 성도시)로 갑작스럽게 들어갔다. 조정에서는 이 소식을 듣고 최간에게 검교공부상서(檢校工部尙書)를 덧붙이고 이름을 최녕(崔寧)이라고 하사하고 진(鎭)으로 돌아가도록 하였다.

11 6월 임진일(20일)에 유주(幽州, 치소는 유주, 북경시)병마사 주희채(朱希彩)·경략부사(經略副使)인 창평(昌平, 북경시 창평현) 사람 주차(朱泚)·주차의 동생인 주도(朱滔)가 함께 절도사 이회선(李懷仙)을 살해하고, 주희채가 스스로 유후(留後)라고 칭하였다.

윤달(윤6월)에 성덕군(成德軍, 치소는 항주, 하북성 정정현)절도사 이보신(李寶臣)이 장군을 파견하여 병사들을 거느리고 주희채를 토벌하도록 하였는데, 주희채에게 패한 바 되니 조정에서는 부득이 하여 그를 용서하였다.

경신일(18일)에 왕진(王縉)에게 노룡(盧龍, 치소는 유주, 북경시)절도사의 직책을 관장하도록 하였고,[81] 정묘일(25일)에 주희채에게 유주(幽州)유후를 관장하도록[82] 하였다.

해일은 12일이므로 을묘 앞에 5월이 누락된 것으로 보인다.

80) 이 해 4월 28일(壬寅)에 최간이 입조(入朝)하였다.

81) 영(領)직이다. 다른 직책을 가지고 있으면서 또 다른 직책을 관장하는 것인데, 이때에 왕진은 재상이었다.

82) 영직이다. 이때에 주희채는 유주병마사였다.

12 최관(崔寬)이 양자림과 더불어 싸웠으나 자주 이기지 못하였는데 가을, 7월에 최녕(崔寧)[83]의 첩(妾)인 임씨(任氏)가 집안의 재물 수십만 전을 내놓고서, 병사를 모아 수천 명을 얻을 수 있자 이를 이끌고 양자림을 쳐서 깨뜨렸더니, 양자림은 도망하였다.

13 을해일(4일)에 왕진이 유주(幽州)로 갔는데, 주희채가 병사를 성대하게 벌려놓고 삼엄하게 대비하며 그를 맞이하였다. 왕진이 편안하고 침착하게 가자 주희채가 마중하며 알현하기를 매우 공손히 하였다. 왕진은 마침내 통제할 수 없음을 헤아리고 군대를 위로하며 열흘 남짓 있다가 돌아왔다.

---

83) 최간(崔旰)을 말한다. 최간은 대종에게서 사명(賜名)을 받아서 최녕으로 이름을 바꾸었다.

토번의 침구와 어조은의 발호

14 회흘(回紇, 한해사막군)의 가돈(可敦)[84]이 사망하여 경진일(9일)에 우산기상시(右散騎常侍) 소흔(蕭昕)을 조제사(弔祭使)로 삼았다. 회흘의 조정에서 소흔에게 힐문(詰問)하였다.

"우리는 당(唐)에 큰 공을 세웠는데 당은 어찌하여 신의를 잃고 우리의 말을 사고서도 때에 맞추어 그 값을 돌려주지 않은 것인가?"

소흔이 대답하였다.

"회흘의 공(功)은 당이 이미 이를 보답하였습니다. 복고회은(僕固懷恩)이 반란을 하자 회흘이 그를 도왔고, 토번과 더불어 병사들을 연합하여 들어와 노략질을 하면서 우리의 교외와 경기(京畿)를 압박하였습니다.

복고회은이 사망하자 토번은 도망하였고 그런 뒤에 회흘이 두려워 화의를 청하였는데, 우리 당은 예전의 공을 잊지 않고 은혜를 주어서 이를 놓아 주었습니다.[85] 그렇지 않았다면 한 필의 말도 돌아가지 못하였을 것입니다. 이에 회흘이 약속을 저버린 것이지 어찌 당이 믿음을 잃은 것입니까?"

---

84) 회흘(回紇)의 3대 황제인 등리 가한(登里可汗)의 황후이며, 복고회은(僕固懷恩)의 딸이다. 가돈(可敦)은 중앙아시아의 소수 민족어이며 중국어로서의 의미는 황후(皇后)이다.

85) 이 일은 영태 원년(765년) 10월의 일로, 그 내용은 ≪자치통감≫ 권223에 실려 있다.

회흘이 부끄러워하며 후하게 예우하여 그를 돌려보냈다.

15 병술일(15일)에 안에서 우란분(盂蘭盆)86)을 내놓아 장경사(章敬寺)에 내려주었다. 7묘(廟)87)에 신좌(神座)를 설치하였고, 깃발 위에 존호를 썼는데, 백관(百官)들이 광순문(光順門)88)에서 맞이하며 알현하였다. 이로부터 매년 늘 행하였다.

16 8월 임술일(21일)에 토번의 10만 무리가 영무(靈武, 영하성 영무현)를 노략질하였다. 정묘일(26일)에 토번(吐蕃) 상찬마(尙贊摩)의 2만 무리가 빈주(邠州, 섬서성 빈현)를 침구하여 경사(京師)에서는 엄하게 경계하였다. 빈녕(邠寧, 치소는 邠州, 섬서성 빈현)절도사 마린(馬璘)이 쳐서 깨뜨렸다.

17 경오일(29일)에 하동(河東, 치소는 太原府, 산서성 태원시)절도사 ·동평장사 신운경(辛雲京)이 사망하여 왕진(王縉)으로 하여금 하동절도사를 관장하도록 하고,89) 나머지는 예전과 같게 하였다.

---

86) 우란(盂蘭)은 범어로 "대단히 괴로워하는 고통을 구제한다."라는 의미이며 분(盆)은 '식기(食器)'를 말한다. 부처가 말한 ≪우란분경(盂蘭盆經)≫에 의하면 100가지의 식물과 5종(種)의 과일을 그릇에 담아 놓은 것을 우란분(盂蘭盆)이라고 하며, 음력 7월 보름날 우란분을 시방(十方)의 불승(佛僧)에게 베풀어 선조 및 현세의 부모의 고통을 구제하도록 하는 불사(佛事)를 우란분회(盂蘭盆會)라고 한다. 우란분회는 역시 '방염구(放焰口)', '보도(普渡)'라고 하기도 한다.

87) 중국의 역대 제왕들은 종법(宗法)에 따라 통치를 하여 7묘(廟)를 설치하고 7대(代)의 조상을 섬겼다. 여기에 설치한 7묘의 신좌(神座)는 당(唐) 고조(高祖)부터 덕종(德宗)에 이르기까지 7대의 조상을 발한다.

88) ≪대명궁도(大明宮圖)≫에 의하면 광순문(光順門)은 자신문(紫宸門)의 서쪽에 있으며, 광순문의 안쪽으로는 명의전(明義殿)과 승환전(承歡殿)이 있다.

89) 영직이다.

18 9월 임신일(1일)에 곽자의에게 명하여 병사 5만을 이끌고 봉천(奉天, 섬서성 건현)에서 진수하면서 토번을 대비하도록 하였다.

19 정축일(6일)에 제왕(濟王) 이환(李環)이 사망하였다.

20 임오일(11일)에 삭방(朔方)의 기장(騎將)90)인 백원광(白元光)이 토번을 쳐서 그들을 깨뜨렸다. 임진일(21일)에 백원광이 또 토번의 2만 무리를 영무(靈武)에서 깨뜨렸다.

봉상(鳳翔, 치소는 봉상, 섬서성 봉상현)절도사 이옥포(李玉抱)가 우군도장(右軍都將)91)인 임도(臨洮, 감숙성 임담현) 사람 이성(李晟)으로 하여금 병사 5천을 이끌고 토번을 치도록 하자 이성이 말하였다.

"힘을 가지고 한다면 5천으로는 쓰기에 부족하지만, 계략을 가지고 한다면 너무 많습니다."

이에 1천 명을 거느리고 대진관(大震關, 감숙성 장가천현 동남쪽)을 나갔다. 임도에 이르러서 토번의 정진보(定秦堡, 甘肅省 臨潭縣 일대로 추정)를 도륙하였으며, 그들이 쌓아 모아 둔 것을 불태우고, 보수(堡帥)92) 모용곡종(慕容谷種)을 포로로 잡아 가지고 돌아왔다. 토번이 이 소식을 듣고 영주(靈州, 영하성 영무현)의 포위를 풀고 돌아갔다. 무술일(27일)에 경사(京師)에서는 엄한 경계를 풀었다.

21 영주(潁州, 안휘성 부양시) 자사 이호(李岵)가 어떤 일로 활박(滑亳, 치소는 활주)절도사 영호창(令狐彰)을 거슬리게 하였는데, 영호창은 절도판관(節度判官) 요석(姚奭)으로 하여금 영주를 조사하게 하며 이어서 이호

---

90) 기병(騎兵)장군을 말한다.

91) 우군(右軍)도장(都將)은 오른쪽 날개에 위치한 군대의 대장을 말한다.

92) 정진보(定秦堡)를 지키는 군대의 우두머리를 말한다.

를 대신하여 주(州)의 일을 관장하도록 하고,93) 또 말하였다.

"이호가 대신하는 것을 받아들이지 않으면 곧바로 그를 살해하라."

이호가 이를 알고서 이어서 장사(將士)들을 대단히 성나게 하여 요석을 살해하도록 하였는데, 요석과 함께 죽은 사람이 100여 명이었다.

이호는 도망하여 변주(汴州, 하남성 개봉시)에 있는 하남(河南)절도사 전신공(田神功)에게 의지하였다. 겨울, 10월 을사일(15일)에 영호창이 표문을 올려서 그 상황을 말하였고, 이호 역시 표문을 올려서 스스로의 이유를 말하였다. 황상은 급사중(給事中) 하약찰(賀若察)에게 명하여 가서 이를 조사하도록 하였다.

22 정묘일(27일)에 곽자의가 봉천(奉天, 섬서성 건현)으로부터 들어와서 조현하였다.

23 11월 정해일(17일)에 유주(幽州, 북경시)유후(留後) 주희채(朱希彩)를 절도사로 삼았다.

24 곽자의(郭子儀)가 하중(河中, 산서성 영제현)으로 돌아갔다.94) 원재(元載, 재상)는 토번이 해를 거듭하며 들어와서 노략질하자 마린(馬璘)에게 4진(鎭)95)의 병사를 빈녕(邠寧)에 주둔하도록 하였으나 힘으로는 막을 수 없어서, 곽자의가 삭방의 많은 병사를 이끌고 하중을 진수하였으나 뱃속의 깊은 곳에 머무는 것으로 아무 일도 없는 땅에 있는 것이어서 이내 곽자의와 더불어서 제장들과 논의하여 마린을 옮겨서 경주(涇州, 감

---

93) 영직(領職)이다.

94) 곽자의는 봉천(奉天)으로부터 조정으로 들어갔다가 다시 돌아온 것이다.

95) 치소는 구자(龜玆)에 두었다. 4진은 구자(龜玆, 신강성 고차현), 우전(于闐, 신강성 화전시), 소륵(疏勒, 신강성 객십시), 언기(焉耆, 신강성 언기현)를 말한다.

숙성 경천현)에 진수하도록 하고, 곽자의에게 삭방(朔方)의 병사를 가지고 빈주(邠州, 섬서성 빈현)에 주둔하도록 하면서 말하였다.

"만약에 변방의 땅이 거칠고 못쓰게 되어서 군대의 비용이 공급되지 못한다면, 내지(內地)에서 나오는 조세와 운반되는 금(金)과 비단으로 이를 돕도록 하시오."

제장들이 모두 그러할 것이라고 여겼다.

12월 기유일(9일)에 마린을 경원(涇原, 치소는 涇州, 감숙성 경천현)절도사로 옮기고 빈주(邠州, 섬서성 빈현)·녕주(寧州, 감숙성 영현)·경주(慶州, 감숙성 경양현) 세 주(州)를 삭방에 예속시켰다. 마린이 먼저 가서 경주(涇州, 감숙성 경천현)에 성을 쌓고, 도우후(都虞候) 단수실(段秀實)을 지빈주(知邠州)유후로 삼았다.

애초에, 4진(鎭)과 북정(北庭, 치소는 北庭府, 신강성 길목살이현)의 병사들이 멀리 중원(中原)의 어려운 일이 일어난 곳으로 달려갔고,96) 오랫동안 타향을 떠돌며 자주 옮겨 다녀서, 4진은 변주(汴州, 하남성 개봉시)·곽주(虢州, 하남성 영보현)·봉상(鳳翔, 섬서성 봉상현)을 두루 거쳤고, 북정은 회주(懷州, 하남성 심양시)·강주(絳州, 산서성 신강현)·부주(鄜州, 섬서성 부현)를 두루 거친 뒤에 빈주(邠州, 섬서성 빈현)에 이르렀으므로 자못 피곤함이 쌓여 있었다.

경주(涇州, 감숙성 경천현)로 옮기게 되자 병사들이 모두 원망하며 비방하였다. 도부병마사(刀斧兵馬使) 왕동지(王童之)가 난을 일으킬 것을 꾀하고, 신유일(21일)에 단보경(旦報警)97)을 기하여 일어나기로 하였다.

전날 저녁에 어떤 사람이 이를 고발하였다. 단수실은 겉으로 누각을 맡은 사람98)을 불러 화를 내며 충절(忠節)을 잃었다고 하면서 그로 하여금

---

96) 이 일은 지덕 원년(763년)의 일이고, 그 내용은 《자치통감》 권219에 실려 있다.

97) 날이 곧 밝을 즈음에 경보를 알리는 북을 쳐서 여러 사람을 깨우는 것이다.

98) 이때의 시계는 누각(漏刻)이었으므로, 이 시계를 관리하는 사람을 말한다.

매 경(更)99)마다 와서 말하도록 하였는데 번번이 몇 시각이 늦어졌고 마침내 4경(更)이 되었고 날이 밝았어도 왕동지는 일으키지를 못하였다.

단수실이 토벌하고자 하였으나 난을 일으키려는 흔적이 드러나지 않아 군대 안에서 그들이 억울하게 죄를 받는다고 의심할까 걱정하였다. 고발한 사람이 역시 말하였다.

"오늘밤 마방초(馬坊草)100)에 불을 지르려고 하는데, 불을 끄는 것을 이용하여 난을 일으키는 것으로 모의하였습니다."

밤중이 되자 불이 과연 일어나니, 단수실은 군대 내에 명하기를 다니고 있는 사람들은 모두 멈추게 하고, 앉아 있는 사람은 일어서지 못하게 하면서, 각각 부대의 대오(隊伍)를 가지런히 하게하며 엄하게 중요한 곳을 지키도록 하였다. 왕동지가 불을 끄게 해달라고 청하였지만 허락하지 않았다. 아침에 이르러서 왕동지와 그의 무리 8명을 사로잡고 모두 목을 베었다.

명령을 내렸다.

"뒤에 옮기는 사람들은 족주(族誅)할 것이고, 근거 없는 말을 퍼뜨리는 사람은 형벌을 내릴 것이다."
마침내 경주(涇州)로 옮겼다.

25   계해일(23일)에 서천(西川, 치소는 成都府, 사천성 성도시)이 토번의 1만여 무리를 깨뜨렸다.

26   평로(平盧, 치소는 평로, 산동성 청주시)행군사마 허고(許杲)가 병졸 3천명을 거느리고 호주(濠州, 안휘성 봉양현 동북쪽 임회관)에 머물며 떠나지

---

99) 밤 12시부터 2시간마다 시간을 바꾸는데 이 시점의 단위를 경(更)이라 하였다.

100) 마방초(馬坊草)는 마구간에 있는 말에게 먹일 풀을 말한다.

않으면서, 회남(淮南, 치소는 양주, 강소성 양주시)을 엿볼 생각을 가지고 있자, 회남(淮南)절도사 최원(崔圓)이 부사(副使)인 원성(元城, 하북성 대명현) 사람 장만복(張萬福)으로 하여금 호주(濠州) 자사를 대신하도록[101] 하였다. 허고가 소식을 듣고 곧바로 병사들을 끌고 가서 당도(棠塗, 안휘성 당도현)에 이르렀다.

이 해에 황상이 장만복을 불러 화주(和州, 안휘성 화현)자사·행영방어사(行營防禦使)[102]로 삼고, 허고를 토벌하도록 하였다. 장만복이 화주(和州)에 이르자 허고가 두려워하여 군대를 상원(上元, 강소성 남경시)으로 옮겼다가 또 북쪽으로 초주(楚州, 강소성 회안시)에 이르러 크게 노략질하였으므로 회남(淮南)절도사 위원보(韋元甫)[103]가 장만복에게 명하여 뒤쫓아 가서 토벌하도록 하였다. 아직 회음(淮陰)에 이르지 않았지만 허고가 그의 장군인 강자권(康自勸)에게 내쫓김을 당하였다.

강자권은 병사를 끼고 계속 노략질을 하면서 회하(淮河)를 돌면서 동쪽으로 갔는데, 장만복이 배나 빠르게 길을 뒤쫓아 가서 그를 살해하였으며, 죽음을 면한 사람은 열에 두셋이었다. 위원보가 장사(將士)들에게 후하게 상을 내리려 하자 장만복이 말하였다.

"관건(官健)[104]은 항상 의복과 식량을 헛되이 쓰고 있으면서도 일을 하는 것이 없습니다. 지금 막 조그만 공을 세웠는데 지나친 상을 받기에는 부족하오니 청하건대 3분의 1만 쓰십시오."

대종 대력 4년(己酉, 769년)

---

101) 섭직(攝職)이다.

102) 행영방어사(行營防禦使)는 중앙에서 특별히 파견하여 군영(軍營)을 방어하는 사령관을 말한다.

103) 회남(淮南)절도사 최원(崔圓)의 뒤를 이은 새로운 절도사이다.

104) 관건(官健)은 당 때에 정부에서 의복과 식량을 급여하는 주(州)의 병사를 말한다.

1 봄, 정월 병자일(7일)에 곽자의(郭子儀)가 들어와 조현하였는데, 어조은(魚朝恩)이 그를 맞이하며 장경사(章敬寺)에서 놀았다. 원재는 그들이 서로 결합할까 두려워하여 몰래 곽자의의 군리(軍吏)105)로 하여금 곽자의에게 아뢰도록 하였다.

"어조은이 공(公)에게 이롭지 아니한 것을 모의하였습니다."

곽자의는 듣지 않았다.

군리(軍吏)가 역시 제장들에게 알렸더니 장군과 병사들이 옷 안에 갑옷을 입고서 따르게 해달라고 요청한 사람이 300명이었다. 곽자의가 말하였다.

"나는 나라의 대신(大臣)인데 저들이 천자(天子)의 명이 없이 어찌 감히 나를 해치겠는가! 만약 명을 받아 온다면 너희들이 어떻게 하려고 하겠는가!"

이내 집안의 노복(奴僕) 여러 명을 따르게 하고 갔다.

어조은이 그를 맞이하며 따르는 사람이 적었으므로 놀라워하였다. 곽자의가 들은 바를 말하고 또 말하였다.

"공(公)이 일을 하는 것을 번거롭게 할까 두렵습니다."

어조은이 가슴을 쓸며 손을 맞잡고 눈물을 흘리면서 말하였다.

"공(公)과 같으신 어른스러운 분이 아니면 의심이 없을 수 있었겠습니까!"

2 임오일(13일)에 이호(李岵)를 이주(夷州, 귀주성 봉강현)로 유배 보냈다.

3 을유일(16일)에 곽자의가 하중(河中, 산서성 영제현)으로 돌아갔다.

---

105) 곽자의 군대의 시종관(侍從官)을 말한다.

4 신묘일(22일)에 이호에게 죽기를 명하였다.

5 2월 임인일(3일)에 경조(京兆, 장안)의 호치(好畤, 섬서성 영수현 서남쪽)·봉상(鳳翔, 섬서성 봉상현)의 인유(麟遊, 섬서성 인유현)·보윤(普潤, 섬서성 봉상현 북쪽)을 신책군(神策軍)에 예속시켰는데, 어조은의 요청을 따른 것이다.

6 양자림(楊子琳)이 이미 패하여 여주(瀘州, 사천성 여주시)로 돌아와서 망명(亡命)한 사람들을 불러 모아 수천 명을 얻어가지고 강을 따라 동쪽으로 내려가며 널리 말하기를 들어가서 조현한다고 하였다. 부주(涪州, 사천성 부릉시)수착사(守捉使)106) 왕수선(王守仙)은 황초협(黃草峽, 사천성 장수현 동남쪽)에 병사를 숨겨 놓았지만 양자림이 이들을 모두 사로잡고 충주(忠州, 사천성 충현)에서 왕수선을 치자 왕수선은 간신히 몸을 피하여 면하였다. 양자림은 마침내 기주(夔州, 사천성 봉절현)별가(別駕) 장충(張忠)을 살해하고 그 성(城)을 점거하였다.

　형남(荊南, 치소는 江陵府, 호북성 강릉현)절도사 위백옥(衛伯玉)은 관계를 맺어 후원 세력이 되게 하고자 기주(夔州)를 그에게 허락하면서, 그를 위해 조정에 요청하였다. 양곡(陽曲, 산서성 양곡현) 사람 유창예(劉昌裔)가 양자림에게 유세하여 사신을 파견하여 대궐로 가서 청죄(請罪)하게 하였는데, 양자림이 이를 따랐다. 을사일(6일)에 양자림을 협주(峽州, 호북성 의창시)단련사(團練使)107)로 삼았다.

7 애초에, 복고회은(僕固懷恩)이 죽었는데108) 황상은 그가 공로를 세웠

---

106) 일종의 안전을 책임지는 일을 관장하는 사직(使職)을 말한다.

107) 단련(團練)은 일종의 민병(民兵)조직으로 단련사(團練使)는 민병조직을 관장하는 사직(使職)을 말한다.

던 것을 가엾게 여겨서 그의 딸을 궁중에 두고 딸로 여겼다. 회흘(回紇)에서 가돈(可敦)으로 삼을 것을 청하자,109) 5월 신묘일(24일)에 숭휘(崇徽)공주로 책봉하고 회흘(回紇) 가한에게 시집을 보냈다.

임진일(25일)에 병부시랑 이함(李涵)을 파견하여 그녀를 호송하도록 하였는데, 이함이 주문을 올려서 사부랑중(祠部郎中)인 우향(虞鄕, 산서성 영제현 동북쪽 우향진) 사람 동진(董晉)을 판관(判官)으로 삼겠다고 하였다. 6월 정유일(1일)에 공주가 떠나겠다고 인사하고 회흘의 아장(牙帳)110)에 이르렀다.

회흘에서 와서 말하였다.

"당(唐)이 우리에게 말을 사겠다고 약속하여 이미 들여왔는데 우리에게 준 재물이 부족하니 우리는 사신들에게서 그것을 빼앗겠다."

이함이 두려워서 감히 대답하지 못하고 동진을 보자 동진이 말하였다.

"우리가 말이 없어서 너희들에게서 사는 것은 아니며, 너희들을 위하여 내려준 것이 이미 많지 아니한가! 너희들의 말이 매년 이르면 우리는 가죽까지111) 헤아려서 재화로 돌려주었으므로 변방에 있는 관리들이 불러서 물어 보기를 청하겠다.

천자께서는 너희들이 수고하였던 것을 생각하니, 그러므로 조서를 내려 법을 어기는 일을 금하게 하였다. 여러 융족(戎族)들은 우리 큰 나라에서 너희에게 주는 것을 부러워하면서도 감히 견주지를 못하였다. 너희

---

108) 대종(代宗) 영태(永泰) 원년(765년) 9월에 사망하였으며, ≪자치통감≫ 권223에 실려 있다.

109) 가돈은 회흘의 황후에 해당하는 것으로 회흘의 3대 가한(可汗)인 등리 가한(登里可汗) 약라갈이지건(藥羅葛移地健)의 황후로 시집을 보낸 것이다.

110) 회흘의 가한이 머무는 행궁(行宮)과 같은 곳을 말한다. 당시 회흘 가한의 아장(牙帳)은 지금의 몽골공화국 허린컬(哈爾和林市)에 있었다.

111) 말의 가죽이란 죽은 말을 말하는 것이다. 산 말만 구입하는 것이지만 죽은 말까지 값을 쳐 주었다는 뜻이다.

부자(父子)가 편안히 말을 키워 번식하게 한 것이 우리가 아니면 누가 그렇게 하도록 하겠는가!"

이에 그 무리들이 모두 동진을 둘러싸고 절을 하였다.

이미 그렇게 하고나서 또 서로 이끌며 남쪽을 보고 순서에 따라 절을 하고 모두 두 손을 들어 말하였다.

"감히 대국(大國)에 다른 생각을 갖지 않겠습니다."

8 무신일(12일)에 왕진(王縉)이 글을 올려 부원수(副元帥)·도통(都統)·행영사(行營使)를 사양하였다.112)

9 신유일(25일)에 곽자의가 하중(河中, 산서성 영제현)으로부터 빈주(邠州, 섬서성 빈현)로 옮겨갔는데, 그들의 정예의 병사들을 데리고 갔고, 나머지의 병사들은 비장(裨將)으로 하여금 거느리도록 하여 하중(河中)과 영주(靈州, 영하성 영무현)를 나누어 지키게 하였다.

군사들이 오랫동안 하중에서 자리를 잡고 살아서 자못 이사하는 것을 즐거워하지 아니하고 가끔 빈주로부터 도망하여 돌아왔다. 행군사마(行軍司馬) 엄영(嚴郢)이 유부(留府)를 관장하며113) 모두 사로잡아 그 우두머리를 죽이자 병사들의 마음이 마침내 안정되었다.

10 가을, 9월 토번이 영주(靈州, 영하성 영무현)를 노략질하였다. 정축일(12일)에 삭방(朔方, 치소는 靈州, 영하성 영무현)유후(留後) 상겸광(常謙光)이 이들을 쳐서 깨뜨렸다.

---

112) 다른 판본에는 다음에 "이를 허락한다."는 말이 더 있는 것도 있다.
113) 유부는 원래 존재하던 군부(軍府)에 그 책임자가 떠나고 남은 일을 처리하는 부사(府舍)이고, 엄영은 행군사마의 직위로 이 유부(留府)의 업무를 처리한 것이다.

11　하동(河東, 치소는 太原, 산서성 태원시)병마사인 왕무종(王無縱)과 장봉장(張奉璋) 등은 공(功)을 세운 것을 믿고 거드름을 피우며 교만하게 굴면서, 왕진(王縉)이 서생(書生)이어서 쉽게 여기고 대부분 약속을 어겼다.

왕진은 조서를 받아 병사를 발동하여 염주(鹽州, 섬서성 정변현)로 가서 방추(防秋)114)하도록 하려고 왕무종과 장봉장을 파견하여 보병과 기병 3천을 이끌고 그곳으로 가도록 하였다. 장봉장은 두류(逗遛)115)하면서 나가지 않았고, 왕무종은 다른 일을 핑계로 제멋대로 태원성(太原城, 산서성 태원시)으로 들어갔다. 왕진이 모두 사로잡아 목을 베고 그 무리 7명을 아울러 죽이니 제장 가운데 사납고 도리에 어그러진 사람들이 거의 없어지고 군부(軍府)가 처음으로 안정되었다.

12　겨울, 10월에 상겸광(常謙光)이 주문을 올려서 토번은 명사(鳴沙, 영하성 중령현 동쪽)를 침범하였는데, 군대의 머리부터 꼬리까지가 40리였다. 곽자의는 병마사 혼함(渾瑊)을 파견하여 정예의 군사 5천을 거느리고 영주(靈州)를 구원하게 하고, 곽자의는 스스로 거느리고 나아가서 경주(慶州)에 도착하였다가, 토번이 물러갔다는 소식을 듣고 마침내 돌아왔다.

13　황문시랑(黃門侍郞)·동평장사(同平章事)인 두홍점(杜鴻漸)이 병이 들어 자리를 사양하자 임신일116)에 이를 허락하였는데 을해일(11일)에 사

---

114) 가을걷이철에는 북방족속들이 수확한 것을 약탈하려고 남하하는데, 이를 막기 위하여 가을에 동원되는 군대를 말한다.

115) 전장에 나가도록 명령을 받았으나 머물러 있으면서 나아가지 않으면 군법에서는 두류죄로 다스린다.

116) ≪자치통감≫ 본문에는 10월로 되어 있는데, 앞의 기사가 9월 정축일(12일)이었으므로 10월에는 임신일이 없다. 그런데 ≪신당서≫에 의거하면 이 사건은 11월에 발생한 것으로 되어있으므로 임신 앞에 11월(月)이 빠진 것으로 보아야 할 것이고, 11월 임신일은 8일이다.

망하였다.117) 두홍점은 병이 깊어지자 승려에게 머리를 깎도록 하고 유언으로 명하기를 탑을 세워 장사 지내도록 하였다.

14 병자일(12일)에 좌복야(左僕射) 배면(裴冕)을 동평장사로 삼았다. 애초에, 원재(元載)는 신평(新平, 邠州의 치소, 섬서성 빈현)현위였는데, 배면이 일찍이 그를 천거하였으니 그러므로 원재가 천거하여 재상으로 삼았으며, 역시 그가 늙고 병이 들어 쉽게 통제할 수 있는 것을 이로움이라 생각한 것이었다.

명을 받을 때 좋아서 발을 구르며 춤을 추다가 땅에 넘어지자 원재가 재빨리 그를 부축하고, 그를 대신하여 황상에게 감사의 말을 하였다. 12월 무술일(4일)에 배면이 사망하였다.118)

대종 대력 5년(庚戌, 770년)

1 봄, 정월 기사일(5일)에 강족(羌族) 추장 백대봉(白對逢) 등이 각각 부락을 인솔하고 내속(內屬)하였다.

2 관군용선위처치사(觀軍容宣慰處置使)·좌감문위대장군(左監門衛大將軍)119)·겸신책군사(兼神策軍使)·내시감(內侍監) 어조은(魚朝恩)이 홀로 금병(禁兵)을 다스리니 총애와 신임이 비할 바가 없었고, 황상은 항상 더불어 군대와 나라의 일을 논의하니, 권세가 조야(朝野)를 기울어지게

---

117) 당시 두홍점의 나이는 예순한 살이었다.

118) 당시 배면(裴冕)의 나이는 예순일곱 살이었다.

119) 관군용선위처치사(觀軍容宣慰處置使)는 관군용사와 선위처치사를 합한 군직이다. 관군용사는 군사를 감독하는 직책으로 환관이 맡으며 선위처치사는 군사를 위로하며 필요한 조치를 할 수 있는 군직이고, 좌감문위는 위군(衛軍) 제13군이다.

하였다.

어조은은 넓은 자리에서 제멋대로 당시의 정치를 이야기 하는 것을 좋아하였는데, 재상을 업신여기며 조롱하였지만 원재는 비록 억지로 변명을 하면서도 역시 두 손을 마주잡고 조용히 있으면서 감히 대응하지 아니하였다.

신책도우후(神策都虞候) 유희섬(劉希暹)과 도지병마사(都知兵馬使) 왕가학(王駕鶴)은 모두 어조은에게 총애를 받았다. 유희섬은 어조은에게 유세하여 북군(北軍)120)에 감옥을 설치하고, 방시(坊市)121)의 나쁜 소년들로 하여금 부유한 집을 얽어매어 고발하도록 하고, 죄를 지었다고 무고하여 잡아서 땅 밑의 감옥에 가두고서 심문하고 매질하여 자복을 얻어내고, 그 집과 재물을 적몰하여 군대로 들여보내고, 아울러 체포하게 고발한 사람들에게도 나누어 상으로 내려 주게 하였다. 그 땅은 금하고 비밀스런 곳에 있어서 사람들은 감히 말하지 못하였다.

어조은은 매번 일을 가지고 주문을 올리면서 반드시 윤허(允許)를 받기를 기대하였다. 조정의 정사(政事)가 있는데 참여하지 못하면 번번이 화를 내면서 말하였다.

"천하의 일이 나로부터 비롯되지 않은 것이 있는가!"

황상이 이를 듣고, 이로 말미암아 즐거워하지 않았다.

어조은의 양자(養子)인 어령휘(魚令徽)는 아직 어렸지만 내급사(內給使)122)로 삼아서 녹색 옷을 입었는데,123) 같은 반열(班列)에 있는 사람과 더불

---

120) 좌(左)·우(右)신책군(神策軍), 좌(左)·우(右)우림군(羽林軍), 좌(左)·우(右)용무군(龍武軍) 모두를 북군(北軍)이라 한다.

121) 방시(坊市)는 동네 또는 시정(市井)을 의미한다.

122) 당의 제도에 의하면 내급사(內給使)는 일정한 관원이 없으며, 내시성에 속하였다. 대개 관품이 없는 사람들을 내급사라고 불렀는데 여러 문(門)으로 들어오는 물품들을 기록하는 장부를 관장하였다.

123) 6품~7품의 관원이 입는 옷의 색깔이다. 당 태종 정관(貞觀) 연간의 규정에 의하면 6

어 화를 내며 다투면 돌아가서 어조은에게 이야기하였다. 어조은이 다음 날 황상을 보며 말하였다.

"신의 아들은 관직이 비천하여 같은 또래의 벗들로부터 업신여김을 받는 바가 되니, 빌건대 그에게 자의(紫衣)[124]를 내려 주십시오."

황상이 아직 대답하지 않았는데 유사(有司)가 앞에서 이미 자의(紫衣)를 들고 있었고 어령휘는 그것을 입고 감사의 절을 하였다.

황상이 억지로 웃으며 말하였다.

"어린애가 자의를 입으니 크게 마음에 맞는 모양이구나."

더욱 불평하게 되었다.

원재(元載)가 황상이 가리키는 것을 헤아려 알고서 틈을 타서 어조은이 홀로 제멋대로 불궤[125]한 일을 하였다고 아뢰며 그를 없애버릴 것을 청하였다. 황상은 역시 천하 사람들이 모두 원망하며 화가 나 있는 것을 알고 마침내 원재에게 방략을 만들라고 명하였다.

어조은은 매번 궁전에 들어올 적이면 항상 사생장(射生將)[126] 주호(周皓)로 하여금 100명을 거느리고 자신을 호위하도록 하였고, 또 그의 무리인 섬주(陝州, 치소는 섬주, 하남성 삼문협시)절도사 황보온(皇甫溫)으로 하여금 밖에서 병사를 장악하고 있게 하여 구원병으로 생각하게 하였다. 원재가 모두에게 많은 뇌물을 주고 그들과 결탁하였으니, 그러므로 어조은이 몰래 꾀하는 것이나 비밀리에 하는 말을 황상이 하나하나 듣고 있었지만 어조은은 이를 깨닫지 못하였다.

품과 7품의 관원의 복색(服色)은 녹색(綠色)이었다. 그러므로 '의록(衣綠)' 또는 '복록(服綠)'이라고 하였다.

124) 붉은 색깔의 관복을 말한다. 이는 3품 이상의 고관(高官)들이 입는 조복(朝服)을 말한다.

125) 정도에 어긋난 행동이라는 말로 역모를 의미한다.

126) 활을 소지한 일종의 경호관(警護官)을 말한다.

신묘일(27일)에 원재는 황상을 위하여 계책을 세웠는데, 이옥포(李玉抱)를 옮겨 산남서도(山南西道, 치소는 주지, 섬서성 주지현)절도사로 삼고, 황보온을 봉상(鳳翔, 치소는 봉상, 섬서성 봉상현)절도사로 삼도록 하여 겉으로는 권력을 무겁게 하는 것 같이 하였으나 사실 속으로는 황보온이 자신을 돕도록 한 것이었다.

원재가 또 청하여 미(郿, 섬서성 미현)·괵(虢, 섬서성 보계현)·보계(寶雞, 섬서성 보계시)·호(鄠, 섬서성 호현)·주질(盩厔, 섬서성 주질현)을 이옥포에게 예속하게 하고, 흥평(興平, 섬서성 흥평시)·무공(武功, 섬서성 무공현 서쪽)·천흥(天興, 섬서성 봉상현)·부풍(扶風, 섬서성 부풍현)은 신책군(神策軍)에게 예속하게 하였는데, 어조은은 땅을 얻은 것을 기뻐하며 특별히 원재를 걱정하지 아니하고 예전처럼 교만하고 제멋대로 하였다.

재상 원재의 발호와 본분을 지키는 사람들

3 임진일(28일)에 하남윤(河南, 하남성 낙양시) 장연상(張延賞)에게 동경 (東京, 낙양시)유수(留守)를 덧붙여 주었다. 하남등도(河南等道)127)부원수 를 그만두게 하면서 그의 병사를 유수(留守)에 예속하게 하였다. 장연상 은 장가정(張嘉貞)128)의 아들이다.

4 2월 무술일(5일)에 이옥포가 주질(盩厔, 섬서성 주질현)로 진(鎭)을 옮 기자 군사들이 분노하며 봉상(鳳翔, 섬서성 봉상현)의 방시(坊市)를 크게 노략질하였는데, 여러 날이 지나서 마침내 안정되었다.

5 유희섬(劉希暹)이 자못 황상의 뜻이 다르다는 것을 깨닫고 어조은(魚 朝恩)에게 알리자, 어조은은 처음으로 의심하며 두려워하였다. 그러나 황 상은 매번 그를 볼 때마다 은총과 예우가 더욱 융성하니, 어조은도 역시 이 때문에 스스로 편안해하였다.

   황보온(皇甫溫)이 경사(京師)에 이르렀는데 원재(元載)가 그를 남아있 게 하고 보내지 않고 이어서 황보온과 주호(周皓)와 더불어 몰래 모의하

---

127) 하남도 이외에 다른 도의 부원수를 맡고 있으므로 등(等)을 붙인 것이다.

128) 장가정은 현종 개원 8년(720년) 정월에 재상이 된 사람이고, 그 내용은 《자치통감》 권212에 실려 있다.

여 어조은을 주살하기로 하였다. 이미 계책을 정하고 원재가 황상에게 말하였다. 황상이 말하였다.

"이를 잘 꾀하고 거꾸로 화를 입지 않도록 하라."

3월 계유일(10일) 한식(寒食)일에 황상은 궁중에서 귀하면서도 가까운 사람들에게 술잔치를 베풀었는데, 원재에게는 중서성(中書省)을 지키게 하였다. 잔치가 끝나고 어조은이 영채로 돌아가려 하는데 황상은 그를 남아있게 하고 일을 논의하면서 이어서 그가 다른 뜻을 가지고서 꾸몄던 것을 꾸짖었다.

어조은이 스스로 변명하였는데 말이 매우 도리에 어긋나고 오만하였으므로 주호(周皓)는 좌우(左右)에 있는 사람과 더불어 사로잡아 목을 매달아 살해하였으나 밖에서는 아는 사람이 없었다. 황상이 조서를 내려 어조은을 관군용등사(觀軍容等使)에서 그만두게 하고 내시감(內侍監)은 예전과 같게 한다고 하였다. 거짓으로 꾸며 알렸다.

"어조은이 조서를 받고 이내 스스로 목을 맸다."

시신을 집으로 돌려보내고 6백만 전을 내려주며 장사 지내도록 하였다.

정축일(14일)에 유희섬(劉希暹)과 왕가학(王駕鶴)에게 어사중승(御史中丞)을 더해주고 북군(北軍)의 마음을 위로하며 편안하게 하도록 하였다. 병술일(23일)에 경기에 잡혀있는 죄수들에게 사면령을 내리고, 명하여 어조은의 무리들을 모두 풀어주도록 하며 또 말하였다.

"북군(北軍)의 장사들은 모두 짐의 조아(爪牙)129)이니, 아울러 마땅히 예전처럼 그대로 하라. 짐이 이에 친히 금려(禁旅)130)를 다스리겠으니 걱정하며 두려워하지 마라."

---

129) 손톱이나 이빨이란 말로 앞에서 사납게 공격하는 군사나 사람을 말한다.

130) 금려(禁旅)는 금군(禁軍)이라고도 하며, 대궐을 경호하는 군대를 말한다.

6 기축일(26일)에 탁지사(度支使)와 관내(關內, 동관 서쪽)등도(等道) 전운(轉運) · 상평(常平) · 염철사(鹽鐵使)131)를 없애고 탁지(度支)의 업무를 재상에게 맡겨 이를 관장하게 하였다.

7 황보온(皇甫溫)에게 칙서를 내려 섬주(陝州, 하남성 삼문협시)로 돌아가서 진수하도록 하였다.

8 원재(元載)가 이미 어조은을 주살하고 나자 황상의 총애와 신임이 더욱 두터워졌으므로, 원재는 마침내 뜻과 생각이 교만하고 방자해졌다. 매번 무리들 가운데서 큰소리로 말하며 스스로 이르기를 문무(文武)의 재능과 지략을 가지고 있는데 예부터 지금까지 따라올 사람이 없다고 하면서, 권력을 농락하고 꾀를 가지고 장난하며, 다스리는 것을 뇌물로 이루어지게 하여 신분에 넘치게 사치함이 도를 넘었다.

이부시랑 양관(楊綰)은 선발하는 일을 맡아서 공평하고 합당하게 하였으며, 성격이 굳고 곧아 원재에게 붙지 않았다. 영남(嶺南, 치소는 광주, 광동성 광주시)절도사 서호(徐浩)는 탐욕스럽고 아첨을 잘하여 남방(南方, 화남)의 진귀한 재화를 기울여 원재에게 뇌물로 주었다. 원재는 양관을 국자좨주(國子祭酒)로 삼고 서호를 끌어들여 그를 대신하도록 하였다. 서호는 월주(越州, 절강성 소흥시) 사람이다.

원재에게는 선주(宣州, 안휘성 선주시)로부터 온 장인(丈人)132)이 있었

---

131) 탁지사(度支使)는 중앙의 재정을 관장하는 사직(使職)을 말하고, 관내등도란 관내도와 다른 도까지 있으므로 등도라고 한 것이다. 전운(轉運)은 운수(運輸)를 관장하는 사직(使職)이고, 상평(常平)은 양식의 관리를 맡아 다루는 사직(使職)이고, 염철사(鹽鐵使)는 염(鹽)과 철(鐵)의 전매(專賣)와 운수(運輸)를 관장하는 사직(使職)을 말한다.

132) 본문에서의 장인(丈人)은 장로(長老) 즉 선배(先輩)와 같은 의미로 쓰인 것으로 여겨진다. 장인의 용례(用例)로는 장로, 노인, 아내의 친아버지(岳父), 주인, 돌아가신 할아버지 등이 있다.

는데 원재에게 관직을 요구하였고, 원재는 그가 일을 맡기에는 부족한 것을 헤아렸으므로 단지 하북(河北, 황하 북쪽)으로 보내는 편지 한 통을 주며 그를 보냈다. 장인은 불쾌하게 여기고 가면서 유주(幽州, 북경시)에 이르러서 사사롭게 보내는 편지를 보았는데 편지에는 한마디도 없었고 오로지 서명(署名)만 있었을 뿐이었다.

장인은 크게 화가 났으나 어쩔 수가 없어 시험 삼아 원료(院僚)133)에게 보여주었는데, 판관(判官)이 원재의 편지가 있다는 소식을 듣고 크게 놀라며 곧바로 절도사에게 말하였고, 대교(大校)134)를 보내어 상자에다 편지를 받으면서 그를 최상의 객사(客舍)에 머물게 하고, 남아서 머물게 하면서 여러 날 잔치를 열었고, 하직하며 가자 견(絹) 1천 필을 내려 주었다. 원재의 위엄과 권력이 사람을 움직이는 것이 이와 같았다.

9 여름, 4월 경자일(8일)에 호남(湖南, 치소는 潭州, 호남성 장사시)병마사 장개(臧玠)가 관찰사 최관(崔瓘)을 살해하였다. 예주(澧州, 호남성 이현) 자사 양자림(楊子琳)이 병사를 일으켜 이를 토벌하였는데, 뇌물을 받고 돌아왔다.

10 경원(涇原, 감숙성 경천시)절도사 마린(馬璘)이 누차 본진(本鎭)이 황폐하고 부서져서 군대에게 먹일 것이 없다고 호소하자, 황상은 넌지시 이옥포(李玉抱)에게 말하여 정(鄭, 하남성 정주시)과 영(潁, 안휘성 부양시) 두 주(州)를 양보하도록 하였다. 을사일(13일)에 마린을 겸정·영(兼鄭·潁)절도사로 삼았다.

---

133) 원료(院僚)는 절도사의 원(院)에 속한 관료를 말한다.
134) 군대의 장교를 말한다.

11 경신일(28일)에 왕진(王縉)이 태원(太原, 산서성 태원시)에서 들어와 조현하였다.

12 계미일135)에 좌우림(左羽林, 禁軍 제1군)대장군 신경고(辛京杲)를 호남(湖南, 치소는 담주, 호남성 장사시)관찰사로 삼았다.

13 형남(荊南, 치소는 강릉, 호북성 강릉현)절도사 위백옥(衛伯玉)이 어머니의 상사(喪事)를 당하니 6월 무술일(7일)에 전중감(殿中監)136) 왕앙(王昂)으로 그를 대신하도록 하였다. 위백옥은 대장군 양술(楊銑) 등에게 넌지시 말하여 왕앙을 거절하고 자신을 남아있게 하도록 하였다. 갑인일(23일)에 조서를 내려 위백옥을 다시 기용하여 형남을 진수하는 일을 전과 같이 하도록 하였다.

14 가을, 7월에 경기(京畿, 섬서성 중부)137)에 기근이 들어 쌀 한 말이 1천 전(錢)이었다.

15 유희섬(劉希暹)이 속으로 항상 스스로 의심하며138) 불손한 말을 하였으므로 왕가학(王駕鶴, 도지병마사)이 보고하였다. 9월 신미일(12일)에 유희섬에게 사형을 내렸다.

---

135) 4월에는 계미일이 없다. 다만 《구당서(舊唐書)》에 의하면 이 사건은 5월 계미일로 되어있다. 따라서 계미일 앞에 오월(五月)이 빠진 것으로 보아야 하며 5월 계미일은 21일이다.

136) 중앙에서 파견한 궁정의 총감을 말한다.

137) 당대에는 경조(京兆), 동주(同州), 화주(華州), 상주(商州), 빈주(邠州), 기주(岐州)를 경기로 삼았다.

138) 유희섬은 어조은에게 붙던 무리였던 까닭으로 어조은이 죽자 늘 혼자서 의심을 하였던 것이다.

16 토번(吐蕃)이 영수(永壽, 섬서성 영수현)를 노략질하였다.

17 겨울, 11월에 곽자의가 들어와서 조현하였다.

18 황상은 원재(元載)가 하는 바를 모두 알았고 그가 정치를 맡은 것이 오래되었으므로 처음과 끝을 보전하게 하고자 하여 홀로 만나 가지고 깊이 훈계하였다. 원재가 여전히 고치지 않았으므로 황상은 이로 말미암아 점차 그를 미워하였다.

원재는 이필(李泌)이 황상에게 총애를 받았으므로 이를 시기하며 말하였다.

"이필이 항상 친구들과 더불어 북군(北軍)에서 잔치를 하였고, 어조은(魚朝恩)과는 더불어 친하며 사이가 좋았으므로 마땅히 그 음모를 알았을 것입니다."

황상이 말하였다.

"북군(北軍)은 이필의 옛날의 관리들139)이니, 이런 까닭으로 짐(朕)이 그로 하여금 가서 친구들을 보도록 하였소. 어조은이 주살되는데 이필 역시 모의에 참여하였으니 경(卿)은 의심하지 마라."

원재는 그의 무리들과 더불어 그를 공격하는 것을 그치지 아니하였다. 마침 강서(江西, 치소는 홍주, 강서성 남창시)관찰사 위소유(魏少遊)가 참좌(參佐, 屬官)를 구하였으므로 황상이 이필에게 말하였다.

"원재가 경(卿)을 용납하지 않으니 짐이 지금 경을 위소유가 있는 곳에 숨기고자 하오. 기다렸다가 짐이 생각을 정해 원재를 제거하면 곧바로 편지로 경에게 알릴 것이니 행장을 꾸려오도록 하시오."

---

139) 이필(李泌)은 숙종(肅宗)을 따라 영무(靈武)로부터 봉상(鳳翔)에 이르는 동안, 군대가 대사(大事)를 모의할 때 모두 참여하였다. 그러므로 북군(北軍)의 장교들이 모두 옛날의 관리들이었다고 말한 것이다.

마침내 이필을 강서(江西, 강서성 남창시)판관(判官, 강서관찰사 판관)으로 삼고, 또 위소유에게 부탁하며 그로 하여금 잘 대우하도록 하였다.

대종 대력 6년(辛亥, 771년)

1 봄, 2월 임인일(15일)에 하서 · 농우 · 산남서도(河西 · 隴右 · 山南西道) 부원수 겸(兼) 택로 · 산남서도(澤潞 · 山南西道)절도사 이옥포(李玉抱)가 말씀을 올렸다.

"무릇 관장하고 있는 군대는 마땅히 스스로 훈련을 하게해야 합니다. 지금 하 · 농(河 · 隴, 감숙성과 청해성 동부)으로부터 부주(扶州, 사천성 남평현) · 문주(文州, 감숙성 문현)에 이르기까지 길게 이으며 뻗친 것이 2천여 리 이어서 어루만지며 다스리기가 매우 어렵습니다. 만약 토번이 민주(岷州, 감숙성 민현) · 농주(隴州, 섬서성 농현)의 길로 한꺼번에 내려오면, 신이 굳게 견수(汧水, 위수지류인 천수) · 농산(隴山)을 지키게 될 것이니 곧 양주(梁州, 섬서성 한중시) · 민산(岷山)을 구원할 수 없고, 병사를 부주 · 문주로 나아가게 하면 곧 적들이 관보(關輔, 섬서성 관중)를 압박할 것인데, 머리와 꼬리가 넉넉하지 못하니 나아가고 물러남을 따르지 못합니다. 바라건대, 유능한 신하를 다시 고르셔서 산남(山南, 섬서성 주질현)을 맡기시고 신으로 하여금 오로지 농저(隴氐, 감숙성 동부)만을 대비할 수 있도록 하게하여 주시옵소서."

조서를 내려 이를 허락하였다.

2 곽자의(郭子儀)가 빈주(邠州, 섬서성 빈현)로 돌아갔다.

3 영남(嶺南, 남령 남쪽)에 사는 만족(蠻族) 추장 양승견(梁崇牽)이 스스로를 '평남십도대도통(平南十道大都統)'이라 칭하며 용주(容州, 광서성 북

류시)를 점거하고, 서원(西原, 관서성 정서현)에 사는 만족(蠻族)인 장후
(張侯) · 하영(夏永) 등과 더불어 병사를 연합하여 성읍을 공격하며 무너
뜨리자, 전에 용관(容管, 치소는 용주, 관서성 북류시)경략사였던 원결(元結)
등에게 모두 창오(蒼梧, 치소는 오주, 광서성 오주시)에 기류(寄留)하면서
다스리게 하였다.140)

경략사 왕굉(王翃)은 등주(藤州, 광서성 등현)에 이르러서 개인의 재물
로 병사들을 모았는데, 몇 달이 되지 않아 적의 우두머리인 구양규(歐陽
珪)를 베었고, 말을 달려 광주(廣州, 광동성 광주시)로 가서 절도사 이면
(李勉)을 만나 병사로 용주를 회복하게 해달라고 요청하였다. 이면이 어
렵게 여기니 왕굉이 말하였다.

"대부(大夫)께서 만일 아직 병사를 내보낼 겨를이 없으시다면 단지 빌
건대 여러 주(州)로 첩서(牒書)를 보내어, 겉으로 소리 높여 1천을 내보
내어서 구원하겠다고 말해주면 명성과 위세를 빌려 역시 성공할 수 있
기를 바랍니다."

이면은 이를 따랐다.

왕굉은 이내 의주(義州, 광서성 금계시) 자사 진인최(陳仁璀) · 등주(藤州,
광서성 등현) 자사 이효정(李曉庭) 등과 더불어 맹약을 맺고 적을 토벌하
였다. 왕굉이 모집하여 얻은 3천여 명이 적(賊) 수만 명의 무리를 깨뜨
렸다. 용주(容州, 광서성 북류시)를 공격하여 이를 뽑고 양숭건을 사로잡
았으며 앞뒤로 크고 작은 100여 회의 전투를 하여 용주의 옛 땅을 거의
회복하였다.

---

140) 용주(容州)는 변주(辯州, 광동성 화주시), 두주(竇州, 광동성 신의시 남쪽), 배주(白
州, 광서성 박배현), 뇌주(牢州, 광서성 옥림시), 우주(禺州, 광서성 육천현 동북쪽),
탕주(湯州, 월남공화국 양산시 동남쪽), 염주(廉州, 광서성 합포현 동북쪽), 암주(巖
州, 현재의 지명을 알 수 없음), 당주(黨州, 광서성 옥림시 북쪽), 평금주(평금주, 광
서성 옥림시 서북쪽), 의주(義州, 광서성 금계시), 울림주(울림주, 광서성 옥림시 서
북쪽), 수주(綉州, 광서성 옥림시 북쪽) 등의 주(州)를 다스렸는데, 계주(桂州)의 서
남쪽이다.

　나누어 제장들에게 명령을 내려서 서원(西原, 광서성 정서현)의 만족(蠻族)을 습격하도록 하고, 울림(鬱林, 광서성 옥림시 서북쪽) 등의 여러 주(州)를 회복하였다.

　이보다 먼저 반우(番禺, 치소는 광주, 광동성 광주시)의 도적 우두머리인 풍숭도(馮崇道)와 계주(桂州, 광서성 계림시)에서 반란을 일으킨 장군 주제시(朱濟時)가 모두가 험난한 곳을 의지하여 난을 일으켜서 10여 주를 무너뜨렸는데 관군(官軍)이 이를 토벌하였으나 여러 해가 지나도 이기지 못하였다. 이면(李勉)은 그의 장군인 이관(李觀)을 파견하여 왕굉(王翃)과 힘을 합쳐 공격하여 토벌하고 모두 참수하여 3월에 오령(五嶺, 남령산맥)이 모두 평정되었다.

4　하북(河北, 황하 북쪽)에 가뭄이 들어 쌀 한 말이 1천 전(錢)이었다.

5　여름, 4월 기미일(3일)에 예주(澧州, 호남성 예현) 자사 양자림이 들어와 조현하니 황상이 그를 두텁게 맞이하며 이름을 내려 '유(猷)' 라고[141] 하였다.

6　경신일(4일)에 전내(典內) 동수(董秀)를 내상시(內常侍)[142]로 삼았다.

7　토번(吐蕃)이 화해(和解)하자고 청하였다. 경진일(24일)에 겸어사대부(兼御史大夫) 오손(吳損)을 토번에 사신으로 파견하였다.

---

141) 이름을 양유로 고친 것이다.

142) 전내(典內)는 태자궁의 침전(寢殿)을 관장하는 관을 말한다. 품계는 종(從)5품 하(下)이고, 내상시(內常侍)는 내시성(內侍省)에 속하여 환관이 맡은 궁정의 사무를 관장하는 관직이다. 품계는 정5품 하(下)이다.

8 성도(成都, 사천성 성도시)사록(司錄)143) 이소량(李少良)이 편지를 올려서 원재(元載)가 간악하게 뇌물을 받는 숨겨진 일을 말하였으므로, 황상은 이소량을 객성(客省)144)에 두었다. 이소량은 황상이 말한 것을 친구 위송(韋頌)에게 말하였는데, 전중시어사(殿中侍御史) 육정(陸珽)이 원재에게 알렸으므로 원재가 이를 주문으로 올렸다.

황상은 화가 나서 이소량·위송·육정을 어사대(御史臺) 감옥으로 내려 보내게 하였다. 어사(御史)가 주문을 올려서 이소량·위송·육정은 비할 바 없이 흉악하고 음험하여 군주와 신하를 이간(離間)하였다고 하였다. 5월 무신일(23일)에 칙서를 내려 경조(京兆)에게 넘겨주도록 하였는데 모두 곤장을 맞아 죽었다.

9 가을, 7월 병오일(22일)에 원재가 주문을 올려서 '무릇 별도로 내리는 칙령(勅令)으로 문·무(文·武) 6품 이하의 관원을 임용하는 것은 빌건대 이부(吏部)·병부(兵部)로 하여금 조사하며 살펴서 정하는 것을 없게 하도록 해 주십시오.' 라고 하여 이를 따랐다.145) 당시 원재는 주문을 올린 것이 대부분 법도를 준수하지 않았는데146) 아마도 유사(有司)가 논박하는 일이 있었던 까닭이었다.

10 8월 정묘일(14일)에 회서(淮西, 치소는 채주, 하남성 여남현)절도사 이충신(李忠臣)이 병사 2천을 거느리고 봉천(奉天, 섬서성 건현)에 주둔하며 방추(防秋)하였다.147)

---

143) 특별시 정부(政府)의 총무관(總務官)을 말한다. 품계는 정7품 상(上)이다.

144) 외국의 사절이나 소수민족의 수령들을 접대하거나, 황제를 알현하는 일을 관장하였다.

145) 당대의 초기 관리 전형제도를 바꾼 것이다. 초기의 전형제도는 예종 경운 원년(710년) 2월에 만들어졌고, 내용은 ≪자치통감≫ 권209에 실려 있다.

146) 명칭 상으로는 황제의 별칙(別勅)이지만 실제로는 재상인 원재가 처리한 것이다.

11 황상은 원재가 하는 것을 더욱 싫어하여, 사대부(士大夫) 가운데 아부하지 않는 사람을 얻어 심복으로 삼아 점점 원재의 권력을 거두어들일 것을 생각하였다. 병자일(23일)에 궁 안에서 제서를 내보내어 절서(浙西, 치소는 소주, 강소성 소주시)관찰사 이서균(李栖筠)을 어사대부(御史大夫)로 삼도록 하였는데, 재상이 알지 못하여 원재가 이로부터 조금씩 움츠러들었다.

12 9월에 토번이 청석령(靑石嶺, 감숙성 경천현 서북쪽)148)을 떨어뜨리고, 나성(那城, 영하성 고원현 동남쪽)에 진을 쳤는데, 곽자의(郭子儀)가 사신을 보내 그들을 일깨우자 다음날 군사를 이끌고 물러갔다.

---

147) 토번이 자주 쳐들어와 노략질하여 당대에는 관동지방에 있는 군사를 경사의 서부에 주둔시켜서 이를 막았는데 이를 방추(防秋)라고 하였다.

148) 또 다른 명칭으로 청석안(靑石岸), 청석원(靑石原)이라고도 한다.

회흘의 말 구입 문제

13 이 해에 상서우승(尚書右丞) 한황(韓滉)을 호부시랑(戶部侍郎)·판탁지(判度支)로 삼았다. 군사가 일어난 이래로149) 모든 곳에서 세금과 거두는 것이 절도가 없었고, 창고에 들고나는 것도 법도가 없어 나라의 씀씀이가 헛되이 쓰였다.

한황은 사람됨이 청렴하고 부지런하여, 부령(簿領)150)을 자세히 하였고, 거둔 세금이 나가고 들어오는 법을 만들어서 부하들을 지나치도록 엄하게 다스렸으므로 관리들이 감히 속이지 못하였다. 역시 해를 거듭하며 풍성하게 풍년이 들게 되었고 변경에서는 노략질을 하는 것이 없었으니 이로부터 창고에 쌓으며 넣어둔 것이 처음으로 채워졌다. 한황은 한휴(韓休)의151) 아들이다.

대종 대력 7년(壬子, 772년)

1 봄, 정월 갑진일(22일)에 회흘(回紇)의 사신이 제멋대로 홍려시(鴻臚

---

149) 안록산의 난이 일어난 현종대(755년) 이후를 말한다.

150) 부령(簿領)은 날마다 들어오고 나가는 것을 기입한 장부(帳簿)를 말한다.

151) 한휴(韓休)는 개원(開元) 연간의 재상으로 곧은 소리를 잘하였다. 그에 관한 일은 현종 개원 21년(733년) 3월에 있었고, 그 내용은 ≪자치통감≫ 권213에 있다.

寺)152)에서 나가 사람들의 자녀를 약탈하였다. 담당하였던 관원이 이를 금지하자 담당한 관원을 두들겨 패면서 300의 기병(騎兵)으로 금광문(金光門)과 주작문(朱雀門)153)을 범접하였다. 이날, 궁문을 모두 닫고 황상이 중사(中使) 유청담(劉淸潭)을 파견하여 이들을 타이르자 이내 멈추었다.

2 3월 곽자의가 들어와서 조현하였다. 병오일(25일)에 빈주(邠州, 섬서성 빈현)로 돌아갔다.

3 여름, 4월에 토번의 5천 기병이 영주(靈州, 영하성 영무현)에 이르렀다가 얼마 지나지 않아 물러갔다.

4 5월 을미일(15일)에 천하를 사면하였다.

5 가을, 7월 계사일(14일)에 회흘(回紇)이 또 제멋대로 홍려시(鴻臚寺)를 나가서, 장안 현령 소열(邵說)을 뒤쫓아서 함광문(含光門)의 길거리에 이르러서, 그의 말을 빼앗았다. 소열은 다른 말을 타고 도망하고 감히 다투지 않았다.

---

152) 홍려시(鴻臚寺)는 관서(官署)의 명칭으로 당대에는 중서성(中書省)에 속하였다. 빈객(賓客)의 왕래와 조하(朝賀), 경조(慶弔) 등의 외국사절을 관장하였다. 홍려시의 부서로는 전객(典客)과 사의(司儀) 두 개의 부서가 있었으며, 당대의 홍려시는 장안의 황성 남쪽 방면으로 주작가(朱雀街) 서쪽 제2가(街)의 북쪽에서 내려오는 제1방(坊)에 위치하였다.

153) 금광문(金光門)은 당대의 장안(長安) 외곽성(外廓城)에는 서쪽방면으로 3개의 문이 있었는데, 그 중에 가운데 있는 문을 말하고, 주작문(朱雀門)은 당대 장안의 황성(皇城) 남쪽 방면으로 3개의 문(門)이 있었는데, 그 가운데 정남(正南)을 향하고 있는 문이 주작문(朱雀門)이며, 동문(東門)은 안상문(安上門), 서문(西門)은 함광문(含光門)이라 하였다.

6 노룡(盧龍, 치소는 유주, 북경시) 절도사 주희채(朱希彩)는 이미 자리를 얻고 나자 도리에 어그러지게 조정에 오만하였고 장졸들에게 잔학(殘虐)하였다. 공목관(孔目官)154) 이회원(李懷瑗)은 무리들이 화난 것을 이용하여 틈을 살피다가 그를 살해하였다.

무리들은 따라야 할 바를 알지 못하였는데, 경략부사(經略副使) 주차(朱泚)는 성의 북쪽에 군영을 두고 그의 동생인 주도(朱滔)는 아내병(牙內兵)155)을 거느렸는데 몰래 100여 명으로 하여금 무리들 가운데서 큰 소리로 말하도록 하였다.

"절도사는 주부사(朱副使, 주차)가 아니면 안 된다."

병사들이 모두 이를 따랐다.

주차는 마침내 권지유후(權知留後)156)를 맡았으며, 사신을 파견하여 그 상황을 아뢰었다. 겨울, 10월 신미일(24일)에 주차를 검교좌상시(檢校左常侍)·유주·노룡(幽州·盧龍) 절도사로 삼았다.

7 12월 신미일(25일)에 영평군(永平軍)157)을 활주(滑州, 하남성 활현)에 설치하였다.

대종 대력 8년(癸丑, 773년)

1 봄, 정월에 소의(昭義, 치소는 상주, 하남성 안양시) 절도사·상주(相州, 하남성 안양시) 자사인 설숭(薛嵩)이 사망하였다. 아들 설평(薛平)은 열두

---

154) 문서의 수발을 담당하는 관리이다.

155) 절도사의 총부(總部)를 지키는 부대를 말한다.

156) 유후란 뒤에 남아서 업무를 처리하는 관직을 말하며, 권지란 임시로 업무를 처리하는 직책이다. 그러므로 여기에서는 유후의 업무를 임시로 처리하는 관직이다.

157) 영평군은 원래 강릉(江陵)에 설치하였었다.

살이었는데, 장사(將士)들이 협박하여 우두머리로 삼자, 설평은 거짓으로 이를 허락하였다. 이미 그렇게 하고나서 설평은 그의 숙부인 설악(薛䛃)에게 양보하고, 밤에 아버지의 관(棺)을 받들고 도망하여 고향으로 돌아갔다. 임오일(6일)에 제서를 내려 설악을 지유후(知留後)로 삼았다.

2 2월 임신일(27일)에 영평(永平, 치소는 활현, 하남성 활현)절도사 영호창(令狐彰)이 사망하였다. 영호창은 활주(滑州, 하남성 활현)와 박주(亳州, 하남성 박현)가 흩어지고 어지러워진 뒤를 이어받았는데, 군대를 다스리며 농사를 짓도록 하여 부고(府庫)를 가득하게 하였다.

당시 번진(藩鎭)들은 대부분 제멋대로 날뛰며 사납게 굴었으나 오로지 영호창만이 공물(貢物)과 부세를 빠뜨린 적이 없었다. 매년 병사 3천을 파견하여 경사의 서쪽으로 가서 방추(防秋)158)하면서도 스스로 양식을 싸가지고 가게 하였고, 도로에서 음식을 주는 것은 모두 받지 않도록 하였으며, 지나간 곳에서 추호(秋毫)159)도 침범하지 못하게 하였다.

병이 깊어지자 장서기(掌書記)160)인 고양(高陽, 하북성 고양현) 사람 제영(齊映)을 불러 더불어 뒷일을 모의하였는데, 제영이 영호창에게 대신할 사람을 요청하도록 하고,161) 아들은 사삿집으로 돌려보내도록 권고하였다. 영호창이 이를 따라서 유언으로 표문을 남겨 말하였다.

"예전에 어조은(魚朝恩)이 사조의(史朝義)를 깨뜨리고 활주를 노략질하고자 하였으나, 신이 듣지 않았으므로 이로 말미암아 틈이 생겼습니다. 어조은이 주살되자162) 신(臣)이 병으로 자리에 눕게 되어, 아직 들어가

---

158) 서부의 토번에서 가을에 곡식이 익을 때 침구하는 것을 막는 일이다.

159) 추호(秋毫)는 가을철에 가늘어진 짐승의 털끝을 말한다.

160) 기밀을 담당하는 직책을 가진 관원이다.

161) 중앙 정부에 사람을 보내달라고 요청하라는 뜻이다.

162) 대종 대력 5년(770년) 3월의 일이다.

서 조현하지 못하였으니 살아서도 죽어서도 부끄럽고 죄를 지었습니다.

지금 신은 반드시 일어나지를 못할 것이고, 창고에 있는 것과 들에 놓아 먹여 기르는 것들은 예전에 이미 문서로 봉인하였고 군대 안의 장사(將士)들과 주현(州縣) 관리들은 사는 곳에서 편히 지내며 명을 기다리고 있습니다.

엎드려 살피건대, 이부상서 유안(劉晏)과 공부상서 이면(李勉)은 가히 큰일을 맡길 만하니, 바라건대, 속히 신을 대신하게 하여 주십시오. 신의 아들인 영호건(令狐建) 등은 지금 챙겨서 동도(東都, 하남성 낙양시)에 있는 사삿집으로 돌아가게 하였습니다."

영호창이 사망하자 장사들이 영호건을 세우고자 하였는데, 영호건은 죽기를 맹세하며 따르지 않고 온 집안을 들어서 서쪽으로 돌아갔다.[163] 3월 병자일(1일)에 이면을 영평(永平)절도사로 삼았다.

3 이부시랑 서호(徐浩)와 설옹(薛邕)은 모두 원재(元載)와 왕진(王縉)의 무리였다. 서호의 첩의 동생인 후막진부(侯莫陳怤)[164]가 미원(美原, 섬서성 부평현 북쪽 미원진)현위가 되자, 서호는 경조윤 두제(杜濟)에게 부탁하여 거짓으로 역참(驛站)을 맡아 우수하였다고 하였고 또 설옹에게 부탁하며 장안(長安) 현위로 의정(擬定) 하였다.

후막진부가 대(臺, 御史臺)를 참배하였는데 어사대부 이서균(李栖筠)이 그 상황을 탄핵하며 주문을 올리니, 예부시랑인 만년(萬年, 장안 동쪽 반성) 사람 우소(于卲) 등에게 칙서를 내려 이를 조사하도록 하였다. 우소가 설옹의 죄는 사면이 있기 이전에 있었다고 하며 마땅히 용서하고 죄를 면하게 해주어야 한다고 아뢰자, 황상이 노하였다.

---

163) 영호창은 숙종 상원 2년(761년) 5월에 당에 항복하였고, 그 후 13년 동안 절도사로 있었으며, 그에 관한 내용은 《자치통감》 권222에 실려 있다.

164) 후막진(侯莫陳)이 성씨(姓氏)로 3자(字)의 복성(複姓)이다.

여름, 5월 을유일(11일)에 서호를 깎아내려 명주(明州, 절강성 영파시) 별가로 삼고, 설옹은 흡주(歙州, 안휘성 흡현) 자사로 삼았다. 병술일(12일)에 두제를 깎아내려 항주(杭州, 절강성 항주시) 자사로 삼고, 우소를 계주(桂州, 광서성 계림시)장사(長史)로 삼자 조정이 조금씩 맑아졌다.

4 신묘일(17일)에 정왕(鄭王) 이막(李邈, 대종의 둘째아들)이 사망하여, 시호(諡號)를 소정(昭靖)태자로 높여주었다.

5 회흘(回紇)이 건원(乾元, 숙종의 연호) 이래로 해마다 시장을 열어줄 것을 요구하여, 말 한 필(匹)마다 40겸(縑)165)과 바꾸었는데, 움직였다 하면 수만 필에 이르렀지만, 말들이 모두 둔하고 말라서 쓸모가 없었다. 조정에서는 이를 괴로워하였고, 팔려고 하는 것은 대부분 그 말들의 수량을 다 처리할 수가 없었으니, 회흘 사람들은 가기를 기다리거나 뒤를 이어서 온 사람들로 늘 홍려시(鴻臚寺)에 끊이지 않았다.

이에 이르러 황상이 그들의 마음을 기쁘게 해주고자 하여 그 말들을 모두 사주라고 명령하였다. 가을, 7월 신축일(28일)에 회흘이 돌아가겠다고 인사하였는데, 사여하여 준 것과 말의 값을 실으니, 모두 수레 1천여 승(乘)을 사용하였다.

6 8월 기미일(16일)에 토번의 6만 기병이 영무(靈武, 영하성 영무현)를 노략질하고 가을에 짓는 곡식을 짓밟고 갔다.

7 신미일(28일)에 유주(幽州, 치소는 유주, 북경시)절도사 주차(朱泚)가 동생 주도(朱滔)를 파견하여 5천의 정병을 거느리고 경주(涇州, 감숙성 경천

---

165) 겸(縑)은 합사(合絲)로 짠 비단을 말한다.

현)로 가서 방추(防秋)를 하도록 하였다. 안록산의 반란이 나면서부터 유주(幽州)의 병사를 아직 일상적으로 쓰지 않았는데, 주도가 이르자 황상이 크게 기뻐하며 위로하고 매우 후하게 상을 내렸다.

8 임신일(29일)에 회흘은 다시 사신 적심(赤心)을 파견하여 말 1만 필을 가지고 와서 호시(互市)166)하기를 요구하였다.

9 9월 임오일(10일)에 순주(循州, 광동성 혜주시) 자사 가서황(哥舒晃)167)이 영남(嶺南, 치소는 광주, 광동성 광주시)절도사 여숭분(呂崇賁)을 살해하고 영남을 점거하고 반란을 일으켰다.

10 계미일(11일)에 진주(晉州, 산동성 임분시) 출신의 남자인 순모(郇模)168)가 삼으로 머리를 땋고, 대나무 바구니와 갈대로 엮은 돗자리를 가지고서 동시(東市)169)에서 목 놓아 울었다.

사람들이 그 까닭을 묻자, 대답하였다.

"바라건대, 30글자를 올리려고 하는데, 한 글자마다 한 가지 일을 적었습니다. 만약 말하여도 거두어들일 것이 없다면, 청하건대 돗자리로 나의 시신을 싸가지고 바구니 안에 넣어 들판에 버리기를 바랍니다."

경조(京兆)에서 보고하였다.

황상이 불러서 보고, 새 옷을 내리며 객성(客省)170)에서 머물도록 하였

---

166) 민족이나 국가 사이의 교역을 호시(互市)라고 한다.

167) 가서(哥舒)가 성씨(姓氏)로 복성(複姓)이다.

168) 순(郇)은 고대의 국명(國名)으로 후대에 성씨(姓氏)로 되었다.

169) 장안성(長安城)의 동쪽에 있는 시장을 말한다.

170) 당시 객성(客省)은 예전의 은대문(銀臺門)에 설치하였다. 사방에서 와서 상서를 올리고자 하는 사람이나 황상의 뜻을 어긴 일을 말하고자 하는 사람 또는 보고되지 않은 번객(蕃客)들이 와서 대기하였는데, 항상 수백 명이 머물렀다고 한다.

다. 그가 말한 '단(團)'이라고 한 것은 여러 주(州)의 단련사(團練使)를 파직하도록 청하는 것이었고, '감(監)'이라고 말한 것은 여러 도(道)의 감군사(監軍使)를 파직하게 하도록 청하는 것이었다.

11 위박(魏博)절도사 전승사(田承嗣)가 안록산(安祿山)과 사사명(史思明) 부자를 위하여 사당을 세우고, 이들을 네 성인이라고 말하면서, 역시 재상으로 삼아 줄 것을 요구하였다. 황상은 내시(內侍) 손지고(孫知古)로 하여금 사절로 가서 넌지시 말하여 사당을 헐도록 하게 하였다. 겨울, 10월 갑진일(2일)에 전승사에게 동평장사를 덧붙여 주어 그를 칭찬하였다.

12 영주(靈州, 영하성 영무현)에서 토번의 1만여 무리를 깨뜨렸다. 토번의 무리 10만이 경주(涇州, 감숙성 경천현)와 빈주(邠州, 섬서성 빈현)를 노략질하니 곽자의(郭子儀)가 삭방(朔方)병마사 혼감(渾瑊)을 파견하여 보병과 기병 5천을 거느리며 이를 막도록 하였다.

경신일(18일)에 의록(宜祿, 섬서성 장무현)에서 싸웠다. 혼감이 황부원(黃賨原, 섬서성 장무현 북쪽)에 올라가서 오랑캐를 바라보고 명하기를 험한 곳을 점거하고 넓게 벌려 말을 막아서 말을 타고 달려드는 것을 대비하게 하였다.

오래된 장군인 사항(史抗)과 온유아(溫儒雅) 등은 속으로 혼감을 가볍게 생각하고 명령을 채용하지 않았다. 혼감이 불러서 그들로 하여금 오랑캐를 치도록 하였지만 이미 술에 취하여 있었는데 그들은 말을 막도록 한 것을 보고 말하였다.

"들판에서 싸움을 하는데 어떻게 이것을 써먹는단 말입니까!"
명하여 헐어 없애도록 하였다.

기병(騎兵)들에게 질책하여 오랑캐의 진영에 부딪치게 하였지만 들어갈 수 없었으므로 되돌아 왔다. 오랑캐들이 뒤를 밟으며 그 기회를 올라

타니 관군(官軍)은 대패하였고, 죽은 사졸들이 열에 일고여덟이었으며, 살고 있던 백성들 가운데 토번에게 약탈당한 것이 1천여 명이었다.

갑자일(22일)에 마린(馬璘)이 토번과 염창(鹽倉, 감숙성 경천현 서북쪽)에서 싸웠으나 또 패하였다. 마린은 오랑캐에게 가로막히는 바가 되어 해가 지도록 돌아오지 않았고, 경원(涇原, 치소는 경주, 감숙성 경천현)병마사 초령심(焦令諶) 등은 패한 사졸들과 더불어 문을 다투며 들어왔다.

어떤 사람이 행군사마 단수실(段秀實)에게 성(城)으로 올라 막으며 지키기를 권하자, 단수실이 말하였다.

"대수(大帥)께서171) 있는 곳을 알지 못하니 당장에 앞으로 나가 오랑캐를 쳐야지 어찌 구차하게 자신의 안전을 얻으려고 하는가!"

초령심 등을 불러 꾸짖으며 말하였다.

"군법(軍法)에는 대장을 잃으면 부하들이 모두 죽음을 받는다고 하였다. 여러분은 죽는 것을 잊었는가!"

초령심 등이 두려워하며 절을 하고 명령을 내려달라고 청하였다.

단수실은 마침내 성 안에 있는 병사로서 아직 싸우지 않은 사람들을 발동하여서 모두 나가게 하여, 동쪽의 들판에 진을 쳤고, 또 흩어진 병사를 거두어들여서 장차 힘을 다하여 싸울 모양을 이루었다. 토번은 이를 두려워하며 조금 물러났다. 이윽고 밤이 되어 마린이 마침내 돌아올 수 있었다.

곽자의가 제장들을 불러 모의하였다.

"군대가 패하게 된 죄는 나에게 있고 제장들에게 있지 않다. 그러나 삭방의 병사가 날쌘 것은 천하에 소문이 나 있는데, 지금 오랑캐에게 패하였으니, 어떤 대책으로 치욕을 씻을 수 있겠는가?"

대답하지 못하였다.

---

171) 마린(馬璘)을 말한다.

혼감이 말하였다.

"패배한 군대의 장수가 다시 모의에 참여하는 것은 마땅하지 않습니다. 그러나 바라건대 오늘의 일을 한마디 하게 하여 주신다면, 오로지저 혼감을 죄로 다스리시고, 그렇지 않으려면 다시 일을 맡겨 주십시오."

곽자의는 그의 죄를 사면하고 병사들을 이끌고 조나(朝那, 영하성 팽양현서쪽 고성향)로 향하도록 하였다.

오랑캐가 이미 관군을 깨뜨리고 나자 견수(汧水, 위수지류 천수)와 농산(隴山, 섬서성과 감숙성 경계)를 노략질하고자 하였다. 염주(鹽州, 섬서성 정변현) 자사 이국신(李國臣)이 말하였다.

"오랑캐들은 승리한 기세를 타고서 반드시 경기(京畿)의 교외를 침범할 것이니 우리가 저들의 뒤를 잡아당기면 오랑캐들은 반드시 돌아보고되돌아 올 것이다."

마침내 병사들을 이끌고 진원(秦原, 감숙성 청수현 동쪽)으로 향하면서 북을 울리며 서쪽으로 갔다.

오랑캐들은 소식을 듣고 백성(百城, 감숙성 영대현 서쪽)에 이르렀다가되돌아 왔는데, 혼감이 좁은 곳에서 그들을 맞이하여 노략질한 것을 거의 다시 찾았다. 마린 역시 정예의 병사를 내보내 반원(潘原, 감숙성 평량시 동쪽)에 있는 오랑캐의 치중(輜重)172)을 습격하고 수천 명을 살해하자, 오랑캐들이 마침내 달아났다.

13 을축일(23일)에 강서(江西, 치소는 홍주, 강서성 남창시)관찰사 노사공(路嗣恭)173)으로 가서황(哥舒晃)을 토벌하게 하였다.

---

172) 군사가 이동하면서 군용에 필요한 무거운 물건, 예컨대, 양곡, 마초, 무기 등을 실은수레를 말한다.

173) 다른 판본에는 노사공 다음에 '겸영남절도사' 라는 말이 들어가 있어서 영남절도사를

14 애초에, 원재(元載)는 일찍이 서주(西州, 신강성 토노번시 동쪽) 자사가 되었으므로, 하서(河西, 감숙성 중부와 남부)와 농우(隴右, 감숙성 남부와 청해성 동부)에 있는 산천(山川)의 모양과 지세를 알았다.

이때에 토번이 자주 노략질을 하자, 원재는 황상에게 말하였다.

"4진(鎭)174)과 북정(北庭, 치소는 북정, 신강성 길목살이현)은 이미 치소가 경주(涇州, 감숙성 경천현)이니, 지킬 수 있는 험하고 중요한 곳이 없습니다. 농산(隴山)은 높고 험준하며 남쪽으로 진령(秦嶺)으로 이어져 있고 북쪽으로는 대하(大河, 황하)에서 막혀 있습니다.

지금 국가의 서쪽 변경의 끝은 반원(潘原)인데, 토번이 최사보(摧沙堡, 영하성 해원현)를 지키고 있어서 원주(原州, 영하성 고원현)는 그 가운데 끼어 있으니 바로 농산의 입구에 해당하여 그 서쪽은 모두 돌보며 말을 놓아기르던 옛 땅으로 풀이 기름지고 물이 맛이 있고, 평량(平涼, 감숙성 평량시)은 그 동쪽에 있는데 오로지 농사를 지를 수 있는 단 하나의 현(縣)이어서 군대에게 양식을 댈 수 있으니 그러므로 옛날의 보루가 아직도 있지만 토번이 버리고 살고 있지 않습니다.

매년 한여름이면 토번은 청해(青海, 청해호)에서 가축을 길러서 요새(要塞)에서 거리가 매우 멀리 있으므로 만약 틈을 타서 보루를 쌓으면 20일이면 끝을 낼 수 있습니다.

경서군(京西軍)을175) 옮겨 원주(原州)를 지키게 하고 곽자의(郭子儀)의 군대를 옮겨 경주(涇州)를 지키게 하면서 이를 근본으로 삼아 병사를 나누어 석문(石門, 영하성 해원현 동남쪽)과 목협(木峽, 영하성 고원현 서남쪽)을 지키게 하고 점차 농우(隴右, 농산 서쪽)를 열며 나아가 안서(安西, 산강성 고차현)에 도달하여 토번의 배와 심장을 점거하도록 하면 조정에서

다시 겸직시킨 것으로 볼 수 있다.

174) 사진은 구자, 언기, 소록, 우전을 말한다.

175) 마린(馬璘)의 군대를 말한다.

는 베개를 높여 벨 수가 있습니다."

아울러서 땅의 모양을 그려서 올리고 몰래 사람을 파견하여 농산(隴山)으로 나가게 하여 쓸 만한 것을 논의하여 헤아리도록 하였다.

마침 변송(汴宋, 치소는 변주, 하남성 개봉시)절도사 전신공(田神功)이 조정으로 들어오니, 황상이 그에게 묻자, 대답하였다.

"행군(行軍)176)을 하며 적을 헤아리는 것은 경험이 많고 노련한 장군이라도 어려운 바인데, 폐하께서는 어찌 한 서생(書生, 원재)이 하는 말을 받아들이셔서 온 나라를 들어서 이를 따르게 하려 하시는 것입니까!"

원재가 얼마 지나지 않아 죄를 받았으므로 일이 마침내 묵혀버렸다.

15 유사가 회흘(回紇)의 적심(赤心)이 말이 많았기 때문에 1천 필을 사주기를 청하였다. 곽자의(郭子儀)는 이와 같이 하면 그의 뜻을 매우 깊이 거스르는 것으로 여기고 스스로 1년의 녹봉을 다하여 나라를 위해 말을 사게 해달라고 청하였다. 황상은 하락하지 아니하였다. 11월 무자일(17일)에 명하여 6천 필을 사도록 하였다. *

---

176) 본문에서의 행군(行軍)은 "군대가 걸어가는 것"을 뜻하는 것이 아니라 "군대를 움직여 작전을 지휘하는 것"으로서의 의미이다.

당唐시대 황제 세계표

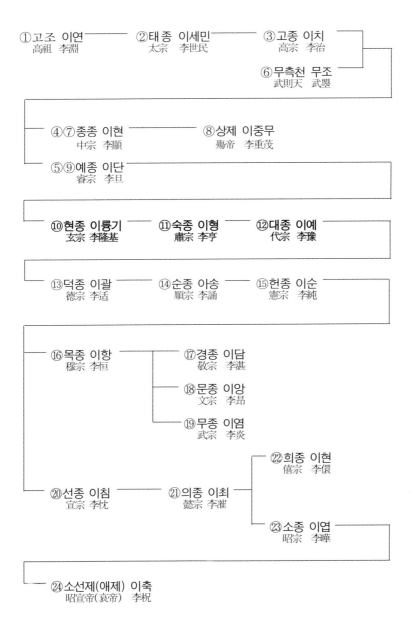

①고조 이연 ── ②태종 이세민 ── ③고종 이치
高祖 李淵　　　　太宗 李世民　　　　高宗 李治

⑥무측천 무조
武則天 武曌

④⑦종종 이현 ── ⑧상제 이중무
中宗 李顯　　　　殤帝 李重茂

⑤⑨예종 이단
睿宗 李旦

⑩현종 이륭기 ── ⑪숙종 이형 ── ⑫대종 이예
玄宗 李隆基　　　肅宗 李亨　　　代宗 李豫

⑬덕종 이괄 ── ⑭순종 아송 ── ⑮헌종 이순
德宗 李适　　　　順宗 李誦　　　憲宗 李純

⑯목종 이항 ── ⑰경종 이담
穆宗 李恒　　　敬宗 李湛

⑱문종 이앙
文宗 李昂

⑲무종 이염
武宗 李炎

㉒희종 이현
僖宗 李儇

⑳선종 이침 ── ㉑의종 이최
宣宗 李忱　　　懿宗 李漼

㉓소종 이엽
昭宗 李曄

㉔소선제(애제) 이축
昭宣帝(哀帝) 李柷

이 도서의 국립중앙도서관 출판시도서목록(CIP)은 서지정보유통지원시스템 홈페이지
(http://seoji.nl.go.kr)와 국가자료공동목록시스템(http://www.nl.go.kr/kolisnet)에서
이용하실 수 있습니다. (CIP제어번호: CIP2009001756)

자치통감 23 당(唐)시대IV

2009년 6월 30일 초판 1쇄 찍음
2013년 9월 30일 2판 1쇄 찍음

지은이   사마광
옮긴이   권중달
펴낸이   정철재
만든이   조성일 권희선 문미라 이승한
표지디자인   김동연(NIMBUS)

펴낸곳   도서출판 삼화
          주소   서울 관악구 남현길 108-5
          홈페이지 www.tonggam.com | www.samhwabook.com
          전화 02)874-8830 팩스 02)888-8899
          등록   제320-2006-50호

ⓒ 도서출판 삼화, 2013, Printed in Seoul Korea

ISBN 978-89-92490-23-8 (04910)
ISBN 978-89-92490-33-7 (전32권 SET)

《권중달 역주 자치통감》 전32권 세트

《자치통감》은 모두 294권으로 1,362년간의 역사를 담고 있는데, 《권중달 역주 자치통감》은 전체 294권을 우리말로 번역한 31권과 해설서 《자치통감전》 1권을 더하여 총32권으로 완간하였다.